Embedded **Robotics** Using Open-source

(사)한국로봇학회 지음

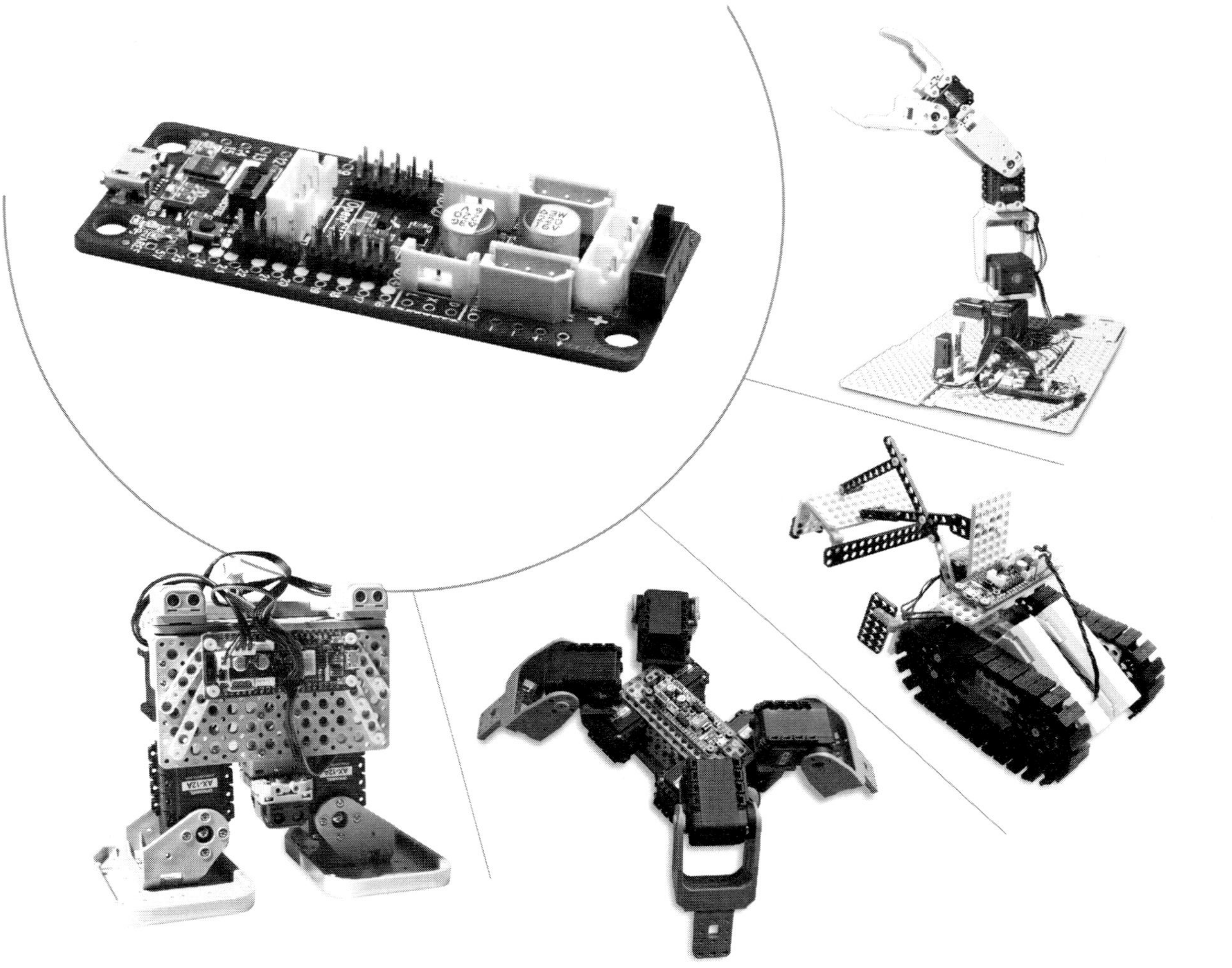

오픈 소스를 활용한

임베디드 로보틱스

OpenCM의 활용

홍릉과학출판사

추천사

이 책은 로봇에 관심이 있는 입문자가 쉽게 로봇을 제어 할 수 있는 방법을 소개한다는 면에서 훌륭한 교재라고 생각됩니다. 특히, OpenCM에 대한 내용뿐 아니라 Embedded System에 대한 내용과 통신에 대한 기초지식도 로봇 입문자에게 아주 유용한 교재가 될 것으로 생각합니다.

한국로봇학회 회장
정완균

로봇이 이제 소설이나 영화 속의 주인공이 아니라 미래의 우리 경제를 책임질 성장동력으로 자리매김할 때가 빠르게 다가오고 있습니다. 이러한 미래를 준비하기 위한 가장 좋은 투자는 단언컨대 훌륭하고 창의적인 인재를 양성하는 것이라고 믿습니다.

이를 위해 한국로봇학회에서 준비한 이 교재는 세계적 추세에 맞추어 오픈 하드웨어 및 소프트웨어 플랫폼을 기반으로 하는 로봇을 위한 교재입니다. 이를 바탕으로 미래 인재를 위한 창의적 소프트웨어 교육뿐 아니라 지식공유를 통한 융합문화 창출에도 큰 기여를 할 것을 기대합니다.

한국과학기술연구원 로봇기술플랫폼사업단장
전 한국로봇학회 회장
오상록

머리말

로봇을 제작할 때 두뇌 역할을 하는 임베디드 시스템에 대한 고민을 함께하기 위한 책입니다. 로봇을 설계하고, 모터와 각종 센서를 연결해서 내가 원하는 대로 움직이도록 하는 것은 로봇 전공자에게도 많은 시간과 노력, 그리고 고가의 장비를 필요로 하는 작업입니다. 매일 떠오르는 근사한 아이디어를 간단히 만들어 구현해 볼 수 있다면, 더 이상 황당하기 만한 아이디어가 아닐 것입니다. 최근의 오픈소스 하드웨어 열풍은 로봇이 더 이상 전문가들만의 전유물이 아니라 누구나 아이디어만 있으면 충분히 로봇 전문가 이상의 멋진 시스템을 제작하는 기회를 제공하고 있습니다.

오픈소스라는 말은 리눅스, 안드로이드 등과 같이 소프트웨어 혹은 운영체제에 해당하는 용어일 것이라고 생각하게 됩니다만 현재는 소프트웨어 분야를 넘어, 하드웨어까지 오픈소스의 개념이 확장되고 있으며, 심지어 로봇의 핵심 두뇌역할을 할 수 있는 오픈소스 하드웨어까지 출현하고 있습니다. 오픈소스의 가장 큰 특징은 많은 사람들의 노력으로 마치 스스로 진화하는 것처럼 빠른 발전이 가능하며, 이로 인해 로봇 또한 하루가 다르게 진화할 것이라고 생각됩니다.

본 교재는 오픈소스 하드웨어를 활용하여 임베디드 로봇을 만들기 위해 필요한 기초 지식과 많은 예제를 보여주고 있습니다. 오픈소스 로봇이라는 개념에 대해서 설명하고, 최근 많은 인기를 모으고 있는 OpenCM9.04 오픈소스 로봇 하드웨어에 대해서 따라하면서 배울 수 있도록 하였습니다. 프로그램을 처음 접하는 사람을 위해 기초 C/C++에 대해서도 간단히 설명하고, 로봇의 감각기관을 위해 필수적인 센서 입출력을 위한 기본적인 전자공학 내용도 다루고 있습니다. 다른 장치로의 확장을 위해 통신하는 방법, 로봇 구동기에 대한 특징과 대표적인 구동기인 다이나믹셀의 사용 방법도 자세히 기술하였습니다. 또한 대표적인 오픈소스 모바일 플랫폼인 안드로이드와 함께 사용하기 위한 사용법과 블루투스 통신, USB 연결 등에 대해서도 많은 지면을 할애하였습니다. 주변에서 쉽게 만날 수 있는 안드로이드 스마트폰을 통해서 로봇을 더욱 스마트하게 만들고 내 말을 더 잘 듣게 만들 수 있는 좋은 방법이라고 생각합니다. 마지막으로 처음 로봇을 접해 보는 사람들에게 다양한 예제를 통해서 오픈소스 로봇이 상상력이라는 양념만 더해지면 발전 가능성은 무궁무진하다는 것을 보여드리고자 하였습니다.

본 교재로 오픈소스 로봇의 첫 단추를 끼우는 역할을 할 수 있기를 바라며 작성하였습니다. 저자들 스스로도 부족함을 많이 느끼고, 빈 자리가 많음을 알고 있지만, 오픈소스가 발전해 온 방식처럼 독자 여러분들의 질책과 관심어린 조언을 통해 계속해서 발전할 수 있을 것이라 생각합니다.

마지막으로 이 책의 내용을 작성하는 동안 제품 지원과 조언을 통해서 아낌없는 도움을 주신 (주)로보티즈 관계자 여러분들께 감사드립니다. 또한 한국로봇학회 회장님, 전임 회장단 분들께도 감사의 말씀을 전합니다.

2014년 4월 저자 일동

차례

제 1 장 오픈소스, 임베디드 로보틱스란

1.1 오픈소스란 ········· 1

1.1.1 다양한 오픈소스 프로젝트(Processing, Wiring) ········· 1

1.1.2 오픈소스 임베디드 로보틱스 OpenCM9.04 소개 ········· 5

1.1.3 오픈소스 임베디드 OpenCM9.04 장점 ········· 7

1.2 임베디드 시스템 ········· 8

1.2.1 임베디드 시스템(Embedded System)이란 무엇인가 ········· 8

1.3 오픈소스 임베디드 로보틱스 ········· 16

제 2 장 임베디드 로보틱스–OpenCM9.04

2.1 OpenCM9.04 하드웨어 살펴보기 ········· 17

2.1.1 하드웨어 레이아웃 ········· 18

2.2 OpenCM9.04로 무엇을 할 수 있을까 ········· 40

2.2.1 Robotsource.org 소개 ········· 41

2.2.2 아두이노와 비교하기 ········· 42

2.3 OpenCM 시작하기 ········· 43

2.3.1 Windows ········· 44

2.3.2 Linux ········· 51

2.3.3 Mac OS X ········· 57

2.4 ROBOTIS OpenCM 소프트웨어 사용하기 ········· 61

2.4.1 ROBOTIS OpenCM UI 살펴보기 ········· 61

2.4.2 예제 살펴보기 ········· 62

2.4.3 코드 편집 기능 ········· 63

2.4.4 컴파일 및 다운로드 하기 ········· 67

2.4.5 시리얼 모니터 사용하기 ········· 70

2.4.6 시리얼 모니터에서 USB Virtual COM 포트 사용에 따른 주의사항 ·· 71

제 3 장 프로그램 구조 및 C, C++의 이해

3.1 **임베디드 시스템에서 프로그램의 역할** ········ 73
3.2 **프로그래밍 언어에 대한 소개** ········ 74
3.3 **C언어의 구조 및 이해** ········ 75
3.3.1 C언어의 기본 구성요소 ········ 76
3.3.2 임베디드 시스템 프로그램 구조 ········ 77
3.3.3 OpenCM 프로그램 구조 ········ 77
3.4 **C언어 기초 지식** ········ 79
3.4.1 변수와 연산자 ········ 79
3.4.2 데이터 타입 ········ 83
3.4.3 구조체와 클래스 ········ 89
3.4.4 조건에 따른 흐름의 분기 ········ 101
3.4.5 반복실행을 명령하는 반복문 ········ 106
3.4.6 수학 함수 ········ 110
3.4.7 시간관련 함수 ········ 112

제 4 장 하드웨어 이해하기(임베디드 시스템을 위한 전자공학)

4.1 **전기 요소** ········ 113
4.1.1 전압과 전류 ········ 113
4.1.2 RLC 수동 전기 요소 ········ 115
4.1.3 트랜지스터 ········ 118
4.1.4 H-Bridge 회로 ········ 122
4.1.5 기타 요소 ········ 123
4.2 **디지털 입출력(digital input/output)** ········ 126
4.2.1 디지털 입출력 설정 ········ 126
4.3 **OpenCM9.04의 입출력(IO) 핀맵 구조** ········ 128
4.3.1 AFIO(Alternate Funtion IO) Remap ········ 131
4.3.2 디지털 출력으로 LED 깜빡이기 ········ 134
4.3.3 디지털 입력값을 시리얼 모니터로 확인하기 ········ 136
4.4 **풀업/풀다운 저항(Pull-up/Pull-down Resistor)** ········ 138
4.4.1 풀업/풀다운 저항 위치 ········ 138
4.4.2 내부 풀업/풀다운 저항 사용하기 ········ 140

4.4.3 외부 풀업/풀다운 저항 사용하기 ······ 142
4.5 디바운싱(de-bouncing) ······ 144
4.5.1 논리 게이트를 활용한 디바운싱 ······ 144
4.5.2 SW적으로 구현된 디바운싱 ······ 145
4.6 아날로그 입/출력(analog input/output) ······ 146
4.6.1 ADC(analog-to-digital converter) ······ 146
4.6.2 DAC(digital-to-analog converter) ······ 148
4.6.3 PWM(pulse-width modulation) 출력 ······ 149

제 5 장 임베디드 통신

5.1 통신 기초 ······ 153
5.1.1 데이터 전송 방식 ······ 154
5.1.2 동기화 ······ 155
5.1.3 통신 방식 ······ 156
5.2 임베디드 시스템에서 많이 쓰이는 통신 기술 ······ 157
5.2.1 시리얼 통신(USART) ······ 157
5.2.2 SPI ······ 161
5.2.3 I2C ······ 163
5.3 OpenCM9.04 통신 인터페이스 정리 ······ 165
5.4 OpenCM9.04를 이용한 데이터 통신 예제 ······ 166
5.4.1 목표 ······ 166
5.4.2 하드웨어 구성 ······ 166
5.4.3 USB시리얼 통신 수행 및 정수부/소수부 분해 연산 ······ 166
5.4.4 I2C통신을 이용한 데이터 송/수신 ······ 168
5.4.5 예제 실행 결과 ······ 170

제 6 장 로봇 액추에이터 다이나믹셀 활용

6.1 로봇 구동기 ······ 173
6.1.1 액추에이터(Actuator)와 모터(Motor) ······ 173
6.1.2 서보 모터 ······ 174
6.1.3 스테핑 모터 ······ 175
6.1.4 다이나믹셀(Dynamixel) ······ 175

6.2 다이나믹셀 통신 회로 ··· 177
6.2.1 RS-232와 UART ··· 177
6.2.2 왜 TTL 통신인가 ··· 179
6.2.3 RS-485 통신 방식의 등장 ··· 180
6.2.4 다이나믹셀 TTL Half Duplex Bus ··· 182
6.2.5 다이나믹셀 RS-485 Bus ··· 183
6.3 다이나믹셀 활용 ··· 184
6.3.1 OpenCM9.04와 다이나믹셀의 연결 ··· 184
6.3.2 다이나믹셀 전원공급 회로 ··· 188
6.3.3 기타 다이나믹셀 관련 주의 사항 ··· 188
6.4 다이나믹셀 컨트롤 테이블 ··· 189
6.4.1 컨트롤 테이블 구성요소 ··· 189
6.4.2 컨트롤 테이블의 항목 ··· 194
6.4.3 기타 컨트롤 테이블 주의 사항 ··· 221
6.5 다이나믹셀 Instruction Packet ··· 223
6.5.1 다이나믹셀 패킷 요소 ··· 223
6.5.2 Dynamixel Classic(1.0) ··· 224
6.5.3 Dynamixel 2.0 프로토콜 ··· 229
6.6 다이나믹셀 응용 ··· 248
6.6.1 여러 개의 다이나믹셀을 동시에 움직이기 ··· 249
6.6.2 다이나믹셀의 현재 위치를 읽자 ··· 250
6.6.3 두 개의 다이나믹셀의 위치를 똑같이 움직여보자 ··· 250
6.6.4 동작접압을 10V~17V로 설정해보자 ··· 250
6.6.5 57RPM의 속도로 Position 180도에 위치시켜 보자 ··· 251
6.6.6 여러 개의 다이나믹셀을 동시에 움직여보자 ··· 251
6.6.7 다이나믹셀의 움직임 유무를 감지해서 동작 방향을 바꿔보자 ··· 252
6.7 다이나믹셀 프로토콜 2.0 응용 ··· 253
6.7.1 두 개의 다이나믹셀 프로를 가지고 바퀴로봇을 만들어보자 ··· 253
6.7.2 여러 개의 다이나믹셀 프로를 동시에 움직여보자 ··· 254

제 7 장 안드로이드를 활용한 OpenCM9.04 확장

7.1 안드로이드 플랫폼 ··· 255
7.1.1 로봇에서 안드로이드 활용? ··· 255
7.1.2 안드로이드 특징 ··· 256
7.1.3 안드로이드 플랫폼의 미래 ··· 258

7.2 **안드로이드 프로그래밍 개발환경 설치** ········ 259
7.2.1 개발환경 선택 ········ 259
7.2.2 JDK 설치하기 ········ 259
7.2.3 ADT(Android Development Tools) 다운로드 및 설치 ········ 261
7.3 **안드로이드 프로그래밍 기초** ········ 266
7.3.1 Hello World 애플리케이션 만들기 ········ 266
7.3.2 Hello World 애플리케이션 소스 분석 ········ 275
7.3.3 TextView 다루기 ········ 277
7.3.4 Button 추가하기 ········ 281
7.3.5 EditText(Text Field) 다루기 ········ 288
7.3.6 라디오 버튼 추가하기 ········ 291
7.3.7 ProgressBar 다루기 ········ 294
7.3.8 SeekBar 사용하기 ········ 297
7.3.9 안드로이드 샘플 예제 이용하기 ········ 300
7.3.10 안드로이드 센서 자원 이용하기 ········ 300

제 8 장 블루투스를 이용한 안드로이드 연결

8.1 **안드로이드 블루투스 API 개요** ········ 313
8.2 **Bluetooth 모듈 BT-210** ········ 315
8.2.1 SPP(Serial Port Profile) 모듈 이해 ········ 315
8.2.2 블루투스SPP 모듈 BT-210 사양 확인하기 ········ 316
8.3 **안드로이드 샘플 예제 실행하기** ········ 317
8.3.1 안드로이드 샘플 예제-Bluechat 소개 ········ 317
8.3.2 Bluechat 프로젝트 불러오기 ········ 318
8.3.3 OpenCM9.04와 스마트폰 블루투스 페어링 ········ 323
8.4 **안드로이드 블루투스 코드 이해하기** ········ 329
8.4.1 Bluechat 예제 분석을 통한 블루투스 API 이해 ········ 329
8.4.2 블루투스 페어링 시도하기 ········ 331
8.4.3 블루투스 데이터 주고 받기 ········ 332
8.5 **블루투스 통신을 이용한 OpenCM9.04 LED 깜빡이기** ········ 334
8.5.1 새로운 안드로이드 프로젝트 만들기 ········ 334
8.5.2 블루투스 코드 추가하기 ········ 337
8.5.3 AndroidManifest.xml 추가하기 ········ 341
8.5.4 Device Scan Activity 만들기 ········ 345
8.5.5 OpenCM9.04와 페어링 시도하기 ········ 350

8.5.6 블루투스 데이터 보내자 - LED 깜빡이기 ········ 362
8.6 블루투스 통신을 이용한 센서 모듈 입력 받기 ········ 368
8.6.1 센서 입력을 위한 Widget 추가 ········ 368
8.6.2 OpenCM9.04 펌웨어 만들기 센서 패킷 보내기 ········ 369
8.6.3 블루투스 통신을 이용한 센서 패킷 받기 ········ 370
8.7 블루투스 통신으로 다이나믹셀 움직이기 ········ 372
8.7.1 OpenCM9.04 펌웨어 만들기 ········ 372
8.7.2 안드로이드 프로그래밍하기 다이나믹셀 제어 위젯 추가 ········ 373

제 9 장 USB를 활용한 안드로이드 연결

9.1 USB 이해하기 ········ 377
9.1.1 USB란 ········ 377
9.1.2 USB 용어 정의 ········ 378
9.2 안드로이드 USB API 개요 ········ 387
9.3 안드로이드 디바이스와 OpenCM9.04 USB OTG 연결하기 ········ 389
9.4 Android USB API 살펴보기 ········ 390
9.4.1 USB Accessory Mode ········ 390
9.4.2 USB Host Mode ········ 395
9.5 USB 디바이스와 통신하기 ········ 399
9.6 USB 통신으로 OpenCM LED 제어 ········ 400
9.6.1 새로운 Android Application Project 만들기 ········ 400
9.6.2 AndroidManifest.xml에 USB Host 속성 추가하기 ········ 402
9.6.3 Host 모드에서 USB 디바이스 찾기 ········ 406
9.6.4 안드로이드 Broadcast 등록하기 ········ 407
9.6.5 버튼위젯을 이용한 USB 데이터 보내기 ········ 409
9.6.6 OpenCM9.04 Firmware(Sketch) 작성 ········ 410
9.7 USB 통신으로 OpenCM 센서 모듈 입력받기 ········ 411
9.7.1 안드로이드 애플리케이션 작성 ········ 412
9.7.2 OpenCM9.04 펌웨어 만들기 ········ 414
9.7.3 작동 결과 보기 ········ 414
9.8 USB 통신으로 OpenCM DXL 움직이기 ········ 415
9.8.1 OpenCM9.04에 다이나믹셀 연결하기 ········ 415
9.8.2 새로운 안드로이드 프로젝트 만들기 ········ 416
9.8.3 안드로이드 프로그래밍 하기 ········ 421
9.8.4 OpenCM9.04 펌웨어 만들기 ········ 423

9.8.5 작동 확인하기 ········ 424

제10장 프로젝트를 통한 임베디드 로보틱스 이해

10.1 OpenCM9.04와 프로세싱을 이용한 오실로스코프(Oscilloscope) ········ 425
10.1.1 개요 ········ 425
10.1.2 ROBOTIS OpenCM 코드 작성 ········ 426
10.1.3 프로세싱 코드 작성 ········ 426
10.2 적외선(IR) 마우스 로봇 ········ 430
10.2.1 제작 개요 ········ 430
10.2.2 부품 리스트 ········ 437
10.2.3 조립하기 ········ 438
10.2.4 프로그래밍 ········ 441
10.3 벌레 로봇(관절 링크 활용) ········ 442
10.3.1 배경 지식(제작 가이드) ········ 442
10.3.2 부품 리스트 ········ 442
10.3.3 조립 방법 ········ 443
10.3.4 프로그래밍 ········ 446
10.4 2족 보행 로봇 ········ 447
10.4.1 배경 지식(제작 가이드) ········ 447
10.4.2 부품 리스트 ········ 447
10.4.3 조립 가이드 ········ 447
10.4.4 프로그래밍 가이드 ········ 451
10.5 로봇팔 ········ 454
10.5.1 배경 지식(제작 가이드) ········ 454
10.5.2 부품 리스트 ········ 456
10.5.3 조립 가이드 ········ 456
10.5.4 기구학(Kinematics)을 활용한 제어 ········ 460
10.5.5 모션 데이터 활용한 제어 ········ 466
10.6 OpenCM을 이용한 전방향 구동이 가능한 이동 로봇(Omni wheel mobile robot) 만들기 469
10.6.1 목표 ········ 469
10.6.2 준비 및 제작 ········ 469
10.6.3 전방향 구동 바퀴 기구학 조건(Omni Wheel Kinematic Constraints) ·· 470
10.6.4 제어 ········ 471
10.6.5 실험 ········ 472
10.7 블루투스 원격 조정 캐터필러 ········ 473

10.7.1 배경 지식(제작 가이드) ··· 473
10.7.2 부품리스트 ··· 473
10.7.3 조립 가이드 ··· 474
10.7.4 안드로이드 애플리케이션 프로그래밍 ··· 479
10.7.5 OpenCM9.04 펌웨어 프로그래밍 ··· 497

부록 1 OpenCM 공개 소스

1.1 Hardware ··· 499
1.1.1 Block diagram ··· 499
1.1.2 Schematic ··· 500
1.1.3 BOM ··· 504
1.1.4 PCB Gerber ··· 506
1.1.5 라이선스 ··· 508
1.2 Software ··· 508
1.2.1 gitHub 사용하기 ··· 508

부록 2 JTAG란

2.1 JTAG란 ··· 511
2.1.1 JTAG(Joint Test Action Group) 탄생 ··· 511
2.1.2 JTAG의 활용 ··· 513
2.1.3 OpenCM9.04에서 JTAG 사용하기 ··· 513
2.2 ST-LINK 사용하기 ··· 515
2.2.1 ST-LINK Utility 다운로드 및 설치하기 ··· 515
2.2.2 OpenCM9.04와 ST-LINK를 연결하기 ··· 519
2.2.3 연결을 확인하자 ··· 521
2.2.4 OpenCM9.04 부트로더 바이너리 구하기 ··· 522
2.2.5 부트로더 다운로드를 해보자 ··· 523
2.2.6 ST-LINK Utility 활용 방법 ··· 524
2.3 ST-LINK/V2를 이용한 이클립스 CDT 개발환경 꾸미기 ··· 530
2.3.1 이클립스 CDT 소개 및 설치 방법 ··· 530

2.3.2 OpenCM9.04 Core library 다운로드 및 프로젝트 Import ··· 531
2.3.3 이클립스 CDT에서 ST-LINK_Cli.exe 연동하기 ··· 539

부록 3 STM32 고급 임베디드 개발환경 구축

3.1 CoIDE ··· 541
3.1.1 개요 ··· 541
3.1.2 CoIDE 다운로드 및 설치 ··· 543
3.1.3 CoIDE 시작하기 ··· 545
3.1.4 실시간 디버깅을 해보자 ··· 558

■ 찾아보기 ··· 565

제 1 장 오픈소스, 임베디드 로보틱스란

1.1 오픈소스란

1.1.1 다양한 오픈소스 프로젝트(Processing, Wiring)

오픈소스(open source)는 위키피디아의 정의에 따르면 소프트웨어 혹은 하드웨어의 제작자의 권리를 지키면서 원시 코드를 누구나 열람할 수 있도록 한 소프트웨어 혹은 오픈소스 라이선스에 준하는 모든 통칭을 일컫는다. 오픈소스라는 어원에 대해서는 1998년 2월 3일에 넷스케이프 브라우저의 원시 코드에 대해 어떠한 형태로 공개할까하는 전략회의에서 붙여진 새로운 용어라고 설명되어 있다.

소스코드를 공개한다고 해서 모두 오픈소스인 것은 아니다. 예를 들어, 마이크로소프트는 전체 비율로 보았을 때 극소수의 고객(주로 정부나 거대 다국적 기업 또는 대학교 및 연구소)들에게 마이크로소프트 Windows의 소스를 공개했다. 오로지 보안 유지를 위해서만 소스를 직접 수정할 수 있으며, 그 수정본을 재배포하는 것은 금지되어 있다. 이것은 오픈소스의 의의에 어긋나므로 이러한 경우는 오픈소스라 부르지 않는다.[1)]

1) 위키피디아(http://ko.wikipedia.org/wiki/오픈_소스)의 설명 인용.

사람들이 오픈소스라는 개념을 조금씩 인지하기 시작할 무렵, MIT 미디어랩(Media Lab)의 Ben Fry와 Casey Reas는 2001년부터 컴퓨터 그래픽 분야에서 기초 프로그래밍을 가르치기 위해 프로세싱(Processing)이라는 오픈소스 프로젝트를 만들었다. 프로세싱이란 프로그래밍 언어, SW 개발환경, 커뮤니티를 모두 포함하는 하나의 거대한 오픈소스 프로젝트라고 할 수 있는데, 시각예술(Visual Art)을 전공하는 학생들에게 컴퓨터 프로그래밍을 쉽게 가르치기 위해 시작되었다. 그 당시 엔지니어들이 쓰는 컴퓨터 프로그래밍을 미술을 전공하는 학생들이 이해하고 따라하기는 매우 힘들었다. 그렇기 때문에 이러한 어려움을 해결하고 예술적인 창작에만 신경 쓸 수 있도록 도와주는 프로세싱의 등장은 예술가들에게는 매우 반가운 소식이었다.

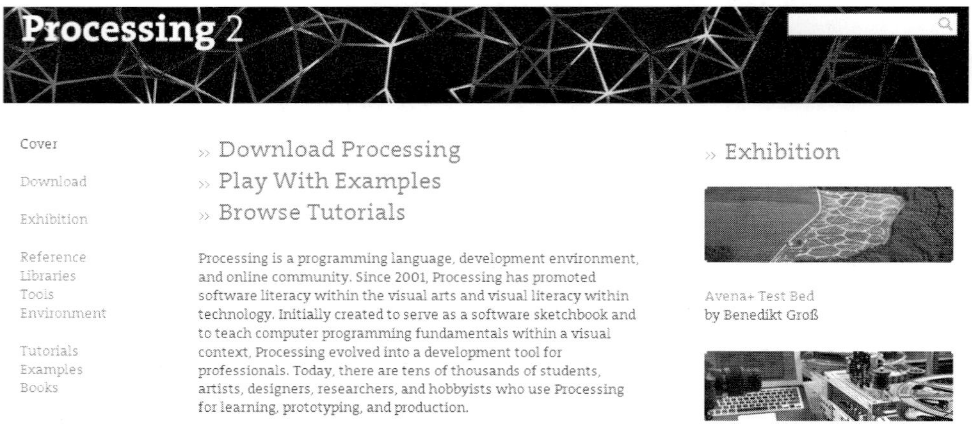

그림 1.1.1-1 Processing.org의 홈페이지

프로세싱은 통합된 개발환경에서 마치 스케치를 하듯이 간단하면서도 쉬운 방식으로 프로그래밍을 할 수 있기 때문에, 시각 예술 분야뿐만 아니라 기존의 엔지니어나 과학자와 같은 전문가들까지도 소프트웨어를 개발할 수 있는 능력을 촉진하는 데 많은 도움이 되어 왔다. 그 이후 약 12년이 지난 지금은 전세계 수많은 유저들의 지지와 기부금을 바탕으로 프로세싱 재단(Processing Foundation)까지 설립되었고, 여전히 수많은 참여자(collaborator)들이 함께 계속해서 발전시키고[2] 있으며, 지금까지 전세계적으로 200만 다운로드를 기록할 정도로 널리 활용되고 있다.

프로세싱 프로젝트가 성공한 후 이러한 오픈소스 프로젝트의 장점들을 적용하려는 움직임이 다양한 분야에서 생겨났다. 그 중에서 가장 주목할 만한 프로젝트는 임베디드 프로그래밍에 프로세싱의 철학을 더한 와이어링(Wiring) 프로젝트이다.

이탈리아 상호작용 디자인 연구소(The Interaction Design Institute)에서 Hernando Barrangan이라는 사람이 비전문가나 공학을 전공하는 학생들이 보다 쉽게 마이크로프로세서 기반의 임베디드 프로그래밍을 배울 수 있게 시작된 프로젝트가 와이어링(Wiring) 프로젝트이다(http://www.wiring.org.co/). 와이어링 프로젝트는 프로세싱 언어와 SW 개발환경, 오픈소스 정신을 계승하고 마이크로프로세서 임베디드 보드까지 더한 개념의 오픈소스 하드웨어 프로젝트였다는 점이 특징이다. 사실상의 오픈소스 하드웨어의 시작인 셈이다.

2) 2014년 1월 현재 Processing 2.1까지 배포되었고 계속해서 새로운 기능들이 추가되고 발전되고 있다.

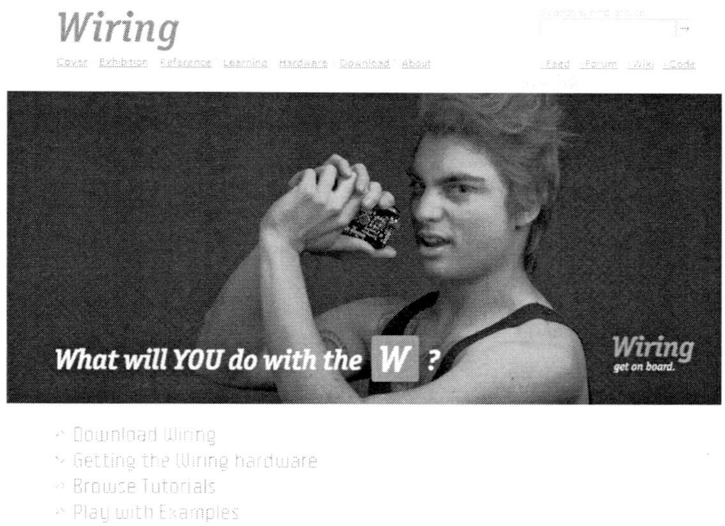

그림 1.1.1-2 <와이어링 프로젝트 홈페이지>

http://www.wiring.org.co/에 방문해보면 위와 같이 매우 감각적이고 세련된 느낌의 사이트를 볼 수 있다. 전혀 임베디드 보드를 다루는 사이트 같지가 않다.

이러한 와이어링 프로젝트는 그 당시 파격적인 시도를 하였지만, 다소 비싼 가격으로 인해서 널리 쓰이진 못한 것 같다. 하지만 임베디드 프로그래밍도 프로세싱을 이용하면 마치 스케치하듯이 간단하면서도 쉬운 방식으로 누구나 배울 수 있다는 가능성을 보여주었다.

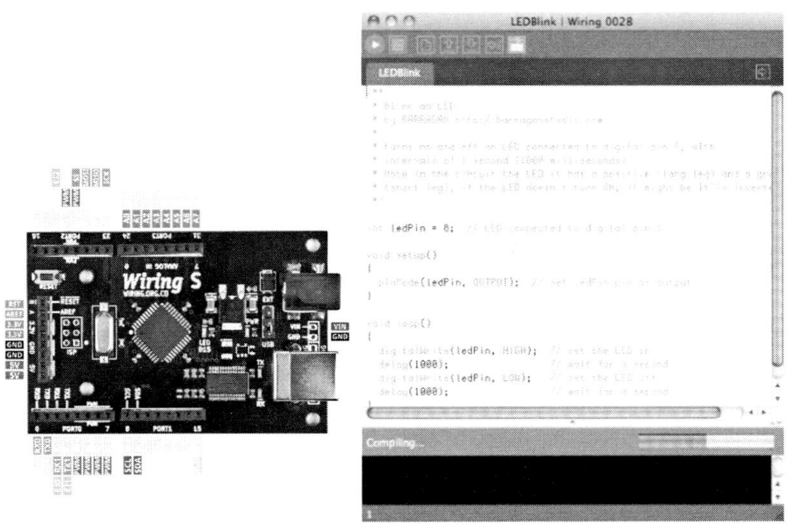

와이어링 보드(Wiring Board)와 개발환경

이후 2005년 또다시 이탈리아에서 Massimo Banzi와 David Cuatielles는 저렴하면서도 쓰기 편한 마이크로컨트롤러 보드를 만들기 위해 아두이노라는 프로젝트를 시작하였다. 마찬가지로 프로세싱을 기반으로 학생들이 쉽고 편리하게 마이크로컨트롤러를 배울 수 있게 하였으며 가격까지 저렴했다. 그리고 와이어링과는 다르게 쉴드보드라는 확장 보드 개념까지 더해서 다양한 추가 기능들을 임베디드 보드에서 확장될 수 있게 하였다. 또한, 그들만의 독특한 디자인 방식, 편리한 튜토리얼과 유저 포럼을 통해 전세계의 수많은 유저들을 만들어 냈으며 동시에 모든 하드웨어와 소프트웨어 소스를 공개하였다. 지금은 전세계적으로 수십만 개 이상의 아두이노 보드가 판매되었고,인터넷을 통해 수많은 유저들이 만들어낸 콘텐츠들이 공유되어 있으며, 전자공학을 전공하지 않은 미디어 아티스트나 일반인들까지도 아두이노 보드를 이용해서 쉽게 하드웨어를 배우고 있다. 아두이노의 성공은 그 뿌리라고 할 수 있는 프로세싱의 성공을 뛰어 넘는 것 이상이었고, 더불어서 프로세싱의 인기도 높아졌다(어쩌면 아두이노로 인해 프로세싱이 성공하게 된 것인지도 모른다). 또한, 아두이노로 인해 오픈소스의 정신이 하드웨어의 영역까지 확장되어 오픈소스 하드웨어라는 새로운 영역이 창조되었다.

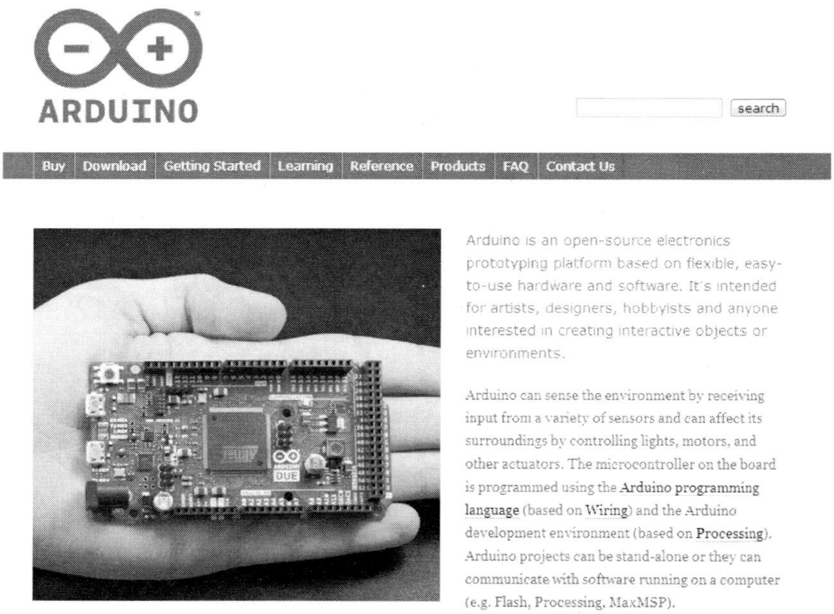

그림 1.1.1-3 <아두이노의 홈페이지 http://arduino.cc/>
아두이노(Arduino)라는 이름은 이탈리아어로 best friend라는 뜻으로 '믿음직한 친구' 또는 '절친'이라는 의미이다.

결국 아두이노의 성공 요인은 저렴한 가격의 아두이노 보드와 프로세싱 기반의 쉽고 편리한 소프트웨어, 그리고 모든 하드웨어와 소프트웨어가 공개되는 오픈소스 때문이라고 할 수 있다.

1.1.2 오픈소스 임베디드 로보틱스 OpenCM9.04 소개

지금까지 프로세싱에서 아두이노까지 오픈소스 하드웨어 탄생과 성공에 대해서 살펴 보았다. 소프트웨어 소스코드 영역을 넘어서 오픈소스는 하드웨어 영역까지 확장하였고 아두이노로 큰 성공을 거두었다. 이러한 시대적인 흐름이 모든 컴퓨터, 전자, 기계가 융합되는 로봇 개발 영역에서도 피할 수 없이 요구되고 있다. 사실 아두이노 보드와 모터 혹은 액추에이터 쉴드 보드를 가지고도 로봇을 개발할 수 있고 수많은 콘텐츠가 있지만, 통합된 환경에서 모터 제어 회로에 대한 고민 없이 바로 프로그래밍을 해서 쉽고 편리하게 로봇을 만들 수 있다면 더할 나위 없이 좋을 것이다.

이렇게 해서 탄생한 오픈소스 하드웨어가 바로 ROBOTIS社에서 시작한 OpenCM[3]프로젝트이다. OpenCM 프로젝트에서 OpenCM9.04 보드는 아두이노나 와이어링보드가 주로 사용하는 8비트 AVR 계열 마이크로프로세서에서 벗어나 32비트 ARM Cortex-M3의 고성능 마이크로프로세서를 기반으로 만들어졌다는 점이 큰 특징이다. 최근 아두이노에서 발표한 Due가 32비트 프로세서를 사용하면서 성능은 끌어올렸지만 아직까지는 기존 AVR 시리즈 보드에 비해 복잡하고 지원되는 S/W가 미흡하다. 그리고 가격 또한 OpenCM9.04 보드보다 훨씬 비싸다.[4]

OpenCM9.04 보드의 가장 큰 특징은 저렴한 가격으로 아두이노가 할 수 있는 모든 기능을 빠르게 수행하면서도 로봇 시스템 개발에 필수적인 액추에이터 제어 회로를 기본으로 내장하였다. 그렇기 때문에 액추에이터를 활용하는 방법도 일반 디지털I/O를 다루는 것처럼 쉽게 할 수 있게 되었다. 이제는 OpenCM 프로젝트로 인해 로봇을 개발할 때도 모터나 액추에이터 제어에 대한 하드웨어, 소프트웨어의 고민 없이 마치 스케치를 하듯이 쉽고 편리하게 액추에이터를 제어하는 시대가 되었다고 할 수 있다.

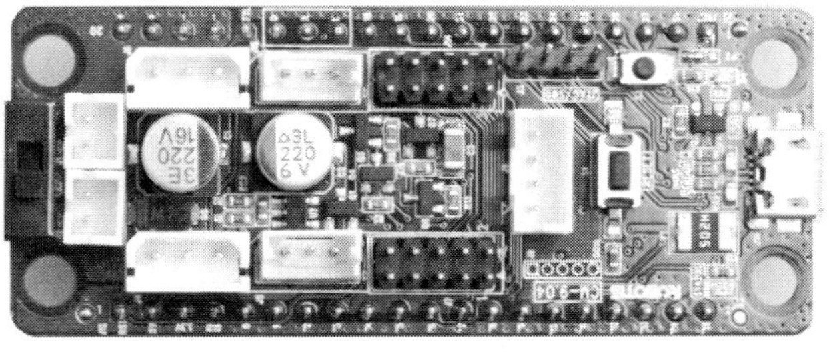

그림 1.1.2-1 OpenCM9.04는 저전력의 고성능 Cortex-M3 기반의 오픈소스 하드웨어이다.

3) OpenCM이란 Open Source Control Module을 의미한다.

4) 물론 OpenCM보드가 최초의 32 bit 임베디드 보드는 아니다. 그전에 MIT 학생들이 주축이 되어 만든 Leaflab의 Maple보드도 있었고 순수하게 제한 없이 이용할 수 있는 오픈소스이기 때문에 많이 참조되었다.

ROBOTIS의 OpenCM9.04 보드는 가격대 성능비가 뛰어난 Cortex-M3 코어의 마이크로프로세서를 탑재하고 최대 클럭인 72 MHz로 동작하는 최초의 오픈소스 로봇 컨트롤러이다. 여기에는 로봇 제작에서 널리 쓰이는 스마트 액추에이터인 다이나믹셀(Dynamixel)을 연결할 수 있는 회로가 내장되어 있어서 로봇 제작에 있어서는 더할 나위 없이 좋은 선택이다.

그림 1.1.2-3 OpenCM9.04와 편리한 다이나믹셀 Daisy chain 방식 연결

또한, 아두이노와 같은 프로세싱 통합 개발환경(IDE)[5]과 와이어링 문법을 따르고 있어서 쉽고 편리한 개발환경을 제공한다. 아두이노에 익숙한 사용자라면 어려움 없이 바로 사용이 가능하다는 것도 큰 장점이다.

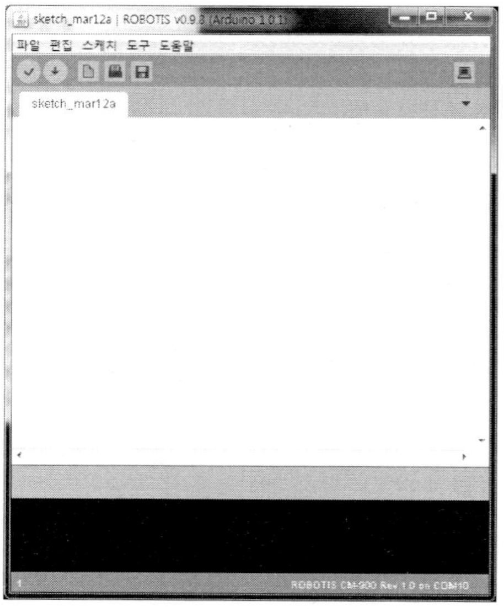

그림 1.1.2-4 OpenCM9.04 보드 SW 개발 환경-ROBOITS OpenCM

5) 통합개발환경(Integrated Development Environment)이란 소스를 편집할 수 있는 편집기(Editor), 컴파일러, 링커, 다운로드(혹은 업로드)를 하나의 통합된 프로그램으로 할 수 있게 만들어진 것을 말한다.

1.1.3 오픈소스 임베디드 OpenCM9.04 장점

전자 전공이 아닌 비전공자도 쉽게 하드웨어를 개발

예전에는 AVR이나 8051같은 마이컴 보드 개발은 전자 전공자도 어려울 정도로 진입장벽이 높았지만 OpenCM9.04 같은 오픈소스 하드웨어를 이용하면 비전공자인 일반인도 쉽게 LED나 센서를 컨트롤하는 전자 하드웨어를 쉽게 제작할 수 있게 되었다.

보드와 PC만 있으면 가장 많이 쓰는 USB를 통해 프로그래밍

AVR을 다뤄본 사람들은 마이컴 개발을 위해 반드시 ISP와 같은 External Programmer라는 작은 어댑터 장치가 필요했다는 것을 알 것이다. 그러나 OpenCM9.04와 같은 오픈소스 하드웨어는 USB 케이블만 있으면 별다른 장치없이 바로 프로그램 다운로드가 되며, 안드로이드 디바이스를 연결하는 Micro B타입의 USB케이블만 있으면 쉽게 프로그래밍할 수 있다.

멀티 플랫폼 환경

윈도(Windows), 리눅스(Linux), 맥(Mac OS X) 개발환경을 모두 지원하기 때문에 어떤 운영체제(OS)를 사용하더라도 고민할 필요 없이 개발이 가능하다.

하드웨어와 소프트웨어가 모두 공개되는 오픈소스 하드웨어

소프트웨어 소스코드뿐만 아니라 하드웨어 회로도, PCB Gerber, BOM 등 모든 개발 데이터가 공개되어 있기 때문에 수많은 Third Party들이 호환 보드를 저렴하게 개발하고, 많은 유저들이 라이브러리나 예제와 같은 콘텐츠를 생산하므로 스스로 진화가 가능하다.

코드가 쉽고 간단해서 작업이 신속

프로세싱 언어의 철학을 계승한 짧고 강력한 API와 소프트웨어 개발환경을 제공한다. 아래의 화면을 보면 별다른 초기화 코드 없이 로봇 액추에이터로 많이 활용되고 있는 다이나믹셀을 단 몇 줄만으로 움직일 수 있다.

```
void setup() {
  // Initialize the dynamixel bus:
  // baud rate index n=1 is 1Mbps refer to 2000000/(1+n)
  // 34 is 57600 bps
  Dxl.begin(1);  //1Mbps
}

void loop() {
  Dxl.writeWord(1, 30, 0); //Turn dynamixel ID 1 to position 0
  delay(1000);             // Wait for 1 second (1000 milliseconds)
  Dxl.writeWord(1, 30, 300);//Turn dynamixel ID 1 to position 300
  delay(1000);             // Wait for 1 second (1000 milliseconds)
}
```

그림 1.1.3-1 다이나믹셀 API-LED를 켜고 끄는 것처럼 매우 다루기 쉽다.

1.2 임베디드 시스템

지금까지 오픈소스 하드웨어란 무엇이고 어떻게 시작되었는지 살펴보았다. 오픈소스 하드웨어에서 하드웨어란 마이크로컨트롤러를 기반으로 하는 임베디드 시스템이다. 지금부터 임베디드 시스템은 무엇이고 어떤 것을 임베디드 시스템이라고 하는지, 또 범용 시스템은 무엇인지 알아보자. 그리고 임베디드 시스템에서 핵심이자 두뇌 역할을 하는 마이크로컨트롤러에 대해서도 살펴보고자 한다.

1.2.1 임베디드 시스템(Embedded System)이란 무엇인가

임베디드 시스템 vs 범용 시스템

임베디드 시스템이란 특정한 기능을 수행하는 기계적, 전자적 요소로 이루어진 컴퓨터 시스템을 일컫는다. Embedded(내장형)라는 말은, 하드웨어와 기계적인 요소를 포함하여 내장하고 있음을 뜻한다. 이러한 임베디드 시스템은 우리 주변에서 흔히 볼 수 있는데, 대표적으로 휴대폰, 내비게이션, 냉장고, 세탁기, TV와 같은 가전제품이나 정보화 기기를 들 수 있다. 냉장고, 세탁기, TV에 붙어 있는 LCD 장치와 버튼을 이용하여 냉장고 기능 제어와 같은 특정한 기능만 충실히 수행하는 시스템을 임베디드 시스템이라 할 수 있다. 반면에 범용 시스템은 우리가 아주 쉽게 접할 수 있고 매일 활용하고 있는 PC가 대표적이다. 개인용 컴퓨터(PC)는 어떤 특정한 목적을 위해 설계된 시스템이 아니다. 우리 주변에 다양한 직업을 가진 사람들이 동일한 PC를 가지고 일하는 것을 볼 수 있다. 그래픽 디자이너도 PC를 이용하고 프로그래머도 PC를 사용한다. PC는 각자의 목적에 맞게 프로그램을 실행시켜서 그 목적을 달성할 수 있는 범용 시스템인 것이다.

임베디드 시스템의 가장 큰 특징은 특정한 작업만을 수행하도록 설계되었기 때문에 크기를 줄이고 가격을 최소화하면서도 성능은 극대화시킬 수 있다는 것이다. 임베디드 시스템은 작게는 휴대용기기인 전자시계, mp3 플레이어에서부터 크게는 냉장고, 로봇의 제어부, 자동차 제어 시스템에 이르기까지 넓은 범위에 사용되는 개념이다.

System on Chip(SoC)

코어에 여러 가지 기능을 덧붙여서 한 개의 chip으로 만든, 즉 하나의 반도체 다이(Die)에 집적된 컴퓨터나 전자시스템을 가진 구조를 SoC(System on Chip)라고 한다. 우리가 일반적으로 알고 있는 인텔 i5, i7 같은 CPU나 OpenCM9.04 보드에 사용되는 STM32F103CB 칩은 모두 SoC 제품이라고 할 수 있다. 예를 들어서 ST의 STM32F103CB라는 32비트 마이크로프로세서는 ARM에서 구입한 Cortex-M3라는 코어(Core) 설계도로 코어를 만들고, 그 코어를 중심으로 USART 기능이 구현된 IP(Intellectual Property)[6], USB 기능을 가진 IP 등을 구입해서 하나의 SoC로 집적화해서 하나의 칩셋으로 만든 것이다. 아래 <그림 1.2.1-1>은 이러한 방식으로 하나의 SoC로 집적화된

6) SoC의 특정 기능을 수행하는 블록 단위의 반도체설계 자산(Intellectual Property)을 줄여서 IP라고 부른다. 특정한 기능을 하는 회로를 IP화해서 블록 단위로 반도체 회사에 판매를 하는 IP전문 기업들도 세계적으로 많이 있다.

칩셋의 구조를 잘 보여 준다. ARM 코어를 중심으로 디지털 IO 블록, 직렬 인터페이스(Serial Interface) 블록, 인터럽트 제어기(Interrupt Controller) 블록 등이 자리 잡고 있다.

그림 1.2.1-1 여러 가지 IP블록으로 집적화된 SoC 구조

일상생활에서 우리가 쓰는 반도체 IC 제품들은 모두 CPU 코어 기능만을 수행하지는 않고 모두 SoC화된 제품이다. 범용 시스템에서 쓰이는 인텔 CPU 역시 그 안에는 듀얼이면 2개, 쿼드이면 4개씩의 코어가 들어있고 메모리 컨트롤러 기능을 하는 IP블록, 각종 캐쉬 메모리와 컨트롤러가 있는 IP블록, 최근에는 그래픽 기능까지 처리하는 IP블록까지 다양한 IP들이 결합된 SoC 제품이라는 것을 알 수 있다. 최근 스마트 디바이스에서 많이 사용되는 퀄컴의 스냅 드래곤이나 삼성의 Exynos, 그리고 애플의 A 시리즈와 같은 애플리케이션 프로세서(AP)들도 대표적인 SoC 제품이라고 할 수 있다. 이렇게 모바일 제품에 사용되는 AP들은 ARM의 Cortex-A시리즈 코어를 이용해서 저전력에서 동작하면서도 초미세 공정을 사용해서 사이즈를 최대한 줄이고 모바일에서 필요한 거의 모든 기능을 하나의 칩셋에 집어 넣는 추세로 SoC 기술이 발전하고 있다.

삼성 갤럭시 S4 Qualcomm - Snap Dragon	삼성 갤럭시 노트2 Samsung - Exynos	아이폰, 아이패드 Apple - A series

그림 1.2.1-2 최근에 많이 사용되는 모바일 SoC 제품들

MPU(Microprocessor unit), MCU(Microcontroller unit)

MPU(Microprocessor unit)란, 컴퓨터의 중앙처리장치(CPU)를 말한다. 소프트웨어 명령의 실행이 이루어지는 컴퓨터의 부분 혹은 그 기능을 내장한 칩을 말하며, 외부에서 정보를 입력 받고, 프로그램 명령어를 해석하여 연산하고 외부로 출력하는 역할을 한다. 초기의 마이크로프로세서는 하나의 칩으로 만들어졌으나, 점점 다른 하드웨어 요소들을 집적시키는 경향으로 발전하고 있다. 중앙처리장치(CPU)가 컴퓨터 전체 시스템의 위치와 입장에서 나온 말이라면, 마이크로프로세서는 동작 방식에서 나온 말로 같은 의미이다. SoC 내부에 코어는 중앙처리장치의 역할을 하는 블록으로 예전에는 한 개의 칩 안에는 한 개의 코어의 구조를 가졌으나, 최근에는 한 개의 칩 안에 여러 개의 코어를 가지는 구조를 채택하고 있다. 이렇게 한 개의 칩 안에 여러 개의 연산을 처리할 수 있는 장치를 병렬적으로 연결한 멀티 코어 시스템을 통하여 더 좋은 성능의 중앙처리장치를 얻을 수 있게 된다.

MCU(Microcontroller unit)이란, 집적회로 위에 조그만 컴퓨터로 볼 수 있다. CPU 블록 이외에 플래시(Flash), 프로그램 가능한 I/O 등 여러 가지 기능의 논리회로들이 버스를 통해서 연결되어 한 개의 칩으로 만든 것이다. MCU와 MPU를 구분한다면, MCU는 Controller의 성격이 강해 CPU 이외의 것들도 모여 Micro Computer처럼 혼자 동작할 수 있는 반면, MPU는 CPU의 성격이 강하여 외부 장치들이 있어야 동작 가능하다. 그러나 실제로는 용도에 따라서 칩내의 요소들을 집적하거나 외부 장치로 기능 분리가 되어있을 수도 있기 때문에 MCU와 MPU의 경계 구분이 모호한 경우들이 많다.

ARM Cortex-M3 코어란 무엇인가[7)]

OpenCM9.04는 32bit ARM Cortex-M3 코어 기반의 마이크로컨트롤러가 장착되어 있으며, 회로도 및 소스코드가 공개된 로봇용 임베디드 보드이다.

---

7) 출처: http://www.arm.com/products/processors/cortex-m/cortex-m3.php, http://dyanos.wordpress.com/2008/11/28/6/, 조셉 위 지음, 임희연 옮김, ARM Cortex-M3 완벽 가이드, 아이티씨

OpenCM9.04에는 STMicroelectonics社의 Cortex-M3 코어 기반의 마이크로컨트롤러인 STM32F103CB가 장착되어다. 다음 <그림 1.2.1-3>은 이러한 마이크로컨트롤러의 핵심이라고 할 수 있는 ARM Cortex-M3의 구성도 및 사양(Specification)이다.

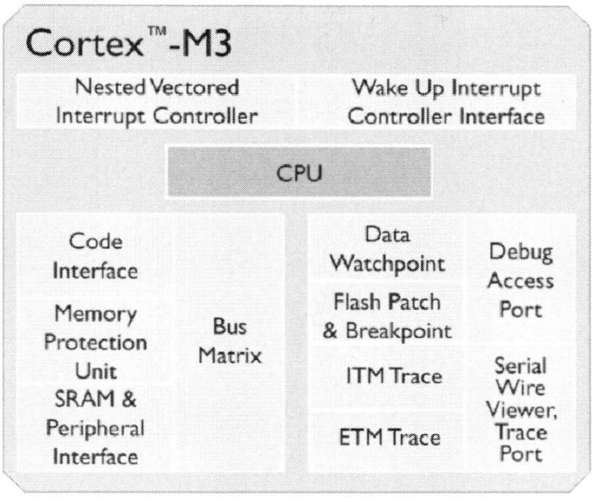

ARM Cortex-M3 Features	
ISA Support	Thumb® / Thumb-2
Pipeline	3-stage
Performance Efficiency	3.32 CoreMark/MHz*
Performance Efficiency	1.25 / 1.50 / 1.89 DMIPS/MHz**
Memory Protection	Optional 8 region MPU with sub regions and background region
Interrupts	Non-maskable Interrupt (NMI) + 1 to 240 physical interrupts
Interrupt Priority Levels	8 to 256 priority levels
Wake-up Interrupt Controller	Up to 240 Wake-up Interrupts
Sleep Modes	Integrated WFI and WFE Instructions and Sleep On Exit capability. Sleep & Deep Sleep Signals. Optional Retention Mode with ARM Power Management Kit
Bit Manipulation	Integrated Instructions & Bit Banding
Enhanced Instruction	Hardware Divide (2-12 Cycles), Single-Cycle (32×32) Multiply, Saturated Math Support.
Debug	Optional JTAG & Serial-Wire Debug Ports. Up to 8 Breakpoints and 4 Watchpoints.

그림 1.2.1-3 ARM Cortex-M3의 구성도 및 사양(Specification)

ARM에서 출시된 Cortex칩은 A, R, M 세가지 타입이 있다. 이 중 A타입과 R타입은 각각 응용(Application), 실시간(Real-time)시스템을 위한 칩인 반면, M타입은 MCU의 요구사항에 최적화된 플랫폼에 맞춰 설계된 칩이다. 상대적으로 가격이 저렴하고, 코드집적도가 높아 다수의 인터럽트 처리가 필요한 응용개발에 알맞은 칩이다. Cortex-M3는 다음과 같은 특징을 가지고 있다.

- 보다 더 좋아진 성능 효율성

  속도나 전력 요구사항을 증가시키지 않고도 더 많은 작업을 가능하게 하였다.

- 낮은 전력 소모

  무선 네트워킹 애플리케이션을 포함하는 휴대형 제품에서 특히 중요한 배터리의 수명을 더 길게 해주었다.

- 개선된 결정성

  크리티컬한 작업과 인터럽트가 정해진 사이클 이내에서 가능한 빨리 처리될 수 있도록 보장하고 있다.

- 사용의 편의성

  32비트 사용을 검토하는 8비트, 16비트 사용자들을 위해 프로그래밍, 디버깅이 더 쉬워졌다

- 저가격 솔루션

  32비트 기반의 시스템 비용을 기존의 8비트 및 16비트 소자를 사용했을 때와 비슷한 수준으로 낮춰, 로우-엔드를 가능하게 하며, IS$1 이내의 가격으로 출시되는 첫 번째 32비트 마이크로컨트롤러를 탄생시켰다

- 개발 툴의 폭넓은 선택

  저가격 또는 무상 컴파일러에서부터 다양한 개발 툴 벤더에서 출시한 완전히 집적된 개발 세트에 이르기까지 툴 선택의 폭이 넓다.

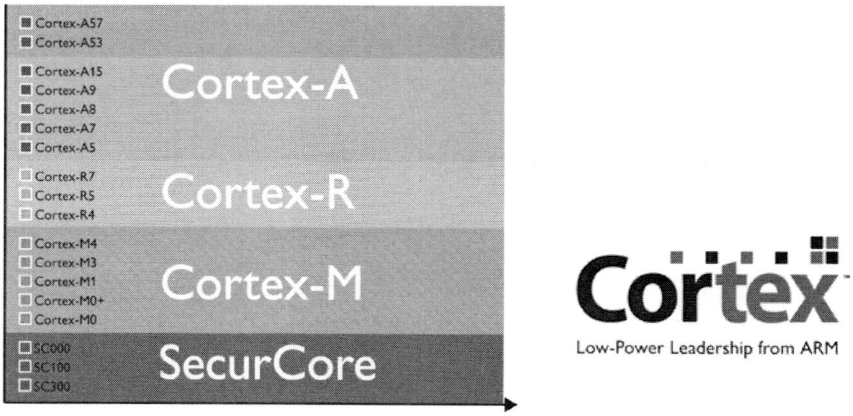

그림 1.2.1-4 Cortex-M 시리즈는 ARM의 프로세서 중에서 저전력의 고성능 마이크로프로세서이다.

Cortex-M3는 우리가 주로 쓰는 PC와 같이 32비트 단위로 데이터를 처리하면서도 클럭 속도는 보통 72 MHz정도로 쓰기 때문에 무척 빠르다. 기존에 시장을 지배하고 있던 AVR이 8비트/16비

트임을 감안하면 매우 빠르다고 할 수 있다. 그리고 16비트 호환성 유지를 위해서 Thumb이라는 기능도 제공하기 때문에 기존의 16비트 기반의 마이크로프로세서 환경과의 호환성도 유지한다. 그리고 무엇보다도 매우 저전력에서 동작하고 저렴하기 때문에 로봇제작과 같은 임베디드 환경에 매우 적합한 프로세서라고 할 수 있다.

STM32F10x 시리즈 마이크로프로세서 소개

ARM이라는 회사는 Intel이나 AMD처럼 CPU를 직접 설계부터 제조까지 하는 회사는 아니고 설계만해서 그 라이선스로 수익을 얻는 회사이다. OpenCM9.04에 사용된 STM32F103CB라는 마이크로컨트롤러는 ARM에서 취득한 Cortex-M3라는 코어를 중심으로 SRAM, Flash, I/O 등과 같은 IP블록으로 시스템을 구성한 SoC(System On Chip) 제품이다.

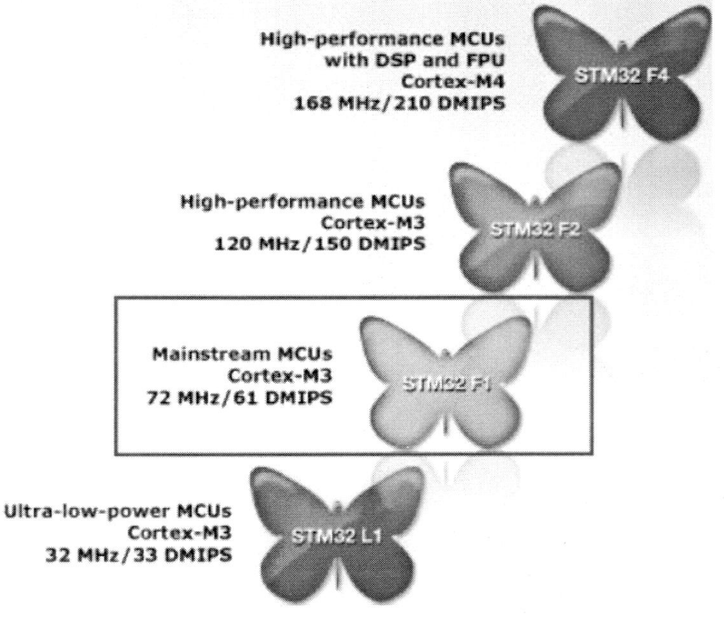

그림 1.2.1-5 STM32 32-bit ARM Cortex MCUs 출처 : www.st.com

STM32F103CB는 전체적으로 STM32 시리즈에서 STM32 F1 시리즈 중에 하나의 모델이고 STM32에서 '32'는 32 bit 마이크로 프로세서를 의미한다. STMicroelectronics에서 STM32 관련 Product line up을 보면 아래와 같이 L1에서부터 F4까지 갖추고 있다. STM32 F1은 Cortex-M3 코어로 72 MHz로 동작하면서 처리 능력은 61 DMIPS에 해당하는 스펙을 가지고 있다. 가장 높은 F4의 경우는 Cortex-M4 코어에 DSP와 FPU블록을 가지고 168 MHz로 동작하는 고급형 마이크로프로세서에 해당한다. OpenCM9.04에 포함된 STM32F103CB는 STM32F1 시리즈 중에 하나라는 것을 알 수 있다.

http://www.st.com/web/en/catalog/mmc/FM141/SC1169
The STM32 family of 32 bit Flash microcontrollers based on the ARM Cortex^{TM}-M processor is designed to offer new degrees of freedom to MCU users. It offers a 32product range that combines high performance, real-time capabilities, digital signal processing, and low-power, low-voltage operation, while maintaining full integration and ease of development. The unparalleled and large range of STM32 devices, based on an industry-standard core and accompanied by a vast choice of tools and software, makes this family of products the ideal choice, both for small projects and for entire platform decisions.

그러면 STM32F103CB는 STM32 F1 라인업에서 어떤 위치에 있을까 아래에서 전체 STM32F1 라인업을 기능별로 분류한 데이터시트를 보면 STM32F1 시리즈의 Performance line에 STM32F103 라인업이 있다는 것을 알 수 있다. 이것을 보면 주로 103라인에는 USB FS device나 Flash 같이 가격대비 주로 많이 쓰는 기능들만 포함하고 있다는 것을 알 수 있고 이것보다 높은 105/107라인업에는 USB OTG나 Ethernet과 같은 고급 기능이 포함되어 있으면서 전반적으로 RAM이나 Flash 사이즈가 큰 고급 모델임을 알 수 있다.

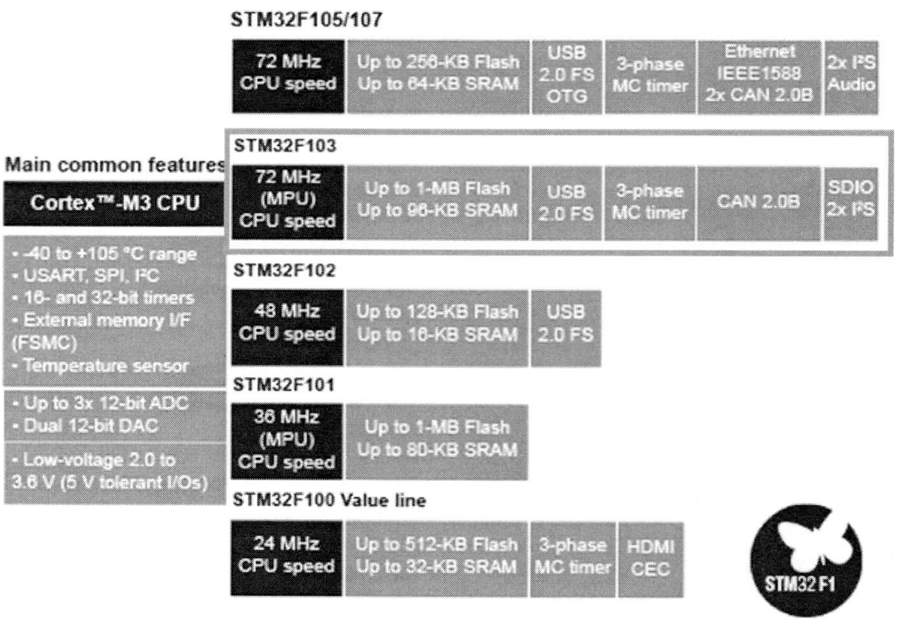

그림 1.2.1-6 STM32F1시리즈는 00, 01, 02, 03, 05/07 라인업으로 나뉜다.

그리고 제품 라인업을 나누는 또 하나의 기준이 있는데 그것은 바로 내장 플래시 사이즈이다. STM32F1 시리즈는 플래시 사이즈에 따라 4가지 종류, 즉 Low-density devices, Medium-density devices, High-density devices, XL-density devices로 구분된다.

- **Low-density devices** are STM32F101xx, STM32F102xx and STM32F103xx microcontrollers where the Flash memory density ranges between 16 and 32 Kbytes.
- **Medium-density devices** are STM32F101xx, STM32F102xx and STM32F103xx microcontrollers where the Flash memory density ranges between 64 and 128 Kbytes.
- **High-density devices** are STM32F101xx and STM32F103xx microcontrollers where the Flash memory density ranges between 256 and 512 Kbytes.
- **XL-density devices** are STM32F101xx and STM32F103xx microcontrollers where the Flash memory density ranges between 768 Kbytes and 1 Mbyte.

이러한 기준에 의하면 128 kbytes의 플래시 메모리를 가진 STM32F103CB는 Medium-density devices에 해당한다고 보면 된다. 왜 이러한 분류기준을 언급하는지는 제조사인 STMicroelectonics에서 제공하는 SW 라이브러리들이 이러한 플래시 메모리 사이즈에 따라서 제공하는 기능 여부가 달라지기 때문에 조금은 알아 둘 필요가 있다.

표 1.2.1-1 STM32F103 시리즈에서도 4가지 라인업이 형성되어 있다.

Peripheral		STM32F103Tx		STM32F103Cx		STM32F103Rx		STM32F103Vx	
Flash - Kbytes		64	128	64	128	64	128	64	128
SRAM - Kbytes		20		20		20		20	
Timers	General-purpose	3		3		3		3	
	Advanced-control	STM32F103C8		1		STM32F103CB		1	
Communication	SPI	1		2		2		2	
	I^2C	1		2		2		2	
	USART	2		3		3		3	
	USB	1		1		1		1	
	CAN	1		1		1		1	
GPIOs		26		37		51		80	
12-bit synchronized ADC Number of channels		2 10 channels		2 10 channels		2 16 channels		2 16 channels	
CPU frequency		72 MHz							
Operating voltage		2.0 to 3.6 V							
Operating temperatures		Ambient temperatures: –40 to +85 °C /–40 to +105 °C (see *Table 9*) Junction temperature: –40 to + 125 °C (see *Table 9*)							
Packages		VFQFPN36		LQFP48, VFQFPN48		LQFP64, TFBGA64		LQFP100, LFBGA100 UFBGA100	

그리고 STM32F1시리즈에서 STM32F103시리즈로 가보면 여기서도 세부적으로 라인업이 나누어지는데, 실제 STM32F103CB가 어떠한 사양을 가지고 있는지 구체적으로 비교할 수 있다. 주로 Flash 사이즈와 GPIO[8]개수를 가지고 4가지의 STM32F103 라인업이 나누어지는데, C라인은

8) General Purpose Input/Output의 약자이고 일반적인 용도로 입력과 출력을 모두 쓸 수 있는 IO포트라는 의미이다. 제4장 하드웨어 부분에서 좀 더 자세하게 다룰 예정이다.

GPIO 개수가 37개이고, 플래시 메모리 사이즈가 64 Kbytes이냐 128 Kbytes냐에 따라 뒤에 '8'이 붙고 'B'가 붙는 것이 결정된다. 결국 STM32F103에서 37개 GPIO를 가지고 128 Kbytes 플래시 메모리를 가진 제품이기 때문에 STM32F103CB가 된 것을 알 수 있다.

결국 어떤 임베디드 시스템을 만들려고 하는지에 따라 적절한 성능과 가격대의 마이크로컨트롤러를 사용하면 된다. OpenCM9.04 보드에서는 이러한 STM32 32비트 MCU 라인업 중에서 가장 가격 대비 성능이 뛰어난 STM32F103CB가 사용되었다. OpenCM9.04의 전신인 CM-900에서는 64 Kbytes Flash의 STM32F103C8(ARM Cortex-M3) 컨트롤러를 사용하였지만 OpenCM9.04에는 128 Kbytes Flash의 STM32F103CB를 사용한 것이 장점이라고 할 수 있다.

1.3 오픈소스 임베디드 로보틱스

이제까지 살펴본 바와 같이 IT 기술과 프로세싱 기반의 오픈소스 프로젝트의 발전으로 과거 전문가들 또는 일부 마니아 층에서만 어렵게 개발하였던 로봇을 이제는 오픈소스 환경만을 활용하여 쉽게 제작이 가능해지고 있다.

로봇 하드웨어 입출력을 위해서 회로도까지 공개된 오픈소스 임베디드 로보틱스 하드웨어인 OpenCM9.04를 이용하고, 결과를 모니터링 하거나 추가적인 센서 및 자원을 활용하기 위해 오픈소스 프로그래밍 환경인 프로세싱 또는 오픈소스 모바일 플랫폼인 안드로이드 디바이스를 활용하여 로봇 제작이 가능하다.

OpenCM9.04의 경우 로봇 센서로 널리 사용되는 올로(OLLO)의 센서, 로봇 액추에이터인 다이나믹셀(Dynamixel) 등을 위한 인터페이스를 포함하고 있어 로봇 제작을 손쉽게 할 수 있다. 복잡한 알고리즘 등을 요구하는 경우 프로세싱을 통해서 컴퓨터 자원을 활용하는 것도 가능하고, 컴퓨터 환경에서 손쉽게 로봇의 상태를 모니터링할 수도 있다. 또한, 오픈소스 모바일 환경인 안드로이드를 활용해서 휴대폰 또는 태블릿 컴퓨터를 추가적인 장치로 활용하여 명령을 지시하거나 상태 모니터링을 수행할 수도 있다.

이렇듯 오픈소스 환경만으로도 최첨단 기술이라 할 수 있는 임베디드 로봇 제작이 가능한 시대가 온 것이다. 향후 전세계 많은 유저들의 노력으로 오프소스 정신에 기반하여 한층 더 쉽게, 뛰어난 성능의 로봇 개발이 이루어질 것이다.

임베디드 로보틱스–OpenCM9.04

제1장에서 오픈소스가 인기를 얻게 된 배경에서 OpenCM9.04와 같은 오픈소스 하드웨어 탄생까지 살펴보았다. 이번 장에서는 OpenCM9.04를 어떻게 사용할 수 있는지 사용법에 대해 살펴보도록 하자. 맨 처음 OpenCM9.04의 하드웨어에 대해서 자세히 살펴보고 프로그래밍을 하기 위해서 ROBOTIS OpenCM 소프트웨어를 다운로드하고 설치하는 방법순으로 차근차근 살펴보자. 아두이노 소프트웨어와 같이 ROBOTIS OpenCM도 Windows와 Linux, Mac OS X까지 지원하고 Windows의 경우는 USB CDC 드라이버를 설치해야만 한다.

마지막으로 모든 개발환경이 완료되면 몇 가지 예제를 다운로드해서 잘 동작하는지 확인해보자.

2.1 OpenCM9.04 하드웨어 살펴보기

OpenCM9.04 보드는 마이크로컨트롤러인 Cortex-M3 기반의 STM32F103CB를 중심으로 양쪽에 26개의 GPIO(General Purpose Input Output)[9] 포트를 제공하고 로보티즈社의 다이나믹셀 서보 모터와 5핀 센서 포트를 중심으로 매우 콤팩트한 사이즈를 특징으로 한다. 여기서 대표적으로 가장 널리 쓰이고 있는 오픈소스 하드웨어인 아두이노 시리즈와 비교하자면, 로봇 시스템에서 가장 어려운 부분인 관절 서보를 연결할 수 있는 데이지 체인 방식의 Half Duplex UART 회로를 내장하였기 때문에 다이나믹셀 시리즈 서보 모터를 바로 사용할 수 있다. 뿐만 아니라 자이로(Gyro) 센서나 터치 센서, 적외선(IR) 센서 등 로봇의 감각기관으로 쓸 수 있는 센서들을 5핀 센서 포트를 통해 바로 연결할 수 있고 서보(액추에이터) 제어도 한 번에 가능하기 때문에 다른 오픈소스 임베디드 보드보다 로봇을 구성하는 데 있어서 큰 장점이 있다.

9) 하나의 포트를 통해 디지털 입력(Input) 또는 출력(Output)으로 쓸 수 있으며, I2C, SPI, USART 등 부가적인 기능도 제공한다고 해서 일반적인 포트라는 의미로 GPIO(Gerneral Purpose Input Output)라고 한다.

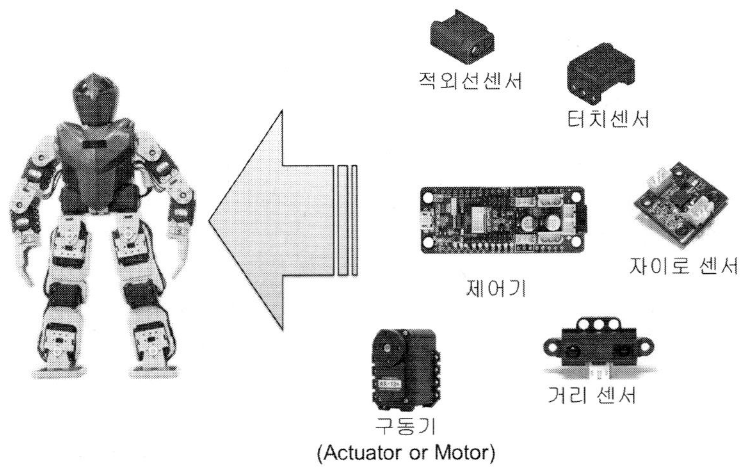

그림 2.1-1 로봇 시스템 요소

2.1.1 하드웨어 레이아웃

OpenCM9.04는 A타입과 B타입이 있다. A타입은 외부 커넥터가 납땜되지 않고 홀이 뚫린 상태로 저렴하게 구입할 수 있으며, 유저가 원하는 대로 커넥터를 부착할 수 있다. 반면에 B타입은 아래의 레이아웃과 같이 양쪽 헤더를 제외한 모든 커넥터가 납땜되어 판매가 된다. 때문에 가격은 조금 더 비싸지만 편리하게 사용할 수 있으며, 다른 아두이노 보드들 보다는 훨씬 저렴하며, 가장 많이 쓰는 UNO 보드보다 싸다.

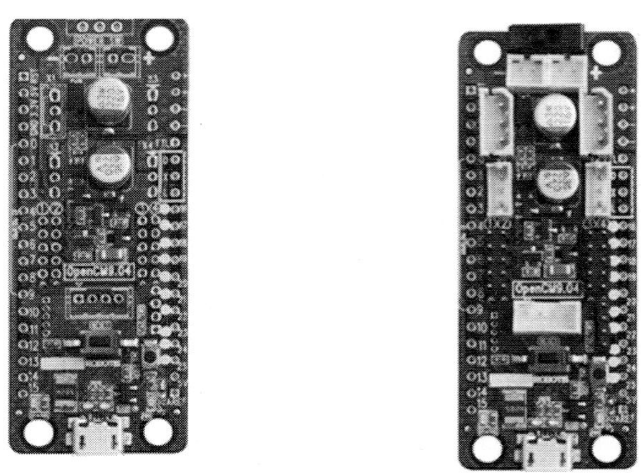

[OpenCM9.04 A-Type] [OprnCM9.04 B-Type]

그림 2.1.1-1 OpenCM9.04의 A타입, B타입

부록 3 STM32 고급 임베디드 개발환경 구축

3.1 CoIDE

3.1.1 개요

지금까지 Processing 기반의 ROBOTIS OpenCM 환경을 활용해서 OpenCM9.04의 프로그래밍을 배웠다. 하지만 대부분의 마이크로프로세서 전문서적에서는 ISP[42]와 같은 외부 다운로드 장비를 활용해서 직접 MPU 내의 플래시 메모리나 EEPROM에 펌웨어 프로그래밍하는 방법을 소개하고 있어서 조금 더 고급 테크닉을 배우고 싶어하는 독자들은 Wiring 프로그래밍에 만족하지 않을 수 있다.

마찬가지로 OpenCM9.04도 내장된 STM32F103CB에 직접 플래시 메모리에 접근해서 프로그래밍이 가능하다. 이 경우 지금까지 소개한 OpenCM 프로그래밍과는 다르게 직접 main() 진입함수 내에서 Native C/C++를 가지고 프로그래밍을 해야 되고 외부 하드웨어 프로그래머 장비를 이용해서 STM32F103CB의 플래시 메모리에 직접 다운로드해야 한다. 이미 이러한 STM32 고급개발 기법을 통해 자신만의 로봇 시스템을 최적화하고 싶어하는 독자들이 있을 것이다. 이러한 독자들을 위해 AVR ISP와 같이 외부 하드웨어 프로그래머 장비를 가지고 STM32 프로세서를 유용하게 프로그래밍 할 수 있는 상용 또는 무료 개발 소프트웨어를 가지고 활용하는 방법을 살펴보자.

현재 STM32와 같은 ARM 코어를 개발할 수 있는 상용 임베디드 개발환경으로 많이 쓰고 있는 툴은 IAR의 Embedded Workbench라는 제품이 있고 Keil에서 나온 uVision이라는 제품도 많이 쓰인다. 하지만 이러한 상용 제품은 강력하고 편리한 기능을 제공하지만 일반 학생이나 초급자들

42) In System Programming(ISP)을 의미하고 마이크로프로세서 타깃 보드에 장착한 상태에서 프로그래밍이 가능하게 해주는 H/W, S/W 장비를 지칭한다.

이 구입해서 쓰기에는 무리가 따른다. 그래서 이클립스 CDT와 같은 오픈소스 통합 개발환경에 GCC 계열의 ARM 컴파일러가 포함된 툴체인을 연동한 개발환경을 쓰기도 한다.

Supplier	IDE	Supported compilers	In-circuit debuggers, emulators
Aiji System	OPENice-EDS	Supports a variety of images Dwarf1/2, ELF, AxF, Keil, GCC, ARM (ADS, RVDS)	OPENice-A1000
Altium / TASKING	EDE	TASKING C/C++	Tantino, Tanto, J-Link
Green Hills Software	MULTI	Green Hills	Green Hills Probe
Hitex	HITOP5	GNU C/C++, Tasking, ARM, and IAR	Tantino for Cortex
IAR	EWARM	IAR's ISO C/C++ and Extended Embedded C++	AnbyICE, ARM RealView ICE, J-Link, Macraigor Wiggler and other RDI-based JTAG interfaces
iSYSTEM	WinIdea	ARM, GHS, GNU, IAR, Keil, Tasking	iONE
Keil	uVision3	Keil, GNU C/C++, ARM (ADS and RVDS)	Keil ULink, Hitex Tanto, iSYSTEM iC3000, Nohau EMUL-ARM
Lauterbach	TRACE32 PowerView	IAR, MetaWare, High C/C++, ARM (ADS and RVDS), Windriver, GNU C/C++	TRACE32 – Power Tool, TRACE32 – ICD
Raisonance[1]	RIDE	GNU C/C++	RLink
Rowley	CrossWorks	GNU C/C++	CrossConnect, Macraigor Wiggler, IAR, J-Link
Signum	Chameleon	Compatible with all major C/C++ ARM compilers	JTAGjet, JTAGjet-Trace (ETM)

1. Raisonance RIDE with GNU C/C++ compiler and RLink is available from STMicroelectronics, order code STX-PRO/RAIS

부록 그림 3.1.1-1 ARM 고급 개발환경 정리. 주로 IAR이나 Keil 제품이 많이 쓰인다.

여기서 소개할 CoIDE라는 통합 개발환경은 이클립스 오픈소스를 기반으로 편리한 소스 편집이 가능하면서도 디버깅 및 펌웨어 다운로드가 한 번에 가능하다. 무엇보다도 이러한 통합 개발환경이 무료로 누구나 자유롭게 사용가능하다는 점이 큰 장점이다. 또한, 필요한 기능마다 예제가 제공되는 것도 매우 편리하다. 최근에 필요한 개발보드도 리스트로 제공되고 판매가 이루어지고 있다. 아무래도 이러한 판매 방식도 임베디드 개발환경의 Business 중에 한 가지 방식이 아닐까 생각된다. 어찌되었든 우리는 이러한 편리한 개발환경을 무료로 사용할 수 있으니 많이 이용해서 발전시키는 것도 좋을 것 같다.

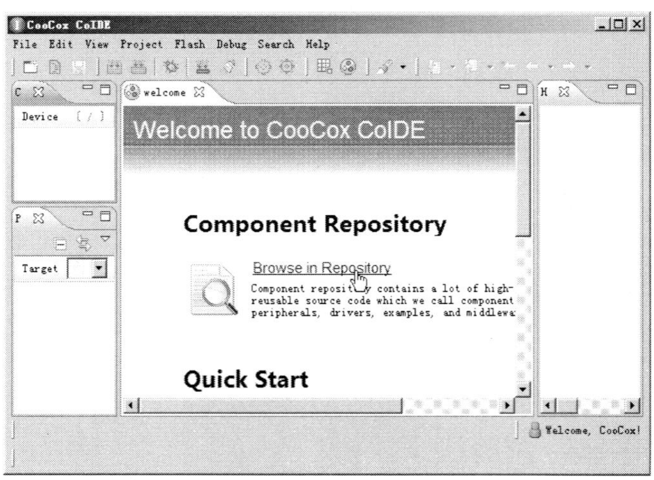

부록 그림 3.1.1-2 CoIDE 소개

그리고 <그림 2.1.1-7>에서 볼 수 있듯이, 오른쪽헤더 핀의 +-핀으로 파워서플라이나 별도의 배터리를 이용해 직접 전원을 공급해 줄 수도 있다. 여기서 주의할 점은 배터리 커넥터에도 배터리를 연결하고 +-핀에도 별도의 전원 공급을 하고 있다면 하나의 포트에 2개의 전원이 연결된 매우 위험한 상황이므로 이런 식의 연결은 피해야 한다.

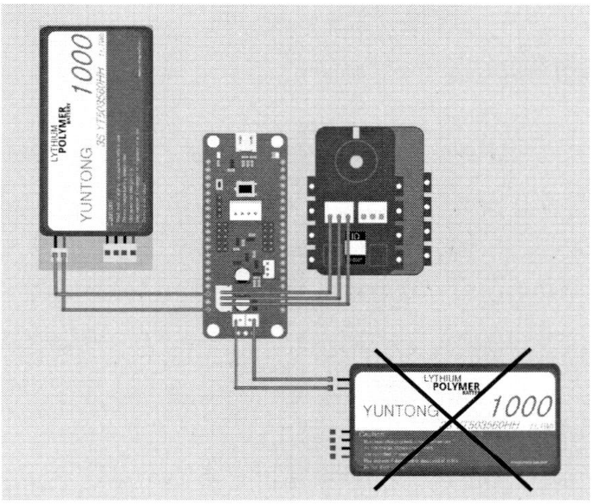

그림 2.1.1-6 2개의 전원 소스에 동시 연결은 피해야 한다.

왜냐하면 두 개의 전원 소스의 전압차이만큼 쇼트가 된 상태이기 때문에 배터리가 터질 수 있기 때문이다.

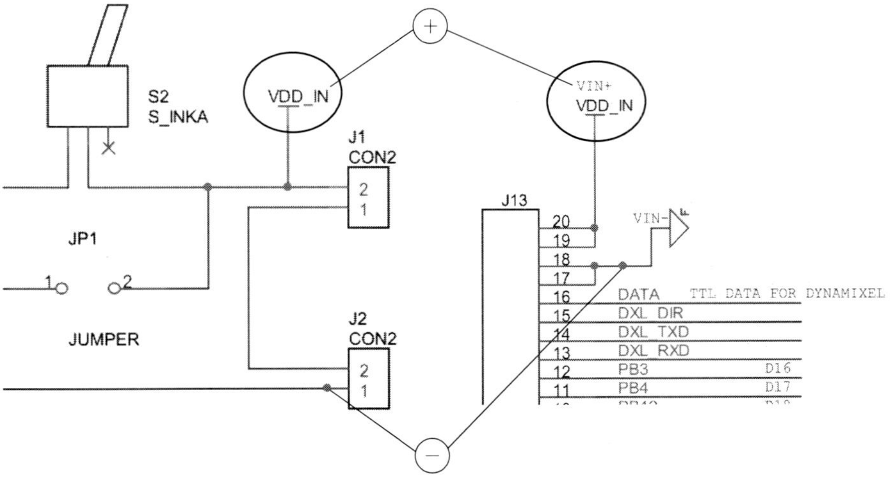

그림 2.1.1-7 OpenCM9.04 VDD_IN 주변 회로도 - 배터리 커넥터 J1, J2의 VDD_IN이 마찬가지로 +-핀과 연결되어 있다. 여기서 VDD_IN이 +핀, VIN-가 -핀을 의미한다.

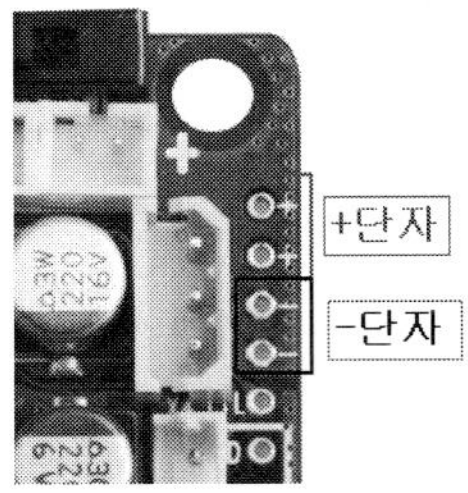

그림 2.1.1-8 OpenCM9.04 오른쪽 헤더에서 제공하는 +-홀

여기서 배터리 단자와 오른쪽 헤더의 +-핀을 통해서 보드에 공급 가능한 전압 범위는 5 V~16 V이다. 5 V 이하의 전압을 공급하면 보드가 제대로 동작을 하지 않고 16 V 이상의 전압은 부품이 견딜 수 있는지를 보증할 수 없다. 통상 OpenCM9.04 보드에 공급되는 전압은 사용하려는 다이나믹셀 모터의 동작 전압에 맞춰서 공급하면 되는데, 다이나믹셀의 권장 전압 범위는 모델마다 다르기 때문에 반드시 로보티즈社의 e-Manual을 참고해야 한다. 예를 들어 AX12를 사용한다고 했을때 매뉴얼에 표시된 전압 범위(9~12 V)에서는 동작을 한다고 표시되어 있다. 하지만 권장 전압 이하를 공급하였을 경우 움직이기는 하나 필요한 토크 출력을 얻지 못한다. 그렇다고 전압을 계속 올려 최대 12 V 범위를 넘는 전압을 공급한다면 다이나믹셀의 수명이 급격히 줄어들거나 고장의 위험이 있기 때문에 매뉴얼에 표기된 전압 범위 내에서 사용하는 것이 바람직하다.[11] 특히 MX시리즈의 경우 몇 가지 전압에 따른 토크와 스피드를 매뉴얼에 표시해 두었다. 만약 서로 다른 다이나믹셀 모델을 섞어 쓰는 경우라면 각각의 다이나믹셀 모델의 사용전압 범위를 넘지 않도록 해야 하고 더 큰 토크를 얻기 위해서 무리하게 전압을 올리지 않도록 한다. 다이나믹셀 사용에 대한 자세한 내용은 제6장에서 충분히 다룰 예정이니 참고하자.

- Stall Torque : 15 N.m(at 12 V, 1.5 A)
- No load speed : 59 rpm(at 12 V)
- 동작 모드
  - 관절 모드(0° ~ 300°)
  - 바퀴 모드(무한 회전)
- 동작 온도 : -5℃ ~ +70℃
- 사용 전압 : 9 ~ 12 V(권장 전압 11.1 V)

그림 2.1.1-9 AX12의 사용 전압 범위

11) 각각의 다이나믹셀 모델에 맞는 권장 전압을 따로 표시해 두었다(support.robotis.com).

- Stall Torque
    - 2.3 N.m(at 11.1 V, 1.3 A)
    - 2.5 N.m(at 12 V, 1.4 A)
    - 3.1 N.m(at 14.8 V, 1.7 A)
- No load speed
    - 50 rpm(at 11.1 V)
    - 55 rpm(at 12 V)
    - 67 rpm(at 14.8 V)
- 동작 온도 : -5℃ ~ +80℃
- **사용 전압 : 10 ~ 14.8 V(권장 전압 12 V)**

그림 2.1.1-10 MX28 모델의 경우 전압마다 토크와 스피드를 따로 표시해두었다.

전원(Power)회로의 이해

OpenCM9.04의 전원 공급 커넥터에 대해 간단히 살펴보았는데, 이러한 전원 커넥터가 회로적으로 어떻게 연결되었는지 살펴보자. 그전에 간단히 OpenCM9.04 전원 회로의 블록 다이어그램을 살펴보면 아래 그림과 같다.

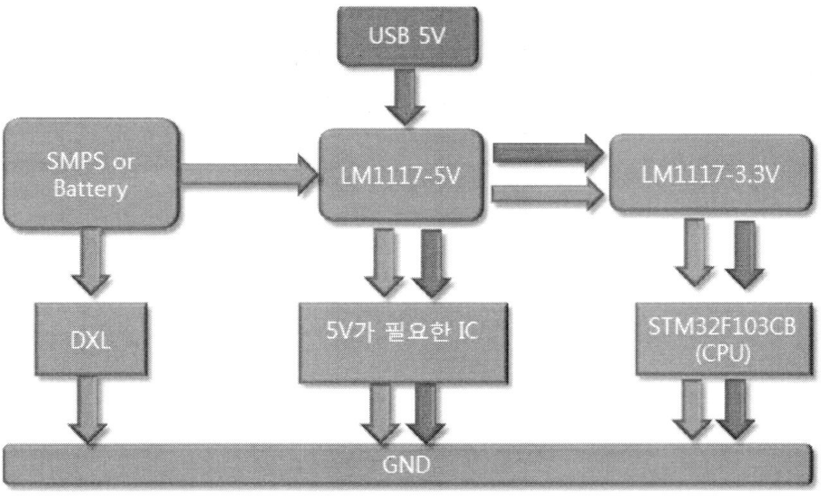

그림 2.1.1-11 OpenCM9.04 전원(Power) 블록 다이어그램

블록 다이어그램에서 보듯이 배터리를 통해 공급된 전원이 LM1117-5 V와 LM1117-3.3 V를 거쳐서 각각 5 V와 3.3 V 정전압을 만들어 낸다. LM1117시리즈는 대표적으로 많이 쓰이는 저가형 Step-down 선형 레귤레이터(Linear Regulator)이고 뒷부분의 숫자가 출력 전압을 나타낸다. 이렇게 입력 전압보다 낮은 정전압을 만들기 위해서는 레귤레이터라는 전자 부품을 쓰는데, 크게 리니어 방식과 스위칭 방식이 있다. OpenCM 보드는 저렴하면서도 안정된 전압을 출력하는 리니어 방식의 Step-down 레귤레이터를 사용한다. 하지만 출력 전압 대비 높은 입력 전압을 넣었을 때

열이 많이 나는 단점이 있다.[12] 반면에 스위칭 방식은 부품이 많이 들어가기 때문에 가격이 비싸고 안정성은 리니어 방식보다 떨어지지만 효율이 좋아서 높은 입력 전압을 넣어도 열이 많이 나지 않으며 고출력의 전류를 얻을 수 있다.

OpenCM9.04의 PCB 뒷면을 보면 비슷한 형태의 큰 부품 2개가 있는데 아래의 2개 부품이 5 V, 3.3 V 레귤레이터가 된다.

그림 2.1.1-12 OpenCM9.04의 뒷면을 보면 이러한 리니어 레귤레이터를 확인할 수 있다.

여기서 5 V는 주로 다이나믹셀을 위한 TTL(5 V레벨) Half Duflex UART 회로에 공급되고 3.3 V 전압은 STM32F103CB(CPU)에 공급된다. 그리고 5 V, 3.3 V 두 가지 전압은 왼쪽 헤더에도 공급되므로 센서와 같은 부가회로가 필요하다면 연결해서 사용할 수 있다.

그림 2.1.1-13 5 V와 3.3 V 전원 공급

위의 블록 다이어그램을 회로도 레벨에서 살펴보자.

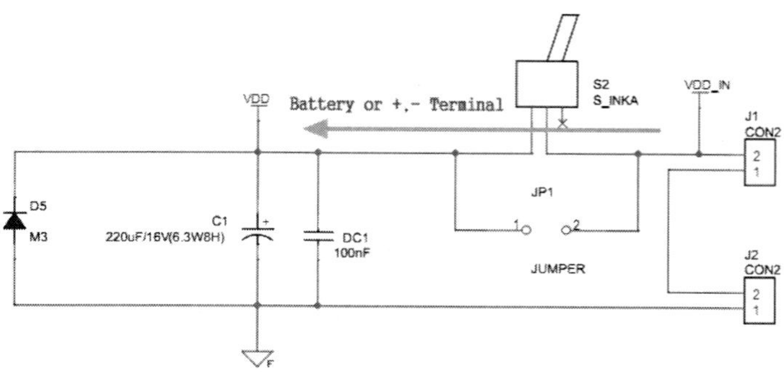

그림 2.1.1-14 <배터리 주변 회로도>

2개의 리튬-이온 배터리 직렬 연결이 J1, J2로 들어오면 S2 스위치를 통해 VDD에 공급된다.

12) 때문에 보드에 입력 전압이 높을수록 열이 많이 날 수 있다. 특히, 12 V SMPS로 공급할 때 열이 많이 날수도 있는데 OpenCM9.04에 사용된 레귤레이터는 최대 150도까지 견딘다.

참고로 JP1 점퍼를 납땜하여 연결하면 전원 스위치가 동작하지 않고 연결을 끊으면 스위치가 동작한다. JP1은 OpenCM9.04의 스위치 동작 유무를 결정하는 점퍼인 셈이다. 배터리나 +−핀을 통해 전원이 공급되면 아래의 LM1117-5 V를 거쳐서 5 V 정전압을 만들고 5 V 정전압은 다시 LM1117-3.3 V를 거치면서 최종적으로 3.3 V 전압을 CPU에 공급한다.

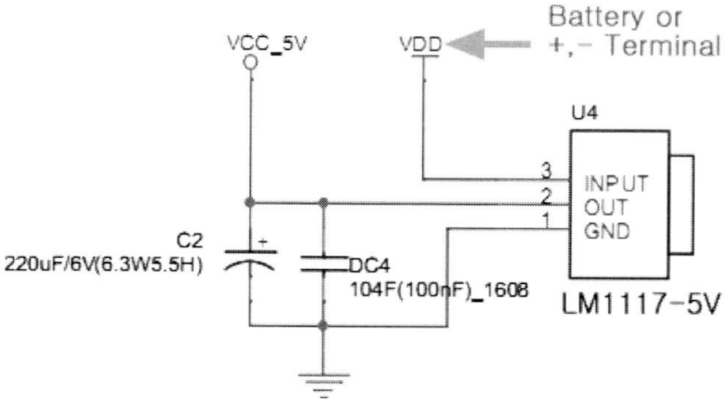

그림 2.1.1−15 VDD를 통해서 들어온 입력 전압이 5 V로 변환된다.

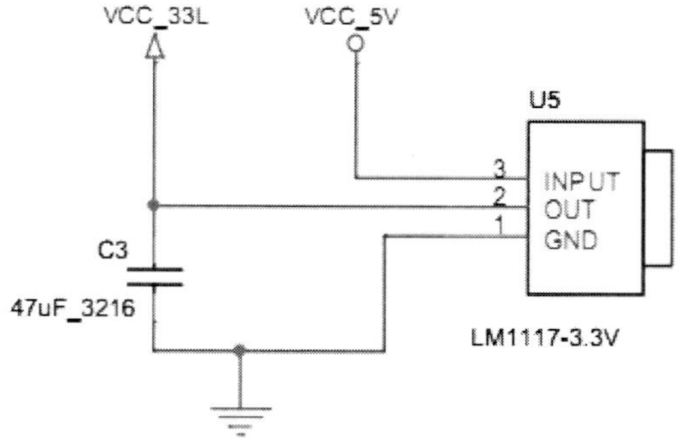

그림 2.1.1−16 5 V로 변환된 전압이 LM1117-3.3을 거치면 3.3 V가 된다.

USB 전원 공급

USB를 통해서 공급된 전압도 똑같이 LM1117-5 V와 LM1117-3.3 V를 거쳐서 최종 CPU에 3.3 V를 공급하면서 보드를 동작시키게 된다. 한 가지 다른 점은 USB만 연결하였을 경우 LM1117-5 V 정전압 레귤레이터의 출력이 5 V가 나오지 않고 약 4.7 V 정도 밖에 출력되지 않음에 주의해야 한다. OpenCM에 사용된 LM1117-5 V는 리니어 타입의 레귤레이터이므로 입력 전압이 5 V보다 약 0.7 V는 높아야 5 V 출력이 가능하기 때문이다.

USB 케이블을 이용해서 PC와 OpenCM9.04를 연결하면 다음과 같이 FDN3409(Q1) MOSFET를 통해서 VCC_5 V와 USB를 통해 공급되는 5 V전압 VUSB가 연결된다.

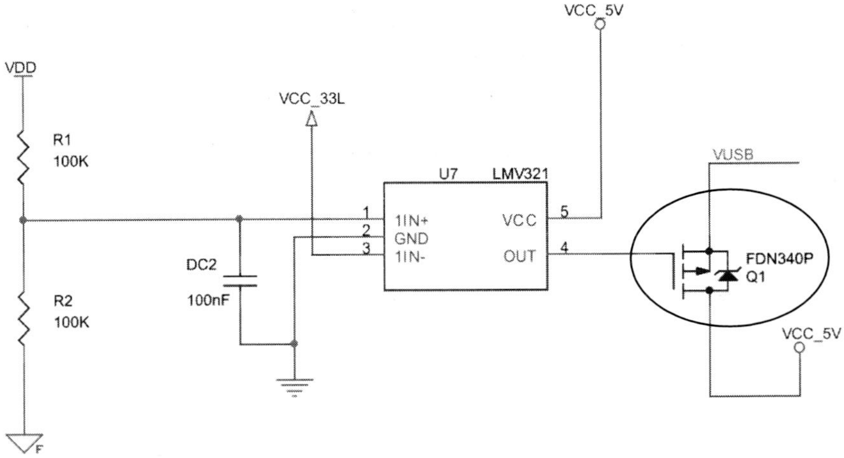

그림 2.1.1-17 USB 연결을 통한 5 V전원 공급 회로와 보호회로

옆의 LMV321은 Op Amp로서 비교기로 동작한다. VDD에 입력 전압이 있으면 MOSFET(FDN340P)가 cut-off되면서 VBUS와 VCC_5 V의 연결이 끊어지기 때문에 사용자의 PC와 연결된 USB 포트를 안전하게 지켜줄 수 있다. 이렇게 USB를 통해 5 V가 공급되면 마찬가지로 LM1117-3.3 V를 통해서 3.3 V 정전압이 만들어지고 CPU에 전원이 공급된다.

위에서 설명한 두 가지 전원 공급 방법은 용도에 따라 반드시 구분해야 한다. 보통 LED Blink나 시리얼 통신 같이 다이나믹셀을 구동할 필요가 없는 동작은 USB 연결만으로 충분하다. 하지만 다이나믹셀을 동작시키기 위해서는 반드시 배터리 단자 또는 +-핀을 통해 충분한(권장) 전압을 공급해야 한다.

전원 스위치(Power Switch)

전원 스위치는 이름 그대로 OpenCM9.04 보드의 전원 공급을 결정한다. 주의할 점은 USB를 연결한 상태에서는 안정적인 펌웨어 다운로드를 위해 전원이 차단되지 않는다. 위의 회로도에서도 알 수 있지만 USB 전압은 +-핀과는 별도로 전원이 공급되기 때문에 USB 전원까지는 차단할 수 없다. 혹시 USB 연결한 상태에서 전원 스위치로 전원이 꺼지지 않는다고 해서 고장이 아니므로 걱정하지 말자. 따라서 전원 스위치는 배터리 커넥터나 +-핀을 통해서만 전원을 공급할 때 ON/OFF동작이 가능하다고 할 수 있다. 만약 두 개의 전원이 다 공급된 상태에서 전원 스위치를 ON/OFF하면, CPU전원은 그대로지만 다이나믹셀들의 전원만 꺼졌다 켜지게 된다.

<그림 2.1.1-18>의 회로도를 보면 VDD_IN으로 표시된 접점이 +단자이고 VIN-가 단자이다. 그래서 JP1이 Closed(쇼트)되어 있으면 스위치는 무용지물이 된다. 반대로 JP1이 Open되어 있으면 스위치가 제대로 역할을 수행한다.

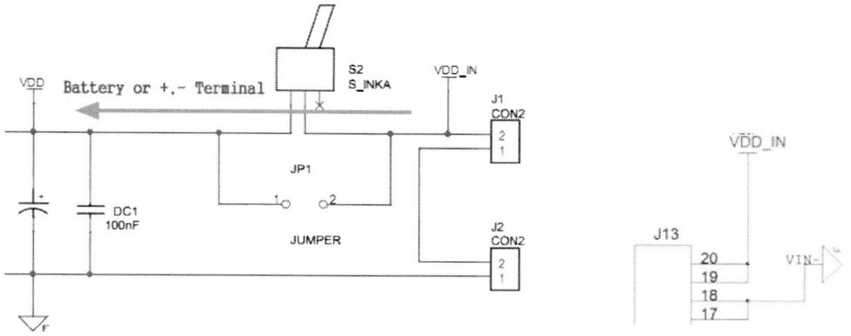

그림 2.1.1-18 파워 스위치는 VDD IN으로 공급된 전원만 ON/OFF가 가능하다.

중요한 점은 A타입에서 전원 스위치를 쓰기 위해서는 반드시 점퍼 JP1의 쇼트 상태를 해제해야 한다. 반면에 B타입은 당연히 <그림 2.1.1-19>와 같이 JP1의 연결이 끊어진 상태로 파워 스위치를 납땜 후 출고된다.

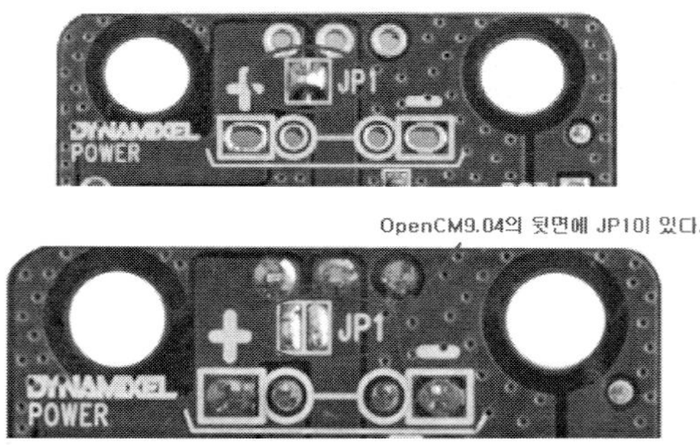

그림 2.1.1-19 A타입은 JP1이 쇼트된 상태로 판매가 되고, B타입은 열린 상태로 판매가 되는데, 이것은 스위치가 유무에 따라 결정된다.

방법은 뜨거운 인두기로 Flux를 약간 묻히고 닦아 내면 연결 상태가 깨끗이 사라진다.

Dynamixel TTL BUS

OpenCM9.04 보드는 전작인 CM-900과는 다르게 RS-485 통신을 제외한 TTL Half Duflex UART 회로만 내장되어있다. 그리고 총 4개의 Dynamixel TTL 3핀 커넥터를 제공하고, 중요한 점은 PCB의 홀들이 AX시리즈, XL시리즈 모두 호환 가능한 홀이므로 A타입을 구매한 유저라면 어떤 커넥터든지 납땜해서 사용 가능하다(<그림 2.1.1-20> 참조). XL시리즈는 다이나믹셀의 새로운 저가형 라인업이고 통신 방식은 기존 AX시리즈와 같은 방식으로 통신하기 때문에 공용으로 핀을 공유할 수 있다. 그리고 4개의 3핀 커넥터는 모두 하나의 Dynamixel TTL BUS를 공유하기 때문에 데이지 체인(Daisy chain) 방식으로 최대 254(ID = 0~253)개 정도의 다이나믹셀을 연결할 수 있다.

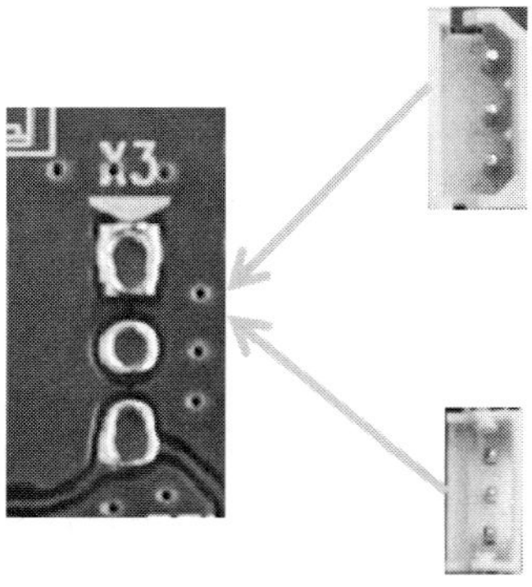

그림 2.1.1-20 기존 TTL 3핀 커넥터와 XL-320을 위한 mini 3핀 커넥터 호환 납땜 홀

A타입을 구매하였을 경우는 4개의 TTL 3핀 커넥터 모두를 같은 종류로 납땜할 수 있다. B타입은 아래 <그림 2.1.1-21>과 같이 상단에는 2개의 AX12 타입의 일반 몰렉스 3핀 커넥터가 꽂혀 있는 반면 하단에는 2개의 XL-320을 위한 미니 몰렉스 3핀 커넥터가 꽂혀있다.

그림 2.1.1-21 OpenCM9.04 B타입 다이나믹셀 3핀 커넥터

2.54 mm pitch I/O Header

OpenCM 보드는 좌, 우로 총 40핀의 IO포트 및 전원 공급포트를 제공한다. 핀 간격은 전작인 CM-900과는 다르게 2.54 mm이므로 저렴하고 구하기 쉬운 헤더로 장착이 가능하다. 무엇보다도 가장 작은 크기의 브레드 보드에도 쉽게 장착이 가능한 사이즈라서 테스트하는 데 편리하다.

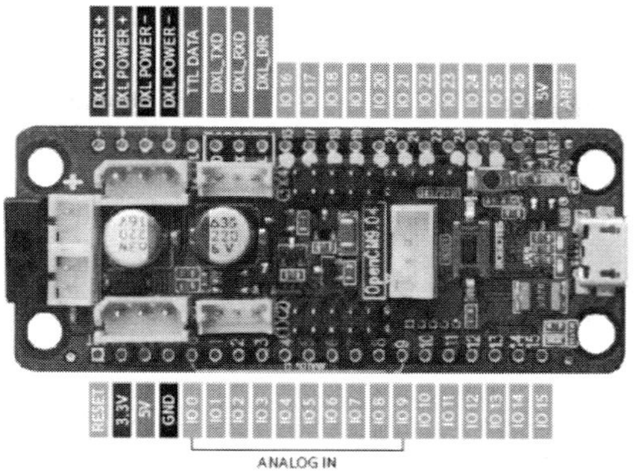

그림 2.1.1-22 OpenCM9.04 IO 헤더 핀 맵

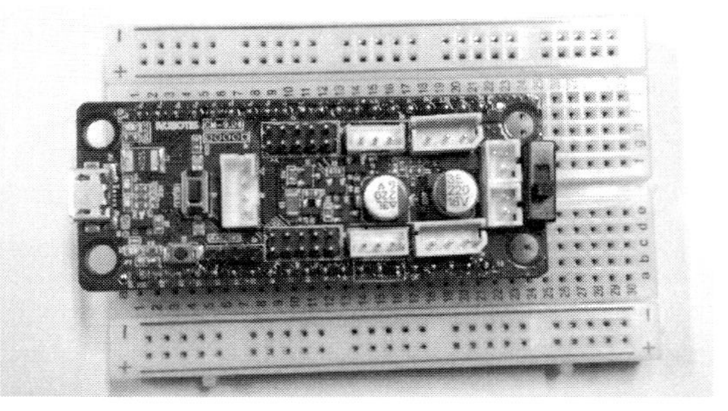

그림 2.1.1-23 미니 브레드보드에도 사용가능하다.

5핀 센서 포트

OpenCM9.04 보드에 새로 추가된 5핀 규격의 커넥터이다. ROBOTIS社의 센서 모듈의 규격과 일치하고 핀간격은 2 mm이다. 포트 번호 1, 2, 3, 4번을 주의 깊게 봐야 하는데, 이 포트들을 통해 총 4개의 센서 모듈을 사용할 수 있다. 적외선, 컬러, 온도, 초음파 등 다양한 종류의 ROBOTIS 센서 모듈을 바로 활용할 수 있고 OLLO 라이브러리를 이용하여 쉽게 활용할 수 있다. 아래 회로는 이러한 5핀 센서 포트의 실제 회로도를 보여준다.

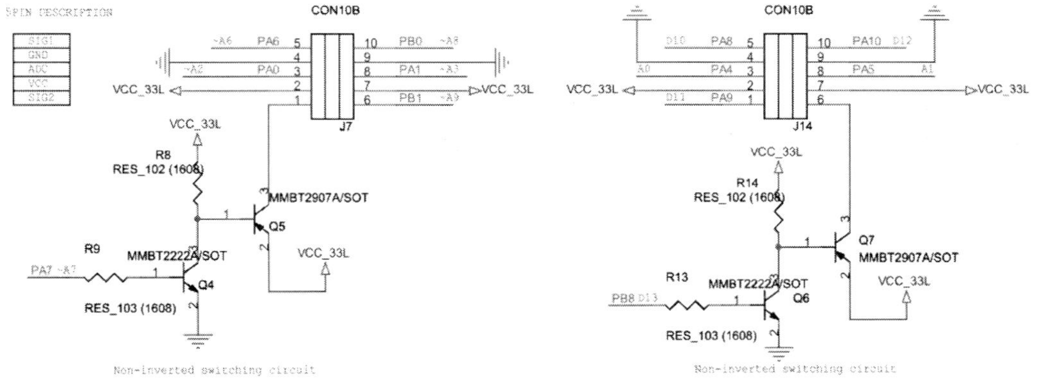

그림 2.1.1-24 OpenCM9.04의 5핀 센서 포트 회로도

<그림 2.1.1-24>의 회로도를 보면, 포트 1, 4번에는 2개의 BJT PNP/NPN 달링턴 회로를 이용해서 전류를 더 많이 흘려줄 수 있도록 설계되어 있기 때문에 IR 센서의 경우 1, 4번에 연결하면 더욱 큰 ADC 출력값을 얻을 수 있다. 따라서 포트에 따라서 다른 값이 출력될 수 있으니 주의해야 하며, IR 센서의 경우에는 1, 4번에 연결해서 사용하는 것을 권장한다.

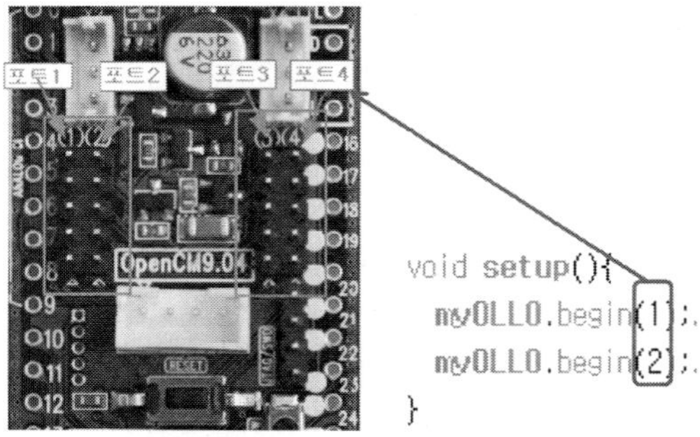

그림 2.1.1-25 5핀 센서 포트 번호는 OLLO.begin()의 인자로 넘겨주는 방식으로 초기화한다.

5핀 케이블을 OpenCM9.04에 연결할 때는 아래 그림처럼 케이블의 회색선이 USB 방향으로 꽂으면 된다.

그림 2.1.1-26 센서 5핀 케이블 연결 방향

포트 번호 1, 2, 3, 4번에 ROBOTIS의 센서 모듈을 연결한 뒤에 ROBOTIS OpenCM의 파일 → 예제 → 07. Sensors 항목에 기본적인 OLLO 센서 예제들을 활용할 수 있다.

그림 2.1.1-27 OpenCM9.04에서 지원하는 5핀 센서 예제들

아래 <표 2.1.1-1>은 로보티즈 센서 모듈의 포트별 호환 목록이므로 로보티즈의 센서 모듈을 쓸 계획이라면 반드시 확인하고 사용하자. 참고로 1번 4번 포트는 IR 전용포트이므로 5핀 센서핀들 중에 SIG1, SIG2핀을 이용하는 ROBOTIS OLLO 모듈들은 사용에 제한이 있다. 특히, LED 모듈을 포트 1, 4번에 연결할 경우 주황색 LED가 제어되지 않는다. LED 모듈을 사용하려면 2번 또는 3번 포트를 활용한다. 만약 IR 센서 모듈은 1번 4번 포트에 연결해서 사용하고 부득이하게 2번 3번을 사용해야 한다면 ADC값이 작기 때문에 이 점을 감수해야 한다.

표 2.1.1-1 로보티즈 센서 호환 목록

	포트 ①	포트 ②	포트 ③	포트 ④
IR	○	ADC작음	ADC작음	○
Gyro	○	○	○	○
접촉	○	○	○	○
DMS	○	○	○	○
컬러	×	○	○	×
온도	○	○	○	○
초음파	○	○	○	○
마그네틱	○	○	○	○
PIR	○	○	○	○
LED모듈	×	○	○	×

로보티즈 센서 모듈에 대한 정보는 support.robotis.com에 접속하면 얻을 수 있다.

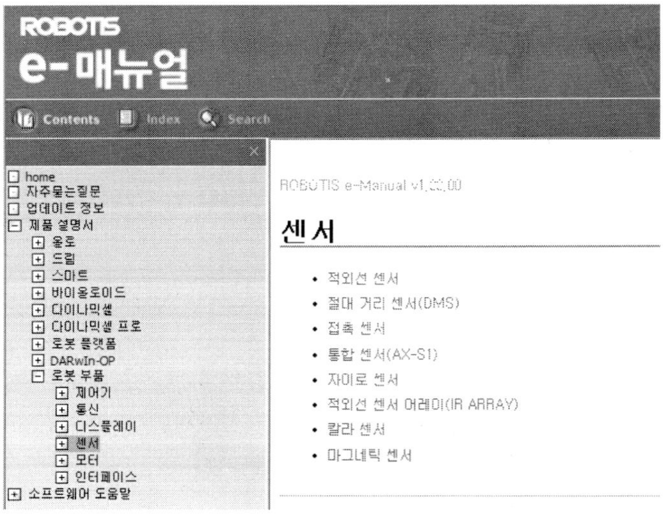

그림 2.1.1-28 ROBOTIS e-Manual에서 센서 정보 위치

JTAG/SWD

ST-LINK를 이용한 표준 디버그 포트(JTAG, Joint Test Action Group)와 연결하기 위한 포트이다. JTAG는 ARM 기반의 임베디드 시스템 개발 시에 사용하는 디버깅 장비이고 이것을 위한 회로 역시 IEEE 1149.1로 지정되어 있으며 ARM 계열의 임베디드 시스템 개발에서는 필수 장비라고 할 수 있다. 디버그라는 말이 붙어서 반드시 디버깅에만 쓰는 장비는 아니다. JTAG는 CPU의 상태와는 상관없이 디바이스의 모든 외부 핀을 읽어 들이거나 쓸 수 있는 기능을 제공한다. 이러한 방식으로 OpenCM9.04의 CPU의 장치 레지스터 또는 플래시 메모리를 읽거나 쓰는 동작을 통해 다운로드 및 디버깅 혹은 반도체 검사까지 할 수 있는 만능 장비이다. 단, OpenCM9.04 보드는 이러한 JTAG의 신호 라인을 줄이고 시리얼 방식으로 효율적인 디버깅을 가능하게 해주는 SWD(Serial-Wire Debug)방식으로만 연결기능을 제공한다.

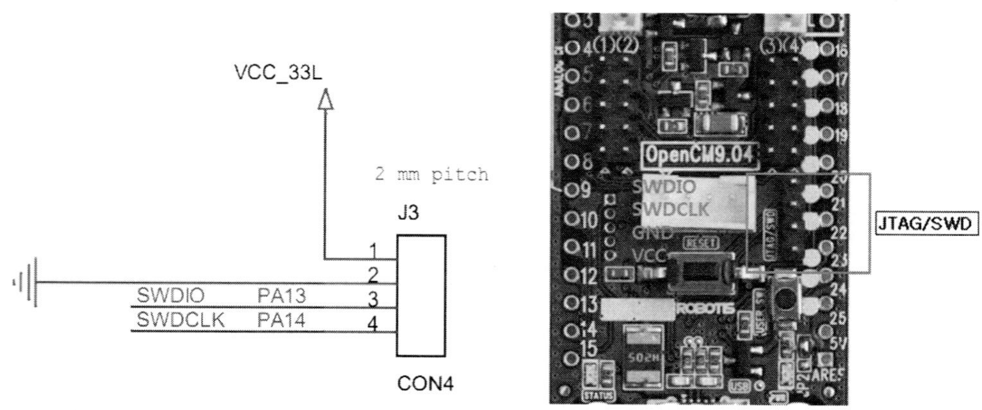

그림 2.1.1-29 OpenCM9.04 SWD 커넥터 회로도와 핀맵 위치

SWD방식 연결은 GND와 SWDIO, SWDCLK 만으로 연결이 가능하지만 전원은 따로 연결해야 되는 불편함을 덜어주기 위해 내부의 3.3 V를 연결하였다. 따라서 4핀 구성만 해주면 보드에 별도 전원 없이도 ST-LINK를 이용해 디버깅 및 다운로드를 할 수 있다.

USB Micro-B

다운로드를 수행하거나 다른 외부 장치와 데이터 통신을 하기 위한 USB 포트이다. 안드로이드 계열의 스마트 디바이스의 Micro B type USB 케이블을 그대로 활용할 수 있다.

그림 2.1.1-30 ROBOTIS e-Manual에서 센서 정보 위치

뿐만 아니라 USB를 통해서도 독립적으로 5 V 전원을 공급 받을 수 있다. USB 전원만으로 디지털/아날로그 입출력은 문제없이 사용 가능하지만 다이나믹셀과 같은 서보 모터는 구동할 수 없다.

그리고 USB에서 알고 넘어가야 할 또 하나의 중요한 기능은 USB CDC[13]통신이다. OpenCM9.04를 USB 케이블로 PC와 연결하게 되면 아래처럼 장치 관리자에 COM포트라고 뜨게 되는데 (Linux에서 ttyACM장치, Mac에서는 usbmodem장치), 이러한 USB 애플리케이션을 USB CDC (Communication Device Class)장치라고 한다.

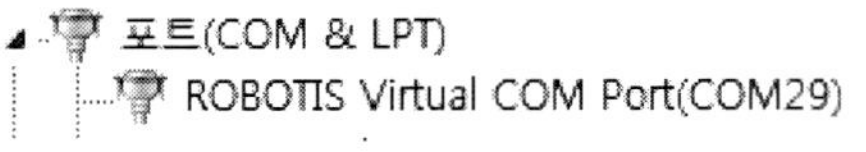

그림 2.1.1-31 Windows 장치 관리자에서의 ROBOTIS Virtual COM Port

OpenCM9.04는 USB CDC 포트를 통해서 펌웨어 다운로드를 수행하고 필요하면 시리얼모니터와 같은 터미널 프로그램으로 PC와 데이터를 주고 받을 수 있다.

13) USB를 RS-232 직렬 COM포트 통신이 호환되도록 만든 애플리케이션 중에 하나이다. USB를 PC와 연결하면 장치 관리자에서 포트 항목에서 COM포트라고 뜨는 경우 모두 USB CDC 애플리케이션이라고 할 수 있다. CDC는 Communications Devce Class의 줄인말로 USB-IF(USB Interface Forum)에서 사양서를 만들어서 공개한다.

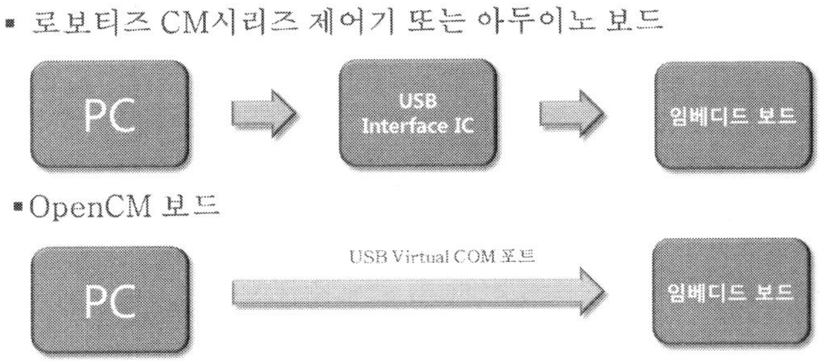

그림 2.1.1-32 제어기 또는 임베디드 보드에서 주로 쓰는 다운로드 구조 비교

기존에 로보티즈의 제어기나 아두이노 보드는 CPU 외에도 USB 통신(USB Interface IC)을 담당하는 IC가 하나 더 있지만 OpenCM9.04 보드에는 이러한 USB 통신 하드웨어 없이 오로지 CPU에 구현된 USB CDC 펌웨어로 USB통신을 한다. 그러면 OpenCM9.04에서 이러한 USB CDC 기능은 무슨 중요한 역할을 할까?

첫 번째로 펌웨어 다운로드를 위한 용도이다. OpenCM9.04의 펌웨어에는 항상 SerialUSB 클래스가 동작한다. 심지어 아무런 내용이 없는 Bare minimum 예제라도 SerialUSB 클래스는 항상 동작중이고 PC에서 Reset 신호가 오는지 감시한다. 일단 ROBOTIS OpenCM 툴에서 다운로드 신호를 보내면 보드가 리셋이 되면서 다운로드 모드로 진입하게 된다. 그리고 빌드된 바이너리 파일이 전송될 때까지 기다린다. 만약 USB를 통해서 다운로드 신호를 보냈는데도 보드가 리셋되지 않는다면, “Board is not responding”이라는 에러 메시지를 보내고 다운로드가 중단될 것이다. 빌드된 바이너리가 무사히 도착해서 체크섬까지 통과하면 정상적으로 펌웨어 다운로드가 완료되었고 바로 그 펌웨어를 실행까지 시켜준다. 만약 계속해서 다운로드 모드로 빠지지 않는다면, User button을 누른상태로 USB를 연결하면 강제로 다운로드 모드로 보낼 수 있다(이 경우 Status LED가 계속 켜져 있다).

```
void setup() {
  // put your setup code here, to run once:

}

void loop() {
  // put your main code here, to run repeatedly:

}
```

그림 2.1.1-33 Bare minimum 예제라도 SerialUSB가 동작중이다.

두 번째는 SerialUSB를 이용한 데이터 통신이다. SerialUSB 클래스를 이용하면 PC와 시리얼 모니터와 같은 터미널 프로그램으로 편리한 데이터 통신이 가능하고 안드로이드나 라즈베리파이 같은 임베디드 리눅스 보드와도 통신을 할 수 있다.

OpenCM9.04는 이러한 중요한 기능들을 하드웨어 IC없이 USB 펌웨어만으로 수행하기 때문에 보드가 더욱 저렴해지고 구조가 심플한 장점이 있다.

Status LED(Built-in LED)

유저가 원하는 대로 테스트 해볼 수 있는 내장된(Built-in) LED이다. OpenCM9.04 보드에서는 PWM이 가능한 핀(14번, PB9)으로 선정하였고 BOARD_LED_PIN으로 미리 정의되어 있어 프로그래밍 시 사용하면 된다. 실제 핀 번호는 14번에 해당한다.

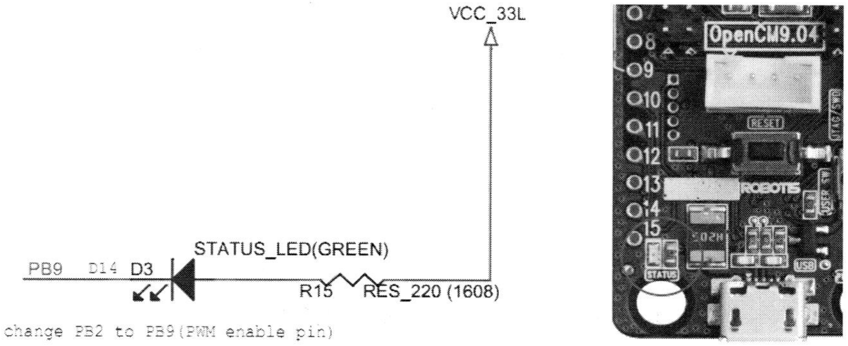

그림 2.1.1-34 Status LED의 회로와 위치

중요한 점은 ROBOTIS OpenCM 툴에서 다운로드 버튼을 누르면 OpenCM9.04 보드가 리셋되면서 부트로더가 다운로드 모드로 바뀌면서 Status LED가 켜진다. 그리고 다운로드가 끝나면 다시 꺼진다. 이런 방법으로 Status LED는 다운로드 모드임을 나타내는 중요한 표시 수단으로 쓰인다.

User Button(사용자 버튼)

Status LED와 마찬가지로 사용자가 마음대로 테스트해볼 수 있는 버튼이다. 별도의 풀업(Pull-up), 풀다운(Pull-down) 회로 없이 3.3 V를 바로 포트 23번에 연결한 회로이다. 따라서 ROBOTIS OpenCM에서 사용하기 위해서는 pinMode()에서 INPUT_PULLDOWN으로 선언해서 한다. 참고로 INPUT 옵션은 별로도 풀업이나 풀다운회로가 있어서 플로팅 상태 없이 정확하게 HIGH/LOW를 결정해 줄 수 있을 때 쓴다. 풀업, 풀다운 등 전자 회로에 대한 자세한 설명은 제3장을 참고하기 바란다.

그림 2.1.1-35 User LED의 회로도와 위치

위와 같이 요즘 사용되는 마이크로프로세서의 IO는 대부분이 MOSFET 계열이기 때문에 입력단으로 쓰일 경우 전류가 흐르지 않는다. 그래서 전류 제한 저항이 없어도 크게 문제가 없다.

User Button은 특별한 기능을 하나 가지고 있는데, 다운로드 할 때 유저가 작성한 펌웨어에서 소프트웨어리셋을 걸어주지 못해서 다운로드가 안 되는 먹통상태일 때, 이 버튼을 누르고 USB를 연결하면(전원이 연결되지 않은 상태에서 버튼을 누르고 USB를 연결해야 한다) Status LED가 켜지면서 자동으로 다운로드 모드로 진입한다(<그림 2.1.1-36> 참조). 이 상태에서 Blink 같은 기본 예제를 다운로드 받으면 복구가 되는 것이다. 이러한 방식으로 User Button은 OpenCM보드에서 아주 중요한 기능을 한다.

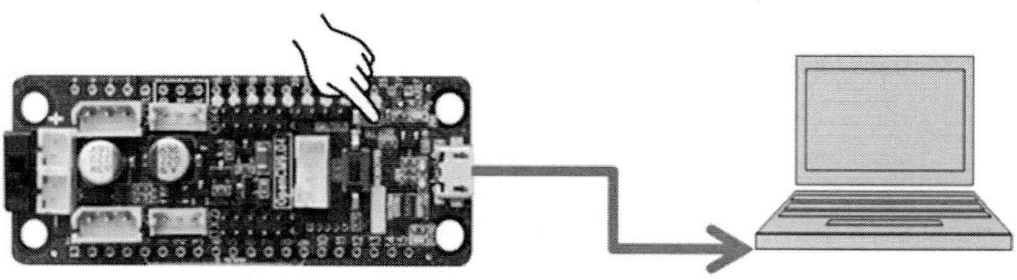

그림 2.1.1-36 OpenCM9.04 복구모드는 User Button을 누른 상태로 USB 연결을 한다.

4핀 통신 포트(4Pin Communication Port)

ROBOTIS의 통신 모듈을 연결할 수 있는 4핀 통신 포트이다. Serial2번이 연결되어 있고 비동기 방식으로만 통신된다.[14] ROBOTIS의 통신 모듈은 블루투스 모듈 BT-210과 지그비(Zigbee) 모듈 ZIG-110A가 있고 유선 모듈로는 LN-101이 있다.

---

14) 참고로 OpenCM9.04에는 총 3개의 USART 포트가 있는데 이중에 USART2번(Serial2)이 4핀 통신 포트와 연결되어 있다. 비동기 방식이고 흐름제어 신호를 사용하지 않는다.

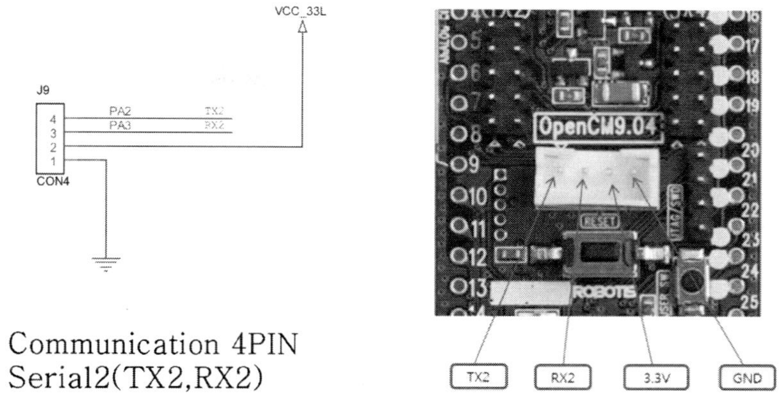

그림 2.1.1-37 4핀 통신 포트 회로도와 위치

블루투스나 지그비 통신 모듈은 주로 USART 통신을 통해서 무선 통신을 사용할 수 있다. 아래 <그림 2.1.1-38>에서 40은 OpenCM9.04의 4핀 통신 포트로 외부와 유/무선 통신을 할 수 있는 다양한 케이스를 소개하였다.

블루투스 통신을 예로 들면, 아래 <그림 2.1.1-38>에서 OpenCM9.04가 UART 통신으로 BT-210을 향해 데이터를 보내면 블루투스 무선 통신으로 노트북쪽으로 데이터를 보낸다. 그리고 수신의 경우는 반대로 노트북에서 블루투스 통신으로 데이터를 주면 BT-210이 데이터를 받고, 받은 데이터는 UART 통신으로 OpenCM9.04에 데이터를 전달한다.

- 송신 : OpenCM9.04 → UART → BT-21 → 블루투스 무선 → 노트북
- 수신 : 노트북 → 블루투스 무선 → BT-210 → UART → OpenCM9.04

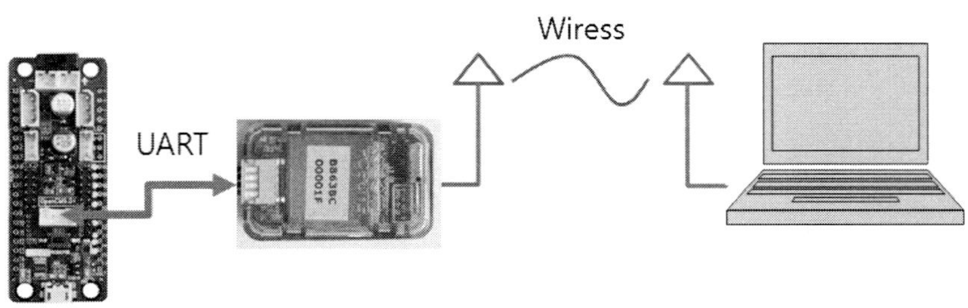

그림 2.1.1-38 블루투스로 OpenCM9.04와 노트북 연결하기

다음 <그림 2.1.1-39>처럼 스마트폰/패드와도 연결가능하다. 단, 전용 애플리케이션을 다운로드 받아야 통신이 가능하다. 스마트폰의 블루투스 연결에 대해서는 제8장을 참고하자.

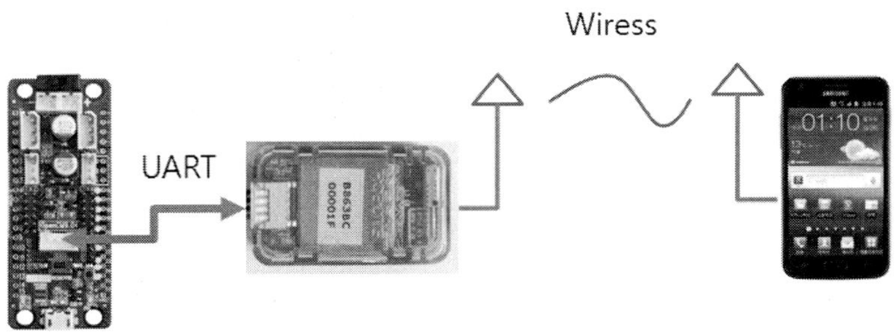

그림 2.1.1-39 블루투스로 OpenCM9.04와 스마트폰 연결하기

혹은 <그림 2.1.1-40>처럼 노트북 대신 RC-100B라는 조종기에 블루투스 마스터 모듈인 BT-210을 연결해서 무선 조종기로 만들 수 있다(같은 모양이지만 MASTER 스티커가 붙여져 있다).

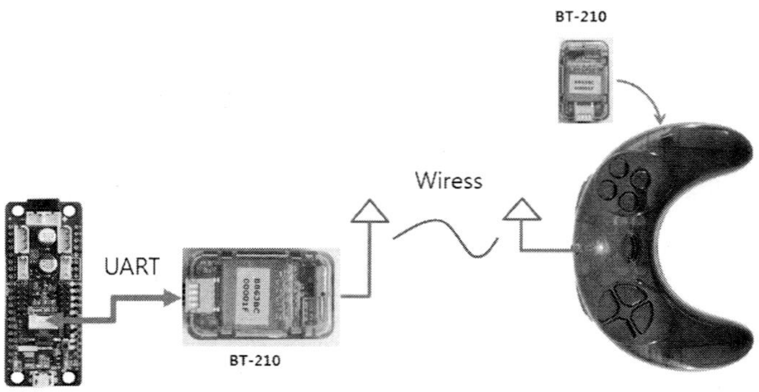

그림 2.1.1-40 블루투스를 이용해서 RC100 조종기와 연결하기

그리고 Zig 100/110A 세트를 이용하면 지그비 방식으로도 무선 통신을 구현할 수 있다. 데이터 전송 구조는 위에서 설명한 블루투스의 경우와 동일하다(<그림 2.1.1-41> 참조).

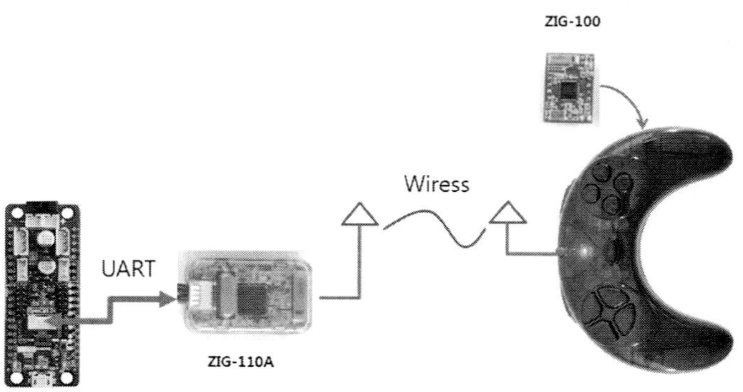

그림 2.1.1-41 지그비를 활용해서 OpenCM9.04와 RC100 조종기와 연결하기

이밖에 가장 저렴한 무선 통신 조종을 구현할 경우 RC-100B에 내장된 IR 모듈을 사용할 수 있다. 하지만 이 경우 IR-Receiver 모듈(OIR-10)을 별도 구매해서 OpenCM9.04와 연결해야 한다.

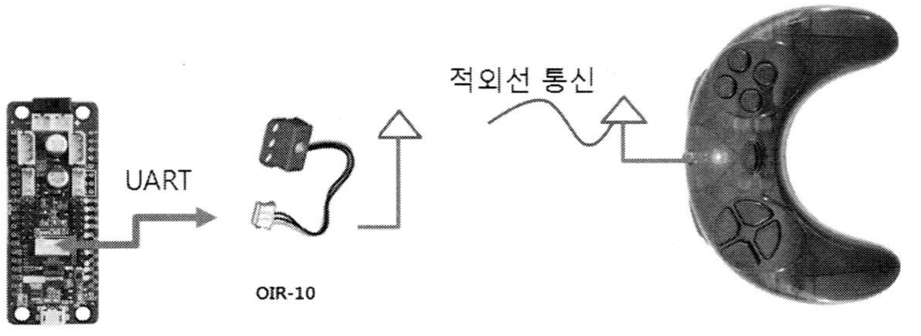

그림 2.1.1-42 저렴하게 적외선 수신기로 OpenCM9.04와 RC100 연결하기

이밖에 LN-101과 같은 USB to Serial Converter 같은 장치를 이용해 PC와 유선 통신으로 유용하게 쓸 수 있다. LN-101은 임베디드 보드에서 로그를 통해 디버깅할 때 유용하다. 혹은 무선 연결이 어렵거나 확실하게 신뢰성 있는 통신이 필요하다면 이렇게 유선 방식으로 연결하는 것도 좋은 방법이다.

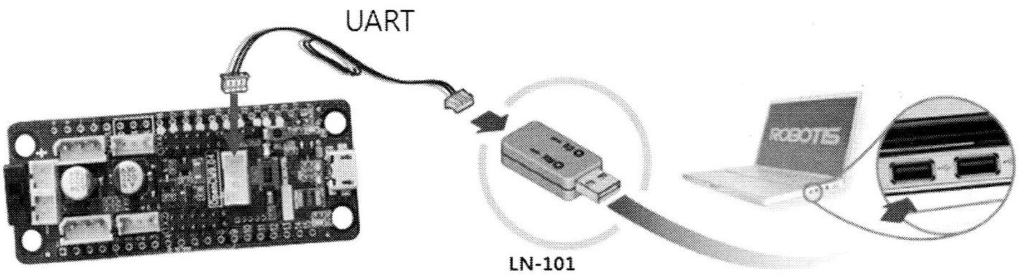

그림 2.1.1-43 LN-101을 이용해서 OpenCM9.04와 노트북 유선 연결하기

IAP(In-Application Programming)

IAP는 In-Application Programming의 약자로 OpenCM9.04의 CPU인 STM32 시리즈에서 제공하는 다운로드 방식이다. STM32 시리즈 마이크로프로세서는 내부적으로 시스템 부트로더라는 것이 기본적으로 내장되어 있는데, BOOT0번이 HIGH로 된 상태에서 3.3 V를 공급하면 자동으로 시스템 부트로더에 진입한다. 이러한 기능을 이용해서 펌웨어 다운로드를 할 수 있다. IAP는 개발용이나 생산 현장에서 제품의 다운로드 방식으로 많이 활용된다. 또한, JTAG 기능을 사용할 수 없다거나 Flash가 Lock이 걸린 상황이라면 IAP를 이용해서 락을 풀 수도 있고 다운로드도 할 수 있다. 더 자세한 설명은 STM32F10x의 프로그래밍 레퍼런스 문서를 참고하기를 권한다(www.st.com).

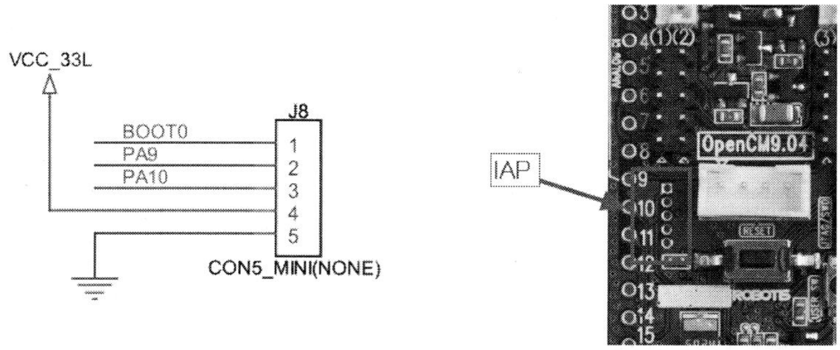

그림 2.1.1-44 ST에서 제공하는 IAP 포트 회로도와 위치

OpenCM9.04에 대한 기타 자세한 사항은 support.robotis.com을 참조하길 바란다.

2.2 OpenCM9.04로 무엇을 할 수 있을까

다이나믹셀 컨트롤 보드

무엇보다도 다른 아두이노 계열의 오픈소스 개발보드와 OpenCM9.04을 차별화 할 수 있는 부분이다. 다이나믹셀을 이용한 로봇 시스템을 개발하고 싶다면 OpenCM9.04만큼 좋은 솔루션이 없을 것이다. 확장 보드를 이용한다면 RS-485 네트워크도 연결할 수 있으니 더욱 좋다. OpenCM 485 Expansion 보드는 아래와 같이 OpenCM9.04에 헤더핀을 납땜 후 485 Expansion 보드 바로 위에 꽂는 방식으로 연결할 수 있다.

그림 2.2-1 OpenCM 485 Expansion board와 9.04 결합

이렇게 연결하면 다음과 같이 RS-485 통신 기반의 다이나믹셀들을 마음껏 활용할 수 있고 입력 전압 범위도 35 V까지 늘어난다(거기다 발열도 작아진다).

그림 2.2-2 OpenCM 485 Expansion 보드를 활용하면 모든 다이나믹셀 시리즈를 제어할 수 있다.

안드로이드 액세서리 보드

안드로이드 계열의 스마트 디바이스와 연결하기 간편한 것이 장점이다. 이 책의 제7장 안드로이드와 연결에서는 USB와 블루투스를 활용해서 안드로이드 애플리케이션과 연결할 수 있는 방법을 소개한다.

Physical Computing

OpenCM보드의 28개의 GPIO 포트를 이용한다면 아두이노가 할 수 있는 모든 예제를 다 구현할 수 있다. 더욱이 32 bit Cortex-M3 72 MHz의 CPU 성능으로 AVR 계열의 아두이노 보드보다 최대 10배 빠른 동작을 하며, 가격 또한 OpenCM9.04가 훨씬 저렴하다.

교육용 프로그래밍 키트

입문용 펌웨어 개발 키트로 OpenCM9.04만큼 싸고 저렴한 솔루션이 없다. 1~2만원으로 충분히 개발환경을 준비할 수도 있고 무료 SW개발 툴까지 제공한다. 또한, 오픈소스이므로 마음껏 개발 리소스를 활용할 수 있다. 또한, 가장 작은 사이즈의 브레드 보드에도 꽂을 수 있게 설계되어서 학습/실험용으로 좋은 솔루션이다.

2.2.1 Robotsource.org 소개

ROBOTIS社에서 운용하는 로봇관련 포털 사이트(www.robotsource.org)이다. 서클형태로 운영되며 OpenCM9.04 보드도 서클을 운용하고 있다. OpenCM9.04와 관련해서 궁금한 사항을 전세계 로봇 개발자와 함께 공유하면서 발전시킬 수 있다(기타 궁금한 사항은 support.robotis.com에서도 제공된다).

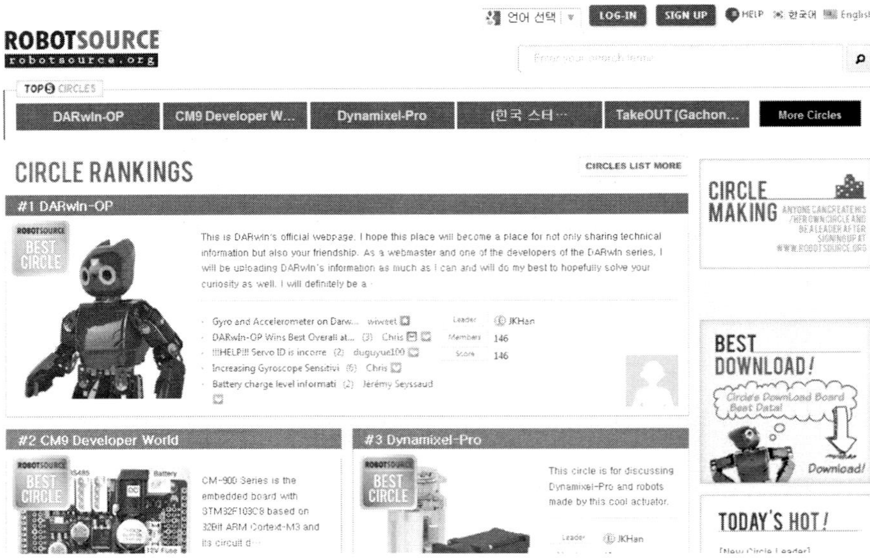

그림 2.2.1-1 Robotsource.org

2.2.2 아두이노와 비교하기

여기서 비교 대상이 적절하지 않을 수도 있지만 체감성능을 조금이나마 보여주기 위해 아두이노 시리즈로 가장 인기있는 Uno 보드와 CM-900의 성능비교 자료를 소개한다.[15] 가격은 OpenCM9.04 보드가 더 저렴하지만 기본적인 하드웨어 스펙은 ARM Cortex-M3 기반의 32 bit 프로세서로 72 MHz의 클럭 속도를 가지는 반면, 아두이노 Uno는 8 bit AVR로서 16 MHz의 클럭 속도를 가진다. 그리고 실제로 연산 속도를 비교해본 결과는 다음과 같이 약 10배의 차이가 난다.

(us: Microsecond)

	Arduino	ARM Cortex-M3(CM-900)
DigitalRead	3.737 us	0.528 us
DigitalWrite	3.923 us	0.607 us
pinMode	4.648 us	1.630 us
multiply volatile byte	0.654 us	0.104 us
divide volatile byte	12.915 us	0.120 us
multiply volatile integer	1.472 us	0.088 us

15) 정확하게는 OpenCM9.04의 이전 버전인 CM-900을 기반으로 테스트 하였다(OpenCM9.04가 STM32F103CB를 사용하였고 CM-900은 STM32F103C8을 사용하였는데 Flash 용량만 다른 완벽히 동일한 CPU라고 할 수 있다). 출처: http://profmason.com/?p=2407

divide volatile integer	15.245 us	0.105 us
multiply volatile long	4.552 us	0.090 us
multiply single float	7.132 us	0.912 us
multiply double float	7.132 us	1.180 us
divide double float	80.000 us	20.800 us
random()	137.475 us	1.225 us
bitSet() with volatile	0.591 us	0.074 us
analogRead()	112.000 us	6.850 us
analogWrite() PWM	11.630 us	0.425 us
delay(1)	1,004.000 us	1,171.500 us
delay(100)	99,975.000 us	117,100.000 us
delayMicroseconds(1)	0.906 us	1.281 us
delayMicroseconds(5)	4.679 us	5.963 us
delayMicroseconds(100)	100.250 us	117.150 us

클럭 속도의 비가 72 MHz/16 MHz = 4.5배인 점을 감안하더라도, Cortex-M3가 digital I/O에 대해서는 약 8배 빠르다고 볼 수 있다. 또한, 사칙연산은, 정수 나눗셈(integer division)은 120배, 실수 나눗셈(float division)은 4배 빠름으로 다소 차이를 보인다. Analog I/O에 대해서는 약 17배 빠르고, 결과적으로는 OpenCM9.04가 통상적인 작업에 대해서 약 10배 빠르고 이미지 처리(image processing), 역기구학(inverse kinematics) 혹은 FFT 등에서는 최대 30배까지 빠른 것이 확인되었다. 이러한 결과를 통해서 OpenCM9.04에 사용된 Cortex-M3 기반의 STM32F103CB CPU의 성능을 간략하게라도 독자 여러분에게 보여줄 수 있을 것이라는 차원에서 소개하게 되었다.

약간의 재미 차원에서 비교한 테스트지만, 예전에 마이크로프로세서 시장에서 가장 널리 쓰였던 AVR이 이제는 성능에서도 Cortex-M3 기반의 마이크로프로세서에 상당히 뒤쳐진다는 의미가 되고 가격도 저렴하기 때문에 이미 시장에서는 중심이 Cortex-M시리즈로 이동하고 있다.

2.3 OpenCM 시작하기

OpenCM9.04 보드를 이용한 임베디드 개발은 별도의 외부 프로그래밍 장비 없이 USB 케이블과 PC만 있으면 된다. USB 케이블을 이용해서 PC와 연결하면 USB 장치가 등록되는데, 이때 필요한 드라이버만 설치하면 바로 개발을 시작할 수 있다.

윈도 사용자의 경우에는 드라이버 설치를 진행하면 되고, 리눅스와 Mac OS X 이용자는 드라이버 설치 과정 없이 ROBOTIS OpenCM에서 포트만 설정해 주면 된다.

만약 이전 제품인 CM-900을 사용했던 적이 있던 Windows PC라면, 다시 USB 드라이버를 설치할 필요는 없으니 이 장을 넘어가도 된다.

2.3.1 Windows

OpenCM9.04와 USB 케이블 준비

USB 케이블은 반드시 안드로이드 폰/패드 Micro-B 타입 USB 케이블을 준비한다. 최근에 안드로이드 디바이스의 점유율이 높으므로 Micro-B 타입의 USB 케이블은 쉽게 구할 수 있을 것이다(B타입은 USB 케이블이 구성품으로 제공된다).

그림 2.3.1-1 Micro-B type USB 케이블 : 안드로이드 스마트폰과 동일

ROBOTIS OpenCM 개발환경 다운로드

http://support.robotis.com/ko/

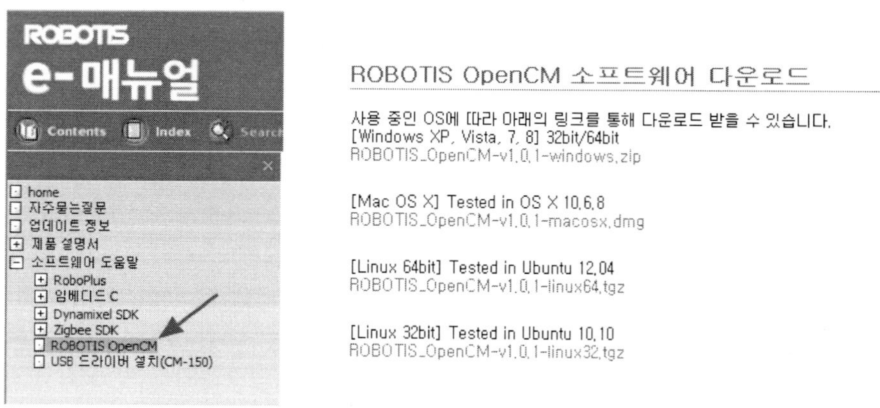

그림 2.3.1-2 2014년 1월 6일 현재 v1.0.1까지 릴리즈 되었다.

ROBOTIS e-Manual(support.robotis.com)사이트에서 최신 버전을 다운로드 받을 수 있다. 다운로드가 끝나고 압축파일을 적당한 디렉터리에 풀면 ROBOTIS_OpenCM.exe 실행파일과 USB 드라이버폴더(\drivers)가 나타난다.

그림 2.3.1-3 압축을 풀었을 때 나타나는 디렉터리 구조

참고로 ROBOTIS OpenCM은 별도의 설치 과정없이 압축만 풀면 실행할 수 있는 형태의 무설치 프로그램이다. 제거하고 싶다면 간단히 디렉터리를 말끔히 지워버리면 된다.

OpenCM9.04를 PC와 연결

USB 드라이버 설치를 위해서 간단히 아래와 같이 PC와 OpenCM9.04를 USB 케이블을 통해 연결한다.

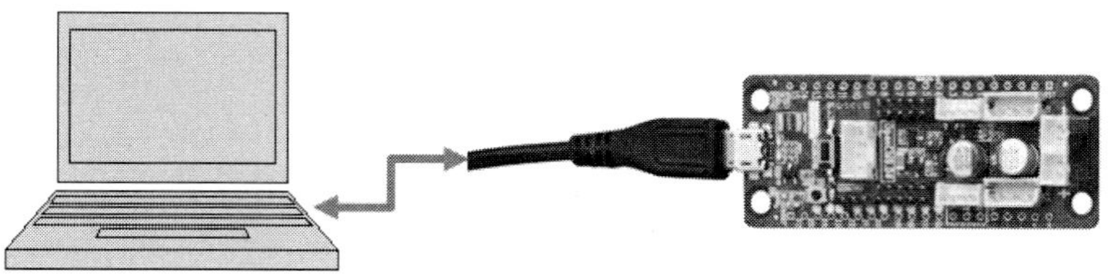

그림 2.3.1-4 OpenCM9.04를 PC와 연결

단, USB 허브에서 다수의 USB 장치와 함께 연결하는 경우는 되도록 피하고 가급적 PC와 직접 연결하는 방법을 추천한다. 간혹 허브에서 전류가 충분하지 않으면 다운로드를 실패하는 경우가 발생한다. 따라서 반드시 OpenCM9.04 보드에 충분한 전류를 공급할 수 있는 USB 포트에 연결하는 것이 필요하다.

드라이버 설치

이전 단계에서 OpenCM9.04 보드와 PC를 연결하면 아래와 같이 장치 관리자에서 "ROBOTIS Virtual COM Port"라는 장치가 나타난다.

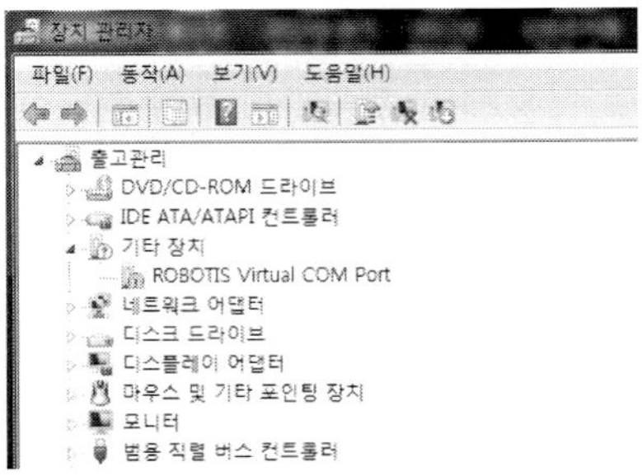

그림 2.3.1-5

그 장치를 선택하고 "**마우스 오른쪽 버튼 ⇨ 드라이버 소프트웨어 업데이트**"를 실행한다.

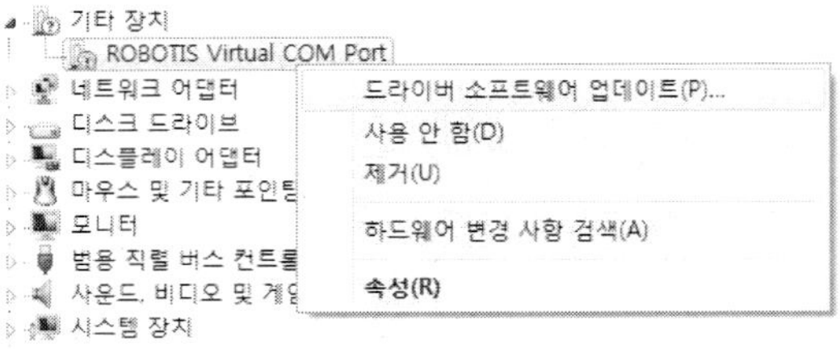

그림 2.3.1-6

다음으로 "컴퓨터에서 드라이버 소프트웨어 찾아보기"를 선택한다.

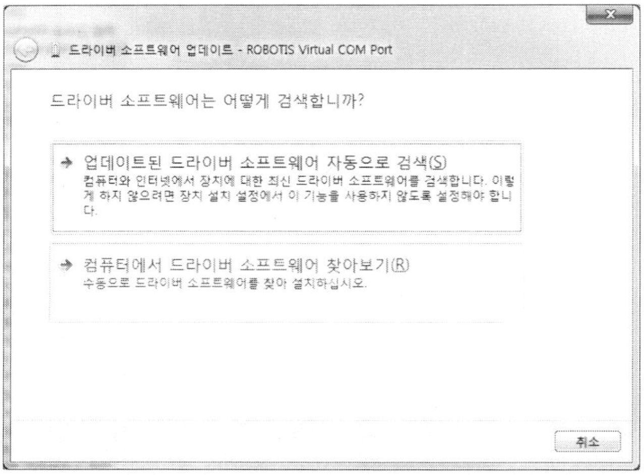

그림 2.3.1-7

"찾아보기"를 클릭해서 위에서 압축을 해제한 디렉터리(ROBOTIS\drivers)를 지정한다.

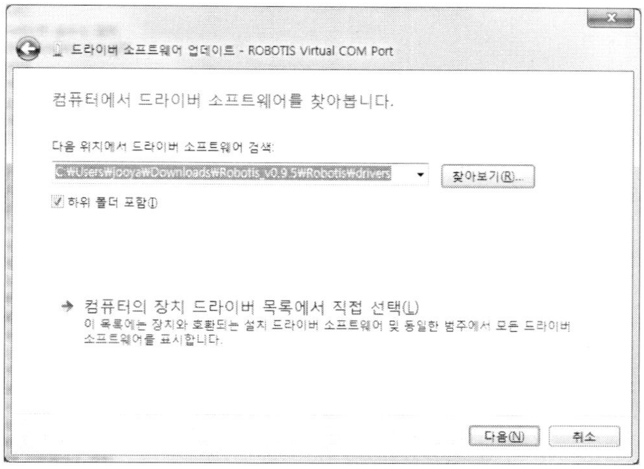

그림 2.3.1-8

다음을 클릭하면 설치가 진행된다.

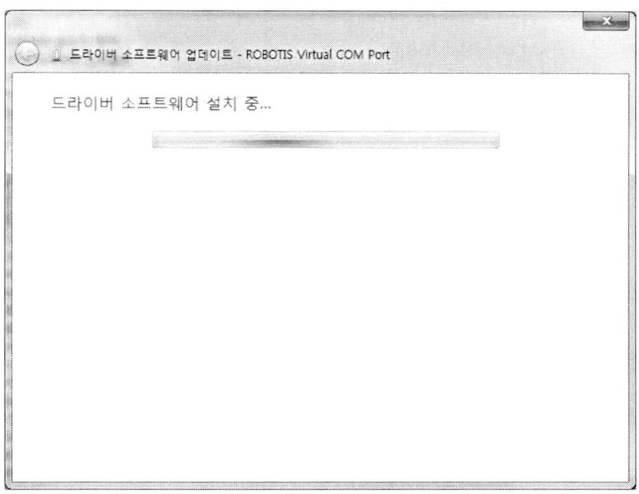

그림 2.3.1-9

성공적으로 USB 드라이버를 설치하였다면 아래와 같이 "드라이버 소프트웨어를 업데이트했습니다."라는 창이 나타난다.

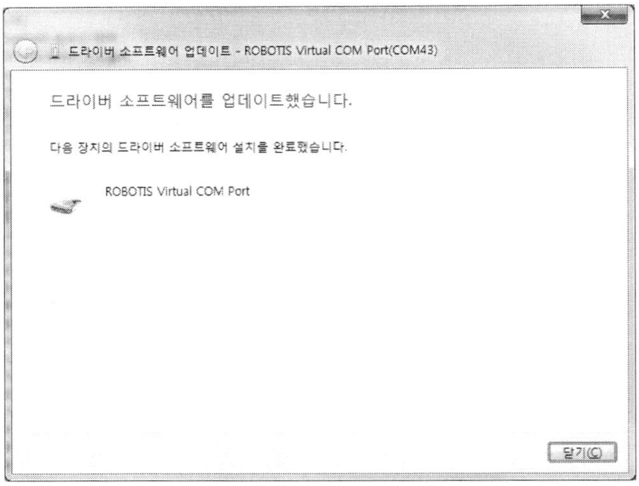

그림 2.3.1-10

여기서 중요한 점은 장치 관리자에서 방금 설치하였던 ROBOTIS Virtual COM 포트가 몇 번인지 확인해야 한다. 다른 USB의 포트에 연결하면 COM 포트의 번호가 변경될 수 있으니 다른 포트에 연결했다면 다시 확인하고 다운로드를 해야 한다.

그림 2.3.1-11

ROBOTIS_OpenCM.exe 실행

압축을 푼 디렉터리(\ROBOTIS)에 ROBOTIS_OpenCM.exe 파일을 더블클릭한다.

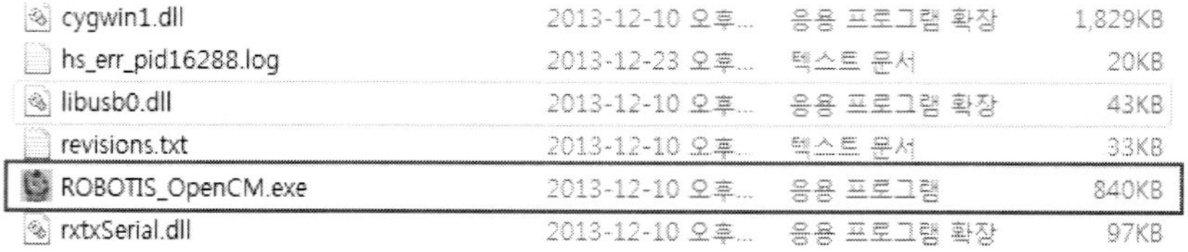

그림 2.3.1-12

그러면 아래와 같이 ROBOTIS OpenCM 툴이 실행된다.

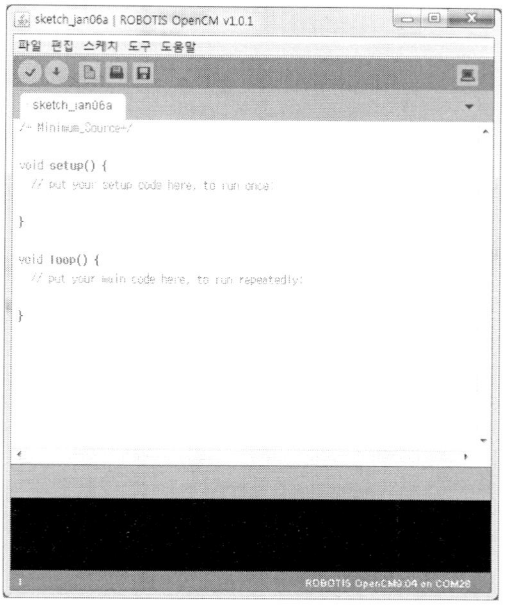

그림 2.3.1-13

Blink 예제를 Open

파일 ⇨ 예제 ⇨ 01. Basics ⇨ b_Blink 순으로 선택한다.

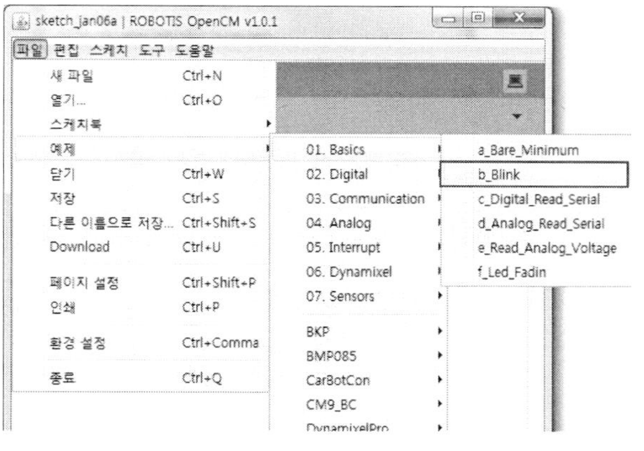

그림 2.3.1-14

보드 선택

도구 ⇨ 보드에서 ROBOTIS OpenCM9.04를 선택한다.

그림 2.3.1–15

시리얼 포트 선택

반드시 이전 단계에서 확인했던 COM 포트 번호를 선택한다.

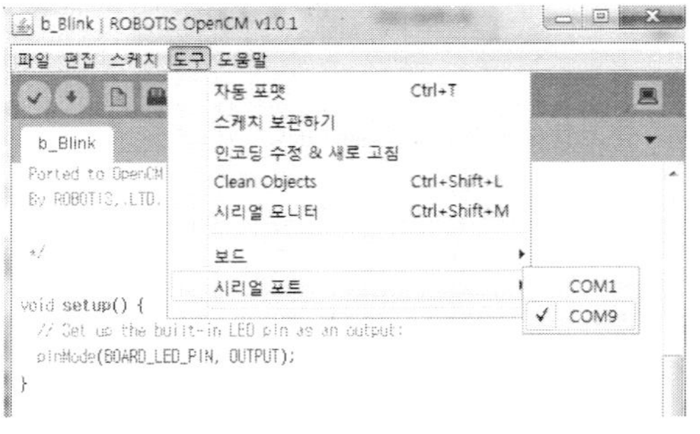

그림 2.3.1–16

다운로드 수행

아래 그림에서 가리키는 다운로드 버튼을 클릭한다.

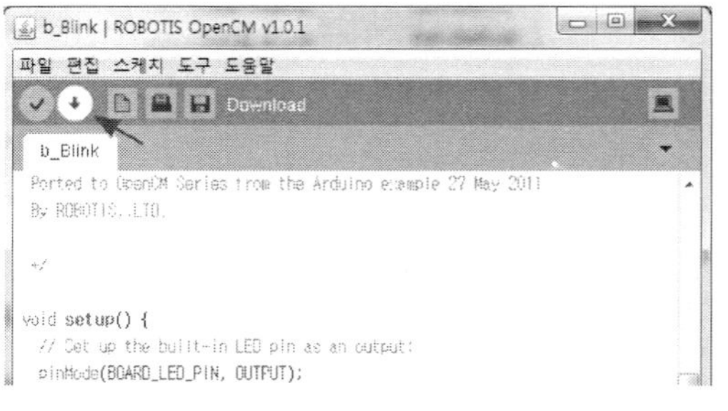

그림 2.3.1–17

2.3.2 Linux

ROBOTIS OpenCM Linux release 다운로드

사용 중인 Linux가 32 bit라면 Linux 32 bit 패키지를 다운로드받고 64 bit이면 Linux 64 bit 패키지를 e-Manual에서 다운로드 받는다. 64 bit 리눅스에서는 32 bit가 실행되지 않고 반대로 32 bit에서는 64 bit가 실행되지 않음에 유의해야 한다. 혹시 자신의 리눅스가 32 bit인지 64 bit인지 모른다면 아래의 커맨드로 확인하자. 여기서는 우분투(ubuntu) 기준으로 설명한다.

1. `uname -a`

   Result for 32-bit Ubuntu:

   Linux discworld 2.6.38-8-generic #42-Ubuntu SMP Mon Apr 11 03:31:50 UTC 2011 i686 i686 **i386** GNU/Linux

   whereas the 64-bit Ubuntu will show:

   Linux discworld 2.6.38-8-generic #42-Ubuntu SMP Mon Apr 11 03:31:50 UTC 2011 x86_64 x86_64 **x86_64** GNU/Linux

   or

2. `file /sbin/init`

   Result for 32-bit Ubuntu:

   /sbin/init: ELF **32-bit** LSB shared object, **Intel 80386**, version 1 (SYSV), dynamically linked (uses shared libs), for GNU/Linux 2.6.15, stripped

   whereas for the 64-bit version it would look like:

   /sbin/init: ELF **64-bit** LSB shared object, **x86-64**, version 1 (SYSV), dynamically linked (uses shared libs), for GNU/Linux 2.6.15, stripped

그림 2.3.2-1

다운로드 페이지는 이전 장의 Windows편을 참고하고 아래와 같이 ROBOTIS OpenCM의 리눅스 패키지를 다운로드한다.

그림 2.3.2-2

다운로드 받고 난 뒤 아래의 커맨드로 압축을 해제하면 된다.

~$tar xvzf ROBOTIS_v0.9.8_linux32.tar.gz

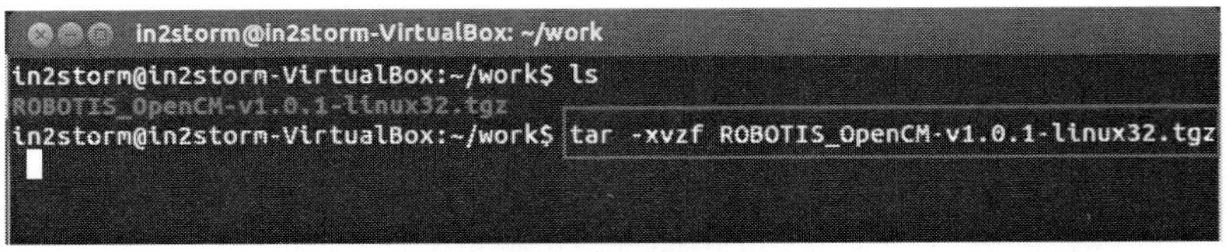

그림 2.3.2-3

아니면 아래와 같이 우분투 UI를 통해 압축해제한다(마우스 오른쪽 버튼).

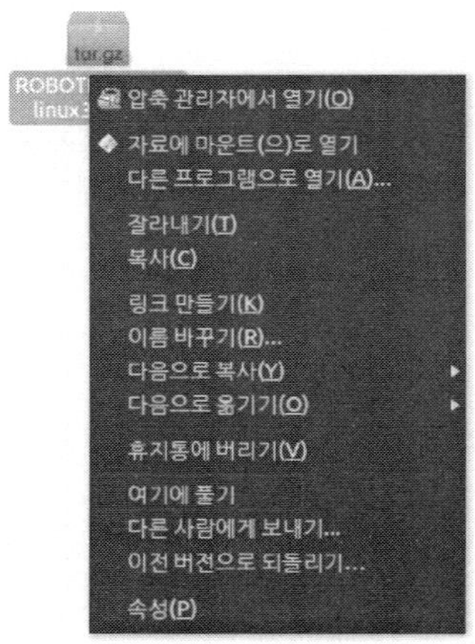

그림 2.3.2-4

압축을 풀면 아래와 같이 ROBOTIS 폴더가 생성된다.

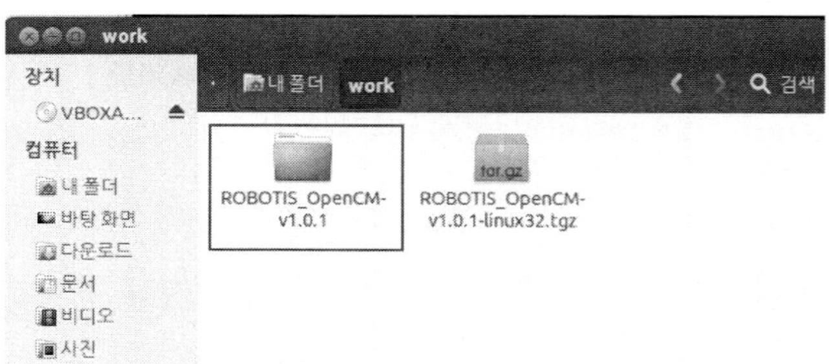

그림 2.3.2-5

JRE(Java Runtime Environment) 설치 확인

아두이노와 마찬가지로 ROBOTIS OpenCM 툴도 Java로 만들어진 프로그램이므로 JRE(Java Runtime Environment)[16)]가 필요하다. 윈도 패키지는 JRE가 패키지에 포함되어 있지만 리눅스 버전은 제외가 되어 있다. 설치가 되어 있으면 다음으로 진행하고, 안되어 있으면 apt-get을 통해 JRE 패키지 설치를 진행한다.

만약 JRE 설치 확인 방법을 모른다면 아래와 같이 터미널에서 java version을 입력한다.

```
in2storm@in2storm-VirtualBox:~/ROBOTIS_WORK$ java -version
'java' 프로그램은 다음 꾸러미들에서 찾을 수 있습니다:
 * default-jre
 * gcj-4.6-jre-headless
 * gcj-4.7-jre-headless
 * openjdk-7-jre-headless
 * openjdk-6-jre-headless
다음을 실행해 보십시오: sudo apt-get install <선택한 꾸러미>
in2storm@in2storm-VirtualBox:~/ROBOTIS_WORK$
```

그림 2.3.2-6

위와 같은 응답이 나온다면 JAVA JRE(Java Runtime Environment) 또는 JDK를 설치해야 한다. 여기서는 openjdk-7-jre-headless를 설치하는 방법을 소개한다. 다른 JRE 패키지를 받아도 무방하다.

$sudo apt-get install openjdk-7-jre

```
in2storm@in2storm-VirtualBox:/$ sudo apt-get install openjdk-7-jre
```

그림 2.3.2-7

Y를 눌러서 계속 진행한다.

설치가 완료되면 아래와 같이 터미널에 다시 java version이라는 명령어를 입력한다.

```
in2storm@in2storm-VirtualBox:~/ROBOTIS_WORK$ java -version
java version "1.7.0_15"
OpenJDK Runtime Environment (IcedTea7 2.3.7) (7u15-2.3.7-0ubuntu1~12.10.1)
OpenJDK Server VM (build 23.7-b01, mixed mode)
in2storm@in2storm-VirtualBox:~/ROBOTIS_WORK$
```

그림 2.3.2-8

Java JRE가 성공적으로 설치되었으며 이제 ROBOTIS OpenCM을 실행할 수 있게 되었다.

i386 라이브러리 설치하기(Linux 64 bit)

리눅스 64 bit OS에서 사용하기 위해서는 ia32-libs를 설치해야 한다. 32비트 리눅스 사용자는 설치할 필요가 없다. Code sourgery g++ lite가 32 bit 라이브러리 기반으로 제작되었기 때문에 64비트에서는 반드시 설치해야 한다. 다음처럼 한꺼번에 설치해도 되고 따로 명령어를 사용해도 된다.

---

16) 자바는 인터프리터 언어이기 때문에 JRE라는 가상 머신 환경을 설치해야만 프로그램이 실행된다.

```
sudodpkgadd-architecture i386
sudo apt-get update
sudo apt-get install ia32-libs
```

이렇게 나누어서 입력해도 된다. 성공적으로 설치하면 아래와 같이 Processing trigger가 제대로 실행됨을 알 수 있다.

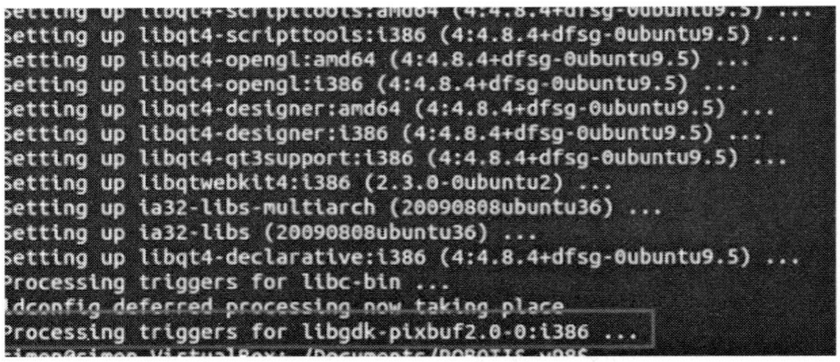

그림 2.3.2-9

OpenCM9.04를 PC와 연결

아래와 같이 OpenCM9.04와 PC를 USB 케이블을 이용해 연결한다.

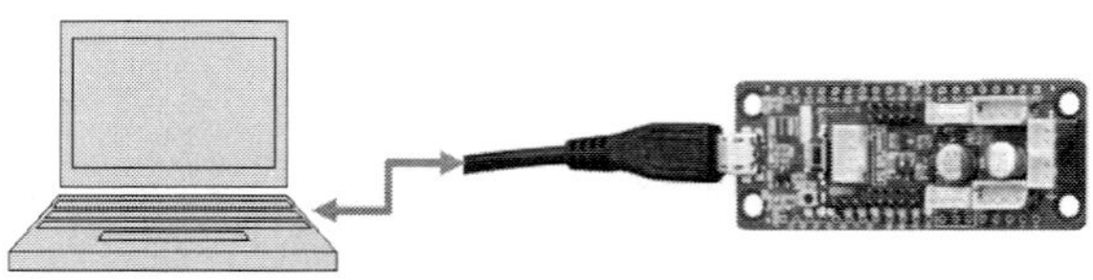

그림 2.3.2-10

ROBOTIS OpenCM 실행

아래와 같이 ROBOTIS_OpenCM를 더블클릭하거나 터미널에서 ./ROBOTIS_OpenCM을 입력후 엔터를 하면 실행한다.

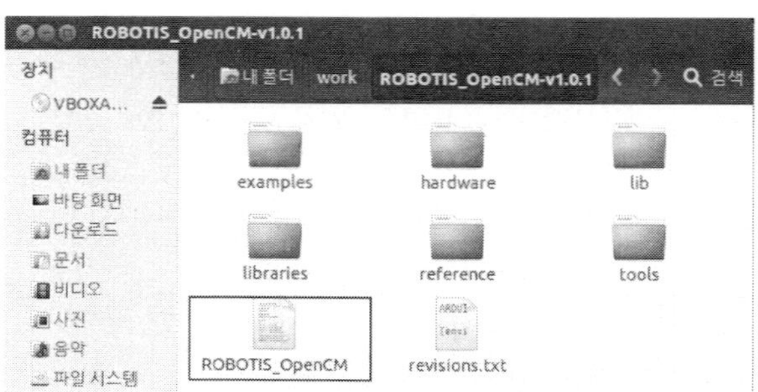

그림 2.3.2-11

실행 버튼을 클릭한다.

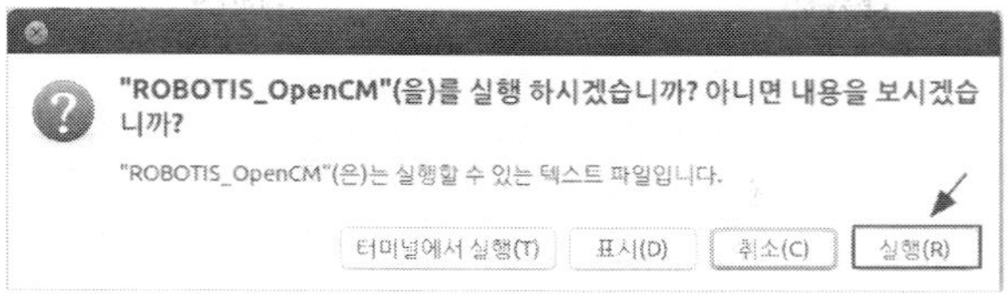

그림 2.3.2-12

그러면 아래와 같이 실행된다.

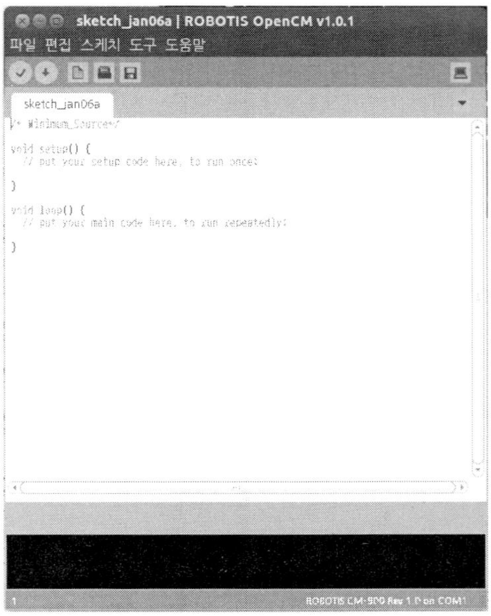

그림 2.3.2-13

Blink 예제 Open

파일 ⇨ 예제 ⇨ 01. Basics ⇨ b_Blink 순으로 선택한다.

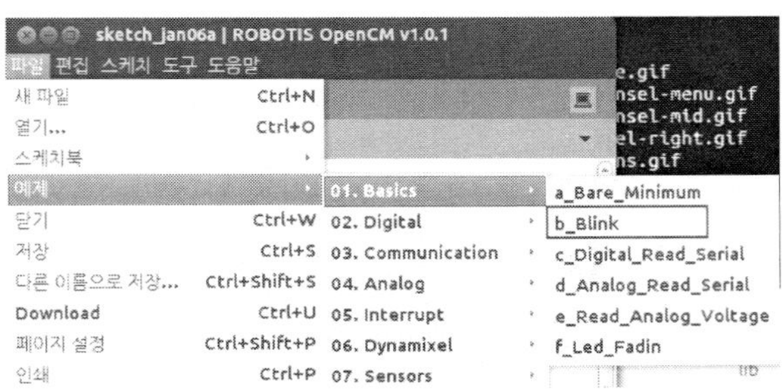

그림 2.3.2-14

보드 선택

도구 ⇨ 보드에서 ROBOTIS OpenCM9.04를 선택한다.

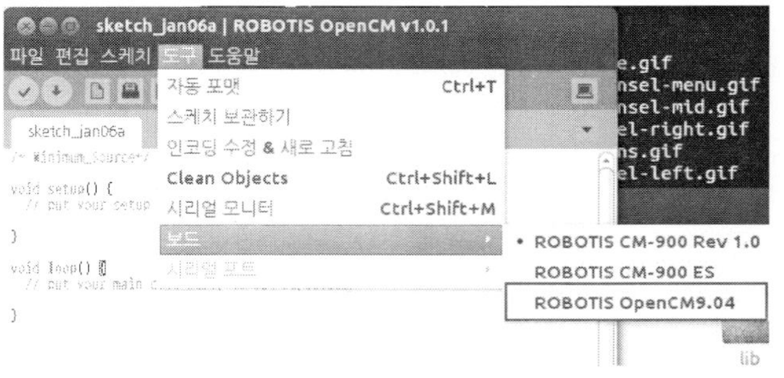

그림 2.3.2-15

시리얼 포트 선택

시리얼 포트는 ttyACMX로 표시되는데 X는 사용자 PC에 따라 다른 숫자로 표시된다. OpenCM 보드의 USB 장치를 USB CDC 장치라고 하는데 USB를 RS-232 시리얼 통신으로 활용하는 예라고 할 수 있다. 이러한 USB CDC 장치는 유닉스/리눅스 계열이라면 커널에 포함되어 있으므로 윈도와 달리 별도의 드라이버를 설치할 필요없이 바로 사용할 수 있다. 마찬가지로 Mac OS X도 유닉스 계열이므로 따로 드라이버를 설치할 필요가 없다.

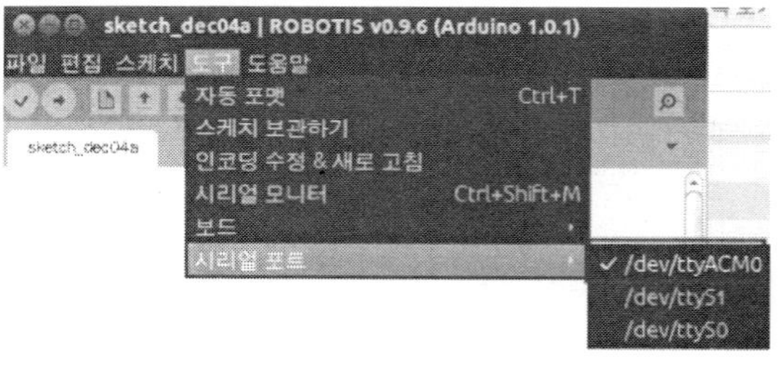

그림 2.3.2-16

다운로드 수행

아래 그림에서 가리키는 다운로드 버튼을 클릭한다.

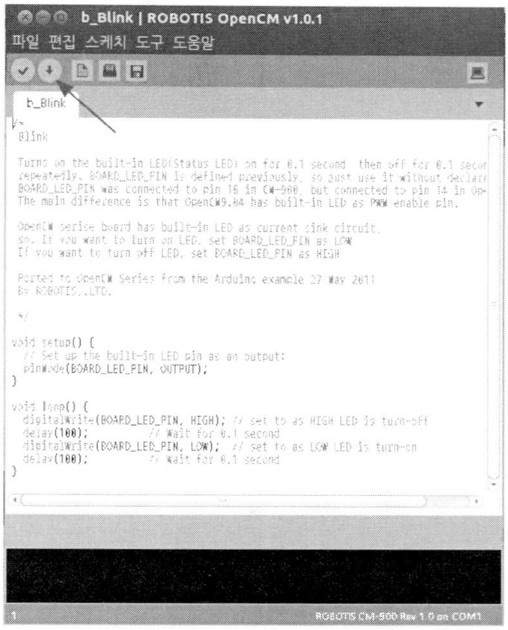

그림 2.3.2-17

2.3.3 Mac OS X

ROBOTIS OpenCM Mac OS X release 다운로드

e-Manual에서 Mac OS X용 설치 이미지 파일(dmg)을 다운로드 받는다.

그림 2.3.3-1

다운로드가 완료되면 아래 dmg 파일을 더블클릭해서 Mount를 진행한다.

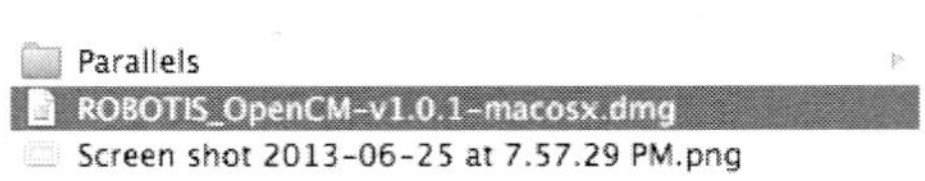

그림 2.3.3-2

자동실행으로 아래와 같은창이 뜨면 마우스로 ROBOTIS 아이콘을 Application 쪽으로 드래그한다.

그림 2.3.3-3

그러면 다음과 같이 설치가 진행된다.

그림 2.3.3-4

설치가 끝나면 Application 폴더에 ROBOTIS_OpenCM.app 패키지가 생성되고 이것을 더블클릭하면 실행된다.

OpenCM9.04을 PC와 연결

윈도나 리눅스의 경우와 같이 USB 케이블을 이용하여 PC와 연결하면 된다.

ROBOTIS_OpenCM 실행

Finder를 이용해서 Application 폴더를 보면 ROBOTIS_OpenCM.app 응용 프로그램 패키지가 있고 이것을 더블클릭해서 실행한다.

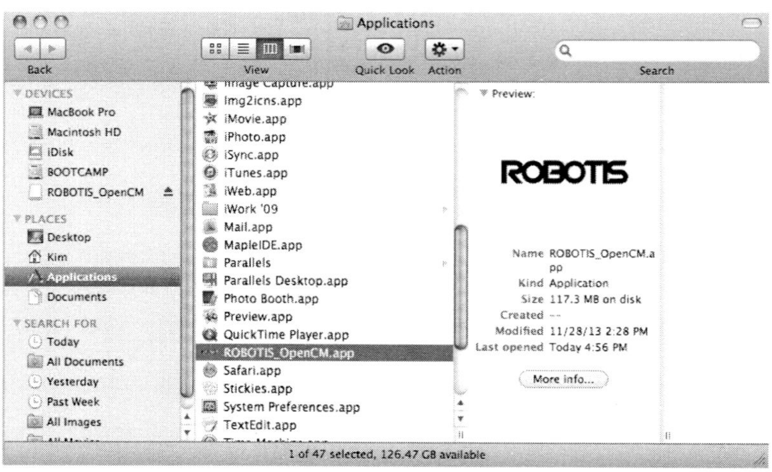

그림 2.3.3-5

아래와 같은 그림에서 Open 버튼을 선택한다.

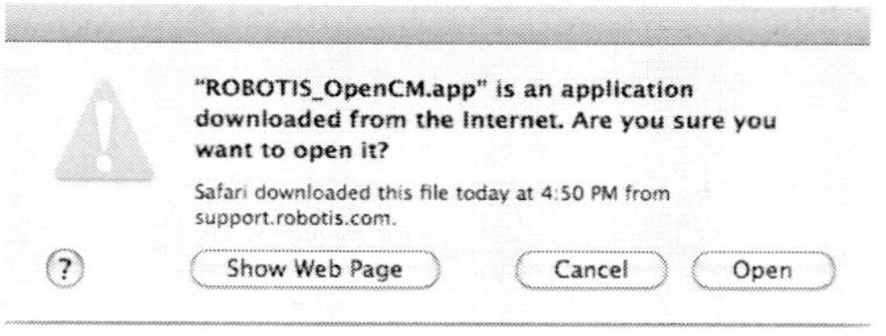

그림 2.3.3-6

아래와 같이 ROBOTIS OpenCM이 실행된다.

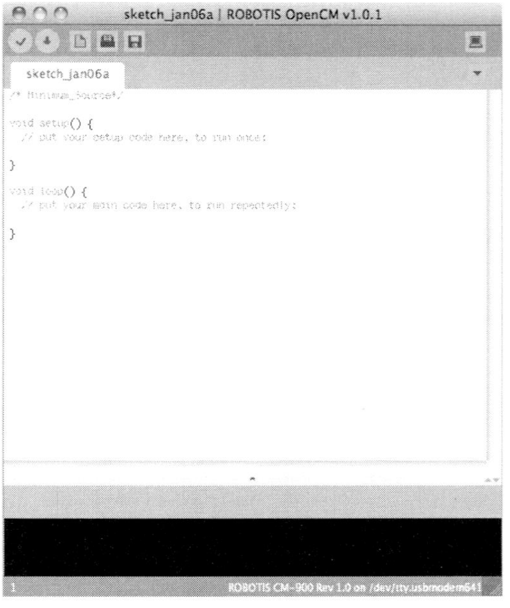

그림 2.3.3-7

Blink 예제 Open

파일 ⇨ Examples ⇨ 01. Basics ⇨ b_Blink 순으로 선택한다.

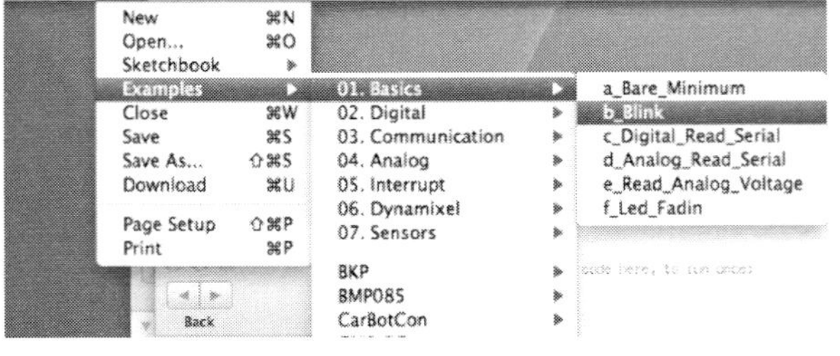

그림 2.3.3-8

보드 선택

그림 2.3.3-9

시리얼 포트 선택

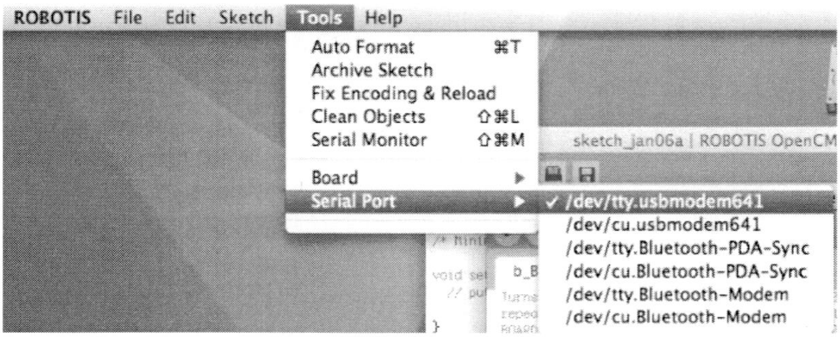

그림 2.3.3-10

다운로드 수행

아래 그림에서 가리키는 다운로드 버튼을 클릭한다.

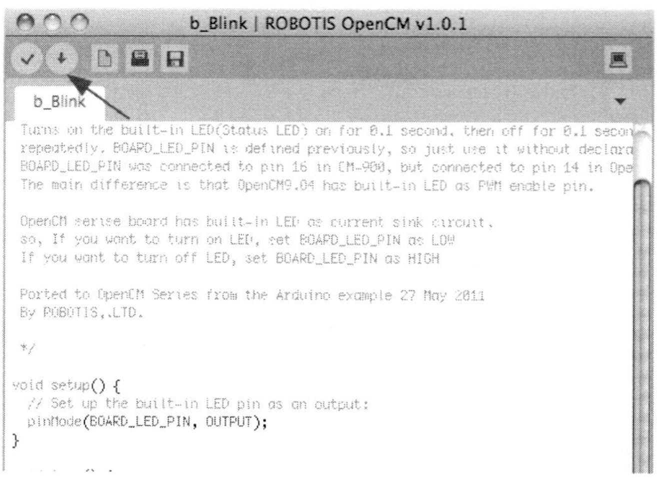

그림 2.3.3-11

2.4 ROBOTIS OpenCM 소프트웨어 사용하기

OpenCM9.04는 전용 편집기와 컴파일러, 다운로드를 한 번에 실행할 수 있는 소프트웨어 툴인 ROBOTIS OpenCM이 있다. 아두이노와 같이 프로세싱 기반의 Java로 만들어진 이 툴은 이클립스나 Visual C++같이 다양한 편집 기능은 없지만 꼭 필요한 편집기능은 모두 가지고 있다. 또한, 심플한 UI 구성을 통해 빠른 컴파일과 다운로드 기능을 통합해서 제공하고 있다.

2.4.1 ROBOTIS OpenCM UI 살펴보기

프로그램을 실행하면 다음과 같은 화면이 나타난다. ROBOTIS OpenCM 화면 UI의 메뉴 아래에서부터 살펴보면, 자주 쓰는 버튼을 담은 툴바(Toolbar)와 코드를 편집하는 에디터 그리고 요청된 기능에 대한 진행 상황을 표시해주는 상태바(Status Bar)가 있고 그 아래에는 컴파일이나 다운로드의 결과를 표시해주는 콘솔(Console)이 있다. 그리고 마지막으로 현재 편집중인 라인 번호나 선택된 보드와 포트 번호를 보여주는 라인 상태(Line Status)가 있다. 마지막으로 Tap 메뉴를 통해서 새탭을 만들거나 지우는 등의 조작을 할 수 있다.

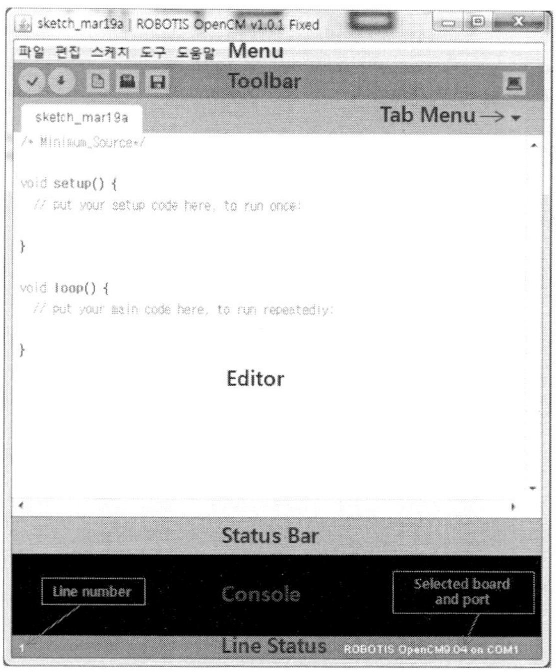

그림 2.4.1-1

2.4.2 예제 살펴보기

ROBOTIS OpenCM은 임베디드 보드가 제공하는 기능별로 쉬운 예제를 제공하고 있다. 파일 예제 메뉴를 보면 다음과 같이 다양한 예제를 볼 수 있다.

그림 2.4.2-1

기본적인 디지털 IO 출력을 해보고 싶다면 LED Blink 예제를 통해 OpenCM9.04만의 강력하고 쉬운 방법으로 HIGH/LOW를 출력할 수 있다.

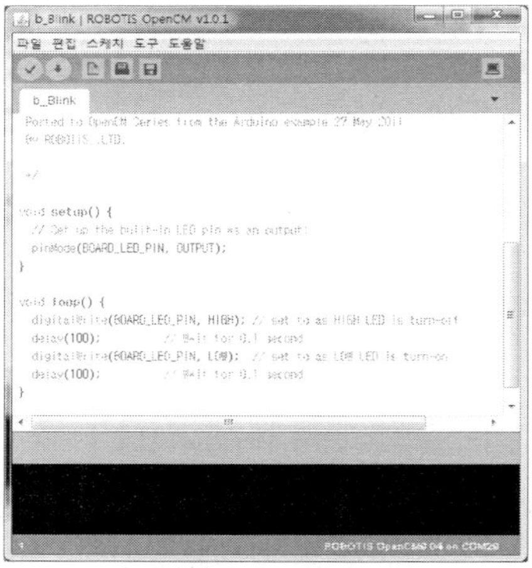

그림 2.4.2-2

또한, AVR에서 구현이 복잡하고 어려웠던 UART 출력이나 USB 데이터 입/출력이 ROBOTIS OpenCM에서는 간단하고 쉬운 와이어링(Wiring) 문법[17]으로 예제를 제공하기 때문에 누구나 손쉽게 이용할 수 있다.

---

17) digitalWrite(), analogWrite()등의 아두이노 API들은 Wiring 프로젝트로부터 탄생했기 때문에 따로 Wiring 문법이라고도 한다.

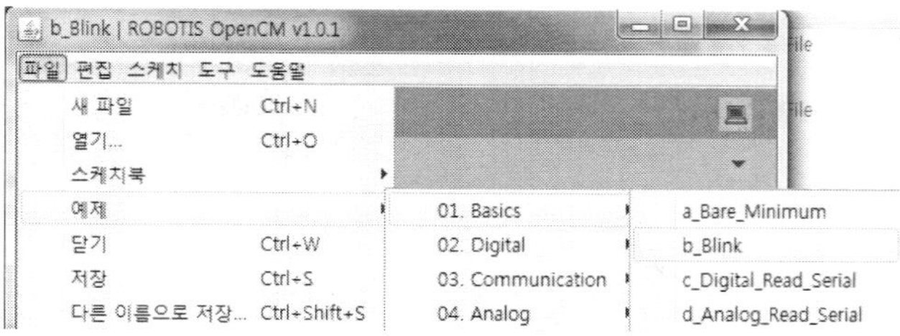

그림 2.4.2-3

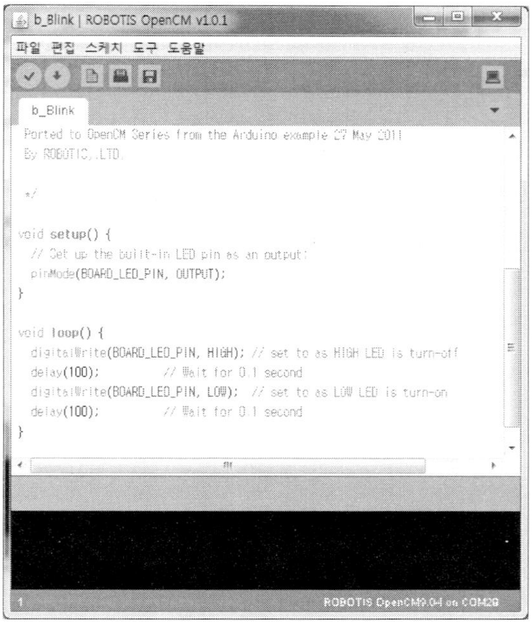

그림 2.4.2-4

2.4.3 코드 편집 기능

ROBOTIS OpenCM은 이클립스나 기타 상용 통합 개발환경에 비해서는 편집 기능이 부족하지만 프로세싱 개발환경이 복잡한 코드 편집을 위해서 탄생한 환경이 아니므로 꼭 필요한 편집 기능 외에 코드 자동완성이라던지 코드 추적 기능과 같은 고급 기능은 제공하지 않는다. 대신 그러한 기능을 쓸 정도로 복잡하지 않고, 심플하면서도 꼭 필요한 매우 강력한 코드 작성을 할 수 있게 만들어졌다.

Auto Highlight 기능

코드 타이핑을 할 때 등록된 키워드는 다음과 같이 검정색에서 노란색 또는 파란색으로 자동으로 하이라이트(Highlight)가 된다. 등록된 키워드라면 다음과 같이 색상이 변하므로 사용하려는 키워드 이름이 제대로 타이핑 되었는지 확인할 수 있다.

그림 2.4.3-1

그리고 이러한 자동 하이라이트(Auto highlight) 기능은 아래 경로의 keyword.txt 파일을 이용해서 얼마든지 수정하거나 추가할 수 있다.

```
# [ROBOTIS] create dynamixel class & method
Dynamixel    KEYWORD3    Dynamixel_class
readWord     KEYWORD2    Dynamixel_readWord
readByte     KEYWORD2    Dynamixel_readByte
writeWord    KEYWORD2    Dynamixel_writeWord
writeByte    KEYWORD2    Dynamixel_writeByte
syncWrite    KEYWORD2    Dynamixel_syncWrite
ping    KEYWORD2
reset    KEYWORD2
getResult    KEYWORD2
setPosition KEYWORD2
initPacket   KEYWORD2
pushByte     KEYWORD2
```

그림 2.4.3-2 keyword.txt 파일 위치와 내용

keywords.txt를 열어보면 색상이 바뀌는 키워드가 모두 나타난다.

자동 포맷 기능 사용

도구 ⇨ 자동 포맷 기능을 활용하면 마음대로 타이핑한 코드들도 보기 좋게 정렬이 된다.

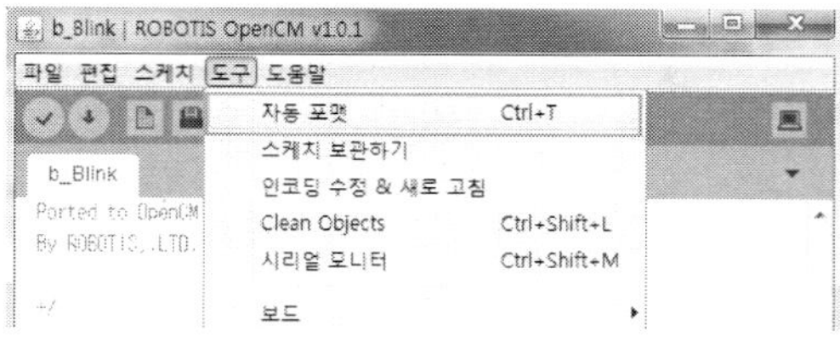

그림 2.4.3-3

아래와 같은 코드가 Ctrl+T만 누르면 감쪽같이 보기 좋은 코드 모양이 된다.

```
void loop() {
  //print "Hello World!!" to PC though USB Vi
    SerialUSB.println("Hello World!!");
  SerialUSB.print("nCount : "); // display
        SerialUSB.println(nCount++);//Seria

  delay(1000);
}
```

⬇

```
void loop() {
  //print "Hello World!!" to PC though USB Virtual COM
  SerialUSB.println("Hello World!!");
  SerialUSB.print("nCount : "); // display nCount var
  SerialUSB.println(nCount++);//SerialUSB.print("\r\r

  delay(1000);
}
```

그림 2.4.3-4

주석 처리 및 해제

C/C++프로그래밍을 하면서 가장 많이 쓰는 편집기능이 자동 주석 처리와 해제 기능이 아닐까 한다. ROBOTIS OpenCM도 마찬가지로 이러한 주석 처리 단축키와 메뉴가 존재한다.

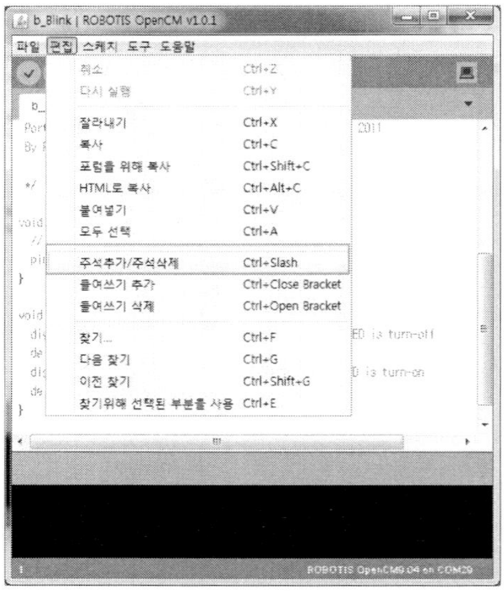

그림 2.4.3-5

해당 메뉴를 찾아서 선택하거나 단축키 Ctrl+/를 누르면 주석 처리가 되고, 다시 한 번 더 누르면 주석이 해제된다.

```
void loop() {
  digitalWrite(BOARD_LED_PIN, HIGH);
  delay(1000);          // Wait for 1 second (1000 milliseconds)
  digitalWrite(BOARD_LED_PIN, LOW);
  delay(1000);          // Wait for 1 second (1000 milliseconds)
}
```

그림 2.4.3-6

위와 같이 블록 처리를 하고 나서 Ctrl+/를 누르면 아래와 같이 주석 처리가 된다.

```
void loop() {
//  digitalWrite(BOARD_LED_PIN, HIGH);
//  delay(1000);          // Wait for 1 second (1000 milliseconds)
//  digitalWrite(BOARD_LED_PIN, LOW);
//  delay(1000);          // Wait for 1 second (1000 milliseconds)
}
```

그림 2.4.3-7

다시 Ctrl+/를 누르면 주석이 해제된다.

들여쓰기 추가 및 삭제

편집 ⇨ 들여쓰기 추가/삭제를 누르면 현재 커서에서 들여쓰기 단계를 조절할 수 있다. 마찬가지로 Ctrl+}를 누르면 오른쪽으로 한 탭씩 이동하고 Ctrl+{를 누르면 한 탭씩 들어간다.

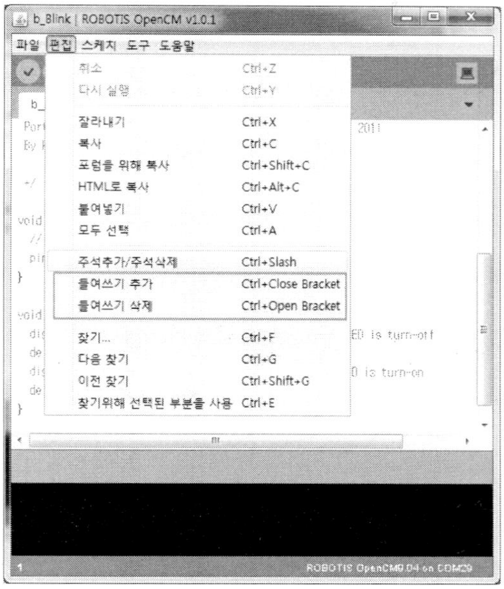

그림 2.4.3-8

Ctrl+}를 계속해서 눌러보면 아래와 같이 오른쪽으로 한 탭씩 이동한다.

```
void loop() {
        digitalWrite(BOARD_LED_PIN, HIGH);
        delay(1000);          // Wait for 1 second (1000 milliseconds)
        digitalWrite(BOARD_LED_PIN, LOW);
        delay(1000);          // Wait for 1 second (1000 milliseconds)
}
```

그림 2.4.3-9

2.4.4 컴파일 및 다운로드 하기

컴파일

코드를 작성하고 나면 컴파일 메뉴를 이용해 자신이 구현한 코드가 문법에 맞는지 오류가 없는지 체크하면서 프로그래밍을 하는 것이 좋다. 컴파일 메뉴는 다운로드를 수행하지 않기 때문에 속도가 매우 빠르다.

그림 2.4.4-1 빌드가 성공하게 되면 아래 상태창에 빌드한 바이너리 사이즈에서 최대 바이너리 사이즈, 그리고 사이즈 대비 점유율이 %로 나온다.

만약 아래 경로의 Core 경로에 있는 소스코드를 수정하였다면, 반드시 미리 만들어진 Object 파일들을 지워주어야 한다.

그림 2.4.4-2

도구 ⇨ Clean Objects 메뉴를 클릭하고 새로 빌드를 하면 된다. 이 경우 처음은 약간 오래 걸리지만 두 번째부터는 처음에 빌드한 Object 파일들을 재활용하기 때문에 다시 빨라진다.

그림 2.4.4-3

Object 파일들은 아래의 Core 경로에 각각의 보드 디렉터리에 저장되어서 재활용된다.

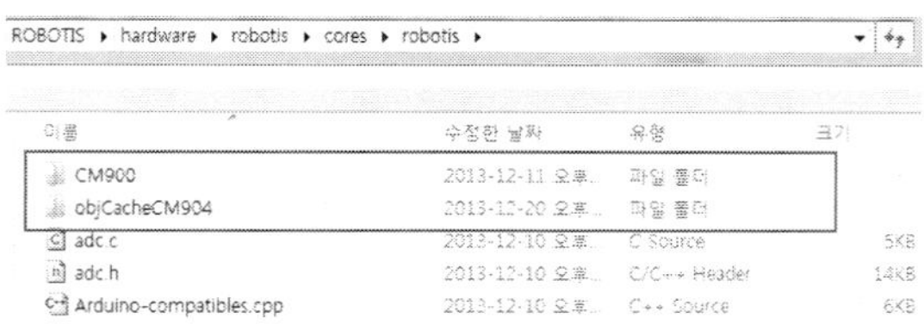

그림 2.4.4-4

다운로드

모든 코드가 에러 없이 컴파일이 잘된다면 다운로드를 해보자. 간단히 아래쪽 방향의 화살표를 누르면 컴파일과 다운로드를 한 번에 수행하게 된다. 참고로 아두이노에서는 다운로드 대신 업로드(Upload)라는 용어를 사용하지만 기능은 동일하다. 아마도 호스트 컴퓨터 기준으로 보았을 때 임베디드 보드쪽으로 바이너리를 내려주기 때문에 다운로드라는 용어가 더 적절한 것 같다.

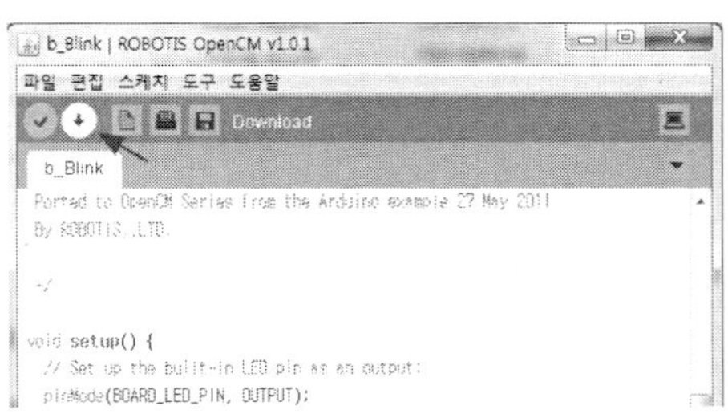

그림 2.4.4-5

다운로드가 성공적으로 끝나면 상태바에 Done downloading이라는 메시지와 함께 다운로드한 코드가 OpenCM9.04에서 바로 실행된다. 만약 Blink라는 예제를 다운로드했다면 OpenCM9.04의 Status LED가 깜빡이는 것을 바로 확인할 수 있다.

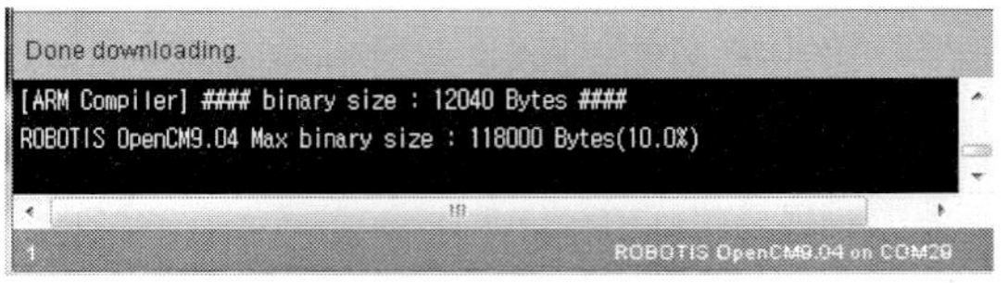

그림 2.4.4-6

지금까지 코드 편집, 컴파일과 다운로드 과정을 살펴보았다. ROBOTIS OpenCM은 다른 전문적인 C/C++개발환경과는 다르게 메뉴가 매우 간단하고 편집 또한 꼭 필요한 기능만 넣었다. 아두이노와 같은 오픈소스 개발환경이기 때문에 여기에 익숙한 독자들은 쉽게 적응 가능할 것이다.

2.4.5 시리얼 모니터 사용하기

ROBOTIS OpenCM에는 윈도의 하이퍼 터미널이나 TeraTerm과 같은 터미널 프로그램을 Add-on 프로그램으로 기본 제공한다. 사용방법은 도구 ⇨ 시리얼 포트에서 맞추어진 COM 포트(리눅스/맥에서는 tty 포트)를 오른쪽 아이콘을 눌러서 실행하거나 도구 시리얼 모니터를 클릭하면 해당 포트가 Open되면서 아래에 맞춰진 통신 속도로 통신이 된다. 단, OpenCM의 USB포트의 경우는 자동으로 통신 속도가 맞춰지기 때문에 아래의 통신 속도 선택창은 의미 없음을 알아두자.

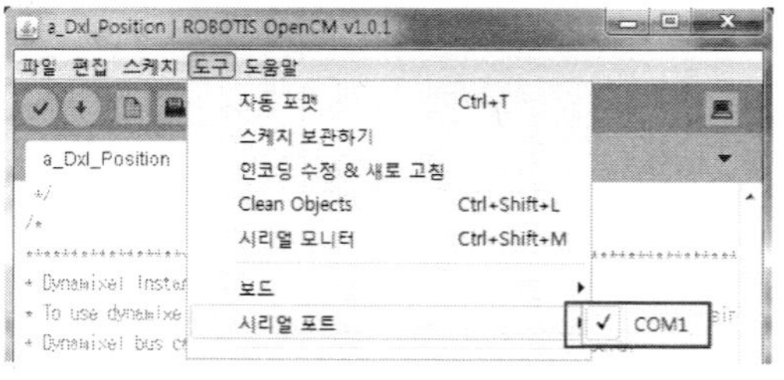

그림 2.4.5-1

선택된 COM1번 포트를 통해 통신하고 싶다면 툴바 상단 오른쪽 시리얼 모니터 아이콘을 클릭하면 시리얼 모니터가 실행된다. 도구 메뉴를 활용해도 좋고 Ctrl + Shift + M 단축키를 눌러서 실행시킬 수 있다.

그림 2.4.5-2

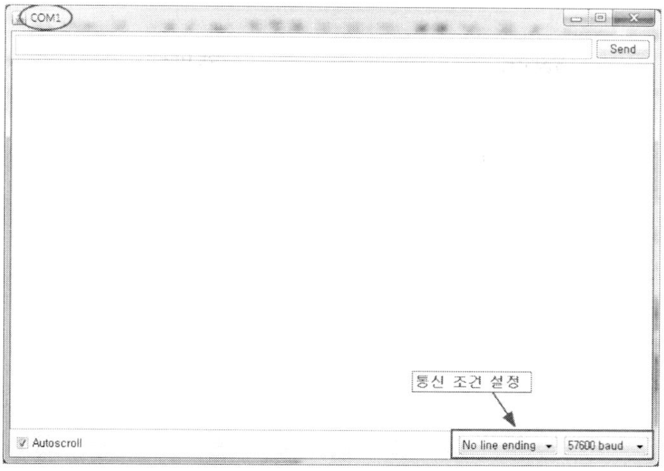

그림 2.4.5-3

시리얼 모니터와 같은 터미널 프로그램은 펌웨어 개발에서 매우 많이 사용되는 툴이기 때문에 사용법을 잘 숙지해 놓는 것이 좋다.

2.4.6 시리얼 모니터에서 USB Virtual COM 포트 사용에 따른 주의사항

OpenCM9.04 보드와 USB Virtual COM 포트

ROBOTIS OpenCM 시리얼 모니터를 통해서 OpenCM9.04의 USB 포트를 이용할 때는 특별한 주의가 필요하다.

우리가 USB를 이용해 펌웨어를 다운로드하고 SerialUSB 클래스를 통해 USB 데이터 통신을 주고 받는 것이 모두 USB CDC 하나로 처리된다. 그래서 아주 잠깐이지만 ROBOTIS OpenCM 툴에서 다운로드를 수행중일 때는 시리얼 모니터로 ROBOTIS Virtual COM 포트를 열어서 데이터 통신을 수행할 수 없다.

그리고 문제는 보드가 다운로드를 시작할 때는 USB 통신을 이용해서 리셋을 수행하는데, 가끔 리셋이 걸리지 않을 때는 User Button을 누른 상태에서 USB를 연결해서 강제로 다운로드 모드로 만들어주면 해결된다.

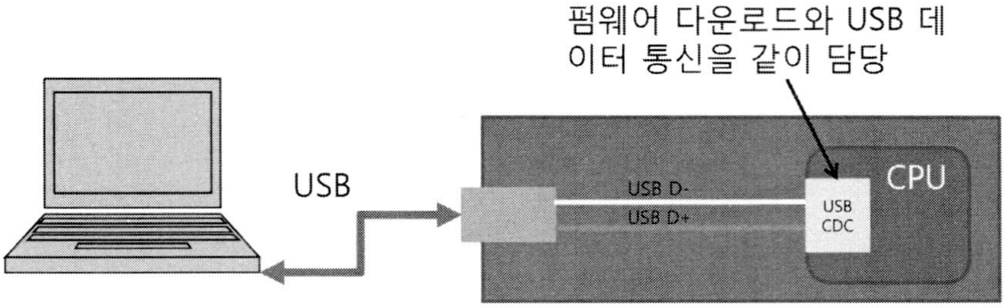

그림 2.4.5-4

제 3 장 프로그램 구조 및 C, C++의 이해

3.1 임베디드 시스템에서 프로그램의 역할

임베디드 시스템을 사용자가 원하는 형태로 구현하기 위해서는 임베디드 시스템이 구동되는 원리를 이해할 필요가 있다. 로봇 등을 위한 임베디드 시스템의 주요 목적은 센서 입력을 감시하고, 센서 입력을 의미 있는 정보로 변환한 후 적절한 구동을 위해 구동기(Actuator)에 명령을 내리는 것이다. 이러한 목적을 달성하기 위해서 사용자는 임베디드 시스템이 동작하는 순서 및 규칙을 정의해서 입력해야 하며, 이는 임베디드 시스템이 이해할 수 있는 프로그래밍 언어로 이루어져야 한다.

이러한 프로그래밍 언어로 구현된 프로그램은 컴파일러, 링커라는 통역기를 거쳐서 임베디드 시스템이 이해할 수 있는 방식으로 최종 변경되어 작업을 수행하게 된다. OpenCM9.04와 같은 임베디스 시스템은 <그림 3.1-1>과 같은 방식으로 펌웨어를 만들어서 우리가 원하는 대로 시스템을 구현할 수 있다. 맨 처음 사람이 이해할 수 있는 C/C++와 같은 상위 레벨 프로그래밍 언어로 소스코드를 만들면 컴파일러가 기계어로 만들어진 오브젝트 파일(*.obj)로 변환을 한다. 하지만 이러한 오브젝트 파일들은 단순히 코드를 기계어로 번역한 것에 지나지 않기 때문에 바로 실행할 수 있는 완전한 형태가 아니다. 링커는 이러한 오브젝트들을 연결하고 표준 라이브러리가 필요한 부분을 보완한 후에 완전히 실행할 수 있는 펌웨어 바이너리 혹은 HEX 형태로 만든다. 바로 최종으로 생성된 펌웨어를 OpenCM9.04와 같은 임베디드 시스템에 다운로드하면 완전히 실행할 수 있다.

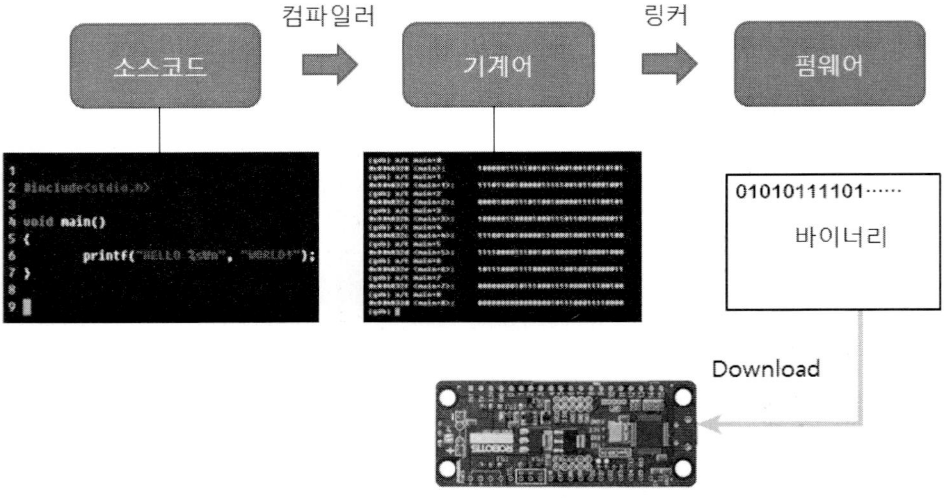

그림 3.1-1 최종으로 생성된 바이너리 파일을 OpenCM9.04에 다운로드하면 실행된다.

프로그래밍 언어란 쉽게 말해 컴퓨터가 이해할 수 있는 언어이다. 미국사람과 대화하려면 영어를 알아야 되고 일본사람과 대화하려면 일본어를 알아야 되는 것처럼 컴퓨터 또는 임베디드 시스템과 소통하려면 프로그래밍 언어를 알아야 한다. 이런 프로그래밍 언어의 종류는 매우 다양하다. 우리가 많이 접하는 C, C++, C#, JAVA, 포트란 등이 프로그래밍 언어에 속하게 된다.

최근 대부분의 임베디드 시스템은 C와 C++ 프로그래밍 언어로 개발이 가능하도록 이루어져 있고 OpenCM9.04도 마찬가지로 C/C++로 프로그래밍한다. 따라서 이어지는 절에서는 프로그래밍 언어의 기본 구조, C/C++언어의 특징에 대해서 알아보고 프로세싱 언어에서 추구하는 방향과 OpenCM9.04에서 사용되는 프로그래밍 방법에 대해서 알아보자.

3.2 프로그래밍 언어에 대한 소개

컴퓨터 프로그램은 데이터(data)와 명령어(instruction), 이렇게 두 부분으로 나뉜다. 센서 입력 정보, 입력된 정보의 처리, 구동기(Actuator) 출력을 위한 값 등의 데이터를 다양한 명령어를 통해서 활용하는 것이다. 이러한 데이터들을 활용하기 위해서는 컴퓨터에게 지시를 내려야 한다. 컴퓨터는 현재 실행하고 있는 지시의 내용과 다음에 실행할 지시의 위치만을 알고 있다.

컴퓨터 언어는 컴퓨터의 하드웨어를 직접 제어하는 초기의 어셈블리와 같은 언어에서부터 시작하여 현재에는 C언어와 같은 고급 언어(high-level language)로 발전되어 왔다. 프로그램 언어가 상위 레벨로 발전될수록 프로그램은 좀 더 인간의 언어에 가까운 형태가 된다. 이에 따라 프로그램 언어의 학습과 프로그램의 구현이 보다 수월해진다.

프로그래머가 상위 레벨의 언어로 소스코드를 작성하면 컴파일러가 이 소스코드를 컴퓨터가 이해할 수 있는 기계어로 번역하고, 번역된 기계어는 다시 링커를 통해서 실행되는 환경에 적합한 형태로 변환되어 작업을 실행할 수 있게 된다. 지시문들을 한데 묶어 놓은 것들을 함수(function)라 하고, 함수는 특정한 동작을 일반적인 형태로 정의해 놓은 명령어의 집합이다. 똑같은 동작이 필요하면 명령어를 다시 작성할 필요없이 함수의 매개변수를 이용하여 계속 사용할 수 있다.

예를 들어, C언어는 검색, 정렬, 입출력에 관련된 다양하고 풍부한 표준 함수(standard functions)들을 제공한다. 이런 표준 함수가 제공되는 덕분에 사용자는 해당 함수를 만드는 데 드는 노력을 절약할 수 있다. 연결된 함수들을 한데 묶어 놓은 것은 모듈(module)이라 하고, 모듈들의 상호 연결로 하나의 프로그램이 구성된다. 그리고 이러한 모듈들을 재사용할 수 있게 모아둔 것을 라이브러리라 한다.

3.3 C언어의 구조 및 이해

C언어로 프로그램을 작성한다는 것은 앞서 설명한 '함수를 만들고, 만든 함수의 실행순서를 결정하는 것'이다.

가장 기본적인 형태를 보면

```
출력형태 함수이름(입력형태)
{
함수의 몸체
}
```

이러한 형태가 된다.

간단한 예제를 가지고 살펴보자.

```
#include <stdio.h> // 헤더파일 선언

int main(void) // main 함수의 시작
{
    /* 이 함수 내에서는 하나의 문자열을 출력한다.
    문자열은 모니터로 출력된다.
    */
    printf("Hello world! ₩n"); // 문자열의 출력
    return 0; // 0의 반환
} // main 함수의 끝
```

그림 3.3-1

이 프로그램은 "Hello world!"라는 문장을 화면에 출력하는 프로그램이다.

여기서 출력 형태는 int(정수형), 함수 이름은 main, 입력 형태는 void[18]인 함수가 만들어졌다.

18) void란 아무 것도 없음, 비어 있다는 의미로 쓰이는 데이터 타입이다. 아무 형(타입)도 아닌 것을 나타낼 때 쓴다. 예를 들어 위에서 int main(void)라고 했을 때 main 함수에는 어떠한 입력되는 인자가 없다고 컴파일러에게 명시한다는 의미이다.

3.3.1 C언어의 기본 구성요소

main() 함수 : 컴파일러는 가장 먼저 main() 함수부터 실행을 시작하며, 따라서 모든 프로그램은 main() 함수를 포함하고 있어야 한다.

중괄호 {} : 함수 안을 들여다보면 함수의 몸체 전후로는 중괄호가 있는 것을 볼 수 있다. 중괄호는 함수블록의 시작과 끝을 결정한다. 각 함수블록의 시작과 끝에는 꼭 한 쌍의 중괄호가 있어야 한다.

세미콜론 ; : 함수 안을 들여다보면 각 문장의 끝에 세미콜론이 있는 것을 볼 수 있다. C언어에서 세미콜론은 문장의 끝을 표현하기 위해 사용한다. 단, 조건문이나 반복문 같은 컨트롤 문장에는 세미콜론이 붙지 않는다. 이에 대해서는 뒤에서 살펴보자.

(**참고** : 라인의 끝에 세미콜론을 빼먹게되면 컴파일러 오류를 발생시킨다. 오류가 발생하면 컴파일러는 오류에 대한 이유를 함께 출력하는데, 이 경우 다소 이해하기 어려운 오류가 발생하기도 한다. 이때 컴파일러가 표시한 오류를 포함하는 근처(위, 아래) 줄에 세미콜론이 빠지지 않았는지 확인할 필요가 있다.)

표준라이브러리 : 함수 안을 보면 "printf("Hello world! \n");" 문장이 존재한다. 여기서 printf함수는 함수호출 시 전달되는 문자열을 모니터에 출력하는 기능을 가진 함수이다. 이 함수는 직접 만들지 않아도 호출이 가능한, 기본적으로 제공되는 함수이다. 이렇게 기본적으로 제공하는 함수를 '표준함수'라고 하고, 표준함수들의 모임을 '표준라이브러리'라고 한다.

헤더파일 : 여기서 가장 위에 있는 문장 "#include <stdio.h>"을 볼 수 있는데, 이것은 헤더파일이라고 하며, 함수의 호출에 필요한 정보를 가지고 있는 파일이다. 헤더파일은 소스파일의 맨 앞부분에 선언되어야 한다. 여기서는 printf함수의 호출을 위해서 stdio.h 헤더파일이 선언되었다.

주석 : 주석은 자신이 작성한 코드가 잘 이해되지 않는 것을 방지하기 위해서, 또는 공동 작업 시 다른 사람들에게 프로그램을 이해시키는 데 도움을 주는 해설을 위해 사용된다. 주석은 블록 단위 주석 그리고 행 단위 주석이 있다. 주석은 컴파일러에서는 무시되어 실행되지 않는 영역이다.

/*…*/ 블록 단위 주석 : 블록 주석은 /*로 시작하여 */로 끝나며 여러 줄에 걸쳐있을 수 있다.

앞 예제에서

```
/* 이 함수 내에서는 하나의 문자열을 출력한다.
문자열은 모니터로 출력된다.
*/
```

은 블록 단위 주석이다.

// 행 단위 주석 : 행 단위 주석은 //와 함께 시작하고 줄 바꿈 시 해제된다. 즉, 컴파일러는 //를 만나면 바로 다음 줄로 이동하게 된다.

위 예제에서

```
// 헤더파일 선언
```

등 여러 개의 행 단위 주석을 볼 수 있다.

3.3.2 임베디드 시스템 프로그램 구조

임베디드 시스템의 경우 앞서 설명한 바와 같이 센서 입력을 감시하고 이를 이용하여 연산을 수행한 후 구동기의 동작을 명령하는 과정으로 동작이 수행된다. 이를 위해서 임베디드 소프트웨어에서는 대부분의 경우 반복적으로 일련의 과정을 진행하기 때문에 이후 설명할 while문 또는 for문을 활용하여 조건을 만족하는 한 무한히 작업(무한 루프)을 수행하도록 하는 과정을 포함하고 있다.[19] 임베디드 시스템의 기능 및 하드웨어 입출력 대부분 무한 루프내부에서 모두 구현된다. 결국엔 특별한 경우가 아니라면 임베디드 시스템은 무한히 루프를 돌면서 자신의 역할을 하게 되고, 아래와 같은 구문을 포함하는 것이 일반적이다.

```
while (1) // 또는 for(;;)
{
명령문;
…;
}
```

즉, while(1)에 의해서 { }안의 동작은 시스템이 초기화 된 이후 시스템이 종료되는 순간까지 계속해서 수행된다.

3.3.3 OpenCM 프로그램 구조

OpenCM9.04는 기본적으로 C/C++언어를 통해서 스케치[20](프로그램 개발)를 한다. C/C++언어에서는 앞서 설명한 바처럼 아래 예시와 같이 사용해야 한다.

```
#include <stdio.h>
void main(){
        init_something();
        ...
        while(1){
                //동작코드
                ...
}
}
```

대부분의 C/C++ 코드들은 main() 함수에 진입해서 어떤 변수나 클래스 인스턴스들을 초기화하거나, GPIO같은 주변장치의 초기화를 수행하고 while(1)이나 for(;;)와 같은 무한 루프를 통해 원하는 동작을 반복적으로 수행하는 형태로 코딩이 이루어져야 한다.

---

19) while()문과 for()문을 아직 모르는 독자들은 그냥 건너 뛰어도 좋다. 바로 뒤에 반복 제어문에서 자세히 설명하겠지만 while(1)과 for(;;)은 뒤의 문장들을 무한 반복한다는 정도만 알고 넘어가자.

20) 프로세싱 언어의 철학은 프로그래밍 코드를 마치 스케치 하듯이 그린다는 의미로 "코드를 작성한다"는 의미를 "스케치 한다"라고 표현한다. 앞으로 스케치 한다라는 의미는 코드를 작성한다라고 생각하면 되고 스케치를 실행한다는 것은 코드를 실행한다라고 이해하면 된다.

이러한 코드 형태는 펌웨어뿐만 아니라 MFC같은 윈도 응용 프로그램을 작성할 때도 비슷하다고 볼 수 있다. 프로세싱 언어의 철학은 이러한 코드 형태를 일반화해서 사람들이 원하는 코드는 setup(), loop() 두 부분으로 나누어서 쉽고 편리하게 개발할 수 있게 만들었다.

프로세싱(www.processing.org) 홈페이지를 방문해 본 사람들은 그들의 시작하기 페이지에서 다음 <그림 3.3.3-1>과 같이 프로세싱 언어의 쉽고 강력한 기능을 볼 수 있다.

```
void setup() {
  size(480, 120);
}

void draw() {
  if (mousePressed) {
    fill(0);
  } else {
    fill(255);
  }
  ellipse(mouseX, mouseY, 80, 80);
}
```

그림 3.3.3-1

누구나 이러한 스케치 코드를 보면 setup()에서 그리고자 하는 원의 사이즈를 초기화하고 와이어링에서 loop()의 역할을 하는 draw()에서 반복적으로 원을 그리는 것을 쉽게 알 수 있다.

이러한 프로세싱 언어의 철학을 계승한 OpenCM9.04에서도 스케치를 위한 코딩을 최소화하기 위해 자동으로 main 함수를 추가하고 직접 작성하지 않더라도 쉽고 빠르게 프로그램이 가능할 수 있도록 한다.

OpenCM9.04 내부적으로 이미 main함수를 설정하였기 때문에 사용자가 따로 설정할 필요가 없다. 그렇기 때문에 사용자는 다음 부분만 스케치(코드 작성)하면 된다.

```
void setup(){
 구문;
}
void loop(){
 구문;
}
```

setup() 함수는 사용자 초기화 함수로 스케치를 시작할 때 한 번 실행되며 변수의 초기화나 핀 모드 설정 같은 작업을 수행하는 데 사용된다.

loop() 함수는 사용자 무한반복 함수로 스케치가 시작되면 무한히 반복하면서 loop()안의 스케치를 수행한다.

즉, 코드 형태를 일반화해서 사람들이 원하는 코드는 setup(), loop() 두 부분으로 나누어서 쉽고 편리하게 작성할 수 있다.

다음 예제는 마이크로프로세서 프로그래밍에서 Hello World같은 대표적인 예제인 LED를 깜빡이는 예제인데 프로세싱 언어로 구현한다면 아주 간단하게 구성할 수 있다.

```
void setup() {
  // Set up the built-in LED pin as an output:
  pinMode(BOARD_LED_PIN, OUTPUT);
}

void loop() {
  digitalWrite(BOARD_LED_PIN, HIGH);
  delay(1000);          // Wait for 1 second (1000 milliseconds)
  digitalWrite(BOARD_LED_PIN, LOW);
  delay(1000);          // Wait for 1 second (1000 milliseconds)
}
```

그림 3.3.3-2

3.4 C언어 기초 지식

3.4.1 변수와 연산자

변수

변수는 데이터를 이용하기 위해 필요한 방법으로 데이터에 이름을 붙이고 프로그램에서 나중에 사용하기 위해 수치 값을 지정하거나 저장하는 방법이다. 변수라는 이름에서 알 수 있듯이, 변수는 결코 변하지 않는 상수와 달리 지속적으로 변경될 수 있는 숫자이다. 변수는 선언되어야 하고 저장될 필요가 있는 값을 선택적으로 할당 받아야 한다.

```
int Value = 0; // int 형태의 변수를 선언하고 변수값에 0을 저장한다.
```

위 예제에서 Value는 변수의 이름에 해당하며, 프로그램에서 해당 이름의 변수를 적절한 공간에 할당하게 된다. int는 정수형태의 변수라는 것을 의미하며, 자료형에 대해서는 다음 절에 자세히 설명하도록 한다. 일단 변수가 할당되거나 재할당되면, 사용자는 이것이 어떠한 상황을 충족시키는지 알아보기 위해 이 값을 테스트 할 수 있고, 또는 그 값을 직접적으로 사용할 수 있다. 변수를 이용한 세 가지의 유용한 작업을 설명하기 위한 예를 들어보겠다.

다음 코드는 Value가 100 미만인지 아닌지 테스트 하고, 참(True)인 경우 Value에 100이라는 값이 할당된다.

```
if (Value< 100) // 변수가 100보다 작은지 테스트한다.
{
  Value = 100; // 만약 위 조건이 참이면 100의 값을 할당한다.
}
```

> **참고** 변수는 해당 변수가 어떤 값을 가지고 있는지 쉽게 알 수 있도록 설명하는 이름을 부여하는 것이 좋다. 변수 이름을 부여하는 자신만의 규칙을 정하는 것도 좋은 방법이다. 또한, 이미 C 언어에서 쓰고 있는 키워드가 아닌 단어로 이름을 지정해야 한다.

변수선언

모든 변수는 사용되기 전에 꼭 선언되어야 한다. 변수를 선언하는 것은 int, long, float 등의 변수 형식을 정의하는 것, 특정한 이름을 설정하는 것, 그리고 선택적으로 초기 값을 할당하는 것을 의미한다. 변수선언은 프로그램에서 한 번은 수행되어야 하지만 값은 프로그램 실행 도중 언제든지 변경될 수 있다. 다음 예제는 Value가 int형으로 그 초기값을 0으로 선언한다.

```
int Value = 0;
```

변수는 프로그램 안의 많은 위치에 선언될 수 있고, 그 위치는 어떤 프로그램의 부분이 변수를 사용할 수 있는지 결정한다.

변수 적용 범위

변수는 크게 main() 함수 전의 시작부분, 함수의 내부 그리고 때때로 루프와 같은 구문 블록 안에 선언될 수 있다. 여기서 선언된 변수는 변수가 적용되는 범위를 결정하게 된다.

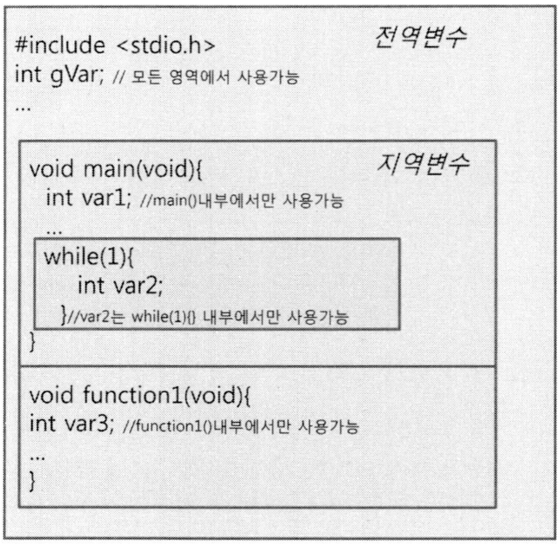

그림 3.4.1-1 C언어에서 변수의 적용범위

전역 변수는 프로그램에서 모든 함수와 구문에서 사용되거나 보여질 수 있다. 이 변수는 main() 함수 전 프로그램의 시작부분에 선언된다. 전역변수로 선언된 경우 프로그램 전체에 걸쳐서 사용되어지기 때문에 여러 함수에서 복잡하게 사용되는 경우 자칫 예상치 못하는 결과를 초래할 수 있기 때문에 신중히 사용해야 한다.

지역 변수는 함수 내부 또는 루프를 위한 부분으로 정의되어 있다. 이것은 오직 선언된 함수 안에서만 사용될 수 있다. 그러므로 지역 변수는 같은 프로그램의 다른 함수에 있는 같은 이름의 변수를 두 개 이상 가질 수 있다. 이러한 지역 변수의 사용으로 프로그램을 단순화하고 프로그래밍 오류가 나타날 가능성을 줄인다. 하지만 함수 사이에 빈번히 값을 넘겨주고 받는 경우에는 포인터 등을 사용해야 관계로 복잡도가 높아진다.

전역 변수와 지역 변수가 동시에 사용될 경우 지역 변수가 우선하게 된다. 즉, 전역 변수로 선언된 변수를 지역 변수로 사용하였을 경우 지역 변수로 사용된 함수 내에서는 전역 변수로의 역할은 할 수 없고, 새롭게 선언된 지역 변수로만 사용이 가능하다는 점을 유의해야 한다.

산술 연산자

산술 연산자는 더하기, 빼기, 곱하기, 나누기가 있다. 그들은 두 피연산자의 합, 차, 결과 또는 몫을 반환한다.

```
y = y + 8;
x = x - 2;
i = j * 3;
r = r / 4;
```

한 가지 주의할 점은 연산 작업은 피연산자의 데이터 형식을 사용하여 수행된다. 예를 들어 9/4의 결과는 2.25가 아니라 2이다. 왜냐하면 9와 4는 정수형이기 때문에 연산자는 동일한 정수형 데이터 저장 공간을 할당하여 활용하기 때문에 소수점 저장이 불가능하다. 또한, 이 결과는 데이터 형식으로 저장될 수 있는 것보다 큰 경우 연산이 오버플로(overflow)될 수 있다는 것을 의미한다. 데이터 형태에 대해서는 다음 절에서 자세히 설명하도록 한다.

> **참고** 한 변수 형식을 다른 것으로 변환하려면 (int)myFloat같은 캐스트 연산자를 사용하면 된다. 예를 들어, i = (int)3.6 은 (int)연산자에 의해 소수 부분을 버리고 3인 정수형으로 설정된다.

복합 대입

복합 대입은 변수 할당과 산술 연산을 동시에 수행하게 된다. 복합 대입을 사용함으로써 프로그램을 좀 더 단순화할 수 있다.

```
x ++ // x = x + 1와 같다, x를 +1 한다.
x -- // x = x - 1와 같다, x를 -1 한다.
x += y // x = x + y와 같다, x를 +y 한다.
```

```
x -= y // x = x - y와 같다, x를 -y 한다.
x *= y // x = x * y와 같다, x를 *y 한다.
x /= y // x = x / y와 같다, x를 /y 한다.
```

참고 : 예를 들어, X*=3X은 이전 값에 3배를 취한 결과를 얻어서, X에 그 결과 값을 다시 할당하게 된다.

비교 연산자

비교 연산자는 지정된 조건이 참(true)이면 1의 결과 값을 반환하고, 거짓(false)이면 0의 결과 값을 반환한다. 예를 들어 (x= =y)는 x와 y의 값이 같으면 (x= =y)=1을 의미하고 같지 않으면 (x= =y)=0이 된다. 여기서 주의할 점은 실수 형태의 x와 y를 비교할 경우 소수점 차이에 따라서 같은 값(0.999999, 1.00001 등)이라도 다른 값으로 인식하여 틀린 결과 값을 출력할 수도 있다. 따라서 x= =y, x!=y와 같은 경우에는 되도록 정수 형태에서만 사용하는 것이 바람직하다.

```
x == y          // x는 y와 같다.
x != y          // x는 y와 같지 않다.
x < y           // x는 y보다 작다.
x > y           // x는 y보다 크다.
x <= y          // x는 y보다 작거나 같다.
x >= y          // x는 y보다 크거나 같다.
```

논리 연산자

논리 연산자는 일반적으로 비교 연산자의 결과 값으로 논리 연산을 수행하여 참(TRUE) 또는 거짓(FALSE)값을 반환하는 방법이다. 주로 사용되는 세 가지 논리 연산자로는 AND, OR 및 NOT이 있다.

```
논리곱(Logical AND) &&:
if (x > 0 && x <3) // 두 식이 모두 참(true)인 경우 참 값을 출력한다.
논리합(Logical OR) ||:
if (x > 0 || y > 0) // 두 식 중 하나라도 참(true)일 경우 참 값을 출력한다.
부정(Logical NOT) !:
if (!x > 0) // 값이 참(true)일 경우에 거짓(false)으로 표현된다.
```

논리 연산자는 주로 ON/OFF로 출력되는 외부 센서 또는 상태의 조합을 활용하여 동작 조건을 만들어 내고자 하는 경우에 주로 사용된다. 예를 들어, 외부 침입 감지 센서 1과 2가 있을 경우 논리합을 이용해서 두 개의 센서 중에서 한 개라도 감지된다면 방법 시스템을 가동하라는 명령을 수행하도록 알고리즘을 구현할 수 있다.

3.4.2 데이터 타입

데이터 타입이란 데이터 자료에 대한 형태라고 볼 수 있는데, 실수, 정수, Boolean자료형 등의 여러 종류의 데이터를 식별하는 기준을 제시한다.

int

정수는 소수점이 없는 숫자의 저장을 위한 기본데이터 형식이다. int 타입은 2바이트 크기의 메모리를 차지하고 -32768(-2^{15})에서 32767($2^{15}-1$)의 범위를 갖고 저장한다.

```
int Value = 1500; // Value을 정수형식으로 선언한다.
```

> **참고** 할당이나 비교에 의해 최고 또는 최저 값의 범위를 넘어서는 값이 할당될 경우 정수 변수는 롤오버된다. 만약 x=32767이고 후속명령문이 x에 1을 더하는 것, x=x+1 또는 x++이라면 x는 롤오버되어 예상치 못한 값을 가지게 될 것이고, -32768도 역시 같은 결과를 얻게 된다.

> **주의** OpenCM9.04는 ARM 아키텍처(32-bits)를 기본으로 하는 보드로 double 타입이 8바이트 메모리를 차지한다.

unsigned int

기존 int 타입이 양수와 음수를 표현한다면 unsigned int는 2바이트의 부호 없는 정수형을 저장하기 위해 사용된다. 0~$2^{16}-1$의 범위를 가진다.

> **주의** OpenCM9.04는 ARM 아키텍처(32비트)를 기본으로 하는 보드로 int 타입이 4바이트(1바이트=8 bit, 8×4=32비트) 메모리를 차지한다. 따라서 0 에서 $2^{32}-1$사이의 값을 저장할 수 있다.

long

소수점이 없는 긴 정수에 대한 확장된 크기의 데이터 형식이다. -2,147,483,648에서 2,147,483,647의 범위를 갖고 32비트 값을 저장한다.

```
long Value = 90000; // Value를 long 형식으로 선언한다.
```

unsigned long

소수점이 없는 긴 양의 정수에 대한 확장된 크기의 데이터 형식으로 32비트의 값을 저장한다.

float

부동 소수점 숫자 또는 소수점이 있는 숫자의 데이터 형식으로 부동 소수점 숫자는 정수보다 높은 해상도를 가지고 -3.4028235E+38에서 3.4028235E+38의 범위를 갖고 32비트 값으로 저장된다.

```
float Value = 5555.555; // Value를 float형식으로 선언하고 5555.555의 값을 저장한다.
```

참고	부동 소수점 숫자는 정확하지 않다. 그래서 비교할 때 예상치 못한 결과를 얻을 수도 있다. 또한, 부동 소수점 연산은 정수연산에 비하여 계산이 느린 편이기 때문에 가능하다면 줄이는 것이 좋다.

double

배정도 부동 소수점 방식의 실수를 저장하기 위해 사용된다. float형과 동일한 32비트의 메모리를 차지하고 float형보다 정밀한 실수를 저장하는 데 사용된다.

주의	OpenCM9.04는 ARM 아키텍처(32-bits)를 기본으로 하는 보드로 double 타입이 8바이트 메모리를 차지한다.

char

정수형 변수 char는 문자 하나의 값을 1바이트 크기의 메모리에 저장한다. 문자 하나는 'A'처럼 ' '를 사용하고, string은 "ABC"처럼 " "을 사용하면 된다. 저장한 문자는 숫자로 저장되는데, 이 숫자를 아스키코드[21]라고 하고 <표 3.4.2-1>의 아스키코드표를 보고 문자에 대응하는 숫자 값을 확인해야 된다(ex. A=65). 이러한 char 데이터 타입은 1바이트 −128∼+127사이의 값을 가진다.

```
char Value='A'
char Value=65; // 두 개의 할당된 결과는 같다.
```

21) 미국에서 표준화가 추진된 정보 교환용 7비트 부호로 PC를 중심으로 국제적으로 사용된다. 컴퓨터는 데이터를 8개의 비트를 묶어서 한 번에 처리하는데, 이것을 바이트라 한다. 그리고 이러한 1바이트로 표시할 수 있는 최대 문자수는 256조합이 된다. 하지만 이러한 아스키코드를 정보 교환을 위한 통신용으로 쓰려면 1개 비트는 패리티 비트로 사용해야 되기 때문에 나머지 7비트로 문자를 표현해야 했고 그래서 아스키코드는 8비트 전체를 썼을 때의 절반인 128개 문자를 표현한다.

표 3.4.2-1 아스키코드표

DEC	HEX	OCT	Char	DEC	HEX	OCT	Char	DEC	HEX	OCT	Char
0	00	000	Ctrl-@ NUL	43	2B	053	+	86	56	126	V
1	01	001	Ctrl-A SOH	44	2C	054	,	87	57	127	W
2	02	002	Ctrl-B STX	45	2D	055	-	88	58	130	X
3	03	003	Ctrl-C ETX	46	2E	056	.	89	59	131	Y
4	04	004	Ctrl-D EOT	47	2F	057	/	90	5A	132	Z
5	05	005	Ctrl-E ENQ	48	30	060	0	91	5B	133	[
6	06	006	Ctrl-F ACK	49	31	061	1	92	5C	134	₩
7	07	007	Ctrl-G BEL	50	32	062	2	93	5D	135	]
8	08	010	Ctrl-H BS	51	33	063	3	94	5E	136	^
9	09	011	Ctrl-I HT	52	34	064	4	95	5F	137	_
10	0A	012	Ctrl-J LF	53	35	065	5	96	60	140	`
11	0B	013	Ctrl-K VT	54	36	066	6	97	61	141	a
12	0C	014	Ctrl-L FF	55	37	067	7	98	62	142	b
13	0D	015	Ctrl-M CR	56	38	070	8	99	63	143	c
14	0E	016	Ctrl-N SO	57	39	071	9	100	64	144	d
15	0F	017	Ctrl-O SI	58	3A	072	:	101	65	145	e
16	10	020	Ctrl-P DLE	59	3B	073	;	102	66	146	f
17	11	021	Ctrl-Q DC1	60	3C	074	<	103	67	147	g
18	12	022	Ctrl-R DC2	61	3D	075	=	104	68	150	h
19	13	023	Ctrl-S DC3	62	3E	076	>	105	69	151	i
20	14	024	Ctrl-T DC4	63	3F	077	?	106	6A	152	j
21	15	025	Ctrl-U NAK	64	40	100	@	107	6B	153	k
22	16	026	Ctrl-V SYN	65	41	101	A	108	6C	154	l
23	17	027	Ctrl-W ETB	66	42	102	B	109	6D	155	m
24	18	030	Ctrl-X CAN	67	43	103	C	110	6E	156	n
25	19	031	Ctrl-Y EM	68	44	104	D	111	6F	157	o
26	1A	032	Ctrl-Z SUB	69	45	105	E	112	70	160	p
27	1B	033	Ctrl-[ESC	70	46	106	F	113	71	161	q
28	1C	034	Ctrl-₩ FS	71	47	107	G	114	72	162	r
29	1D	035	Ctrl-] GS	72	48	110	H	115	73	163	s
30	1E	036	Ctrl-^ RS	73	49	111	I	116	74	164	t
31	1F	037	Ctrl_ US	74	4A	112	J	117	75	165	u
32	20	040	Space	75	4B	113	K	118	76	166	v
33	21	041	!	76	4C	114	L	119	77	167	w
34	22	042	"	77	4D	115	M	120	78	170	x
35	23	043	#	78	4E	116	N	121	79	171	y
36	24	044	$	79	4F	117	O	122	7A	172	z
37	25	045	%	80	50	120	P	123	7B	173	{
38	26	046	&	81	51	121	Q	124	7C	174	|
39	27	047	'	82	52	122	R	125	7D	175	}
40	28	050	(	83	53	123	S	126	7E	176	

byte(unsigned char)

byte는 소수점 없이 8비트 숫자 값을 저장한다. 범위는 0에서 255의 양수값을 저장한다.

byte Value = 180; //Value를 byte형식으로 선언한다. OpenCM9.04에서는 Java처럼 byte형이 따로 있는 것은 아니고 unsigned char를 byte로 정의해서 쓰고 있다.

배열(arrays)

배열은 인덱스 번호에 액세스하는 값의 모음이다. 배열의 값은 배열의 이름과 값의 인덱스 번호의 이름을 호출함으로써 즉시 호출될 수 있다. 배열은 제로 인덱스 번호 0에서 배열의 시작의 첫 번째 값으로 인덱싱된다. 배열은 선언하고, 사용하기 전에 선택적으로 값을 할당할 필요가 있다.

```
int myArray[] = {value0, value1, value2...}
```

이와 같이 배열의 형식과 크기를 선언함으로써 배열을 선언하는 것이 가능하다. 그리고 이후 인덱스 위치에 값을 할당한다.

```
int myArray[5]; // 정수 배열 6개의 위치를 선언한다. (0, 1, 2, 3, 4, 5)
myArray[3] = 10; // 4번째 인덱스에 값 10을 할당한다.
```

배열에서 값을 검색하려면, 배열 인덱스 위치에 변수를 할당한다. 앞서 설명했지만 배열 인덱스는 0에서 시작한다는 것을 잊지말아야 한다. 초보 프로그래머가 가장 실수를 많이 하는 부분이 바로 배열 인덱스 지정인데 아래에서 인덱스 숫자는 3이지만 4번째 인덱스를 의미하고 이것은 배열 인덱스가 0부터 시작하기 때문이다.

```
x = myArray[3]; // x는 지금 10과 같다.
```

배열과 for문

배열을 만들 경우 for문을 사용하면 간단하게 작성할 수 있다. 다음 예시는 배열에 일정한 숫자를 저장하는 코드이다(for문에 대해서는 추후 다시 한 번 설명하기로 한다).

```
int a[5];
int i;
for(i=0;i<5;i=i+1)
{
  a[i]=i+3
}
```

문자열 string

위에서 하나의 문자를 저장하는 데 char 타입이 필요한 것을 확인했다. 하지만 하나의 단어나 긴 문장을 저장할 경우 여러 문자들을 다루어야 한다. 이때 단어나 긴 문장을 문자열이라고 하고 이 문자열을 다루기 위해서는 문자 배열을 이용한다. 이것은 각각의 문자를 배열에 순서대로 집어 넣는 것을 얘기한다.

```
char str1[5];          //초기화 하지 않은 상태의 문자 배열 선언으로 4개의 문자 + null값을 저장할 수 있다.
char str2[5]={'o','p','e','n'}        // 5개의 배열에 4개의 문자와 null값을 저장
char str3[]={'o','p','e','n'}         // 4개의 문자와 null값을 저장, 크기는 자동으로 5개가 된다.
```

```
char str4[5]="open"            // 문자 "open"으로 배열을 초기화 시킨다.
char str5[10]="open"           // 문자 "open"으로 초기화 하고 그 뒷 부분의 배열은 비워둔다.
```

이러한 방식으로 ROBOTIS OpenCM에서 char 형식의 문자 배열을 출력해보자. 위에서 예로 든 char 형식의 문자 배열을 차례로 선언하고 loop()안에서 SerialUSB 클래스를 이용해서 출력을 수행하였다. 출력을 하고 줄바꿈을 하려면 SerialUSB.println()을 쓰면 되고 줄바꿈을 쓰지 않으려면 SerialUSB.print()를 쓰면 된다. <그림 3.4.2-1>에서 이와 같은 코드를 확인해보자.

```
void setup() {
  // put your setup code here, to run once:

}
char str1[5];
char str2[5]={'O','p','e','n'};
char str3[]={'S','o','u','r','c','e'};
char str4[11]="OpenSource";
char str5[10]="Hardware";

void loop() {
  // put your main code here, to run repeatedly:
  SerialUSB.print(str2);
  SerialUSB.print("  ");
  SerialUSB.println(str3);

  SerialUSB.print(str4);
  SerialUSB.print("  ");
  SerialUSB.println(str5);
  delay(100);
}
```

그림 3.4.2-1

실행 결과는 다음과 같다.

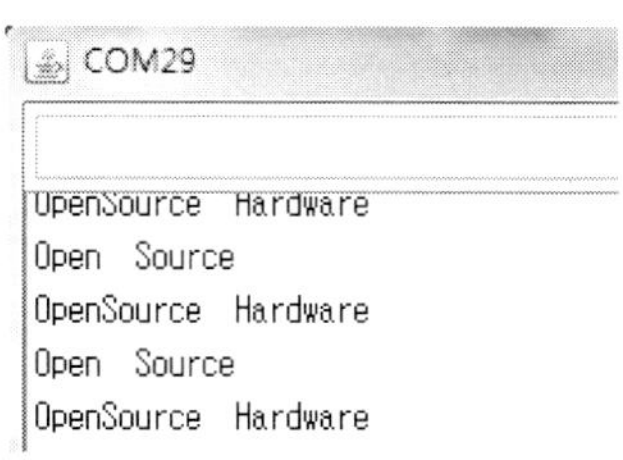

그림 3.4.2-2

참고 문자열 다루기

ROBOTIS OpenCM에서는 문자열(스트링)데이터를 다루기 위해서 C표준 함수를 이용한다. 반면에 아두이노는 String 클래스를 이용해서 스트링 데이터를 다룬다는 점이 차이가 있다. 그러나 하드웨어 기반의 펌웨어 개발에 익숙한 독자들은 String 클래스보다는 strcpy(), strcmp()와 같은 일반 C 표준 문자열 함수가 더 편할 것이다.

이러한 표준 C문자열 함수를 쓰기 위해서는 아래처럼 string.h를 포함하면 된다.

```
#include <string.h>
지원 가능한 문자열 함수 리스트
strcat, strcmp, strlen,strncat,strncmp,strncpy,strstr, strtok 등
```

그리고 문자열 숫자 데이터를 정수형으로 바꾸는 방법도 표준 C라이브러리를 사용하면 충분히 해결 가능하다. 이 경우 atoi() 함수를 이용하는데, stdlib.h를 include해야 한다. 반대로 itoa()의 경우 문자열을 넘겨주는 문제가 있기 때문에 OpenCM 환경에서는 지원이 되지 않는다. 이러한 경우는 직접 함수를 구현해야 한다.

```
#include <stdlib.h>
int test = 0;
test = atoi("100");
```

이러한 방식으로 문자열 "100"이라는 값을 정수형 100으로 쉽게 변환된다.

더 자세한 내용은 ROBOTIS OpenCM 디렉터리의 hardware 폴더의 아래 경로에서 표준 라이브러리 폴더가 있으니 참고하자.

```
hardware\tools\arm\arm-none-eabi\include
```

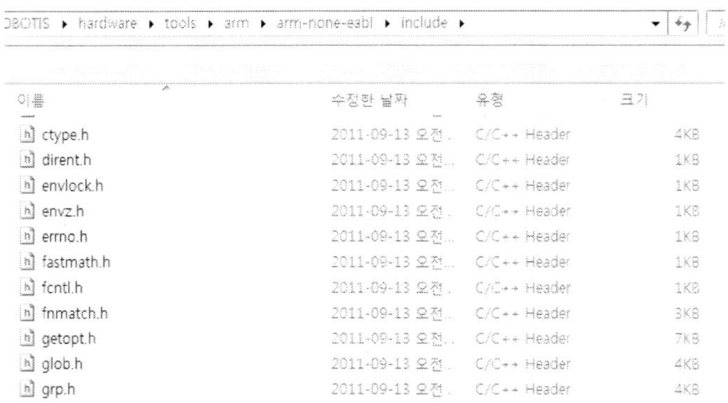

그림 3.4.2-3

Null

null 문자는 아스키코드로 0을 나타내며 문자열의 종료, 즉 끝부분을 의미한다. null 문자로 문자열의 끝이 어디인지 알 수 있으며 사용자가 문자열을 만들 경우 문자 뒤에 null 문자가 오기 때문에 문자의 개수보다 하나 더 크게 배열의 크기를 지정해야 한다.

3.4.3 구조체와 클래스

이전 절에서 C/C++에서 다루는 기본 데이터 형태에 대해서 살펴보았다. 만약에 이러한 데이터 형태들을 묶어서 하나의 데이터 형태로 다루기 위해서는 어떻게 해야 할까? 예를 들어 자동차라는 일반적인 사물을 나타내기 위한 데이터 형태를 나타낸다면 이름, 색상, 배기량과 같은 정보가 들어간다.

```
자동차 {
        이름
        색상
        배기량
}
```

이러한 방식으로 관련된 데이터를 묶어서 관리하면 매우 편리할 것이다. C언어에서는 위와 같은 사용자 데이터 타입을 다루기 위해서 구조체(Structure)라는 데이터 형태를 도입하였다. 그리고 C++에서는 이러한 구조체에서 함수까지 추가한 클래스 개념을 도입해서 완전한 객체 지향 프로그래밍으로 발전하였다. 이번 절에서는 이러한 구조체와 클래스에 대해 간단히 알아보고 OpenCM9.04에 어떤 방식으로 사용되고 있는지와 활용방법에 대해서 살펴보자.

구조체(Structure)

방금 전에 구조체를 설명하기 위해서 자동차를 예를 들었는데, 이름, 색상, 배기량과 같은 정보를 C언어의 구조체로 나타내보자.

그림 3.4.3-1

위와 같이 Car라는 데이터 형태를 정의하기 위해서는 struct이라는 키워드로 시작해서 구조체 이름을 붙이고 {};안에 멤버 변수들을 나열하면 된다. 그리고 Name과 Color와 같은 변수를 Car 구조체의 멤버 변수라고 한다.

그러면 이제 위에서 다루었던 int나 char와 같이 원래 C언어에서 지원하는 것처럼 Car라는 자료구조를 쓸 수 있다. 아래와 같이 초기화하고 loop()에서 이것을 출력해보자.

```
struct Car testCar = {“Sonata”, “White”, 2000}
```

위와 같은 방식으로 Car라는 구조체의 testCar 변수를 선언하고 모든 멤버 변수의 초기값을 선언해 주었다. 만약 testCar의 Name이라는 멤버 변수에 접근하려면, 아래와 같이 testCar하고 .을 찍은 후 멤버 변수 이름인 Name을 쓰면 된다.

그림 3.4.3-2

한 가지 유사한 점은 지금까지 우리가 써왔던 SerialUSB.print()라는 익숙한 문법이 이러한 구조체 멤버 변수에 접근하는 방법과 매우 비슷하다고 생각할 것이다. 결론적으로 SerialUSB의 정체는 구조체 다음 주제인 클래스라는 데이터 형태이다. 클래스라는 것도 구조체에서 발전된 형태로 볼 수 있기 때문에 접근방법이 이와는 크게 벗어나지 않는다. 아마도 SerialUSB라는 데이터 형태에 대해서 궁금함을 느끼는 독자들은 다음 주제인 클래스까지 이해한다면 OpenCM9.04에 쓰이는 데이터 형태는 모두 학습하게 될 것이다.

```
struct Car{
  char Name[10];
  char Color[10];
  int Cc;
};

struct Car testCar = {"Sonata","White", 2000};
void setup() {
  // put your setup code here, to run once:
}

void loop() {
  // put your main code here, to run repeatedly:
  SerialUSB.print(testCar.Name);
  SerialUSB.print("   ");
  SerialUSB.print(testCar.Color);
  SerialUSB.print("   ");
  SerialUSB.println(testCar.Cc);
  delay(100);
}
```

그림 3.4.3-3

출력 결과는 다음과 같다.

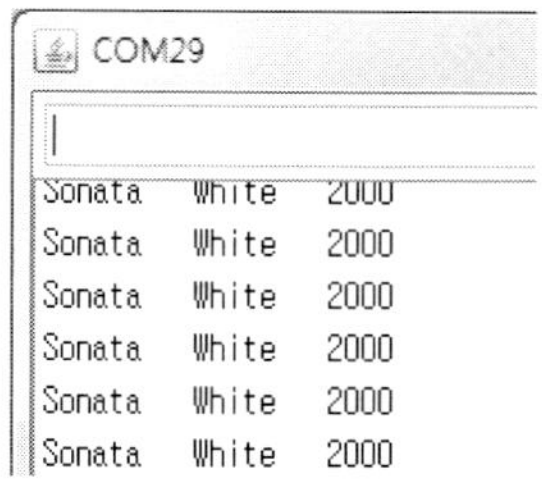

그림 3.4.3-4

이러한 방식으로 비슷한 데이터 변수들을 묶어서 하나의 사용자 변수 형태로 처리할 수 있다. 그리고 typedef를 이용한다면 더욱 간단하게 사용할 수 있다. 이제는 int나 char처럼 간단히 Car라는 데이터 형태가 생긴 것처럼 쓸 수 있다.

```
typedef struct Car{
  char Name[10];
  char Color[10];
  int Cc;
}CAR;        CAR라는 지시어로 새로 define되었다.

CAR testCar = {"Sonata","White", 2000};
struct Car 대신 CAR로만 써도 된다.
```

그림 3.4.3-5

그렇다면 이러한 Car라는 구조체를 포인터 변수를 이용해서 참조에 의한 방식으로 처리해보자. 위에서 만든 Car 데이터 형태를 출력하는 displayCar라는 함수를 만들고 포인터 변수의 내용을 출력해보자.

```
typedef struct Car{
  char Name[10];
  char Color[10];
  int Cc;
}
CAR;

CAR testCar = {"Sonata","White", 2000};
CAR* carPtr = &testCar;
```

carPtr이라는 CAR 데이터 형태의 포인터 변수를 선언하고 testCar의 주소를 할당한다.

그림 3.4.3-6

```
void displayCar(void){
  SerialUSB.print(carPtr->Name);
  SerialUSB.print(" ");
  SerialUSB.print(carPtr->Color);
  SerialUSB.print(" ");
  SerialUSB.println(carPtr->Cc);
}

void loop() {
  // put your main code here, to run repeatedly:
  displayCar();
  delay(100);
}
```

carPtr에서 testCar의 멤버 변수에 접근하기 위해서는 .대신 ->를 사용한다.

그림 3.4.3-7

displayCar() 함수를 반복적으로 출력한다. 정리하자면 testCar라는 구조체 변수를 포인터로 접근해서 멤버 변수를 출력하려면 .대신 ->를 이용해서 멤버 변수에 접근한다.

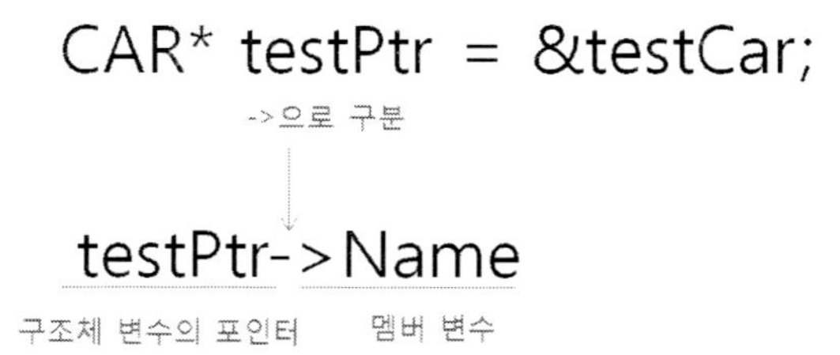

그림 3.4.3-8

지금까지 C언어의 구조체(Structure)에 대해서 대략적으로 살펴보았다. 자세히 들어가면 매우 복잡하지만 OpenCM9.04를 사용하는 데 있어서 이 정도만 알고 있어도 충분히 사용가능할 것으로 짐작된다. 그러나 더욱 깊은 이해가 필요한 독자분들은 다른 C언어 전문 서적을 참고해서 꼭 마스터하길 바란다.

클래스(Class)

클래스는 기존의 C언어의 구조체에 함수를 멤버로 추가한 개념이다. 더욱 전문적으로 이야기하자면 절차지향적 프로그래밍 방식인 C언어에서 객체 지향(Object Oriented)[22]개념을 더한 것이 C++인데 여기서 핵심이 바로 클래스(Class)라는 자료구조이다. 객체 지향에 대해서는 자세히 설명하는 것이 지면관계상 어렵지만 간단히 알아보자.

객체 지향에서 객체(Object)란 모든 사물을 지칭하는 말이다. 구조체를 설명하면서 Car라는 객체를 표현하기 위한 멤버로 Name, Color, Cc(배기량)을 예로 들었다. 하지만 구조체 만으로는 Car라는 객체를 완전히 설명하지는 못한다. 그 이유는 객체가 행동하는 동작이 빠져 있다. 실제 자동

22) 객체 지향 프로그래밍을 줄여서 OOP(Object Oriented Programming)라고 한다.

차라면 가속하고, 좌우로 방향을 턴하고, 멈추고하는 브레이크 동작을 하는데, 위에서 설명한 구조체는 이러한 행위를 표현할 수 없다. 여기서 이러한 행위를 표현하는 함수를 멤버로 추가한 것이 클래스(Class)이다.

그림 3.4.3-9 구조체 개념에서 멤버로 함수를 추가한 것이 클래스의 특징이다.

아래 그림에서 C언어와 C++언어에 대한 비교인데, C언어의 경우 함수 위주의 기능 구현에 적합한 구조적인 프로그래밍인 반면, C++는 객체 지향으로 객체 중심으로 프로그래밍을 하는 것이 큰 차이이다. 거기에 클래스의 상속(Inherit) 기능으로 코드 재사용이 수월하기 때문에 대형 프로그램에 적합하게 된다.

C	C++
함수로 이루어짐	클래스로 이루어짐
구조적 프로그래밍	객체 지향 프로그래밍
프로그램을 기능 단위로 만듦	프로그램을 객체 단위로 만듦
중형 프로그램에 적합	대형 프로그램에 적합

그림 3.4.3-10

OpenCM9.04를 프로그래밍하기 위해서도 이러한 클래스를 어느 정도 이해하는 것이 좋다. 왜냐하면 자주 쓰이는 SerialUSB나 Serial, Dynamixel이라는 데이터 형태가 모두 클래스이기 때문이다. 결국 크게 보면 OpenCM9.04나 아두이노는 모두 C++ 기반의 객체 지향 프로그래밍으로 이루어져 있다는 것을 알 수 있다. ROBOTIS OpenCM의 core 폴더에 있는 소스코드 중에 main.cpp가 있고 거기 안에 main() 함수를 통해 프로그램이 시작하는 것만 보아도 C++ 코드로 이루어져 있다는 것을 짐작할 수 있다. 참고로 C++ 기반 프로그램들은 소스코드 파일이 *.cpp로 이루어져 있고 C 프로그램은 *.c로 이루어져있다.

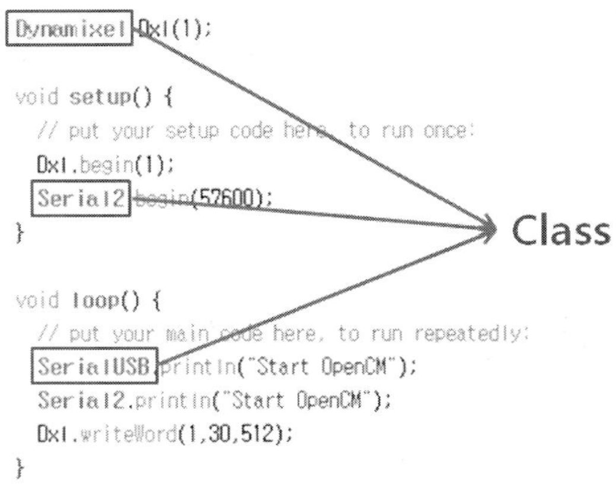

그림 3.4.3-11 OpenCM9.04의 프로그래밍에서 클래스 사용은 피할 수 없다.

그러면 클래스의 선언 방법에 대해서 알아보자. 클래스는 구조체의 선언에서 struct라는 키워드를 class로 대체하면서 선언된다. 그리고 구조체에는 없었던 멤버 변수의 액세스 지정자가 추가되었는데, 바로 public, private, protected 3가지가 있다.

public의 경우 외부에서 무조건 접근 가능하고, private는 외부에서 접근 불가능하지만 내부적으로는 접근 가능하다. 마지막으로 protected는 기본적으로 private이기 때문에 외부에서 접근은 불가능하지만 파생된(상속된) 클래스에 한해서는 접근이 가능하다. private로 선언할 경우 외부는 물론이고 상속된 클래스에게도 접근이 불가능하지만 protected로 선언하면 접근할 수 있다. 여기서 어디가 내부이고 외부인지 궁금할 수도 있는데 이 부분은 뒤에 예를 들어 설명할 때 설명하면 좋을 것 같다.

그러면 실제로 클래스 객체를 만들어보자. 이전 절에서 예로 들었던 자동차 구조체를 변경해서 클래스로 변환해보자. 위에서 잠깐 언급했던 대로 struct를 class로 변경하고 멤버들에 대한 액세스 지정자만 추가하면 된다. 그리고 함수까지 멤버로 추가할 수 있다.

```
class Car {   struct 대신 class로 선언한다.
private:  액세스 지정자
        char Name[10];
        char Color[10];
        int Cc;
public:       함수도 포함할 수 있다.
        void setName(char* name);
        void setColor(char* color);
};
 멤버함수 구현은 따로 정의한다. ::연산자는 클래스의 멤버라는 의미
#include <string.h>
void Car::setName(char* name){
  strcpy(Name, name);
  //Name = name;   문자열이기 때문에 바로 대입할 수 없다
                   strcpy() 표준 문자열 함수를 사용해서 복사한다.
}
```

```
void Car::setColor(char* color){
  strcpy(Color, color);
  //Color = color;
}
```

그림 3.4.3-12

새로운 멤버로 함수가 2개 추가되었고 public으로 선언되어 있기 때문에 외부에서든 내부에서든 접근 가능하다. 멤버 함수가 추가되었기 때문에 구현부가 필요하다. 구현부는 따로 cpp파일로 만들어서 구현해도 되고 cpp파일 내에서 선언과 함께 바로 구현을 해도 상관없다. 보통 아래 그림에서 다이나믹셀 클래스처럼 선언은 헤더파일(h)에서 만들고 구현은 cpp에서 만든다.

```
class Dynamixel {
public:
    Dynamixel(int dev_num);
    virtual ~Dynamixel();

    /////////// Device control methods /////////////
    void begin(int buad);
    uint8 readRaw(void);
    uint8 available(void);
    void writeRaw(uint8);

    byte txRxPacket(byte bID, byte bInst, byte bTxParaLen);
    byte txPacket(byte bID, byte bInstruction, byte bParameterLength);

    //// High communication methods ////////
    byte readByte(byte bID, byte bAddress);
    word readWord(byte bID, byte bAddress);
    byte writeByte(byte bID, byte bAddress, byte bData);
    byte writeWord(byte bID, byte bAddress, word wData);
    byte ping( byte  bID );
    byte reset( byte  bID );
    byte setPosition(byte ServoID, int Position, int Speed);
    byte getResult(void); // use getTxRxStatus() instead of getResult() method
    byte getTxRxStatus(void);// made by NaN (Robotsource.org)
    byte setLibStatusReturnLevel(byte); // made by NaN (Robotsource.org)
    byte setLibNumberTxRxAttempts(byte);// made by NaN (Robotsource.org)
```

<Dynamixel.h>

```
Dynamixel::~Dynamixel() {
    // TODO Auto-generated destructor stub
}
void Dynamixel::begin(int baud){

    uint32 Baudrate = 0;
    if(mDxlUsart == USART1)
        afio_remap(AFIO_REMAP_USART1);

#ifdef BOARD_CM900  //Engineering version case
     gpio_set_mode(PORT_ENABLE_TXD, PIN_ENABLE_TXD, GPIO_OUTPUT_PP);
     gpio_set_mode(PORT_ENABLE_RXD, PIN_ENABLE_RXD, GPIO_OUTPUT_PP);
     gpio_write_bit(PORT_ENABLE_TXD, PIN_ENABLE_TXD, 0 );// TX Disable
     gpio_write_bit(PORT_ENABLE_RXD, PIN_ENABLE_RXD, 1 );// RX Enable
#else
     gpio_set_mode(mDirPort, mDirPin, GPIO_OUTPUT_PP);
     gpio_write_bit(mDirPort, mDirPin, 0 );// RX Enable
```

```
    //gpio_set_mode(GPIOB, 5, GPIO_OUTPUT_PP);
   // gpio_write_bit(GPIOB, 5, 0 );// RX Enable
#endif
   // initialize GPIO D20(PB6), D21(PB7) as DXL TX, RX respectively
   gpio_set_mode(mTxPort, mTxPin, GPIO_AF_OUTPUT_PP);
   gpio_set_mode(mRxPort, mRxPin, GPIO_INPUT_FLOATING);
   //Initialize USART 1 device
    usart_init(mDxlUsart);
```

<Dynamixel.cpp>

그림 3.4.3-13 다이나믹셀 클래스 선언은 Dynamixel.h, 다이나믹셀 클래스 구현은 Dynamixel.cpp에 있다.

그러면 Car라는 클래스를 사용해보자. 구조체와 마찬가지로 클래스도 변수로 선언해야 사용할 수 있다. 그런데 클래스는 이렇게 변수로 선언해서 실제 물리적인 메모리 공간에 자리 잡는 것을 인스턴스화(Instantiate)한다고 표현한다.[23] 여러 C++관련 프로그래밍 서적에서 이러한 인스턴스화 과정을 재밌게 설명하는 데 고전적으로 붕어빵과 붕어빵틀로 비유를 많이 한다. 위에서 만든 클래스 Car는 붕어빵틀로 볼 수 있고, 클래스 변수로 선언해서 변수를 만든 것을 붕어빵으로 비유한다.

```
Car myCar1;
Car myCar2;
...
```

이런 방식으로 원하는 이름의 변수로 막 찍어낼 수 있기 때문에 붕어빵틀과 붕어빵으로 비유를 하는 것 같다. 이렇게 붕어빵틀(클래스)로 붕어빵(클래스 변수)을 찍어내는 과정을 인스턴스화한다고 하는 것이다. 그리고 또 한 가지 새로 추가된 멤버 함수들은 객체 지향 프로그래밍 용어로 메소드(Method)라고 표현한다(이제부터는 멤버 함수라고 하지 않고 메소드라고 칭한다).

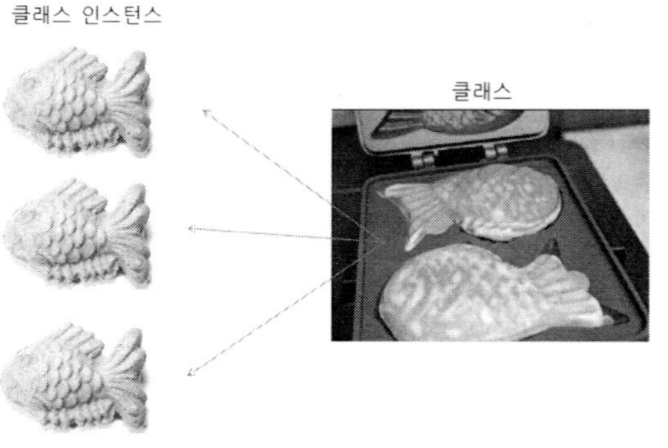

그림 3.4.3-14

23) 객체 지향 프로그래밍 관점에서 객체는 클래스의 타입으로 선언되었을 때를 의미하는 것이고, 그 객체가 물리적인 메모리에 할당되어서 실제 사용될 때는 인스턴스(Instance)라고 한다.

접근 방식도 구조체와 동일하다. 아래처럼 myCar로 클래스 변수가 선언되면 멤버들를 .을 찍고 접근하면 된다. 하지만 private로 지정되어 있는 것은 바로 접근할 수 없고 public으로 선언된 메소드만 접근 가능하다.

```
Car myCar;
myCar.setName("Sonata");
```

만약 아래처럼 Name이라는 멤버 변수에 접근하려고 하면 컴파일 에러가 날 것이다.

```
SerialUSB.println(myCar.Name);   // 접근(access) 에러가 발생
```

바로 이런 경우가 myCar라는 클래스 변수를 외부에서 접근하는 경우인데, 외부라는 것은 클래스의 멤버 연산자 .나 ⇨를 찍고 접근하는 것을 말하고 내부는 클래스 내부에서 멤버 연산자 없이 바로 접근하는 경우를 말한다.

```
void Car::setCc(int cc){
        Cc = cc;  //이 경우 Cc 멤버 변수에 접근하는 것은 내부적인 접근이다.
}
myCar.Cc //외부에서 접근하는 경우
```

이렇게 private로 지정된 멤버 변수를 접근하기 위해서는 getName()이라는 메소드를 만들면 가능하다. 물론 Name이라는 멤버 변수를 public으로 선언하면 접근할 수 있지만 객체 지향 프로그래밍의 올바른 방향은 아니다. 보통 이런 방식으로 은폐를 해야 할 데이터가 있다면 private로 지정해서 getXXXX(), setXXXX()라는 함수로 대신 처리를 하는 방식으로 프로그래밍을 한다.

그리고 나머지 Color와 Cc에 대한 변수들도 get/set류의 함수들을 추가한다.

```
#include <string.h>
class Car {
private:
  char Name[10];
  char Color[10];
  int Cc;
public:
  void setName(char* name);
  void setColor(char* color);
  void setCc(int cc);
  char* getName(void);
  char* getColor(void);
  int getCc(void);
};
void Car::setName(char* name){
  strcpy(Name, name);
  //Name = name;
}
void Car::setColor(char* color){
  strcpy(Color, color);
  //Color = color;
```

```
}
void Car::setCc(int cc){
  Cc = cc;
}
char* Car::getName(void){
  return Name;
}
char* Car::getColor(void){
  return Color;
}
int Car::getCc(void){
  return Cc;
}
```

그림 3.4.3-15

바로 이러한 방식으로 우리는 SerialUSB나 Dynamixel이라는 클래스의 메소드(멤버 함수)를 사용해 왔다.

```
SerialUSB.print();
SerialUSB.println();
Dxl.writeWord();
Dxl.writeByte();
...
```

그러면 실제로 완성된 Car 클래스의 예제를 살펴보자.

```
Car myCar;
void setup() {
  // put your setup code here, to run once:
  myCar.setName("Sonata");
  myCar.setColor("White");
  myCar.setCc(2000);
}

void loop() {
  // put your main code here, to run repeatedly:
  SerialUSB.print(myCar.getName());
  SerialUSB.print(" ");
  SerialUSB.print(myCar.getColor());
  SerialUSB.print(" ");
  SerialUSB.println(myCar.getCc());
  delay(100);
}
```

그림 3.4.3-16

실제로 OpenCM9.04에 다운로드 해보면 구조체에서 예를 든 것처럼 동일하게 실행된다.

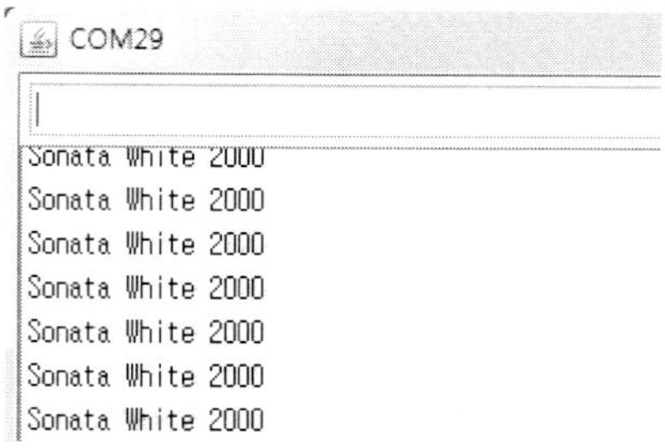

그림 3.4.3-17

구조체에서 포인터 변수를 사용해서 참조 연산이 가능한 것처럼 클래스에서도 포인터를 사용할 수 있다. 다이나믹셀 예제에서 n_Dxl_Model_scan 예제가 그러한 포인터 사용을 잘 보여준다.

```
Dynamixel Dxl(1); //Dynamixel on Serial1(USART1)
Dynamixel *pDxl = &Dxl;
```

Dxl 클래스 변수를 pDxl 포인터로 참조가 가능하다. 그리고 접근은 구조체의 경우와 동일하게 -> 연산자를 사용해서 멤버나 메소드 접근이 가능하다.

```
pDxl -> writeByte(1,3,2);
pDxl -> writeWord(1,30, 1023);
...
```

과 같은 방식으로 사용할 수 있다.

지금까지 구조체와 클래스에 대해서 간단히 알아보았다. 구조체와 클래스의 접근 방법이나 구현방법은 약간 비슷하면서도 클래스가 객체 지향 프로그래밍의 요소를 담고 있기 때문에 더욱 방대한 기능을 가지고 있고 대용량 프로그램이나 코드 재사용에서 장점이 많다. 하지만 C++를 사용하면 C보다는 코드의 사이즈가 커지고 효율이 떨어지는 단점이 있지만 OpenCM9.04는 이러한 성능의 단점을 하드웨어의 성능으로 극복하였다. 결론적으로 ROBOTIS OpenCM은 C와 C++ 프로그래밍이 모두 포함되어 있는 오픈소스 프로젝트이다. 엄밀히 말하자면 C++를 이용한 객체 지향 프로그램이라고 할 수 있지만 기능단위는 C언어로 구현되어 있다. 그래서 core 폴더를 보면 C 파일과 CPP파일이 섞여 있는 것을 볼 수 있다.

(core 경로는 ROBOTIS OpenCM 폴더에서 hardware\robotis\cores\robotis이다)

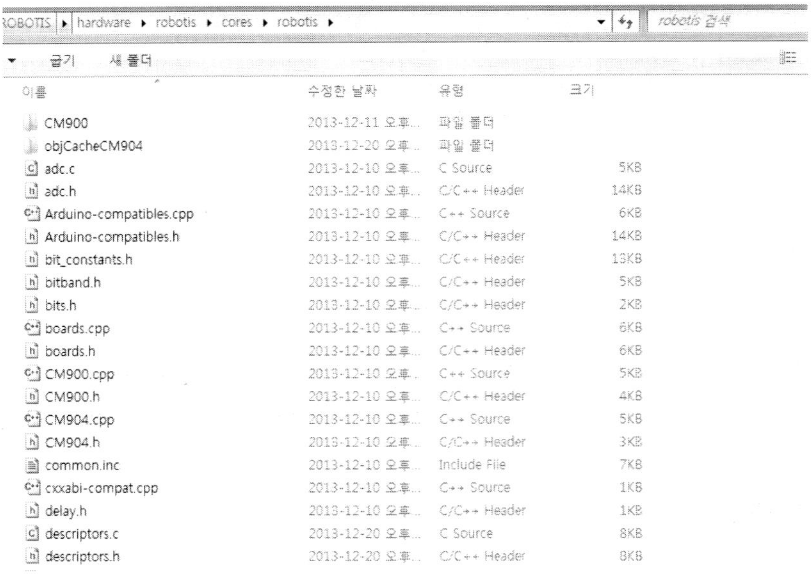

그림 3.4.3-18

우리가 ROBOTIS OpenCM이나 아두이노를 실행했을 때 스케치를 하는 부분은 main.cpp의 일부분이라고 할 수 있다.

```
int main(void) {
    setup();

    while (1) {
        loop();
    }
    return 0;
}
```

그림 3.4.3-19

(main.cpp에서 main() 함수는 setup()과 loop()로 되어 있다)

우리가 setup()과 loop()만 만들면 하나의 완벽한 OpenCM9.04 프로그램이 완성되는 것이다.

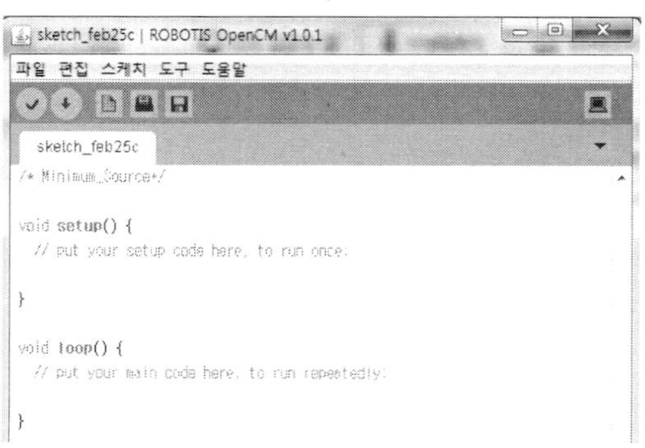

그림 3.4.3-20

참고 C와 C++의 관계

구조체와 클래스를 설명하면서 C와 C++의 차이를 클래스라는 객체 지향 프로그래밍을 기준으로 설명했다. 실제 파일 관점에서 봤을 때 C++의 경우는 *.cpp 파일로 만들어지고 C의 경우 *.c로 만들어진다. 그리고 C++가 C가 가진 모든 기능을 포함하고 객체 지향적인 요소를 가미한 것이기 때문에 더욱 범위가 넓다고 할 수 있다.

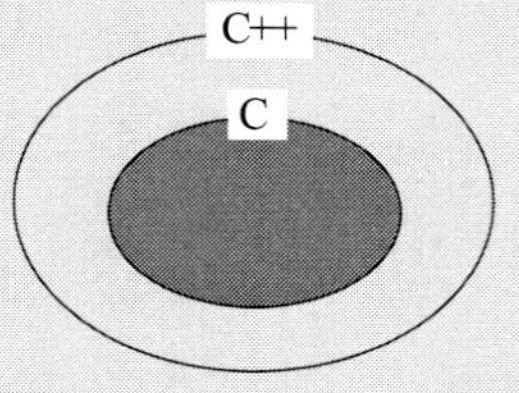

하지만 cpp파일에서 c파일의 함수를 불러오기 위해서는 〈그림 3.4.3-21〉 키워드를 통해서 C언어의 전역 변수나 함수임을 분명히 해주어야 컴파일러가 제대로 함수를 인식한다. 그래서 ROBOTIS OpenCM의 core 경로에 있는 헤더파일 일부는 이런 형태로 함수 프로토 타입을 정의한다. 이렇게 하는 이유는 cpp파일에서 C언어 영역의 변수와 함수를 사용하기 위해서이다.

```
#ifdef __cplusplus
extern "C"{
#endif
//C언어 변수 및 함수들
...
#ifdef __cplusplus
}
#endif
```

그림 3.4.3-21

3.4.4 조건에 따른 흐름의 분기

if문

if는 독립적으로 사용되어 '조건적 실행'을 가능하게 한다.

```
if (어떠한 변수 ?? 값)
{
    어떠한 것을 하라
}
```

간단한 예제를 보자.

```
int num;
void setup() {
  // put your setup code here, to run once:
  num = 6;
}
void loop() {
  // put your main code here, to run repeatedly:
  if(num < 0)
    SerialUSB.println(" num is smaller than 0 ");
  if(num > 0)
    SerialUSB.println(" num is larger than 0");
  if(num == 0)
    SerialUSB.println(" num is 0 ");
}
```

그림 3.4.4-1

실행을 위해서 다운로드 버튼을 누른다. 다운로드가 끝나면 자동으로 위의 스케치가 실행되고 시리얼 모니터를 열어보면 계속 반복해서 아래의 메시지가 출력된다.

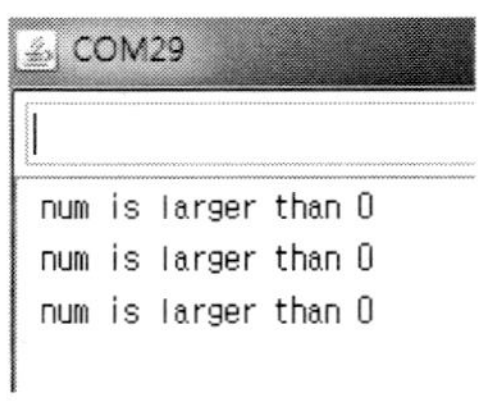

그림 3.4.4-2 실행 결과

num이라는 변수를 선언해서 setup()에서 6을 할당한다. setup()은 위에서 언급한 대로 프로그램 시작과 동시에 단 한 번만 실행되므로 num이라는 변수를 6으로 초기화 한다. 여기서 SerialUSB는 제5장에서 다루겠지만 USB 장치를 통해 데이터를 출력하는 명령이라고 이해하면 된다. num이라는 변수를 setup()에서 어떻게 초기화하는가에 따라서 loop()에서 출력되는 메시지가 달라진다. 예제에서는 num = 6이므로 0보다 크기 때문에 "num is larger than 0"라고 출력된다. 만약 setup()에서 -1로 초기화했다면, "num is smaller than 0"이라고 출력될 것이다. 이것으로 if문을 활용한다면 조건에 따라 다른 메시지가 출력되도록 할 수 있다.

주의 if문을 만드는 동안 잘못하여 if(x=10) 처럼 '='을 쓰는 것에 주의해야 한다. 이대로 사용한다면 변수 x에 10의 값을 할당하고, 그 결과 항상 참의 결과를 반환하기 때문에, 항상 조건을 만족하게 되어 문법적 오류가 아닌 논리적 오류가 발생하게 되며, 이와 같은 논리적 오류는 발견하기가 매우 어려워, 시스템 개발에서 큰 실수를 하게 될 수도 있다. 대신 if(x==10)처럼 '=='을 사용하면 x가 10과 같은지 다른지를 확인하게 된다.

'='은 '좌변에 우변을 동일하게 한다' 로 생각하고 대조적으로 '=='은 '좌변과 우변이 같다'라고 생각한다.

if… else문

if… else문은 양자택일의 결정을 만든다. A와 B라는 두 개의 다른 실행을 하고 싶다.

```
if (어떠한 변수 ?? 값)
{
   A를 하라
}
else
{
   B를 하라
}
```

else는 또한 다른 if문보다 먼저 나올 수 있고 다양하게 상호적으로 독립적인 테스트를 동시에 실행할 수 있다. else의 수는 제한되어 있지 않으며 오직 하나의 구문만 상태 테스트를 통해서 실행된다. 예를 들어 A, B, C라는 3개의 서로 다른 명령을 실행하고 싶다면 아래의 예제와 같이 구성할 수 있다.

```
if (조건1)
{
   A를 하라
}
else if (조건2)
{
   B를 하라
}
else if
{
   C를 하라
}
```

if문에서의 예제를 if else로 나타내면

```
int num;
void setup() {
  // put your setup code here, to run once:
  num = 6;
}
void loop() {
  // put your main code here, to run repeatedly:
  if(num < 0)
    SerialUSB.println(" num is smaller than 0 ");
  else if(num > 0)
    SerialUSB.println(" num is larger than 0");
  else
    SerialUSB.println(" num is 0 ");
}
```

그림 3.4.4-3

이렇게 나타내어 같은 결과를 얻을 수 있다는 것을 알 수 있다.

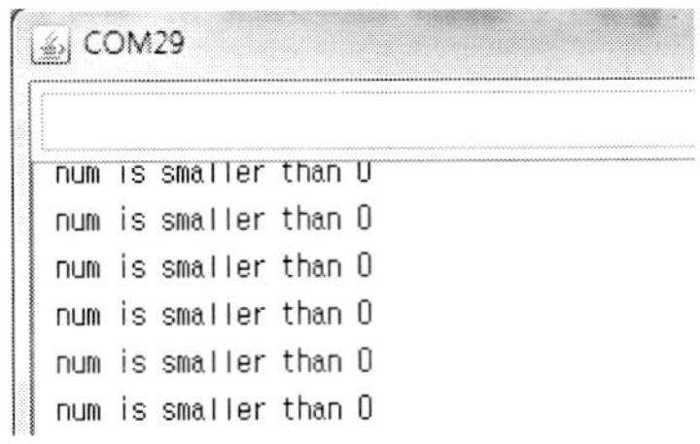

그림 3.4.4-4 실행 결과

switch… case문

switch문을 사용하기 전에 continue와 break에 대해 먼저 알아야 한다.

> **참고**
> continue : 나머지는 생략하고 반복조건 확인.
> continue문이 실행되면, continue문을 가장 가까이서 감싸고 있는 조건문 또는 반복문({}로 감싸져 있는 명령 형식)의 이후는 생략을 하고, 다시 처음으로 돌아가 실행을 하게 된다.
> break : 빠져나감.
> break문이 실행되면, break문을 가장 가까이서 감싸고 있는 조건문 또는 반복문({}로 감싸져 있는 명령 형식) 하나를 빠져 나오게 된다.

switch문의 실행 방식은 변수의 값에 따라 각각의 처리를 달리해야 할 경우에 if… else문의 형태로도 구현이 가능하지만 코드의 가독성이 떨어지고 복잡한 면이 있다. 이에 대한 대안으로 유용하게 switch… case문을 사용할 수 있으며, 다음과 같은 형식으로 사용한다.

```
switch (조건식)
{
   case 상수 1:
         명령문 1;
         break;
   case 상수 2:
         명령문 2;
         break;
…
…
   default:
         명령문
}
```

조건식으로는 int형이 올 수 있다. 조심해야 할 것은 하나의 case문의 끝에는 항상 break 명령어를 사용해 switch 전체를 끝내야 한다. 만일 break 명령어를 사용하지 않으면, 해당 case문 다음에 있는 case문이 연달아 실행된다. default문은 조건식을 만족하는 case가 없을 때 실행된다.

간단한 예제를 보자. 이번 예제는 SerialUSB로 단순히 출력만 하는 것이 아닌 입력까지 받아서 switch case문을 테스트 해보자. 바로 이전에 배운 if(조건)를 이용하면 아래와 같이 SerialUSB장치로부터 데이터가 입력되면 SerialUSB.available()이라는 함수 리턴값이 1이 된다. 그리고 나서 switch case가 어떻게 사용될 수 있는지 살펴보자.

```
if(SerialUSB.available() == 1){
        변수 = SerialUSB.read(); // 들어온 데이터를 1바이트 읽음.
        switch(조건식){
        case 상수 1:
                명령문 1;
                break;
        ....
        default:
                명령문
        }
}
```

위 코드를 기본 구조로 스케치 코드를 완성해서 실행해보면 아래와 같다.

```
void setup() {
  // put your setup code here, to run once:

}

void loop() {
  // put your main code here, to run repeatedly:
  int num;
  SerialUSB.println(" input number : ");
  if(SerialUSB.available() == 1){
    num = SerialUSB.read();
    switch(num){
    case 49:
      SerialUSB.println(" input number is 1 ");
      break;
    case 50:
      SerialUSB.println(" input number is 2 ");
      break;
    case 51:
      SerialUSB.println(" input number is 3 ");
      break;
    default:
      SerialUSB.println("I don't know! ");
    }
  }
  delay(1000);
}
```

그림 3.4.4-5

이 예제에서는 1에서 3까지의 숫자를 입력하면 그 숫자와 영어가 출력되고, 다른 값을 입력할 경우 "I don't know!"가 출력된다.

num이라는 변수에 SerialUSB.read()라는 코드로 1바이트를 읽어서 그 값이 49이면 숫자 1이다라고 출력하고 50이면 숫자 2, 51이면 숫자 3이라고 출력하는 예제이다. 49, 50, 51은 숫자 1, 2, 3에 대한 아스키코드값이다. PC의 시리얼 모니터에서 입력한 데이터를 USB 통신을 통해서 받으면 이렇게 아스키코드값으로 전송이 되기 때문에 아스키코드값을 가지고 데이터 처리를 해야 한다.

DEC	HEX	OCT	Char
49	31	061	'1'
50	32	062	'2'
51	33	063	'3'

그림 3.4.4-6 숫자 '1', '2', '3'에 대한 아스키코드값

예제에서는 이해를 위해 아스키코드값을 그대로 사용하였지만 아래와 같이 숫자 '0'에 해당하는 아스키코드를 빼면 실제 정수 1, 2, 3으로 변환할 수 있다.

```
num = num - 48;
switch(num){
case 1:
        SerialUSB.println("Input number is 1");
        break;
        ....
}
```

이처럼 switch문은 if문과 비슷하지만 상수로 입력되는 조건을 쓰기 편하며 실행속도가 if문보다 빠르다. 그리고 같은 작업을 실행하기 위한 코드를 만든다면 if… else문보다 더 간결해 보인다. 따라서 분기의 수가 많아지면 가급적 switch문을 사용한다. 하지만 switch문으로 구현할 수 있는 조건의 구성에는 한계가 있기 때문에 switch문으로 표현하기 애매한 상황에서는 if… else if… else를 사용해야 한다.

3.4.5 반복실행을 명령하는 반복문

while문

while문은 특정조건을 주고 그 조건을 만족하는 동안, 특정영역을 계속해서 반복하는 구조이다. 아래의 스케치 예제를 하나 보자. setup()은 아무런 코드가 없기 때문에 형식만 남겨둔다.

```
void setup() {
  // put your setup code here, to run once:

}
void loop() {
  // put your main code here, to run repeatedly:
  int num = 0;
  while(num < 5){
    SerialUSB.print("Hello world!");
    SerialUSB.println(num);
    num++;
  }

  delay(100);
}
```

그림 3.4.5-1

이것을 실행하면 “Hello world! 0” “Hello world!1 ” “Hello world! 2” “Hello world!3” “Hello world! 4”가 출력된다.

이렇게 조건을 변수 num이 5보다 작다는 조건을 만족하는 동안 계속해서 반복해서 이러한 결과를 나타낸다.

참고 : 반복의 대상이 하나의 문장이라면 중괄호는 생략이 가능하다.

```
void loop() {
  // put your main code here, to run repeatedly:
  int num = 0;
  while(num < 5)
    SerialUSB.print("Hello world!"),
    SerialUSB.println(num),
    num++;
  delay(100);
}
```

그림 3.4.5-2

실행 결과는 아래와 같이 loop()에서 계속 반복적으로 “Hello world!”와 함께 num 변수가 0~4까지 출력된다.

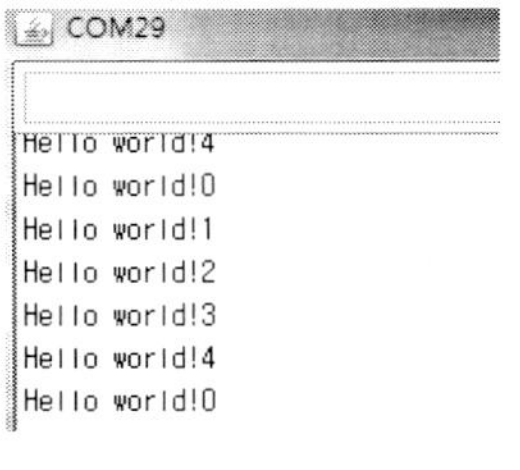

그림 3.4.5-3

do… while문

do… while문도 while문과 마찬가지로 반복문이지만 '반복의 조건을 검사하는 시점'이 차이가 있다. do… while문은 while문과는 달리 반복조건을 뒷부분에서 검사한다. 그렇기 때문에 while문과는 달리, 반복영역을 최소한 한 번은 실행하는 구조이다.

while문 때의 예제를 do… while문으로 해본다면

```
void loop() {
  // put your main code here, to run repeatedly:
  int num = 0;
  do{
    SerialUSB.print("Hello world!");
    SerialUSB.println(num);
    num++;
  }while(num < 5);

  delay(100);
}
```

그림 3.4.5-4

결과는 while문과 같게 나오지만 검사위치가 뒤쪽이기 때문에 반복영역이 최소 한 번은 실행이 된다. 즉, 조건과 관계 없이 Hello world!가 한 번은 출력이 된다는 뜻이다. 따라서 반복영역이 무조건 한 번 이상 실행되어야 하는 경우에는 while문보다 do while문을 사용하는 것이 자연스럽다. 시리얼 모니터를 통한 실행 결과는 아래와 같다.

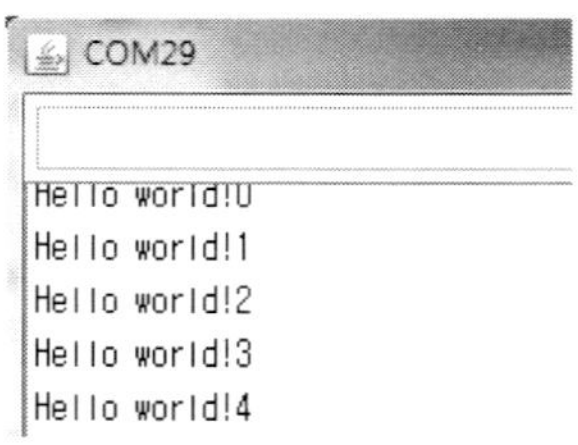

그림 3.4.5-5

for문

while문을 구성할 때는 꼭 필요한 필수요소 3가지가 있다.

1. 반복을 위한 변수의 선언 (초기식)
2. 반복의 조건검사 (조건식)
3. 반복의 조건을 '거짓'으로 만들기 위한 연산 (증감식)

for문을 사용하면 이 3가지 요소를 한 줄에 묶어 놓을 수 있다.

```
for( 초기식 ; 조건식 ; 증감식 )
{
  // 반복의 대상이 되는 문장들
}
```

for문을 이용하면 while문과 비교하여 훨씬 간결하다는 것을 알 수 있다.
while문에서 사용했던 예제를 for문으로 표현해보자.

```
void setup() {
  // put your setup code here, to run once:

}

void loop() {
  // put your main code here, to run repeatedly:
  int num = 0;
  for(num=0; num< 5; num++){
    SerialUSB.print("Hello world!");
    SerialUSB.println(num);
  }
  delay(100);
}
```

그림 3.4.5-6

같은 결과가 실행되지만 while문보다 훨씬 간결해졌다는 것을 알 수 있다. 만약에 아래처럼 초기식, 조건식, 증감식을 모두 생략해도 완전히 for()로 동작을 한다.

```
for( ; ; ){
        SerialUSB.println("Hello world!");
}
```

이 경우는 while(1)처럼 {}안의 문장이 무한 반복하게 된다.

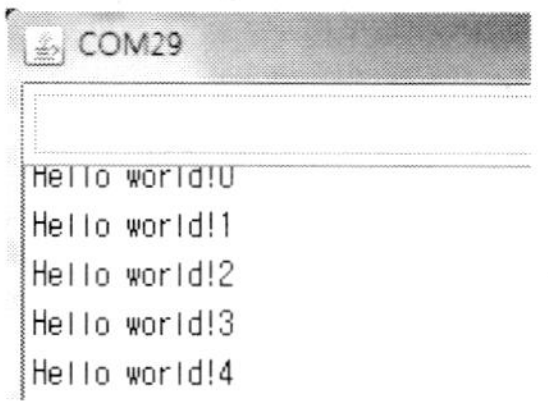

그림 3.4.5-7

위와 같이 반복의 횟수가 딱 정해진 경우라면 for문이 최선이다. 하지만 반복의 횟수가 딱 정해지지 않은 경우라면 for문보다 while문이 더 자연스럽다.

3.4.6 수학 함수

OpenCM9.04는 별도의 헤더파일 추가 없이 바로 삼각함수와 같은 기본 수학 라이브러리를 쓸 수 있다. 또한 센서값을 필터링하기 위한 다양한 통계관련 함수도 제공한다.

min(), max(), constrain() 최대 최소 구하기

센서 값을 입력 받아 저장하는 아래의 예제를 살펴보자.

```
sensorValue = min(sensorValue, 100);
```

min(a, b) 함수는 a와 b 둘 중에 작은 값만 반환하는 함수이다. 따라서 100보다 큰 값이 입력되었을 경우 sensorValue에 할당되지 않고 최대 100이라는 값이 할당된다.

반대로 0보다 큰 센서 값만 받는 코드를 만들어보자.

```
sensorValue = max(sensorValue, 0);
```

max(a, b)는 a와 b 둘 중에 큰 값을 반환한다. 따라서 0보다 작은 값일 경우 0의 값으로 치환된다.

센서 입력을 받아서 0~100사이의 범위만 의미 있는 경우, constrain(x, a, b)를 이용하면 a~b 범위 사이의 x값으로만 반환되는 것을 알 수 있다.

```
sensorValue = constrain(sensorValue,  0, 100);
```

map() 함수 사용하기

센서의 하드웨어 정보와 구동기(Actuator)의 하드웨어 정보 등 서로 다른 범위의 값끼리 매핑하는 예제가 필요할 경우 map() 함수가 유용하다. OpenCM9.04에서 아날로그 입력으로 받은 값의 범위가 0~4095인데, 이 값으로 PWM출력을 한다면 1:1 매핑이 어렵다. 왜냐하면 PWM 출력 범위가 0~65535이기 때문이다. 이럴 때 아래와 같이 map() 함수를 써서 간단히 해결할 수 있다.

```
sensorValue = analogRead(0);
sensorValue = map(sensorValue, 0, 4095, 0, 65535);
analogWrite(8, sensorValue);
```

위의 코드는 0~4095 사이의 12비트 해상도의 ADC값을 받아서 0~65535 스케일로 확장 또는 보정한 후에 그 값을 다시 아날로그(PWM)값으로 출력한다. 참고로 이러한 루틴은 OpenCM9.04의 프로그래밍에서 자주 쓰이는 코드이므로 나중에 유용하게 사용할 수 있다.

대수 연산 함수

9^3을 생각해보자. 이 경우 pow(double x, double y) 함수를 이용해 간단히 계산할 수 있다.

```
int result = 0;
result = pow(9,3);
```

제곱승의 경우는 sq()라는 매크로 함수로 쉽게 계산할 수 있다. 예를 들어 3^2을 계산한다면

```
result = sq(3);
```

result에는 9가 할당된다.

이번에는 $\sqrt{\ }$ 계산을 수행해보자. 이때는 sqrt(double x)를 이용해 간단히 계산할 수 있다.

```
result = sqrt(4); // √4 를 계산한다.
```

결과는 result에 2가 할당된다. 만약 소수점이 있는 결과라면 소수점이 잘려져 나올 수 있으니 주의해야 한다. 참고로 OpenCM9.04에 쓰인 STM32F103CB 마이크로프로세서는 FPU(부동 소수점연산 유닛)가 없으므로 소수점 계산은 되지 않는다는 것에 유의해야 한다.

삼각함수

sin, cos, tan 계산은 아래의 함수를 이용한다.

```
double sin(double x);
double cos(double x);
double tan(double x);
```

x는 라디안(radian)값을 의미한다.

라디안 3.14(180도)에 해당하는 sin, cos, tan값을 구하는 예제는 아래와 같다.

```
double result=0;
result=sin(3.14); //180도의 sin값 출력
result=cos(3.14); //180도의 cos값 출력
result=tan(3.14); //180도의 tan값 출력
```

랜덤함수 사용하기

0~10사이의 랜덤한 수를 발생시키기 위해서는 random() 함수를 이용할 수 있다.

long random(long max) 또는 long random(long min, long max)의 형태로 사용한다.

```
int ranNum = random(0, 10);
```

또는 min값 없이 max값만 지정해도 된다.

```
int ranNum = random(10);
```

3.4.7 시간관련 함수

millis(), micros() 함수 사용하기

프로그램 시작 이후로 지난 시간을 millisecond 단위로 확인이 가능하다.

```
int time = millis();
```

위 예제에서 time 변수에 프로그램 시작한 이후 흐른 시간이 millisecond 단위로 할당된다. 시간이 지남에 따라 overflow할 때까지 계속 증가하게 되고, 약 50일이 지나면 overflow가 발생하여 0으로 다시 돌아간다.

이번에는 microsecond 단위로 시간을 확인해보자.

```
time = micros();
```

micros() 함수는 프로그램 시작 이후로 지난 시간을 microsecond 단위로 반환한다. overflow할 때까지 계속 증가하고 약 70분 정도 지나면 다시 0으로 리셋된다.

delay(), delayMicroseconds() 함수 사용하기

이번에는 LED 깜빡이는 예제에서 많이 쓰이는 delay()에 대해 알아보자.

void delay(unsigned long ms)를 이용해서 1,000 milliscecond 지연시키면 1초 지연이 된다.

(참고 : 1 sec = 1,000 millisecond, 1 millisecond = 1,000 microsecond)

아주 미세하게 microsecond 단위로 cpu를 지연시키기 위해서는 void delayMicroseconds(unsigned int us) 함수를 활용한다.

```
delayMicroseconds(500);
```

하지만 OpenCM9.04 CPU(STM32)의 클럭 정확도가 microsecond단위까지 보장할 만큼 정확하지 않기 때문에 정확한 지연을 보장하지는 않는다.

위와 같은 시간 함수를 활용하여 실행 코드에서 소요되는 시간을 구할 수 있다. 본인이 작성한 프로그램이 시간이 얼마나 소요되는지 체크하는 것은 좋은 습관이다. 비효율적인 구문을 수정하고, 시스템 자원 활용을 추정하여 효과적인 프로그램 제작이 가능하기 때문이다.

아래의 예제에서는 (실행 코드)를 수행하는 데 걸리는 시간을 millis() 함수를 통해서 확인할 수 있다.

```
int current_time = millis();
(실행 코드)
int duration_time = millis() - current_time

SerialUSB.println(duration_time);
```

제 4 장 하드웨어 이해하기 (임베디드 시스템을 위한 전자공학)

제4장에서는 임베디드 시스템을 다루기 위한 기초가 되는 전기/전자 회로요소, 디지털 입출력, 풀업/풀다운 저항, 디바운싱 및 아날로그 입출력을 다룬다.

4.1 전기 요소

4.1.1 전압과 전류

전압(voltage)이란 전하가 가지고 있는 퍼텐셜에너지의 차이를 의미한다. 물이 높은 곳에서 낮은 곳으로 흐르듯이 전하도 전위(퍼텐셜에너지 수준)가 높은 곳에서 낮은 곳으로 이동한다. 예를 들어 수조에 10 m의 물을 채우고, 수조 하단부에 구멍을 내면 물이 일정한 수압을 가지고 분출하게 된다. 만약 수조에 5 m를 채웠을 때와 비교해 보면 쉽게 10 m를 채웠을 때의 분출 수압이 더 크다는 것을 알 수 있다. 이것은 물은 수조에 채운 높이와 일정한 비례관계에 따라 전기적 위치에너지(퍼텐셜에너지)를 가진다는 것을 의미한다.

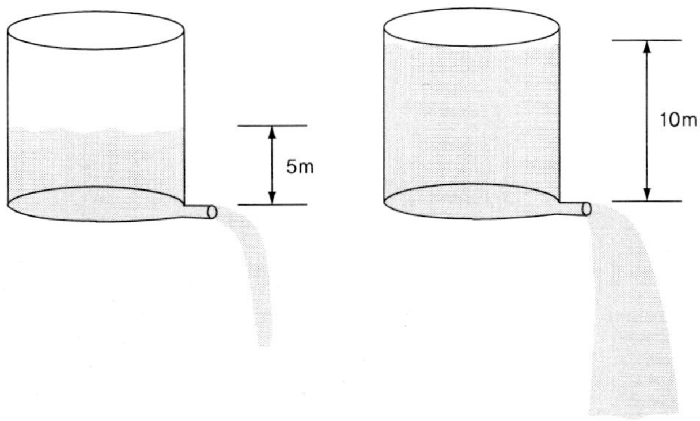

그림 4.1.1-1 수조의 물 높이에 따라 수압(전압)이 달라서 더 많은 물(전류)이 흐른다.

전하도 마찬가지로 퍼텐셜에너지가 높은 곳과 낮은 곳이 있어서 그 차이가 존재하면, 그 차이의 크고 작음에 따라 전하가 가지는 전기에너지도 다르게 된다. 이러한 전위의 차이를 전위차 또는 전압이라고 한다. 또한, 우리가 위치에너지를 계산할 때 지면을 기준으로 높이를 측정하듯 전압 또한 한 점으로만 측정할 수 있는 것이 아니라 접지(지구의 전위)를 기준으로 측정하거나 두 점의 차이를 측정하는 방법을 사용한다. 전압의 단위는 [V](볼트)이고 단위 전하당 에너지를 나타낸다. 1[V]는 1개의 전하가 1[J]의 에너지를 가지고 있을 때를 의미한다.

전류(current)란 전압차에 의해 전하가 흐름(flow)을 의미한다. 도체 혹은 반도체에 전압을 인가하게 되면 한쪽은 (+)극인 양이 되고 다른 쪽은 (−)극인 음이 된다. (−)극을 띄는 음 전압에서는 자유전자(음전하)를 척력으로 밀어내고 (+)극을 띄는 양 전압에서는 자유전자를 인력으로 당기게 되어 자유전자는 (−)극에서 (+)극의 방향으로 이동하게 되고 이러한 자유전자의 흐름을 전류라고 말한다. 전통적으로 전류의 방향은 전자의 이동방향과 반대방향으로 표현해 오고 있다. 그 이유는 최초 전류를 정의할 당시에 과학자들은 전자의 존재를 알지 못했었기 때문에 전류를 양전하가 이동하는 것으로 이해하고 전류의 방향을 양전하가 이동하는 방향으로 정했었기 때문이며, 전류를 자유전자의 흐름으로 이해하든, 양전하의 흐름으로 이해하든 전류를 이해하는 데 차이가 없기 때문에 전류의 방향을 양전하의 흐름으로 정의하여 현재까지도 사용하고 있다. 전류의 단위는 [A](암페어)이고 단위시간 동안 일정한 단면적을 통과한 전하의 양으로 나타낸다. 즉, 1[A]는 1[초]동안 1[C]의 전하가 도체 단면을 지날 때의 전류량을 의미한다.

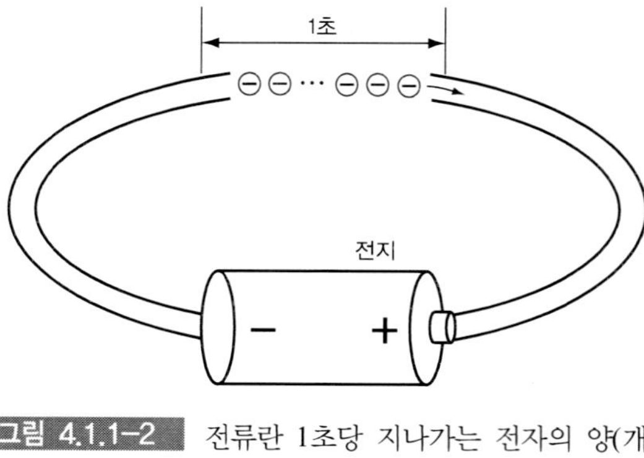

그림 4.1.1-2 전류란 1초당 지나가는 전자의 양(개수)

4.1.2 RLC 수동 전기 요소

저항(resistance)이란 전류의 흐름을 방해하는 도체의 성질을 말한다. 앞 절에서 설명한 것과 같이 전류는 자유전자의 흐름에 의해 나타난다. 자유전자가 이동하게 되면 이동하는 과정에서 도체를 구성하고 있는 원자와 충돌하게 되고 충돌에 의해 전자가 가지고 있던 에너지를 열에너지로 방출하게 되고 이러한 충돌에 의해 이동 속도는 줄어들게 된다. 따라서 같은 전압이 인가되었을 때 전류의 크기는 도체가 가지고 있는 고유한 저항값의 크기에 따라 달라지게 된다. 저항의 단위는 [Ω](옴)이며 도체의 길이에 비례하고 단면적의 크기에 반비례한다. 또한, 도체의 종류에 따라 저항값이 달라지기 때문에 어떤 종류의 도체를 사용하느냐에 따라서도 저항의 크기가 달라진다. 1[Ω]은 1[V]의 전압을 인가했을 때 1[A]의 전류가 흐를 때의 저항값을 의미한다.

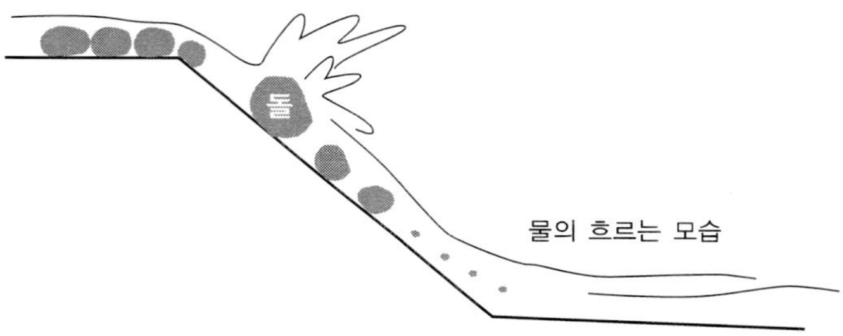

저항은 위와같이 높은 곳에서 물이 흐를 때 돌에 의해 흐름이 방해받는 것과 비슷하다.

그림 4.1.2-1 저항이란 전류가 흐르는 양을 제어한다.

일반적으로 고정값 저항기를 많이 사용하게 되며 고정값 저항기는 표준 색 코드로서 저항기의 몸체에 색 띠로 표현하게 된다. <그림 4.1.2-2>에 제시된 2개의 저항기 예를 가지고 저항값을 설명한다.

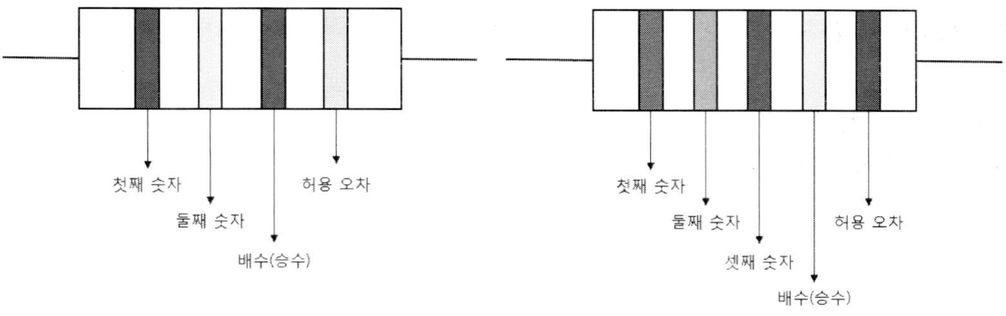

그림 4.1.2-2 저항기에 표시된 색 띠의 예제를 통해 저항값 읽기

일반적으로 저항기의 몸체 둘레에 4개의 띠로 이루어져 있으며 <그림 4.1.2-2>의 왼쪽에서 보여지듯이 앞의 3개의 숫자는 저항의 크기를 나타내고 4번째 숫자는 실제 저항값과 띠로 나타낸 저항기의 허용 오차범위를 나타낸다. 어떤 경우는 <그림 4.1.2-2>의 오른쪽에서 보여지듯이 5개

의 띠로 이루어져 있는 저항기도 존재하며, 이때는 앞의 4개의 숫자는 저항값의 크기를 나타내며 5번째 숫자가 허용 오차범위를 나타낸다.

다음 나타낸 표는 띠의 컬러코드를 나타낸 것이다.

표 4.1.2-1 저항기의 색 띠가 나타내는 값

색	수치	승수	정밀도(%)
흑	0	0	-
갈	1	1	±1
적	2	2	±2
등	3	3	±0.05
황	4	4	-
녹	5	5	±0.5
청	6	6	±0.25
자	7	7	±0.1
회	8	8	-
백	9	9	-
금	-	-1	±5
은	-	-2	±10
무	-	-	±20

이제 위의 <표 4.1.2-1>을 이용하여 <그림 4.1.2-2>에 제시된 2개의 저항값을 읽어보자. 그림 왼쪽의 저항의 띠가 나타내는 색깔은 적, 황, 자, 금이다. 위에서 설명한 대로 4개의 띠를 가진 저항은 앞의 3개의 숫자는 저항값의 크기를 나타낸다. 따라서 적색은 3, 황색은 4, 자색은 7을 나타내고 세 번째 7은 승수를 나타내므로 10^7을 나타낸다. 따라서 34×10^7이 된다. 그리고 마지막으로 허용 오차는 ±5%이다. 그림의 오른쪽에서 저항의 띠가 나타내는 색깔은 녹, 회, 청, 황, 적이다. 따라서 녹색은 5, 회색은 8, 청색은 6, 황색은 4를 나타내고 네 번째 4는 승수를 나타내므로 10^4을 나타낸다. 따라서 586×10^4이 되고 허용 오차는 ±2%가 된다. 부가적으로 저항기의 기호는 <그림 4.1.2-3>과 같이 표현한다.

그림 4.1.2-3 고정 저항기의 기호

앞에서 제시된 고정 저항기와 다르게 저항값을 임의로 변화시킬 수 있는 가변 저항기(variable resistor)도 존재하는데, 이를 전위차계(potentiometer)라고 부르기도 한다. 말 그대로 저항의 크기를 변화시킬 수 있는 저항을 말하며 변화시킬 수 있는 범위는 가변 저항기마다 다르다. 직선변위와 회전변위를 저항의 변화로 바꾸는 전위차계가 일반적으로 사용되고 있다. 가변 저항기는 일반적으로 3개의 핀으로 이루어져 있으며 정면을 기준으로 1번째 핀과 2번째 핀을 이용하여 가변 저항기로 사용할 수 있고, 1번째 핀과 3번째 핀으로 가변저항의 최대치를 가지는 고정 저항기로도 사용될 수 있다.

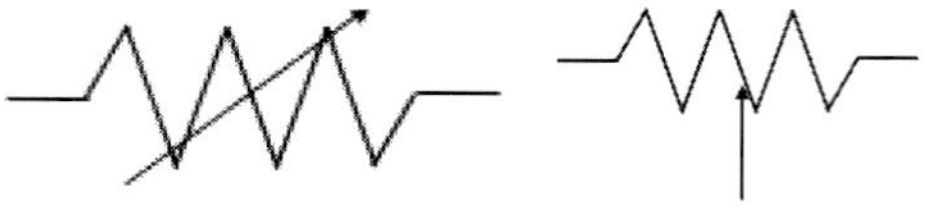

그림 4.1.2-4 가변 저항기의 기호

<그림 4.1.2-4>의 왼쪽 기호는 회로에서 가변저항을 나타낸 기호이고, 오른쪽 기호는 회로에서 가변저항과 고정저항을 모두 사용할 때의 기호를 나타낸 것이다.

커패시터(capacitor)란 우리나라 말로 축전기라고 불리며 간단하게 설명하면 전기를 저장할 수 있는 소자이다. 커패시터의 구조는 <그림 4.1.2-5>와 같이 두 개의 금속판을 절연 물질로 분리하여 만들어지며, 절연 물질로서 유전체를 중간에 채워 맞대어 놓은 모양의 수동 전기소자이다.

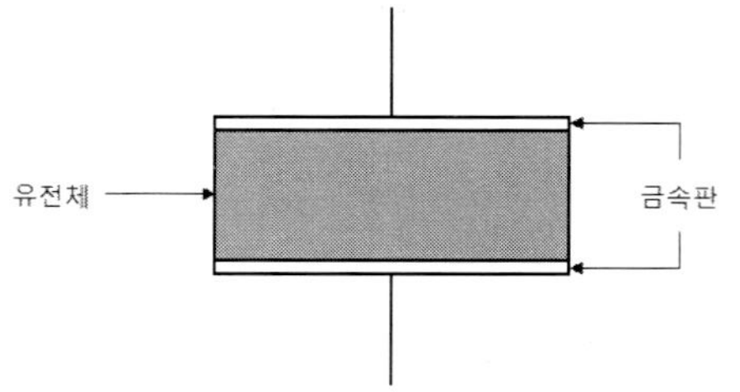

그림 4.1.2-5 커패시터의 구조

커패시터의 양단에 전압을 인가하게 되면 금속판 내의 자유전자들이 유전체를 가로질러 이동하게 되면서 금속판의 한쪽은 (+)극을 띠게 되고 다른 한쪽은 (-)극을 띠게 된다. 이렇게 양극과 음극을 띠게 된 금속판은 서로 인력이 작용하기 때문에 일정 시간 동안 전위차를 유지하게 되고 앞서 설명한 것처럼 전기를 저장하는 기능을 하게 되는 것이다.

커패시터가 전하를 충전할 수 있는 능력을 정전용량 혹은 커패시턴스(capacitance)라고 하며 단위 전압당 충전할 수 있는 전하의 양을 나타내고 금속판의 면적과 유전체의 비유전율에 비례하고 금속판 사이의 거리에 반비례하여 정전용량값이 결정된다. 커패시턴스의 단위는 [F](패럿)이고 1[F]은 1[C]의 전하를 주었을 때 전위차가 1[V]가 되는 전기용량을 말한다.

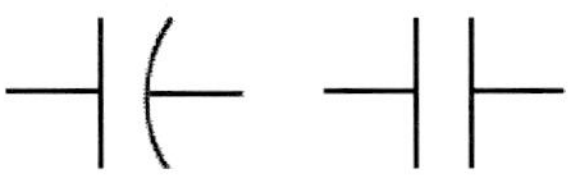

그림 4.1.2-6 커패시터 기호

커패시터의 기호는 <그림 4.1.2-6>과 같고 왼쪽 기호는 극성이 있는 커패시터를 나타내는 기호이며, 곡선이 (-)극을 나타내게 된다. 오른쪽 그림은 극성이 없는 커패시터를 나타내는 기호이다.

인덕터(inductor)란 코일 혹은 유도기라고도 불리며 커패시터와 함께 가장 많이 쓰이는 수동 전기소자 중에 하나이다. 인덕터는 도선을 용수철 모양으로 감아서 코일로 만들며 감을 때 코어라 불리는 물체를 내부에 넣기도 한다. 인덕터에 전압이 인가되어 전류가 흐르게 되면 인덕터 내부와 주위로 전자계를 형성하게 된다. 쉽게 말해서 일시적으로 N극과 S극을 가진 자석의 성질을 가지게 된다. 이런 전자계의 크기는 전류의 크기에 따라 달라지게 되는데, 전류의 변화에 따라 전자계 또한 변화하고 이러한 전자계의 변화로 인해 발생하는 유도전압은 전류의 흐름을 방해하는 방향으로 형성된다. 따라서 인덕터는 전류의 흐름을 억제하게 된다. 인덕터가 가지는 용량을 인덕턴스(inductance)라고 부른다. 인덕턴스의 단위는 [H](헨리)이며 코일을 감싸는 권선수의 제곱에 비례하고 코어의 투자율과 단면적에 비례하고 코어의 길이에 반비례하여 그 값이 결정된다. 1[H]는 단위 시간당 1[A]의 비율로 변화할 때 1[V]의 유도전압이 인덕터의 양단에 유도될 때를 말한다. 인덕터는 전류의 급격한 흐름 변화를 억제하고 전기 잡음을 걸러내는 필터 역할 등 다양한 용도로 사용한다. <그림 4.1.2-7>은 인덕터 기호를 나타낸 그림이다.

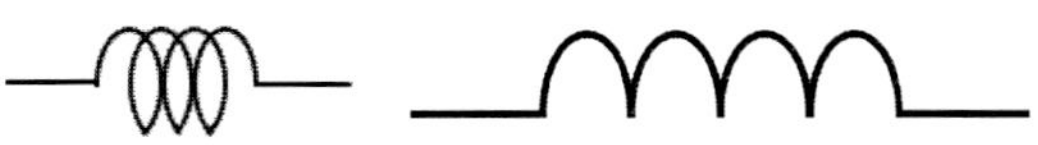

그림 4.1.2-7 인덕터 기호

4.1.3 트랜지스터

트랜지스터는 증폭 작용과 스위칭 역할을 하는 반도체소자이다. 크게 접합형 트랜지스터(Bipolar Junction Transistor: BJT)와 전계효과 트랜지스터(Field Effect Transistor: FET)로 구분된다.트랜지스터는 보통 입력단(collector), 공통단(base) 그리고 출력단(emitter)으로 구성되어 있다. 입력단과 공통단 사이에 전압(FET)또는 전류(BJT)를 인가하면 공통단과 출력단 사이의 전기전도도가 증가하게 되고 이를 통해 양단 사이의 전류흐름을 제어하게 된다. 아날로그, 디지털 회로에서 트랜지스터는 증폭기, 스위치, 논리회로, RAM 등을 구성하는 데 이용된다.

증폭 작용의 이해

증폭이란 전압이나 전류가 몇 배로 변환되는 것을 말한다. 예를 들면 1[V]의 입력 전압을 BJT, FET를 이용하여 3배 증폭하였을 경우에는 출력으로 3[V]가 나오게 된다.이때의 증폭도는 일차함수(선형시스템)관계라는 것이 중요하다. 만약 일차함수 관계가 성립되지 않는다면, 1[V]의 진폭을 가지는 사인파를 증폭시켰을 때 출력되는 값은 사인파 형태를 가지고 있지 않을 수도 있다. 트랜지스터의 증폭에 대한 이해를 돕고자 BJT(NPN)를 <그림 4.1.3-1>과 <그림 4.1.3-2>를 가지고 설명하고자 한다.

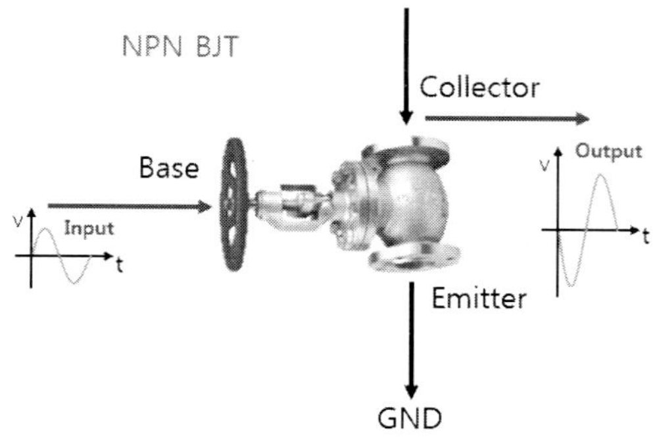

그림 4.1.3-1 이해를 돕기 위해 NPN BJT를 밸브에 비유, Emitter가 GND(공통 접지)로 설정하였을 때 Base는 입력이 되고, Collector는 출력이 됨에 유의

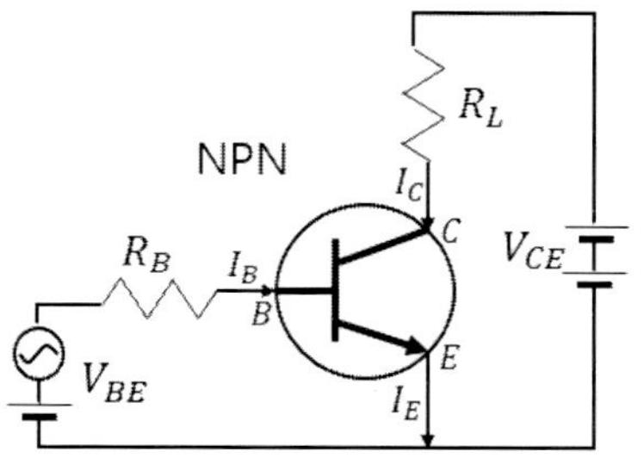

그림 4.1.3-2 NPN BJT Emitter 접지 증폭 회로도(<그림 4.1.3-1>을 회로도로 표시)

<그림 4.1.3-2>에서 보이는 것과 같이 $V_{CE} > V_{BE}$의 조건이 만족되면, <그림 4.1.3-1>의 Base에 설정된 밸브가 열린 상태가 되고 Collector와 Emitter사이에 전류가 흐르게 되어 증폭기로서 작동을 하게 된다. 증폭되는 정도는 BJT소자 특성에 달려 있으며 이에 대한 내용은 <그림 4.1.3-3>에 나타내었다. <그림 4.1.3-3>의 빨간 곡선이 일정한 V_{CE}에서의 소자 특성 곡선이며 베이스로 입력된 값은 증폭되어 컬렉터와 에미터 사이의 값으로 출력된다.

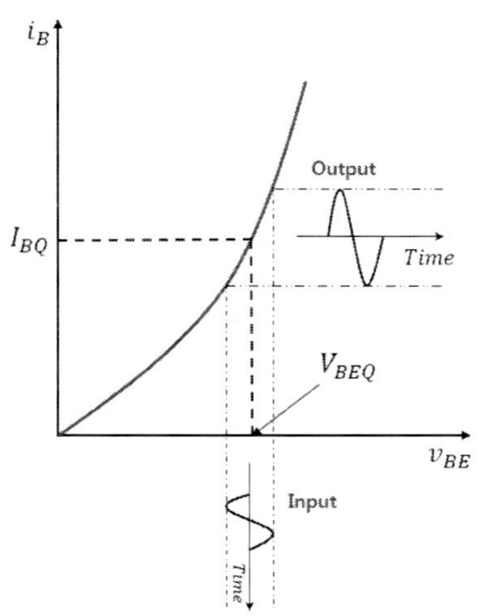

그림 4.1.3-3 Active Mode에서의 증폭, 여기서 입력은 V_{BE}이며 출력은 빨간 곡선 옆의 사인 그래프

스위칭 작용의 이해

스위치 작용은 트랜지스터의 특성을 이용하여 전류가 흐르게 하던가 흐르지 않도록 하는 것을 의미한다. BJT의 경우는 동작모드 중에서 cut-off(차단)와 saturation(포화) 모드에서 동작을 한다. 각 모드는 <그림 4.1.3-4>를 가지고 설명한다.

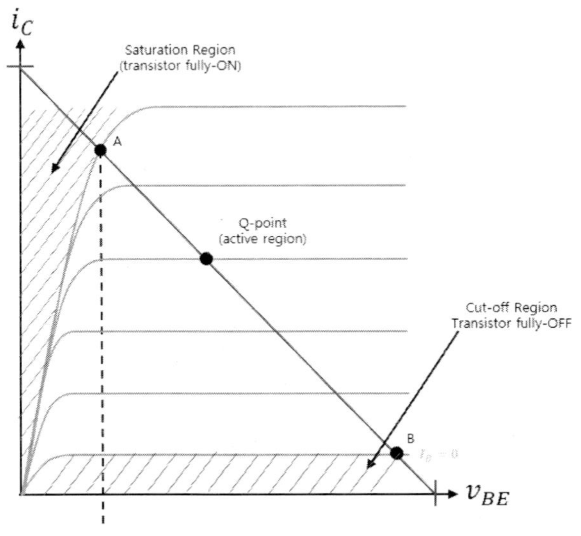

그림 4.1.3-4 포화(saturation) 영역과 차단(cut-off) 영역

<그림 4.1.3-4> 왼쪽의 영역이 포화 영역이며 아래의 영역이 차단 영역이다. BJT에서 포화는 컬렉터쪽으로 가장 큰 전류가 흐르는 상태를 나타내며 컬렉터에 가장 큰 전류가 흐를 때, 컬렉터-에미터 사이의 전압은 최소가 되고 베이스 전류의 증가는 아무 영향을 미치지 못한다. 단순히 스위치가 ON된 상태와 같다고 보면 된다. 반대로 베이스 입력 전압이 낮아 베이스 전류가 0인 경우를 cut-off(차단)상태라고 말하며 컬렉터에서 에미터로 전류가 흐를 수 없는 상태가 되며 스위치가 OFF된 상태와 같아서 트랜지스터를 이용하여 스위치의 기능을 구현하기도 한다.

트랜지스터를 스위치로 응용해보자.

BJT나 FET를 이용한 트랜지스터 스위칭 회로는 2가지 방법이 존재한다. LED를 예로 들어서 설명해보자. NPN 타입의 BJT의 경우 Emitter에 바로 GND를 접지하고 Collector에 제어 회로를 연결한다. PNP 타입의 경우 반대로 Emitter에 전원 소스를 바로 연결하고 Collector에 동일하게 제어 회로를 연결한다. LED의 경우라면 제어회로는 전류제한 저항과 LED가 되겠다. FET의 경우도 비슷하다. n채널 MOSFET라면 NPN 타입처럼 회로를 만들면 되고, p채널 MOSFET라면 PNP 타입처럼 회로를 만들면 된다.

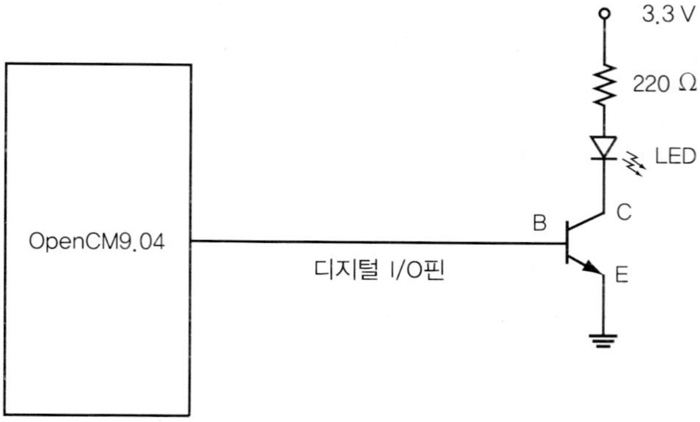

NPN방식(n채널) 트랜지스터는 반드시 Emitter에 GND 접지방식으로 제어된다.

그림 4.1.3-5 NPN 트랜지스터 제어 회로 - Emitter 접지

NPN 방식의 BJT는 반드시 Emitter에 GND 접지한다. 이렇게 하면 디지털 핀에서 HIGH일 때 LED가 ON되고 LOW일 때 LED가 OFF된다. 디지털핀이 HIGH일 때 V_{BE} 전압을 계산해보면 $V_{BE} = V_B - V_E = 3.3\,\text{V} - 0\,\text{V} = 3.3\,\text{V}$가 되어서 $V_{th} = 0.7\,\text{V}$보다 커진다. 그래서 트랜지스터가 Turn-on 상태가 되는 것이다. 그렇지 않으면 트랜지스터가 cut-off 상태가 되어서 LED의 캐소드의 연결이 끊어진다.

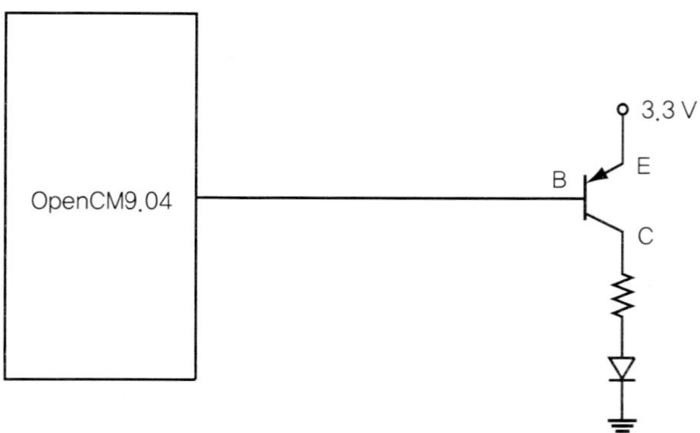

PNP방식의 트랜지스터는 반드시 Emitter 전원소스를 연결해야 한다.

그림 4.1.3-6 PNP 트랜지스터 제어 회로 - Emitter 전원 접지

PNP 방식의 BJT는 반대로 Emitter에 3.3 V와 같은 전원 소스를 연결하고 Collector에 LED를 연결한다. 이렇게 되어 디지털 IO핀에서 HIGH가 되면 V_{EB}가 0 V가 되기 때문에 트랜지스터가 cut-off가 된다. 자세히 설명하자면 Base와 Emitter 전압이 동일하기 때문에 $V_{EB} = V_E - V_B = 3.3\,\text{V} - 3.3\,\text{V} = 0\,\text{V}$가 된다. 참고로 OpenCM9.04의 디지털 핀이 HIGH이면 공급 전압인 3.3 V가 출력된다. 반대로 LOW가 되면 $V_{EB} = V_E - V_B = 3.3\,\text{V} - 0\text{V} = 3.3\,\text{V}$가 되어서 $V_{th} = 0.7\,\text{V}$를 넘기 때문에 turn-on 상태가 되어서 LED가 켜진다.

NPN 타입을 쓰느냐 PNP 타입을 쓰느냐에 따라서 회로가 달라지고 디지털 IO에서 출력되는 HIGH/LOW에 따른 논리가 반대가 되기 때문에 이를 고려한 회로 설계가 필요하다.

4.1.4 H-Bridge 회로

DC 전원을 사용하는 전기의 모터의 구동을 위해서 주로 사용하는 회로가 H-브리지 회로이다. 단일전원으로 모터의 회전방향을 제어하기 위해서 사용되는 H-bridge의 경우 "full bridge"로도 명칭된다. <그림 4.1.4-1>에서 보이는 것과 같이 H-브리지는 주로 4개의 트랜지스터의 스위치 기능을 구현하여 사용하고 있다. 그러나 트랜지스터 말고도 SPST스위치, DPDT스위치, 릴레이 등을 이용하여 구현하기도 한다.

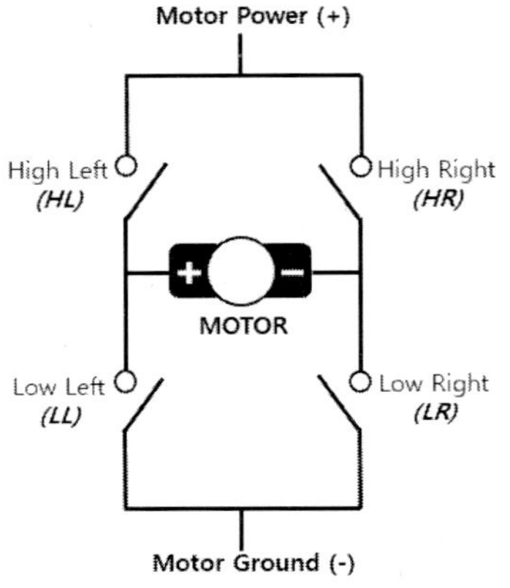

그림 4.1.4-1 모터와 H-bridge구조의 스위치

각 스위치는 짝으로 ON/OFF 제어가 되지만 한쪽 변이 전부 스위치 ON이 되면 안 된다. 만약 한쪽 변이 전부 ON이 되었을 경우에는 배터리의 +극과 –극이 서로 접합되어 전기적으로 "short" 상태가 되며 이는 배터리의 전류 소비량이 커지는 현상을 일으켜 배터리가 빨리 방전되거나 불꽃 현상을 일으키게 될 수 있다.

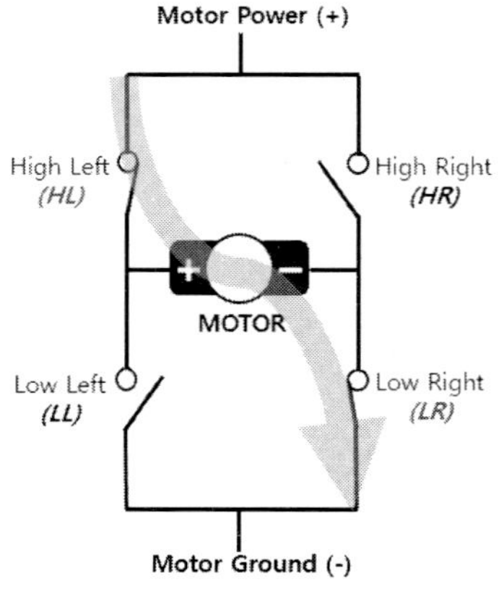

그림 4.1.4-2 모터를 정방향으로 회전시킬 때의 H-bridge 스위치 상태

H-브리지의 전류 흐름을 좀 더 자세히 이해하기 위해서 <그림 4.1.4-2>를 살펴보자. 그림에서는 High Left(HL), Low Right(LR) 스위치가 ON 상태가 되고 High Right(HR), Low Left(LL) 스위치는 OFF된 상태로 남아있다. 이때의 전류 흐름은 그림의 초록색 화살표 방향으로 생각하면 된다. 그림과 같은 방향으로 전류의 흐름이 생겼을 경우에는 DC 모터 +극에서 −극으로 전류의 흐름이 생기게 되고 DC 모터는 정방향으로 회전하게 된다. 이에 대해서 정리한 내용을 <표 4.1.4-1>에 표현하였다.

표 4.1.4-1 각 스위치의 상태에 따른 모터 제어 상태

HL	HR	LL	LR	모터 제어 상태
ON	OFF	OFF	ON	시계 방향 회전
OFF	ON	ON	OFF	반시계 방향 회전
ON	ON	OFF	OFF	브레이크, 감속
OFF	OFF	ON	ON	브레이크, 감속

<표 4.1.4-1>에 나타난 대로 모터의 상태는 크게 3가지인 시계방향 회전(CW), 시계 반대방향 회전(CCW), 브레이크로 나눠지며 보통 이러한 원리를 이용하여 모터드라이버에는 2개의 컨트롤 핀이 탑재되어 있다. 실제로는 모터의 전원을 OFF하는 스톱모드 또한 존재한다. 위의 브레이크 기능에 대해서 이해되지 않을 수 있기 때문에 설명을 더 추가하고자 한다. DC 모터의 특성에 의해서 DC 모터가 회전하게 되었을 때는 역기전력(Back EMF)이 생성된다. 역기전력은 모터의 회전을 방해하는 방향으로 작용을 하게 되는데, HL, HR을 ON하는 경우나 LL, LR을 ON하게 되면 모터의 양극을 쇼트시키게 되고 단순히 전원 스위치를 OFF하는 스톱모드보다 짧은 시간에 정지하게 된다.

4.1.5 기타 요소

본 절에서는 앞에서 다루지 않은 다양한 전기 요소들을 설명한다.

배터리

배터리(battery)란 축전지 또는 2차 전지라고 말하기도 하며 흔히 사용하는 AA건전지와 같은 전기에너지를 저장하고 전기에너지를 공급할 수 있는 장치를 말한다. 배터리는 일반적으로 화학적 작용에 의해 생성된 전기에너지를 발생시키며 그 종류가 매우 다양하다.

그림 4.1.5-1 최근에 많이 쓰이는 Li-Po, Li-Ion 2차 전지들

브레드 보드

브레드 보드(bread board)란 일명 빵판이라고 불리며 납땜을 하지 않고 임시적으로 회로를 구성할 수 있는 판(board)를 말한다. 일반적으로 초기 테스트용으로 많이 사용하며 실험을 하기 위한 필수품이라고 할 수 있다.

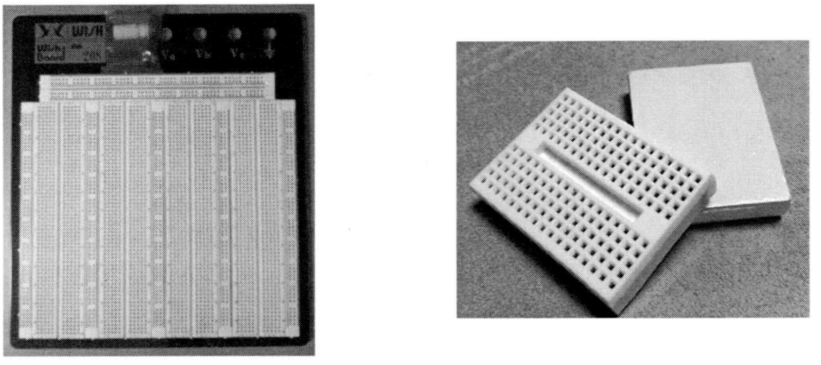

그림 4.1.5-2 다양한 사이즈의 브레드 보드

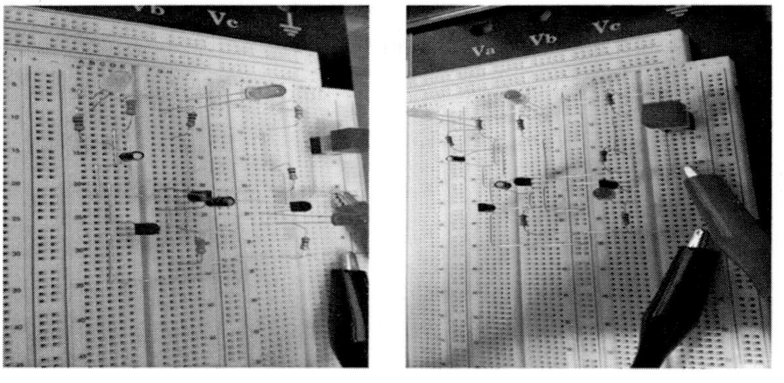

그림 4.1.5-3 브레드 보드만 있으면 다양한 전자 부품을 손쉽게 연결해서 실험해볼 수 있다.

LED

LED(Light Emitting Diode)란 발광 다이오드를 나타내며 전기에너지를 빛에너지로 변환하는 반도체소자이다. 전기에너지를 바로 빛에너지로 변환하기 때문에 일반적으로 사용하는 형광등이나 백열등에 비해 에너지 효율이 매우 높다. LED는 P형과 N형 반도체의 접합으로 이루어져 있으며 이곳에 전압을 인가하게 되면 격리되어 있던 P형의 정공은 N형 반도체로, N형의 전자는 P형 반도체로 이동하게 되고 이렇게 이동된 정공은 N형 반도체 내의 정공과 충돌하고 전자는 P형 반도체내의 전자와 충돌하면서 빛을 내게 된다. 즉, 반도체 내에서 정공과 전자의 충돌 에너지가 빛에너지로 전환되면서 LED는 발광하게 된다. LED의 종류는 적색, 녹색, 황색, 청색, 백색이 있고 적외선 파장의 빛을 발생하는 적외선 LED도 있다. <그림 4.1.5-4>는 LED의 기호를 나타낸 그림이다.

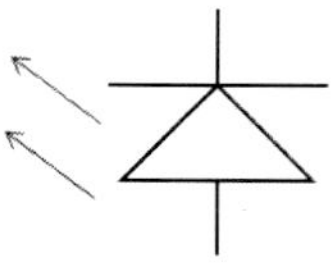

그림 4.1.5-4 LED 기호

스위치

스위치(Switch)란 전기 회로를 구성하는 전기 요소 중 하나로 회로 연결을 이었다 끊었다 하는 기능에 사용된다. 누구나가 알고 있듯이 사무실의 전등을 켜거나 끌 때 사용하는 스위치를 말하며 스위치의 종류는 여러 가지가 있다. 예를 들면 텀블러 스위치, 로타리 스위치, 풀 스위치, 푸시 스위치 등 모양과 기능에 따라 많은 종류의 스위치가 존재한다. <그림 4.1.5-5>는 기본적인 스위치 기호를 나타낸 것이다.

그림 4.1.5-5 스위치 기호

푸시버튼

푸시버튼(push button)이란 스위치의 한 종류로 기본적으로 2가지 종류가 있다. <그림 4.1.5-6>의 왼쪽 기호는 평상시에는 회로의 연결이 끊어진 상태를 유지하다가 스위치의 버튼에 누르는 힘을 가하게 되면 회로가 닫힌 상태가 되고 누르는 힘을 제거하면 회로가 다시 열리는 스위치를 나타낸다. 오른쪽 기호는 첫 번째와 반대로 평상시에는 회로를 닫힌 상태를 유지하다가 스위치의 버튼에 누르는 힘을 가하게 되면 회로가 열린 상태가 되어 끊어진 회로가 되고 누르는 힘을 제거하면 회로는 다시 닫힌 상태가 되어 다시 연결된 회로가 된다.

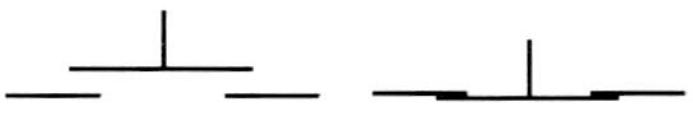

그림 4.1.5-6 푸시버튼 스위치

4.2 디지털 입출력(digital input/output)

디지털이란 물질의 특성을 0과 1의 조합으로 표현한 것을 말한다. 세상의 모든 정보, 즉 자연의 소리나 빛, 진동은 연속적인 신호로 이루어져 있으며, 이 모든 것들을 아날로그 신호라고 표현한다. 그리고 아날로그 신호를 다시 0(LOW, OFF, FALSE) 아니면 1(HIGH, ON, TRUE)과 같은 2진 조합 부호인 디지털 신호로 변환하여 연속적인 아날로그 신호를 이산화 신호의 집합인 디지털 신호로 표현할 수 있다. 아날로그 신호는 시간 흐름에 대해서 물리량이 연속적인 값을 가지는 반면, 디지털 신호는 이산화된 시간 흐름에 이산화된 물리량 값을 가진다. 이러한 디지털 신호는 전압이라는 물리적인 신호를 가지고 HIGH와 LOW로 구분하게 되는데, 전압이 0[V]이면 LOW를 의미하고 특정 크기의 유효한 전압이 있으면 HIGH로 나타내는 방식으로 데이터를 표현한다. 예를 들어 5[V]로 동작하는 디지털 소자가 있다면 LOW는 0[V]를 의미하고 HIGH는 5[V]로 구분할 수 있다. 위에서 각각 5 V와 0 V를 HIGH와 LOW를 구분한 것은 이해하기 쉽도록 설명했을 뿐이고 실제 디지털 소자들이 서로 연결되었을 때는 선저항 또는 노이즈로 인해 정확하게 0 V, 5 V가 딱 맞아 떨어지는 경우가 없다. 그래서 보통 IC 제조사에서는 HIGH와 LOW로 인식하는 범위를 넓혀서 적당한 Margin을 두고 서로 다른 IC끼리도 원활한 통신이 되도록 설계한다. 이렇게 IC가 HIGH/LOW로 인식하는 범위는 제조사가 데이터시트(Datasheet)를 통해 제공한다.

4.2.1 디지털 입출력 설정

보통 디지털 신호핀은 입력 혹은 출력으로 설정하여 사용할 수 있다. 즉, 디지털 신호핀은 양방향성(Bi-direction)을 가지며 입력 혹은 출력이 가능한 핀을 말하며 이러한 디지털 핀은 하드웨어적으로 <그림 4.2.1-1>과 같이 회로가 내장되어 있다. 그래서 소프트웨어적으로 어떻게 설정하느냐에 따라 입력(digital input)핀으로 사용할 수 있고 출력(digital output)핀으로 사용할 수도 있다. <그림 4.2.1-1>과 같이 입력 핀과 출력 핀은 버퍼를 사이에 두고 연결되어 있다. 여기서 버퍼(buffer)란 일반적으로 하나의 장치에서 다른 장치로 데이터를 전송할 때 양단 사이의 데이터의 전송속도의 차이를 보상하기 위해 정보를 임시로 저장하는 기억장치이다. 하지만 여기에서 버퍼는 어떤 설정을 하느냐에 따라 enable 혹은 disabled로 동작하며, enable로 설정하면 해당 디지털 핀은 출력 핀의 기능을 하게 되고, disabled로 설정을 하면 해당 디지털 핀은 입력 핀의 기능을 하게 된다. 보통 ARM 기반 마이크로프로세서에 있는 입출력(IO) 핀들은 모두 입력과 출력이 가능하고 Analog Input이나 Timer, USART RX/TX 기능과 같이 여러 가지 기능이 들어가 있는 멀티핀으로 많이 쓰이기 때문에 일반적인 용도로 쓸 수 있는 IO핀이라고 해서 GPIO(General Purpose Input/Output)라고 부른다. 앞으로 책에서 GPIO라고 하면 이렇게 입출력이나 다양한 기능을 일반적으로 쓸 수 있는 멀티핀이라고 생각하면 된다.

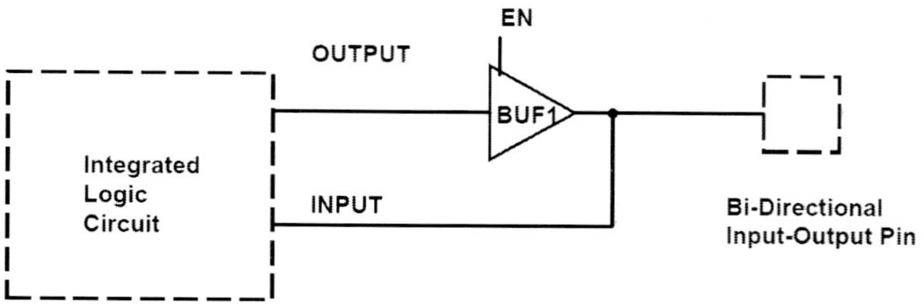

그림 4.2.1-1 하나의 핀을 디지털 신호 입력 및 출력 핀으로 사용할 때의 내부 회로

OpenCM9.04의 경우 이러한 디지털 IO핀의 전기적인 특성은 다음과 같다. OpenCM9.04의 CPU인 STM32F103CB 마이크로컨트롤러의 데이터시트에서 디지털 I/O 포트의 특징을 살펴볼 수 있는데, 아래 <표 4.2.1-1>과 같다.

표 4.2.1-1

Symbol	Parameter	Conditions	Min	Typ	Max	Unit
V_{IL}	Standard IO input low level voltage		–0.3		0.28*(V_{DD}-2 V)+0.8 V	V
	IO FT(1) input low level voltage		–0.3		0.32*(V_{DD}-2V)+0.75 V	V
V_{IH}	Standard IO input high level voltage		0.41*(V_{DD}-2 V)+1.3 V		V_{DD}+0.3	V
	IO FT(1) input high level voltage	V_{DD} > 2 V	0.42*(V_{DD}-2 V)+1 V		5.5	V
		V_{DD} ≤ 2 V			5.2	

여기서 V_{IL}이란 LOW로 인식하게 되는 입력 전압(Voltage)의 범위를 뜻하고, V_{IH}는 입력(Input)이 HIGH로 인식하게 되는 입력 전압(Voltage)의 범위를 의미한다. 그리고 IO FT input low level voltage에서 FT는 Five-volt Tolerant라는 의미에서 5[V]를 견딜 수 있는 핀들에만 해당하는 범위이다. STM32 시리즈 MCU들은 모든 IO 핀들이 3.3[V]가 기본 동작 전압이지만 몇몇 핀들은 5 V까지 견딜 수 있는 핀들이 있는데, 이러한 경우를 FT라고 나타낸다. 표에서 나타난 것과 같이 디지털 IO에서 입력으로 사용될 때 LOW로 인식하는 범위는 칩에 공급되는 V_{DD}에 의해서 결정되는 것을 알 수 있다. OpenCM9.04의 경우 STM32F103CB에 정확히 3.3[V]만 공급하기 때문에 LOW로 입력되는 최솟값은 −0.3[V]이고 최댓값은 0.28*(3.3 - 2) + 0.8 = 1.164[V]라는 것을 알 수 있다. 반대로 HIGH로 인식되는 최솟값은 0.41*(3.3 - 2) + 1.3 = 1.833[V]이며 최댓값은 3.3+0.3 = 3.6[V]이다. 이를 정리하여 다음 <표 4.2.1-2>에 나타내었다.

표 4.2.1-2 OpenCM9.04에서 IO핀에서 HIGH와 LOW를 인식하는 범위

V_{DD} = 3.3 V의 경우		
	최소	최대
V_{IL}	-0.3[V]	1.164[V]
V_{IH}	1.833[V]	3.6[V]

모든 MCU들은 제조사에서 공개하는 데이터시트를 통해 디지털 IO핀에 대한 전기적인 특성을 제공해주기 때문에 다른 외부 장치와 연결할 때는 반드시 이러한 특성을 알아보고 설계를 해야 한다. 그렇지 않으면 신호 레벨이 맞지 않아서 외부 장치와 데이터 통신이 되지 않을 수 있다.

4.3 OpenCM9.04의 입출력(IO) 핀맵 구조

OpenCM9.04는 CPU인 STM32F103CB의 48개의 핀들 가운데서 26개의 I/O핀들만 헤더로 연결되어 있다. STM32F103CB에서 쓰는 고유의 포트그룹-핀번호가 있고 OpenCM9.04에서 새로 할당된 핀번호 체계가 있다. 우리가 ROBOTIS OpenCM으로 스케치 프로그래밍을 할때 사용하기 쉽도록 만든 핀번호가 바로 새로 할당된 핀번호 체계인 것이다. 그런데 OpenCM9.04에 쓰이는 편리한 핀번호 체계가 CPU인 STM32F103CB의 데이터시트에서 사용되는 것이 아니기 때문에 어떻게 봐야할 것인지 혼란이 생길 수 있다. 바로 그러한 독자들을 위해서 이 절을 따로 할애해서 STM32F103CB의 고유 핀체계와 OpenCM9.04에서 쓰는 핀체계를 설명하고자 한다.

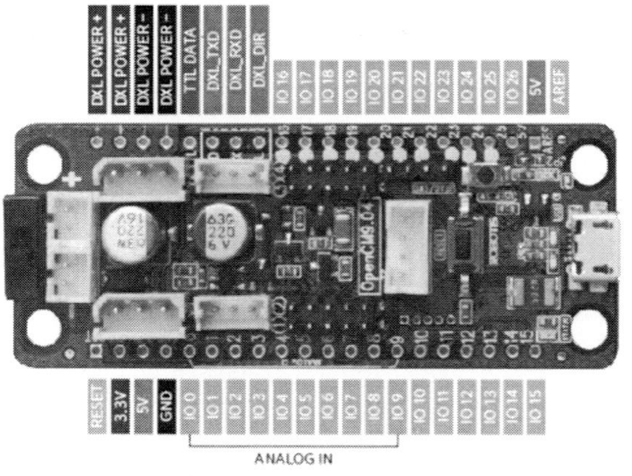

그림 4.3-1 OpenCM9.04 보드에서 보는 헤더 핀맵 정보

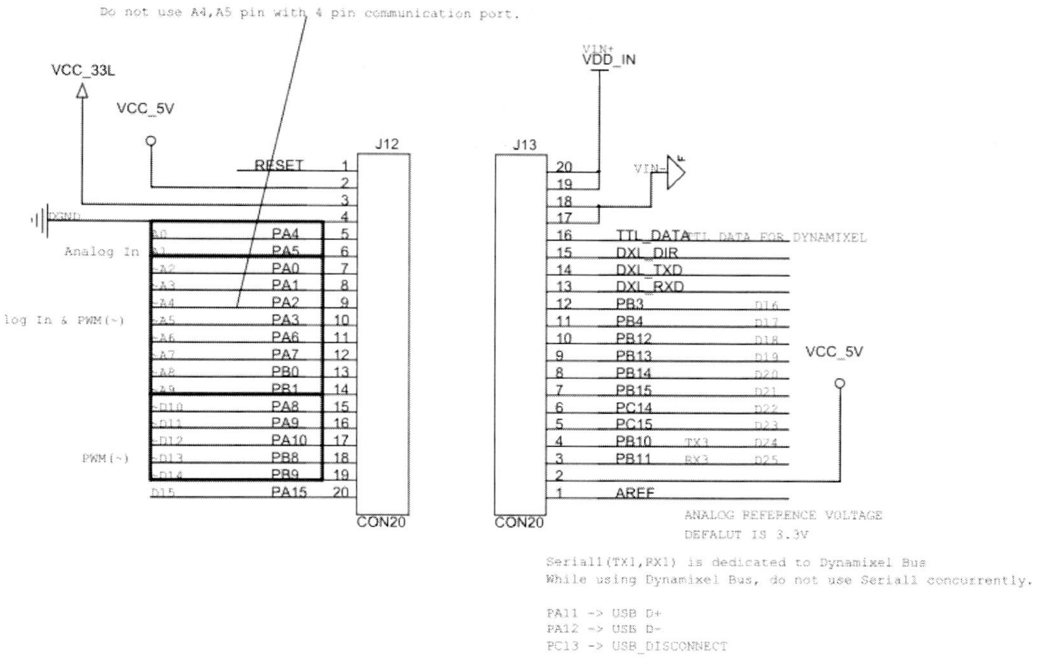

그림 4.3-2 OpenCM9.04의 헤더 부분 회로도 : 26개의 IO로 구성되어 있다.

STM32 시리즈 데이터시트에는 GPIO를 구분할 때 포트그룹과 핀번호로 구성된다. 예를 들면 PA1, PB1과 같이 표시한다. STM32F103CB의 경우는 포트그룹이 PA, PB, PC까지 있고 각 포트그룹은 16개의 핀(0번~15번)으로 구성되어 있다. 하지만 이러한 포트그룹-핀번호 방식은 처음 배우는 사람들에게는 어려울 수 있다. 그래서 아두이노나 와이어링 보드의 GPIO는 그냥 핀번호로만 구성되어 있어서 포트그룹이라는 개념을 몰라도 사용하기가 매우 쉽다. OpenCM9.04도 마찬가지로 핀번호로만 구성되어 있기 때문에 간단하면서도 쉽게 GPIO를 제어할 수 있다. 바로 앞의 <그림 4.3-2>에서 회색 부분이 핀번호로만 구성된 OpenCM9.04의 핀번호 체계이고 옆에 PA4, PA5와 같이 포트그룹-핀번호 방식이 STM32에서만 쓰이는 핀번호 체계이다. 하지만 데이터시트를 통해서 확인하고자 할 때는 아래 <표 4.3-1>의 포트그룹-핀번호 방식의 체계로 관련 내용을 확인해야 한다.

표 4.3-1 STM32F103CB 데이터시트에는 포트그룹-핀번호 방식으로 설명이 나열되어 있다.

G3	M3	14	H3	20	29	11		PA4		I/O		PA4	SPI1_NSS(8)/ USART2_CK(8)/ ADC12_IN4	
H3	K4	15	F4	21	30	12		PA5		I/O		PA5	SPI1_SCK(8)/ ADC12_IN5	

그러면 이러한 포트그룹-핀번호 방식의 체계를 어떻게 핀번호 방식으로 바꿔서 사용할 수 있는걸까? 그 답은 ROBOTIS OpenCM의 core library 폴더에 있는 CM904.cpp 파일에 있다. core library는 OpenCM9.04의 펌웨어를 만드는 데 필요한 모든 API 코드를 저장해 놓은 곳이다. 여기에 CM904.cpp 파일은 CM904.h와 함께 OpenCM9.04와 관련된 코드들로만 구성되어 있다.

```
extern const stm32_pin_info PIN_MAP[BOARD_NR_GPIO_PINS] = {

   /* Top header */
    {GPIOA,   NULL, ADC1,  4, 0,     4}, /* D0/PA4 */
    {GPIOA,   NULL, ADC1,  5, 0,     5}, /* D1/PA5  */
    {GPIOA, TIMER2, ADC1,  0, 1,     0}, /* D2/PA0 */
    {GPIOA, TIMER2, ADC1,  1, 2,     1}, /* D3/PA1 */
    {GPIOA, TIMER2, ADC1,  2, 3,     2}, /* D4/PA2 */
    {GPIOA, TIMER2, ADC1,  3, 4,     3}, /* D5/PA3 */
    {GPIOA, TIMER3, ADC1,  6, 1,     6}, /* D6/PA6 */
    {GPIOA, TIMER3, ADC1,  7, 2,     7}, /* D7/PA7 */
    {GPIOB, TIMER3, ADC1,  0, 3,     8}, /* D8/PB0 */
    {GPIOB, TIMER3, ADC1,  1, 4,     9}, /* D9/PB1 */

    {GPIOA, TIMER1, NULL,  8, 1, ADCx}, /* D10/PA8 */
    {GPIOA, TIMER1, NULL,  9, 2, ADCx}, /* D11/PA9 */
    {GPIOA, TIMER1, NULL, 10, 3, ADCx}, /* D12/PA10 */
    {GPIOB, TIMER4, NULL,  8, 3, ADCx}, /* D13/PB8 */
    {GPIOB, TIMER4, NULL,  9, 4, ADCx}, /* D14/PB9 (LED)*/
//  {GPIOA,   NULL, NULL, 13, 0, ADCx}, /* D15/PA13 */
//  {GPIOA,   NULL, NULL, 14, 0, ADCx}, /* D16/PA14 */
    {GPIOA,   NULL, NULL, 15, 0, ADCx}, /* D15/PA15 */
    {GPIOB,   NULL, NULL,  3, 0, ADCx}, /* D16/PB3  */
    {GPIOB,   NULL, NULL,  4, 0, ADCx}, /* D17/PB4  */
    {GPIOB,   NULL, NULL, 12, 0, ADCx}, /* D18/PB12 */
    {GPIOB,   NULL, NULL, 13, 0, ADCx}, /* D19/PB13 */

    {GPIOB,   NULL, NULL, 14, 0, ADCx}, /* D20/PB14 */
    {GPIOB,   NULL, NULL, 15, 0, ADCx}, /* D21/PB15 */
    {GPIOC,   NULL, NULL, 14, 0, ADCx}, /* D22/PC14 */
    {GPIOC,   NULL, NULL, 15, 0, ADCx}, /* D23/PC15 (User Button)*/
    {GPIOB,   NULL, NULL, 10, 0, ADCx}, /* D24/PB10 */
    {GPIOB,   NULL, NULL, 11, 0, ADCx}, /* D25/PB11 */
```

그림 4.3-3

이러한 방식으로 STM32 시리즈 포트그룹-핀번호 체계를 0번핀부터 25번핀까지 배열(Array)형식으로 매핑되어 있고 각각의 GPIO핀이 가지고 있는 모든 기능에 대한 정보를 담고 있다. 이렇게 만들어진 PIN_MAP[ ]배열을 바탕으로 실제 OpenCM9.04의 핀번호를 쓰면 내부적으로는 STM32 포트그룹-핀번호로 제어가 수행된다. 예를 들어 아래처럼 digitalWrite (12, HIGH);라는 함수를 쓰면 pin이라는 변수에 12가 할당되어서 PIN_MAP[12]번 멤버의 정보를 바탕으로 PA10번이라는[24] 이름으로 변환 후 포트제어를 한다.

24) 소스를 추적해보면 PIN_MAP[12].gpio_device = GPIOA, PIN_MAP[12].gpio_bit = 10로 치환되고 이것은 PA10이라는 원래 STM32포트 이름으로 변환된다.

```
digitalWrite(12, HIGH);

void digitalWrite(uint8 pin, uint8 val) {
    if (pin >= BOARD_NR_GPIO_PINS) {
        return;
    }

    gpio_write_bit(PIN_MAP[pin].gpio_device, PIN_MAP[pin].gpio_bit, val);
}
```

그림 4.3-4

이 부분이 어렵다면 그냥 지나가도 되지만 OpenCM9.04가 ARM Cortex-M3 기반이기 때문에 핀마다 기능이 다르고 사용하는 방법에 차이가 있을 수 있다(하지만 일반적인 디지털 IO기능은 공통으로 가지고 있다). 따라서 고급응용을 위해서라면 다음 절의 AFIO 기능과 함께 반드시 알고 있어야 되는 부분이다.

4.3.1 AFIO(Alternate Funtion IO) Remap

OpenCM9.04의 디지털 입출력(I/O)에 대해서 살펴보았으니 이제 STM32 시리즈의 AFIO Remap에 대해서도 알아보자. 용어가 조금 생소할 수도 있는데 OpenCM9.04의 IO핀들은 디지털 입출력 외에도 USART나 I2C, SPI 등 다른 기능도 중복해서 가지고 있다. 이렇게 중복된 기능을 스위칭하기 위해 STM32 시리즈에는 AFIO(Alternate Function I/O)라는 레지스터를 이용한 Remap을 도입하였다. <그림 4.3.1-1>은 OpenCM9.04의 헤더핀에 포함된 모든 중복된 기능들을 표시하였다. 따로 굵게 표시한 영역이 AFIO로 Remap을 해서 얻을 수 있는 기능이다.

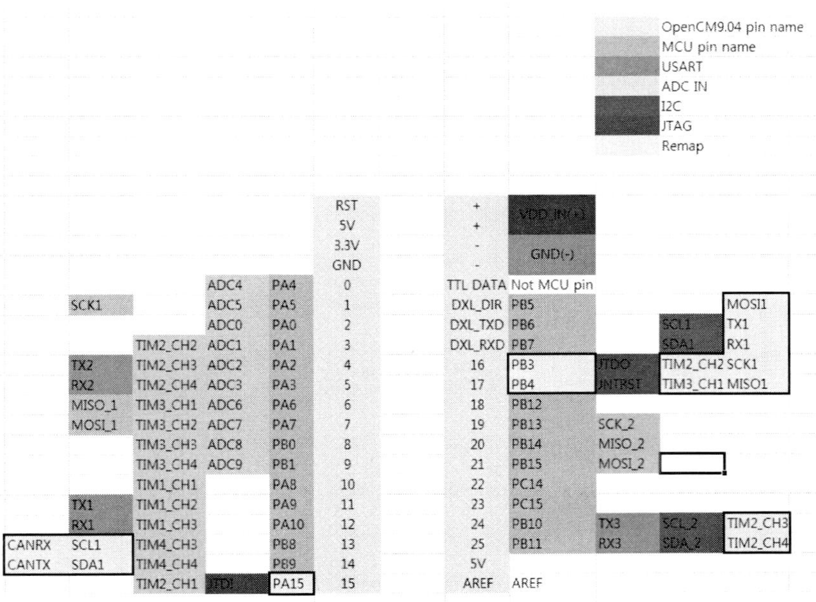

그림 4.3.1-1 OpenCM9.04의 핀맵

예를 들어서 핀13, 14번이 기본적으로는 디지털 입출력(I/O)과 타이머 기능만 쓸 수 있지만 AFIO레지스터로 Remap을 수행하면 SCL1, SDA1(I2C) 기능으로 바뀐다.[25] 이러한 방식으로 다른 핀에 할당된 기능을 새로운 핀으로 스위칭하는 기능을 AFIO Remap이라고 한다.

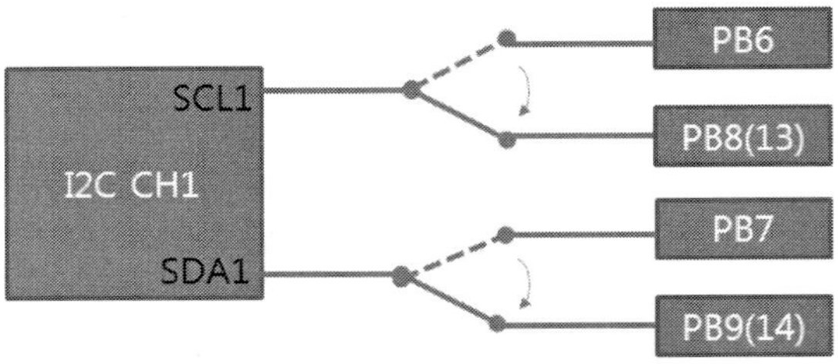

그림 4.3.1-2 기존 PB6, PB7에 있던 I2C 채널 1번 기능을 PB8(13), PB9(14)으로 스위칭한다.

표 4.3.1-1 stm32f reference manual에 표시된 I2C 1번 채널의 AFIO 레지스터 테이블

Alternate function	I2C1_REMAP = 0	I2C1_REMAP = 1(1)
I2C1_SCL	PB6	PB8
I2C1_SDA	PB7	PB9

이 밖에 다이나믹셀 TTL Bus에 사용되고 있는 USART1번의 경우에도, 기본적으로 핀11번, 12번인데(PA9, PA10), AFIO Remap을 써서 PB6, PB7을 이용해서 USART1을 사용하고 있다. 왜냐하면 핀11, 12번이 기본적으로 Timer 기능을 포함하고 있기 때문에 TTL Bus에 완전히 할당해 버리면 타이머 장치를 쓰지 못할 수 있기 때문에 PWM을 쓸 수 있는 포트 수가 줄어든다. 따라서 포트 자원을 효율적으로 쓰기 위해 AFIO 레지스터 설정을 바꿔서 특정 기능을 다른 핀으로 돌려놓은 것이다. 아래의 afio_remap() 함수를 이용해서 AFIO_REMAP_USART1 옵션을 적용한 것이 Remap을 수행하는 과정이다.

```
void Dynamixel::begin(int baud){

    uint32 Baudrate = 0;
    if(mDxlUsart == USART1)
        afio_remap(AFIO_REMAP_USART1);
```

그림 4.3.1-3

다음은 OpenCM9.04에서 활용 가능한 Remap 옵션들이다. STM32 Reference Manual[RM0008][26]과 gpio.h를 참고해서 활용할 수 있다.

25) afio_remap(AFIO_REMAP_I2C1)을 수행하면 I2C 1번 채널로 Remap이 된다.

26) STM32 매뉴얼 번호 RM0008을 참고하면 STM32 시리즈 마이크로프로세서 프로그래밍 가이드에 대해 자세히 배울 수 있다.

```
/**
 * @brief Available peripheral remaps.
 * @see afio_remap()
 */
typedefenumafio_remap_peripheral {
AFIO_REMAP_ADC2_ETRGREG  = AFIO_MAPR_ADC2_ETRGREG_REMAP, /**<
       ADC 2 external trigger regular conversion remapping */
AFIO_REMAP_ADC2_ETRGINJ  = AFIO_MAPR_ADC2_ETRGINJ_REMAP, /**<
       ADC 2 external trigger injected conversion remapping */
AFIO_REMAP_ADC1_ETRGREG  = AFIO_MAPR_ADC1_ETRGREG_REMAP, /**<
       ADC 1 external trigger regular conversion remapping */
AFIO_REMAP_ADC1_ETRGINJ  = AFIO_MAPR_ADC1_ETRGINJ_REMAP, /**<
       ADC 1 external trigger injected conversion remapping */
AFIO_REMAP_TIM5CH4_I     = AFIO_MAPR_TIM5CH4_IREMAP, /**<
       Timer 5 channel 4 internal remapping */
AFIO_REMAP_PD01          = AFIO_MAPR_PD01_REMAP, /**<
       Port D0/Port D1 mapping on OSC_IN/OSC_OUT */
AFIO_REMAP_CAN_1         = AFIO_MAPR_CAN_REMAP_PB8_PB9, /**<
       CAN alternate function remapping 1 (RX on PB8, TX on PB9) */
AFIO_REMAP_CAN_2         = AFIO_MAPR_CAN_REMAP_PD0_PD1, /**<
       CAN alternate function remapping 2 (RX on PD0, TX on PD1) */
AFIO_REMAP_TIM4          = AFIO_MAPR_TIM4_REMAP, /**<
       Timer 4 remapping */
AFIO_REMAP_TIM3_PARTIAL  = AFIO_MAPR_TIM3_REMAP_PARTIAL, /**<
       Timer 3 partial remapping */
AFIO_REMAP_TIM3_FULL      = AFIO_MAPR_TIM3_REMAP_FULL, /**<
       Timer 3 full remapping */
AFIO_REMAP_TIM2_PARTIAL_1 = AFIO_MAPR_TIM2_REMAP_PA15_PB3_PA2_PA3, /**<
       Timer 2 partial remapping 1 (CH1 and ETR on PA15, CH2 on PB3, CH3
on PA2, CH4 on PA3) */
AFIO_REMAP_TIM2_PARTIAL_2 = AFIO_MAPR_TIM2_REMAP_PA0_PA1_PB10_PB11, /**<
       Timer 2 partial remapping 2 (CH1 and ETR on PA0, CH2 on PA1, CH3
on PB10, CH4 on PB11) */
AFIO_REMAP_TIM2_FULL      = AFIO_MAPR_TIM2_REMAP_FULL, /**<
       Timer 2 full remapping */
AFIO_REMAP_USART2        = AFIO_MAPR_USART2_REMAP, /**<
USART 2 remapping */
AFIO_REMAP_USART1        = AFIO_MAPR_USART1_REMAP, /**<
USART 1 remapping */
AFIO_REMAP_I2C1          = AFIO_MAPR_I2C1_REMAP, /**<
       I2C 1 remapping */
AFIO_REMAP_SPI1          = AFIO_MAPR_SPI1_REMAP, /**<
SPI 1 remapping */
AFIO_REMAP_FSMC_NADV      = (AFIO_MAPR2_FSMC_NADV |
                            AFIO_REMAP_USE_MAPR2), /**<
NADV signal not connected */
AFIO_REMAP_TIM14         = (AFIO_MAPR2_TIM14_REMAP |
                            AFIO_REMAP_USE_MAPR2), /**<
       Timer 14 remapping */
AFIO_REMAP_TIM13         = (AFIO_MAPR2_TIM13_REMAP |
                            AFIO_REMAP_USE_MAPR2), /**<
       Timer 13 remapping */
AFIO_REMAP_TIM11         = (AFIO_MAPR2_TIM11_REMAP |
                            AFIO_REMAP_USE_MAPR2), /**<
       Timer 11 remapping */
AFIO_REMAP_TIM10         = (AFIO_MAPR2_TIM10_REMAP |
                            AFIO_REMAP_USE_MAPR2), /**<
       Timer 10 remapping */
AFIO_REMAP_TIM9          = (AFIO_MAPR2_TIM9_REMAP |
                            AFIO_REMAP_USE_MAPR2) /**<
       Timer 9 */
} afio_remap_peripheral;
```

그림 4.3.1-4

이러한 AFIO 기능을 활용하면 USART, I2C, SPI 포트들을 기본적으로 할당된 핀에서 다른 핀으로 돌려서 사용할 수 있는 장점이 있다.

4.3.2 디지털 출력으로 LED 깜빡이기

<그림 4.3.2-1>과 같이 16번 핀에 저항과 LED를 직렬로 연결한 후에 반대쪽은 접지(GND)와 연결시킨다. 이렇게 하면 16번 핀이 HIGH가 되었을 때 3.3[V]가 LED에 인가되어서 켜지게 되고, LOW일 때는 0[V]가 인가되어 전류가 흐르지 않는 Source current 방식으로 LED가 켜지게 된다. 즉, 핀16이 HIGH일 때 전원이 되어서 전류를 공급한다는 의미이다.

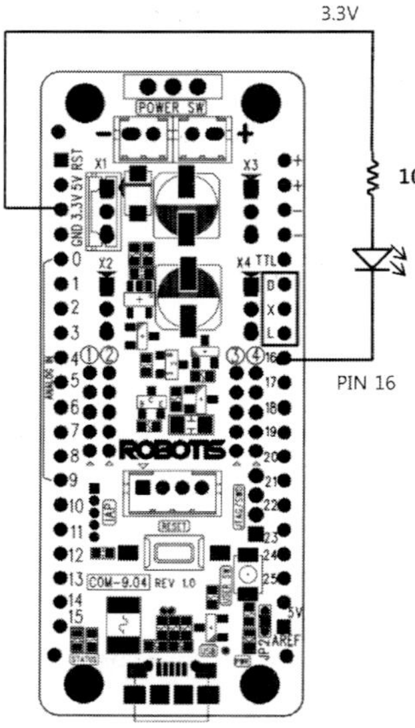

그림 4.3.2-1 LED 연결 기본 회로

다음의 예제를 프로그래밍하여 그 결과를 확인해보자.

```
/* 디지털 출력으로 외부 장착 LED깜빡이기 */
const int led = 16 // led를 디지털 16번 핀에 연결한다.
void setup()
{
	pinMode(led, OUTPUT); // led를 출력으로 설정한다.
}
void loop()
{
	digitalWrite(led, HIGH); // led를 HIGH(1)로 설정한다.
	delay(1000); // 1초 동안 기다린다.
	digitalWrite(led, LOW); // led를 LOW(0)으로 설정한다.
	delay(1000); // 1초 동안 기다린다.
}
```

앞 절 <그림 4.2.1-1>에서 설명하였듯이 OpenCM9.04에서 26개의 IO핀들은 입력 혹은 출력으로 설정하여 사용할 수 있다. setup 함수에서 pinMode()를 OUTPUT으로 설정함으로써 16번인 LED핀을 출력으로 사용하겠다고 설정한 것이다. 그리고 loop함수에서 digitalWrite() 함수를 이용하여 출력되는 전압을 HIGH로 하거나 LOW로 하여 LED의 ON 혹은 OFF 상태를 제어할 수 있다. 즉, 위의 스케치를 실행시키면 회로에 연결된 LED가 1초 간격으로 ON/OFF를 반복하는 것을 볼 수 있다.

만약 <그림 4.3.2-1>을 구성하기 위한 연결선, LED, 브레드보드가 없다면, OpenCM9.04 보드에서 제공하는 Status LED를 이용하여 LED 깜박임을 확인할 수 있다. 이 경우 디지털 핀 번호를 16번에서 14번으로 변경하면 내장된 Status LED를 사용하여 확인할 수 있다.

```
/* 디지털 출력으로 기본 보드에 장착된 LED 깜빡이기 */
void setup()
{
  pinMode(BOARD_LED_PIN, OUTPUT);// 보드의 Built-inLED(핀14)를 출력으로 설정한다.
}
void loop()
{
  digitalWrite(BOARD_LED_PIN, HIGH); // LED를 HIGH(1)로 설정한다.
  delay(1000); // 1초 동안 기다린다.
  digitalWrite(BOARD_LED_PIN, LOW); // led를 LOW(0)으로 설정한다.
  delay(1000); // 1초 동안 기다린다.
}
```

OpenCM9.04에 제공되는 Built-in LED의 경우 회로도는 <그림 4.3.2-2>와 같고 핀14번을 통해서 제어된다.

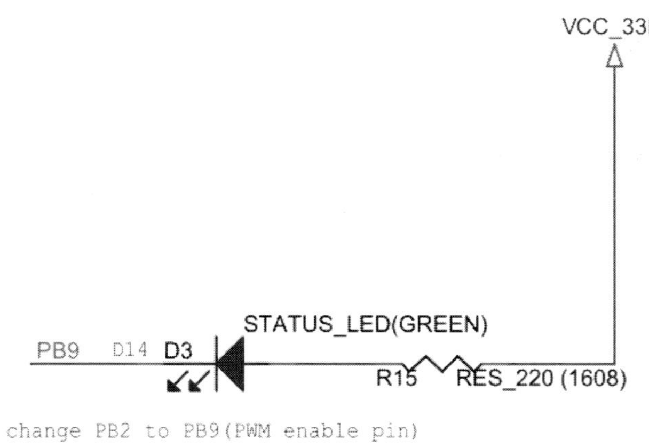

그림 4.3.2-2 OpenCM9.04 14번 핀과 연결된 내장 LED 회로

앞에서 LED를 연결한 방식과는 다르게 IO 핀이 반대로 연결되어 있는 것을 볼 수 있다. 이렇게 LED를 구동시키는 방식을 Sink current 방식이라고 하는데, 핀이 LOW로 되었을 때 LED에 전류가 흘러서 LED가 켜지고, 핀이 HIGH가 되면 VCC_33L과 전압이 같기 때문에 전류가 흐르지 않아서 LED가 꺼진다.

프로그래밍은 위의 스케치처럼 핀을 따로 지정하지 않고 pinMode설정에서 BOARD_LED_PIN.[27]을 이용하면 회로에 LED 구동회로를 따로 구성하지 않고도 LED의 깜박임을 확인할 수 있다. 위의 스케치를 실행하면 보드에 기본적으로 장착되어 있는 LED가 1초 간격으로 켜졌다 꺼지는 것을 확인할 수 있다.

4.3.3 디지털 입력값을 시리얼 모니터로 확인하기

아래의 스케치를 작성 후 실행해보자.

```
/* 디지털 입력으로 시리얼 모니터에 출력하기 */
const int switch = 16 // 스위치를 16번 핀에 연결한다.
void setup()
{
        SerialUSB.begin(); //시리얼 포트를 초기화한다.
        pinMode(switch, INPUT);        // Button을 입력으로 설정한다.
}
void loop()
{
        if(digitalRead(switch) == LOW){         // 버튼 입력이 LOW(0)이면,
            SerialUSB.println("OFF");           // 시리얼 모니터에 "OFF"라는 글자를 출력한다.
        }
        else{
            SerialUSB.println("ON");            // 시리얼 모니터에 "ON"이라는 글자를 출력한다.
        }
        delay(2000);
}
```

위의 스케치에서는 digitalRead() 함수를 사용하여 핀을 입력으로 설정하여 사용하였다. 16번 핀과 3.3[V]출력단을 스위치로 연결하여 <그림 4.3.3-1>과 같이 회로를 구성하도록 한다.

27) 미리 내부적으로 #define BOARD_LED_PIN 14로 14번 핀으로 지정되어 있다

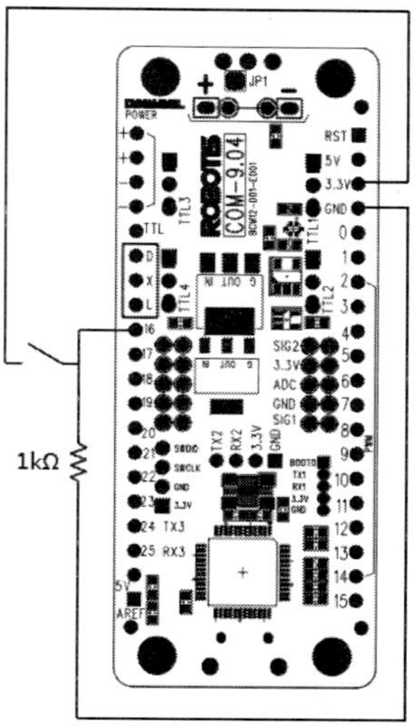

그림 4.3.3-1 스위치 연결 회로, 여기서 사용된 저항을 풀다운 저항이라고 부른다.

스위치를 닫게 되면 16번 핀에 3.3[V]가 입력되고 스위치를 열게 되면 16번 핀에 아무런 입력이 되지 않는다. 따라서 digitalRead() 함수를 이용하여 16번 핀에 인가되는 디지털 LOW/HIGH를 측정하여 시리얼 모니터에 OFF/ON을 출력하도록 하였다.

시리얼 모니터 출력은 다음 <그림 4.3.3-2>와 같다. SerialUSB.println() 함수를 이용하면 매 데이터 마다 newline이 추가되어 1줄씩 결과값이 나타나게 된다. SerialUSB.print() 함수를 사용했을 경우는 newline이 인가되지 않아서 같은 라인상에 데이터를 <그림 4.3.3-2> 오른쪽과 같이 표시하게 된다. 즉, 두 함수의 차이는 일반적으로 우리가 알고 있는 Enter/Return 값이 자동으로 입력되는 것의 유무를 나타낸다고 할 수 있다.

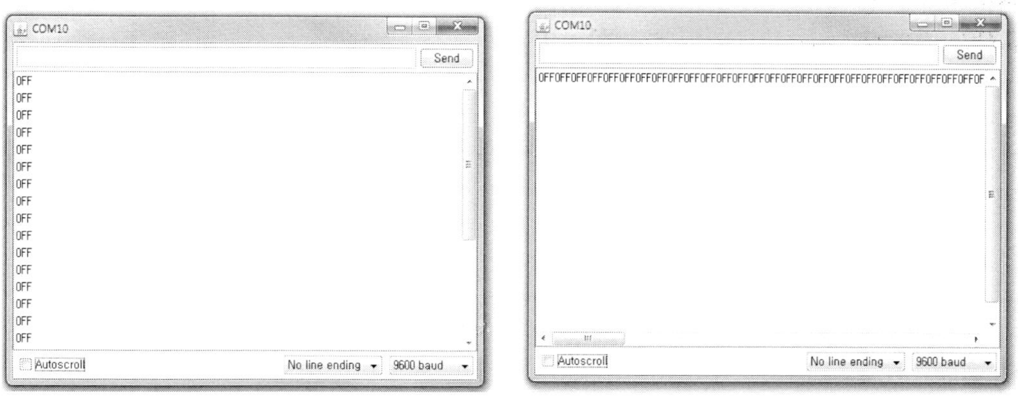

그림 4.3.3-2 SerialUSB.println() 함수 사용시(왼쪽), SerialUSB.print() 함수 사용시(오른쪽)

4.4 풀업/풀다운 저항(Pull-up/Pull-down Resistor)

본 절에서는 풀업(pull-up)과 풀다운(pull-down) 저항에 대해 설명한다. 우선 풀업 저항을 설명하기 전에 전류의 특성부터 설명하는 것이 필요하다. 회로에 전압을 인가하게 되면 전류가 흐르게 된다. 이러한 전류 흐름은 일반적으로 물의 흐름과 유사하다. 물은 높은 곳에서 낮은 곳으로 그리고 물의 흐름이 방해를 덜 받는 곳으로 더 잘 흘러가게 된다. 전류도 마찬가지로 더 잘 흐를 수 있는 곳으로 흘러간다. 즉, 같은 길이라도 전류는 저항이 작은 쪽으로 흐르게 된다. 이러한 특성을 이용한 것이 풀업 저항과 풀다운 저항이다. 우선 자세한 설명을 하기에 앞서 플로팅(Floating) 상태에 대한 이해가 필요하다. 일반적으로 디지털 소자는 HIGH나 LOW 또는 ON이나 OFF와 같은 값을 가져야 정상적으로 작동하게 된다. 플로팅이란 디지털 핀에 아무것도 입력되지 않은 상태를 말한다. 즉, 전기적으로 아무런 연결이 되지 않은 상태이고 이로 인해 주변 환경에 따라 핀에 어떤 입력이 들어가는지 알 수 없게 된다. 이러한 플로팅 상태는 주변 환경에 따라 수시로 변하기 때문에 디지털 소자의 입력 혹은 출력에 방해를 주게 된다. 이런 문제를 해결하기 위해 가장 간단하게 사용하는 것이 풀업과 풀다운 저항이다.

4.4.1 풀업/풀다운 저항 위치

풀업 저항을 먼저 살펴보자. <그림 4.4.1-1>에서 왼쪽 그림은 현재 플로팅 상태인 회로이며 풀업 저항을 추가한 회로도가 오른쪽 그림이다. 풀업 저항이 추가된 오른쪽 회로도에서 스위치를 누르지 않은 상태에서는 저항에서 전압 강하가 되지 않아서 HIGH, 즉 5[V]가 입력되는 상태이며 스위치를 누르게 되면 저항에서 전압 강하가 이루어져 그라운드(GND)의 값이 입력되어 LOW, 즉 0[V]가 입력된다. 즉, 풀업 저항의 주목적은 스위치가 눌리지 않았을 때를 정의하기 위함이다. 스위치가 눌리지 않더라도 입력 핀의 상태가 플로팅 상태가 되지 않고 HIGH 상태를 유지할 수 있는 장점이 있다. 또한, 저항을 연결해 과도한 전류가 IC내부로 흐르지 않게 하여 디바이스를 보호하는 효과도 부가적으로 얻을 수 있다.

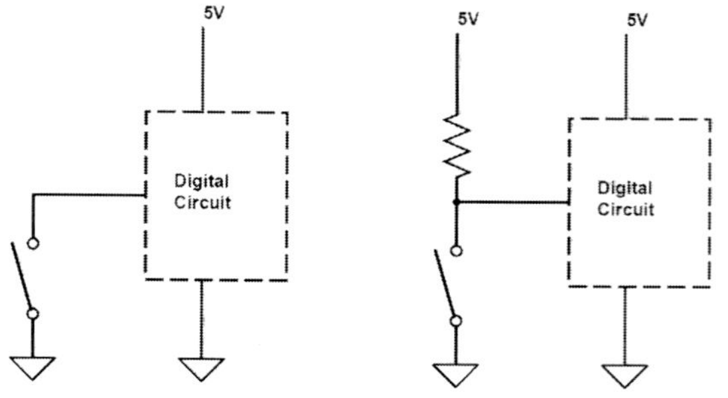

(a) (b)

스위치	ON	OFF
(a) 스위치 입력	0 V(Low)	Floating
(b) 풀업 저항 사용	0 V(Low)	+5 V(High)

그림 4.4.1-1 풀업 저항 결선도

풀다운 저항은 풀업 저항과 반대이다. 풀다운 저항은 스위치가 눌리지 않더라도 핀이 플로팅 상태로 있지 않고 LOW를 유지하도록 해주는 회로이다. <그림 4.4.1-2>왼쪽에 풀다운 저항이 없는 경우는 스위치가 닫혀 있으면 5[V]가 인가되어 HIGH상태가 되지만, 열려 있으면 아무것도 연결되지 않은 플로팅 상태가 되어서 문제가 생긴다. 그래서 오른쪽처럼 저항과 GND를 연결한 풀다운 저항을 추가하면 스위치가 열려 있을 때도 항상 Low를 유지해 주기 때문에 플로팅 상태가 나타나는 문제가 발생하지 않는다.

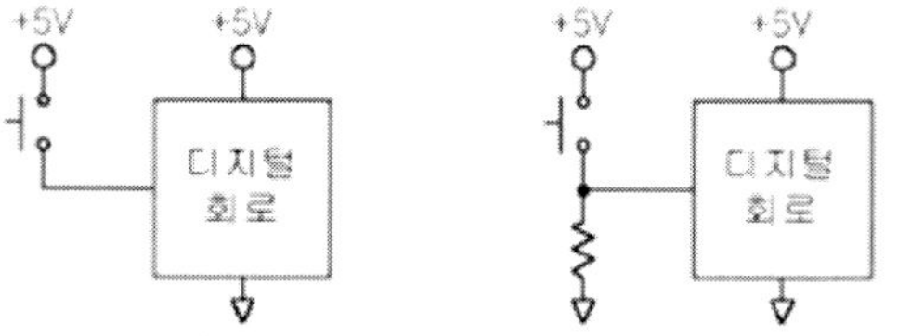

스위치 입력 풀다운 저항 사용

H 스위치 입력과 풀다운 저항

스위치	ON	OFF
(a) 스위치 입력	+5 V(High)	Floating
(b) 풀다운 저항 사용	+5 V(High)	+0 V(Low)

그림 4.4.1-2 풀다운 저항 결선도

4.4.2 내부 풀업/풀다운 저항 사용하기

IC를 다른 전자 부품과 디지털 IO를 통해 연결할 때는 풀업과 풀다운 회로가 필요한지 여부를 반드시 검토해야 예기치 않은 플로팅 상태를 방지할 수 있다. 하지만 이렇게 풀업과 풀다운을 직접 연결하는 수고를 덜기 위해서 최근 IC들의 IO 핀에는 풀업과 풀다운 회로가 포함되어 출시되기도 한다. OpenCM9.04에 포함된 MCU인 STM32F103CB도 마찬가지로 거의 모든 IO 핀들이 풀업과 풀다운 회로가 포함되어 있기 때문에 소프트웨어적으로만 설정해주면 외부에 번거롭게 풀업/풀다운 회로를 추가할 필요가 없다. 단, Input일 때만 pull-up/down이 지원되고 output으로 쓸 때는 지원되지 않는다. 아래 <그림 4.4.2-1>은 STM32F103CB 데이터시트에서 I/O 포트의 Input Configuration에 대한 블록 다이어그램인데 내부적으로 V_{DD} 또는 V_{SS}와 연결된 Pull-up/down 스위치 회로가 있다.

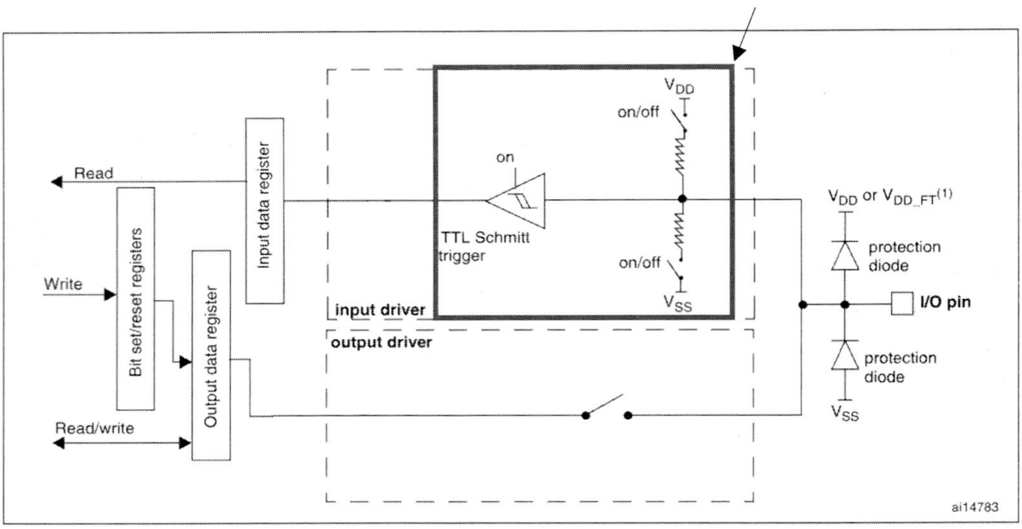

그림 4.4.2-1 STM32F103CB I/O 포트의 Input Configuration에 대한 블록 다이어그램

다음 <그림 4.4.2-2>는 반대로 Output Configuration에 대한 블록 다이어그램인데 pull-up/down에 대한 내부적인 스위치는 없다. 그래서 Output일 때는 Push-pull or Open-drain으로만 활용할 수 있다.

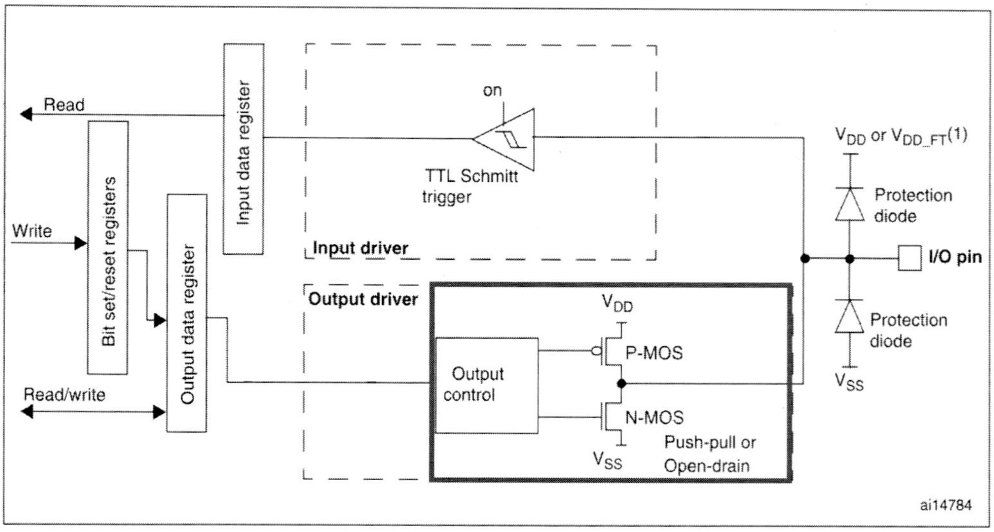

그림 4.4.2-2 Output Configuration에 대한 블록 다이어그램

예를 들어 아래와 같이 풀다운 저항 없이 3.3[V]를 스위치를 통해 바로 16번 핀과 연결해도 완벽한 디지털 스위치 회로를 구현할 수 있다. 이미 핀 16번을 초기화 할 때 pinMode(핀번호, 옵션)에서 옵션부분에 INPUT_PULLUP 또는 INPUT_PULLDOWN을 명시해주면 된다. 만약 그냥 INPUT이라고 초기화 한다면, 외부에 풀업이나 풀다운 저항이 필요하다. <그림 4.4.2-1>회로를 구현하는 경우 풀다운 저항이 필요하기 때문에 pinMode(16, INPUT_PULLDOWN)이라고 선언하면 내부적으로 풀다운 회로가 추가되어서 플로팅 상태를 방지할 수 있다. 전체 소스코드는 다음에 있으니 참고하자.

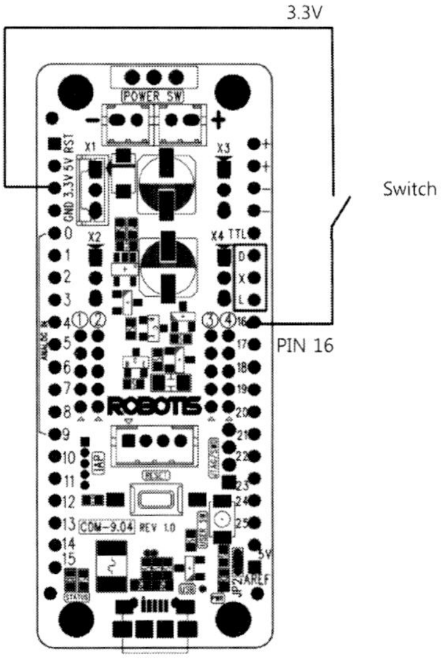

그림 4.4.2-3 내장된 풀다운 저항 활용하는 경우, 코드에서 INPUT_PULLDOWN 옵션을 활용

```
const int switch = 16 // 스위치를 16번 핀에 연결한다.
void setup()
{
        SerialUSB.begin(); //시리얼 포트를 초기화한다.
        pinMode(switch, INPUT_PULLDOWN);   // Pull down 입력으로 초기화한다.
}
void loop()
{
        if(digitalRead(switch) == LOW){         // 버튼 입력이 LOW(0)이면,
             SerialUSB.println("OFF");    // 시리얼 모니터에 "OFF"라는 글자를 출력한다.
        }
        else{
             SerialUSB.println("ON");          // 시리얼 모니터에 "ON"이라는 글자를 출력한다.
        }
        delay(2000);
}
```

본 스케치 실행 결과는 앞 절에서 얻은 결과 <그림 4.3.3-2>와 같다.

4.4.3 외부 풀업/풀다운 저항 사용하기

앞에서 풀업과 풀다운 저항이 무엇이며 왜 쓰는 것인지에 대해서 살펴보았고 OpenCM9.04에는 별도로 풀업이나 풀다운 저항을 연결할 필요 없이 pinMode() 설정만으로 가능하다는 것을 확인하였다. 가끔 IO핀을 I2C통신과 같이 쓸 때는 반드시 외부에 풀업이나 풀다운 저항을 연결해야 한다. 그래서 이번에는 직접 외부에 풀업 저항을 연결해서 사용하는 방법을 알아본다. <그림 4.4.3-1>과 같이 핀16번에 스위치를 연결하고 GND를 연결한 후 1 kΩ 저항을 3.3[V]와 연결해서 풀업회로를 구성한다. 그리고 16번 핀을 아무런 풀업이나 풀다운이 없는 그냥 INPUT으로 설정한다. 스위치 입력에 따른 LED ON/OFF를 위해 Status LED를 OUTPUT으로 선언한다.

```
/* 풀업 저항을 이용한 외부 스위치 회로
입력 핀에 연결된 스위치를 이용하여 기본 보드의 LED toggle 설정하기*/
const int Switch = 16;      // 16번 핀을 Switch로 설정
void setup()
{
        pinMode(Switch, INPUT);                   // Switch를 입력 핀으로 설정
        pinMode(BOARD_LED_PIN, OUTPUT);           // board의 LED 핀을 출력으로 설정
}
void loop()
{
        int val = digitalRead(Switch);
        if(val == HIGH){     //Switch가 열려 있으면
                digitalWrite(BOARD_LED_PIN, HIGH); // 보드의 LED를 OFF 시킨다.
        }
        else{                               // Switch가 닫혀 있으면
                digitalWrite(BOARD_LED_PIN, LOW); // 보드의 LED를 ON 시킨다.
        }
}
```

풀업 저항을 이용한 외부 스위치 회로를 <그림 4.4.3-1> 왼쪽처럼 구성하여 플로팅 상태를 방지하고 16번 핀을 digital 입력 핀으로 설정한다. digitalRead()라는 함수를 이용하여 16번 핀인 Switch에 입력되는 전압을 확인해서 HIGH 또는 LOW를 반환한다. 3.3 V의 절반인 약 1.6 V보다 높으면 val이라는 변수에 HIGH를 반환하고, 반대로 1.6 V보다 낮으면 LOW를 반환한다(정확한 입력 전압 범위는 앞 장을 참고한다). 단, CPU 동작전압이 3.3 V이기 때문에 입력 전압이 3.3 V보다 높으면 칩을 손상시키거나 문제를 발생시킬 수 있다. 따라서 왼쪽 풀업 회로에서 스위치가 열린 상태에서는 HIGH값을 리턴하고 스위치가 닫힌 상태에서는 LOW값을 리턴하게 되는 것이다. 리턴된 값은 val이라는 변수에 입력되고 val의 값이 HIGH이면 보드의 LED를 ON시키고, val값이 LOW이면 보드의 LED를 OFF시킨다.

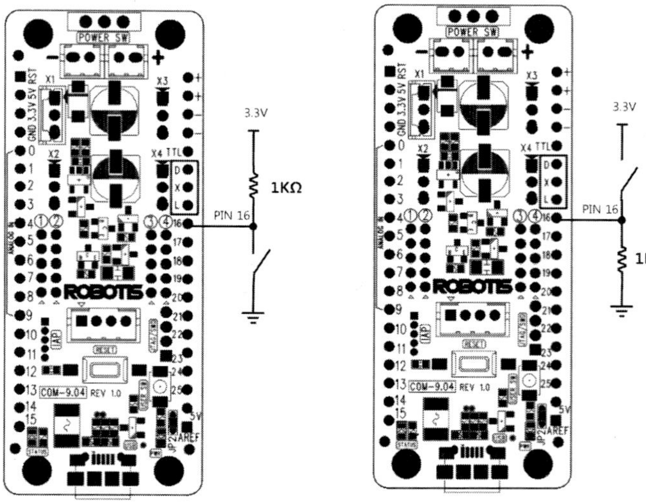

그림 4.4.3-1 풀업 저항 외부 스위치 회로(왼쪽), 풀다운 저항 외부 스위치 회로(오른쪽)

반대로 풀업 저항이 아닌 풀다운 저항 외부 스위치를 회로로 구성하게 되면 스케치는 다음과 같다. 풀다운 회로는 <그림 4.4.3-1>오른쪽과 같이 구성하도록 한다.

```
<Setup()은 동일하므로 생략>
void loop()
{
        int val = digitalRead(Switch);
        If(val == HIGH){    // Switch가 닫혀 있으면
                digitalWrite(BOARD_LED_PIN, LOW); // 보드의 LED를 ON 시킨다.
        }
        else{               // Switch가 열려 있으면
                digitalWrite(BOARD_LED_PIN, HIGH); // 보드의 LED를 OFF 시킨다.
        }
}
```

<그림 4.4.3-1> 오른쪽과 같이 풀다운 스위치 회로를 구성하게 되면 스위치가 열려 있을 때는 16번 핀에 그라운드(GND)값이 입력되어 입력 전압이 0볼트가 되고 변수 val에 LOW값이 리턴하게 된다. 그리고 보드의 기본 LED는 OFF 상태를 유지하게 된다. 스위치를 닫게 되면 입력 핀에 5볼트 값이 입력되고 변수 val에 HIGH값을 리턴하게 된다. 그리고 보드의 LED는 ON 상태를 유지하게 된다.

4.5 디바운싱(de-bouncing)

본 절에서는 디바운싱(debouncing)에 대해서 설명한다. 디바운싱이란 기계식 스위치의 동작을 전기적 신호로 바꿀 때 생기는 진동 잡음을 제거하기 위하여 사용하는 하드웨어 회로 혹은 소프트웨어적으로 진동 잡음이 발생하는 시간 간격을 무시하는 방식을 말한다. 간단하게 설명하자면 사무실에 스위치를 켤 때 스위치가 ON이 되는 시점에 우리는 잘 모르지만 아주 짧은 시간 동안 스위치는 붙었다 떨어졌다를 반복하면서 결국 ON이 된다. 이런 이유로 스위치의 동작이 전기적인 신호로 전환되는 과정에서 진동 잡음이 발생하게 된다. 다음의 <그림 4.5-1>을 보면 좀더 쉽게 이해할 수 있을 것이다. 그림에서 보이는 것처럼 스위치가 ON 되었을 때 신호가 ON과 OFF를 짧은 시간 동안 반복하게 되는 것을 볼 수 있을 것이다. 이러한 바운스는 전기적인 신호로 변환되어 회로 동작을 방해할 뿐만 아니라 오작동의 원인이 될 수 있다.

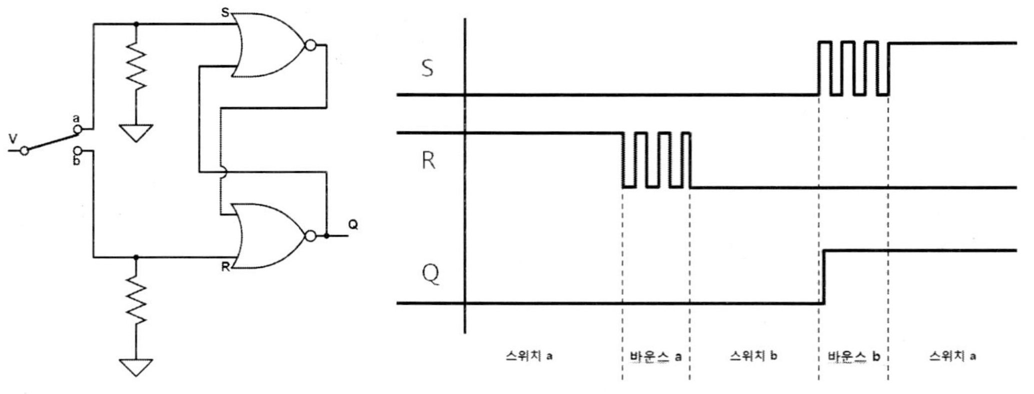

그림 4.5-1 SR-Latch를 이용한 de-boucing 회로

4.5.1 논리 게이트를 활용한 디바운싱

이러한 잡음을 제거하기 위해 사용되는 방법이 디바운싱이며 그 방법에는 여러 가지가 존재한다. 하지만 많은 방법 중 본 절에서 소개할 첫 번째 방법은 하드웨어적으로 S-R Latch를 사용하는 것이다. Latch는 논리 소자로서 1-bit 기억소자이고 두 출력은 서로 반대의 상태를 가지게 된

다. S-R Latch는 NOR gate나 NAND gate로 쉽게 구성할 수 있으며 <그림 4.5-1>에서 보이는 것이 NOR gate를 이용해 구성한 S-R Latch이다. <그림 4.5-1>에서 보이는 것처럼 기계적인 스위치에 S-R Latch를 추가하여 스위치가 ON되는 시점에 Latch에 들어오는 기계적인 동작은 바운스되어 입력되지만 Latch의 출력 Q의 값은 한 번 입력되면 이를 기억하여 이후 바운스되는 신호와 상관없이 첫 번째 값을 기억하여 출력된다. 이와 같은 방법을 사용하여 스위치의 바운스를 방지하고 그에 따라 발생하는 회로의 오동작을 사전에 방지할 수 있다. Latch에 대한 보다 자세한 설명은 논리 회로를 다루는 다양한 교재에서 찾아볼 수 있다.

4.5.2 SW적으로 구현된 디바운싱

위의 방법은 논리 게이트를 추가해야 하는 번거러움이 있다. 두 번째는 Latch와 같은 논리 게이트를 추가하지 않고, 바운스가 이루어지는 동안 디지털 신호의 변화를 무시하는 스케치를 추가하여 사용할 수 있다. 지금 SR-Latch와 같은 하드웨어 추가 없이 SW적으로 debouncing을 구현해 보자. 다음은 ROBOTIS OpenCM 툴에서 파일 ⇨ 예제 ⇨ 02. Digital ⇨ d_Debounce에 debounce delay를 활용해서 디바운싱을 구현한 예제이다.

```
// Variables:
int ledState = HIGH;         // the current state of the output pin
int buttonState;             // the current reading from the input pin
int lastButtonState = LOW;   // the previous reading from the input pin
int lastDebounceTime = 0;   // the last time the output pin was toggled
int debounceDelay = 50;     // the debounce time; increase if the output flic

// **** This example runs only on the OpenCM board, not CM-900!!****//
void setup() {
  pinMode(BOARD_BUTTON_PIN, INPUT_PULLDOWN);
  pinMode(BOARD_LED_PIN, OUTPUT);
}
void loop() {
  // read the state of the switch into a local variable:
  int reading = digitalRead(BOARD_BUTTON_PIN);
  if (reading != lastButtonState) {
    // reset the debouncing timer
    lastDebounceTime = millis();
  }
  if (((int)millis() - lastDebounceTime) > debounceDelay) {
    buttonState = reading;
  }
  digitalWrite(BOARD_LED_PIN, !buttonState);
  lastButtonState = reading;
}
```

원리는 간단하다. millis()라는 함수는 OpenCM9.04에 전원이 들어와서 프로그램이 실행된 시간을 millisecond 단위로 누적해서 반환한다. 그래서 버튼과 연결된 핀을 digitalRead()를 통해서 읽은 그 값이 이전에 읽은 것과 다르다면 debounce delay의 체크를 시작한다. 만약 버튼을 순간적으로 누르는 시간이(현재 시간 - 이전에 누른 시간) 50[ms]보다 크다면 buttonState를 바꿔서 status LED를 토글시킨다. 이렇게 하면 잡음 없이 LED가 ON/OFF되는 것이 깔끔하게 처리되는 것을 볼 수 있다.

정리하자면 Debounce 잡음을 잡기 위해서 회로를 추가하는 방법과 SW적인 delay를 활용해서 해결하는 방법을 배웠다. 만약 SW로 해결하기 어렵고 빠른 반응속도를 원한다면, SR-Latch를 활용하는 방법이 낫고, 비교적 간단한 LED ON/OFF 정도라면 SW 방식으로 해결하기를 추천한다.

4.6 아날로그 입/출력(analog input/output)

본 절에서는 아날로그 입/출력(analog input/output)에 대해서 설명한다. 디지털 입출력(digital input/output)에 대한 설명에서 잠깐 언급을 했던 것처럼 세상의 모든 정보는 연속적으로 이루어져 있으며 그것을 아날로그 신호로 표현할 수 있었다. 사실 자연의 모든 데이터나 물리량은 연속적으로 변화하기 때문에 결과적으로 아날로그 신호를 획득하는 많은 센서들이 존재하고, 이들 값을 획득하는 과정을 설명한다.

4.6.1 ADC(analog-to-digital converter)

일반적으로 외부 물리량을 측정하기 위해서는 센서를 사용한다. 하지만 이런 센서들은 보통 출력을 측정량에 비례해 아날로그 전압으로 내보낸다. 이러한 연속적인 아날로그 신호를 컴퓨터와 같은 시스템이 측정하거나 처리하기 위해서는 디지털 신호로 변환하는 과정이 필요하다. 이러한 기능을 하는 변환기가 ADC(Analog-to-Digital Converter)이다. 아날로그 신호로부터 디지털 신호로의 변환은 아날로그 신호가 본질적인 내용은 달라지지 않은 채 디지털 신호로 바뀌는 것을 말한다. 이것을 간단한 그림으로 표현하면 <그림 4.6.1-1>과 같다. ADC에서 중요한 요소는 입력 신호의 크기와 처리속도, 그리고 디지털 데이터의 비트 수이다. 입력 신호의 레벨은 입력되는 아날로그 신호의 크기를 말한다. 즉, 입력되는 크기의 허용범위를 말하는 것이다. 그리고 처리 속도는 아날로그 신호를 디지털 신호로 만드는 속도를 말한다. 또한, 디지털 데이터의 비트 수는 분해능과 관련이 있다. 분해능이란 신호를 얼마나 잘게 쪼개어 표현할 수 있느냐를 말하며 비트수가 높을수록 똑같은 아날로그 신호를 원신호와 비슷하게 디지털 데이터로 변환할 수 있다.

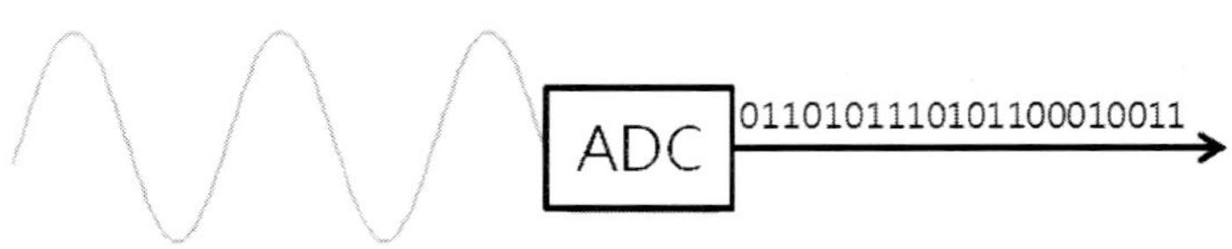

그림 4.6.1-1 ADC의 결과

다음은 FSR(Force Sensing Resistor) 센서를 이용하여 아날로그 값을 ADC를 이용하여 획득하는 스케치를 보여주고 있다. 아래 스케치를 실행해보자.

```
/* FSR 센서를 이용해 Analog 입력을 받아 시리얼 모니터로 출력 */
const int FSR_pin = A0;                          // FSR sensor를 A0핀에 연결
void setup()
{
        pinMode(FSR_pin, INPUT_ANALOG);          // FSR_pin 설정을 아날로그 입력으로 설정
        SerialUSB.begin();                       // 시리얼 통신을 시작
}
void loop()
{
        int sensorValue = analogRead(FSR_pin); // 변수 sensorValue에 FSR 입력 값을 저장
        SerialUSB.print("sensor = " );           // 시리얼 모니터에 "sensor =" 출력
        SerialUSB.println(sensorValue);          // 시리얼 모니터에 sensorValue에 저장된 변수 출력
        delay(100);
}
```

기본 보드에 있는 아날로그 입력핀을 이용하여 여러 가지 센서의 출력값을 저장할 수 있다. 위에서 작성한 스케치는 여러 센서 중에 압력(눌려진 힘)을 전압으로 출력해주는 FSR 센서를 이용한 것이다. setup 함수에서 아날로그 입력을 설정하기 위한 pinMode 설정을 INPUT_ANALOG로 하여 아날로그 핀을 입력 핀으로 설정하고 입력 핀(A0)에 연결된 FSR 센서에서 눌리는 힘에 따라 변화하는 전압을 ADC를 이용하여 측정하여 sensorValue에 저장하고 그 값을 시리얼 모니터에 출력하여 FSR 센서에서 측정된 힘을 시리얼 모니터로 확인할 수 있는 스케치이다.

FSR 센서는 <그림 4.6.1-2>에서 보이는 것처럼 연결하여 사용할 수 있다. FSR 센서의 감도를 조정하기 위해서는 FSR 센서와 직렬로 연결된 저항의 크기를 조절하여 바꿀 수 있으며 이것은 FSR 센서와 저항의 전압 분배법칙을 이용하여 결정된다. 또한, 입력된 FSR 센서 값을 이용하여 led의 밝기를 조절하거나 모터의 속도를 조절하는 등 여러 가지 기능을 수행할 수 있다. 이와 유사한 센서의 종류는 무수히 많으며 사용하고자 하는 센서를 이용하여 주변 상황을 센싱하거나 센싱된 데이터를 가지고 여러 용도로 사용할 수 있다.

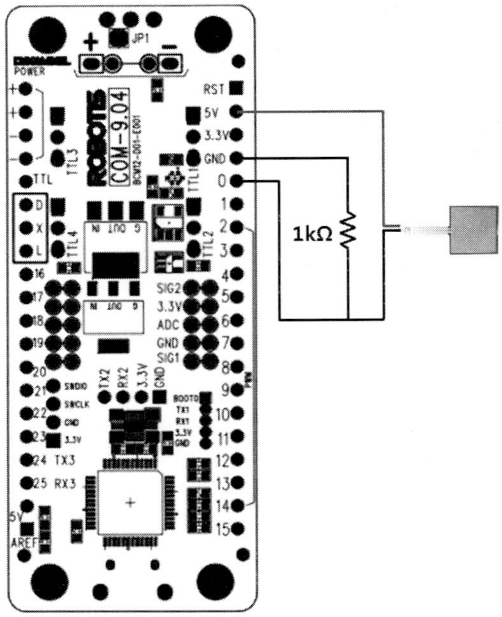

그림 4.6.1-2 FSR 센서 연결 회로

4.6.2 DAC(digital-to-analog converter)

디지털 신호를 아날로그 신호로 변환하는 장치를 DAC(Digital-to-Analog Converter)라고 한다. 이것을 간단하게 그림으로 표현한 것이 <그림 4.6.2-1>이다. DAC는 ADC와 반대의 기능을 수행하는 변환기로 컴퓨터와 같은 시스템에서 2진수로 구성된 디지털 데이터를 연속적인 신호, 즉 아날로그 신호로 변환하여 출력을 제공한다. 이런 장치는 우리가 흔히 알고 있는 스피커나 이어폰에 가장 많이 사용되며, 그 외에도 그림을 표현하는 데에 사용되거나 아날로그 신호로 동작하는 모터와 같은 기계장치에 사용되기도 한다. 실질적으로 <그림 4.6.2-1>처럼 2진수로 표현된 어떤 디지털 데이터는 우리에겐 '0'과 '1'로 표현된 긴 문자열로 보이며 DAC를 거쳐 아날로그 신호로 변환되었을 때 비로소 우리가 이해할 수 있는 신호로 변환된다. 디지털 신호가 아날로그 신호로 변환되는 방법은 <그림 4.6.2-2>와 같이 입력된 디지털 값이 그에 상응하는 아날로그 값으로 나타나게 된다. 따라서 출력되는 아날로그 신호는 입력되는 디지털 신호의 비트수, 즉 분해능에 비례하여 기준 전압 사이의 아날로그 신호로 변환되는 것이다. 그 때문에 분해능이 높을수록 원신호와 비슷한 아날로그 신호를 출력할 수 있게 된다. 하지만 아날로그 신호를 디지털 신호로 변환하거나 이와 반대로 디지털 신호를 아날로그 신호로 변환하는 과정에서 데이터 손실이나 오류가 발생할 수 있으며, aliasing이라 불리는 계단파형이 생성되기도 한다.

아주 간단한 예로 가수가 녹음한 노래의 경우 목소리라는 아날로그 신호를 디지털 데이터로 변환하여 컴퓨터에 저장하고, 저장된 디지털 데이터를 우리는 다시 아날로그 신호로 변환하여 스피커 및 이어폰으로 듣게 된다. 이러한 과정에서 목소리라는 원신호는 우리가 스피커를 통해 듣는 소리와 차이를 가질 수 있다. 이러한 차이는 아날로그 신호나 디지털 신호로 변환되는 과정에서 데이터 손실이나 오류가 포함될 수 있기 때문이다. 때문에 실제로 듣는 가수의 노래와 핸드폰이나 컴퓨터로 듣는 가수의 노래가 다르게 느껴지기도 한다.

그림 4.6.2-1 DAC의 결과

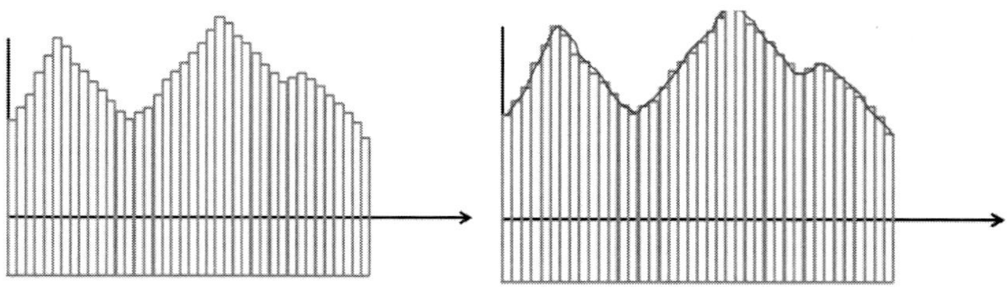

그림 4.6.2-2 DAC 결과에 나타나는 Aliasing(계단파형) 효과

하지만 OpenCM9.04에는 DAC 기능을 쓸 수 있는 핀이 없다. 그 대신 PWM(Pulse-Width Modulation) 방법을 이용해서 근사적으로 아날로그 출력을 생성할 수 있다. 아두이노와 같은 와이어링 언어에서는 DAC 출력을 analogWrite()라는 함수 이름으로 표현하고 있으며, PWM의 듀티비(duty ratio)을 조정하면 근사적으로 디지털 아날로그 출력을 구현할 수 있기 때문이다. PWM에 대해서는 다음 절에서 예제와 함께 자세히 살펴보자.

4.6.3 PWM(pulse-width modulation) 출력

PWM이란 Pulse Width Modulation을 말하며 앞 글자를 따서 PWM이라고 부른다. 디지털 출력의 시간 간격을 조절하여 마치 아날로그 출력을 하는 것처럼 만드는 것을 의미한다. 많은 경우 PWM을 이용하여 DAC를 대체한다. PWM은 신호가 HIGH인 시간 간격과 LOW인 시간 간격의 상대적인 비율, 즉 듀티 비를 변화시켜 간접적으로 전압의 평균값을 제어하는 방식이다. 일반적으로 모터의 속도제어에 많이 사용될 뿐만 아니라 LED의 밝기 제어나 inverter 제어에 사용된다.

PWM은 <그림 4.6.3-1>과 같이 일정한 주파수를 가지는 신호에서 ON의 시간, 즉 펄스의 폭에 따라 평균 전압이 달라지게 된다. 여기서 펄스란 짧은 시간 동안 생기는 진동 현상과 같은 것으로 평상시 '0'으로 있다가 짧은 시간 '1'의 값을 가지는 경우라고 생각하면 될 것이다. <그림4.6.3-1>의 위쪽 그림에서부터 한 주기에 ON이 되는 시간비율이 아래로 갈수록 증가하는 것을 알 수 있다. ON의 비율이 증가함에 따라 평균 전압은 점점 더 증가하게 되고 그에 따라 입력되는 전압의 값이 증가하게 된다. 이러한 특성을 이용하여 원하는 입력 전압을 쉽게 만들어 낼 수 있다.

예를 들어 모터 속도제어를 수행한다고 가정해보자. 모터는 0 V에서 5 V의 전압으로 동작되고 인가되는 전압의 크기에 따라 모터의 속도가 달라지게 된다. 이때 가장 손쉽게 사용할 수 있는 방법이 바로 PWM이다. 만약 PWM을 사용하지 않는다면, 디지털 제어값을 아날로그 제어값으로 변환하는 DAC가 장착되어 있어야 하지만 PWM을 사용하면 0[V]에서 5[V]사이의 펄스폭을 조절하여 원하는 평균 아날로그 값을 제공할 수 있게 된다. 즉, 2.5[V]를 출력하고 싶다면 펄스 폭의 비율을 50%로 조정하면 한 주기 내에 ON과 OFF의 비율이 각각 50%씩 차지하게 되고 평균 전압은 5[V]의 반인 2.5[V]가 모터에 인가되게 된다. 따라서 모터는 최고 속도의 50%의 속도로 동작하게 되는 것이다. 앞에서 말한 것처럼 모터 외에도 LED의 밝기를 조절하거나 사운드 출력에 편리하게 사용된다.

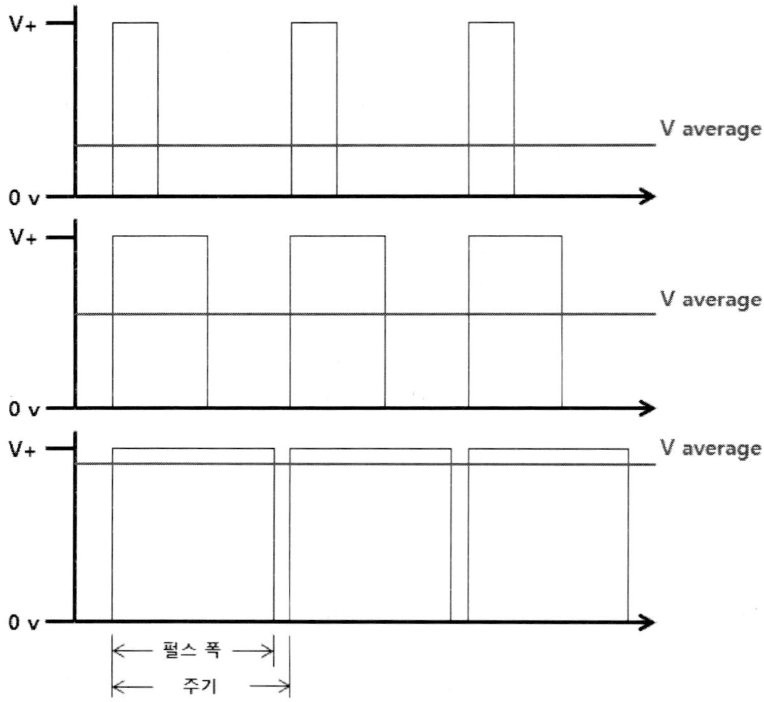

그림 4.6.3-1 펄스 폭 조절에 따른 PWM 파형 및 평균 아날로그 값

PWM 출력을 이용하여 LED의 밝기를 조절해보자. 이를 위한 스케치가 아래에 제시되어 있다. 이를 작성하여 실행해보자.

```
/* digital 출력과 analog 출력을 통한 led 밝기 비교*/
const int led = 12;                  // 12번 핀에 led를 연결
const int led_pwm = 13;              // 13번 핀에 led를 연결
int val = 0;                         // 변수 val을 선언 및 초기값 설정
void setup()
{
        pinMode(led, OUTPUT);        // led 핀을 출력 핀으로 설정
        pinMode(led_pwm, PWM);       // led_pwm 핀을 출력 핀으로 설정
        digitalWrite(led, LOW);      // led의 초기값을 LOW로 설정
```

```
        val=0;              // 변수 val의 크기를 0로 선언한다.
}
void loop()
{
        analogWrite(led_pwm, val);   // led_pwm을 변수의 크기에 따라
        digitalWrite(led, HIGH);     // led를 켠다.
        val +=100                    // 변수 val의 크기를 100씩 증가시킨다.
        val -=100                    // 변수 val의 크기를 100감소시킨다.
        if(val>=65535) {             // 변수 val의 크기가 65535보다 크면
                val=0                // 변수 val의 크기를 0으로 리셋한다.
        delay(100);
}
}
```

PWM을 이용하여 LED에 입력되는 전압을 조절하여 LED의 밝기를 변화시킬 수 있다. <그림 4.6.3-2>처럼 회로를 구성하여 12번에 연결된 LED는 digitalWrite() 함수를 이용하여 LED의 켜짐 혹은 꺼짐을 조절할 수 있지만 LED의 밝기의 크기는 조절할 수 없다. 하지만 13번에 연결된 LED는 출력을 analogWrite() 함수를 이용하여 출력되는 전압값의 크기를 PWM을 이용해 변화시켜 LED의 켜짐 혹은 꺼짐과 더불어 LED의 밝기를 조절할 수 있다.

위와 같은 스케치를 실행하게 되면 12번 핀에 연결된 LED는 항상 같은 밝기로 켜지게 되고, 13번 핀에 연결된 LED는 밝기의 정도가 조금씩 커지게 되고 최대로 밝아진 후에 다시 꺼졌다가 다시 점점 더 밝아지는 것을 반복하게 된다. LED의 밝기는 조금씩 밝아지면서 변하기 때문에 밝기의 변화를 잘 확인하기 위해 하나의 LED를 추가하여 두 개를 비교하여 확인하도록 구성하였다.

일반적으로 LED를 회로에 구성할 때는 저항을 연결하여 LED에 흐르는 전류의 크기를 조절하여 LED의 수명을 연장시키거나 쉽게 망가지는 것을 방지할 수 있다. 일반적으로 LED에 사용하는 저항의 크기는 220[Ω] 혹은 330[Ω]을 주로 사용하지만 이는 사용하는 LED의 사양에 따라서 변경될 수 있다. LED 사양에 정해진 정격전류를 사용될 수 있도록 하지 않으면 LED의 수명이 줄어들 뿐만 아니라 높은 전류가 흐르게 되어 망가지는 경우가 발생할 수 있다. 보통 사용하는 LED의 색에 따라 포워드 전압이 정해져 있다. 빨간색은 1.8[V], 초록색은 2[V], 그리고 파란색은 3.4[V]이다. $R = V/I$와 같은 옴의 법칙을 이용하여 필요한 저항의 크기를 쉽게 구할 수 있다. 주로 사용하는 빨간색 LED에 맞추어 저항을 계산해보자. 입력되는 전압의 크기는 3.3[V]이고 빨간색 LED의 포워드 전압은 1.8[V]이다. 그러므로 저항에서 강하되는 전압의 크기는 1.5[V]가 된다. 그리고 LED의 정격전류의 크기는 15[mA]이므로 저항의 크기는 1.5/0.015가 되어 100[Ω]이 된다. 그래서 본 절에서는 100[Ω]인 저항을 사용하였다. LED는 그 크기에 따라 포워드 전압과 정격전류의 크기가 다르기 때문에 LED를 연결할 때에는 위에서 설명한 방법을 사용하여 저항을 계산하고 회로를 구성해야 장시간 고장없이 사용할 수 있다.

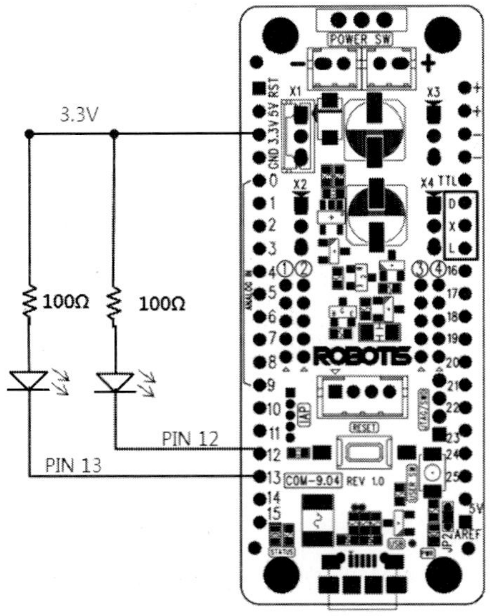

그림 4.6.3-2 PWM을 이용한 LED 연결 회로

제 5 장 임베디드 통신

임베디드 시스템에서 통신은 마이크로프로세서(CPU)끼리 혹은 마이크로프로세서(CPU)와 다른 디바이스 사이 아니면 디바이스와 디바이스 사이에서 이루어진다. 우리 주변에 흔히 볼 수 있는 디지털 카메라를 예로 들어보자. 디지털 카메라 내부에는 분명히 메인 프로세서(CPU)가 있을 것이고 카메라의 이미지 센서에서 받아들인 화상 데이터를 처리하는 이미지 프로세서(일종의 CPU라고 할 수 있다)가 있다고 하면, 메인 프로세서와 이미지 프로세서가 주고 받는 통신은 CPU끼리 주고 받는 데이터 통신이라고 할 수 있다. 그리고 이 디지털 카메라를 PC와 연결해서 사진 데이터를 주고 받는다고 가정하면, 디지털 카메라라는 디바이스와 PC라는 디바이스 사이의 통신 형태가 될 것이다. 이러한 형태로 임베디드 시스템을 설계할 때는 내부이든 외부이든 무수히 많은 데이터 통신을 다루게 된다. 이번 장은 임베디드 시스템 내에서 이러한 방식으로 흔히 쓰이는 데이터 통신 방식에 대해 간단히 살펴볼 수 있도록 하자.

5.1 통신 기초

이번 절에 소개할 통신 기초 지식은 OpenCM9.04를 사용하는 데 있어서 크게 직접적으로는 연결되는 부분이 없다. 하지만 임베디드 시스템에서 통신 인터페이스를 설명하는 데 있어서 기본적인 통신 지식이 필요하다. 여기서는 임베디드 시스템에서 흔히 쓰이는 데이터 통신과 관련된 몇 가지 중요한 용어에 대해서 간단히 살펴보도록 하자.

5.1.1 데이터 전송 방식

병렬 통신

일반적으로 마이크로프로세서가 데이터를 주고 받는 방식은 병렬 통신과 직렬 통신 2가지로 볼 수 있다. 병렬 통신이란 다수의 비트를 한 번의 클럭 타이밍에 처리하는 방식을 말한다. 이는 대량의 데이터를 짧은 시간에 한꺼번에 처리함으로써 통신 속도의 향상을 꾀한 방식이다. 아래 <그림 5.1.1-1>과 같이 보통 8비트 병렬 통신이라고 하면 8개의 IO 포트들을 통해서 한번에 8비트(1바이트)가 동시에 전송된다. 하지만 병렬 통신은 한 번에 처리하는 비트가 많아질수록 많은 데이터 라인이 필요하고 사용되는 포트수가 많아져서 설계의 어려움과 함께 비용이 증가한다. 그리고 라인수가 많기 때문에 멀리까지 통신하기 어려울 뿐만 아니라 선간 누화(노이즈)현상까지 생겨서 데이터 무결성에도 문제가 생긴다. 이러한 이유로 외부와 통신하는 경우에는 병렬 통신보다 라인수가 훨씬 적은 직렬 통신을 많이 사용하게 된다.

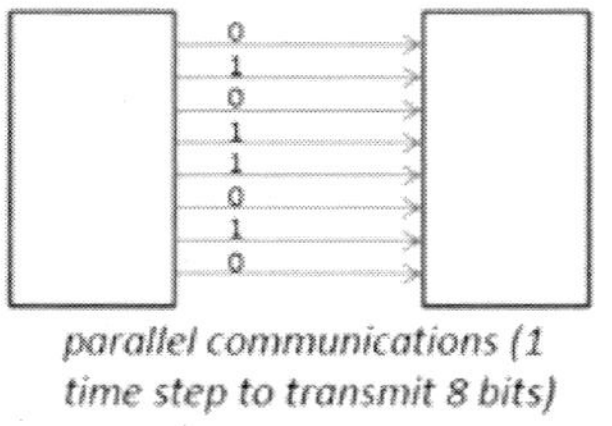

그림 5.1.1-1 8비트 병렬 통신

직렬 통신

직렬 통신이란 데이터 비트를 1개의 비트 단위로 송수신하는 방식을 말한다. 데이터 비트가 1비트이기 때문에 송수신에 필요한 라인수가 2개면(RX/TX) 충분해진다.

아래 <그림 5.1.1-2>와 같이 한 개 비트의 정보를 순차적으로 전달하는데, 8비트 통신의 경우 1비트씩 순차적으로 8개의 정보를 전달하는 방식이며, 직렬 통신을 시리얼 통신이라고 부르는 이유이다. 직렬 통신은 한 번에 처리하는 데이터가 많지 않기 때문에 병렬 통신에 비해 느리지만 라인 구성이 간단해서 구현하기 쉽고 비용이 적다. 거기에다가 멀리까지 갈 수 있는 장점이 있어서 OpenCM9.04와 같은 임베디드 환경에서 많이 쓰인다.

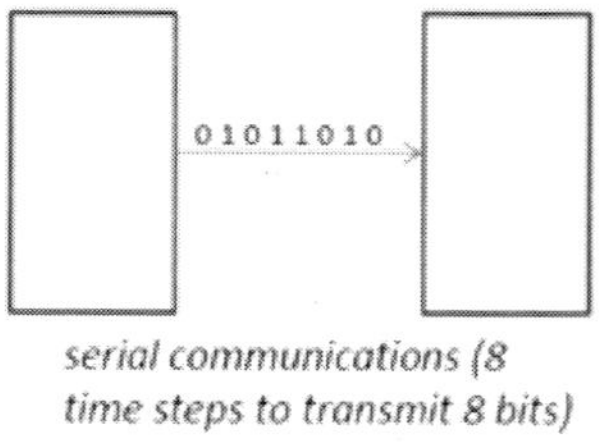

그림 5.1.1-2 직렬 통신

5.1.2 동기화

직렬 전송 방식에서는 다음과 같이 동일한 기준 클럭에 맞춰서 데이터를 전송하는 동기식 전송이 있고 클럭에 관계없이 시작비트, 정지비트, 데이터 검사비트 등을 붙여서 데이터를 송수신하는 비동기식 전송이 있다.

동기식 전송(Synchronous Transmission)

동일한 클럭을 사용하기 때문에 오류 없이 정확하게 송수신이 이루어진다. 전송할 데이터를 블록으로 구분하며 시작비트, 정지비트가 필요 없다. 장점으로는 수식측에서 구분해야 될 데이터가 없으며 많은 양의 데이터를 한 번에 보낼 수 있어서 비동기식 전송보다는 빠르다. 단점으로는 수신측에서 비트를 계산해야 되며 가격이 비싸다. 동기식 통신의 특징은 라인 구성에 있어서 반드시 클럭 라인이 포함되어 있다는 점이다. 대표적인 동기식 통신인 SPI(Serial Pheriperal Interface)와 I2C는 각각 클럭 라인을 가지고 있기 때문에 동기식 통신이라고 할 수 있다.

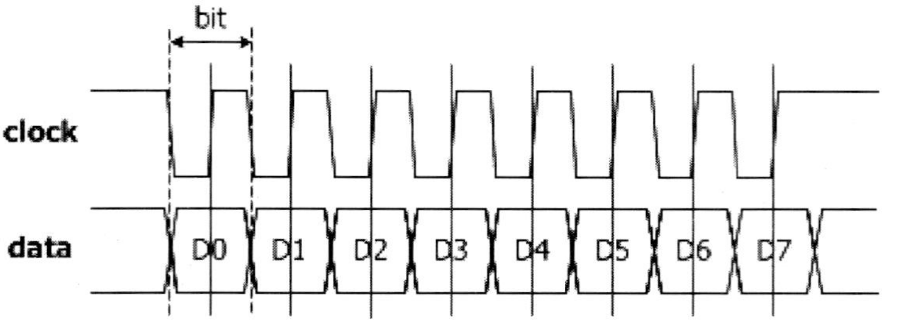

그림 5.1.2-1 동기식 전송

비동기식 전송(Asynchronous Transmission)

앞뒤에 시작비트, 정지비트가 필요하고 데이터의 무결성을 확인할 수 있는 비트 구간이 필요하다. 주로 패리티 비트 방식을 많이 쓰는데, 앞의 비트 데이터에서 1의 개수가 짝수이면 패리티 비트가 짝수이고 앞에 1의 개수가 홀수이면 패리티 비트가 홀수가 되는 방식으로 데이터 무결성을 점검한다. 장점으로는 불규칙한 데이터 전송이 유리하며 가격이 저렴하다. 참고로 OpenCM9.04에서 쓰이는 UART 시리얼 장치들은 모두 비동기식 전송 방식이다(다이나믹셀 TTL 또는 RS-485 버스도 비동기 방식이다).

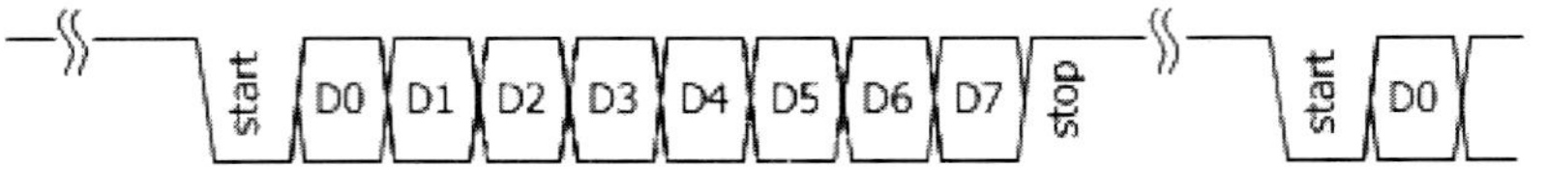

그림 5.1.2-2 비동기식 전송

5.1.3 통신 방식

모든 데이터 통신은 아래와 같이 세 가지 형태로 나눌 수 있다.

- **전이중 통신**(Full Duplex): 두 개의 디바이스가 통신을 할 때 동시에 데이터를 주고 받을 수 있는 구조이다. 예를 들면 휴대전화로 통화를 할 때 상대방의 목소리를 들으면서 동시에 말을 할 수 있는 방식이 대표적인 전이중 통신이다
- **반이중 통신**(Half Duplex): 두 개의 디바이스 사이에 한 개의 링크로 양방향 통신을 하는 형태이다. 통신 방향을 정하는 프로토콜을 사용해야 한다. 워키토키와 같은 무전기를 예로 들 수 있는데 수신 모드로 듣기만 하다가 말을 할 때는 송신 버튼을 누른 상태에서만 송신이 가능한 것이 대표적인 반이중 통신이다. 또한, OpenCM9.04에 포함된 다이나믹셀 TTL Bus도 이러한 반이중 통신을 활용한 통신 네트워크라고 할 수 있다.
- **단방향 통신**(Simplex): 어느 한쪽 방향으로만 데이터를 전송하는 방식을 말한다. 단방향 통신 방식은 어느 한쪽은 고정된 송신자가 되고 어느 한쪽은 고정된 수신자가 되어서 오직 한쪽 방향으로만 통신을 수행한다. 예를 들면 라디오나 TV가 대표적인 단방향 통신으로 들 수 있다.

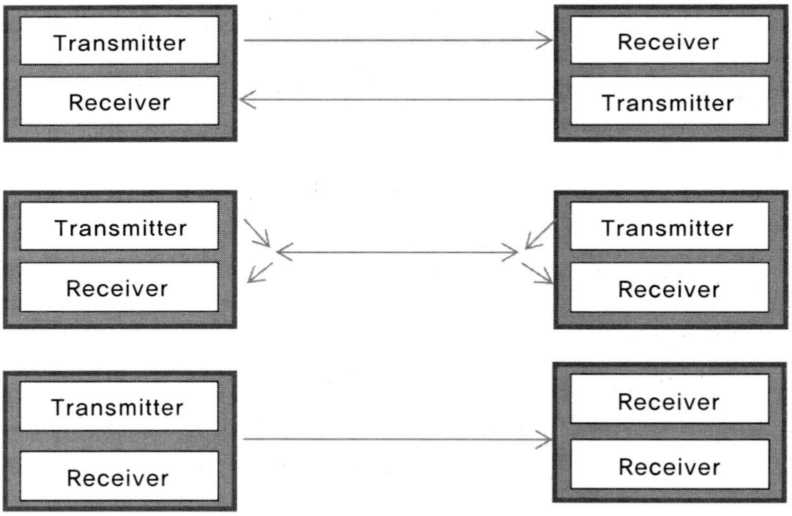

그림 5.1.3-1 위에서부터 전이중, 반이중, 단방향 통신

5.2 임베디드 시스템에서 많이 쓰이는 통신 기술

5.2.1 시리얼 통신(USART)

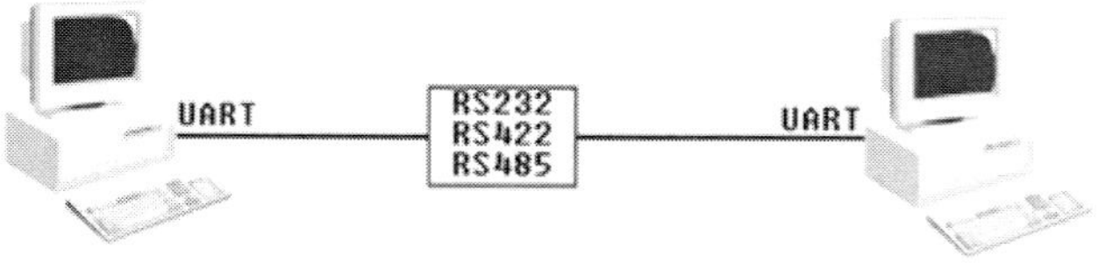

그림 5.2.1-1 범용 직렬 통신 개요

대표적인 직렬 통신인 USART는 범용 동기식/비동기식 송수신기의 약자를 의미한다. 두 개의 디바이스 간 시리얼 통신에서 많이 사용되며 보통 동기 클럭이 없이 비동기식으로 UART를 많이 쓴다. 그래서 OpenCM9.04에서 시리얼 통신이라고 하면 UART를 의미한다. UART는 송신하고자 하는 문자 바이트를 비트 별로 쪼개는 부분 그리고 수신부에서는 비트 별로 들어온 데이터를 문자로 재결합하는 부분으로 구성되고 통신할 때는 TX(송신), RX(수신), GND 3개의 라인만 필요하다.[28] RX와 TX가 각각 있기 때문에 전이중(Full duplex)으로 통신을 수행하게 된다.

그림 5.2.1-2

일반적으로 한 단위의 UART 송신 데이터는 한 문자당 7~8 bit 단위로 이루어지며 문자 앞에 시작 비트(start bit), 데이터 비트(data bit), 선택 사항으로 데이터의 정상 수신 여부에 활용하는 패리티 비트(parity bit), 정지 비트(stop bit)로 이루어진다. 보통 간단한 UART 통신에서는 패리티 비트를 none으로 해서 이용한다.

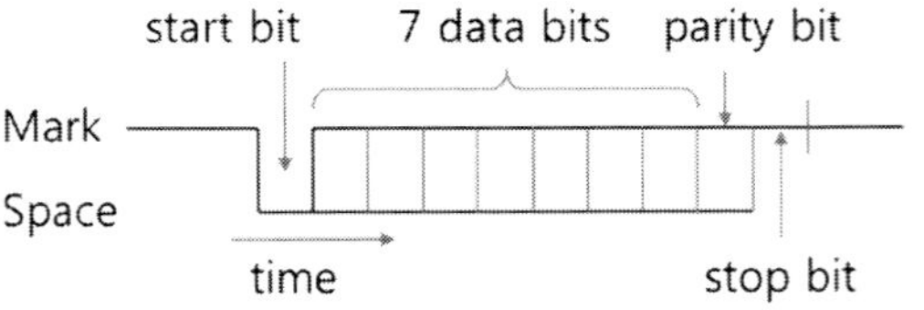

그림 5.2.1-3

28) GND는 통신하는 2개의 디바이스의 전압 레벨을 맞추기 위해서 반드시 필요하다.

예를 들어, ASCII code로 'M'을 7비트 데이터 형식의 UART로 송신한다고 하자. 아스키코드표를 참조하면 'M'은 decimal로 '77'이며 이진수 '1001101'로 표현되는 데이터이다. 시작 비트에 이어 LSB부터 MSB까지 비트 데이터가 순서대로 보내지고 패리티(even) 비트와 정지 비트가 송신된다.

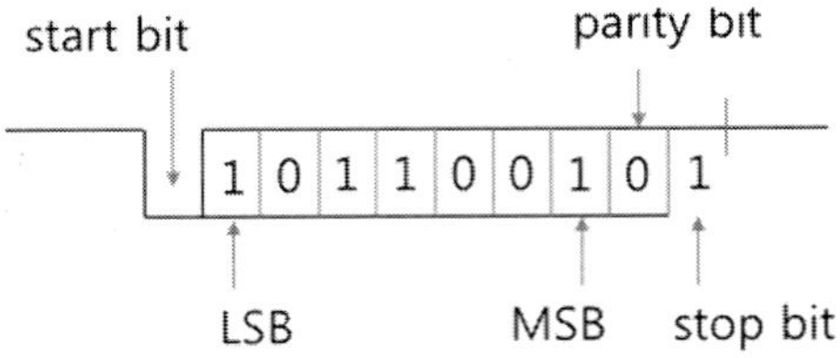

그림 5.2.1-4

이러한 원리는 우리가 OpenCM9.04를 통해서도 확인해 볼 수 있다. 다음과 같이 OpenCM9.04의 4핀 통신 포트를 통해 PC와 데이터 통신을 주고 받을 수 있게 구성을 한다. 여기서는 LN-101이라는 USB to Serial Converter 장비를 이용해서 OpenCM9.04의 통신 포트와 PC를 연결하였다. 이렇게 되면 OpenCM에서 Serial2를 통해서 PC와 데이터를 주고 받을 수 있다.

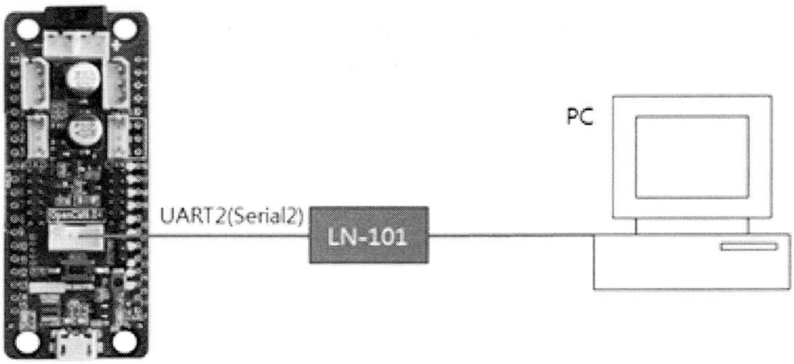

그림 5.2.1-5

다음과 같은 스케치 코드를 OpenCM9.04에 다운로드 한 후에 시리얼 모니터를 열어서 M이라는 문자를 전송해본다. 그러면 시리얼 모니터에서 <그림 5.2.1-6>에서 오른쪽과 같은 결과를 얻을 수 있다.

```
void setup() {
  // put your setup code here, to run once:
  Serial2.begin(57600);
}
uint8 temp; // UART serial port data is 1byte
void loop() {
  // put your main code here, to run repeatedly:
  if(Serial2.available()){
    temp = Serial2.read();
    SerialUSB.print("Received data in decimal = ");
    SerialUSB.println(temp, DEC);
    SerialUSB.print("Received data in binary = ");
    SerialUSB.println(temp, BIN);
    SerialUSB.print("Received data in Char= ");
    SerialUSB.println((char)temp);
  }
}
```

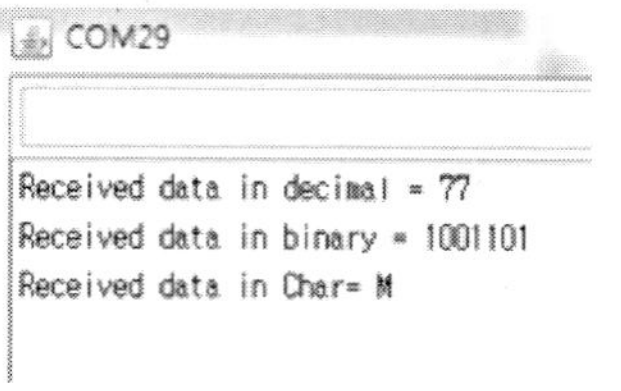

그림 5.2.1-6 소스코드와 그 결과

'M'이라는 문자를 LN-101을 통해서 OpenCM9.04의 Serial2로 전송했을 때 아스키코드값 77이 나왔고 이 값은 'M'라는 문자에 해당한다는 것을 앞에서 살펴보았다. 다시 말해 PC에서 'M'이라는 문자를 보내면 이진값 1001101이라는 7 bit 크기 데이터가 1비트씩 차례로 UART 통신을 통해서 OpenCM9.04에 전달이 된 것이다. 그리고 OpenCM9.04에서는 이 값을 출력해보면 77이라는 데이터로 인식하고 이것을 문자로 출력하면 'M'이 출력이 되었다.

UART 기반으로 다른 장치와 시리얼 통신을 수행하면 이렇게 아스키코드 기반으로 데이터를 주고 받기 때문에 이 부분을 잘 이해하면 많은 도움이 될 것이다(아스키코드표는 제3장을 참고하자).

Buad rate

비동기식 통신을 할 경우 송신부와 수신부는 같은 속도로 데이터를 보내거나 받아야 한다. 시작 비트가 들어오면 수신부는 타이머를 리셋하게 되고 이후 일정한 시간 간격으로 데이터를 읽게 되는데, 이때 송신부와의 속도가 다르게 되면 데이터를 똑바로 읽을 수가 없다. 예를 들어 수신부가 송신부보다 빠르게 데이터 샘플링을 하여 읽게 되면 아래 그림과 같이 한 개의 비트 정보를 두 번 읽게 될 수 있고, 반대로 너무 느리게 샘플링 한다면 데이터를 빼먹고 읽거나 패리티 비트를 데이터로 읽게 되는 오류가 발생할 수 있다.

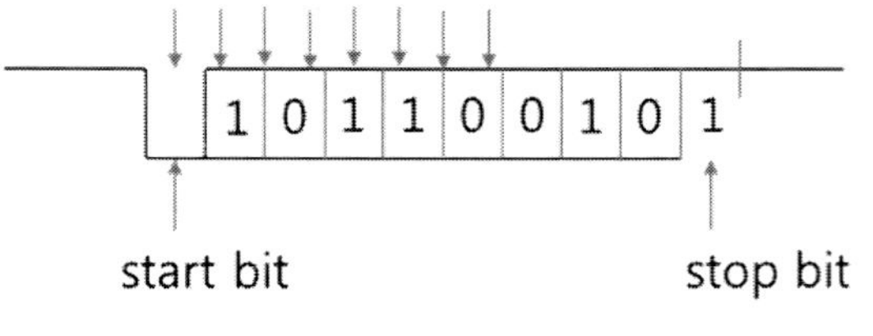

그림 5.2.1-7

수신부는 시작 비트와 동기화하며 정지 비트를 이용하여 데이터를 확인한다. 정확한 데이터 송수신을 위해서 통신 속도를 정해줘야 하는데, 이것이 baud rate 세팅이다. Baud rate은 300, 1200, 2400, 4800, 9600, 19200 혹은 이들의 2배수 중에서 선택 가능하다. 예를 들어 9600 baud rate은 샘플링을 1초에 9600번 한다는 의미이며 이는 1초에 9600비트에 해당한다. 이 경우 한 개의 비트는 1/9600 = 104.17μs 폭을 갖게 됨을 의미한다.

데이터 통신양을 살펴보자. 예를 들어 19200 baud rate, 1개 start bit, 8 data bits, 패리티 사용하지 않고 1개 stop bit를 사용한다고 하면 데이터 8비트 송수신을 위해 한 번에 10비트를 보내야 한다. 19200 baud rate은 19.2 kbps에 해당하므로 총 전송 가능 데이터 속도는 19.2 kbps × 8/10 = 15.36 kbps가 된다. 이는 1.875 Kbyte/s속도에 해당한다.

OpenCM9.04 시리얼 통신 인터페이스

OpenCM9.04에서는, 위에서 살펴보았던 USART 시리얼 통신은 USART1~3까지 총 3개 제공하고 모두 흐름제어 없이 비동기식으로 사용되기 때문에 송신(TX), 수신(RX)에 쓰이는 2개의 핀만 사용된다. 그래서 UART1번이면 TX1, RX1 이렇게 표시한다(참고로 UART1번의 최대 통신 속도는 4.5 Mbit/s이고 나머지 UART2, 3번은 그 절반인 2.25 Mbit/s이다).

아래에 표시된 것처럼 USART1은 다이나믹셀 버스를 위해 미리 할당되어 있어서 다른 용도로 사용할 수는 없다. USART2번은 4핀 통신포트를 통해서 제공된다. 이 포트를 통해서 BT-210이나 ZIG-110A와 같은 무선통신 모듈을 연결할 수 있다. 그리고 USART3은 따로 특별히 쓰이는 곳이 없이 헤더 24번(TX3), 25번(RX3) 핀을 통해 제공한다. 하지만 485 확장 보드를 연결할 경우 USART3번이 다이나믹셀 485 버스에 사용된다.

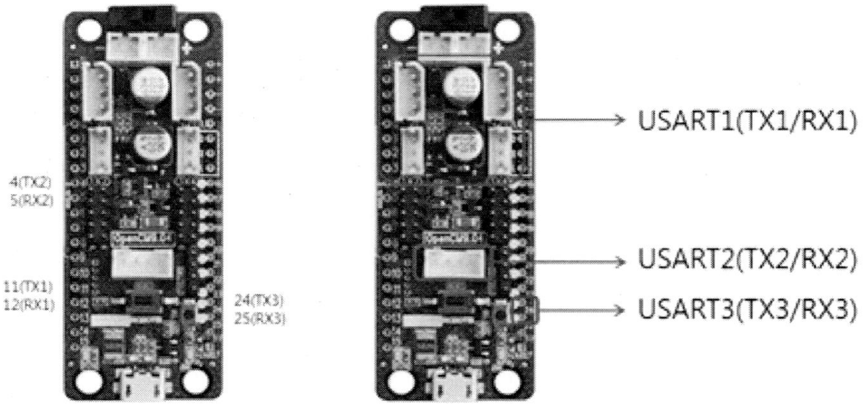

그림 5.2.1-8 OpenCM9.04에서 지원하는 USART 통신 포트 위치

<그림 5.2.1-8>에서 왼쪽 그림에는 양쪽 헤더에서 지원하는 USART 포트를 나타내었다. 따로 와이어를 이용해서 USART 시리얼 통신을 이용하기 위해서는 왼쪽 그림을 참고해서 송신(TX)선과 수신(RX)선에 맞게 연결하면 된다.

5.2.2 SPI

SPI는 3+(1~n) 와이어 full duplex 통신 규격이다. 3개의 와이어는 SCK(Serial clock), MOSI (Master Out Slave In), MISO(Master in Slave Out)으로 쓰이고 1~n개의 SSn(Slave Select n)을 통해 디바이스 번호를 선택하여 통신하게 된다. MOSI는 주변기기로 데이터를 보내는 마스터 라인, MISO는 마스터로 데이터를 보내는 슬레이브 라인, SCK는 마스터에서 생성되는 데이터 동기용 클럭이다. SS 핀이 LOW인 경우 마스터와 통신하고, HIGH인 경우에는 마스터 신호를 무시한다. 이와 같은 방식으로 한 개의 CPU가 동일한 SCK, MOSI, MISO를 이용하여 여러 개의 디바이스와 통신할 수 있다.

4개의 모드가 있는데, 클럭 신호의 rising edge 혹은 falling edge에 신호를 보내거나 받는 것을 제어하는 클럭페이즈(Clock Phase), 그리고 클럭을 HIGH IDLE 혹은 LOW IDLE로 세팅하는 Clock polarity 두 개의 조합으로 제어된다.

표 5.2.2-1

모드	Clock Polarity (CPOL)	Clock Phase (CPHA)
SPI_MODE0	0	0
SPI_MODE1	0	1
SPI_MODE2	1	0
SPI_MODE3	1	1

SPI통신 연결은 보통 아래와 같은 형태로 이루어진다. 마스터는 슬레이브 선택을 통해 통신 초기화가 이루어지고 클럭을 내보낸다. 마스터와 슬레이브는 모두 데이터를 하나씩 각자의 포트로 전송한다. 이와 같이 양방향으로 동시에 데이터 송수신이 가능하다. 마스터가 작업을 완료하면 슬레이브 선택을 해지해서 통신을 끝낸다. 아래 예제에서는 negative clock edge에 데이터 비트를 완성하고 positive clock edge에 데이터 샘플을 시작하는 형태이다.

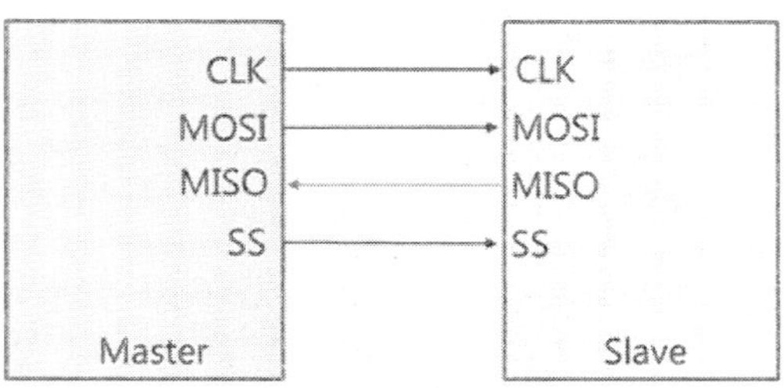

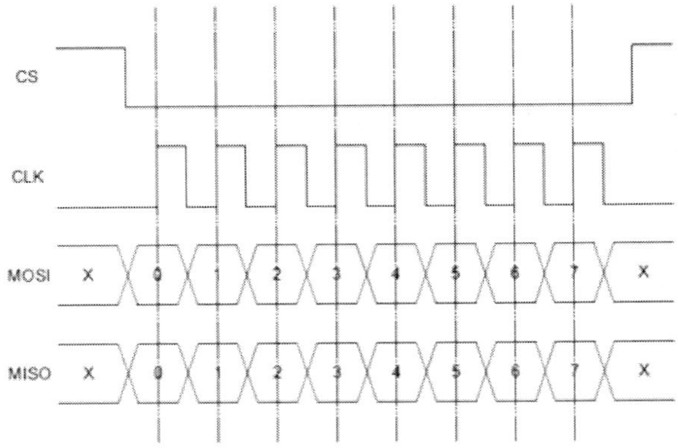

그림 5.2.2-1

OpenCM9.04 SPI 인터페이스

OpenCM9.04에는 총 2개의 SPI 통신 채널을 제공한다. 최대 속도는 슬레이브/마스터 모드에서 18 Mbits/s이다.

> Up to two SPIs are able to communicate up to 18 Mbits/s in slave and master modes in full-duplex and simplex communication modes. The 3-bit prescaler gives 8 master mode frequencies and the frame is configurable to 8 bits or 16 bits. The hardware CRC generation/verification supports basic SD Card/MMC modes.

각 채널별 핀맵은 아래 <그림 5.2.2-2>에 표시해 두었다.

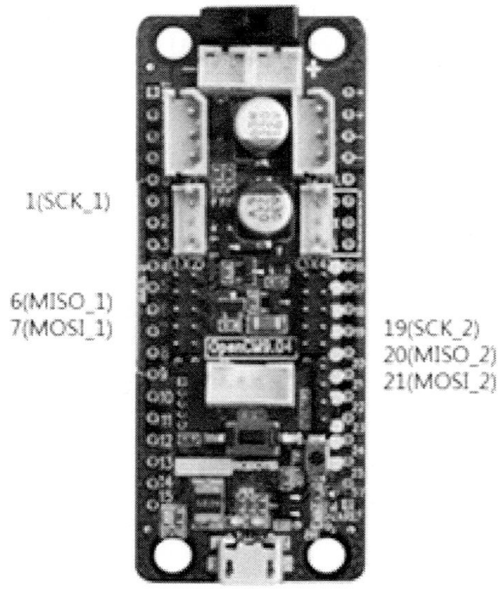

그림 5.2.2-2 OpenCM9.04 SPI핀맵

5.2.3 I2C

I2C 통신은 Philips semiconductors사가 20여년 전에 개발한 IC간 통신 규격으로 스마트폰, TV, 컴퓨터, LED 디스플레이제어 등의 통신에 많이 사용된다.

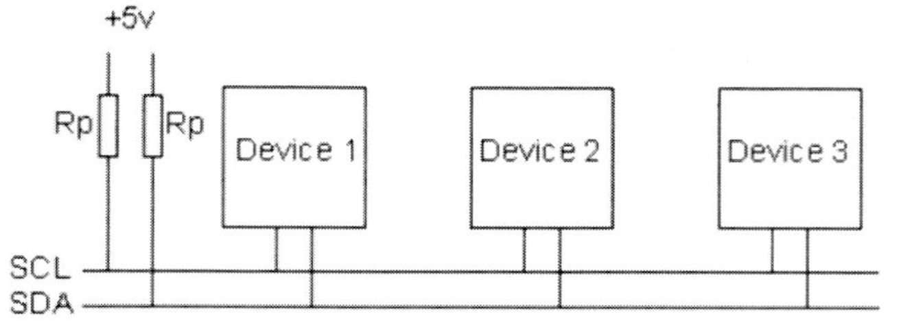

그림 5.2.3-1

I2C 통신을 위한 연결은 <그림 5.2.3-1>과 같이 클럭 신호용 SCL와이어와 데이터 신호용 SDA와이어 두 개로 이루어져 있으며 풀업 저항이 반드시 필요하다. 풀업 저항이 없으면 SCL과 SDA 모두 LOW 상태를 유지하게 되어 I2C Bus가 작동하지 않게 된다. 보통 풀업 저항의 크기는 2 kΩ~10 kΩ을 이용한다. 마스터 디바이스가 슬레이브 디바이스에 신호 전송을 시작 혹은 완료하기 위해서는 특별한 형태의 신호 시퀀스를 이용해야 한다(<그림 5.2.3-2> 참조).

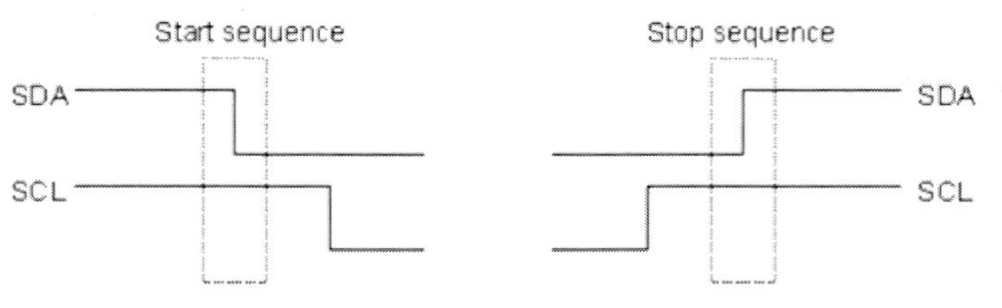

그림 5.2.3-2 I2C 신호 전송의 시작 또는 완료를 위한 신호 시퀀스

- START : SCL 신호가 HIGH를 유지하는 동안 SDA 신호가 HIGH에서 LOW로 변함
- STOP : SCL 신호가 HIGH를 유지하는 동안 SDA 신호가 LOW에서 HIGH로 변함

디바이스가 통신 중인지 감지하기 위해서는 SDA 신호의 변화를 알아내야 하기 때문에 최소한 두 샘플 신호를 취해야 한다.

START 비트 다음에는 슬레이브 주소 정보가 전송된다. I2C 주소는 7비트 혹은 10비트 포맷을 사용한다. 7비트 포맷의 경우 이론적으로는 최대 128개 디바이스를 연결할 수 있으나 몇 개의 특수 용도로 주소를 활용(예를 들어 0000 000은 모든 슬레이브에 데이터 전송)하기 때문에 상용품의 경우 이보다 적은 수의 디바이스를 연결할 수 있다. 주소 7비트 중 보통 첫 4개 비트는 고정하고 나머지 3개 비트를 하드웨어 주소로 사용하는 것이 보통이다. 7비트 다음에는 마스터가 슬레이브로부터 읽기(받기)/쓰기(보내기) (R/W)를 표시하는 1개 비트가 위치한다. HIGH인 경우 슬레이브로부터 데이터를 받고, LOW인 경우 데이터를 슬레이브로 전송한다. 그리고 마스터는 SDA를 내려서 acknowledge를 보낸다. 다른 슬레이브들도 주소가 인식되면 SDA를 내려 응답한다.데이터 통신은 8비트로 이루어지며 MSB로부터 시작된다. 맨 마지막에 acknowledge 신호가 추가되어 8비트 데이터 통신에 필요한 클럭수는 9개이다. 여러 개의 슬레이브가 연결되어 있을 경우 신호를 전송하거나 받은 디바이스만이 acknowledge 신호를 보내게 된다.

S	Slave address	W	Data	A	Data	A	P

슬레이브에 데이터를 전송할 때의 예

S	Slave address	R	Data	A	Data	A	P

슬레이브로부터 데이터를 받을 때의 예

그림 5.2.3-3

OpenCM9.04 I2C 인터페이스

OpenCM9.04에서는 I2C 통신 채널을 2개 지원한다. 하지만 I2C 1번 채널은 기본적으로 다이나믹셀 포트 PB6, PB7을 통해서 지원되기 때문에 사용하기 어렵다. 하지만 1번 채널도 AFIO Remap을 이용하면 핀 구성을 바꿀 수 있기 때문에 사용할 수 있다. I2C 2번 채널은 핀24번, 25번을 통해서 제공된다(<그림 5.2.3-4> 참조).

데이터시트를 통해서 지원하는 I2C 통신 스펙은 아래와 같다. 둘다 standard 모드와 fast 모드를 지원한다.

Up to two I²C bus interfaces can operate in multimaster and slave modes. They can support standard and fast modes.

They support dual slave addressing (7-bit only) and both 7/10-bit addressing in master mode. A hardware CRC generation/verification is embedded.

그림 5.2.3-4 OpenCM9.04의 I2C포트 핀맵

5.3 OpenCM9.04 통신 인터페이스 정리

아래는 OpenCM9.04와 연결할 수 있는 통신 인터페이스를 모두 정리해서 나타낸 블록 다이어그램이다.

나머지 SPI1번, SPI2번도 따로 포트가 있는 것이 아니라 양쪽 헤더핀을 통해서만 따로 연결해야 한다. I2C 2번은 USART3번과 같은 핀을 공유하는 형태로 기본 제공된다.

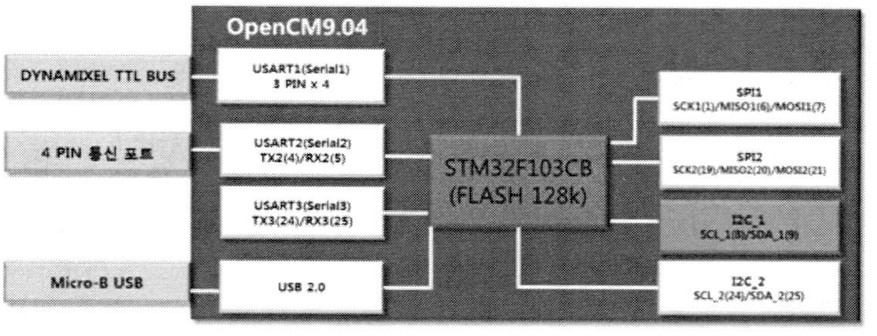

그림 5.3-1 OpenCM9.04 외부 통신 포트 정리

다시 말하지만 I2C 1번의 경우 원래 기본 핀맵이 다이나믹셀 버스와 중복되어 기본적으로는 쓸 수 없고 AFIO[29]를 이용해서 다른 핀으로 re-map을 해야 쓸 수 있다. 그래서 색상을 다르게 표현했고 8번 9번 핀을 통해서 사용가능하다.

USB의 경우 OpenCM9.04의 가장 기본적인 프로그래밍 포트이기 때문에 따로 핀이 노출되어 있지 않고 완전히 할당(Dedicated)되었기 때문에 Micro-B USB커넥터를 통해서만 사용가능하다.

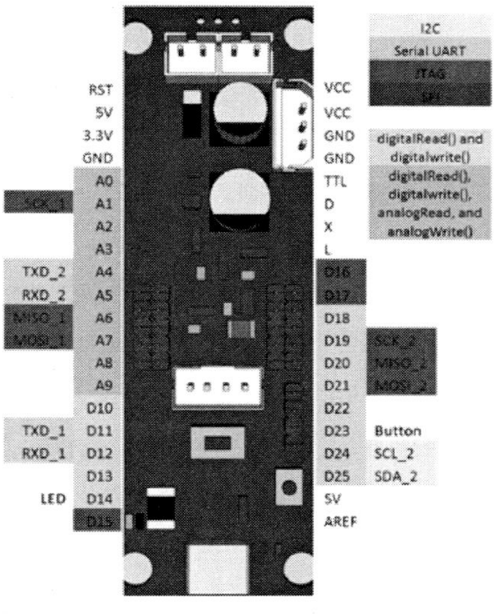

그림 5.3-2 OpenCM9.04 외부 통신 포트 핀맵(made by prof.Mason)

29) AFIO(Alternate functions)라는 의미이고 ARM 코어를 쓰는 프로세서들은 GPIO에 여러 가지 기능을 중복해서 제공하는데, 중복된 기능 중에 이미 하나를 쓰고 있다면 다른 하나는 다른 핀으로 다시 매핑(Remap)해서 사용가능하다. 자세한 내용은 제4장에 설명되어 있다.

5.4 OpenCM9.04를 이용한 데이터 통신 예제

5.4.1 목표

USB 시리얼 통신을 이용하여 임의의 실수 데이터를 OpenCM90.4 보드로 입력받고, 이를 정수부와 소수부로 나누는 연산을 수행한다. 그리고 I2C통신을 이용하여 처리된 데이터를 Arduino Board로 전송한다.

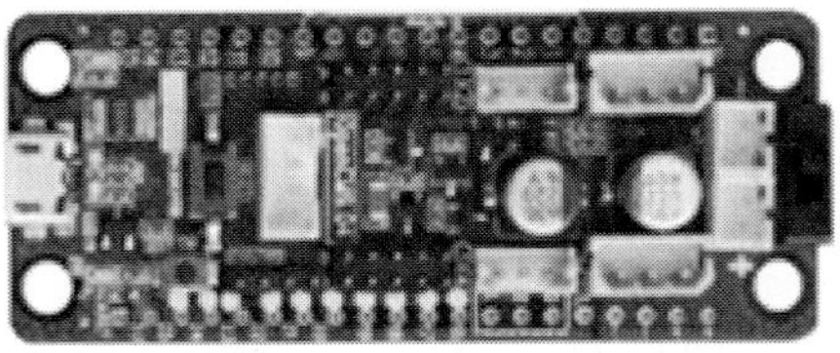

그림 5.4.1-1 OpenCM9.04

그림 5.4.1-2 Arduino Board

5.4.2 하드웨어 구성

OpenCM9.04 보드의 I2C Port와 Arduino Board의 I2C Board를 연결한다.

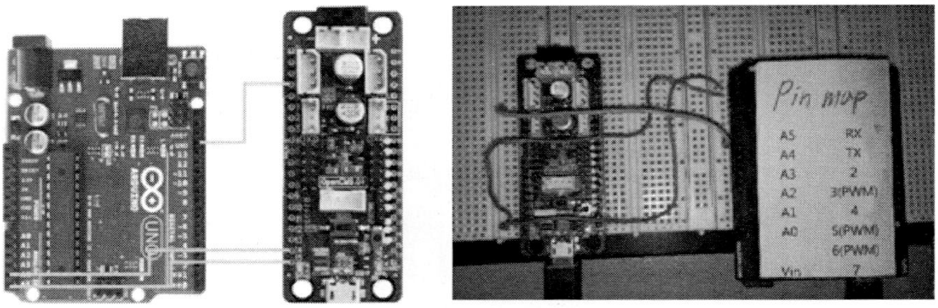

그림 5.4.2-1 하드웨어 구성

a) OpenCM90.4 보드의 14번 핀과 Arduino Board의 Analog 4번 핀(SDA)을 연결한다.
b) OpenCM90.4 보드의 15번 핀과 Arduino Board의 Analog 5번 핀(SCL)을 연결한다.
c) OpenCM90.4 보드의 GND 핀과 Arduino Board의 GND 핀을 연결한다.

※ Arduino Board의 핀은 Arduino UNO 기준으로 작성되었다. 수신부에 다른 Board를 사용할 경우, 각 보드에 적합한 핀 연결을 사용하도록 한다.

5.4.3 USB시리얼 통신 수행 및 정수부/소수부 분해 연산

OpenCM9.04 보드는 데이터가 USB 시리얼 통신을 통해 전송되면 이들을 문자열 변수형으로 저장한다. 이를 정수부와 소수부 분리를 위하여 Double 변수형으로 변환하며, 이때 atoi함수를 사용한다. 데이터 가공이 끝난 뒤, 문자열, Double, Integer형으로 저장된 각각의 데이터를 출력한다.

```
void setup()
{
  SerialUSB.begin();                      // USB Serial 통신 설정
  SerialUSB.attachInterrupt(userinput);  // 시리얼 입력 시 userinput함수 작동
}

void userinput(byte* databuff, byte datalength)    // 시리얼 입력 데이터와 데이터 길이 리턴
{
  char cc[12];
  char adatalength[12];
  char accint[12];
  char accfra[12];
  double doublecc=0;

  // 입력 데이터로부터 문자열 생성.
  for(unsigned inti=0; i< datalength+1;i++)
  {
    cc[i] =(char)databuff[i];
    if(i==datalength)
    {
      //null input for the end of chracter array
      cc[i] = 0;
    }
  }
    delay(10);

  // 문자열을 가공을 위한 Double 변수로 변환
doublecc=atof((char*)databuff);

  // 변환된 더블 변수를 정수부와 소수부로 분리
int ccint=(int)doublecc; //integer 변수로 저장
int ccfra=pow(10,datalength)*(doublecc-(int)doublecc);

  // 입력받은 문자열과 변환된 Double 변수, 데이터 길이, 분리된 정수부와 소수부를 시리얼 창에 표시
  // 'println' 함수는 데이터 출력 후 줄바꿈을 수행함
SerialUSB.print("Chracter array of Input data is ");
SerialUSB.println(cc); //문자열 표시
SerialUSB.print("Double variable of Input data is ");
SerialUSB.println(doublecc,datalength); //Double 변수 표시
SerialUSB.print("Length of data = ");
SerialUSB.println(datalength); // 데이터 길이 표시
SerialUSB.print("The Integer part is ");
SerialUSB.println(ccint); // 정수부 표시
SerialUSB.print("For Fragment data ");
SerialUSB.println(ccfra); // 소수부 표시
SerialUSB.println("");
}

void loop()
```

```
{
  delay(50);
}
```

5.4.4 I2C통신을 이용한 데이터 송/수신

앞서의 데이터 입력 및 연산 코드에 I2C 통신 관련 코드를 추가한다. 데이터를 정수부와 소수부로 나누는 연산이 끝나면 I2C 통신을 열고 이들 데이터를 전송한 뒤 I2C 통신을 닫는다. 데이터를 수신하는 Arduino UNO Board에서는 I2C 통신을 통해 데이터가 들어올 때 이를 사용자가 확인할 수 있도록 시리얼 통신을 통해 데이터를 전송한다.

a) Master code : OpenCM90.4 보드

```
#include <Wire.h> //통신 관련 라이브러리 불러오기

void setup()
{
  Wire.begin(14,15);                              // I2C 통신 설정
  SerialUSB.begin();                              // USB Serial 통신 설정
  SerialUSB.attachInterrupt(userinput);   // 시리얼 입력 시 userinput함수 작동
}

void userinput(byte* databuff, byte datalength)    // 시리얼 입력 데이터와 데이터 길이 리턴
{
  char cc[12];
  char adatalength[12];
  char accint[12];
  char accfra[12];
  double doublecc=0;

  // 입력 데이터로부터 문자열 생성
  for(unsigned inti=0; i< datalength+1;i++)
  {
    cc[i] =(char)databuff[i];
    if(i==datalength)
    {
      cc[i] = 0;//null input for the end of chracter array
    }
  }
    delay(10);

  // 문자열을 가공을 위한 Double 변수로 변환
doublecc=atof((char*)databuff);

  // 변환된 더블 변수를 정수부와 소수부로 분리
  // 'motf' 함수로 동일한 작업을 수행할 수 있음
int ccint=(int)doublecc; // integer 변수로 저장
int ccfra=pow(10,datalength)*(doublecc-(int)doublecc);
```

```
  // 입력받은 문자열과 변환된 Double 변수, 데이터 길이, 분리된 정수부와 소수부를 시리얼 창에 표시
  // 'println' 함수는 데이터 출력 후 줄바꿈을 수행함
 SerialUSB.print("Chracter array of Input data is ");
 SerialUSB.println(cc); // 문자열 표시
 SerialUSB.print("Double variable of Input data is ");
 SerialUSB.println(doublecc,datalength); // Double 변수 표시
 SerialUSB.print("Length of data = ");
 SerialUSB.println(datalength); // 데이터 길이 표시
 SerialUSB.print("The Integer part is ");
 SerialUSB.println(ccint); // 정수부 표시
 SerialUSB.print("For Fragment data ");
 SerialUSB.println(ccfra); // 소수부 표시
 SerialUSB.println("");

  // I2C 전송을 위해 데이터 길이와 정수부, 소수부를 문자열로 변환
 itoa(datalength,adatalength,10);
 itoa(ccint,accint,10);
 itoa(ccfra,accfra,10);

  // I2C를 통한 데이터 전송
 Wire.beginTransmission(4);  // 디바이스주소 4로의 I2C통신 열기
 Wire.write(cc); // 데이터 문자열 전송
 Wire.write(" ");
 Wire.write(adatalength);  // 데이터 길이를 나타내는 문자열 전송
 Wire.write(" ");
 Wire.write(accint); // 정수부를 나타내는 문자열 전송
 Wire.write(" ");
 Wire.write(accfra); // 소수부를 나타내는 문자열 전송
 Wire.write(" ");
 Wire.endTransmission(); // I2C통신 종료

 }

 void loop()
 {
   delay(50);
 }
```

b) Slave code : Arduino UNO

```
#include <Wire.h>
int led = 13;

void setup()
{
#include <Wire.h>
int led = 13;

void setup()
{
```

```
Wire.begin(4);                // 디바이스주소 4로써 I2C통신 설정
Wire.onReceive(receiveEvent);  // I2C데이터 수신 시 receiveEvent 함수 작동
Serial.begin(9600);           // 출력을 위한 시리얼 통신 설정
pinMode(led, OUTPUT);         // 작동 확인을 위한 LED
}

void loop() // LED를 25 ms 주기로 ON/OFF반복, 문제 발생 시 점멸을 멈춤
{
 digitalWrite(led, HIGH);  // turn the LED on (HIGH is the voltage level)
 delay(25);
 digitalWrite(led, LOW);   // turn the LED off by making the voltage LOW
 delay(25);
}

void receiveEvent(inthowMany)
{
  while(Wire.available())  // I2C데이터가 수신되는 동안 계속해서 수행
  {
  char c = Wire.read();    // 입력되는 데이터를 캐릭터 변수에 저장
  Serial.print(c);         // 저장된 데이터를 시리얼창에 출력
  }
Serial.println("");


}
```

5.4.5 예제 실행 결과

Master code와 Slave code를 OpenCM9.04 보드와 Arduino UNO에 다운로드 한 뒤, 각각의 API에서 시리얼 모니터를 실행시킨다(도구 ⇨ 시리얼 모니터).

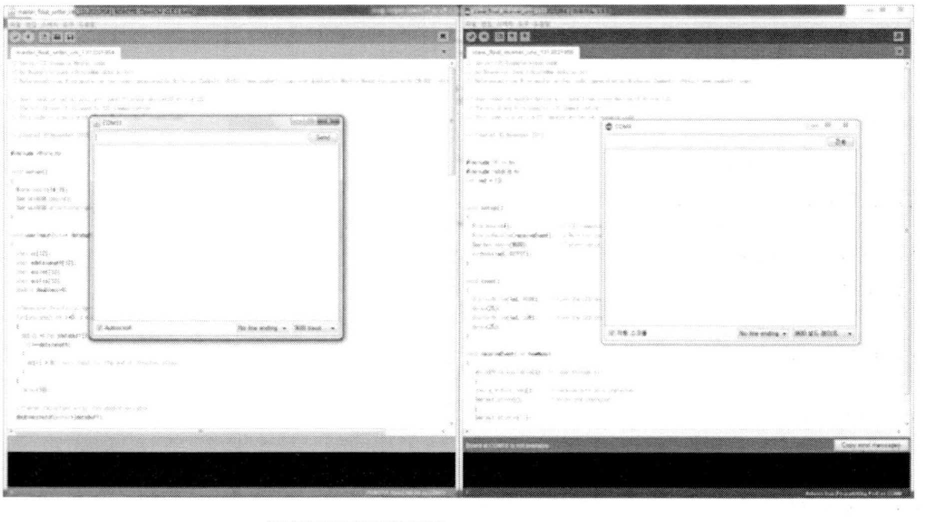

그림 5.4.5-1 시리얼 모니터 실행

ROBOTIS OpenCM의 시리얼 모니터 입력 창에 임의의 숫자를 입력하면(예: 123.123 입력), 입력 데이터의 문자열 변수형 데이터, Double 변수형 변환 데이터, 입력 데이터의 길이, 정수부 및 소수부를 ROBOTIS OpenCM의 시리얼 모니터 창에 표시한다. 이어 I2C로 전송된 데이터가 Arduino UNO의 시리얼 모니터 창에 입력 데이터, 데이터 길이, 정수부, 소수부 형태로 나타난다.

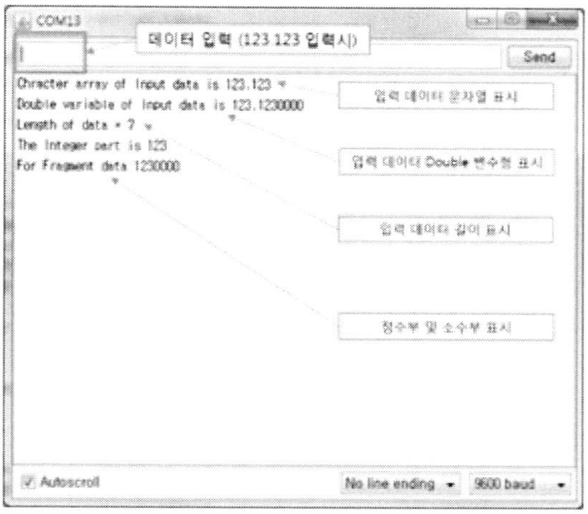

그림 5.4.5-2 데이터 입력 및 연산(OpenCM90.4 보드)

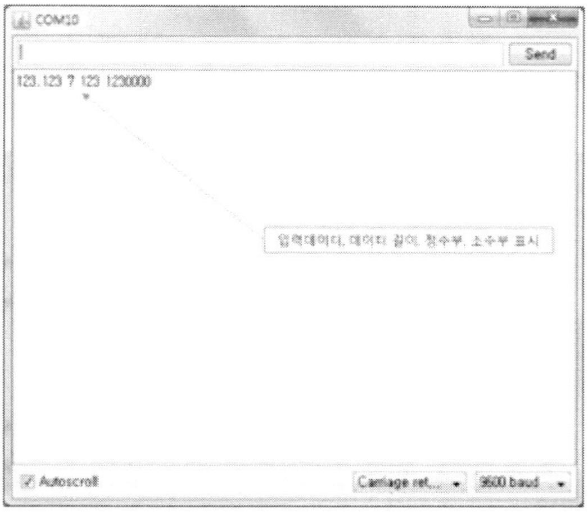

그림 5.4.5-3 수신 데이터 표시(Arduino UNO Board)

제 6 장 로봇 액추에이터 다이나믹셀 활용

6.1 로봇 구동기

6.1.1 액추에이터(Actuator)와 모터(Motor)

흔히 로봇을 제작할 때 동작을 발생시키는 부품을 모터와 액추에이터로 자주 지칭하는데, 두 단어의 의미를 정확히 살펴보면 액추에이터(actuator. 작동기, 작동장치, 흔히 액츄에이터로 오기)는 시스템을 움직이거나 제어하는 데 쓰이는 기계 장치이다. 다시 말해 전기나 유압, 압축 공기 등을 이용하는 원동 구동장치를 두루 일컫는 용어이다. 일반적으로 전류, 작동유압, 기력압 형태로 된 에너지원으로 작동하며 이 에너지를 어떠한 종류의 움직임으로 변환한다고 서술되어 있다.[30]

모터(전동기) 역시 사전을 찾아보면 전력을 이용하여 회전운동의 힘을 얻는 기계이며, 전동기의 축에 기계적 부하(이 돌림힘에 의해 작용하는 각종 기계)를 연결하여 운전하고, 전동기의 일률은 보통 킬로와트(kW) 또는 마력(HP=0.75 kW)으로 표시한다라고 되어 있다.

유압실린더, 모터 등 물리적인 힘을 기계적인 힘으로 변환시키는 작동기는 모두 액추에이터로 볼 수 있으므로 모터 역시 전력이라는 물리적인 힘을 기계적인 힘으로 변환시키는 액추에이터의 한 종류에 해당된다고 할 수 있다. 결론적으로 액추에이터가 모터보다 더 넓은 일반적인 용어이다.

현대 로봇공학에서 모터를 로봇의 엑추에이터로 많이 쓰는 이유는 아마도 전기라는 물리적인 에너지가 제어하기 쉽고 간편하게 원하는 힘을 얻을 수 있기 때문이다.

로봇에 쓰이는 모터의 종류

흔히 모터는 크게 AC 모터와 DC 모터로 나뉘지만 실제 로봇 제작에서 많이 쓰이는 모터는 DC 모터이며 브러시의 유무에 따라서 BLDC(Brushless DC, 브러시가 없는 직류) 모터와 일반

---

30) 위키피디아에서 모터와 액추에이터를 참조함

DC 모터로 나뉜다. 일반 DC 모터는 +극을 통해서 전류만 흘려주면 동작하게 되는 반면, BLDC 모터는 구동 드라이버를 통해서 위상을 계속해서 바꾸어 주어야 하기 때문에 제어기가 복잡하다는 단점이 있다. 그렇지만 BLDC 모터는 DC 모터에 비해서 작으면서도 큰 파워를 낼 수 있는 장점 때문에 최근 여러 분야에서 많이 사용되고 있다. BLDC 모터의 특수한 형태로 스테핑(Stepping) 모터가 있는데, 센서가 필요 없이 위치 제어가 가능하다는 장점 때문에 산업 현장에서 널리 쓰이고 있다.

6.1.2 서보 모터

모터는 서보 모터의 형태로 가장 많이 사용이 되는데, 서보 모터란 모터의 움직임을 측정할 수 있는 센서가 부착되어 입력된 값에 대비해서 얼마나 움직였는지 비교하여 입력된 값을 정확히 따라갈 수 있도록 제어가 가능한 모터를 말한다. 완구나 모형 비행기/자동차에 많이 사용되는 RC(Radio-Controlled) 서보 모터의 경우 가변 저항기(Potentiometer)를 내장하여 일반적으로 -170~170도 범위에서 위치 제어를 수행한다.

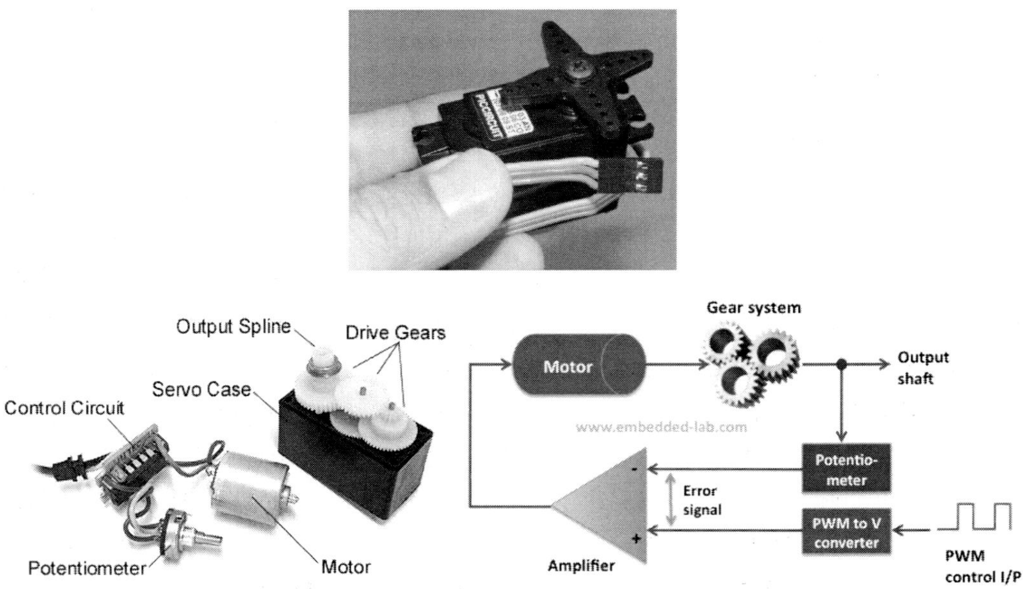

그림 6.1.2-1 RC 서보 모터의 구조 및 제어 방식, www.embedded-lab.com참조

그러나 로봇에서 요구하는 서보 시스템의 경우에는 대부분 각도를 정확하게 측정할 수 있는 엔코더 기반의 피드백 제어 구조로 되어 있어서 정밀하게 오차를 보정해 줄 수 있으며, 위치제어, 속도제어 및 토크제어 등으로 활용되지만, 일반적으로는 위치제어와 속도제어가 주로 사용된다.

그림 6.1.2-2

6.1.3 스테핑 모터

스테핑 모터는 펄스 모터 또는 스텝 모터라고도 하며, 펄스 신호를 받아 일정한 각도로 움직이는 모터이다. 톱니가 달린 휠과 전자석을 사용하여 한 번에 한 스텝씩 움직이며, 코일에 순서대로 전원을 공급하면 모터가 회전하게 된다. 모터의 회전각도가 입력되는 펄스 신호에 정확하게 일치하기 때문에 정확한 각도제어가 가능한 것이 장점이다.

그림 6.1.3-1 스테핑 모터

하지만 스테핑 모터는 입력된 펄스 신호에 따라 현재 위치에서 정확한 각도로만 회전하게 되는 구조이기 때문에 현재 위치에 오차가 있으면 원하는 위치에 정확히 이동시킬 수 없다는 단점이 있다.

6.1.4 다이나믹셀(Dynamixel)

다이나믹셀은 서보 모터의 일종으로 모터 제어에 필요한 요소를 집적시켜 편리한 사용이 가능하도록 개발된 제품이다. 모터와 제어기 그리고 감속기어, 위치 피드백 제어 시스템을 결합한 로봇 전용 액추에이터이다.

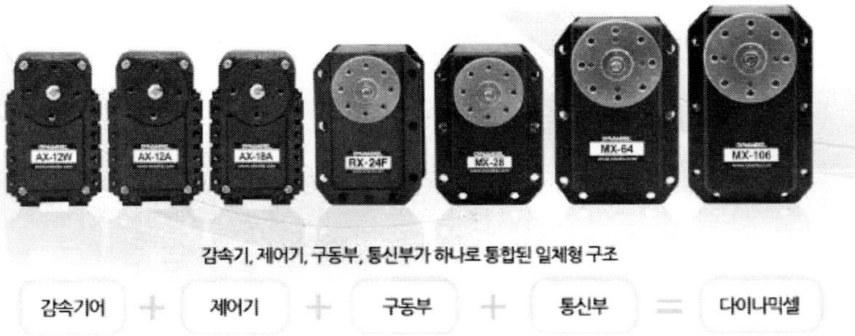

그림 6.1.4-1 다이나믹셀 라인업

서보 모터나 스테핑 모터로 로봇을 구성하기 위해서는 별도로 위치 피드백을 위한 엔코더와 제어기를 구현해야 되는 번거로움이 있었지만 다이나믹셀은 모터 제어에 필요한 모든 구성요소들을 하나로 통합하고 로봇 제작에 유리한 만능 결합 구조 프레임의 외형을 갖추고 있다.

또한, 제1장에서 설명한 바와 같이 OpenCM9.04에서는 다이나믹셀을 구동하기 위한 하드웨어 인터페이스를 제공하고 있으며 소프트웨어 라이브러리를 내장하고 있기 때문에 간단한 명령어들을 활용하여 제어가 가능하다.

다이나믹셀의 특징

- **일체형 로봇 구동장치** : 로봇의 관절에 필요한 기능을 하나의 모듈로 만들었다.

- **만능 결합 구조** : 옵션 프레임을 이용하여 블록완구를 만들듯이 다양한 형태의 로봇들을 만들 수 있다.
- **네트워크로 구동** : 고유의 ID를 가진 다이나믹셀들은 하나의 버스상에서 Packet 통신으로 제어되며, 모델에 따라 TTL, RS-485, CAN 등의 네트워크를 지원한다.
- **강력한 피드백 기능** : 다이나믹셀의 현재 위치나 속도는 물론, 내부 온도, 공급 전압, 목표 위치 등 다양한 정보를 읽을 수 있다.
- **간편한 연결 구조** : Daisy Chain으로 연결되어 배선이 간단하다.
- **알람 기능** : 내부 온도, Torque, 공급 전압 등이 지정된 범위를 벗어났을 때 이 사실을 return 해줄 뿐 아니라 이러한 위급상황에서 LED를 깜빡이거나 다이나믹셀의 Torque를 풀어주는 기능이 있다.
- **Compliance 설정** : 위치 제어에 있어서 compliance를 설정할 수 있다.

• **Torque 설정** : 최대 Torque부터 Torque가 전혀 없는 free run 상태까지 1023 단계로 Torque를 설정할 수 있다.
• **저전류/고전압 구동** : 고전압으로 구동되므로 효율이 높고, 소비 전류가 낮아 다이나믹셀로 구성된 로봇 시스템의 안정성을 높여준다.
• **Status LED** : 다이나믹셀의 상태를 확인할 수 있는 LED가 있다.

6.2 다이나믹셀 통신 회로

다이나믹셀은 내장된 통신 회로를 통해서 네트워크로 구성된다. 하나의 네트워크당 최대 254개(ID 0~253)의 다이나믹셀을 동시에 컨트롤할 수 있다.

다이나믹셀을 구동시키는 통신 회로의 핵심은 바로 UART 시리얼 통신이다. 제5장에서 UART는 시리얼 통신이라고도 불리고 가장 오래되고 기본적인 통신 방식이라고 할 수 있다. UART 중에서도 간단하게 RX, TX 신호만으로 비동기식 통신을 수행하며 네트워크 구성을 위해 반이중(Half Duplex) 방식으로 통신한다. 반이중(Half Duplex) 통신이란 쉽게 말해서 무전기와 같이 평소에는 수신 모드로 있다가 말을 해야 할 때는 발신 버튼을 누르고 말이 끝나면 다시 발신 버튼을 놓으면 수신 상태가 되는 형식으로 다중 통신 네트워크를 구성한다.

그림 6.2 다이나믹셀 통신 네트워크는 무전기 네트워크로 비유 가능

이번 절에서는 이러한 방식으로 다이나믹셀에서 사용되는 통신 기반 기술에 대해서 알아보자.

6.2.1 RS-232와 UART

임베디드 시스템을 개발하면서 RS-232와 UART 통신이라는 말을 자주 쓰는데 그 차이에 대해서는 잘 아는 사람이 드물다. 사실 두 가지의 관계는 개념 자체가 완전히 다르다. 결론적으로 UART 통신이란 직렬 범용('U'가 Universal을 의미)통신의 규격을 정해 놓은 것이고(쉽게 말해 디지털로 0과 1을 어떻게 보낼 것인지) 여기에 UART(Universal Asynchronous Receiver/Transmitter)와 USART(Universal Synchronous/Asynchronous Receiver/Transmitter)로 나누어지는 것은 동기(Sync)냐 비동기(Async) 통신이냐는 개념까지 더해서 혼동이 생기는 것 같다. 일반적으로 비동기식으로 많이 쓰기 때문에 UART통신이라고 부르는 것도 맞지만 동기식 통신도 있으니 USART가 더 일반적인 용어라고 보는 것이 맞는 것 같다. 보통 마이크로컨트롤러 데이터시트에는 동기/비동기식 직렬 통신을 모두 지원하기 때문에 USART로 표시하기도 한다.

이에 반해 RS-232는 UART라는 통신 방식으로 데이터를 주고 받을 수 있게 정한 통신 장비(하드웨어)에 대한 규격이다. 역사적으로 RS-232는 1969년 미국의 EIA(Electric Industries Association)에 의해 정해진 표준 인터페이스라고 할 수 있다. 간단히 말해서 PC 통신을 위한 하드웨어 규격이라고 하는 것이 더 이해하기 쉬울 수 있다. 하드웨어 규격이라고 하면 데이터 라인 종류라던가 커넥터 규격, 전기 신호 규격 등을 정해서 표준으로 정해서 공개했기 때문에 통신 장비 제조사들은 이러한 표준규격만 따라 만들기만 하면 UART 통신을 할 수 있는 것이다. 주로 RS-232C라고 불리는데, RS는 Recommended Standard의 약자이고 뒤의 C는 버전을 의미하고 232는 이렇게 정한 규격을 EIA에서 부여한 코드라고 볼 수 있습니다. 정리하자면 UART는 디지털 데이터 0과 1을 어떻게 통신할 것인지에 대한 통신 규격을 정해 놓은 것이고 RS-232는 이러한 UART 통신을 할 수 있게 PC의 통신 하드웨어 규격을 표준으로 정해 놓은 것이다.

RS-232C 커넥터 핀맵

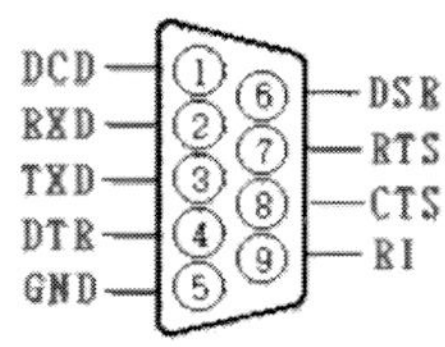

- TXD : Transmit Data 통신 데이터 출력 신호
- RXD : Receive Data 통신 데이터 입력 신호
- RTS : Ready To Send 모뎀 통신 등에 사용하며 통신 준비 상태를 표시하는데, 범용 출력 포트로 사용 가능
- CTS : Clear To Send 모뎀 통신 등에 사용하며 통신 준비 상태를 표시하는데, 범용 입력 포트로 사용 가능
- DTR : Data Terminal Ready 모뎀 통신 준비 신호로, 출력 포트로 사용 가능
- DSR : Data Set Ready 모뎀 통신 준비 신호로, 입력 포트로 사용 가능
- DCD : Data Carrier Detect 입력 포트
- RI : Ring Indicator 입력 포트

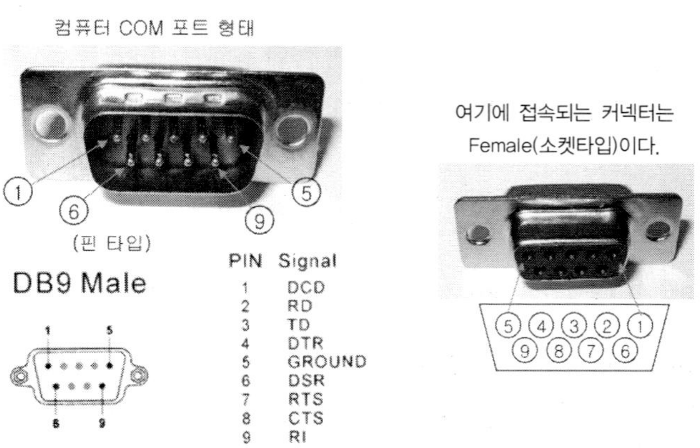

그림 6.2.1-1 RS-232C 통신규격 PC 통신용으로 만들어졌다.

이렇게 정해진 RS-232C는 한 번에 한 비트씩 전송되는 방식이고 통신 거리는 일반적으로 15 m(50 ft)이지만 통신 속도가 높을수록 거리가 짧아지고 느릴수록 더 멀리까지 가능하다. 하지만 다이나믹셀은 이러한 RS-232C 신호가 아닌 5 V TTL 레벨의 통신을 수행한다. RS-232C는 프린터 같은 PC 주변기기와 통신하기에는 적합하지만 배터리 기반의 임베디드 시스템과 통신하기 위해서는 적합하지 않기 때문이다.

6.2.2 왜 TTL 통신인가

TTL 레벨과 RS-232C 레벨 통신의 차이는 아래와 같은 파형으로 구분될 수 있다. TTL 레벨은 0 V와 5 V를 왔다갔다 하면서 0과 1을 표현하지만 RS-232C 레벨은 +, −5V 양전압 사이를 왔다갔다 해서 노이즈에 대한 면역성을 높혔다고 할 수 있다.

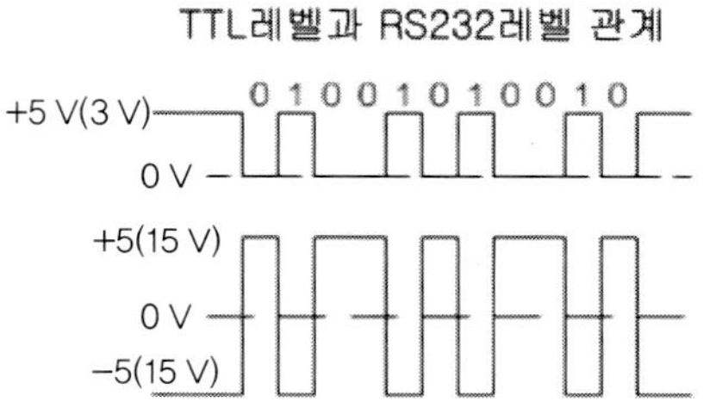

그림 6.2.2-1 TTL 레벨은 +5 V와 0 V를 왔다갔다 하지만 RS-232C 레벨은 +10 V와 −10 V 레벨 사이를 왔다갔다 하는 차이가 있다.

우리가 다이나믹셀 통신을 하면서 TTL이라고 부르는 이유는 바로 여기에 있는 것이다. 5 V인 TTL레벨로 UART통신을 하기 때문이다. 사실 임베디드 환경에서 +, − 양전압으로 RS-232C 통신을 하기에는 제약이 많기 때문에 간편하게 5 V TTL 레벨로 UART 통신을 한다고 보면 된다. 하지만 TTL레벨은 노이즈 마진이 너무 작아서 조금만 노이즈가 첨가 되어도 오류가 생길 수 있다.

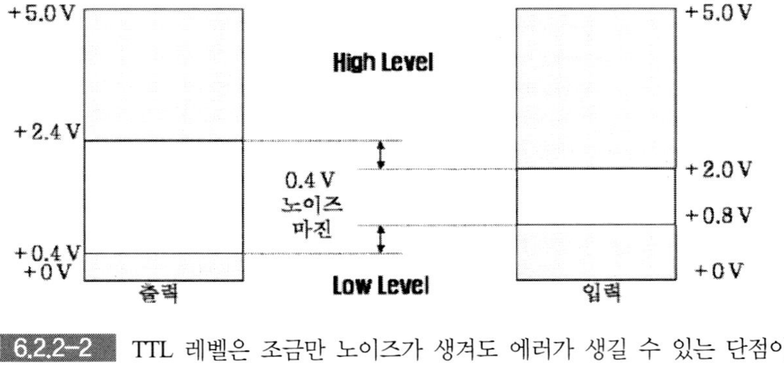

그림 6.2.2-2 TTL 레벨은 조금만 노이즈가 생겨도 에러가 생길 수 있는 단점이 있다.

그래서 나온 것이 RS-232C 통신 규격이고 위아래가 대칭인 +, −5V 양전압을 쓰기 때문에 노이즈 마진이 더욱 크기 때문에 좀 더 먼 거리(최대 15 m)까지 통신이 가능하다.

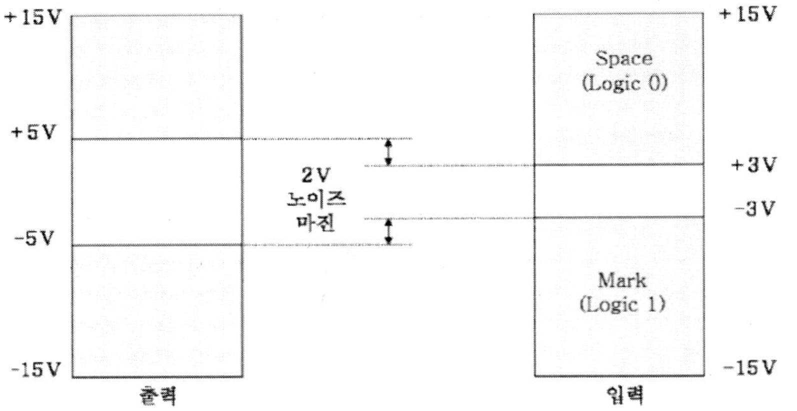

그림 6.2.2-3 RS-232C는 TTL에 비해 노이즈에 강하고 통신거리도 15 m에 이른다.

6.2.3 RS-485 통신 방식의 등장

방금 전에는 TTL 레벨로 UART 통신을 했을 때 생기는 문제점에 대해서 살펴보았고 이렇게 해서 나온 것이 RS-232C 통신 규격이다. 하지만 RS-232C 통신도 15 m정도 거리밖에 되지 않기 때문에 더욱 멀리 통신을 하기 위해서 RS-485 통신 방식이 등장했다. RS-485 통신 방식이 더욱 먼 거리까지 가는 이유는 차동신호 방식(Differential Signal)을 사용하므로 노이즈에 강하다. 그래서 최대 1.2 Km까지 전송이 가능하다(일반적으로 통신에서는 통신 속도가 낮을수록 통신 거리가 길어진다).

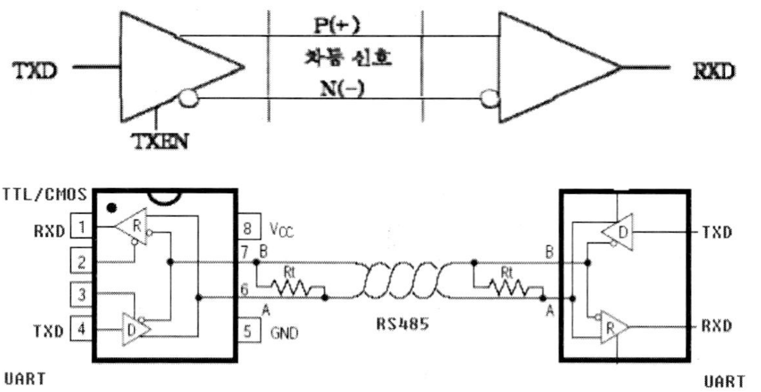

그림 6.2.3-1

그리고 RS-232C는 기본이 1:1통신이기 때문에 TX, RX 신호만 사용되지만 기본적으로 1:n 네트워크로 구성되는 RS-485 방식은 TX Enable 제어가 필요하게 되었다.

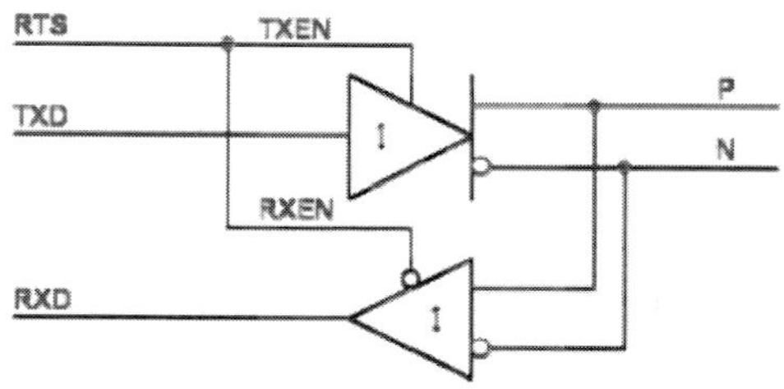

그림 6.2.3-2 TXEN TX Enable 신호가 필요하다.

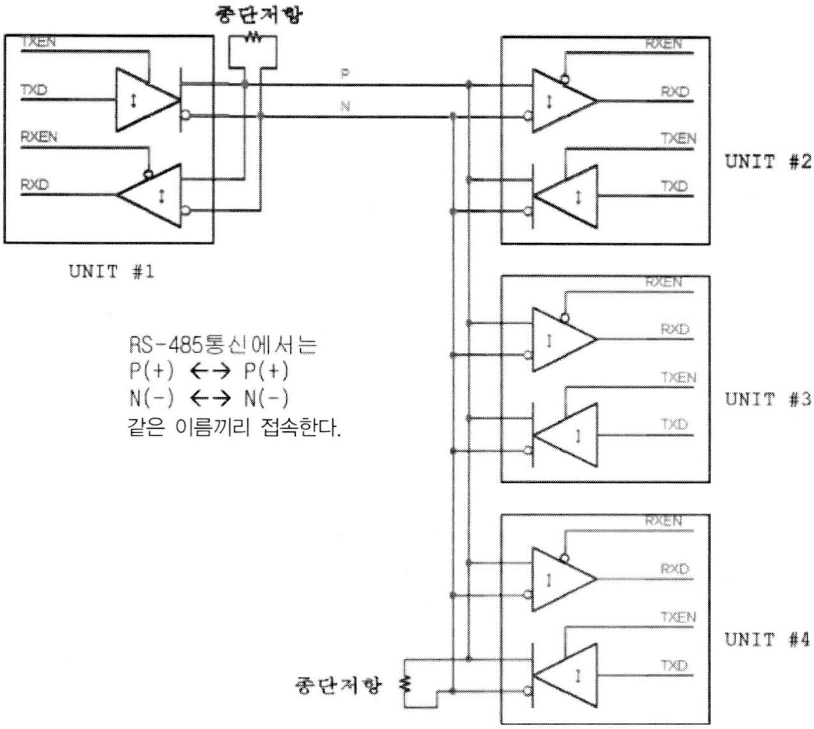

그림 6.2.3-3 하나의 통신 선로에 여러 대의 장치가 네트워크로 구성

결론적으로 UART 통신은 TTL이나 RS-232C 혹은 RS-485와 같은 개념이 아니고 통신 프로토콜이다. TTL 레벨은 임베디드 시스템에서 나오는 UART 신호 그대로 보내는 것에 지나지 않고 RS-232C는 그러한 TTL 레벨을 개선한 버전이다. 그리고 RS-485는 RS-232C를 더욱 개선해서 노이즈 면역성이나 통신거리를 획기적으로 개선한 버전이다.

그림 6.2.3-4 UART통신과 TTL/RS-232C/RS-485 관계

6.2.4 다이나믹셀 TTL Half Duplex Bus

지금까지 RS-232C 통신으로 대표되는 UART 시리얼 통신 방법에 대해서 살펴보았다. 이제 본격적으로 다이나믹셀 통신 방식에 대해서 이야기해보자. 앞에서 잠깐 살펴보았듯이 다이나믹셀의 통신 방법은 TT L레벨의 UART 통신이다. 여기에 UART 통신은 기본이 1:1통신이기 때문에 네트워크를 구성하기 위해서는 RS-485와 같이 TX Enable 컨트롤이 필요하다. 그래서 나온 통신 방식이 TTL Half Duplex 통신 방식이다. Half Duplex는 송수신(TX/RX)을 동시에 할 수 없고 무전기처럼 발신(TX)을 할 때만 버튼을 눌러서 통신을 수행하는 방식이다. 이에 반해서 Full Duplex 방식은 우리가 쓰는 휴대폰처럼 동시에 송수신(TX/RX)을 할 수 있는 통신 방식인 것이다. <그림 6.2.4-1>에서 DIRECTION_PORT를 이용해서 HIGH가 될 때는 TXD만 활성화되고 LOW가 되면 RXD만 활성화되기 때문에 DATA 라인 하나로 다이나믹셀을 제어하는 원리를 잘 보여준다.

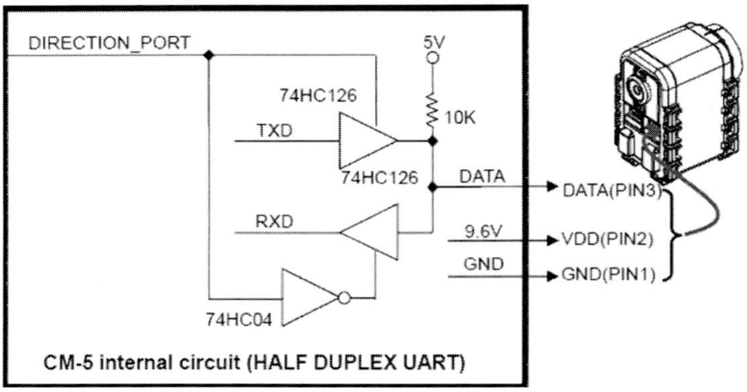

그림 6.2.4-1 DIRECTION_PORT를 통해서 TX/RX를 선택적으로 스위칭하기 때문에 DATA 라인만으로 충분하고 네트워크(Bus)까지 구성할 수 있다.

그래서 TTL Half Duplex UART를 쓰는 다이나믹셀들은 아래와 같이 DATA, VDD, GND로 구성된 3핀을 쓰는 것이다.

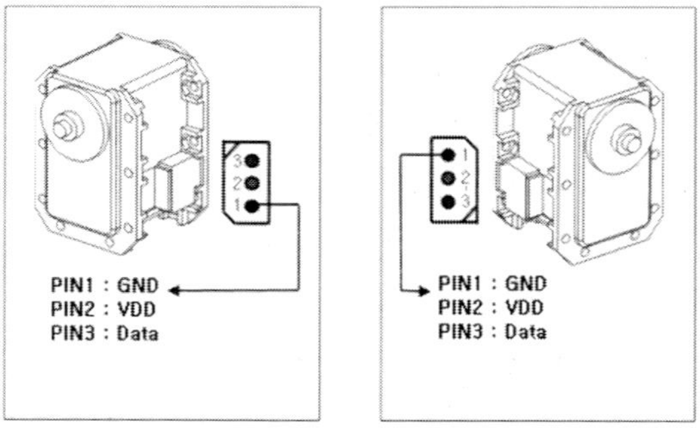

그림 6.2.4-2 TTL 3핀을 쓰는 다이나믹셀 커넥터 핀맵

6.2.5 다이나믹셀 RS-485 Bus

다이나믹셀 RS-485 통신은 위에서 언급했던 RS-485 통신 방식과 똑같은 방식이다. 결국 TTL Half Duplex 회로가 UART TTL레벨 통신을 RS-485 네트워크처럼 흉내를 낸 것이라고 비유할 수 있다. 아래의 블록 다이어그램를 보면 제어 보드의 CPU에서 나오는 TXD, RXD UART 신호를 MAX485라는 LINE DRIVER/RECEIVER라는 칩을 이용해서 D+, D−의 차동신호로 변환시키는 구조라고 할 수 있다.

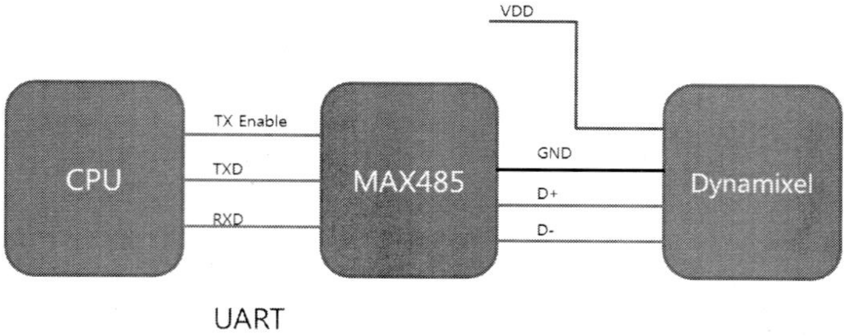

그림 6.2.5-1 다이나믹셀 RS-485 Bus 블록 다이어그램

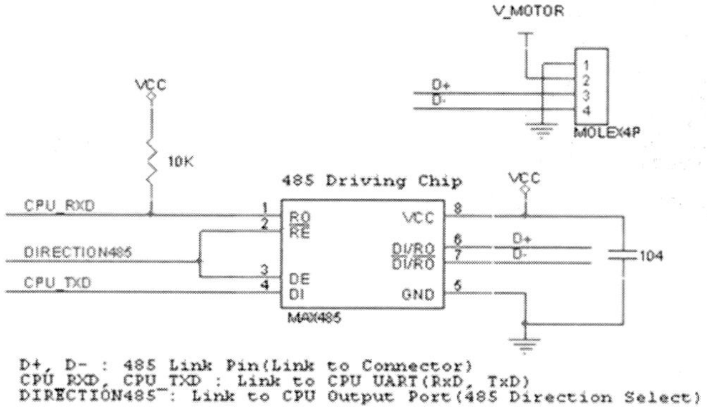

그림 6.2.5-2 다이나믹셀 RS-485 Bus 회로도

그래서 다이나믹셀 RS-485 통신을 위해서는 D+, D−, VDD, GND 4핀 규격이 필요한 것이다.

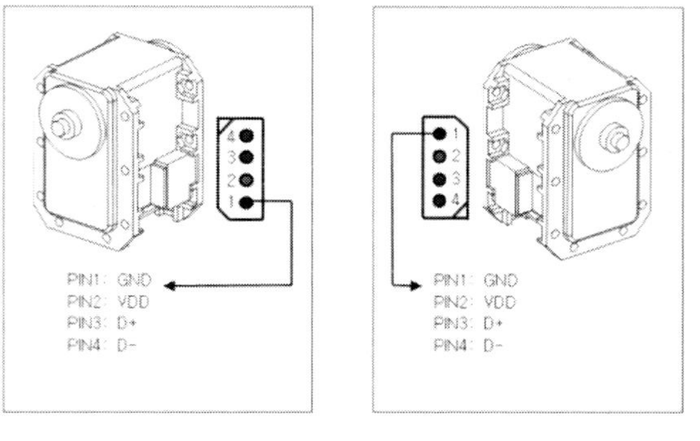

그림 6.2.5-3 다이나믹셀 4핀 RS-485 커넥터 핀맵

6.3 다이나믹셀 활용

6.3.1 OpenCM9.04와 다이나믹셀의 연결

OpenCM9.04에는 다이나믹셀 TTL BUS 회로가 내장되어 있고 연결할 수 있는 3핀 커넥터가 총 4개가 제공된다. A타입의 경우에는 따로 커넥터를 납땜해서 제공하지 않고 기존 AX시리즈 연결용 3핀 커넥터와 XL-320을 위한 미니 3핀 커넥터 공용 홀로 제공된다. 따라서 사용하고자 하는 다이나믹셀에 맞는 3핀 몰렉스 커넥터를 납땜해서 사용할 수 있다. B타입이라면 3핀 커넥터가 모두 실장되어 있으므로 그냥 다이나믹셀과 연결만 하면 된다.

[OpenCM9.04 A-Type]

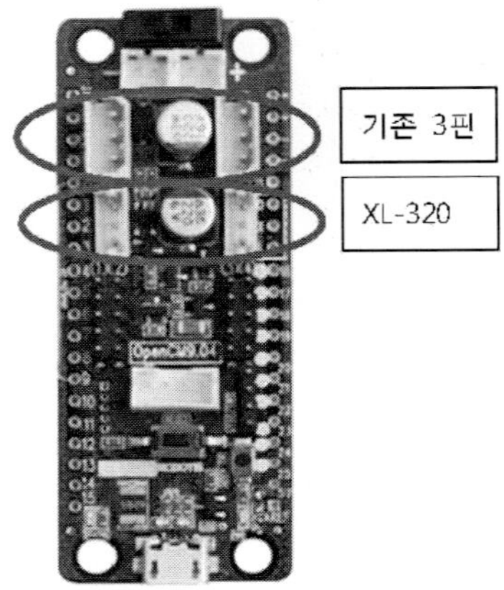

[OpenCM9.04 B-Type]

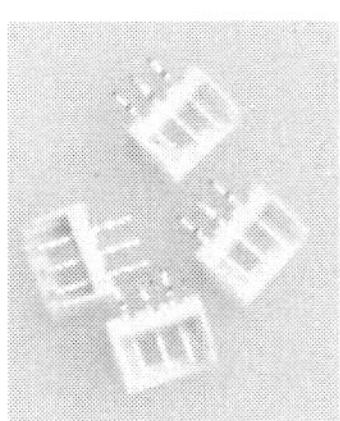

XL-320 미니 3핀 커넥터

일반 3핀 커넥터

그림 6.3.1-1 OpenCM9.04 TTL 3핀 호환 커넥터

문제는 다이나믹셀을 위한 전원을 연결하는 것인데 다음을 참고하자. 다음 연결도에서 11.1 V Li-Po 배터리의 +, -단자를 왼쪽 헤더의 +, -핀과 연결하면 보드에도 전원이 공급되고 다이나믹셀 버스에도 동시에 전원이 공급된다. 참고로 헤더에서는 모터에 큰 전류가 흐를 것을 대비해서 +, -각각 홀을 2개씩 제공한다.

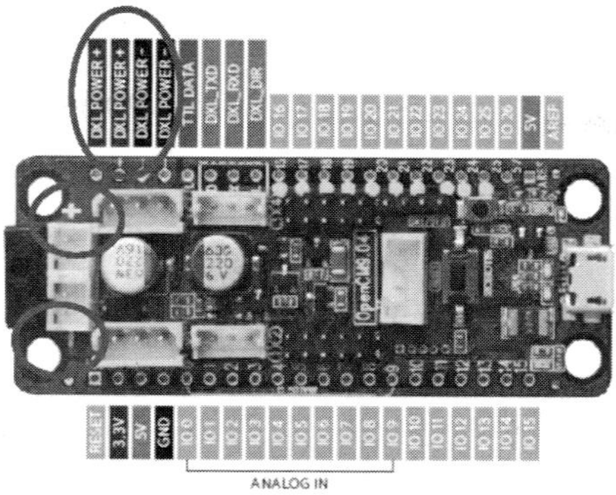

그림 6.3.1-2 OpenCM9.04 배터리 커넥터 위치와 +, - 전원입력홀

2개의 직렬 커넥터는 아래 <그림 6.3.1-3>의 회로도에서 확인할 수 있듯이 2개의 Li-Ion 배터리를 연결할 경우 직렬 구성을 만들어 준다. 그리고 직렬 연결이 필요 없다면 양쪽으로 홀만 +, -를 연결해도 다이나믹셀 전원이 공급된다. 그리고 헤더에서 공급되는 +, -핀도 동일하게 +는 VDD_IN와 연결되고 반대로는 VIN-와 연결된다.

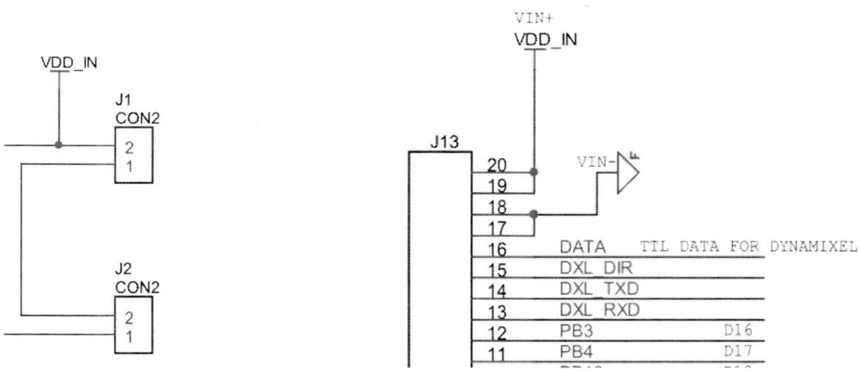

그림 6.3.1-3 2핀 배터리 커넥터와 헤더핀에서 +, - 회로도

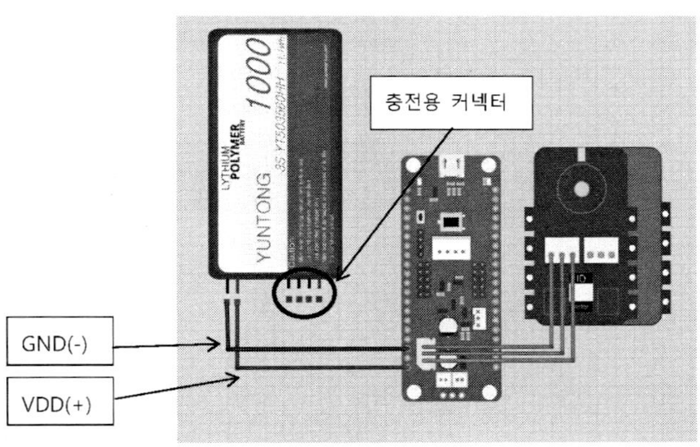

그림 6.3.1-4 다이나믹셀과 +, -핀을 이용한 전원 공급

아래 <그림 6.3.1-5>처럼 원활한 전원 공급을 위해서는 헤더에서 제공하는 +핀 2개와 핀 2개에 동시에 연결해도 된다.

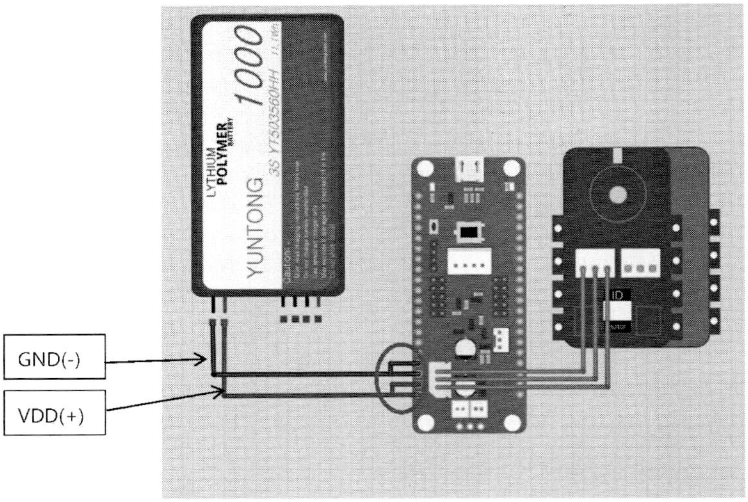

그림 6.3.1-5 원활한 전원 공급을 위한 +, -핀 활용방법

또는 <그림 6.3.1-6>처럼 내장된 2핀 배터리 커넥터 2개를 통해서도 따로 전원이 공급 가능하다.

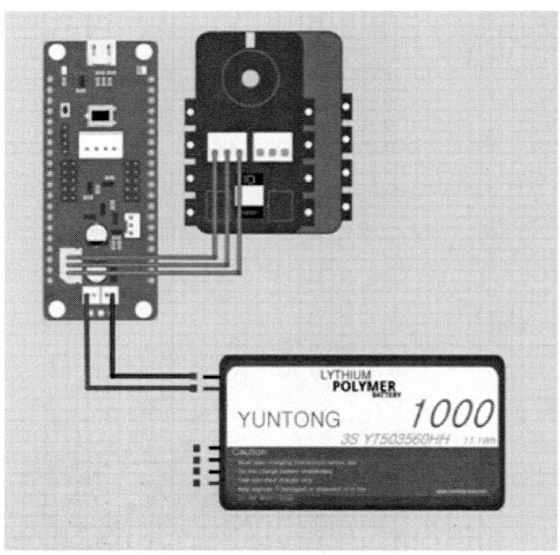

그림 6.3.1-6 배터리 커넥터를 이용한 전원 공급

배터리 커넥터에 표시된 양쪽 핀은 왼쪽 헤더의 +, -와 동일한 전원 공급 라인이기 때문에 동시에 연결하지 않도록 한다.

아래 <그림 6.3.1-7>처럼 동시에 헤더와 배터리 커넥터 양쪽에서 연결한다고 했을 때 배터리마다 전압이 다를 수 있으므로 매우 위험할 수 있다. 특히, 서로 다른 배터리를 연결했을 때는 더욱 위험한 상황이므로 혼용하지 않도록 하자.

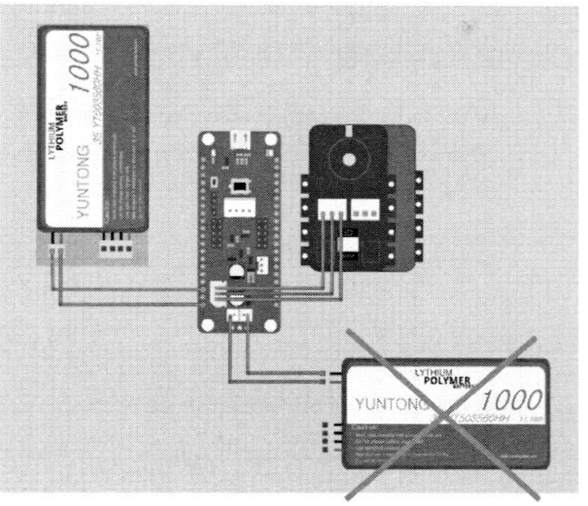

그림 6.3.1-7 +, -핀과 배터리 단자에 동시에 전원을 연결하지 않도록 하자.

XL-320 다이나믹셀의 경우는 같은 회사에서 판매하는 3.7 V Li-Ion 배터리(LB-040) 2개를 통해서 전원을 공급하고 미니 3핀 커넥터를 통해서 XL-320을 연결하면 된다. 오히려 기존 AX시리즈를 쓰는 것 보다 XL-320과 Li-Ion 배터리인 LB-040을 쓰는 것이 OpenCM9.04를 더욱 편리하게 쓸 수 있다.

그림 6.3.1-8 로보티즈에서 추천하는 OpenCM9.04와 리튬 이온 배터리, XL-320

위와 같이 Li-Ion 배터리(LB-040) 2개를 2개의 커넥터에 동시에 연결하면 직렬 구성으로 7.4 V 전압으로 공급된다.[31)]

31) Li-Ion 배터리의 경우 보통 3.7 V로 전압을 표기하나 만충시에는 최대 4.2 V 전압이 된다. 7.4 V는 공칭전압이고 실제로 2개를 직렬 구성하면 최대 8.4 V까지 얻을 수 있다.

6.3.2 다이나믹셀 전원공급 회로

다이나믹셀 컨트롤 보드들은 큰 전류를 사용하기 때문에 전원 공급에 민감하다. OpenCM9.04 보드나 다른 로보티즈의 제어 보드들은 보드 전원 자체를 그대로 다이나믹셀에 공급하는 구조이다. 별도의 DC/DC 컨버터를 사용하여 큰 전류를 공급하기에는 무리이기 때문이다. 따라서 GND만 일치시켜 주면 VDD는 보드와 따로 전원을 공급해도 무방하다. 예를 들면 OpenCM9.04 보드는 5 V를 공급하고 다이나믹셀에는 12 V를 공급할 수도 있다. 이렇게 하려면 보드 자체에 있는 커넥터에서는 불가능하고 따로 확장 커넥터에서 전원이 공급 가능하다. 예를 들면 아래 형태가 적당한 형태가 된다.

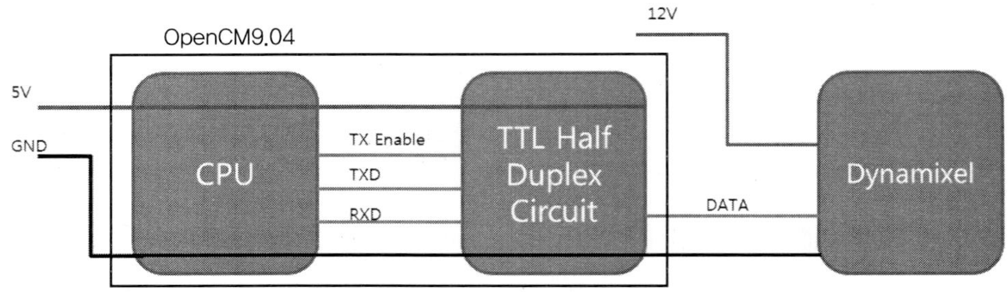

그림 6.3.2

6.3.3 기타 다이나믹셀 관련 주의 사항

다이나믹셀의 사용 전압 범위가 넘지 않도록 주의해야 한다. 사용 전압 범위를 초과하는 전압을 공급하면 수명이 크게 줄어들거나 고장의 원인이 될 수도 있다. 반드시 로보티즈의 e-Manual을 참고해서 해당 모델의 사용 전압 범위를 확인하자.

[AX-12/AX-12+] [AX-12A]

※ AX-12+는 AX-12에서 회로 및 재질과 휠 기어의 설계를 개선한 버전이다.
※ AX-12는 AX-12+와 동일한 성능에 외형을 개선한 모델이고, 현재는 AX-12만 판매되고 있다.

주요 사양 요약

- 무게 : 53.5 g(AX-12/AX-12^{+}), 54.6 g(AX-12A)
- 크기 : 35 mm*50 mm*40 mm
- 최소 제어각 : 0.29^{n}
- 모터 : Cored Motor
- 기어비 : 254 : 1
- Stall Torque : 1.5 N.m(at 12 V, 1.5 V)
- 동작모드
  - 관절 모드(0^{n}~300^{n})
  - 바퀴 모드(무한 회전)
- 동작 온도 : −5℃~+70℃
- 사용 전압 : 9~12 V(권장 전압 11.1 V)
- CommandSignal Digital Packet
- Protocol Type : Half duplex Asynchrononus Serial Communication(8 bit, 1 stop, No Parity)
- Link(Physical) :TTL Level Multi Drop(daisy chain type Connector)
- ID : 254 ID(0~253)
- 통신 속도 : 7843 bps~1 Mbps
- Feedack : Position, Temperature, Load, Input Voltage, etc.
- Material : Engineering Plastic

그림 6.3.3 로보티즈의 e-Manual에 표시된 AX-12 다이나믹셀 사양

6.4 다이나믹셀 컨트롤 테이블

지금부터 다이나믹셀의 구동의 핵심인 컨트롤 테이블에 대해서 알아보기로 하자. 컨트롤 테이블[32)]이란 다이나믹셀 내부에 존재하는 설정값들인데, Windows의 레지스트리 같은 개념이다. 즉, 다이나믹셀의 현재 상태와 구동에 관한 모든 데이터로 구성되어 있다. Windows에서 레지스트리를 바꾸면 바로 Windows 환경을 바꿀 수 있듯이 다이나믹셀 컨트롤 테이블을 변경하면 바로 설정된 값으로 동작이 바뀌게 되는 것이다. 패킷은 이런 다이나믹셀 내부의 컨트롤 테이블의 항목을 변경하거나 읽어오라는 커맨드를 형식에 맞춰서 데이터를 보내는 규격을 말한다. 결국 다이나믹셀 제어에 있어서 핵심은 컨트롤 테이블이라고 할 수 있다.

6.4.1 컨트롤 테이블 구성요소

EEPROM and RAM

다이나믹셀의 컨트롤 테이블은 EEPROM 영역과 RAM 두 가지 영역에 나누어서 저장된다. ID 라던가 통신 속도와 관련된 데이터는 반드시 전원이 없어도 사라지지 않는 EEPROM 영역에 저

32) 모든 다이나믹셀 시리즈의 컨트롤 테이블은 ROBOTIS의 e-Manual(support.robotis.com)에서 확인할 수 있고, 제품마다 일부 컨트롤 테이블이 다를 수 있으니 주의하자.

장된다. 전원이 끊길 때마다 설정값이 매 순간 바뀌게 되면 동작할 때마다 ID와 통신 속도를 설정하는 번거로움이 생긴다. 이와는 반대로 목표 위치(Goal Position)라던가 내장된 LED 조작 데이터는 동작할 때만 필요한 데이터이므로 RAM영역에 저장된다.

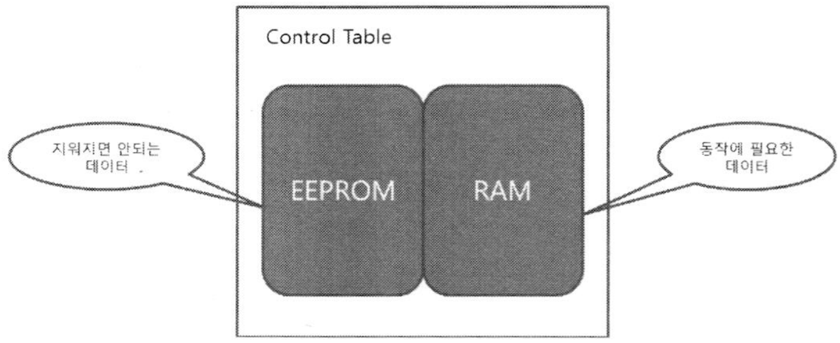

그림 6.4.1-1 컨트롤 테이블 요소

실제 컨트롤 테이블에서 보면 아래와 같다.

Area	주소 (16진수)	명칭	의미	접근	초기값 (16진수)
EEPROM	0 (0X00)	Model Number(L)	모델 번호의 하위 바이트	R	113 (0X71)
	1 (0X01)	Model Number(H)	모델 번호의 상위 바이트	R	0 (0X00)
	2 (0X02)	Version of Firmware	펌웨어 버전 정보	R	-
	3 (0X03)	ID	다이나믹셀 ID	RW	1 (0X01)
	4 (0X04)	Baudrate	다이나믹셀 통신 속도	RW	34 (0X22)
	5 (0X05)	Return Delay Time	응답 지연 시간	RW	250 (0XFA)
	6 (0X06)	CW Angle Limit(L)	시계 방향 한계 각도 값의 하위 바이트	RW	0 (0X00)
	7 (0X07)	CW Angle Limit(H)	시계 방향 한계 각도 값의 상위 바이트	RW	0 (0X00)
	8 (0X08)	CCW Angle Limit(L)	반시계 방향 한계 각도 값의 하위 바이트	RW	255 (0XFF)
	9 (0X09)	CCW Angle Limit(H)	반시계 방향 한계 각도 값의 상위 바이트	RW	3 (0X03)
	11 (0X0B)	the Highest Limit Temperature	내부 한계 온도	RW	85 (0X55)
	12 (0X0C)	The Lowest Limit Voltage	최저 한계 전압	RW	60 (0X3C)
	13 (0X0D)	The Highest Limit Voltage	최고 한계 전압	RW	190 (0XBE)
	14 (0X0E)	Max Torque(L)	토크 한계 값의 하위 바이트	RW	255 (0XFF)
	15 (0X0F)	Max Torque(H)	토크 한계 값의 상위 바이트	RW	3 (0X03)
	16 (0X10)	Status Return Level	응답 레벨	RW	2 (0X02)
	17 (0X11)	Alarm LED	알람용 LED 기능	RW	36 (0X24)
	18 (0X12)	Alarm Shutdown	알람용 셧 다운(Shut down) 기능	RW	36 (0X24)
RAM	24 (0X18)	Torque Enable	토크 On/Off	RW	0 (0X00)
	25 (0X19)	LED	LED On/Off	RW	0 (0X00)
	26 (0X1A)	CW Compliance Margin	CW Compliance margin	RW	0 (0X00)
	27 (0X1B)	CCW Compliance Margin	CCW Compliance margin	RW	0 (0X00)
	28 (0X1C)	CW Compliance Slope	CW Compliance slope	RW	32 (0X20)
	29 (0X1D)	CCW Compliance Slope	CCW Comliance slope	RW	32 (0X20)
	30 (0X1E)	Goal Position(L)	목표 위치 값의 하위 바이트	RW	-
	31 (0X1F)	Goal Position(H)	목표 위치 값의 상위 바이트	RW	-
	32 (0X20)	Moving Speed(L)	목표 속도 값의 하위 바이트	RW	-
	33 (0X21)	Moving Speed(H)	목표 속도 값의 상위 바이트	RW	-
	34 (0X22)	Torque Limit(L)	토크 한계 값의 하위 바이트	RW	ADD14
	35 (0X23)	Torque Limit(H)	토크 한계 값의 상위 바이트	RW	ADD15
	36 (0X24)	Present Position(L)	현재 위치 값의 하위 바이트	R	-
	37 (0X25)	Present Position(H)	현재 위치 값의 상위 바이트	R	-
	38 (0X26)	Present Speed(L)	현재 속도 값의 하위 바이트	R	-
	39 (0X27)	Present Speed(H)	현재 속도 값의 상위 바이트	R	-
	40 (0X28)	Present Load(L)	현재 하중 값의 하위 바이트	R	-
	41 (0X29)	Present Load(H)	현재 하중 값의 상위 바이트	R	-
	42 (0X2A)	Present Voltage	현재 전압	R	-
	43 (0X2B)	Present Temperature	현재 온도	R	-
	44 (0X2C)	Registered	Instruction의 등록 여부	R	0 (0X00)
	46 (0X2E)	Moving	움직임 유무	R	0 (0X00)
	47 (0X2F)	Lock	EEPROM 잠금	RW	0 (0X00)
	48 (0X30)	Punch(L)	Punch 값의 하위 바이트	RW	32 (0X20)
	49 (0X31)	Punch(H)	Punch 값의 상위 바이트	RW	0 (0X00)

EEPROM 영역

RAM 영역

그림 6.4.1-2 EEPROM과 RAM 영역

Address

Address는 컨트롤 테이블에서 어떠한 설정 데이터가 위치하는 곳이다. 주소라는 말이 의미 하듯이, 누군가에게 어떤 우편물을 전달하려면 주소가 있어야 하듯이 데이터를 전달하기 위해서는 누구라는 수신자 정보가 필요하다.

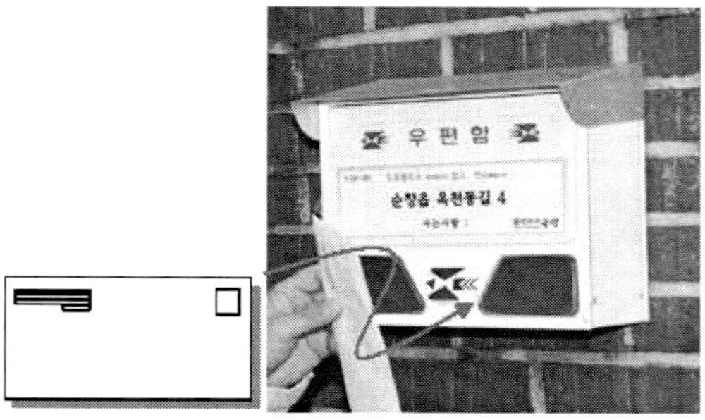

그림 6.4.1-3 어디론가 데이터를 전달하려면 주소가 필요하다.

당연한 이야기이겠지만 각각의 Address는 특정한 데이터 값이 있으며 그 값을 변경하면 변경된 값에 맞게 동작한다. 예를 들어서 3번지 ID라는 명칭의 주소에 1이라는 1바이트 데이터를 쓴다면 그 즉시 다이나믹셀의 ID가 1로 변경된다. 그런데 만약 2바이트 데이터(워드, word)[33)]가 필요한 항목은 주소를 어떻게 나타낼까? 해답은 간단하다. 주소를 2개 쓰면 된다. 컨트롤 테이블에서 주소는 바이트 단위를 기본으로 만들어졌기 때문에 2바이트가 필요한 테이블 항목은 주소가 2개가 필요하게 되고 주소 이름 뒤에 (L)과 (H)를 붙여서 구분한다. 여기서 (L)과 (H)는 하위 바이트(Low byte), 상위 바이트(High byte)를 의미한다.

Area	주소(16진수)	명칭	의미	접근	초기값(16진수)
	0(0×00)	Model Number(L)	모델 번호의 하위 바이트	R	113(0×71)
	1(0×01)	Model Number(H)	모델 번호의 상위 바이트	R	0(0×00)
	2(0×02)	Version of Firmware	펌웨어 버전 정보	R	-
	3(0×03)	ID	다이나믹셀 ID	RW	1(0×01)

그림 6.4.1-4 AX12의 컨트롤 테이블 중 일부

그런데 여기서 하위 바이트 주소가 먼저 나오고 상위 바이트 주소가 왜 뒤에 나오는지 궁금할 수도 있다. 이것은 프로세서가 처리할 때는 기본적으로 Little Endian 방식으로 메모리에 저장하

33) 2바이트 데이터를 1워드(word)라고 표현하기도 한다. 원래 워드라는 말은 프로세서가 한 번에 처리할 수 있는 기본 데이터 크기를 말한다. 역사적으로 인텔의 8085 프로세서에서는 한 번에 처리할 수 있는 기본 데이터 단위가 한 바이트(8비트)였지만 8086은 16비트 프로세서이므로 워드는 16비트(2바이트)가 된다. 이때부터 word가 사용되었다. 하지만 32비트 프로세서가 대부분인 지금까지도 word는 16비트를 의미한다. 그 대신 32비트는 DWORD(Double Word)로 표현한다. wikipedia 참고.

고 처리하기 때문에 컨트롤 테이블도 리틀엔디안 방식으로 바이트 오더링을 하는 것이 유리하기 때문이다. 이렇게 다중 바이트를 처리하는 방식에 대해서는 뒤에서 조금 더 다룰 예정이다.

접근(Access)

다이나믹셀 데이터는 읽기 전용(R)과 읽고 쓰기 가능한 것(RW) 두 가지가 있는데, 읽기 전용은 현재 위치(Present Position)와 같이 단순 정보 데이터이고, 나머지 대부분은 Goal Position이나 Moving Speed와 같이 구동용 데이터는 읽고 쓰기(RW) 가능한 데이터이다.

Area	주소 (16진수)	명칭	의미	접근	초기값 (16진수)
EEPROM	0 (0X00)	Model Number(L)	모델 번호의 하위 바이트	R	113 (0X71)
	1 (0X01)	Model Number(H)	모델 번호의 상위 바이트	R	0 (0X00)
	2 (0X02)	Version of Firmware	펌웨어 버전 정보	R	-
	3 (0X03)	ID	다이나믹셀 ID	RW	1 (0X01)
	4 (0X04)	Baudrate	다이나믹셀 통신 속도	RW	34 (0X22)
	5 (0X05)	Return Delay Time	응답 지연 시간	RW	250 (0XFA)
	6 (0X06)	CW Angle Limit(L)	시계 방향 한계 각도 값의 하위 바이트	RW	0 (0X00)
	7 (0X07)	CW Angle Limit(H)	시계 방향 한계 각도 값의 상위 바이트	RW	0 (0X00)
	8 (0X08)	CCW Angle Limit(L)	반시계 방향 한계 각도 값의 하위 바이트	RW	255 (0XFF)
	9 (0X09)	CCW Angle Limit(H)	반시계 방향 한계 각도 값의 상위 바이트	RW	3 (0X03)
	11 (0X0B)	the Highest Limit Temperature	내부 한계 온도	RW	85 (0X55)
	12 (0X0C)	The Lowest Limit Voltage	최저 한계 전압	RW	60 (0X3C)
	13 (0X0D)	The Highest Limit Voltage	최고 한계 전압	RW	190 (0XBE)
	14 (0X0E)	Max Torque(L)	토크 한계 값의 하위 바이트	RW	255 (0XFF)
	15 (0X0F)	Max Torque(H)	토크 한계 값의 상위 바이트	RW	3 (0X03)
	16 (0X10)	Status Return Level	응답 레벨	RW	2 (0X02)
	17 (0X11)	Alarm LED	알람용 LED 기능	RW	36 (0X24)
	18 (0X12)	Alarm Shutdown	알람용 셧 다운(Shut down) 기능	RW	36 (0X24)
RAM	24 (0X18)	Torque Enable	토크 On/Off	RW	0 (0X00)
	25 (0X19)	LED	LED On/Off	RW	0 (0X00)
	26 (0X1A)	CW Compliance Margin	CW Compliance margin	RW	0 (0X00)
	27 (0X1B)	CCW Compliance Margin	CCW Compliance margin	RW	0 (0X00)
	28 (0X1C)	CW Compliance Slope	CW Compliance slope	RW	32 (0X20)
	29 (0X1D)	CCW Compliance Slope	CCW Comliance slope	RW	32 (0X20)
	30 (0X1E)	Goal Position(L)	목표 위치 값의 하위 바이트	RW	-
	31 (0X1F)	Goal Position(H)	목표 위치 값의 상위 바이트	RW	-
	32 (0X20)	Moving Speed(L)	목표 속도 값의 하위 바이트	RW	-
	33 (0X21)	Moving Speed(H)	목표 속도 값의 상위 바이트	RW	-
	34 (0X22)	Torque Limit(L)	토크 한계 값의 하위 바이트	RW	ADD14
	35 (0X23)	Torque Limit(H)	토크 한계 값의 상위 바이트	RW	ADD15
	36 (0X24)	Present Position(L)	현재 위치 값의 하위 바이트	R	-
	37 (0X25)	Present Position(H)	현재 위치 값의 상위 바이트	R	-
	38 (0X26)	Present Speed(L)	현재 속도 값의 하위 바이트	R	-
	39 (0X27)	Present Speed(H)	현재 속도 값의 상위 바이트	R	-
	40 (0X28)	Present Load(L)	현재 하중 값의 하위 바이트	R	-
	41 (0X29)	Present Load(H)	현재 하중 값의 상위 바이트	R	-
	42 (0X2A)	Present Voltage	현재 전압	R	-
	43 (0X2B)	Present Temperature	현재 온도	R	-
	44 (0X2C)	Registered	Instruction의 등록 여부	R	0 (0X00)
	46 (0X2E)	Moving	움직임 유무	R	0 (0X00)
	47 (0X2F)	Lock	EEPROM 잠금	RW	0 (0X00)
	48 (0X30)	Punch(L)	Punch 값의 하위 바이트	RW	32 (0X20)
	49 (0X31)	Punch(H)	Punch 값의 상위 바이트	RW	0 (0X00)

그림 6.4.1-5

초기값

컨트롤 테이블 맨 우측에 표시된 값들이 초기값이며 공장에서 Default로 출하될 때 값이다. RAM 데이터의 경우는 전원이 인가될 때 초기값이므로 초기값이 없다.

초기값의 경우는 다이나믹셀이 동작하는 데 필수적으로 반드시 있어야만 하는 항목만 초기값이 존재한다. 예를 들어 ID나 통신 속도와 같은 EEPROM 데이터는 반드시 특정값이 있어야 다이나믹셀이 동작하기 때문에 초기값이 존재하는 것이다. 그 외에 Goal Position이나 Moving Speed 같은 RAM 데이터는 컨트롤할 때만 필요한 값이기 때문에 초기값이 없다. 만약 여기에 초기값이 있다면 매번 전원을 들어올 때마다 계속 초기값으로 움직이기 때문에 제대로 제어가 안 되는 이상한 다이나믹셀이 된다.

Area	주소 (16진수)	명칭	의미	접근	초기값 (16진수)
EEPROM	0 (0X00)	Model Number(L)	모델 번호의 하위 바이트	R	113 (0X71)
	1 (0X01)	Model Number(H)	모델 번호의 상위 바이트	R	0 (0X00)
	2 (0X02)	Version of Firmware	펌웨어 버전 정보	R	-
	3 (0X03)	ID	다이나믹셀 ID	RW	1 (0X01)
	4 (0X04)	Baudrate	다이나믹셀 통신 속도	RW	34 (0X22)
	5 (0X05)	Return Delay Time	응답 지연 시간	RW	250 (0XFA)
	6 (0X06)	CW Angle Limit(L)	시계 방향 한계 각도 값의 하위 바이트	RW	0 (0X00)
	7 (0X07)	CW Angle Limit(H)	시계 방향 한계 각도 값의 상위 바이트	RW	0 (0X00)
	8 (0X08)	CCW Angle Limit(L)	반시계 방향 한계 각도 값의 하위 바이트	RW	255 (0XFF)
	9 (0X09)	CCW Angle Limit(H)	반시계 방향 한계 각도 값의 상위 바이트	RW	3 (0X03)
	11 (0X0B)	the Highest Limit Temperature	내부 한계 온도	RW	85 (0X55)
	12 (0X0C)	The Lowest Limit Voltage	최저 한계 전압	RW	60 (0X3C)
	13 (0X0D)	The Highest Limit Voltage	최고 한계 전압	RW	190 (0XBE)
	14 (0X0E)	Max Torque(L)	토크 한계 값의 하위 바이트	RW	255 (0XFF)
	15 (0X0F)	Max Torque(H)	토크 한계 값의 상위 바이트	RW	3 (0X03)
	16 (0X10)	Status Return Level	응답 레벨	RW	2 (0X02)
	17 (0X11)	Alarm LED	알람용 LED 기능	RW	36 (0X24)
	18 (0X12)	Alarm Shutdown	알람용 셧 다운(Shut down) 기능	RW	36 (0X24)
RAM	24 (0X18)	Torque Enable	토크 On/Off	RW	0 (0X00)
	25 (0X19)	LED	LED On/Off	RW	0 (0X00)
	26 (0X1A)	CW Compliance Margin	CW Compliance margin	RW	0 (0X00)
	27 (0X1B)	CCW Compliance Margin	CCW Compliance margin	RW	0 (0X00)
	28 (0X1C)	CW Compliance Slope	CW Compliance slope	RW	32 (0X20)
	29 (0X1D)	CCW Compliance Slope	CCW Comliance slope	RW	32 (0X20)
	30 (0X1E)	Goal Position(L)	목표 위치 값의 하위 바이트	RW	-
	31 (0X1F)	Goal Position(H)	목표 위치 값의 상위 바이트	RW	-
	32 (0X20)	Moving Speed(L)	목표 속도 값의 하위 바이트	RW	-
	33 (0X21)	Moving Speed(H)	목표 속도 값의 상위 바이트	RW	-
	34 (0X22)	Torque Limit(L)	토크 한계 값의 하위 바이트	RW	ADD14
	35 (0X23)	Torque Limit(H)	토크 한계 값의 상위 바이트	RW	ADD15
	36 (0X24)	Present Position(L)	현재 위치 값의 하위 바이트	R	-
	37 (0X25)	Present Position(H)	현재 위치 값의 상위 바이트	R	-
	38 (0X26)	Present Speed(L)	현재 속도 값의 하위 바이트	R	-
	39 (0X27)	Present Speed(H)	현재 속도 값의 상위 바이트	R	-
	40 (0X28)	Present Load(L)	현재 하중 값의 하위 바이트	R	-
	41 (0X29)	Present Load(H)	현재 하중 값의 상위 바이트	R	-
	42 (0X2A)	Present Voltage	현재 전압	R	-
	43 (0X2B)	Present Temperature	현재 온도	R	-
	44 (0X2C)	Registered	Instruction의 등록 여부	R	0 (0X00)
	46 (0X2E)	Moving	움직임 유무	R	0 (0X00)
	47 (0X2F)	Lock	EEPROM 잠금	RW	0 (0X00)
	48 (0X30)	Punch(L)	Punch 값의 하위 바이트	RW	32 (0X20)
	49 (0X31)	Punch(H)	Punch 값의 상위 바이트	RW	0 (0X00)

그림 6.4.1-6

상위/하위 바이트

USART 시리얼 통신은 1바이트(8 bit) 기반의 통신이기 때문에 2바이트를 전송하기 위해서 데이터를 상위 바이트, 하위 바이트로 나눠야 한다. 이러한 이유로 컨트롤 테이블에서는 2바이트 데이터를 상위 바이트(H)와 하위 바이트(L)로 나누어서 표시하고 있으며 프로세서가 메모리에서 읽고 쓰기에 편리하도록 리틀엔디안 방식으로 바이트 오더링을 하고 있다. 예를 들면 아래와 같이 Goal Position이 하위 바이트, 상위 바이트 순으로 표시되고 있는 것과 같다.

30(0×1E)	Goal Position(L)	목표 위치 값의 하위 바이트	RW	-
30(0×1F)	Goal Position(H)	목표 위치 값의 상위 바이트	RW	-

하지만 ROBOTS OpenCM 툴에서는 하위 바이트에 대한 주소만 넘겨주면 2바이트(WORD) 데이터를 쉽게 처리할 수 있다. 바로 아래와 같이 writeWord()라는 WORD 단위 메소드[34]를 이용하면 Goal Position의 하위 바이트 주소만 가지고 목표 위치 컨트롤할 수 있다.

```
void loop() {
  delay(1000);              // Wait for 1 second (1000 milliseconds)
  Dxl.writeWord(1, 30, 0); //Turn dynamixel ID 1 to position 0
  delay(1000);              // Wait for 1 second (1000 milliseconds)
  Dxl.writeWord(1, 30, 300);//Turn dynamixel ID 1 to position 300
}
```

6.4.2 컨트롤 테이블의 항목

지금까지는 컨트롤 테이블을 보는 방법에 대해서 알아보았다.이제는 본격적으로 이러한 컨트롤 테이블을 이용해서 어떻게 다이나믹셀을 제어할 수 있는지 살펴보도록 한다. 여기서는 AX-12 모델을 예로 들며 순서는 EEPROM 영역의 맨 첫 번째 Model Number 항목부터 순차적으로 진행하도록 한다. 단, 다이나믹셀 모델에 따라서 일부 항목이 다를 수 있으니 ROBOTIS의 e-Manual을 통해 확인 후 실습하는 습관을 들이도록 하자.

Model Number

다이나믹셀 제품 라인업 중에 해당 제품의 모델에 해당하는 특정한 코드가 들어 있다. 아래와 같이 2바이트 크기로 할당되어 있으며 하위 바이트, 상위 바이트로 나누어진다.

0(0×00)	Model Number(L)	모델 번호의 하위 바이트	R	12(0×0C)
1(0×01)	Model Number(H)	모델 번호의 상위 바이트	R	12(0×00)

34) 메소드는 멤버 함수를 의미한다. 객체 지향 언어인 C++에서 클래스 개념이 도입되면서 클래스의 멤버가 되는 함수들을 메소드라고 한다. Dxl.writeByte(), Dxl.readByte(), Dxl.writeWord(), Dxl.readWord()등과 같이 클래스 변수 다음에 .찍고 쓰는 멤버 함수들을 모두 메소드라고 한다.

하위 바이트와 상위 바이트를 모두 읽어서 2바이트 WORD로 나타내면 각각의 모델에 할당된 특정 코드를 확인할 수 있다.

ROBOTIS OpenCM을 이용해서 실제로 AX12를 1개 연결해서 Model Number를 읽어보자. 실제로 모터를 움직이지는 않지만 읽는 동작도 AX12 사용 전압 범위 내에 전압을 공급해야 한다. 필자의 경우 로보티즈社에서 판매하고 있는 12 V SMPS를 이용해서 연결을 하고 있다.

```
Dynamixel Dxl(1); // Serial1번에 다이나믹셀 버스를 초기화 한다.
void setup(){
        Dxl.begin(1); // 다이나믹셀 버스 Baud rate를 1Mbps로 초기화
}
void loop(){
        SerialUSB.print( "Model Number =  ");
        SerialUSB.println(Dxl.readWord(6, 0); // 6번ID의 다이나믹셀의 0번지 주소 읽음
        delay(100);
}
```

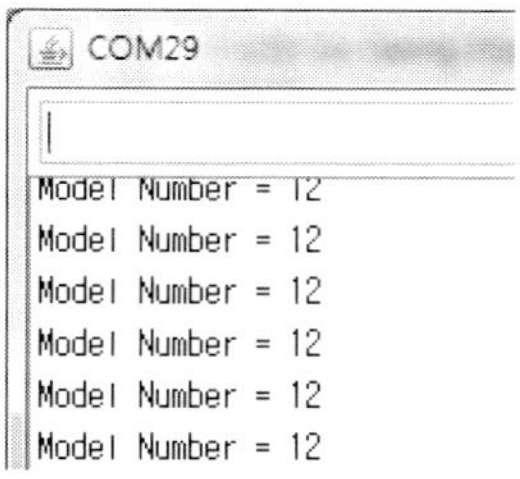

그림 6.4.2-1 실행 결과

앞으로 실습코드에서 setup()부분과 Dxl 클래스 변수를 선언하는 부분은 공통된 부분이므로 제외하도록 한다. 코드에서 중요한 부분은 ID 6번의 컨트롤 테이블 0번지 주소에서 2바이트(1WORD) 읽는 부분이다. OpenCM에서는 2바이트 데이터를 읽을 때에는 readWord()라는 메소드를 쓰면 편리하다. readWord()에 ID와 시작 주소만 넘겨주면 자동으로 2바이트를 읽어와서 리턴해주기 때문이다.

```
int model_number = Dxl.readWord(6, 0);
```

Model Number와 관련된 항목은 접근이 모두 R(Read)만 가능하기 때문에 writeWord()와 같은 W(Write)동작은 금지된다.

다음 <표 6.4.2-1>은 모든 다이나믹셀 시리즈와 그에 해당하는 2바이트 숫자 값이 표시되어 있으니 참고하자. 위와 같은 방식으로 자신이 가지고 있는 다이나믹셀의 0번지를 2바이트로 읽었을 때 다음과 같은 코드가 나오는지 확인해보자.

표 6.4.2-1 모든 다이나믹셀 시리즈에서 표시되는 Model Number 목록

모델명	DEC	HEX
AX-12W	144	0×12C
AX-12/AX12+/AX-12A	12	0×0C
AX-18F/AX-18A	18	0×12
RX-10	10	0×A
RX-24F	24	0×18
RX-28	28	0×1C
RX-64	64	0×40
EX-106+	107	0×6B
MX-28	29	0×1D
MX-64	154	0×9A
MX-106	164	0×A4
DX-113	113	0×71
DX-116	116	0×74
DX-117	117	0×75
XL-320	350	0×15E

아직 출시가 되지 않는 모델은 Model Number가 없을 수도 있으니 로보티즈社의 e-Manual을 참고하자.

Firmware Version

펌웨어 버전이 표시되어 있다. 다이나믹셀 컨트롤과는 직접 관계는 없기 때문에 수정할 일이 없다. 다만 로보티즈社의 Dynamixel Wizzard라는 다이나믹셀 관리 프로그램으로 업그레이드를 할때 참조되고 펌웨어가 업그레이드 되면 값이 수정된다.

이 값도 ROBOTIS OpenCM을 이용해서 읽어보자. Model Number가 2바이트이기 때문에 readWord()를 썼다면 Firmware Version은 아래와 같이 1바이트 크기이므로 readByte() 메소드를 활용하면 되겠다.

2(0×02)	Version of Firmware	펌웨어 버전 정보	R	-

```
void loop(){
        SerialUSB.print( " Firmware Version = ");
        SerialUSB.println(Dxl.readByte(6, 2)); // 6번 ID에서 2번 주소의 1바이트 읽음
        delay(100);
}
```

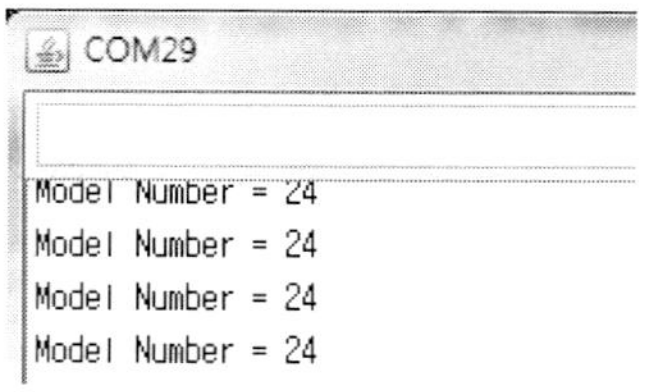

그림 6.4.2-2 실행 결과

마찬가지로 Firmware Version 항목 역시 R만 가능하기 때문에 읽기 동작만 가능하다.

ID

핸드폰에 전화를 걸기 위해서는 전화번호를 알아야 하듯이 다이나믹셀을 제어하기 위해서는 전화번호와 같은 ID가 필요하다. 다이나믹셀 ID는 1바이트로 표현된다. 0에서 253(OxFD)까지 총 254개의 ID를 가질 수 있다. 0xFE는 브로드 캐스팅 ID로 모든 다이나믹셀을 동시에 컨트롤할 때 사용되는 특별한 숫자이므로 제외되었다.

3(0×03)	ID	다이나믹셀 ID	RW	1(0×01)

ID항목은 RW(Read/Write)가 가능한 항목이기 때문에 실습으로 읽고 쓰는 동작을 같이 해본다.

```
SerialUSB.print( “ID = “);
SerialUSB.println(Dxl.readByte(6, 3)); // 6번 ID의 3번 주소를 1바이트로 읽는다.
```

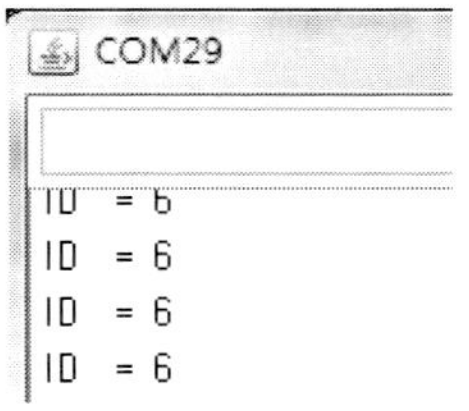

그림 6.4.2-3 실행 결과

이미 ID를 6번으로 알고 있어서 의미는 없지만 일단 3번이라는 주소에 6번이라는 ID값이 기록되어 있다는 것은 확인할 수 있다. 이제 6번 ID를 1번이라는 ID로 변경해보자. 1바이트 크기이므로 setup()에서 writeByte() 메소드를 활용해서 6번 ID를 3번으로 변경하고 이렇게 변경된 ID를 사용해서 loop()에서 3번지 주소를 읽어서 제대로 ID가 변경되었는지 살펴보자. 이번엔 전체 소스코드를 살펴보자.

```
Dynamixel Dxl(1); // 다이나믹셀 버스를 Serial 1번에 초기화한다.
void setup(){
        Dxl.begin(1);
        Dxl.writeByte(6, 3, 1); // 6번 ID의 다이나믹셀의 3번 주소에 1을 쓴다.
}
```

```
void loop(){
        SerialUSB.print( " New ID =  ");
        SerialUSB.println(Dxl.readByte(1, 3));//변경된 ID 1번으로 3번지 1바이트 읽음
        delay(100);
}
```

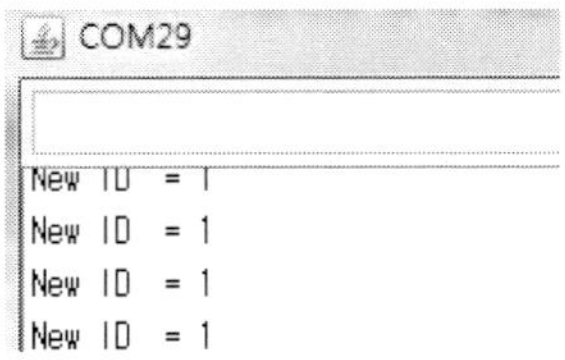

그림 6.4.2-4 실행 결과

실행 결과를 보면 무사히 ID 6번에서 ID 1번으로 변경되었기 때문에 readByte(1, 3)이라는 코드가 잘 출력이 되는 것을 알 수 있다. 혹시 255로 읽혔다면 제대로 ID변경이 되지 않아서 실패한 값이므로 다시 ID 6번으로 변경 시도를 해본다.

그리고 한 가지 팁을 알려주자면, 다이나믹셀 Broadcast ID를 이용해서 현재 ID를 몰라도 새로운 ID로 변경 가능하다. Broadcast ID(0xFE, 253)[35]는 현재 다이나믹셀 버스 상의 모든 다이나믹셀에 동시에 커맨드를 내릴 때 쓴다. 그래서 아래 코드를 실행했을 경우 모든 다이나믹셀의 ID가 1번이 되기 때문에 조심해야 한다. 반드시 1개의 다이나믹셀만 연결했을 때 성공적으로 실행된다.

```
Dynamixel Dxl(1); // 다이나믹셀 버스를 Serial 1번에 초기화한다.
void setup(){
        Dxl.begin(1);
        Dxl.writeByte(0xFE, 3, 1);//Broadcast를 이용해 현재 버스상의 모든 다이나믹셀을 ID 1로 변경함
}
void loop(){
        SerialUSB.print( " New ID =  ");
        SerialUSB.println(Dxl.readByte(1, 3));//변경된 ID 1번으로 3번지 1바이트 읽음
        delay(100);
}
```

실행 결과는 이전 실행 결과와 동일할 것이다.

Baud rate

다이나믹셀의 가장 기본적인 세팅인 통신 속도 설정 인자이다. 다이나믹셀을 제어하기 위해서는 일단 통신 속도가 맞아야 데이터를 주고 받을 수 있기 때문에 가장 중요한 설정이라고 보면 된다.

4(0×04)	Baud Rate	다이나믹셀 통신 속도	RW	1(0×01)

35) 다음 절 Instruction Packet에 대한 설명에서 자세히 설명하도록 하겠다. Broadcast ID는 Syncwrite와 같이 모든 다이나믹셀들을 동시에 제어하고자 할 때 쓰려고 만든 특별한 ID라고 할 수 있다.

다이나믹셀은 UART 시리얼 통신의 Baud rate값을 200000/(1+n)이라는 공식으로 통신 속도를 설정한다. n값이 0이면 최대 2 Mbps에 해당하고 207이면 가장 느린 9600 bps에 해당한다. 반드시 다이나믹셀에 설정된 Baud rate값은 하나의 Baud rate로 모두 통일해서 쓰기를 권장한다. 기본 출고값은 57600 bps인 34에 해당하고 보통 1 Mbps인 1을 많이 쓴다.

표 6.4.2-2 다이나믹셀 Baud rate 계산식과 목록

Value	설정 BPS	목표 BPS	오차
1	1000000.0	1000000.0	0.000%
3	500000.0	500000.0	0.000%
4	400000.0	400000.0	0.000%
7	250000.0	250000.0	0.000%
9	200000.0	200000.0	0.000%
16	117647.1	115200.0	-2.124%
34	57142.9	57600.0	0.794%
103	19230.8	19200.0	-0.160%
207	9615.4	9600.0	-0.160%

단, 최근에 출시된 XL-320과 다이나믹셀 프로는 Baud rate 테이블이 기존과 다르다. <표 6.4.2-3>은 새로 지정된 Baud rate 테이블이다.

표 6.4.2-3

Value	BPS
0	2400
1	57600
2	115200
3	1 Mbps
4	2 Mbps
5	3 Mbps
6	4 Mbps
7	4.5 Mbps
8	10.5 Mbps

> **참고** UART는 Baud rate 오차가 3% 이내이면 통신에 지장이 없다.

그래서 지금까지 실습하면서 setup() 함수내에서 Dxl.begin(1);이라고 했던 부분이 바로 baud rate를 설정하는 부분이었다. 만약 현재 버스상에 연결된 다이나믹셀의 4번지 주소의 값이 34라면 57600bps 속도일 때만 통신이 가능하므로 Dxl.begin(34);를 이용해 버스를 초기화해야 한다.

만약 다이나믹셀 Baud rate를 변경하고자 한다면, 다음과 같이 writeByte()를 이용해서 변경할 수 있다. 하지만 Baud rate가 변경되었기 때문에 그 뒤에는 변경된 Baud rate로 다시 초기화해야 한다.

```
Dynamixel Dxl(1); // Serial1번에 다이나믹셀 버스를 초기화한다.
void setup(){
        Dxl.begin(1); // 다이나믹셀 버스 Baud rate를 1Mbps로 초기화
        Dxl.writeByte(1, 4, 34);//ID1번의 다이나믹셀 주소 4번값을 34로 변경
        delay(100); //Baud rate 변경하는 동안 100ms 휴지기간을 둔다.
        Dxl.begin(34); // 다이나믹셀 버스 Baud rate를 57600bps로 새로 초기화
}
void loop(){
        SerialUSB.print("New Baudrate  = ");
        SerialUSB.println(Dxl.readByte(1, 4));
        delay(100);
}
```

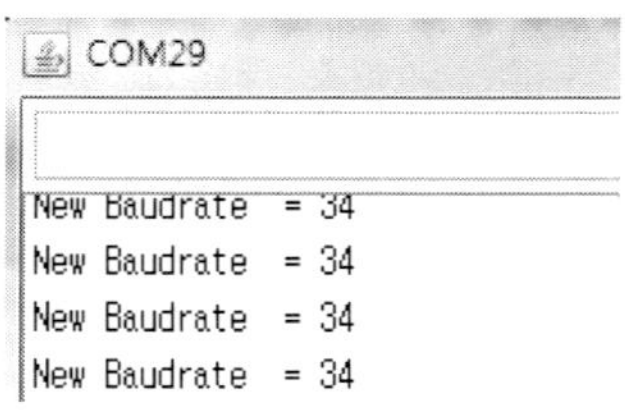

그림 6.4.2-5 실행 결과

이제부터는 setup()에서 Dxl.begin(34)로 초기화하면 된다.

Return Delay Time

다이나믹셀은 제어기와 패킷을 주고 받으면서 컨트롤이 시작된다. 우리가 다이나믹셀에 보내는 커맨드가 Instruction Packet이라면 다이나믹셀 쪽에서 제대로 커맨드를 받았는지 제어기 쪽으로 보내는 패킷을 Status Packet이라고 한다. Return Delay Time이란 값은 응답 패킷인 Status Packet이 반환되는 데 걸리는 시간을 설정한다. 즉, 다이나믹셀이 제어기로부터 Instruction Packet을 받은 후, 얼마 후에 Status Packet을 반환할 것인지 결정하는 값이다. 1바이트 크기이기 때문에 0~254(0xFE)까지 사용가능하고 단위는 2 usec이다. 예를 들어, 값이 10일 경우 20 usec만큼 시간이 지난 후에 Status Packet을 응답한다.

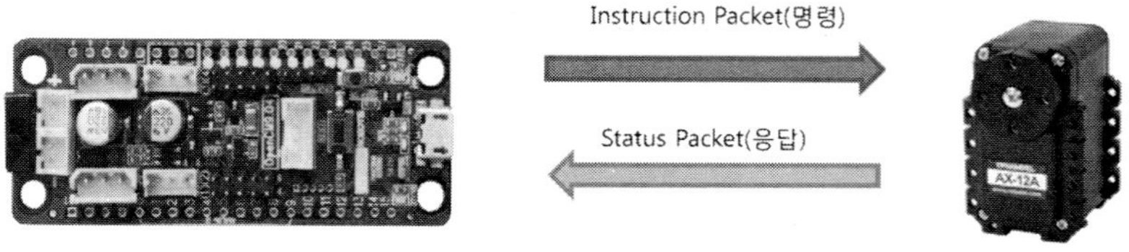

그림 6.4.2-6 다이나믹셀 패킷은 명령 패킷과 응답 패킷으로 구성

Return Delay Time은 컨트롤 테이블에서 1바이트로 기록되어 있고 READ/WRITE가 가능하다.

5(0×05)	Return Delay Time	응답 지연 시간	RW	250(0×FA)

ROBOTIS OpenCM을 통해 읽기 위해서는 아래와 같이 readByte() 메소드를 이용해서 확인할 수 있다.

```
SerialUSB.print( “Return Delay Time = ”);
SerialUSB.println(Dxl.readByte(1, 5));// 1번 ID에서 5번 주소값을 1바이트로 읽음
```

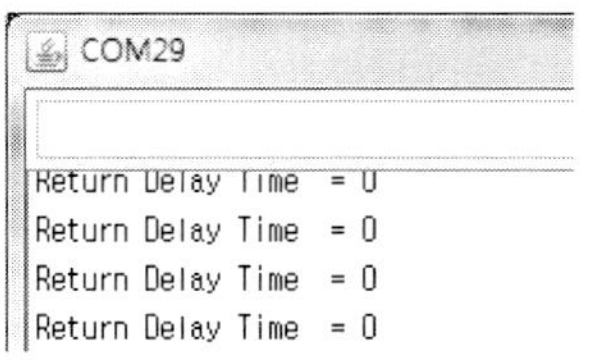

그림 6.4.2-7 실행 결과

0으로 읽어졌기 때문에 응답 시간이 0ms로 설정되어 있음을 확인할 수 있다. 변경하기 위해서는 아래와 같이 writeByte() 메소드를 이용해서 변경가능하다.

```
Dxl.writeByte(1, 5, 20); // 1번 ID의 다이나믹셀을 응답 지연시간 20ms로 설정
```

그리고 버스 상에 연결된 모든 다이나믹셀의 응답 지연시간을 100 ms로 설정하고 싶다면 아래와 같이 Broadcast ID를 이용할 수 있다.

```
Dxl.writeByte(0xFE, 5, 100); // 버스 상의 모든 다이나믹셀의 응답 지연시간을 100ms로 설정한다.
```

CW/CCW Angle Limit

바퀴 모드와 관절 모드를 결정하는 중요한 값이다. 또는 관절 모드에서 움직이는 범위를 제한해야 될 필요가 있을 때 유용하다. CC Angle Limit(시계방향 한계 각도)은 Goal Position 커맨드의 최소 단위를 결정하는 값이고 CCW Angle Limit(반시계 방향 한계 각도)은 Goal Position 커맨드의 최대 단위를 결정하는 값이다. 2바이트(WORD)단위이고 Goal Position과 위치 범위(Position Range)가 같다.

6(0×06)	CW Angle Limit(L)	시계 방향 한계 각도 값의 하위 바이트	RW	0(0×00)
7(0×07)	CW Angle Limit(H)	시계 방향 한계 각도 값의 상위 바이트	RW	0(0×00)
8(0×08)	CCW Angle Limit(L)	반시계 방향 한계 각도 값의 하위 바이트	RW	255(0×FF)
9(0×09)	CCW Angle Limit(h)	반시계 방향 한계 각도 값의 상위 바이트	RW	3(0×03)

예를 들어 아래 <그림 6.4.2-8> AX12모델의 경우, 관절 모드에서 Goal Position이 0~1023범위라면 CC Angle Limit은 0이고 CCW Angle Limit은 1023(0x3FF)이다.

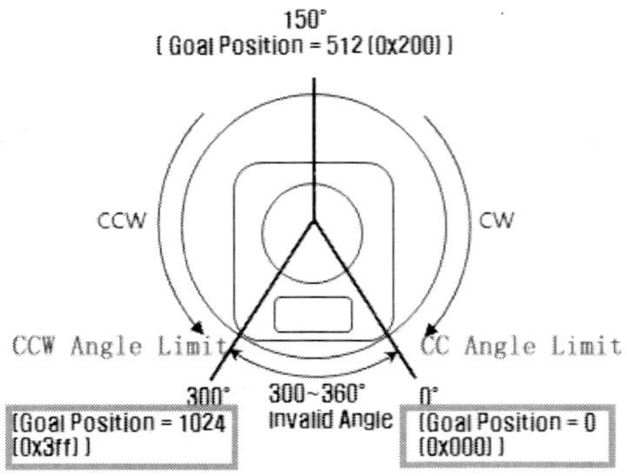

그림 6.4.2-8 AX12의 CCW/CW Angle Limit

여기서 중요한 점이 CCW Angle Limit을 모두 0으로 설정하면 다이나믹셀이 바퀴 모드로 변한다. 바퀴 모드에서는 시계 방향이든 반시계 방향이든 계속 무한히 회전하게 되고 Goal Position 제어는 되지 않는다. 오로지 Moving Speed로만 제어된다. 관절 모드는 특정 각도로 제어가 가능해서 휴머노이드 로봇과 같은 다관절 로봇에 쓸 수 있고 바퀴 모드는 자동차와 같은 바퀴형 구동 로봇에 쓸 수 있다.

표 6.4.2-4 CCW Angle Limit을 활용한 바퀴 모드와 관절 모드 선택

동작 방식	CW/CCW
바퀴 모드	둘 다 0인 값
관절 모드	둘 다 0이 아닌 값

먼저 6번지의 CW Angle Limit부터 테스트 해보자. 다이나믹셀 관련 예제 중에 a_Dxl_Position 예제를 열기 한다. 그리고 Dxl.begin(1); 다음에 아래의 코드를 추가한다.

```
Dxl.writeWord(1, 6, 150);
```

그리고 나서 실행을 해보면 0에서 300 위치까지 명령을 내리지만 실제로 시계방향으로 회전할 때는 0위치가 아닌 150까지만 회전하는 것을 볼 수 있다.

```
void setup() {
  // Initialize the dynamixel bus:
  // baud rate index n=1 is 1Mbps refer to 2000000/(1+n)
  // 34 is 57600 bps
  Dxl.begin(1);  //1Mbps
  Dxl.writeWord(1, 6, 150); // set to 150 as CW Angle Limit
}

void loop() {
  Dxl.writeWord(1, 30, 0); //Turn dynamixel ID 1 to position 0
  delay(1000);              // Wait for 1 second (1000 milliseconds)
  Dxl.writeWord(1, 30, 300);//Turn dynamixel ID 1 to position 300
  delay(1000);              // Wait for 1 second (1000 milliseconds)
}
```

그러면 다시 CW Angle Limit을 0으로 원복 시키고 CCW Angle Limit을 150으로 수정해보자. 아래와 같이 추가한다.

```
void setup() {
  // Initialize the dynamixel bus:
  // baud rate index n=1 is 1Mbps refer to 2000000/(1+n)
  // 34 is 57600 bps
  Dxl.begin(1);  //1Mbps
  Dxl.writeWord(1, 6, 0); // set to 0 as CW Angle Limit
  Dxl.writeWord(1, 8, 150); // set to 0 as CCW Angle Limit
}

void loop() {
  Dxl.writeWord(1, 30, 0); //Turn dynamixel ID 1 to position 0
  delay(1000);              // Wait for 1 second (1000 milliseconds)
  Dxl.writeWord(1, 30, 300);//Turn dynamixel ID 1 to position 300
  delay(1000);              // Wait for 1 second (1000 milliseconds)
}
```

실행 결과는 0위치에서 300까지 목표 위치를 바꾸라고 명령을 내리지만 실제로는 반시계 방향으로 움직일 때는 CCW Angle Limit인 150까지만 왔다갔다 하는 것을 볼 수 있다.

이번에는 CCW Angle Limit을 0으로 만들어서 바퀴 모드로 바꿔보자. 바퀴 모드일 경우에는 30번, 31번 Goal Position 제어가 되지 않고 오직 32번, 33번 Moving Speed로만 제어가 되는 점을 명심해야 한다. Moving Speed값이 0~1023이면 CCW 방향으로 회전하고 0으로 설정하면 정지한다. 반대로 1024~2047 값이라면 CW 방향으로 회전하고 1024면 정지하게 된다. 다음의 예제는 바퀴 모드에서 이러한 제어 특성을 잘 보여준다.

```
void setup() {
  // Initialize the dynamixel bus:
  // baud rate index n=1 is 1Mbps refer to 2000000/(1+n)
  // 34 is 57600 bps
  Dxl.begin(1);  //1Mbps
  Dxl.writeWord(1, 8 , 0);
}
```

```
void loop() {
  Dxl.writeWord(1, 32, 100); // CCW
  delay(5000);
  Dxl.writeWord(1, 32, 500);
  delay(5000);
  Dxl.writeWord(1, 32, 1000);
  delay(5000);
  Dxl.writeWord(1, 32, 1024); // stop
  delay(5000);
  Dxl.writeWord(1, 32, 1124); // CW
  delay(5000);
  Dxl.writeWord(1, 32, 1624);
  delay(5000);
  Dxl.writeWord(1, 32, 2000);
  delay(5000);
}
```

예제는 setup()에서 다이나믹셀 버스를 1 Mbps로 초기화 하고 1번 ID의 다이나믹셀의 CCW Angle Limit을 0으로 설정해서 바퀴 모드로 바꾼다. 그리고 loop()에서 Moving Speed값을 5초마다 변경해서 CCW/CW 회전 속도 제어를 잘 보여준다고 할 수 있다.

내부 한계 온도(The Highest Limit Temperature)

동작 온도의 상한 값이며 사용 범위는 10~99(0xa~0x63)이며, 단위는 섭씨 온도이다. 예를 들어 값이 80이면 80℃에 해당한다.

11(0×0B)	the Highest Limit Temperature	내부 한계 온도	RW	70(0×46)

내부 온도가 이 값을 넘으면 Status Packet 중 ERROR의 Over Heating Error Bit(Bit2)가 '1'로 설정되어 반환되고, Alarm LED/Shutdown의 플래그(flag)중 과열(Overheating)이 설정되어 있다면 다이나믹셀이 LED가 깜빡이면서 동작하지 않게 된다. 다이나믹셀 e-Manual에서는 다음과 같은 주의 사항이 있으니 참고하자.

주의 온도 상한선을 초기값보다 높게 설정하지 말아라.
온도 알람셧다운 발생시 20분 이상 휴식하여 다이나믹셀의 온도를 충분히 낮춘 후 사용하라. 온도가 높은 상태에서 사용시 제품이 손상될 수 있다.

내부 한계 온도를 읽을 때는 아래와 같이 readByte() 메소드를 활용하면 된다.

```
SerialUSB.print( "The Highest Limit Temp = ");
SerialUSB.println(Dxl.readByte(1, 11));
```

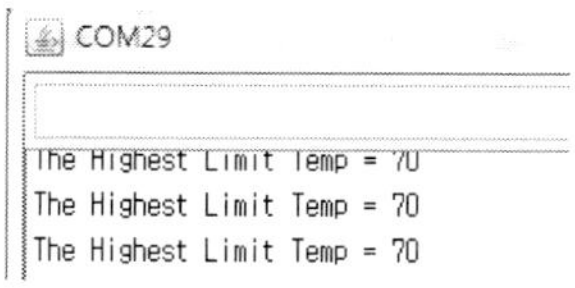

그림 6.4.2-9 실행 결과

반대로 설정할 때는 아래와 같이 writeByte()를 쓰면 된다.

```
writeByte(1, 11, 80); // ID 1번인 다이나믹셀의 내부 한계 온도를 80도로 변경
```

최저 한계 전압(The Lowest/Hightest Limit Voltage)

전압 동작 범위의 상한과 하한값에 해당한다. 상한과 하한을 각각 50~250(0x32~0x96)까지 사용 가능하며 단위는 0.1 V이다. 크기는 모두 1바이트이다.

12 (0X0C)	the Lowest Limit Voltage	최저 한계 전압	RW	60 (0X3C)
13 (0X0D)	the Highest Limit Voltage	최고 한계 전압	RW	140 (0XBE)

예를 들어 값이 80이면 8 V이다. 현재 전압값이 이 범위를 벗어날 경우 Status Packet 중 ERROR의 Voltage Range Error Bit(Bit 0)가 '1'로 설정되어 반환된다. 마찬가지로 Alarm LED/Shutdown의 플래그 중 입력전압 에러(Input Voltage Error)가 설정되어 있으면 LED가 깜빡이면 동작이 멈추게 된다.

아래의 코드로 두 개의 설정값을 읽을 수 있다. 반대로 변경하기 위해서는 writeByte() 메소드를 활용하면 된다.

```
void setup() {
  // Initialize the dynamixel bus:
  // baud rate index n=1 is 1Mbps refer to 2000000/(1+n)
  // 34 is 57600 bps
  Dxl.begin(1);  //1Mbps
}

void loop() {
SerialUSB.print("The Lowest Limit voltage = ");
SerialUSB.print(Dxl.readByte(1, 12));
SerialUSB.print("  The Highest Limit voltage = ");
SerialUSB.println(Dxl.readByte(1, 13));
delay(100);
}
```

실행 결과는 아래와 같다.

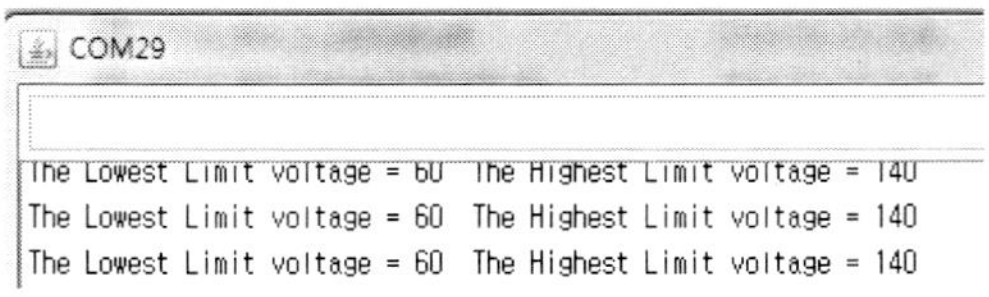

그림 6.4.2-10 실행 결과

현재 1번 ID를 가진 필자의 AX12 다이나믹셀에 설정된 최저 한계 전압은 6 V이고 최대 한계 전압은 14 V임을 알 수 있다. 이 범위를 벗어나면 Status Packet이 Error 비트가 포함되어 돌아오게 된다.

Max Torque

모터의 최대 출력 제한값을 의미한다. 0~1023(0x3FF)까지 사용가능하며 단위는 약 0.1%를 의미한다. 최대 토크값은 아래와 같이 2바이트 크기로 제공된다.

14 (0X0E)	Max Torque(L)	토크 한계 값의 하위 바이트	RW	255 (0XFF)
15 (0X0F)	Max Torque(H)	토크 한계 값의 상위 바이트	RW	3 (0X03)

예를 들어 값이 512이면 최대 출력 대비 50%만 토크를 출력한다는 의미이다. 별다른 설정을 하지 않았다면 전원을 켰을 때 초기값(0x3FF)으로 작동한다.

```
Dynamixel Dxl(1); //Dynamixel on Serial1(USART1)
void setup() {
  // Initialize the dynamixel bus:
  // baud rate index n=1 is 1Mbps refer to 2000000/(1+n)
  // 34 is 57600 bps
  Dxl.begin(1);  //1Mbps
}

void loop() {
SerialUSB.print("Max Torque = ");
SerialUSB.println(Dxl.readWord(1, 14));
delay(100);
}
```

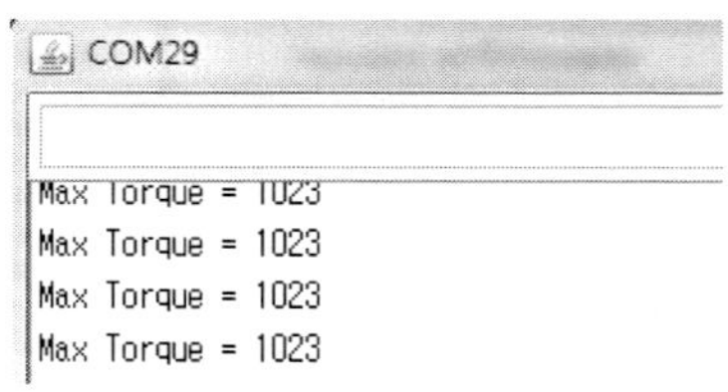

그림 6.4.2-11 실행 결과

실행 결과는 AX12의 경우 기본값으로 항상 최대 토크를 내도록 설정되어 있다.

Status Return Level

Status Return Level은 기본적으로 모든 명령에 대해서 반환할 수 있게 2로 세팅되어 있다. 1바이트 크기이므로 아래와 같이 readByte()를 이용해서 읽을 수 있다.

16 (0X10)	Status Return Level	응답 레벨	RW	2 (0X02)

```
SerialUSB.print( "Status Return Level = ");
SerialUSB.println(Dxl.readByte(1, 16));
```

표 6.4.2-5 응답패킷 레벨

값	동작 방식
0	모든 명령에 대해 반환하지 않음(단, PING 명령 제외)
1	READ 명령에 대해서만 반환함
2	모든 명령에 대해서 반환함

참고 Instruction packet의 ID가 Broadcast ID인 경우에는 이 값에 상관없이 Status Packet이 반환되지 않는다.

Alarm LED/Alarm Shutdown

다이나믹셀은 동작 중에 발생하는 위험 상황을 감지하여 스스로를 보호할 수 있는 똑똑한 서보이다. 설정할 수 있는 상황은 아래와 같고 크기는 1바이트에 해당한다.

18 (0X12)	Alarm Shutdown	알람용 셧 다운(Shut down) 기능	RW	36 (0X24)

표 6.4.2-6 Alarm을 설정할 수 있는 위험상황 리스트

Bit	명칭	내용
Bit 7	0	
Bit 6	Instruction Error	정의되지 않은 Instruction이 전송된 경우, 또는 reg_write 명령없이 Action명령이 전달된 경우
Bit 5	Overload Error	모터의 최대 출력으로 제어할 수 없는 하중이 지속적으로 적용되는 경우
Bit 4	CheckSum Error	전송된 Instruction Packet의 CheckSum이 맞지 않을 경우
Bit 3	Range Error	해당 Address의 값의 범위를 벗어난 값을 Instruction Packet으로 보내는 경우
Bit 2	OverHeating Error	내부 온도가 설정된 동작 온도 범위를 벗어난 경우
Bit 1	Angle Limit Error	적용한 Goal Position이 설정한 CW/CCW Angle Limit 범위를 벗어난 경우
Bit 0	Input Voltage Error	인가된 전압이 설정된 동작 전압 범위를 벗어났을 경우

각 Bit의 기능은 OR 논리로 적용할 수 있어서 중복 설정이 가능하다. 예를 들어 0x05(b0000 0101)로 설정하였다면 Input Voltage Error와 Overheating Error가 발생하는 것을 모두 감지할 수 있다. 위험 상황이 발생하면 Alarm LED의 경우 LED를 깜빡이고 Alarm Shutdown의 경우는 Torque Limit의 값을 0으로 만들어서 모터 출력이 0%가 되기 때문에 움직이지 않는다.

```
Dxl.writeByte(1, 18, 0x05);
```

또는 각각의 Bit에 맞게 define을 만들어서 OR 연산자로 보기 좋게 나타낼 수도 있다.

```
#define INPUT_VOLTAGE_ERR 1
#define ANGLE_LIMIT_ERR 1<<1
#define OVERHEATING_ERR 1<<2
Dxl.writeByte(1, 18, INPUT_VOLTAGE_ERR | ANGLE_LIMIT_ERR | OVERHEATING_ERR);
```

Torque Enable

다이나믹셀에 내장된 모터의 전원을 ON/OFF할 수 있는 파라미터이지만 특정 다이나믹셀 항목들의 경우 사용이 비활성화 되어 있어서 의미 없다. AX시리즈의 경우 읽어 보면 0으로 되어 있는데도 동작하는 것을 볼 수 있다.

24 (0X18)	Torque Enable	토크 On/Off	RW	0 (0X00)

값	의미
0	모터의 전원을 차단하여 Torque가 발생되지 않도록 한다.
1	모터의 전원을 인가하여 Torque가 발생시키도록 한다.

LED

다이나믹셀의 LED를 ON/OFF 시킨다. Alarm으로서의 용도로도 사용되지만 임의로 ON/OFF할 수 있다. LED는 다이나믹셀의 뒷면 상단 중앙에 대부분 위치한다.

25 (0X19)	LED	LED On/Off	RW	0 (0X00)

값	의미
0	LED를 OFF시킨다.
1	LED를 ON시킨다.

간단히 다이나믹셀의 LED를 가지고 Blink를 구현해보자.

```
Dxl.writeByte(1, 25, 0); // LED OFF
delay(100);
Dxl.writeByte(1, 25, 1); // LED ON
delay(100);
```

loop()문에서 위의 코드를 넣어서 실행시켜 보면 뒷면의 붉은색 LED가 깜빡이는 것을 볼 수 있다.

Compliance

Compliance는 모터 제어의 유연성을 설정한다. 아래 그림은 위치와 모터의 출력관계를 나타낸다. 모터의 유연성(Compliance)이 부족하면 움직임이 딱딱해지거나 떨림이 발생할 수 있기 때문에 유연성 항목값의 최적점을 찾는 것이 중요하다.

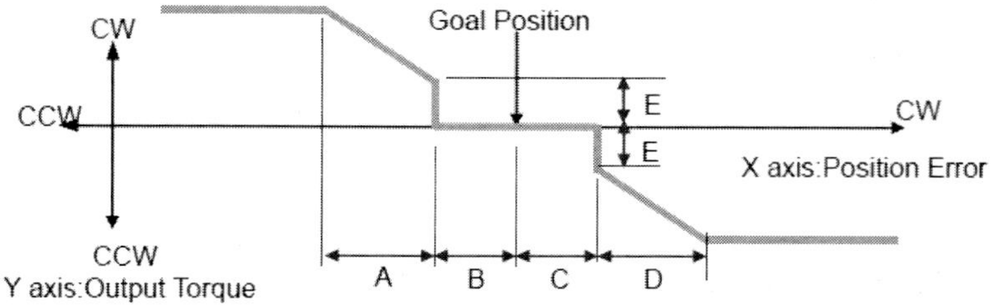

A : CCW Compliance Slope(Address0x1D)
B : CCW Compliance Margin(Address0x1B)
C : CW Compliance Margin(Address0x1A)
D : CW Compliance Slope (Address0x1C)
E : Punch(Address0x30,31)

그림 6.4.2-12

Compliance Margin

CW/CCW 방향 별로 존재하며 목표 위치와 현재 위치의 오차를 의미한다. 값의 범위는 0~255이며, 단위는 Goal Position과 같다. 이 값이 클수록 유격이 많이 생기는 효과가 나타난다.

26 (0X1A)	CW Compliance Margin	CW Compliance margin	RW	1 (0X01)
27 (0X1B)	CCW Compliance Margin	CCW Compliance margin	RW	1 (0X01)

Compliance Slope

CW/CCW 방향 별로 존재하며 목표 위치 근처에서 출력의 정도를 설정한다. Compliance Slope는 총 7단계로 설정할 수 있고 값이 높을수록 유연성이 좋아진다. Data 대표값은 실제로 사용되는 값인데, 즉 25로 설정되어도 대표값 16으로 내부에서 사용된다.

28 (0X1C)	CW Compliance Slope	CW Compliance slope	RW	32 (0X20)
29 (0X1D)	CCW Compliance Slope	CCW Comliance slope	RW	32 (0X20)

단계	Data 값	Data 대표값
1	0(0×00) ~ 3(0×03)	2(0×02)
2	0(0×04) ~ 7(0×07)	4(0×04)
3	8(0×08) ~ 15(0×0F)	8(0×08)
4	16(0×10) ~ 31(0×1F)	16(0×10)
5	32(0×20) ~ 63(0×3F)	32(0×20)
6	64(0×40) ~ 127(0×7F)	64(0×40)
7	128(0×80) ~ 254(0×FE)	128(0×80)

PID Gain

모든 다이나믹셀 시리즈에 지원되는 것은 아니며 MX시리즈에만 적용되는 기능이다. MX 시리즈는 본격적으로 PID 컨트롤러를 이용해서 동작한다.

P Gain은 Propotional Gain 값이다.
I Gain은 Integral Gain 값이다.
D Gain은 Derivative Gain 값이다.

P, I, D 값의 범위는 0~254이고 아래와 같은 과정으로 작동한다.

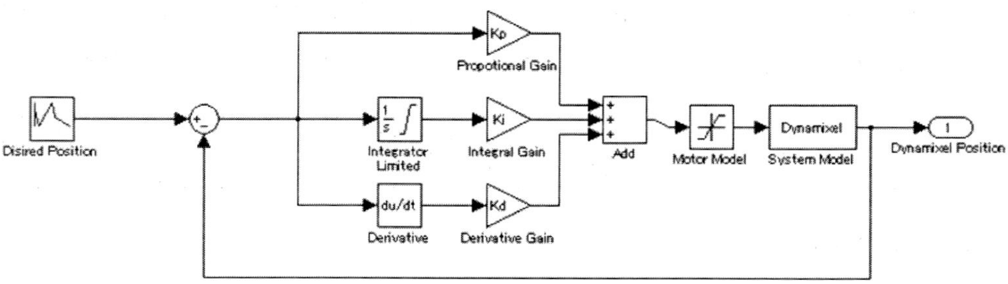

K_p = P Gain / 8
K_i = I Gain * 1000 / 2048
K_d = D Gain * 4 / 1000

그림 6.4.2-13

참고

※ PID와 컴플라이언스 슬로프와의 관계

Slope	P Gain
8	128
16	54
32	32
64	16
128	8

P게인이 작을수록, 유격이 커지고, 목표위치 근처에서의 출력 정도가 약해진다.
즉, 어떻게 보면, margine과 slope를 합친 것 같은 개념이다.
정확하게 예전 컴플라이언스 개념과 매칭되지 않는다. 동작의 차이가 나더라도 당연한 일이다.

※ PID에 대한 설명 요함

일반적인 PID에 대한 간략한 설명은 아래의 사이트를 참고하도록 하자.
http://en.wikipedia.org/wiki/PID_controller
참고로 PID 제어론은, 단순히 모터제어에만 국한된 이야기가 아니라, 모든 제어에 적용할 수 있는 일반적인 이론이다.

Goal Position

이동시키고자 하는 곳의 위치값이다. 가장 기본적으로 다이나믹셀을 컨트롤할 수 있는 파라미터에 해당하고 이 값을 바꾸면 즉시 다이나믹셀이 해당 위치로 이동하게 된다. 다이나믹셀 시리즈마다 최소, 최댓값이 다르고 컨트롤 가능한 영역이 다르기 때문에 로보티즈社의 e-Manual을 참고해서 해당 모델의 스펙을 자세히 숙지해 두는 것이 좋다. 예를 들면 AX12시리즈는 0~1023(0x3FF)에 해당하는 이동 범위를 가지고 있으며 300~360도 영역은 Invalid Angle로서 컨트롤이 안되는 영역이다.

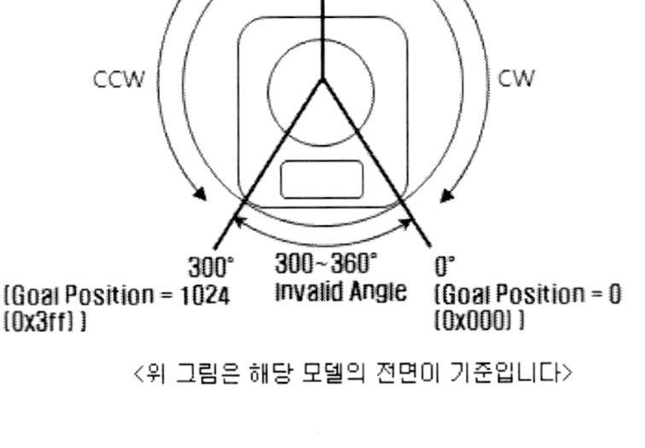

그림 6.4.2-14 Invalid Angle이 있는 모델의 경우. (AX/RX/EX/DX) Goal position 제어 각도

반면에 새로운 MX시리즈는 0~4095(0xFFF)에 해당하는 이동범위를 가지고 있으면서 Invalid Angle이 없이 0~360도 전체로 컨트롤이 가능하다.

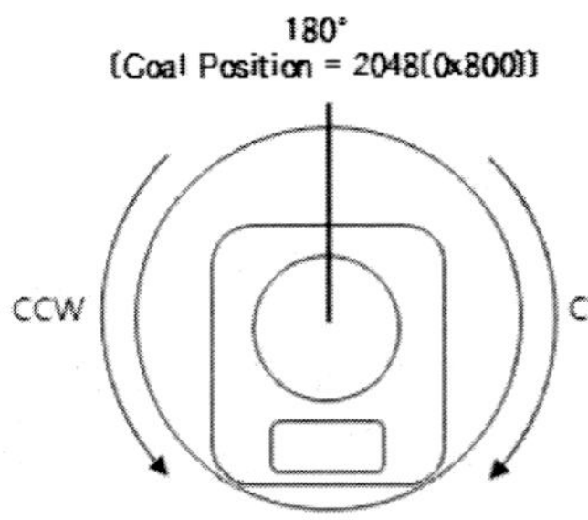

그림 6.4.2-15 MX시리즈 Goal Position 제어 각도, Invalid Angle이 없다.

Goal Position 제어에서 반드시 알아야 될 제약사항은 위에서 한차례 설명했던 CW/CCW Angle Limit값인데, CW/CCW Angle Limit의 벗어난 값을 사용하게 되면 Status Packet 중 ERROR의 Angle Limit Error Bit(Bit1)가 '1'로 설정되어 반환되고, Alarm LED/Shutdown의 플래그(flag) 중 Angle Limit Error가 Enable로 설정되어 있다면 Angle Limit Error가 났을 때 LED가 켜지던지 Shutdown이 일어난다.

그리고 Goal Position은 바퀴 모드에서는 동작하지 않으니 OpenCM 기본 예제 중에 관절 모드가 동작하지 않을 때는 8번 주소의 CCW Angle Limit 부분이 0으로 설정되어 있지 않는지 확인해야 한다.

Goal Position은 다이나믹셀 예제의 가장 기본 예제인 a_Dxl_Position가 모두 30번지 Goal Position 제어를 수행한다.

```
void setup() {
  // Initialize the dynamixel bus:
  // baud rate index n=1 is 1Mbps refer to 2000000/(1+n)
  // 34 is 57600 bps
  Dxl.begin(1);  //1Mbps
}

void loop() {
  Dxl.writeWord(1, 30, 0); //Turn dynamixel ID 1 to position 0
  delay(1000);              // Wait for 1 second (1000 milliseconds)
  Dxl.writeWord(1, 30, 300);//Turn dynamixel ID 1 to position 300
  delay(1000);              // Wait for 1 second (1000 milliseconds)
}
```

실행해보면 처음에 0위치로 Goal Position 명령을 1초 동안 수행하고 다시 300위치로 Goal Position 명령을 1초 동안 계속 반복적으로 수행한다.

Moving Speed

이동 속도는 관절 모드일 때와 바퀴 모드일 때 제어 방법이 다르다. AX-12의 경우 아래 2가지 모드로 제어할 수 있다.

- **관절 모드** : Goal Position으로 이동하는 속도를 의미하고 0~1023(0x3FF)까지 사용되며, 단위는 약 0.114 rpm이다. 0으로 설정하면 움직이지 않는 것이 아니라 속도 제어를 하지 않고 모터의 최대 rpm으로 빠르게 움직이게 된다. 1023의 경우 약 117.07 rpm이 된다.
- **바퀴 모드** : 목표 방향으로 이동하는 속도이다. 0~2047(0x7FF)까지 사용되며, 단위는 관절 모드와 동일하게 0.114 rpm이다. 다른 점은 0~1023 범위에서는 CCW 방향으로 회전하고 0으로 설정하면 정지한다. 그리고 1024~2047 범위값을 사용하면 CW 방향으로 회전하며 1024로 설정하면 정지한다. 즉, 10번째 bit가 방향을 제어하는 Direction bit가 되므로 OR 연산자 | 를 이용한다면 같은 속도를 그대로 방향 변환이 가능하다. 예를 들어 300 | 0x400이면 300의 속도로 반대 방향으로 바뀐다.

로보티즈의 e-Manual에는 다음과 같은 주의사항이 있으니 참조하자.

> **참고** 해당 모델의 최대 rpm를 확인하기 바란다. 최대 rpm 이상을 설정해도 모터는 그 이상의 속도를 낼 수 없다.

관절 모드와 바퀴 모드에서 쓰임이 약간 다르기 때문에 2가지를 실습해보자. 아래와 같이 1개의 AX-12 다이나믹셀을 가지고 Position 제어 예제에 다음과 같은 코드를 추가한다.

```
int moving_speed =1;
Dxl.writeWord(1, 32, moving_speed*100);
moving_speed++;
if(moving_speed > 10)
        moving_speed = 0;
```

moving_speed라는 변수를 만들어서 +1씩 증가하게 한 뒤에 *100을 해서 Moving Speed로 세팅한다. 이렇게 하면 매번 증가된 속도로 움직이다가 최대 속도가 되면 다시 멈추고 다시 천천히 속도를 올리게 된다. 전체 코드는 아래와 같다.

```
Dynamixel Dxl(1); //Dynamixel on Serial1(USART1)
void setup() {
  Dxl.begin(1);  //1Mbps
  Dxl.writeWord(1, 8, 0x3ff);
}
int moving_speed =1;
void loop() {
  Dxl.writeWord(1, 32, moving_speed*100);
  moving_speed++;
  if(moving_speed > 10)
    moving_speed = 0;
```

```
    Dxl.writeWord(1, 30, 0); //Turn dynamixel ID 1 to position 0
    delay(1000);             // Wait for 1 second (1000 milliseconds)
    Dxl.writeWord(1, 30, 300);//Turn dynamixel ID 1 to position 300
    delay(1000);             // Wait for 1 second (1000 milliseconds)
  }
```

마찬가지로 위의 예제에서 변형하면 바퀴 모드에서도 유용하게 쓸 수 있다. setup()에서 8번 항목만 0으로 바꾸고 30번 포지션 제어는 모두 지운다. 그리고 moving_speed의 한계값을 10에서 20으로 고친다. 그러면 바퀴 모드의 특성을 잘 보여주는 예제가 완성된다. 여기에 SerialUSB로 현재 속도를 출력하면서 이해해보자.

```
Dynamixel Dxl(1); //Dynamixel on Serial1(USART1)
void setup() {
  Dxl.begin(1);  //1Mbps
  Dxl.writeWord(1, 8, 0);
}
int moving_speed =1;
void loop() {
  Dxl.writeWord(1, 32, moving_speed*100);
  SerialUSB.print("Current Velocity = ");
  SerialUSB.println(moving_speed*100);
  moving_speed++;
  if(moving_speed > 20) //max velocity
    moving_speed = 0;
 // Dxl.writeWord(1, 30, 0); //Turn dynamixel ID 1 to position 0
  delay(1000);             // Wait for 1 second (1000 milliseconds)
 // Dxl.writeWord(1, 30, 300);//Turn dynamixel ID 1 to position 300
  delay(1000);             // Wait for 1 second (1000 milliseconds)
}
```

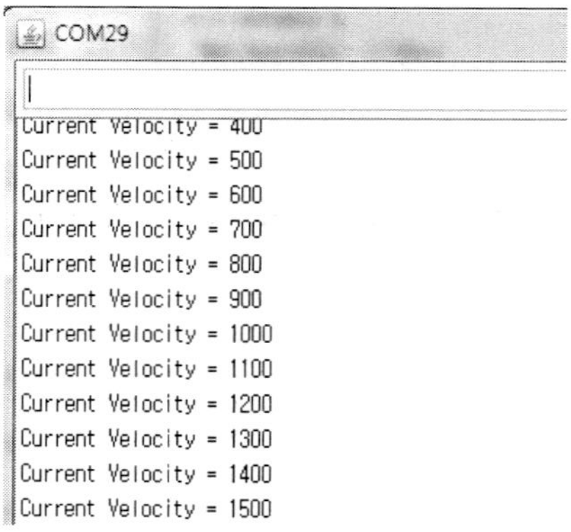

그림 6.4.2-16 실행 결과

Torque Limit

모터의 최대 출력을 제한하는 값이다. 0~1023(0x3FF)까지 사용가능하고 단위는 약 0.1%이다. EEPROM의 Max Torque 값과 같은 방식으로 사용한다.

34 (0X22)	Torque Limit(L)	토크 한계 값의 하위 바이트	RW	ADD14
35 (0X23)	Torque Limit(H)	토크 한계 값의 상위 바이트	RW	ADD15

참고 Alarm Shutdown의 기능이 발휘되면 이 값이 0이 되어 모터의 힘이 없어지게 된다. 이때 이 값을 0이 아닌 값으로 바꾸면 다시 모터의 출력이 발휘되어 사용할 수 있다.

아래의 예제는 바퀴 모드에서 최대 속도일 때 Torque Limit 값을 순차적으로 올려서 속도를 제어하는 예제이다. 토크 한계치를 계속 올리면 결국 최대 속도에 도달하고 2초 뒤에 0으로 설정해서 모터가 멈추는 예제이다.

```
Dynamixel Dxl(1); //Dynamixel on Serial1(USART1)
void setup() {
  Dxl.begin(1);  //1Mbps
  Dxl.writeWord(1, 8, 0);
  Dxl.writeWord(1, 32, 1000);// max speed
}
int torque_limit =1;
void loop() {
  Dxl.writeWord(1, 34, torque_limit*100);
  SerialUSB.print("Current Torque Limit = ");
  SerialUSB.println(torque_limit*100);
  torque_limit++;
  if(torque_limit > 10) //max velocity
    torque_limit = 0;
  delay(2000);
}
```

Present Position

다이나믹셀의 현재 위치 값에 해당한다. 값의 범위는 0~1023(0x3FF)이며 MX시리즈는 0~4095(0xFFF)에 해당한다. 2바이트(1WORD) 크기이며 주소는 36번 37번이 현재 위치를 나타내는 값이다. 읽기 전용이기 때문에 반드시 Read동작만 허용되고 다이나믹셀이 움직이지 않더라도 권장 전압은 공급해야 제대로 데이터를 읽어올 수 있다.

36 (0X24)	Present Position(L)	현재 위치 값의 하위 바이트	R	-
37 (0X25)	Present Position(H)	현재 위치 값의 상위 바이트	R	-

자세한 다이나믹셀 각각의 모델에 따른 Position 범위는 <표 6.4.2-7>을 참고한다.

표 6.4.2-7 다이나믹셀 각각의 모델에 따른 Position 범위

	Goal Position Range	Invalid Angle	최소 제어각
DX시리즈	0~1023(0x3FF)	300~360	0.29도
AX시리즈	0~1023(0x3FF)	300~361	0.29도
RX시리즈	0~1023(0x3FF)	300~362	0.29도
EX-106+	0~4095(0xFFF)	250.92~360	0.06도
MX시리즈	0~4095(0xFFF)	없음	0.088도

36번 37번 Present Position은 모션 데이터를 모을 때 유용하게 사용할 수 있다. 여러 개의 다이나믹셀을 결합해 관절 로봇을 만들었다면 각각의 다이나믹셀 Position data를 취합해서 모션 데이터를 만들어 볼 수 있다. 또는 현재 위치를 보고 특정 위치에 도달했을 때 멈춘다던지 속도를 더 빠르게 한다던지 하는 동작을 수행할 수도 있다. 직접 OpenCM9.04와 AX12를 이용해 확인해보자.

```
void setup() {
  /*Initialize as 1Mbps baud rate*/
  Dxl.begin(1);
  Dxl.writeWord(1,8,0); //wheel mode
  Dxl.writeWord(1,32,100); // turn at velocity 100
}

void loop() {
  SerialUSB.print("Current Position = ");
  SerialUSB.println(Dxl.readWord(1, 36));
  delay(100);
}
```

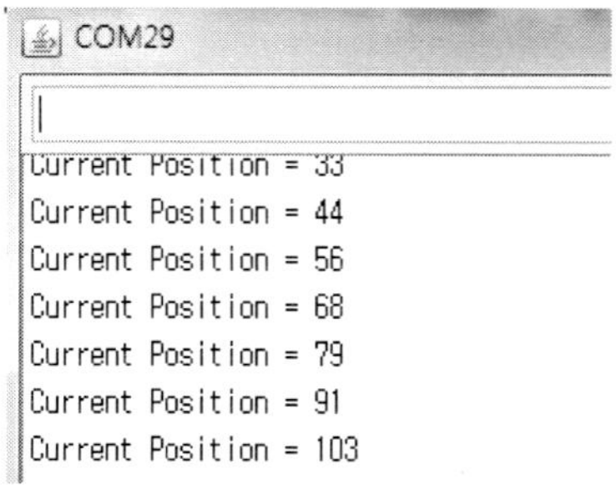

그림 6.4.2-17 실행 결과

만약 통신 실패나 다이나믹셀의 권장 전압이 공급되지 않는다면 다음과 같이 0x65535값과 같이 실패값이 나오기 때문에 반드시 통신 속도나 ID 또는 전압 유무를 체크한다.

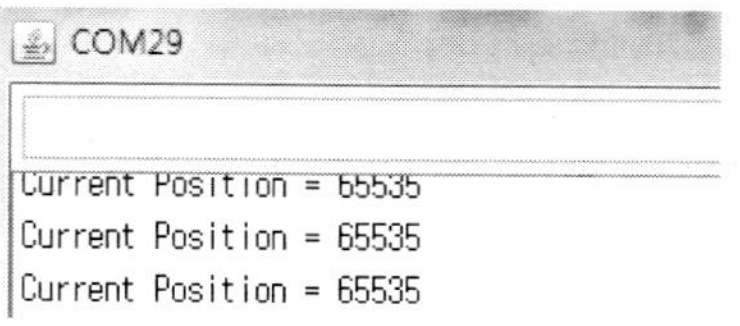

그림 6.4.2-18 실행 결과

Present Speed

현재 다이나믹셀이 이동하는 속도를 나타낸다. Moving Speed와 같은 방식으로 값을 표현한다. 바퀴 모드와 관절 모드에서 속도에 대한 표시가 차이가 있으니 Moving Speed 항목을 참조한다.

38 (0X26)	Present Speed(L)	현재 속도 값의 하위 바이트	R	-
39 (0X27)	Present Speed(H)	현재 속도 값의 상위 바이트	R	-

만약 해당 주소를 300으로 읽었다면 현재 CCW 방향으로 34.33 rpm으로 이동 중이라는 의미이다(단위 0.114 rpm X 300 = 34.33, 10번째 비트가 방향 비트이므로 CCW 방향에 해당).

Present Position과 같이 읽기 전용이며 2바이트 크기이다. 그리고 반드시 다이나믹셀의 전원이 들어간 상태에서 Read 동작을 수행해야 하며 아래와 같이 readWord() 메소드를 통해 이용 가능하다.

```
SerialUSB.print( “Current Velocity = ”);
SerialUSB.println(Dxl.readWord(1, 38));
```

Present Load

현재 적용되는 하중을 의미한다. 이 값의 범위는 0~2047이며 단위는 약 0.1%이다. 0~1023범위라면 CCW 방향으로 하중(Load)이 작용하고 1024~2047범위라면 CW 방향으로 하중이 작용하고 있다는 의미이다. 마찬가지로 10번째 비트는 방향을 의미한다.

40 (0X28)	Present Load(L)	현재 하중 값의 하위 바이트	R	-
41 (0X29)	Present Load(H)	현재 하중 값의 상위 바이트	R	-

예를 들어 해당 주소값을 읽었는데 512가 나왔으면 CCW 방향으로 현재 최대 출력 대비 약 50%로 하중이 감지된다는 의미가 된다. 하지만 주의 사항에서와 같이 정확도가 높은 값이 아니기 때문에 해당 관절의 어떤 방향으로 힘이 작용한다 하지 않는다를 감지하는 정도로 사용하자.

BIT	15~11	10	9	8	7	6	5	4	3	2	1	0
Value	0	Load Direction	Data (Load Ratio)									

Load Direction = 0 : CCW Load, Load Direction = 1: CW Load

참고	현재 하중은 Torque 센서 등을 이용한 값이 아니라 내부 출력값을 기반으로 유추한 것이다. 이로 인해 무게나 토크를 측정하는 용도로 사용할 수 없고, 해당 관절의 어느 방향으로 힘이 작용하는 정도를 감지하는 정도로만 사용해야 한다.

예제 코드는 readWord()를 이용해 계속해서 40번에서 2바이트 읽어서 그 값이 0~1023이면 CCW 방향에서 하중이 감지되었고 1024~2047범위라면 CW 방향에서 하중이 감지되었다고 SerialUSB를 통해 출력하는 예제이다.

```
Dynamixel Dxl(1); //Dynamixel on Serial1(USART1)
void setup() {
  /*Initialize as 1Mbps baud rate*/
  Dxl.begin(1);
}
int load_detect = 0;
void loop() {
  load_detect = Dxl.readWord(1, 40);
  if(load_detect > 0 && load_detect < 1023){
    SerialUSB.println("Load detected at CCW");
  }
  else if(load_detect > 1024 && load_detect < 2047){
    SerialUSB.println("Load detected at CW");
  }
  delay(100);
}
```

delay(100)이 없으면 매우 빠르게 출력이 되기 때문에 CPU에 부담이 될 수 있으므로 조금은 CPU가 쉬는 시간을 할당하였다. 이렇게 해서 다운로드 한 뒤에 AX12의 혼을 양 방향으로 비틀어 보면 아래와 같이 출력되는 것을 볼 수 있다.

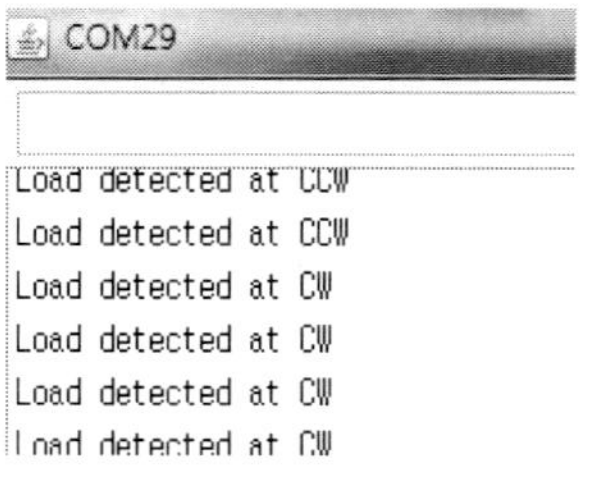

그림 6.4.2-19 실행 결과

Present Voltage

현재 공급되고 있는 전압이다. 단위는 0.1 V에 해당하고 100이라는 값이 읽혔으면 10 V라는 의미이다.

42 (0X2A)	Present Voltage	현재 전압	R	-

그냥 1바이트 읽는 코드를 써서 42번지를 지정해주면 된다.

```
SerialUSB.print( " Present Voltage = " );
SerialUSB.println(Dxl.readByte(1, 42)); // 1번 ID에서 42번 주소의 1바이트 읽음
```

Present Temperature

현재 다이나믹셀 내부 온도값이다. 단위는 섭씨 온도(℃)이고 값이 85라면 현재 내부 온도는 85℃라는 뜻이다.

43 (0X2B)	Present Temperature	현재 온도	R	-

```
SerialUSB.print( " Present Teperature = " );
SerialUSB.println(Dxl.readByte(1, 43)); // 1번 ID에서 43번 주소의 1바이트 읽음
Registered Instruction
```

다이나믹셀은 다음에 움직이는 명령들을 예약할 수 있는데, 이때 쓰는 Instruction이 REG_WRITE이다. 예약된 명령들은 Action이라는 Instrunction이 오면 순서대로 동작을 수행한다. 이 주소에 해당하는 값은 이렇게 예약된 명령들이 있는지 나타낸다. 만약 Action 명령이 수행되면 이 값이 0으로 바뀐다.

44 (0X2C)	Registered	Instruction의 등록 여부	R	0 (0X00)

```
SerialUSB.print( " Present Teperature = " );
SerialUSB.println(Dxl.readByte(1, 43)); // 1번 ID에서 43번 주소의 1바이트 읽음
```

Moving

현재 Goal Position 명령으로 다이나믹셀이 움직이고 있는지를 알려준다. 0이라면 해당 목표 위치로 이미 이동을 완료했고 1이면 지금도 움직이고 있다는 뜻이다.

값	의미
0	Goal position 명령 수행을 완료했다.
1	Goal position 명령 수행 중이다.

Moving 항목을 이용하면 Goal Position 제어에서 유용하게 이용할 수 있다. ROBOTIS OpenCM에 기본적으로 제공하고 있는 ReadWrite 예제도 이렇게 46번 Moving 값을 읽어서 움직이는 방향을 바꾼다.

```
void setup() {
  //Initialize dynamixel bus as 1Mbps baud rate
  Dxl.begin(1);
  Dxl.writeWord(1,8,0x3ff);
}
void loop() {
  isMoving = Dxl.readByte( 1, 46);
  if( isMoving == 0 ){ //if ID 1 dynamixel is stopped
    Dxl.writeWord( 1, 30, goalPosition );
    if(goalPosition == 1000)
      goalPosition = 0;
    else
      goalPosition = 1000;
  }
}
```

if(isMoving == 0)일 때 Goal Position 방향을 바꾸는 것이 핵심이다.

Lock

EEPROM값을 변경할 수 없게 Lock을 걸거나 풀 수 있는 값이다.

47 (0X2F)	Lock	EEPROM 잠금	RW	0 (0X00)

값	의미
0	EEPROM 영역을 수정할 수 있다.
1	EEPROM 영역을 수정하지 못한다.

아래 코드와 같이 47번 주소값을 1로 변경하면 1번 ID의 다이나믹셀은 EEPROM 영역을 수정할 수 없다.

```
Dxl.writeByte(1, 47, 1);
```

반대로 다시 EEPROM 영역을 수정하기 위해서는 아래와 같이 47번 주소의 값을 0으로 변경한다.

```
Dxl.writeByte(1, 47, 0);
```

Punch

구동 시에 모터에 공급되는 최소 전류량이다. 초기값은 0x00이고 최대 0x3ff까지 설정 가능하다. 이 값은 그렇게 사용 빈도가 많은 값은 아닌 것 같고 반응 또한 AX12에서 미미하기 때문에 실습코드는 제외하도록 한다. 굳이 읽자면 readWord() 메소드로 48번 주소를 2바이트 읽으면 된다.

48 (0X30)	Punch(L)	Punch 값의 하위 바이트	RW	32 (0X20)
49 (0X31)	Punch(H)	Punch 값의 상위 바이트	RW	0 (0X00)

Goal Acceleration(MX시리즈)

MX시리즈에만 해당되고 목표 가속도값을 설정할 수 있다. 1바이트 크기로 0~254(0xFE)까지 사용되며, 단위는 약 8.583 Degree/sec^{2}이다. 0으로 설정하면, 가속도 제어를 하지 않고 모터의 최대 가속도로 움직인다는 의미이다. 또한, 목표속도(32,33번 Moving Speed)가 0일 경우에도 가속도 제어를 하지 않고, 모터의 최대 가속도로 움직인다. 최대 254를 설정할 경우, 2180 Degree/sec^{2}이 된다.

73 (0X49)	Goal Acceleration	목표 가속도값	RW	0 (0X00)

예를 들어, 다이나믹셀의 속도가 현재 0이고 Goal Acceleration이 10인 경우, 1초 뒤의 다이나믹셀의 속도는 14.3 RPM이 된다.

가속도를 테스트 해보는 것이기 때문에 바퀴 모드로 정지 5초 하고 다시 최대 속도 1023으로 5초 돌리는 코드로 테스트를 해본다. AX12는 Goal Acceleration 제어가 되지 않기 때문에 MX12W를 사용한다. 아래의 코드는 목표 가속도값을 10에서 250까지 반복적으로 변화시키면서 속도 변화를 볼 수 있다.

```
void setup() {
  //Initialize dynamixel bus as 1Mbps baud rate
  Dxl.begin(1);
  Dxl.writeWord(1,8,0);
}
int goalAcc =1;
void loop() {
  Dxl.writeWord(1,73,goalAcc+10);
  if(goalAcc > 25)
    goalAcc = 0;
  SerialUSB.print("Goal Acc = ");
  SerialUSB.println(goalAcc +10);
  Dxl.writeWord(1, 32, 1023);
  delay(5000);
  Dxl.writeWord(1, 32, 0);
  delay(5000);
}
```

6.4.3 기타 컨트롤 테이블 주의 사항

동일한 버스에서 같은 ID가 있을 경우 전체가 통신이 되지 않는다. 그래서 반드시 서로 다른 ID를 쓰는 다이나믹셀들로만 버스를 구성한다. 현재 버스상에서 다이나믹셀 ID를 조사해보고 싶다면 다음의 예제를 사용해서 1번부터 253번까지 ID를 Scan해서 SerialUSB로 출력해보면 된다.

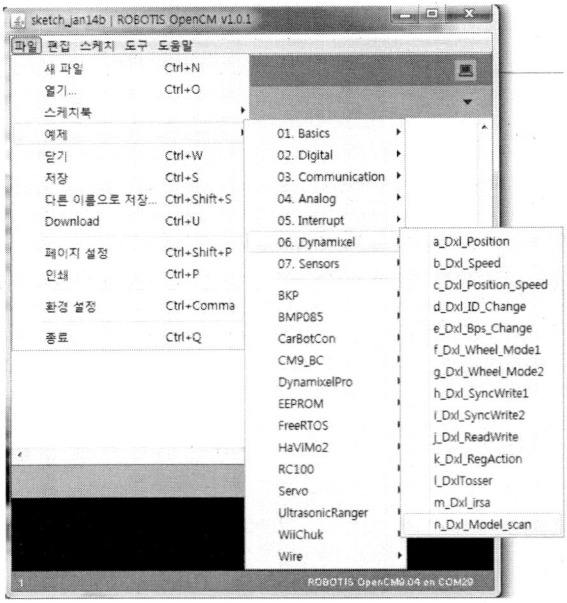

그림 6.4.3-1 다이나믹셀 스캔 예제

다운로드 후에 시리얼 모니터를 열어보면 Send any value to continue...라는 메시지가 나오면 키보드에서 아무키나 눌러서 엔터를 입력한다. 그러면 아래와 같이 1번 ID부터 253번까지 Scan을 수행한다. 만약 동일한 ID가 있으면 해당 모델을 읽어서 출력까지 해준다.

그림 6.4.3-2 실행 결과

케이블 연결 문제

로봇을 만들다 보면 서보와 연결하는 케이블을 꼬아서 관절의 움직임에 방해되지 않도록 정리하게 되는데, 의도치 않게 관절이 심하게 움직이다 보면 케이블의 내구성이 다해서 내부적으로 끊어지는 경우가 가끔 있다. 특히, 데이지 체인 방식으로 연결하는 다이나믹셀에서 GND라인이나 VDD라인이 끊어지면 그 버스 전체가 동작이 안되거나 전체적으로 통신 불량으로 인해 이상한 동작을 할 수 있으니 항상 케이블 상태를 점검해서 심하게 구부러진 부분은 새걸로 교체하길 권한다.

6.5 다이나믹셀 Instruction Packet

다이나믹셀을 제어하기 위해서는 앞서 다루었던 컨트롤 테이블을 가지고 다이나믹셀의 패킷 방식에 맞추어 통신을 해야 한다. 다이나믹셀은 Binary 형태의 데이터를 받아 구동된다. OpenCM9.04 보드를 사용하기 위해서 Packet을 만드는 방법까지는 완벽히 알 필요는 없지만 최소한 다이나믹셀을 어떻게 제어하고, 그리고 최적화하기 위해서는 어떻게 패킷을 만들어서 통신을 수행하는지 방법 정도는 다루고자 한다.

6.5.1 다이나믹셀 패킷 요소

Packet

OpenCM9.04 보드와 다이나믹셀은 Packet이라고 불리는 binary 데이터를 주고 받으며 통신한다. 패킷에는 두 가지 종류가 있는데, 다이나믹셀을 제어하기 위해 전송하는 Instruction Packet과 다이나믹셀이 OpenCM9.04 보드로 응답하는 Status Packet이 있다. Status Packet에서는 컨트롤 테이블에서 Return Delay Time이라는 항목을 통해서 보내는 시간적인 타이밍을 조절할 수 있음을 배웠다.

ID의 역할

ID는 한 개의 버스에 여러 개의 다이나믹셀이 연결되었을 때 각각의 다이나믹셀들을 구별하기 위해 만든 고유 번호라고 할 수 있다. 마찬가지로 ID 또한 컨트롤 테이블에서 다루었던 내용이지만 패킷을 만들 때 역시 중요한 구성요소이기 때문에 빠질 수 없다.

만약 같은 ID를 가진 다이나믹셀이 동일한 버스에 연결되었을 경우 패킷 충돌이 일어나서 통신에 문제를 일으키게 된다. 그러므로 ID가 같은 다이나믹셀이 존재하지 않도록 ID설정을 해야 하고 공장 출하 시 초기 ID는 1번이다.

프로토콜

다이나믹셀은 8bit, 1 Stop bit, None Parity의 비동기 직렬 UART 통신을 한다. Baud rate는 다이나믹셀 컨트롤 테이블에서 설명했던 것처럼 따로 계산식 또는 리스트에 표시된 baud rate로만 통신한다.

Half Duplex

이전 장에서 설명했듯이 Half Duplex란 Tx, Rx를 하나의 선으로 공유하는 통신 방식으로 송신과 수신을 동시에 할 수 없는 구조이지만 하나의 BUS에 여러 개의 통신 장치를 연결할 경우에는 유용하다. 하나의 다이나믹셀이 송신하는 동안 그 외의 다른 모든 다이나믹셀들은 입력 상태이어야 하기 때문에 통신 방향을 제어하는 Direction Port가 필요하다(무전기의 송신 버튼과 비슷하다). 다이나믹셀을 제어하는 OpenCM9.04 보드는 통신 방향을 수신으로 설정해 놓고 있다가 Instructon Packet을 전송하는 동안만 통신 방향을 송신(출력)으로 설정해야 한다.

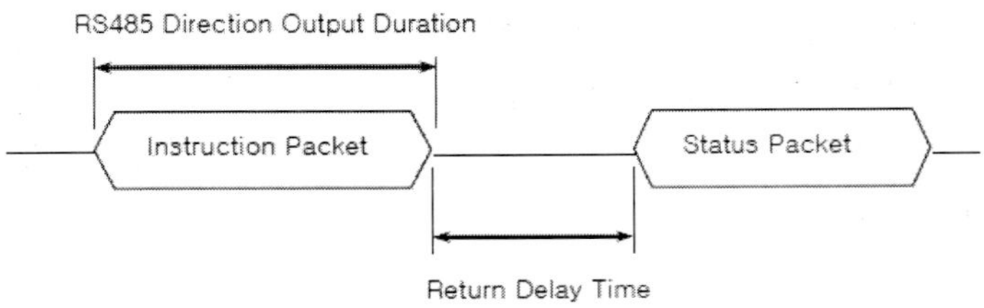

그림 6.5.1-1 Return Delay Time

Byte to Byte Time

Instruction Packet을 전송할 때 Byte와 Byte사이의 Delay Time을 의미하는데, 이 시간이 100 msec가 넘을 경우 RX-64는 전송 장해가 발생한 것으로 간주하고, 다시 Packet의 Header(0xff 0xff)를 기다린다.

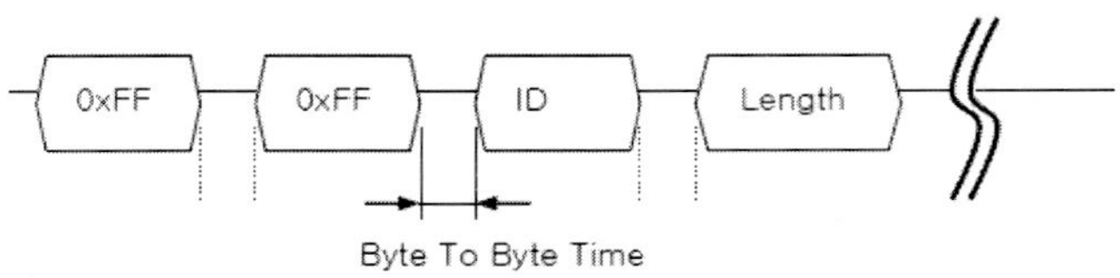

그림 6.5.1-2 Byte to Byte Time

6.5.2 Dynamixel Classic(1.0)

Instruction Packet

Instruction Packet은 OpenCM9.04 보드가 다이나믹셀에게 보내는 명령 데이터이다. 그리고 그 Instruction Packet의 구조는 아래와 같은 형식의 바이너리로 구성된다.

0XFF	0XFF	ID	LENGTH	INSTRUCTION	PARAMETER1	…	PARAMETER N	CHECK SUM

그림 6.5.2-1 명령 패킷 구조

① 0xFF 0xFF

패킷의 시작을 알리는 헤더이다.

② ID

해당 ID를 가진 다이나믹셀만 패킷을 처리한다. 만약 ID가 0xFE라면 Broadcast ID에 해당되어 모든 다이나믹셀이 명령을 수행하고 Status Packet은 반환하지 않는다.

③ LENGTH

헤더와 ID를 제외한 패킷의 길이를 나타낸다. 그냥 현재 위치부터 CHECK SUM까지의 길이를 나타낸다. 그래서 Parameter 개수 +2로 볼 수 있다. 해당 패킷을 받는 다이나믹셀은 헤더를 통해 패킷을 인식하고 ID를 확인한다. 그리고 자신에게 할당되었다고 판단되면 그때부터 LENGTH 길이만큼만 읽어 들이면 된다.

④ INSTRUCTION

해당 패킷이 다이나믹셀에 지시하는 명령으로 대표적으로 Read/Write 명령이 있고 나머지는 다음과 같다.

표 6.5.2-1 명령 패킷의 종류

값	명칭	기능	Parameter 개수
0×01	PING	수행 내용 없음. 제어기가 Status Packet을 받고자할 경우 사용	0
0×02	READ_DATA	다이나믹셀의 데이터를 읽는 명령	2
0×03	WRITE_DATA	다이나믹셀의 데이터를 쓰는 명령	2 이상
0×04	REG WRITE	WRITE_DATA와 내용은 유사하나, 대기상태로 있다가 ACTION명령이 도착해야 수행됨	2 이상
0×05	ACTION	REG WRITE로 등록된 동작을 시작하라는 명령	0
0×06	RESET	다이나믹셀의 상태를 공장 출하 상태로 복귀시키는 명령	0
0×83	SYNC WRITE	한 번에 여러 개의 다이나믹셀을 동시에 제어하고자 할 때 사용되는 명령	4 이상

⑤ PARAMETER

명령에 따라 필요한 데이터를 나타낸다. 만약 Write명령이라면 Parameter로 컨트롤 테이블의 주소와 데이터를 넘겨주면 된다.

⑥ CHECK SUM

패킷의 오류를 검증하는 데이터이다. 아래의 방식으로 계산해서 만들어 진다.

Check Sum = ~ (ID + Length + Instruction + Parameter1 + … Parameter N)

~연산자는 NOT 연산자로 각각의 비트를 모두 반전시키면 된다.

예를 들어 다음과 같이 계산할 수 있다.

```
ID=1 (0x01), Length= 5 (0x05), Instruction= 3 (0x03),
Parameter1= 12 (0x0C), Parameter2= 100 (0x64), Parameter3= 170 (0xAA)
Check Sum = ~ ( ID + Length + Instruction + Parameter1 + … Parameter 3 )
= ~ [ 0x01 + 0x05 + 0x03 + 0x0C + 0x64 + 0xAA ]
= ~ [ 0x123 ] // 하위 byte인0x23 만 Not 연산을 수행
= 0xDC
```

간단히 ROBOTIS OpenCM의 writeRaw() 메소드를 이용하면 우리가 배운 Instruction Packet을 직접 만들어서 다이나믹셀로 전송할 수 있다. 아래와 같이 컨트롤 테이블의 24번 주소 1바이트 값에 1이라는 값을 전송하면 다이나믹셀 LED가 켜진다.

```
ID = 1, Instruction = WRITE_DATA(0x03),  Address = 0x19(25), Data = 0x01, Length = 0x04
Check Sum = ~( 0x01 + 0x04 + 0x03 + 0x19 + 0x01) = 0xDD
```

그래서 패킷으로 구성하면 아래와 같이 된다.

0xFF 0xFF 0x01 0x04 0x03 0x19 0x01 0xDD

그리고 LED가 꺼지는 패킷도 같이 만들어보자. 위에서 Data만 0으로 바꾸면 된다. 그리고 Check Sum 데이터만 새로 만들어서 패킷을 구성하면 끝이다.

```
ID = 1, Instruction = WRITE_DATA(0x03),  Address = 0x19(25), Data = 0x00, Length = 0x04
Check Sum = ~( 0x01 + 0x04 + 0x03 + 0x19 + 0x00) = 0xDE
0xFF 0xFF 0x01 0x04 0x03 0x19 0x00 0xDE
```

지금까지 만든 패킷으로 OpenCM9.04에서 직접 다이나믹셀로 패킷을 전송하자.

```
void loop() {
  Dxl.writeRaw(0xFF);
  Dxl.writeRaw(0xFF);
  Dxl.writeRaw(0x01);
  Dxl.writeRaw(0x04);
  Dxl.writeRaw(0x03);
  Dxl.writeRaw(0x19);
  Dxl.writeRaw(0x01);
  Dxl.writeRaw(0xDD);
  delay(100);
  Dxl.writeRaw(0xFF);
  Dxl.writeRaw(0xFF);
  Dxl.writeRaw(0x01);
  Dxl.writeRaw(0x04);
  Dxl.writeRaw(0x03);
  Dxl.writeRaw(0x19);
  Dxl.writeRaw(0x00);
  Dxl.writeRaw(0xDE);
  delay(100);
}
```

0.1초 간격으로 LED가 빠르게 깜빡이는 것을 확인할 수 있다. 이런 방식으로 패킷을 만들어서도 직접 제어할 수도 있지만 이해하는 차원에서 설명한 것이고 실제로는 writeWord()같이 편리하게 만들어진 API를 활용하면 된다.

Status Packet(Return Packet)

다이나믹셀은 OpenCM9.04 보드로부터 받은 명령을 수행한 뒤 그 결과를 OpenCM9.04 보드에게 Return한다. 이때 Return되는 데이터를 Status Packet이라고 하는데 Status Packet의 구조는 아래와 같다.

0XFF	0XFF	ID	LENGTH	ERROR	PARAMETER1	PARAMETER2	…	PARAMETER N	CHECK SUM

그림 6.5.2-2 응답 패킷 구조

① 0xFF 0xFF

Instruction Packet과 동일하게 다이나믹셀 패킷은 0xFF 0xFF로 시작한다.

② ID

어떤 ID를 가진 다이나믹셀로부터 온 것인지 나타낸다.

③ LENGTH

Status Packet의 길이를 나타내지만 헤더와 ID는 포함되지 않고 Parameter 개수+2(ERROR와 CHECH SUM 포함)로 계산될 수 있다.

④ ERROR

다이나믹셀의 동작 중에 발생된 오류 상태를 나타내며, 각 Bit별 의미는 다음 표와 같다.

표 6.5.2-2

Bit	명칭	내용
Bit 7	0	-
Bit 6	Instruction Error	정의되지 않은 Instruction이 전송된 경우 또는 reg_write명령없이 action명령이 전달된 경우 1로 설정됨
Bit 5	Overload Error	설정된 Torque로 현재의 하중을 제어할 수 없을 때 1로 설정됨
Bit 4	Checksum Error	전송된 Instrution Packet의 Checksum이 맞지 않을 때 1로 설정됨
Bit 3	Range Error	사용범위를 벗어난 명령일 경우 1로 설정됨
Bit 2	Overheating Error	Dynamixel 내부 온도가 Control Table에 설정된 동작 온도 범위를 벗어났을 때 1로 설정됨
Bit 1	Angle Limit Error	Goal Position이 CW Angle Limit~CCW Angle Limit 범위 밖의 값으로 Writing 되었을 때 1로 설정됨
Bit 0	Input Voltage Error	Error인가된 전압이 Control Table에 설정된 동작 전압 범위를 벗어났을 경우 1로 설정됨

예를 들어 Status Packet이 아래와 같이 Return 되었을 경우

0xFF 0xFF 0x01 0x02 0x24 0xD8

ID가 1번인 RX-64로부터 0x24의 Error가 발생했다는 것을 의미한다. 0x24는 2진수로 00100100이므로 Bit 5와 Bit 2가 1이 된 것을 나타낸다.

즉, Overload Error와 Overheating Error가 발생되었다는 것을 알 수 있다.

OpenCM에서는 Error bit를 getRxPacketError() 메소드를 통해 어떤 비트가 문제가 생겼는지 확인할 수 있다. 다음은 writeWord()로 전송 이후에 돌아오는 Status Packet의 Checksum에 문제가 없는지 확인하는 스케치 코드가 된다.

```
Dxl.writeWord(1,30,100);// 돌아오는 Status Packet을 확인한다.
if(Dxl.getRxPacketError(4) == 1){
        SerialUSB.println("Checksum Error!!!");
}
```

⑤ PARAMETER

Error 외에 받아야 할 데이터가 포함된다.

⑥ CHECK SUM

Instruction Packet과 마찬가지로 패킷의 오류가 있는지를 검출하는 부분이다. 자세한 설명은 Instruction Packet에서 Checksum 부분을 참고하자.

6.5.3 Dynamixel 2.0 프로토콜

지금 글을 쓰고 있는 시점(2014년)에서 다이나믹셀이 시장에 출시된 지 10년이 지났다. 그동안 서보와 DC 모터만 가지고 어렵게 로봇을 만들던 시대에서 다이나믹셀과 같은 스마트 액추에이터 모듈이 등장하면서 하드웨어 제작 시간이 절약되고 그만큼 알고리즘에 충실히 할 수 있었기 때문에 더욱 뛰어난 로봇을 만들 수 있게 되었다. 그 덕분에 다이나믹셀은 전세계 로봇 대회에 출전하는 로봇의 70% 이상을 점유하게 되었다. 하지만 시대가 변한 만큼 새로운 기능에 대한 요구가 많아지고 더욱 발전하기 위해서는 기존에 다루었던 컨트롤 테이블의 확장이 필수로 요구되었다. 그래서 등장한 것이 Dynamixel 2.0 프로토콜이 된다. Dynamixel 2.0은 새로운 산업용 액추에이터 라인업인 다이나믹셀 프로의 출시와 함께 발표되었다. 1바이트 크기의 컨트롤 테이블 주소는 2바이트 크기로 늘어나서 65535개의 주소를 가질 수 있으며 2바이트 데이터가 한계였지만 4바이트 DWORD[36)]크기의 파라미터까지 다룰 수 있게 되었다. 늘어난 패킷 사이즈로 인해서 기존의 Checksum 계산 방식보다 정확한 CRC 방식으로 변경되었으며 시작 헤더 역시 특별한 형태로 변경되었다. 최근 출시한 저가형 라인업인 XL-320도 다이나믹셀 2.0 프로토콜 기반으로 출시되었고 컨트롤 테이블도 AX-12와 약간 다르게 수정되었다(support.robotis.com 참조).

[Dynamixel Pro]

[XL-320]

그림 6.5.3-1 다이나믹셀 2.0 프로토콜과 함께 등장한 Dynamixel Pro와 XL-320

36) DWORD는 Double WORD라는 의미이고 2바이트 *2 = 4바이트 크기를 의미한다.

표 6.5.3-1 다이나믹셀 프로 컨트롤 테이블

AREA	주소	크기(byte)	명칭	의미	접근	기본값
EEPROM	0	2	Model Number	모델번호	R	-
	2	4	Model Information	모델정보	R	-
	6	1	Version of Firmware	펌웨어 버전 정보	R	-
	7	1	ID	다이나믹셀 프로 ID	RW	1
	8	1	Baud Rate	다이나믹셀 통신속도	RW	1
	9	1	Return Delay Time	응답지연시간	RW	250
	11	1	Operating mode	동작모드	RW	3
	13	4	Homing offset	0점 위치 조정값	RW	0
	17	4	Moving threshold	움직임 유무를 결정하는 속도 기준값	RW	50
	21	1	Temperature limit	내부 한계 온도	RW	80
	22	2	Max Voltage Limit	최저 한계 전압	RW	400
	24	2	Min Voltage Limit	최고 한계 전압	RW	150
	26	4	acceleration Limit	가속도 한계값	RW	-
	30	2	Torque limit	토크 한계값	RW	-
	32	4	Velocity Limit	속도 한계값	RW	-
	36	4	Max Position Limit	최대 위치 제한값	RW	-
	40	4	Min Position Limit	최소 위치 한계값	RW	-
	44	1	External Port Mode 1	외부 포트 모드 1	RW	0
	45	1	External Port Mode 2	외부 포트 모드 2	RW	0
	46	1	External Port Mode 3	외부 포트 모드 3	RW	0
	47	1	External Port Mode 4	외부 포트 모드 4	RW	0
	48	1	Shutdown	셧다운	RW	26
	49	2	Indirect Address 1	간접 주소 값 1	RW	634
	51	2	Indirect Address 2	간접 주소 값 2	RW	635
	53	2	Indirect Address 3	간접 주소 값 3	RW	636
	…	…	…	간접 주소 값 N	RW	-
	569	2	Indirect Address 256	간접 주소 값 256	RW	889

	562	1	Torque Enable	토크 On/Off	RW	0
	563	1	LED RED	RED LED 밝기 값	RW	0
	564	1	LED GREEN	GREEN LED 밝기 값	RW	0
	565	1	LED BLUE	BLUE LED 밝기 값	RW	0
	586	2	Velocity I Gain	속도 I Gain	RW	-
	588	2	Velocity P Gain	속도 P Gain	RW	-
	594	2	Position P Gain	위치 P Gain	RW	-
	596	4	Goal position	목표 위치 값	RW	-
	600	4	Goal velocity	목표 속도 값	RW	0
	604	2	Goal Torque	목표 토크 값	RW	0
	606	4	Goal acceleration	목표 가속도 값	RW	0
	610	1	Moving	움직임 유무	R	-
	611	4	Present position	현재 위치 값	R	-
R	615	4	Present velocity	현재 속도 값	R	-
A	621	2	Present Current	현재 전류 값	R	-
M	623	2	Present input voltage	현재 전압	R	-
	625	1	Present temperature	현재 온도	R	-
	626	2	External Port Data 1	외부 포트 데이터 1	R / RW	0
	628	2	External Port Data 2	외부 포트 데이터 2	R / RW	0
	630	2	External Port Data 3	외부 포트 데이터 3	R / RW	0
	632	2	External Port Data 4	외부 포트 데이터 4	R / RW	0
	634	1	Indirect Data 1	간접 주소 데이터 1	RW	0
	635	1	Indirect Data 2	간접 주소 데이터 2	RW	0
	636	1	Indirect Data 3	간접 주소 데이터 3	RW	0
	…	…	Indirect Data N	…	RW	0
	889	1	Indirect Data 256	간접 주소 데이터 256	RW	0
	890	1	Registered Instruction	Instruction의 등록 여부	R	0
	891	1	Status Return Level	응답 레벨	RW	2
	892	2	Hardware error status	하드웨어 에러 상태	R	0

<표 6.5.3-1> 다이나믹셀 프로 컨트롤 테이블을 보면 주소의 크기가 255넘는 값들을 포함하고 있는 것을 볼 수 있고 데이터의 크기도 최대 4바이트까지 증가하였다는 것을 볼 수 있다(XL-320 컨트롤 테이블은 ROBOTIS e-Manual 참조).

ROBOTIS OpenCM에서 2.0 프로토콜 제어

OpenCM9.04에서 다이나믹셀 2.0 프로토콜을 이용해서 다이나믹셀 프로를 제어하기 위해서는 다음과 같이 OpenCM 485 Expansion[37)] 보드가 필요하다. 왜냐하면 OpenCM9.04에는 TTL BUS 회로만 내장되어 있기 때문에 485 BUS를 쓰기 위해서는 별도로 OpenCM 485 Expansion 보드를 구입해야 한다.

---

37) OpenCM 485 EXP로 줄여서 표시한다.

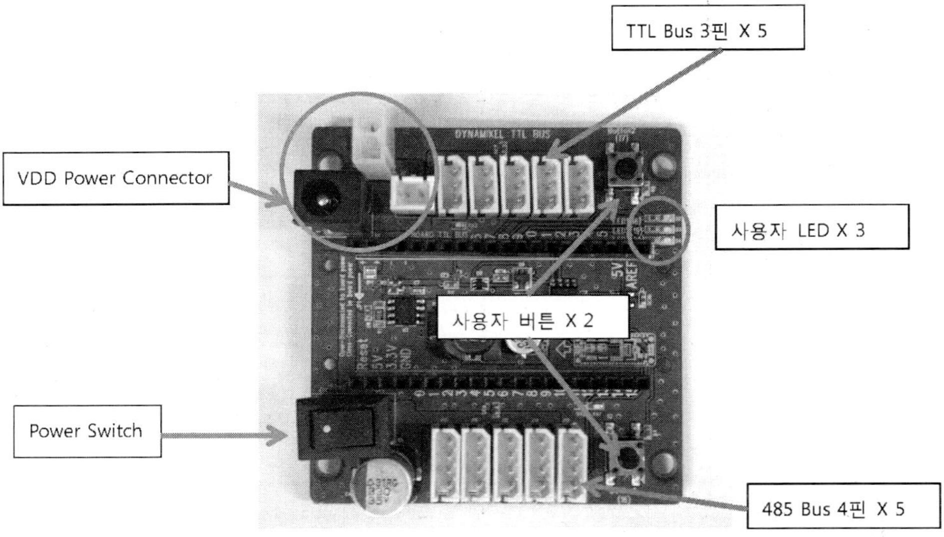

그림 6.5.3-2 OpenCM 485 Expansion Board

그리고 여기에 OpenCM9.04를 꽂으면 아래와 같은 모양이 되고 485 4핀 커넥터를 연결할 수 있다. 그리고 기존에 3핀 커넥터도 더욱 많은 수의 커넥터로 확장되고 전원 포트도 SMPS 전원과 11.1 V Li-Po 배터리 커넥터, DXL PRO와 전원 커넥터를 공유할 수 있는 2핀 커넥터도 보유하고 있다. 또한, 사용자 버튼도 2개가 더 생기고 사용자 LED도 3개가 더 추가된다.

그림 6.5.3-3 OpenCM9.04를 결합한 모습

OpenCM 485 EXP + OpenCM9.04 연결도

OpenCM9.04와 485 EXP 보드를 결합하면 기존에 3핀 다이나믹셀 TTL Bus만 쓸 수 있었던 것에서 4핀 다이나믹셀 485 Bus까지 쓸 수 있다. 자세히 살펴보면 기존에 TTL Bus가 Serial1번(USART1)에 구현되었다면 OpenCM 485 EXP 보드에 있는 485와 TTL mixed bus는 Serial3번(USART3)에 구현되어 있다. 뒤에도 살펴보겠지만 이러한 하드웨어 구현 차이로 Dynamixel 클래스 인스턴스 변수를 만들 때 생성자(Constructor) 인자를 달리 넘겨주어야 제대로 사용할 수 있게 된다.

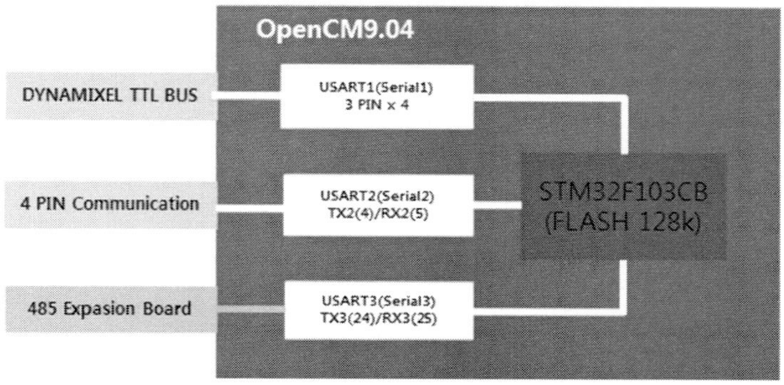

그림 6.5.3-4 OpenCM 485 EXP 보드와 USART3 연결

그리고 다이나믹셀들을 제어하려는 사람들이 가장 궁금할 수도 있는 전원 연결 부분은 아래의 구조로 OpenCM9.04와 다이나믹셀에 전원을 공급하고 있다.

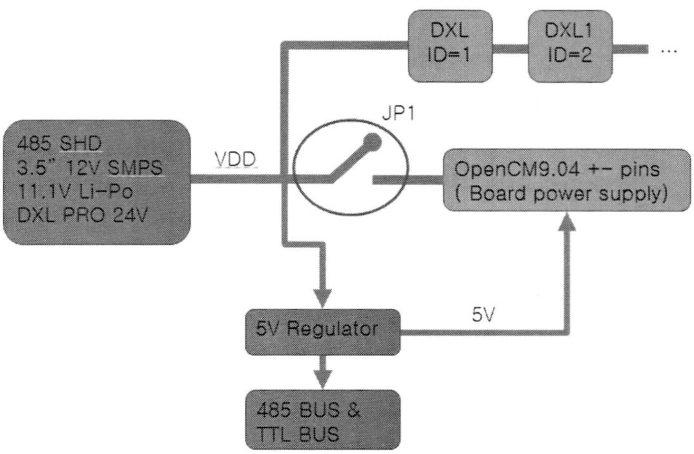

그림 6.5.3-5 OpenCM 485 EXP 보드에서 JP1 연결도

기본적으로 JP1은 열린 상태로 OpenCM9.04에 VDD(+)와는 연결이 끊어져있다. 그리고 OpenCM9.04는 485 EXP에서 공급되는 5 V 레귤레이터를 통해서 공급되는 5 V로 동작이 수행된다. 아

래의 회로도는 OpenCM 485 EXP 보드와 OpenCM9.04가 연결되는 헤더부분의 회로도이므로 궁금한 독자들은 어떻게 연결되어 있는지 잘 살펴보길 바란다.

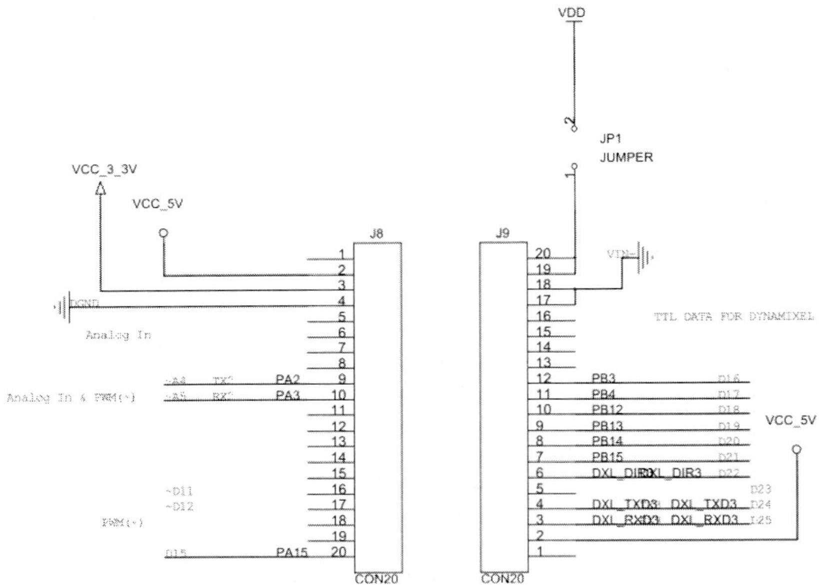

그림 6.5.3-6 OpenCM 485 EXP 보드 헤더 주변 회로도

OpenCM 485 EXP + OpenCM9.04 스케치 프로그래밍

그리고 2.0 프로토콜의 경우 기본적인 Dynamixel API와는 호환이 되지 않기 때문에 다음과 같이 DynamixelPro 외부 라이브러리의 예제를 참고한다.

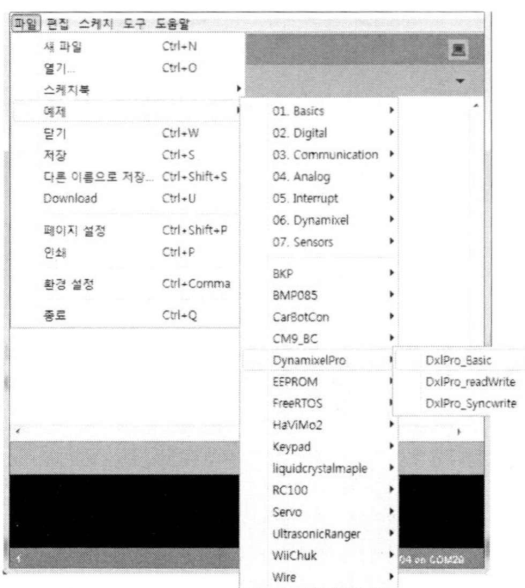

그림 6.5.3-7

하나의 예제로 제공되는 DxlPro_Basic을 열어보면 아래와 같다.

```
#include <DynamixelPro.h>

DynamixelPro DxlEx(3);//DXL PRO(485) on Serial3(USART3)

void setup() {
  DxlEx.begin(1);// Baud num 1 is 57600 bps in DXL 2.0 control table

  //Toque on to move dynamixel pro
  DxlEx.writeByte(1,562,1);
}
void loop() {
  //Turn on green LED in DXL PRO
  DxlEx.writeByte(1,564,255);
  //Move to goal position 151875 refer to position limit
  DxlEx.writeDword(1,596,151875);
  delay(2000);
  //Turn off green LED in DXL PRO
  DxlEx.writeByte(1,564,0);
  //Move to goal position -151875 refer to position limit
  DxlEx.writeDword(1,596,-151875);

  delay(2000);
  //Read DXL internal temperature
  SerialUSB.print(" DXL PRO Temperature = ");
  SerialUSB.println(DxlEx.readByte(1,625));
}
```

기본적으로 OpenCM 485 EXP를 통해서 485 BUS에 접근하기 위해서는 아래와 같이 DynamixelPro 클래스 인스턴스를 생성할 때에 Serial3으로 초기화 한다.

```
#include <DynamixelPro.h>
DynamixelPro DxlPro(3); // initialize on Serial3
```

DynamixelPro 클래스의 메소드들은 기존 다이나믹셀 API가 가지고 있는 모든 메소드를 모두 가지고 있으면서 4바이트 데이터를 다루기 위해서 writeDword(), readDword() 메소드가 추가되었다. 또한, 새로 추가된 Bulk read, Bulk write 명령어를 위해서 bulkRead(), bulkWrite() 메소드가 새로 추가되었다.

다이나믹셀 프로 기본 제어

OpenCM9.04에서 DynamixelPro Class를 이용한 다이나믹셀 프로 기본 제어를 배워보자. 기존 1.0 컨트롤 테이블에서 기본적으로 사용하는 방법이 같은 항목도 있지만 2.0 컨트롤 테이블에서 새롭게 도입된 항목들도 있다. 안타깝게도 1.0 컨트롤 테이블에서 쓰이는 주소가 2.0 컨트롤 테이블 주소와 다르기 때문에 주소 숫자를 기억하고 있는 독자들은 다시 2.0 컨트롤 테이블을 참조해서 프로그래밍을 하도록 하자. 예를 들어 주소 3번은 1.0에서는 ID를 가르키지만 2.0에서는 7번으로 변경되었다. 그리고 1.0에서 Goal Position 30번은 2.0에서는 596번으로 변경되었다. 2.0 컨트롤 테이블은 주소가 2바이트(WORD) 크기로 바뀌었기 때문에 주소 숫자의 크기가 255번을 넘어서 65535번까지 가능한 것이다.

7	1	ID	다이나믹셀 프로 ID	RW	1
8	1	Baud Rate	다이나믹셀 통신속도	RW	1

596	4	Goal position	목표 위치 값	RW	-
600	4	Goal velocity	목표 속도 값	RW	0

그리고 Goal position이나 Goal velocity가 1.0에서는 2바이트(1WORD) 크기였다면 2.0에서는 4바이트(DWORD) 크기로 바뀐점만 고려한다면 1.0에서와 똑같이 OpenCM9.04를 이용해 스케치 프로그래밍을 할 수 있다. 아래에서 Goal position 제어를 1.0과 2.0에서의 경우와 비교해보면 데이터 크기로 writeDword()라는 DWORD로 처리하는 메소드가 새롭게 도입되었다는 것을 볼 수 있다.

Goal position	
1.0 컨트롤테이블	2.0 컨트롤 테이블
Dxl.writeWord(1, 30, 1023);	Dxl.writeDword(1, 596, 251000);

또 한 가지는 2.0 컨트롤 테이블에 접근하는 정책이 변경되었다는 점이다. 아래의 562번 Torque Enable 항목의 토크가 ON일 때는 EEPROM 영역을 수정할 수가 없다. 반드시 토크를 OFF한 상태에서 EEPROM 영역을 수정할 수 있다. 반대로 Goal position같이 동작을 명령하는 할 때는 반드시 토크가 ON일 때만 움직인다. 토크가 OFF일 때는 아무리 Goal position 변경 패킷을 보내도 움직이지 않는다.

562	1	Torque Enable	토크 On/Off	RW	0

Torque Enable은 아래처럼 1바이트 크기의 파라미터이므로 writeByte()를 이용하면 손쉽게 변경할 수 있다.

```
Dxl.writeByte(1, 562, 1); // Torque on
Dxl.writeByte(1, 562, 0);// Torque off
```

1.0에서는 바퀴 모드와 관절 모드 변경이 CCW Angle Limit이라는 2바이트 크기의 항목을 통해서 변경할 수 있었지만 2.0 컨트롤 테이블에서는 1바이트 크기로 11번 Operating mode라는 항목이 새롭게 도입되었다.

11	1	Operating mode	동작모드	RW	3

11번 항목값을 아래와 같이 변경하면 해당 모드로 다이나믹셀의 동작 방식이 변경된다. 쉽게 이야기하자면 1번 모드가 기존의 바퀴 모드이고 3번 모드가 관절 모드라고 할 수 있다. 바퀴 모드가 위치 제어 없이 속도제어만 되기 때문에 바퀴 모드라는 용어를 사용하지 않고 속도 제어 모드라고 변경된 것 같다. 그리고 관절 모드도 위치 제어 + 속도 제어에 토크 제어까지 더해서 위치 제어 모드라는 이름을 도입하였다. 토크 제어까지 추가되었기 때문에 확실하게 다이나믹셀 프로 시리즈는 기존 AX/RX/MX 시리즈와는 차원이 다른 산업용이라는 것을 알 수 있다.

0 : 토크 제어 모드 : 이 모드에서는 토크를 제어합니다. 속도와 위치는 제어하지 않습니다.
1 : 속도 제어 모드 : 이 모드에서는 토크와 속도를 제어 할 수 있습니다. 위치는 제어하지 않습니다.
2 : Reserved
3 : 위치 제어 모드 : 이 모드에서는 위치와 속도와 토크를 제어 할 수 있습니다.
4 : 확장 위치 제어 모드 : 이 모드에서는 위치와 속도와 토크를 제어할 수 있습니다. 위치 제어 모드와 동일하지만, Position limit이 없습니다. 즉, 제어 범위가 0~360도가 아닌, multi turn position control 이 가능해 집니다.

```
Dxl.writeByte(1, 11, 0); // 토크 제어 모드
Dxl.writeByte(1, 11, 1); // 속도 제어 모드(바퀴 모드)
Dxl.writeByte(1, 11, 3); // 위치 제어 모드(관절 모드)
Dxl.writeByte(1, 11, 4);// 확장 위치 제어 모드
```

여기서 토크 제어 모드는 모터에 작용하는 토크 크기를 가지고 컨트롤 하는 기능인데 2.0 컨트롤 테이블에서 처음 도입되었다. 또한, 확장 위치 제어 모드는 위치 제어이기는 하지만 회전 횟수까지 고려한 제어 방식이다. 예를 들어, 아래 H54시리즈에서 0위치에서 CCW 방향으로 반바퀴는 251000위치인데 같은 방향으로 다시 0위치로 돌아오면 502000(251000 * 2)위치가 된다. 그리고 같은 방향으로 또 돌면 753000이 된다. 계속해서 같은 방향으로 회전하더라도 그 위치가 계속 확장해서 표현이 되기 때문에 멀티턴 기능이라고도 한다. 최대 4바이트 크기 숫자만큼 회전수를 컨트롤할 수 있다고 하고 36번, 40번 Max/Min Position Limit 값이 의미 없어진다.

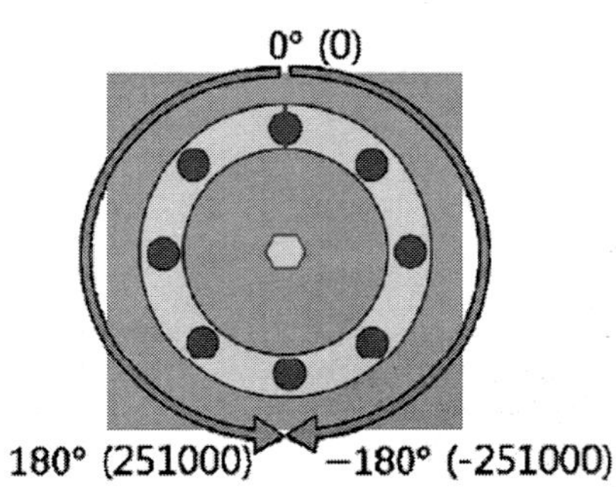

그림 6.5.3-8

Goal postion과 Goal velocity 제어도 기본적인 동작은 같지만 1.0 컨트롤 테이블과 약간은 차이가 있다. 다음의 그림은 H54, H42 다이나믹셀 시리즈의 경우 위치 해상도를 간단히 보여주는 테

이블이다. H54의 경우로 예를 들면, 상단 중간 위치를 0위치(원점)으로 해서 CCW 방향으로 180도 회전하면 +251000이고 CW 방향으로 -180도 회전하면 -251000이다. 1.0과는 다르게 CW 방향은 -로, CCW 방향은 +로 방향을 표시한다.

<table>
<tr><th>Model</th><th>Relationship between angle(deg) and position value</th></tr>
<tr><td>H54-200-S500-R
H54-100-S500-R</td><td>-180 ~ 180 (deg) → -251000 ~ 251000
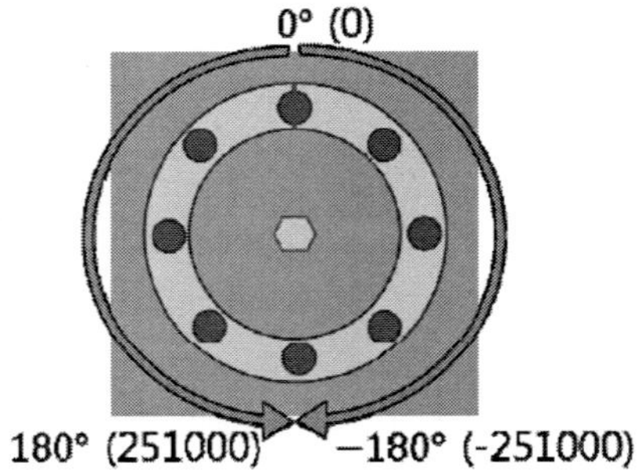

Goal Angle(deg) = Goal Position Value X $\frac{180°}{251000}$</td></tr>
<tr><td>H42-20-S300-R</td><td>-180 ~ 180 (deg) → -151875 ~ 151875
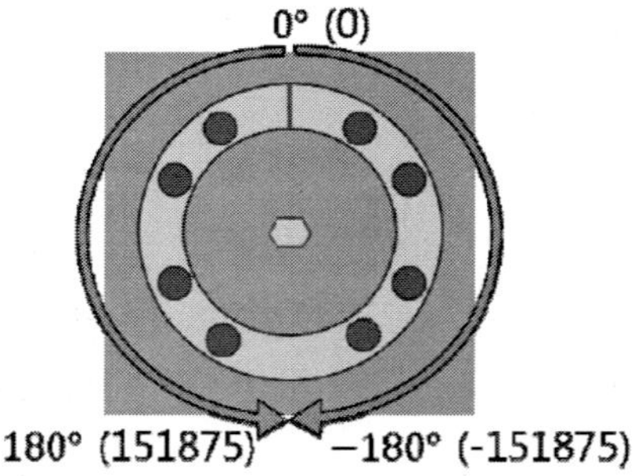
</td></tr>
</table>

OpenCM9.04와 OpenCM 485 EXP 보드를 이용한다면 아래와 같이 H54-200 모델로 테스트를 해볼 수 있다. 아래는 12 V SMPS를 사용했지만 이런 경우 최대 토크와 스피드가 나오지 않으니 참고하길 바란다. 다이나믹셀 프로는 24 V 전압을 공급할 때 최적의 퍼포먼스를 보여주는 것을 잊지 말자.

그림 6.5.3-9

```
#include <DynamixelPro.h>
DynamixelPro Dxl(3); // Dxl pro(485) on Serial3(USART3)
void setup(){
        Dxl.begin(3); // baud num 3 is 1 Mbps
        Dxl.writeByte(1, 562, 0); // torque off to change operating mode
        Dxl.writeByte(1, 11, 3);// set operating mode(11) as position control mode
        Dxl.writeByte(1, 562, 1); torque on to move H54-200
}
void loop(){
        Dxl.writeDword(1, 596, 251000); // move to position 251000
        delay(5000); //sleep for 1 second
        Dxl.writeDword(1, 596, -251000);
        delay(5000);// sleep for 1 second // move to position -251000
}
```

중요한 점은 562번 Torque Enable값을 0으로 해서 토크를 해제하고 나서 11번 Operating mode 값을 변경해야 한다. 그리고 나서 다이나믹셀 프로를 움직이려면 562번을 1로 변경해서 토크를 ON시켜야 한다. 아래의 코드가 그러한 동작을 수행하고 있다.

```
Dxl.writeByte(1, 562, 0); // torque off to change operating mode
Dxl.writeByte(1, 11, 3);// set operating mode(11) as position control mode
Dxl.writeByte(1, 562, 1); torque on to move H54-200
```

그리고 writeDword() 메소드를 통해서 596번 Goal position 제어를 수행하고 있다. 위의 코드는 H54-200모델을 251000에서 -251000 위치로 왔다갔다하는 코드가 된다.

Goal velocity(600)를 이용한 속도제어는 +, - 사인값이 추가된 형태로 회전 방향을 결정할 수 있다. 이 값은 Velocity limit(32)보다 클 수 없다. Operating mode가 1인 속도 제어(바퀴 모드)일 때만 이 값이 목표 속도로 이용될 수 있고 위치 제어나 확장 위치 제어 모드일 때는 속도 제한값으로 사용된다. 중요한 점은 위치 제어나 확장 위치 제어에서 이 값이 0이라면 최대 토크와 최대 가속도로 동작하게 되므로 조심해야 한다.

Model	Sign of Value	Rotating Direction	Rpm
54 200W	+	CCW	Magnitude of Value/Gear Reduction Ratio
	-	CW	
54 100W	+	CCW	Magnitude of Value/Gear Reduction Ratio
	-	CW	
42 20W	+	CCW	Magnitude of Value/Gear Reduction Ratio

위치 제어와 확장 위치 제어에서는 600번 Goal velocity값을 writeDword() 메소드로 제어하면 바로 속도가 변화된다.

```
#include <DynamixelPro.h>
DynamixelPro Dxl(3); // Dxl pro(485) on Serial3(USART3)
void setup(){
        Dxl.begin(3); // baud num 3 is 1 Mbps
        Dxl.writeByte(1, 562, 0); // torque off to change operating mode
        Dxl.writeByte(1, 11, 3);// set operating mode(11) as position control mode
        Dxl.writeByte(1, 562, 1); torque on to move H54-200
        Dxl.writeDword(1, 600, 5000); // 속도가 5000인 값으로 움직인다.
}
void loop(){
        Dxl.writeDword(1, 596, 251000); // move to position 251000
        delay(5000); //sleep for 1 second
        Dxl.writeDword(1, 596, -251000);
        delay(5000);// sleep for 1 second // move to position -251000
}
```

만약 위 코드 setup()에서 600번 값을 0으로 설정하면 최저 속도가 아니라 최대 가속도/토크로 움직이게 되므로 참고하자. 단, (확장)위치 제어 모드에서만 허용된다.

이제는 Operating mode를 1로 해서 속도 제어 모드에서 속도를 제어해보자.

```
#include <DynamixelPro.h>
DynamixelPro Dxl(3); // Dxl pro(485) on Serial3(USART3)
void setup(){
        Dxl.begin(3); // baud num 3 is 1 Mbps
        Dxl.writeByte(1, 562, 0); // torque off to change operating mode
        Dxl.writeByte(1, 11, 1);// set operating mode(11) as velocity control mode
        Dxl.writeByte(1, 562, 1); torque on to move H54-200
}
void loop(){
        Dxl.writeDword(1, 600, 5000);
        delay(5000); // 5초 동안 CCW 방향으로 5000속도로 계속 회전한다.
        Dxl.writeDword(1, 600, -5000);
        delay(5000); // 5초 동안 CW 방향으로 5000속도로 계속 회전한다.
}
```

위에서 언급한 대로 600번 Goal velocity를 +로 하면 CCW 방향으로 회전하고, -로 하면 CW 방향으로 회전한다. 숫자를 크게 하면 속도가 점점 빨라지고 0이면 속도가 멈추고 17000이면 최대 속도를 낸다.

Operating mode가 0인 토크 제어 모드에서는 어떤 파라미터로 컨트롤 할까? 앞서 배운바 대로 복습해보면 1인 속도 제어 모드는 600번 Goal velocity값을 통해 제어를 수행하고 3인 위치 제어나 4인 확장 위치 제어에서는 596번 Goal position값을 통해 제어를 수행한다. 그래서 Operationg mode가 0인 토크 제어 모드는 604번 Goal torque를 통해서 제어할 수 있다.

604	2	Goal Torque	목표 토크 값	RW	0

이 값은 30번지 Torque limit보다 큰 값을 쓸 수 없다. 그리고 속도 제어 모드나 위치 제어 모드, 확장 위치 제어 모드에서는 토크 제한값으로 이용된다. 토크, 전류, Goal torque와의 관계는 아래 식을 참고하자.

T = C × A A = VX33000/2048 T : 토크 C : 토크 상수 A : 전류 V : 목표토크 or 현재전류	T = C × A A = VX82500/2048 T : 토크 C : 토크 상수 A : 전류 V : 목표토크 or 현재전류
<DXL PRO 54>	<DXL PRO 42>

2.0 Instruction Packet 기본 구조

0xFF	0xFF	0xFD	0x00	ID	LEN_L	LEN_H	INST	Param1	…	ParamN	CRC_L	CRC_H
Header			Reserved	ID	Packet Length		Instruction	Parameter			16bit CRC	

0xFF 0xFF 0xFD

패킷의 시작을 나타내는 필드이다. 기존 1.0 프로토콜과는 다르게 0xFD가 추가되었다.

0x00

향후에 별도로 활용가능성이 있어서 예약된 필드이다.

ID

Instruction Packet을 받아 처리해야 할 다이나믹셀 ID를 의미한다. 기존 1.0 프로토콜과 동일하다. 단, 0xFD가 헤더에서 추가되었기 때문에 ID로 0xFD(253)나 0xFF(255)는 사용이 금지된다.

Packet Length

Paket Length 이후의 Packet의 길이를 나타내고 기존 1.0과 다르게 Parameter 개수 +3으로 나타낸다. 3으로 보정값이 변경된 것은 기존의 1바이트 Checksum이 2바이트 CRC 코드로 대체되었기 때문이다.

Instruction

각 패킷의 명령에 해당하는 필드이다. 기존 1.0에서 sync read, bulk write, bulk read 명령어들이 추가되었다.

값	명칭	기능 설명
0x01	Ping	해당 ID의 장치에 패킷 도달 여부 확인을 위한 명령
0x02	Read	데이터를 읽어오기 위한 명령
0x03	Write	데이터를 쓰기 위한 명령
0x04	Reg Write	Write와 유사하나, 명령 패킷을 받아도 데이터를 바로 쓰지 않고 대기 상태로 있다가 Action 명령이 도착하면 데이터를 씀
0x05	Action	Reg Write로 미리 등록한 값을 실행하라는 명령
0x06	Factory Reset	모든 데이터 값을 공장 출하 상태로 되돌리는 명령
0x08	Reboot	장치를 리부팅시키는 명령
0x55	Status(Return)	Instruction Packet에 대한 응답 패킷임을 나타냄
0x82	Sync Read	여러 개의 장치에 동일한 위치에 동일한 크기의 데이터를 한 번에 읽기 위한 명령
0x83	Sync Write	여러 개의 장치에 동일한 위치에 동일한 크기의 데이터를 한 번에 쓰기 위한 명령
0x92	Bulk Read	여러 개의 장치에 각각의 위치에 각각의 크기의 데이터를 한 번에 읽기 위한 명령
0x93	Bulk Write	여러 개의 장치에 각각의 위치에 각각의 크기의 데이터를 한 번에 쓰기 위한 명령

Parameter

각 명령에 보조 데이터가 필요한 경우 사용한다. 기존 1.0 프로토콜과 용도가 같다.

16bit CRC

패킷의 오류를 검출하기 위한 CRC-16 값을 의미한다. 기존 Checksum 데이터보다 신뢰성이 높다.

2.0 Status Packet(Return Packet)의 기본 구조

0xFF	0xFF	0xFD	0x00	ID	LEN_L	LEN_H	0x55	Error	Param1	…	ParamN	CRC_L	CRC_H
Header			Reserved	ID	Packet Length		Instruction	Error	Parameter			16bit CRC	

Header, Reserved, ID, Packet Length, 16bit CRC 필드는 Instruction Packet과 동일하다.
Instruction에서 0x55로 고정된 점은 기존 1.0과는 달리 새로 추가되었다.
Error 비트는 Instruction Packet의 처리 결과를 나타내며 값의 의미는 다음과 같다.

Bit 7	Bit 6	Bit 5	Bit 4	Bit 3	Bit 2	Bit 1	Bit 0
Alert	Error Number						

- **Alert** : 장치에 문제가 발생한 경우 1로 Setting됨. 이 경우 Control Table의 Device Status Check 값을 읽어 보면 문제의 원인을 알 수 있음
- **Error Number** : Instruction Packet의 처리에 Error가 발생한 경우

값	명칭	설명
0x01	Result Fail	전송된 Instruction Packet을 처리하는 데 실패한 경우
0x02	Instruction Eror	- 정의되지 않은 Instruction을 사용한 경우
		- Reg Write 없이 Action을 사용한 경우
0x03	CRC Error	전송된 Packet의 CRC값이 맞지 않는 경우
0x04	Data Range Error	해당 Address에 쓰려는 Data가 최소/최댓값의 범위를 벗어난 경우
0x05	Data Length Error	해당 Address의 데이터 길이보다 짧은 데이터를 적으려고 한 경우 (ex: 4 byte값에 2 byte만 쓰려는 경우)
0x06	Data Limit Error	해당 Address에 쓰려는 Data가 Limit값을 벗어난 경우

Parameter는 각 Instruction Packet의 Instruction 필드값에 따라 달라진다.

2.0 Instruction의 종류와 Parameter

① Ping

Instruction Packet Parameter는 없고 응답 패킷으로 돌아오는 파라미터에서 다음과 같은 정보를 포함한다. 주로 자신이 누구인지에 대한 정보라고 볼 수 있고 버스에 해당 다이나믹셀이 있는지 또는 해당 다이나믹셀에 대한 기본 정보를 알고자 할 때 사용할 수 있다.

Parameter Byte	설명
Parameter 0	Error Byte(설명은 위 기본 구조 참조)
Parameter 1	모델 넘버의 하위 바이트
Parameter 2	모델 넘버의 상위 바이트
Parameter 3	펌웨어 버전

Ping 명령은 응답 레벨이 어떤 값으로 되어 있더라도 무조건 응답을 하고 ID 필드가 0xFE (Broadcast ID)로 되어 있을 경우에도 모든 장치는 서로 충돌 없이 정해진 순서에 맞춰서 자신의 Status Packet을 보낸다.

② Read

특정 컨트롤 테이블의 주소로부터 다이나믹셀의 정보를 읽기 위해서는 아래와 같은 형식으로 파라미터를 구성한다.

Parameter Byte	설명
Parameter 0	읽으려는 데이터의 시작 주소의 하위 바이트
Parameter 1	읽으려는 데이터의 시작 주소의 상위 바이트
Parameter 2	읽으려는 데이터 길이의 하위 바이트
Parameter 3	읽으려는 데이터 길이의 상위 바이트

명령어를 보냈던 다이나믹셀로부터 돌아오는 Status Packet Parameter는 아래와 같은 구조를 가진다.

Parameter Byte	설명
Parameter 0	Error Byte(설명은 앞의 기본 구조 참조)
Parameter 1	읽으려는 시작 주소에서부터 첫 번째 데이터 바이트
Parameter 2	읽으려는 시작 주소에서부터 두 번째 데이터 바이트
…	…
Parameter N	읽으려는 시작 주소에서부터 N 번째 데이터 바이트

③ Write

특정 컨트롤 테이블 주소에 값을 쓰기 위한 명령이고 아래와 같은 형식으로 파라미터를 구성해서 데이터를 전송한다.

Parameter Byte	설 명
Parameter 0	데이터를 쓰려고 하는 곳의 시작 주소의 하위 바이트
Parameter 1	데이터를 쓰려고 하는 곳의 시작 주소의 상위 바이트
Parameter 2	쓰고자 하는 데이터의 첫 번째 바이트
Parameter 3	쓰고자 하는 데이터의 두 번째 바이트
…	…
Parameter N+1	쓰고자 하는 데이터의 N 번째 바이트

돌아오는 Status Packet의 파라미터 형태는 다음과 같다.

Parameter Byte	설명
Parameter 0	Error Byte (설명은 앞의 기본 구조 참조)

④ Reg Write

Write 명령어(Instruction)와 동일하고 파라미터 구성도 동일하게 해서 전송한다(Status Packet 구성도 동일함).

Write 명령과 유사하지만 값을 동작이 적용되는 시점은 Action 커맨드가 와야 수행한다. 더 자세하게 설명하자면, Write 명령은 Instruction Packet을 받음과 동시에 명령이 수행되지만, Reg Write는 Instruction Packet을 받으면 그 값을 Buffer에 저장해 두고 그 값을 Control Table에 쓰지는 않는다. 그리고 Control Table의 Registered값을 1로 설정한다. 그 뒤에 제어기로부터 Action Instruction Packet이 내려오면 Buffer에 저장해 두었던 값을 Control Table에 쓰게 되고, Control Table의 Registered 값은 0으로 되돌린다.

⑤ Action

위의 Reg Write를 통해 Buffer에 등록된 Write 작업을 수행하라는 명령이다. 여러 개의 장치를 동시에 동작시킬 경우 맨 처음 명령을 전달받는 장치와 마지막으로 명령을 전달받는 장치는 구동 시점에 차이가 날 수 있다.

이러한 경우 Reg Write를 통해 각각의 장치에 명령을 등록해 두고, Broadcast ID로 Action 명령을 내리게 되면 동시에 구동시킬 수 있다.

⑥ Factory Reset

Control Table 의 모든 값을 공장 출하 시의 값으로 되돌리는 명령이다. 파라미터로 가질 수 있는 값은 아래와 같다.

Parameter Byte	설명
Parameter 0	OPTION - 0xFF : 모든 값 리셋 - 0x01 : ID를 제외한 모든 값 리셋 - 0x02 : ID와 Baud rate를 제외한 모든 값 리셋

⑦ Reboot

장치를 재시작한다.

⑧ Sync Read

기존에 1.0 프로토콜에서는 없고 새로 추가된 명령어 중에 하나이다.

하나의 Instruction Packet 전송으로 여러 개의 장치에서 동시에 동일한 시작 주소와 연속한(혹은 인접한) 길이의 데이터를 읽어오고자 할 때 사용되는 명령이고 ID는 Broadcast ID(0xFE)로 전송된다. 예를 들어 아래와 같이 Control Table에서 596번 Goal Position에서 Goal acceleration까지 연속한 주소들끼리만 Sync read를 통해서 읽을 수 있다. 만약 인접하지 않은 주소들을 읽고자 한다면 Bulk read 명령어를 이용할 수 있다.

파라미터의 구조는 다음과 같다.

Parameter Byte	설명
Parameter 0	공통으로 읽으려는 시작 주소의 하위 바이트
Parameter 1	공통으로 읽으려는 시작 주소의 상위 바이트
Parameter 2	공통으로 읽으려는 데이터 길이의 하위 바이트
Parameter 3	공통으로 읽으려는 데이터 길이의 상위 바이트
Parameter 4	값을 읽으려는 첫 번째 장치의 ID
Parameter 5	값을 읽으려는 두 번째 장치의 ID
…	…
Parameter N+3	값을 읽으려는 N 번째 장치의 ID

버스에 연결된 다이나믹셀 개수만큼의 Read Status Packet이 돌아온다.

⑨ Sync Write

기존의 1.0 프로토콜에서와 동일한 명령어이다. 버스에 연결된 모든 다이나믹셀들을 동시에 컨트롤하기 위해 사용된다. 단, Sync read와 같이 컨트롤 테이블에서 인접하고 연속한 주소들끼리만 동시에 컨트롤 될 수 있으며 ID는 Broadcast ID(0xFE)로 전송된다.

Parameter Byte	설 명
Parameter 0	공통으로 데이터를 쓰려는 시작 주소의 하위 바이트
Parameter 1	공통으로 데이터를 쓰려는 시작 주소의 상위 바이트
Parameter 2	공통으로 쓰려는 데이터 길이(L)의 하위 바이트
Parameter 3	공통으로 쓰려는 데이터 길이(L)의 상위 바이트
Parameter 4	데이터를 쓰려는 첫 번째 장치의 ID
Parameter 5	첫 번째 장치에 쓰려는 데이터의 첫 번째 바이트
Parameter 6	첫 번째 장치에 쓰려는 데이터의 두 번째 바이트
…	…
Parameter(L+1)+3	첫 번째 장치에 쓰려는 데이터의 L 번째 바이트
Parameter(L+1)+4	데이터를 쓰려는 두 번째 장치의 ID
Parameter(L+1)+5	두 번째 장치에 쓰려는 데이터의 첫 번째 바이트
Parameter(L+1)+6	두 번째 장치에 쓰려는 데이터의 두 번째 바이트
…	…
Parameter 2(L+1)+3	두 번째 장치에 쓰려는 데이터의 L 번째 바이트
…	…

그리고 1.0 프로토콜과 동일하게 Status Packet은 보내지 않는다.

⑩ Bulk Read

2.0 프로토콜에서 새롭게 도입된 명령어(Instruction) 중에 하나이다. Sync read/write와 같이 짝으로 Bulk Write도 있다.

Sync Read와 유사하게 하나의 Instruction Packet 전송으로 여러 개의 장치에서 데이터를 읽어오기 위해 사용하는 명령이다. 단, Bulk Read는 각 장치마다 읽어오려는 데이터의 시작 주소와 길이가 달라도 상관없다. 예를 들어 Sync Read의 경우 인접한 주소의 Goal position과 Moving speed가 동일한 8바이트 데이터 길이만 읽을 수 있지만, Bulk Read의 경우 ID 1번은 Goal position만 읽고 ID 2번은 Goal position, Moving speed 모두 읽을 수 있다.

Packet의 ID 필드는 0xFE(Broadcast ID)로 전송된다.

Instruction Packet에 Parameter에 등장하는 ID의 장치들은 Data Bus의 Packet을 감시하고 있다가 Instruction Packet Parameter에서 자신의 ID 바로 전에 등장하는 ID가 Status Packet을 전송하면, 바로 이어서 자신의 Status Packet을 전송하여 Status Packet 간의 전송 간격을 최소화한다.

Parameter Byte	설명
Parameter 0	첫 번째 장치의 ID
Parameter 1	첫 번째 장치의 시작 주소 하위 바이트
Parameter 2	첫 번째 장치의 시작 주소 상위 바이트
Parameter 3	첫 번째 장치의 데이터 길이 하위 바이트
Parameter 4	첫 번째 장치의 데이터 길이 상위 바이트
Parameter 5	두 번째 장치의 ID
Parameter 6	두 번째 장치의 시작 주소 하위 바이트
Parameter 7	두 번째 장치의 시작 주소 상위 바이트
…	…
Parameter 5(N-1)+0	N 번째 장치의 ID
Parameter 5(N-1)+1	N 번째 장치의 시작 주소 하위 바이트
Parameter 5(N-1)+2	N 번째 장치의 시작 주소 상위 바이트
Parameter 5(N-1)+3	N 번째 장치의 데이터 길이 하위 바이트
Parameter 5(N-1)+4	N 번째 장치의 데이터 길이 상위 바이트

Sync read와 마찬가지로 버스에 연결된 모든 다이나믹셀 개수만큼 Read Status Packet이 들어온다.

⑪ Bulk Write

위에서 설명한 Bulk Read와 짝이 되는 역할을 수행하고 Sync Write와는 비슷하지만 Bulk write의 경우는 각 장치마다 쓰려는 시작 주소와 파라미터 길이가 달라도 괜찮다.

Packet의 ID 필드는 0xFE(Broadcast ID)로 전송된다.

Parameter Byte	설명
Parameter 0	첫 번째 장치의 ID
Parameter 1	첫 번째 장치에 쓰려는 시작 주소의 하위 바이트
Parameter 2	첫 번째 장치에 쓰려는 시작 주소의 상위 바이트
Parameter 3	첫 번째 장치에 쓰려는 데이터 길이의 하위 바이트
Parameter 4	첫 번째 장치에 쓰려는 데이터 길이의 상위 바이트
Parameter 5	첫 번째 장치에 쓰려는 데이터의 첫 번째 바이트
Parameter 6	첫 번째 장치에 쓰려는 데이터의 두 번째 바이트
…	…
Parameter L+4	첫 번째 장치에 쓰려는 데이터의 L 번째 바이트
Parameter L+5	두 번째 장치의 ID
Parameter L+6	두 번째 장치에 쓰려는 시작 주소의 하위 바이트
…	…

Sync Write와 동일하게 Status Packet이 없다.

6.6 다이나믹셀 응용

아래의 응용코드들에서 중복된 부분은 생략하고 핵심이 되는 코드만 수록하였다. 나머지 부분은 독자 여러분이 직접 채워 넣고 실습해보길 권한다.

```
Dynamixel Dxl(1); // Dynamixel on Serial1(USART1)
```

만약 다이나믹셀 프로를 위해서 2.0 프로토콜/컨트롤 테이블을 사용한다면 아래의 DynamixelPro 클래스를 선언해야 한다. 이 경우는 OpenCM 485 EXP[38] 보드가 반드시 필요하다. 참고로 2.0 프로토콜을 사용하는 XL-320도 DynamixelPro 클래스를 이용해 사용가능하다.

```
#include <DynamixelPro.h>
DynamixelPro Dxl(3); // Dyanmixel Pro 2.0 on Serial3(USART3)
```

만약 TTL bus를 활용하는 다이나믹셀과 485 다이나믹셀을 활용한다면 마찬가지로 OpenCM 485 EXP 보드가 필요하지만 #include <DynamixelPro.h>는 필요없다.

```
Dynamixel Dxl(3);
```

또 한 가지 OpenCM9.04에 포함된 TTL bus에 XL-320을 쓰면서 동시에 OpenCM 485 EXP 보드에

38) OpenCM 485 Expansion 보드를 줄여서 (OpenCM)485 EXP라고 한다.

4핀 485 다이나믹셀 시리즈를 쓴다면 아래와 같이 2개의 버스를 구동시켜야 하므로 Dynamixel 클래스 변수를 2개 만든다.

```
Dynamixel Dxl(1);// on Serial1(USART1)
Dynamixel Dxl2(3);// on Serial3(USART3)
```

6.6.1 여러 개의 다이나믹셀을 동시에 움직이기

각각의 RX-64에 대해서 다음의 위치와 속도로 동시에 이동시켜 보자.

ID 0 인 RX-64 : 0x010 위치로 속도 0x150 으로 이동
ID 1 인 RX-64 : 0x220 위치로 속도 0x360 으로 이동
ID 2 인 RX-64 : 0x030 위치로 속도 0x170 으로 이동
ID 3 인 RX-64 : 0x220 위치로 속도 0x380 으로 이동

여러 개의 다이나믹셀을 한 번에 움직이기 위해서는 Syncwrite 방법으로 제어할 수 있다. Syncwrite는 아래의 규칙으로 직접 Packet을 만들고 동시에 전송한다.

```
int syncpage[12]={0,0x010,0x150, 1, 0x220, 0x360, 2, 0x030, 0x170, 3, 0x220, 0x380}
void setup(){
        Dxl.begin(1);
        Dxl.syncWrite(30 , 2, syncpage, 12);
}
void loop(){
…
}
```

동시에 제어하고 싶은 데이터는 위치와 속도이다. 위치는 Goal Position으로 제어하고 속도는 Moving Speed인데, 둘 다 인접한 연속 데이터이기 때문에 sync write를 커맨드를 통해 동시 제어가 가능하다.

30 (0X1E)	Goal Position(L)	목표 위치 값의 하위 바이트	RW	-
31 (0X1F)	Goal Position(H)	목표 위치 값의 상위 바이트	RW	-
32 (0X20)	Moving Speed(L)	목표 속도 값의 하위 바이트	RW	-
33 (0X21)	Moving Speed(H)	목표 속도 값의 상위 바이트	RW	-

2가지의 데이터이고 ID에 해당하는 데이터까지 합치면 각각 3개씩 데이터를 구성해서 총 4개의 다이나믹셀이므로 3 * 4 = 12이다. 총 12 크기의 word형 배열을 선언한다. word형은 16 bit로 최대 2바이트까지 담을 수 있기 때문에 2 byte 데이터는 충분히 담을 수 있다. 그래서 word형 배열로 선언하였다.

```
word syncpage[12]={ID 1, ID1의 Goal Position, ID 1의 Moving Speed ,
                   ID 2, ID2의 Goal Position, ID2의 Moving Speed,… }
```

그리고 syncWrite() 메소드로 위에서 만든 배열을 통해 바로 syncwrite를 수행한다.

```
Dxl.syncWrite(30 , 2, syncpage, 12);
```

여기서 syncWrite(시작 주소, 데이터 개수, syncwrite 배열, 배열 길이)에 해당한다.

6.6.2 다이나믹셀의 현재 위치를 읽자

현재 위치 Present Position에 해당하는 컨트롤 테이블은 36번 주소이다. Goal Position과 같은 데이터 범위에 해당하므로 2 byte(1word)에 해당하며 읽기만 가능한 값이다.

36 (0X24)	Present Position(L)	현재 위치 값의 하위 바이트	R	-
37 (0X25)	Present Position(H)	현재 위치 값의 상위 바이트	R	-

그냥 단순히 아래와 같이 readWord() 메소드를 통해 한 번에 읽을 수 있다.

```
int cPosition = Dxl.readWord(1,36);
SerialUSB.print( "Present Position =  "); SerialUSB.println(cPosition);
```

6.6.3 두 개의 다이나믹셀의 위치를 똑같이 움직여보자

이번에는 두 개의 다이나믹셀이 똑같이 움직이는 예제를 만들어 보자. 하나의 다이나믹셀이 움직이면 다른 다이나믹셀이 똑같이 같은 위치로 움직이는 예제가 되겠다.

```
int cPosition = Dxl.readWord(1,36);
Dxl.writeWord(2,30,cPosition);
```

단순히 1번 ID의 다이나믹셀의 현재 위치를 읽어서 바로 2번 ID의 다이나믹셀에 Goal Position으로 지정하면 된다.

6.6.4 동작전압을 10 V~17 V로 설정해보자

10 V의 데이터는 100(0x64), 17 V는 170(0xAA)이므로 각각 writeByte() 메소드를 통해 하한, 상한을 기록한다. 컨트롤 테이블 주소는 각각 하한 범위 전압 = 12(0x0C), 상한 범위 전압 = 13 (0x0D)임을 참고하자.

12 (0X0C)	the Lowest Limit Voltage	최저 한계 전압	RW	60 (0X3C)
13 (0X0D)	the Highest Limit Voltage	최고 한계 전압	RW	140 (0XBE)

```
Dxl.writeByte(1, 12, 100);
Dxl.writeByte(1, 13, 170);
if( Dxl.getResult() == COMM_RXSUCCESS ){ // 통신 성공 여부 체크
…
}
```

6.6.5 57 RPM의 속도로 Position 180도에 위치시켜 보자

```
Moving Speed( Address 32(0x20) ) = 512(0x200)
Goal Position( Address 30(0x1E) ) = 512 (0x200)
```

로 설정한다. 다음과 같이 word 단위 데이터로 접근한다.

```
Dxl.writeWord(1, 32, 512);  // 57 RPM의 속도 설정
Dxl.writeWord(1, 30, 512);   // 180도 위치로 이동
if( Dxl.getResult() == COMM_RXSUCCESS ){ // 통신 성공 여부 체크
…
}
```

혹은 setPosition() 메소드를 통해 한 번에 수행할 수도 있다.

```
Dxl.setPosition(1,512,512); // 512위치를 512의 속도로 이동
if( Dxl.getResult() == COMM_RXSUCCESS ){
…
}
```

6.6.6 여러 개의 다이나믹셀을 동시에 움직여보자

3개의 다이나믹셀을 모두 0위치에서 512위치로 동시에 이동시켰다가 다시 0위치로 동시에 이동시키자(반드시 3개의 다이나믹셀이 동시에 움직여야 하고 ID는 각각 1, 2, 3이다. 속도는 무관).

```
int SyncPage1[6]=
                { 1,0,100,
                2,0,100}

int SyncPage2[6]=
                { 1,512,500,
                2,512,500};
void setup(){
     Dxl.begin(1);
       // Set goal speed
     Dxl.writeWord(BROADCAST_ID, P_GOAL_POSITION, 0 );
       // Set goal position
```

```
        Dxl.writeWord(BROADCAST_ID, P_GOAL_SPEED, 0 );
        }
        void loop(){
        Dxl.syncWrite(30,2,SyncPage1, 6);// syncWrite(시작 주소, 파라미터 수, 배열 이름, 배열 길이)
        delay(1000);
        Dxl.syncWrite(30,2,SyncPage2, 6);
        delay(1000);
}
```

6.6.7 다이나믹셀의 움직임 유무를 감지해서 동작 방향을 바꿔보자

다이나믹셀의 움직임 유무는 컨트롤 테이블에서 46번 값을 조사해보면 알 수 있다. 계속 46번 값을 감시해서 움직임이 없다면 Goal position 값을 토글시킨다.

46 (0X2E)	Moving	움직임 유무	R	0 (0X00)

```
DynamixelDxl(1); //Dynamixel on Serial1(USART1)

byteisMoving = 0;
intgoalPosition = 0;

void setup() {
  //Initialize dynamixel bus as 1Mbps baud rate
Dxl.begin(1);
}

void loop() {
isMoving = Dxl.readByte( 1, 46); // 움직임 유무를 검사
  if( isMoving == 0 ){ // 46번 주소값이 0이면 다이나믹셀이 멈춤
     //Send instruction packet to move for goalPosition( control address is 30 )
     Dxl.writeWord( 1, 30, goalPosition );
     //toggle the position if goalPosition is 1000, set to 0, if 0, set to 1000
     if(goalPosition == 1000)
     goalPosition = 0;
     else
     goalPosition = 1000;
  }

}
```

6.7 다이나믹셀 프로토콜 2.0 응용

6.7.1 두 개의 다이나믹셀 프로를 가지고 바퀴로봇을 만들어보자

두 개의 H54 다이나믹셀 프로는 각각 ID를 1번, 2번으로 하고, 통신 속도는 1 Mbps로 한다.

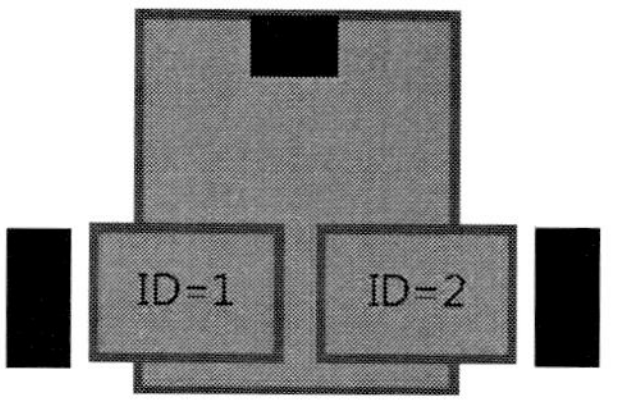


```
#include <DynamixelPro.h>
DynamixelPro Dxl(3); //Init on Serial3
void setup(){
  Dxl.begin(3);
  Dxl.writeByte(1, 562, 0);//ID 1 torque is disabled
  Dxl.writeByte(2, 562, 0);//ID 2 torque is disabled
  Dxl.writeByte(1, 11, 1); //change wheel mode ID1
  Dxl.writeByte(2, 11, 1); //change wheel mode ID2
  Dxl.writeByte(1,562,1);//ID 1 torque is enabled
  Dxl.writeByte(1,562,1);//ID 2 torque is enabled
  Serial2.begin(57600); // BT-210 attached to 4 pin port.
}
int velocity = 5000;
char temp = 0;
void loop(){
  Dxl.writeDword(1, 600, velocity);
  Dxl.writeDword(2, 600, velocity * (-1));
  if(Serial2.available()){ //coming data from BT-210(Serial2)
    temp = (char)Serial2.read();
    if(temp = 'a'){ //left turn
      Dxl.writeDword(1, 600, velocity*(-1));
      Dxl.writeDword(2, 600, velocity*(-1));
      delay(1000);
    }
    else if(temp = 'd'){ //right turn
      Dxl.writeDword(1, 600, velocity);
      Dxl.writeDword(2, 600, velocity);
      delay(1000);
    }
    else if(temp = 's'){//down
      Dxl.writeDword(1, 600, velocity * (-1));
      Dxl.writeDword(2, 600, velocity);
      delay(1000);
    }
    else if(temp = 'w'){//up
      //nothing
    }
  }
}
```

간단히 예제에 대해 설정하자면 setup()에서 두 개의 다이나믹셀 프로의 Operating mode를 1번 wheel mode, 즉 속도 제어 모드로 변경하였다. Operating mode를 변경할 때는 반드시 562번 Torque Enable을 OFF한 뒤에 설정을 변경하고 다시 ON해야 한다. 그리고 기본적으로 loop()에서는 전진을 하다가 Serial2번에 연결된 BT-210에서 명령이 들어오면 각각의 방향으로 턴한다.

6.7.2 여러 개의 다이나믹셀 프로를 동시에 움직여보자

3개의 다이나믹셀 프로를 가지고 0위치에서 251000위치로 동시에 이동시켜보자. 그리고 다시 251000위치에서 0위치로 동시에 이동시킨다. 계속 반복적으로 동작을 수행한다(ID는 1, 2, 3이고 Baud rate는 1 Mbps로 한다. Operating mode는 위치 제어 모드로 하되 모드 변경은 BROADCAST_ID(0xFE)로 수행한다).

```
#include "DynamixelPro.h"
DynamixelPro DxlEx(3);//DXL PRO(485) on Serial3(USART3)

int itemp1[9]={
  1, 251000, 10000, 2, 251000, 10000, 3, 251000, 10000};
int itemp2[9]={
  1, 0, 5000, 2, 0, 5000, 3, 0, 5000};
void setup() {
  DxlEx.begin(1);// Baud num 1 is 57600 bps in DXL 2.0 control table
  //chagne all dxl torque off
  DxlEx.writeByte(BROADCAST_ID,562,0);
  // change all dxls to joint mode
  DxlEx.writeByte(BROADCAST_ID,11,3);
  //chagne all dxl torque on
  DxlEx.writeByte(BROADCAST_ID,562,1);
}

void loop(){
  DxlEx.syncWrite(596,2,itemp1,9);
  delay(3000);
  DxlEx.syncWrite(596,2,itemp2,9);
  delay(3000);
}
```

이전 예제와 마찬가지로 Operating mode를 변경할 때는 모든 다이나믹셀의 Torque Enable을 OFF로 만들고 나서 변경을 하고 다시 다이나믹셀을 동작시키기 위해 Torque를 ON한다. 그리고 기존 다이나믹셀 API와 같이 syncWrite() 메소드를 다음과 같은 사용법으로 사용한다.

```
반환값 없음 Dxl.syncWrite(시작 주소, 데이터 개수, 배열 포인터, 배열 길이);
```

안드로이드를 활용한 OpenCM9.04 확장

7.1 안드로이드 플랫폼

7.1.1 로봇에서 안드로이드 활용?

2007년 애플이 아이폰을 발표하면서 모바일 시장에 거대한 변화가 생겼다. 애플이 아이폰에 탑재된 iOS의 SDK(SW Development Kit)를 공개하면서 그동안 일방적으로 핸드폰 제조사에 의해서만 공급되어 오던 모바일 콘텐츠를 직접 이용자 또는 소비자가 만드는 세상이 온 것이다. 안드로이드는 그 대항마로서 구글에 의해 2010년 그 모습을 처음으로 드러내었다. 폐쇄적인 정책의 애플과는 달리 Java 기반의 완벽한 오픈소스 정책으로 모든 핸드폰 제조사에 공개하였고 그 결과 수많은 핸드폰 제조사가 안드로이드를 탑재한 스마트폰을 제조하기 시작하였다. 그 결과 당시 애플 iOS의 적수가 없었던 모바일 플랫폼 시장에서 안드로이드는 별다른 어려움 없이 빠르게 시장에 안착하였고, 결과는 30년 전에 IBM-PC가 그러했던 것처럼, 현재 애플의 iOS보다 더 많은 점유율을 가지고 있으면서도 계속해서 가파른 상승세를 이어가고 있는 모바일 플랫폼이다.

그림 7.1.1-1 애플의 iPhone, 혁신의 시작이었다.

그림 7.1.1-2 안드로이드 로봇 : 안드로이드를 대표하는 트레이드 마크

안드로이드는 스마트폰뿐만 아니라 태블릿 시장에서도 빠른 성장세를 보여주었고 애플의 아이패드의 점유율을 또 한번 넘기면서 명실 상부하게 전세계에서 가장 많이 쓰는 모바일 플랫폼이 되었다. 애플의 iOS와 함께 안드로이드가 이전의 모바일 플랫폼과 다른 점은 모바일 디바이스용 애플리케이션을 누구나가 공개된 SDK를 가지고 개발해서 돈을 벌 수 있는 생태계를 구성했다는 점이다. 따라서 이 책에서는 안드로이드 애플리케이션 개발에 대해 폭넓게 많은 부분을 다룰 수는 없지만 최소한 안드로이드 디바이스를 이용한 임베디드 보드 혹은 로봇 제어에 활용할 수 있는 안드로이드 애플리케이션을 개발하는 방법을 소개한다. 이번 장에서 안드로이드 애플리케이션 개발 전반을 폭넓게 서술할 수는 없으므로 좀 더 수준 있는 애플리케이션을 만들고 싶은 독자들은 반드시 다른 안드로이드 전문 개발 서적이나 Java 관련 프로그래밍 서적으로 부족함을 채우길 바란다.

7.1.2 안드로이드 특징

안드로이드의 구조

안드로이드는 구글에서 만든 오픈소스 모바일 플랫폼이다. 안드로이드 자체가 하나의 OS라기보다는 일종의 SW 플랫폼이라고 보는 것이 맞다. 정확하게 이야기하자면 안드로이드는 리눅스 OS를 기반으로 하는 오픈소스 JAVA 플랫폼이다. 실제로 OS의 기본이라고 할 수 있는 스케줄링이나 프로세스 관리, 하드웨어 제어와 관련한 디바이스 드라이버는 모두 Linux Kernel을 이용해서 동작하고 있다. Kernel이란 OS에서 핵심적인 모듈을 이야기하는 것인데, 안드로이드는 이러한 Linux Kernel위에서 안드로이드의 프레임워크가 사용자 애플리케이션을 관리하고 서비스를 실행시키는 구조라고 할 수 있다. 이러한 정보는 다음의 안드로이드 개발자 페이지를 통해서 제공하고 있다.

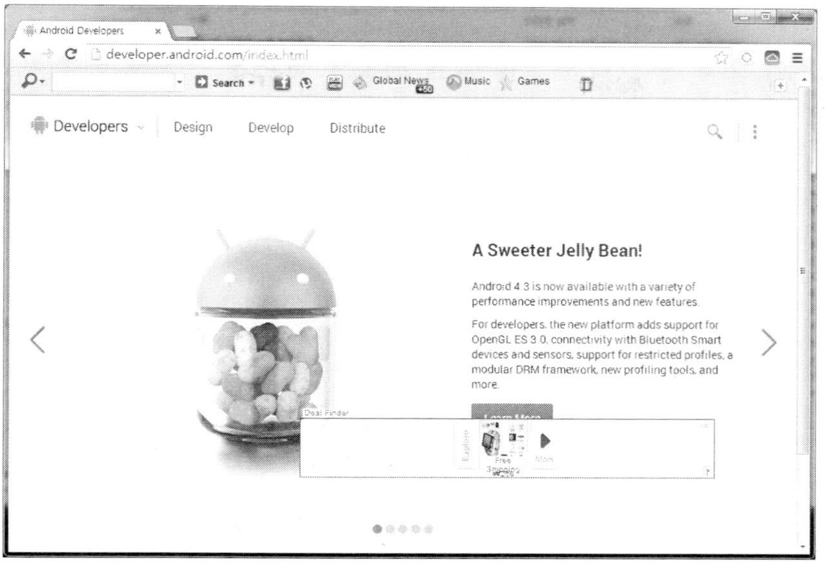

그림 7.1.2-1 안드로이드 개발자 페이지(developer.android.com)

구글의 안드로이드 개발 홈페이지에서 수많은 예제와 개발 툴, UI 리소스, 그리고 최신 개발 정보도 모두 받을 수 있으니 반드시 방문해서 확인하자.

안드로이드의 전체 구조를 간단히 파악해보고 넘어가자. 조금 전에도 언급했지만 안드로이드는 리눅스 OS를 기반으로 하는 모바일 플랫폼이다. 아래 <그림 7.1.2-2>의 안드로이드 아키텍처 레이어에서 맨 아래에는 리눅스 Kernel이 있다. 바로 안드로이드는 이러한 리눅스 커널 위에서 동작하는 하나의 SW 플랫폼인 것이다.

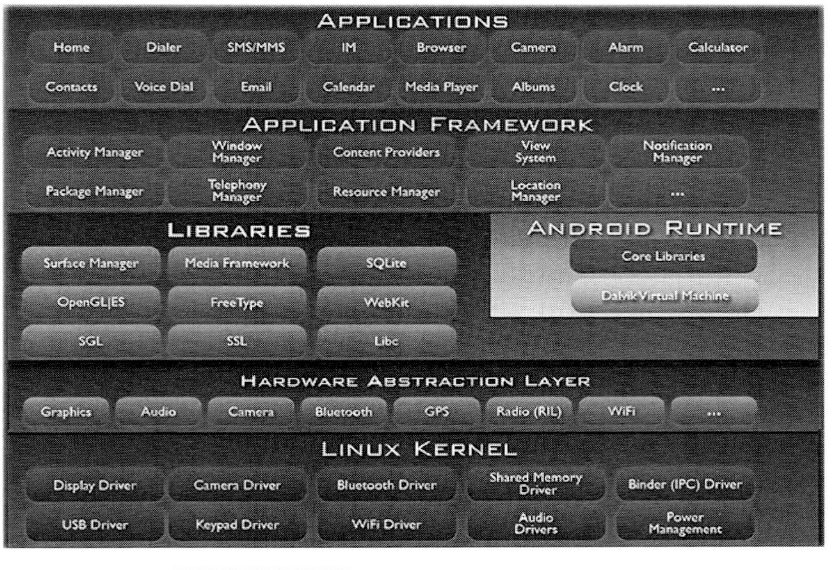

그림 7.1.2-2 안드로이드 아키텍처 레이어

최상위 Applications Layer와 바로 아래 Application framework까지가 순수한 안드로이드 프레임워크(뼈대)라고 할 수 있으며 Java 언어로 구현되어 있다. 리눅스 커널과 안드로이드 프레임워크를 연결해 주기 위해 Hardware Abstraction Layer(HAL)와 라이브러리 및 런타임과 같은 중간 계층들이 자리잡고 있다. 이러한 레이어 구조로 안드로이드 애플리케이션에서 HAL과 리눅스 커널을 거쳐서 하드웨어를 제어할 수 있다.

여기서 눈여겨 보아야 할 것이 안드로이드의 핵심이 되는 프레임워크가 바로 JAVA로 구현되어 졌다는 것이다. 그리고 우리가 개발하려고 하는 안드로이드 애플리케이션도 마찬가지로 Java 프로그래밍으로 구현된다. 따라서 안드로이드 애플리케이션을 제대로 만들려면 Java에 대한 선수 지식이 필요하다. 하지만 Java라고 해서 기존의 C/C++에 비해 어려운 것은 아니다. 조금만 익히면 C/C++보다 더욱 효율적이면서 어렵지 않게 프로그래밍을 할 수 있다. 왜냐하면 Java는 지구상에서 가장 인기 있는 객체 지향 프로그래밍 언어(OOP, Object Oriented Programming)이기 때문이다. 프로그래밍 서적을 어느 정도 읽고 경험이 많은 독자들은 C언어와 같은 절차 지향 프로그래밍보다 객체 지향 프로그래밍이 코드 재활용 측면에서 효율성이 우월하면서도 사용하기가 수월하다는 것을 알 것이다. 데이터 은닉, 메소드 오버라이딩과 다형성, 그리고 상속성은 객체 지향 언어인 Java의 대표적인 특성이면서 오늘날 Java가 널리 퍼지게 된 중요한 요인이었다. 이러한 객체 지향의 특성에 대해서도 서술하려면 이 책의 범위를 벗어날 수도 있기 때문에 조금 더 알고자 하는 독자들은 반드시 Java 관련 프로그래밍 서적을 공부하길 바란다.

그림 7.1.2-3 안드로이드는 JAVA로 짜여진 애플리케이션이다.

7.1.3 안드로이드 플랫폼의 미래

현재 안드로이드는 수십억 개의 모바일 디바이스에서 돌아가는 가장 유명한 모바일 플랫폼이 되었다. 안드로이드는 계속해서 점유율이 높아질 것이고 아마도 PC의 영역까지도 파고들게 될지도 모른다. 앞으로는 PC의 활용도는 점점 떨어지고 안드로이드와 같은 모바일 플랫폼이 대세가 될 것이므로 임베디드 환경은 물론이고 로봇 영역에서도 안드로이드 플랫폼이 자리잡게 될지도 모른다. 이 책을 디딤돌로 해서 로봇 개발에서도 모바일 플랫폼 애플리케이션을 활용하는 계기가 되었으면 한다.

7.2 안드로이드 프로그래밍 개발환경 설치

7.2.1 개발환경 선택

안드로이드 애플리케이션 개발은 Windows뿐만 아니라 Linux나 Mac OS X에서도 개발 가능하다. 구글은 지구상에서 가장 많이 쓰는 OS 플랫폼에 대해서는 컴파일러, 소스 편집기, 그리고 컴파일한 애플리케이션을 실행할 수 있는 가상단말기까지 모두 제공한다. 이 책에서는 우리 나라에서 가장 많이 쓰는 Windows를 기준으로 설명한다.

7.2.2 JDK 설치하기

안드로이드는 자바로 만들어진 모바일 플랫폼이다. 따라서 안드로이드 애플리케이션을 개발하기 위해서는 반드시 JDK(Java Development Kit)가 필요하다. 자신의 컴퓨터에서 JDK가 설치되어 있는 것을 확인하는 방법은 도스와 같은 커맨드 창에서 아래 명령어를 입력해보자. 반응이 없다면 오라클 홈페이지에서 다운로드 받아야 한다.

```
C:\>javac -version
```

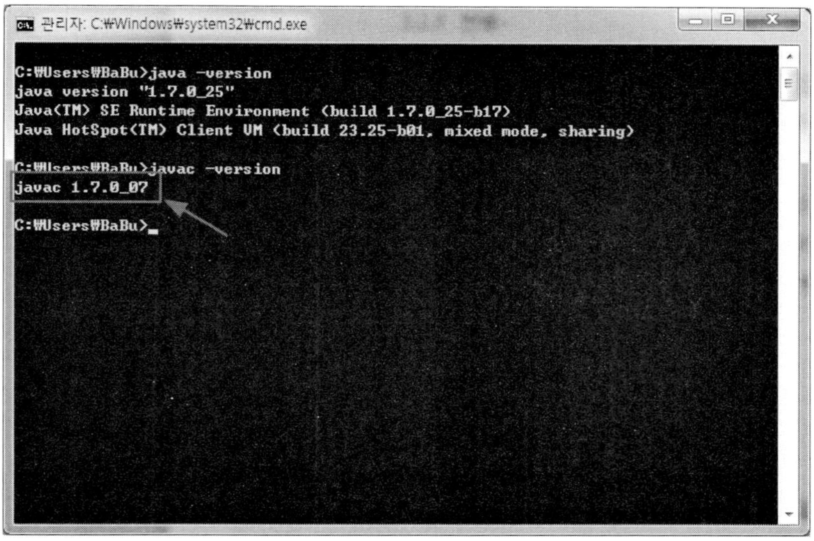

그림 7.2.2-1 자바 버전 확인

앞과 같거나 비슷한 응답이 없다면 반드시 아래의 오라클 다운로드 홈페이지에서 다운로드 받자.

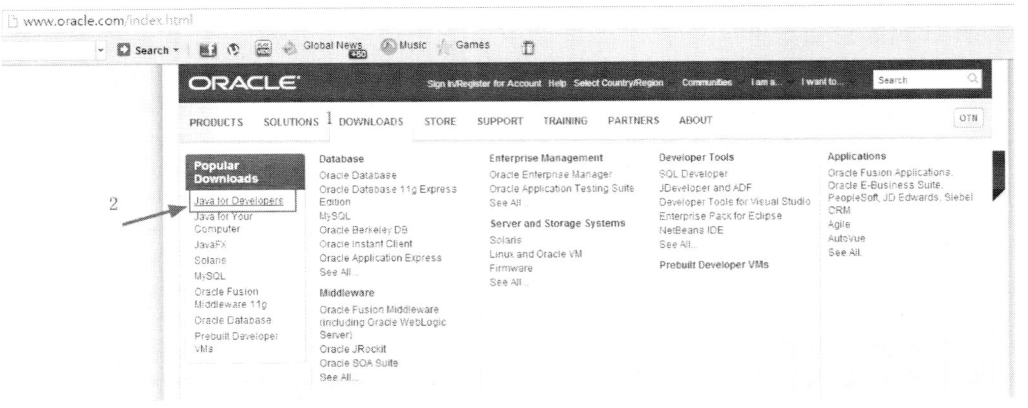

그림 7.2.2-2 오라클 홈페이지에서 JDK 다운로드 항목 찾기

아래의 Java Platform(JDK) 버튼을 클릭하자.

그림 7.2.2-3 JDK 다운로드 하기

먼저 <그림 7.2.2-4>에서 화살표의 Accept License Agreement를 선택하고 자신의 PC에 해당하는 CPU Architecture와 OS에 따라 JDK를 다운로드 받자. 여기서 i586은 Intel CPU 혹은 AMD와 같은 호환 CPU를 의미하고 x86은 32 bit, x64는 64 bit 운영체제를 의미한다. 당연하겠지만 64 bit 운영체제를 가지고 있는 독자들만 64 bit(x64) 패키지를 다운로드 받자. 잘 모르겠다면 그냥 32 bit(x86)를 받아도 괜찮다. 여기서 중요한 점은 32 bit JDK를 다운로드 받았다면 다음 절에서 32 bit ADT를 다운로드 받아야 한다. 64 bit를 받은 독자들도 마찬가지로 64 bit ADT를 받아야 한다. 그렇지 않으면 실행이 되지 않을 것이다.

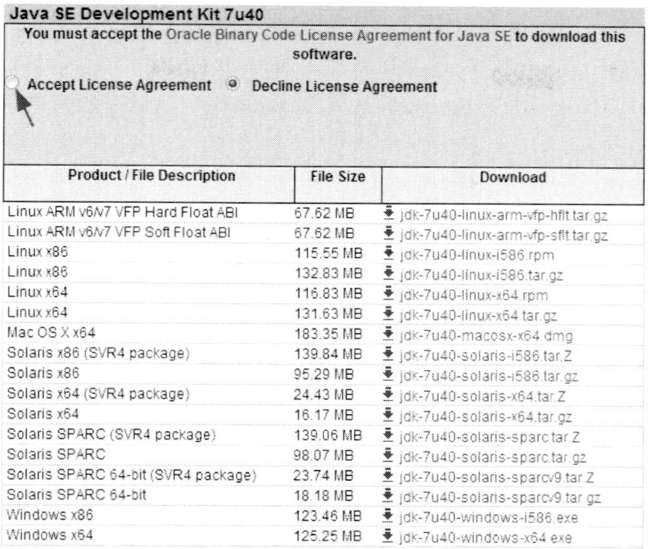

그림 7.2.2-4 반드시 Accept를 선택하고 다운로드해야 한다.

설치하고 나면 아래의 경로에 JDK가 생긴 것을 확인할 수 있다.

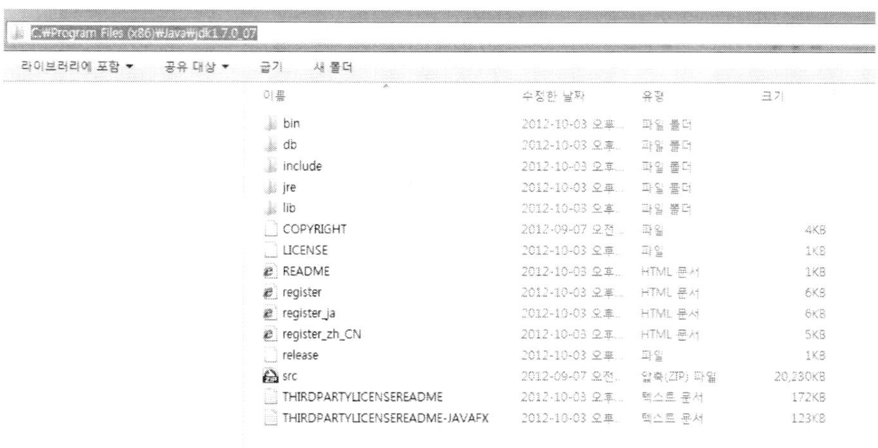

그림 7.2.2-5 JDK 설치 경로 확인하기

7.2.3 ADT(Android Development Tools) 다운로드 및 설치

안드로이드 개발 툴을 다운로드하기 위해서는 이전에 언급했던 구글의 안드로이드 개발자를 위한 페이지를 (develop.android.com) 방문해야 한다.

안드로이드 애플리케이션을 개발하기 위해서는 이클립스라는 오픈소스 개발환경이 필요하다. Java 프로그래밍을 조금이라도 해본 사람들은 이클립스라는 오픈소스 개발 툴을 들어본 적이 있을 것이다. 안드로이드 애플리케이션이 Java로 구현되었기 때문에 구글은 전세계에서 가장 많이 쓰는 Java 개발환경인 이클립스를 선택하였고 이러한 전략은 주효했던 것 같다. 이클립스는 오픈소스이지만 다른 상용 개발 툴에 비해서 편리하고 확장성이 뛰어나다. 게다가 오픈소스이기 때문에 구글이 마음대로 안드로이드 전용 개발 툴로 변신시킬 수 있었고 별다른 어려움 없이 Java 개발자를 끌어들일 수 있었다.

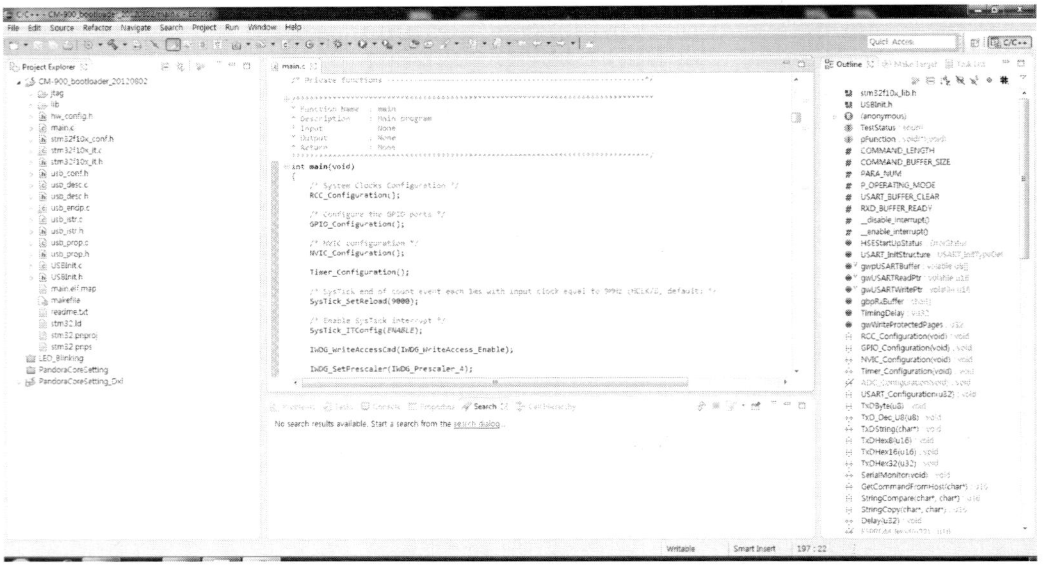

그림 7.2.3-1 <이클립스 Java 개발환경>
Java 개발환경으로 유명한 이클립스, Java뿐만 아니라 C/C++도 가능하다.

예전에는 Java 개발용 이클립스를 따로 eclipse.org 페이지에서 받고 별도의 이클립스 플러그인 다운로드 주소를 통해 ADT Plug-in 패키지를 설치하는 방식으로 툴을 설치했지만 번거롭고 플러그인 다운로드도 오래 걸리는 단점이 있어서 지금은 이클립스에 ADT를 아예 설치를 해서 안드로이드 전용 통합 개발환경으로 완성한 형태를 압축파일 형태로 다운로드할 수 있게 제공한다.

아래 경로로 한 번 들어가보자.

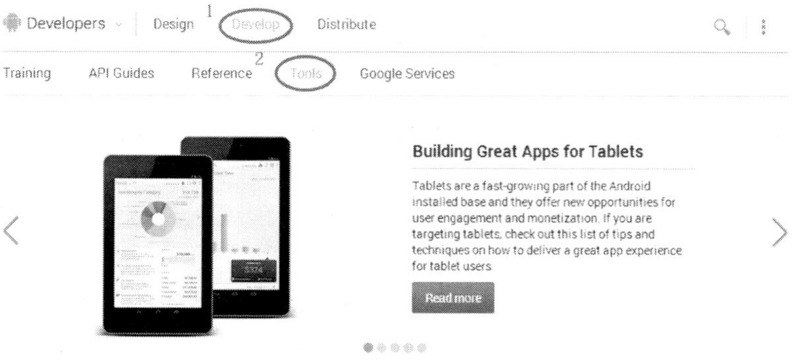

그림 7.2.3-2

그러면 이클립스가 통합된 ADT를 다운로드할 수 있다.

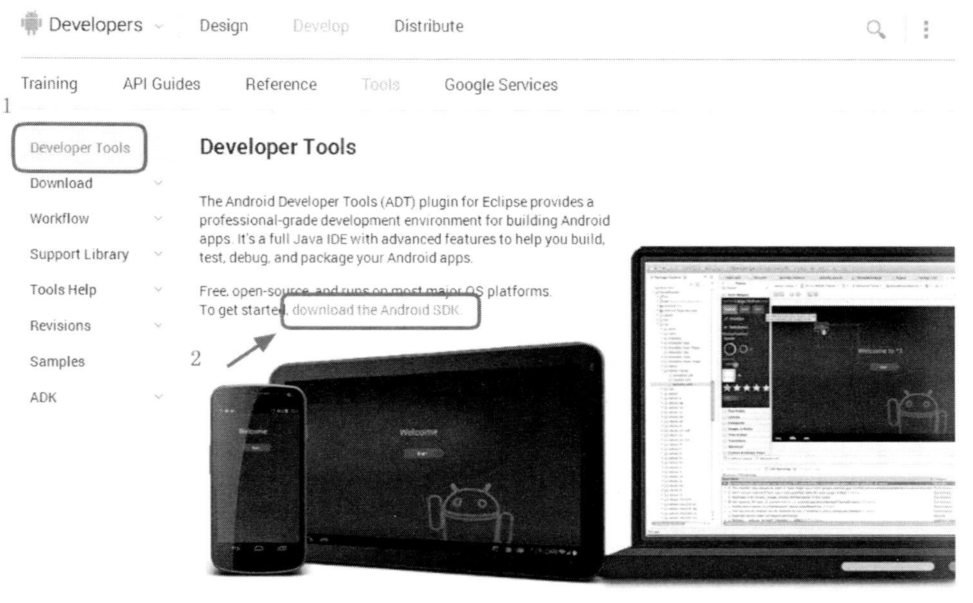

그림 7.2.3-3

바로 우측의 Download the SDK 버튼을 클릭하면 다운로드가 시작된다.

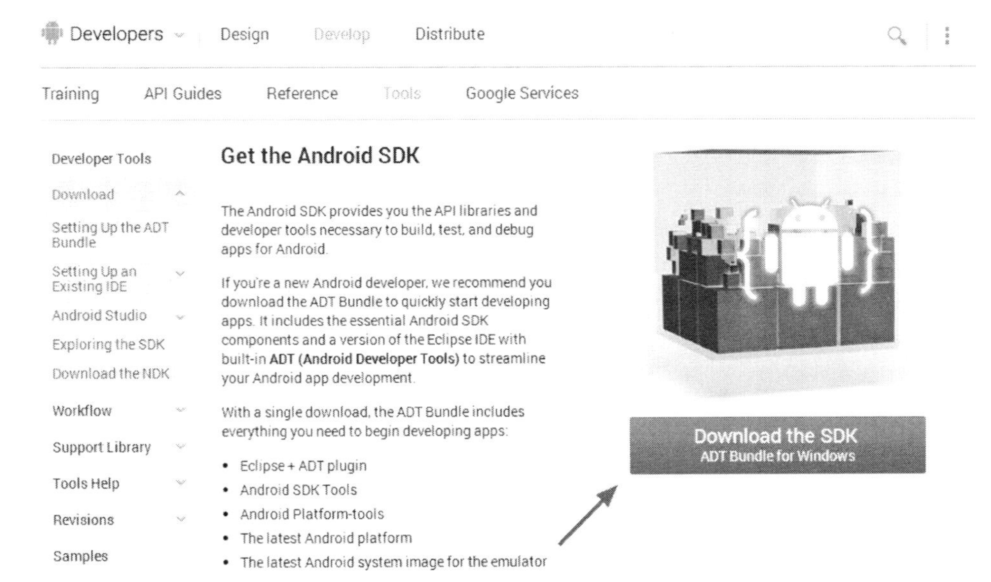

그림 7.2.3-4

다음과 같이 다운로드 관련 약관이 나오면 동의한다는 곳에 체크표시를 하고 32 bit 버전과 64 bit 버전 둘 중에 하나를 체크하면 다운로드를 할 수 있게 아래의 버튼이 활성화 된다. 이전 절에서도 중요하게 설명하였듯이 JDK를 32 bit로 받았다면 32 bit 패키지를 다운로드 하면 되고, 64 bit를 받았다면 64 bit 패키지를 다운로드 해야 한다.

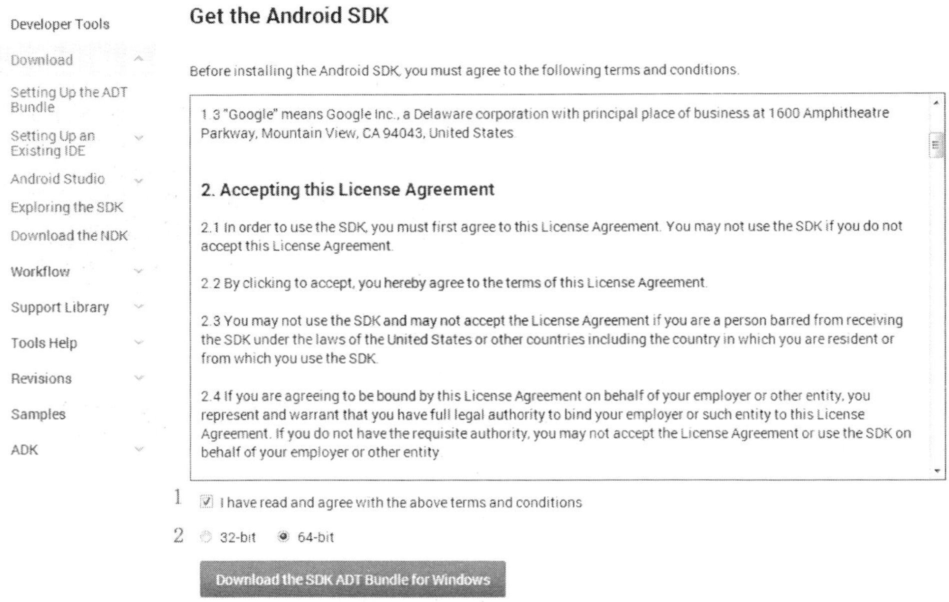

그림 7.2.3-5

위에서도 설명했지만 ADT라는 것이 이클립스에 ADT 플러그인을 미리 설치해 놓고 압축한 패키지이므로 이클립스를 설치할 때와 똑같이 그냥 압축파일만 풀고 eclipse.exe만 실행하면 되는 무설치 패키지이다. ADT 패키지의 압축을 풀면 아래와 같은 폴더 구조가 나오고

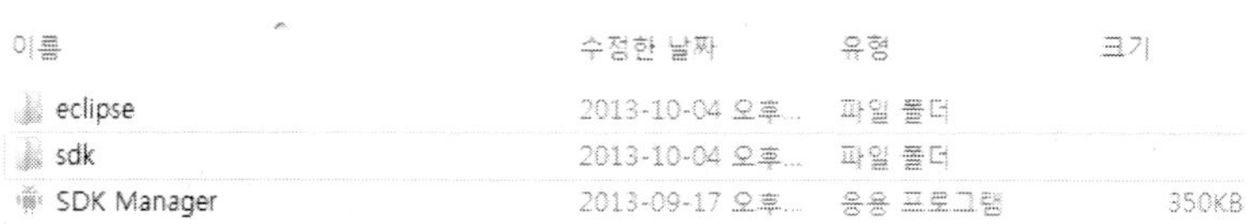

그림 7.2.3-6

eclipse 폴더에서 eclipse.exe를 실행하면 된다.

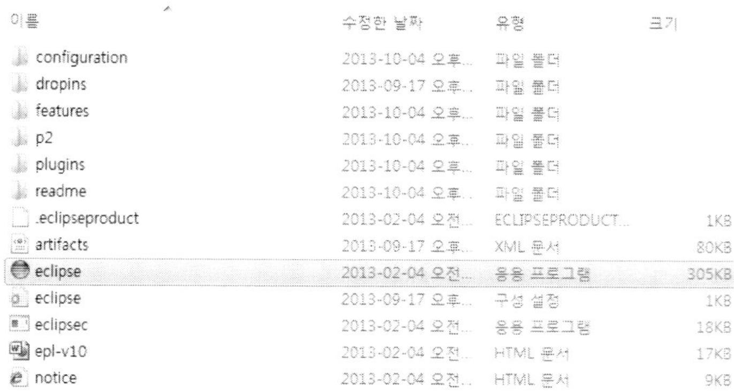

그림 7.2.3-7

여기서 잘못된 패키지를 받아서 실행해 보면 다음과 같은 에러창이 뜨면서 실행조차 되지 않는다. 이런 경우 다시 JDK에 맞는 패키지로 재 다운로드를 한다.

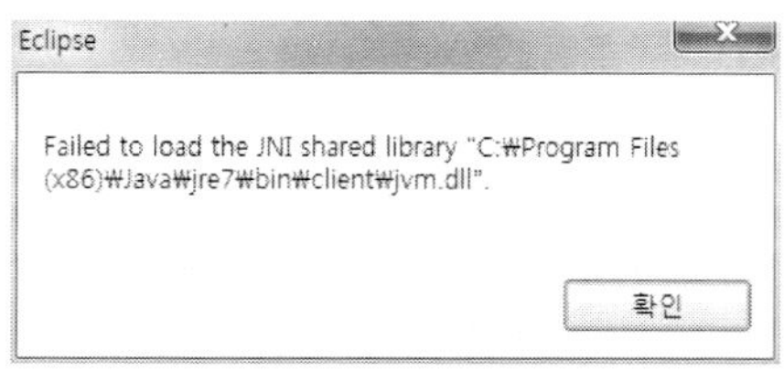

그림 7.2.3-8

성공적으로 실행까지 성공했다면 아래와 같은 로딩 화면이 끝난 뒤에 이클립스 실행화면을 볼 수 있다.

그림 7.2.3-9

<그림 7.2.3-10>웰컴 페이지를 닫으면 익숙한 이클립스 화면을 볼 수 있다.

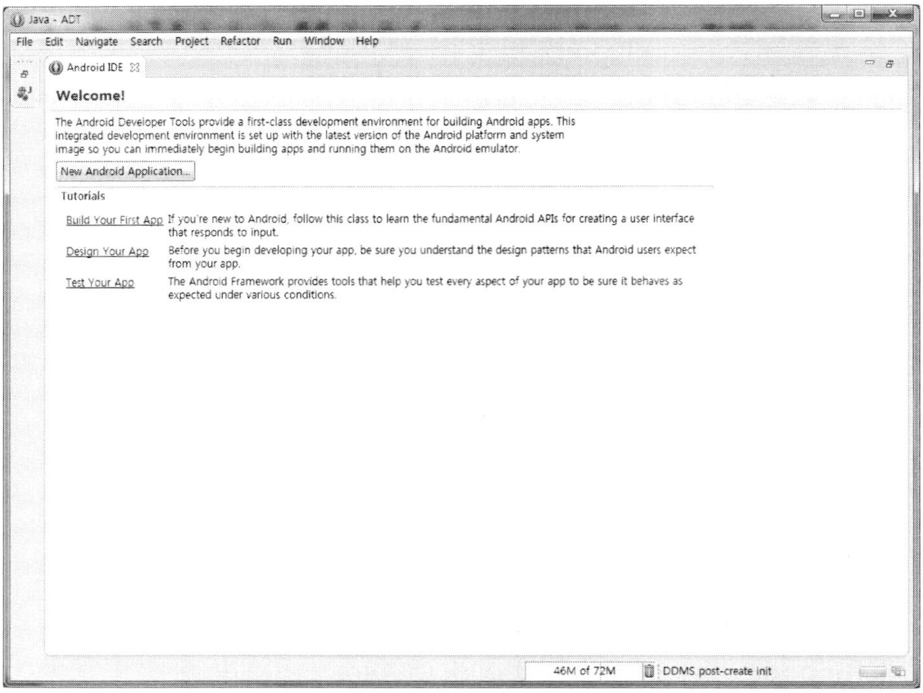

그림 7.2.3-10

이제 본격적으로 안드로이드 애플리케이션을 만들어보자.

7.3 안드로이드 프로그래밍 기초

7.3.1 Hello World 애플리케이션 만들기

JDK를 설치하고 ADT까지 제대로 설치하였다면 이제 첫 안드로이드 애플리케이션을 만들어보자. 안드로이드 개발자 페이지는 이러한 Getting Started 튜토리얼이 매우 잘되어 있다. 프로페셔널 개발자가 되려면 이러한 개발자 페이지를 통해 자신의 개발 역량을 키울 수 있도록 하는 것이 좋다. 물론, 시간 절약을 위해 전문 개발서적을 이용해도 좋다.

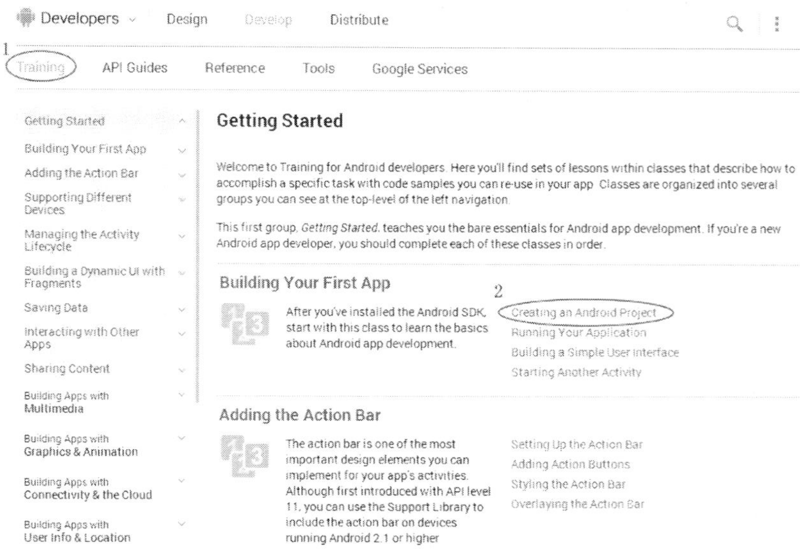

그림 7.3.1-1

안드로이드 프로젝트를 만드는 방법을 설명한 Getting Started 페이지를 그냥 천천히 따라 해도 문제없을 것이다.

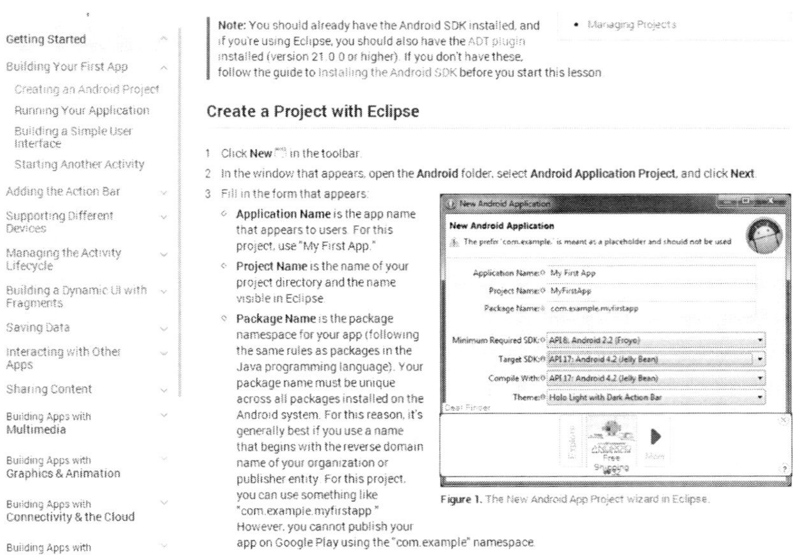

그림 7.3.1-2

그러면 지금부터 첫 번째 안드로이드 애플리케이션을 시작해보자.

먼저 새로운 안드로이드 애플리케이션 프로젝트를 만들기 위해서는 File ⇨ New ⇨ Android Application Project를 선택한다.

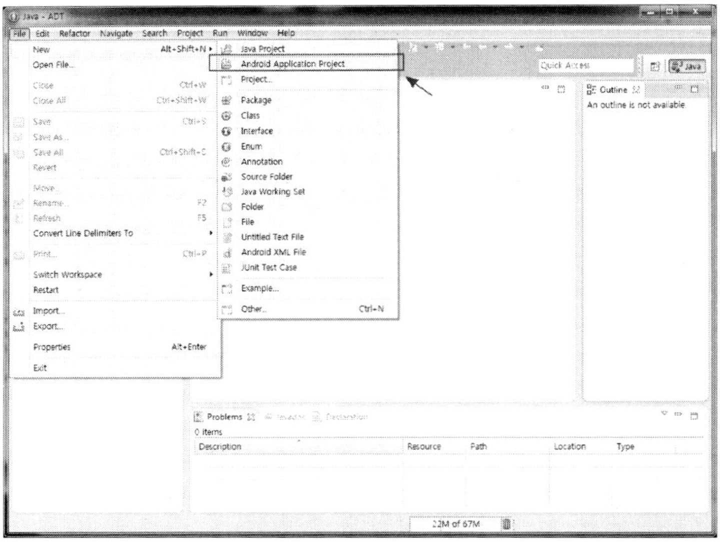

그림 7.3.1-3

아래와 같이 프로젝트 이름을 작성하는 대화창이 뜨면 Hello World라고 적어준다. 그러면 아래 빈 칸이 자동으로 완성된다. 만약 각각 다르게 적어주고 싶다면 다르게 적어도 무방하다. Package[39] Name 항목에서 !표시가 나오지만 그냥 무시해도 된다. 약간 꺼림칙하다면 com.example.helloworld를 com.test.helloworld로 수정하자. 중간에 example이라는 단어만 없으면 된다.

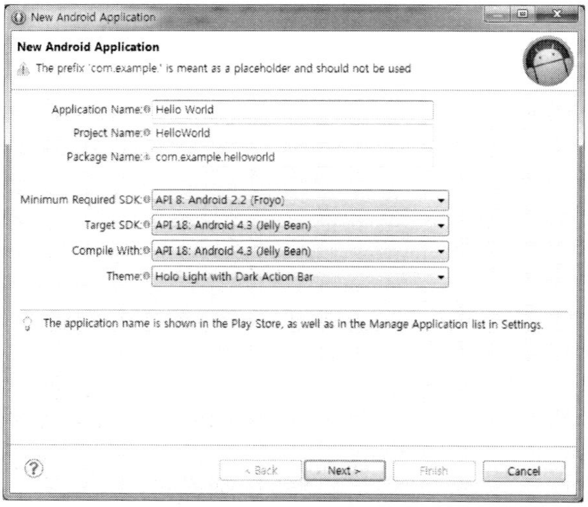

그림 7.3.1-4

39) Java나 안드로이드 프로그래밍에서 Package란 어떤 관련 있는 Class들의 묶음을 의미한다. C++에서 Namespace와 비슷한 개념으로도 볼 수 있다. 따라서 자바에서는 같은 이름의 class이름도 package만 구분한다면 쓸 수 있다. 보통 패키지는 회사 도메인의 역순으로 하고 마지막에 기능을 의미하는 단어를 쓴다. 예를 들면 www.kros.org에서 file관련 package를 만들었다면 아래와 같은 형식으로 보통 많이 쓴다.
Org.kros.file

Package Name만 수정하자.

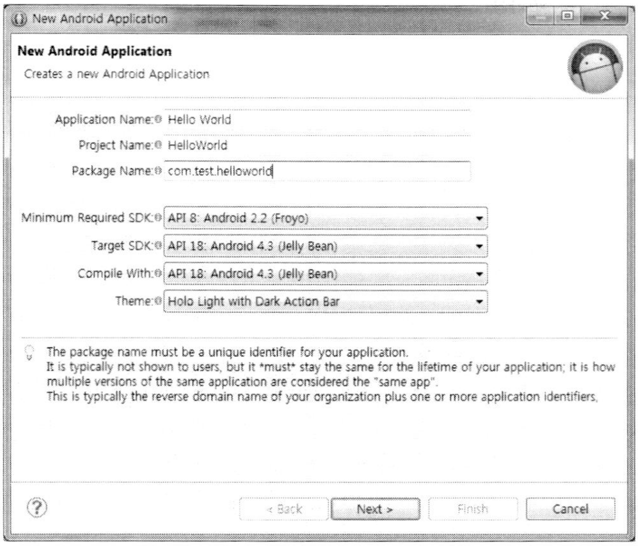

그림 7.3.1-5

이번 단계는 새로운 아이콘을 만들 것인지 프로젝트는 어디에 만들 것인지를 선택하는 대화창인데 그냥 기본설정 그대로 하고 Next를 클릭하자.

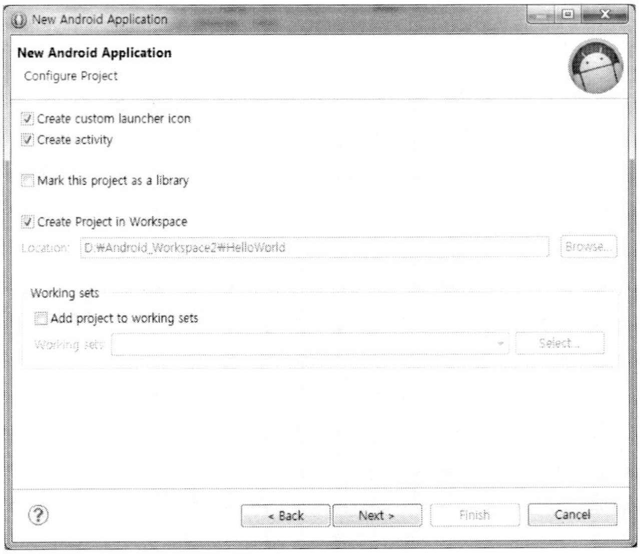

그림 7.3.1-6

다음 단계는 안드로이드 화면에서 애플리케이션을 실행시키는 아이콘의 디자인을 결정하는 대화창이다. 원하는 형태의 아이콘을 선택하거나 아니면 안드로이드 기본 아이콘을 선택해도 된다.

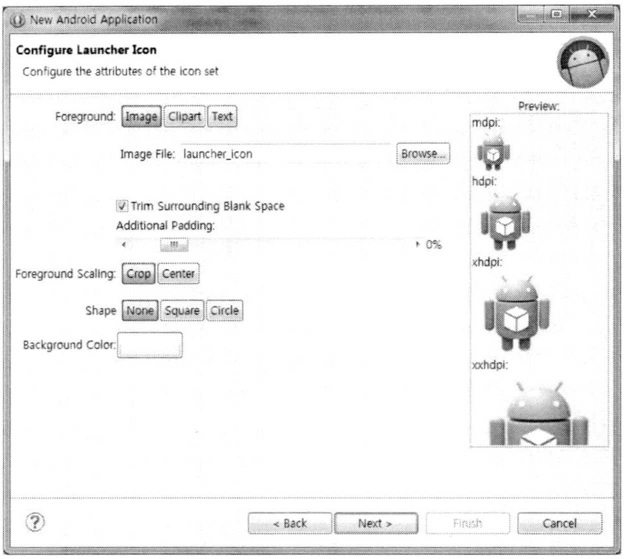

그림 7.3.1-7

다음 단계는 안드로이드 애플리케이션의 기본 실행 단위인 Activity 설정에 관련 항목인데 이것도 그냥 기본설정으로 하고 Next를 클릭하자.

그림 7.3.1-8

이제 Activity 이름만 정하면 된다. 하지만 이것도 그냥 기본설정 그대로 두고 Finish를 클릭한다. Activity란 뒤에서도 설명하겠지만 안드로이드에서 하나의 화면을 그리는 단위라고 보면 된다. 아주 간단한 애플리케이션은 하나의 Activity만으로 완성할 수 있다. 보통 여러 개의 Activity로 유저가 선택하는 방향에 따라 다른 화면, 즉 Activity를 보여주면서 애플리케이션을 구성한다.

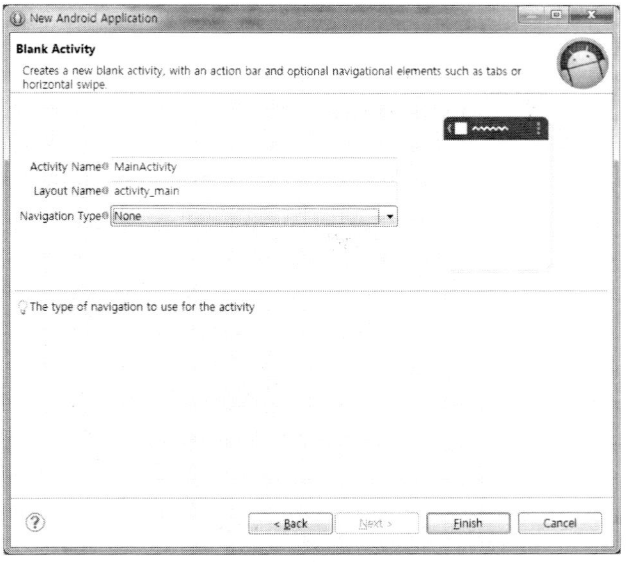

그림 7.3.1-9

자 이제 첫 안드로이드 애플리케이션 Hello World 프로젝트가 완성되었다. 아래와 같이 Package Explorer를 통해서 HelloWorld 프로젝트가 생겼고 바로 옆에는 MainActivity.java라는 자바 소스를 볼 수 있다. 이것이 Hello World 애플리케이션의 main()에 해당하는 곳이라고 할 수 있다.

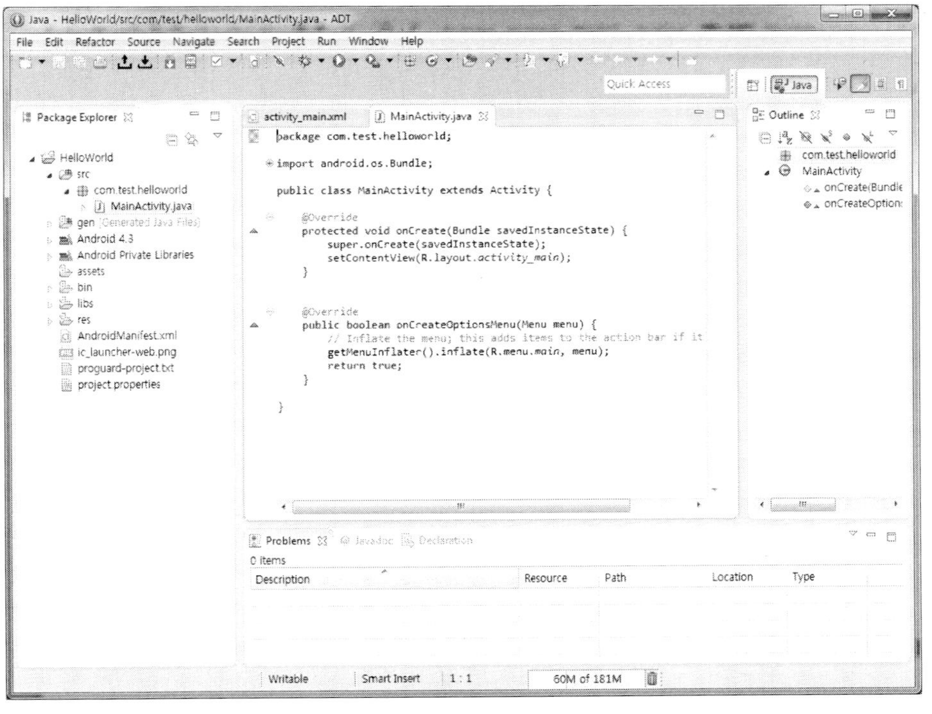

그림 7.3.1-10

그러면 이제 실행을 해보자. 안드로이드 애플리케이션에서 실행이란 직접 Target이 되는 안드로이드 단말기(스마트폰, 패트 등)에 직접 애플리케이션을 설치하고 실행까지 하는 것을 말한다. 안드로이드 단말기가 없다면 구글에서 지원하는 가상단말기를 실행해서 애플리케이션을 실행해 볼 수 있다.

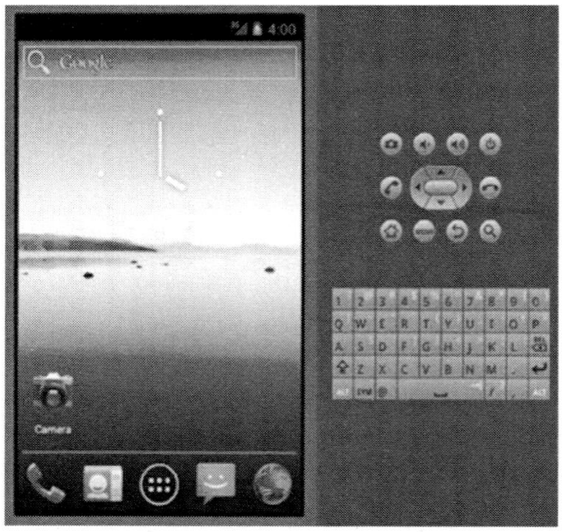

그림 7.3.1-11 Android Virtual Device(AVD) : 실제 단말기가 없어도 실행할수 있다.

그렇다면 제일 먼저 안드로이드 단말기가 있다면 USB 케이블로 단말기와 직접 연결하자. 반드시 제조사에서 제공하는 USB 드라이버가 설치되어 있어야 단말기를 인식할 수 있다. 장치 관리자에서 스마트폰 단말기를 연결했을 때 아래와 같이 USB드라이버가 뜨는지 확인해보자.

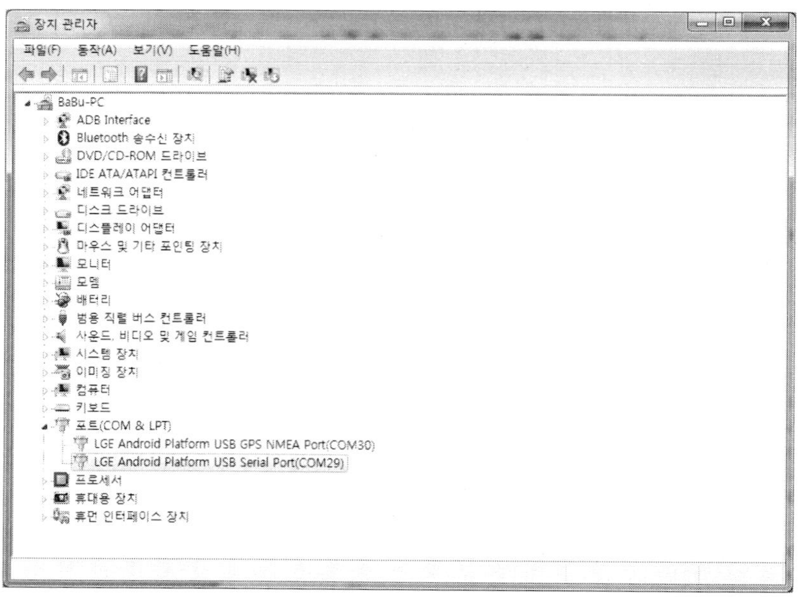

그림 7.3.1-12

이러한 드라이버가 없다면 이클립스 ADT에서 인식할 수 없으니 반드시 제조사에서 제공하는 USB드라이버를 설치하고 진행하자.

자 그러면 단말기가 USB를 통해 PC와 연결되었다고 가정하고 실행(Run) 메뉴를 선택하거나 Ctrl+F11을 눌러보자.

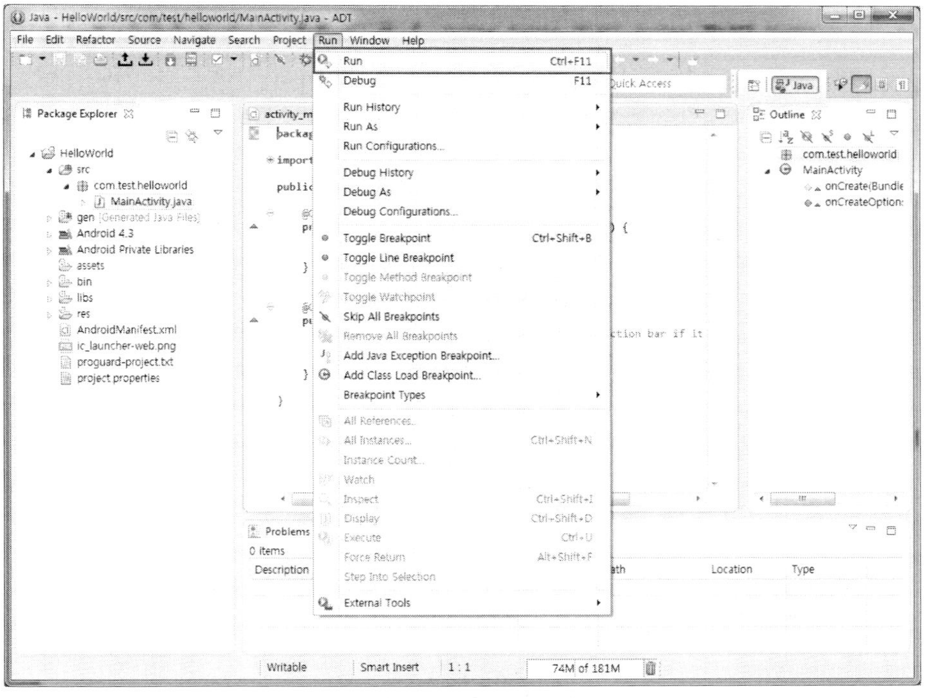

그림 7.3.1-13

Run As 선택화면에서 Android Application을 선택하고 OK를 누르자.

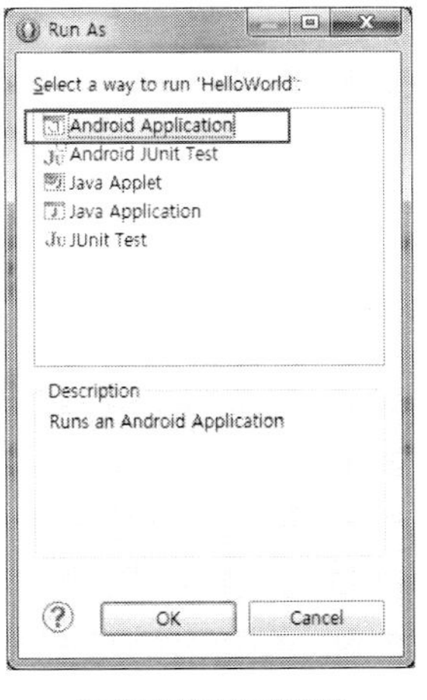

그림 7.3.1-14

그러면 이제 실제로 애플리케이션이 실행될 Target 단말기를 선택해야 한다. 필자의 경우 LG 전자의 P970이라는 스마트폰을 USB를 통해 실제로 연결된 상태이므로 Choose a running Android device를 선택하고 lge-lg_p970 디바이스를 선택한 후 OK를 누른다. 아래는 가상 단말기를 사용할 경우 Launch a new Android Virtual Device를 선택해서 선택하면 된다.

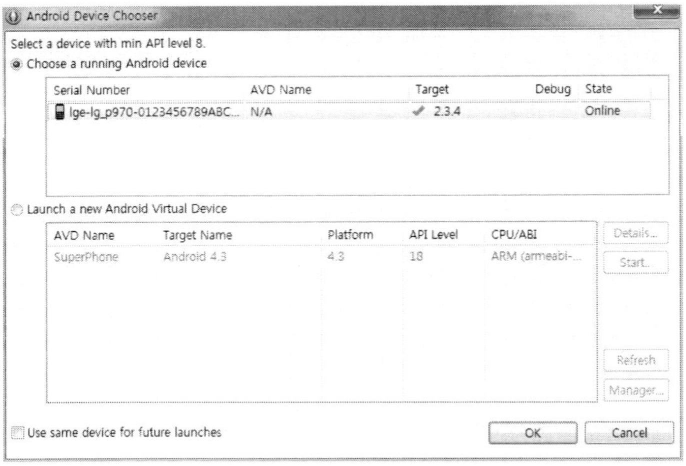

그림 7.3.1-15

실행된 화면은 아래와 같다. 실제 안드로이드 스마트폰에 실행을 해보든 가상 단말기를 통해 실행을 하든 아래와 같은 화면을 볼 수 있다.

그림 7.3.1-16

그냥 빈 화면에 Hello world!만 표시되는 썰렁한 애플리케이션이다. HelloWorld 프로젝트는 바로 하나의 Activity 위에 Hello world!라는 문자열을 표시해주는 아주 기본적인 애플리케이션이라고 할 수 있다.

7.3.2 Hello World 애플리케이션 소스 분석

프로젝트 구조 살펴보기

먼저 프로젝트 구조를 살펴보자. 안드로이드 애플리케이션이 빌드되면 .apk라는 하나의 파일이 생성된다. apk라는 파일은 java 소스파일을 빌드한 바이너리와 UI 리소스 파일들을 압축한 파일인데, 안드로이드는 apk라는 압축 패키지를 이용해 애플리케이션을 설치하고 실행하게 된다. ADT의 오른쪽에 위치한 Package Explorer를 보면 프로젝트 구조를 한 눈에 살펴볼 수 있다. HelloWorld라는 프로젝트 하위 폴더 중에 bin이라는 폴더를 펼쳐보면 바로 위에서 언급한 HelloWorld.apk라는 애플리케이션 패키지 파일이 보이는 것을 알 수 있다. 참고로 이 파일이 보이지 않는 독자는 반드시 한 번이라도 프로젝트를 빌드하거나 실행을 해야만 이 파일을 볼 수 있다.

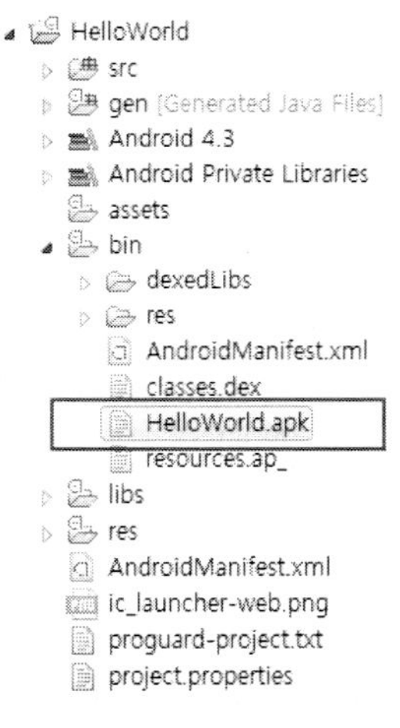

그림 7.3.2-1

결국 안드로이드 프로그래밍은 이 apk 파일을 최종적으로 만들어내는 것이 목표라고 할 수 있다. 각각의 하위 항목들을 간단히 살펴보자.

- src

HelloWorld 애플리케이션의 Java 소스코드들이 들어 있다.

- gen

빌드하면서 자동으로 생성되는 java파일들이 들어가 있는데, 이 파일들은 임의로 수정하면 빌드가 되지 않으니 주의한다.

• Android 4.3, Anroid Private Libraries

프로젝트 생성 시에 선택한 타깃 안드로이드 버전과 관련된 Java 라이브러리가 들어가 있는 폴더이다.

• assets

프로젝트에서 필요한 사용자 데이터를 저장하는 폴더이다. Assets 폴더에 저장한 사용자 데이터는 애플리케이션에서 접근해서 데이터를 사용할 수 있다.

• bin

방금 전에 설명했듯이 빌드 후에 apk 파일을 만들기 위해 리소스를 모아두는 폴더이다. 빌드 후 생기는 바이너리 파일, UI관련 리소스 파일 등이 apk로 합쳐진다.

안드로이드 애플리케이션의 시작은 MainActivity.java에서 시작된다. MainActivity라는 클래스에서 OnCreate()라는 메소드로부터 애플리케이션이 시작된다고 할 수 있다.

• libs

별도의 라이브러리를 저장해 놓은 곳이다.

• res

UI리소스 등이 저장된 곳이다.

• AndroidManifest.xml

안드로이드 애플리케이션의 등록 정보라고 할 수 있는 xml 파일이다. 안드로이드 애플리케이션의 기본적인 특성과 하위 컴포넌트들의 특성을 기술한 파일이다. 예를 들면 Activity, Service, Receiver, Contentproviders에 대한 특성, 애플리케이션이 실행되기 위해 요청되는 리소스(GPS, Bluetooth, ... 등 스마트폰 기능) 접근 권한, 최소 실행 API Level 등이 기술되어 있기 때문에 고급 애플리케이션 개발자라면 반드시 잘 다루어야 하는 파일이라고 할 수 있다.

• MainActivity 분석

Activity란 안드로이드 애플리케이션을 실행했을 때 나타나는 화면 단위이며 MainActivity는 애플리케이션을 실행했을 때 가장 먼저 나오는 화면이다. 따라서 하나의 Activity로 이루어진 HelloWorld 애플리케이션은 MainActivity밖에 없으며 단순히 MainActivity라는 클래스에서 onCreate() 메소드만 수행하면 Activity가 생성되면서 애플리케이션이 시작된다. Src 폴더를 펼쳐보면 com.test.helloworld라는 패키지 아래에 MainActivity.java 파일을 열어보면 이러한 과정들을 소스레벨로 확인할 수 있다.

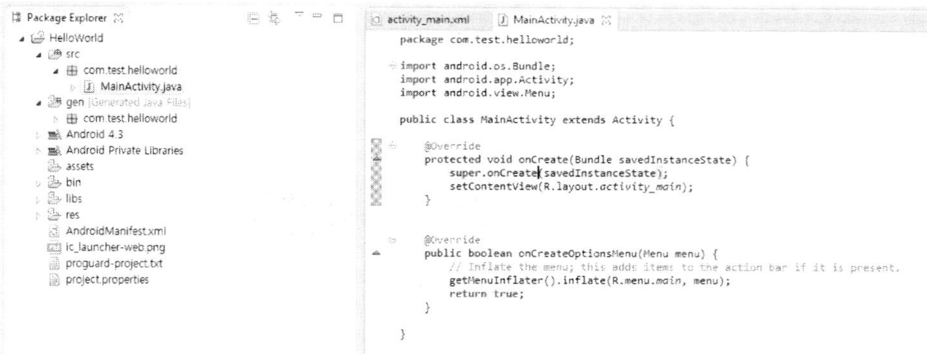

그림 7.3.2-2

MainActivity는 단순히 Activity라는 클래스를 상속 받아서 onCreate() 메소드 안에서 부모 클래스의 onCreate()를 호출하고 있다. Super.라는 명령어가 상속받은 부모 클래스를 가르키는 지시어라고 할 수 있고, setContentView()라는 API를 통해 화면 레이아웃을 화면에 뿌려준다.

7.3.3 TextView 다루기

그러면 간단한 수정을 통해서 우리의 첫 번째 안드로이드 애플리케이션인 Hello World를 변형해보자. Package Explorer에서 res 폴더의 layout을 펼쳐보자. 그러면 main_activity.xml이라는 파일이 보일 것이다. 이 파일을 더블클릭해서 속성을 살펴보면 아래와 같이 HelloWorld 애플리케이션의 Main Activity를 Graphical Layout의 형태로 볼 수 있을 것이다.

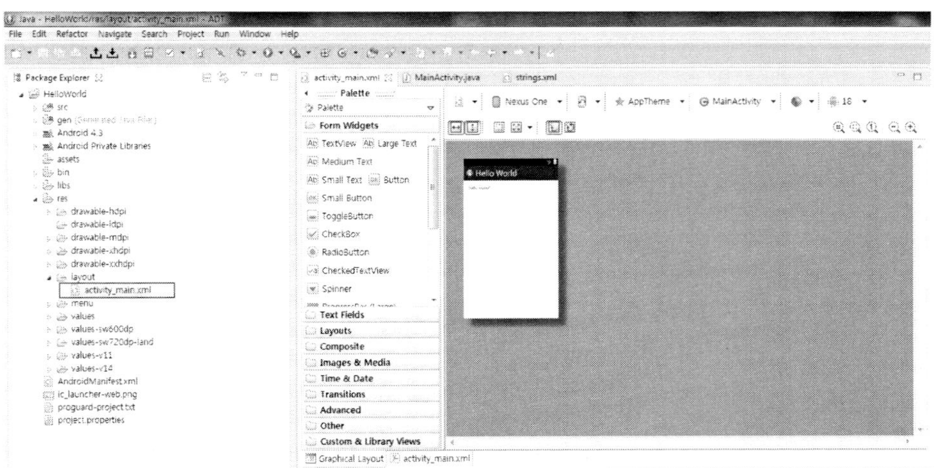

그림 7.3.3-1

여기서 HelloWorld 애플리케이션의 main Activity의 실제 디자인을 Graphical하게 그대로 확인할 수 있다. 여기서 마우스로 UI를 디자인할 수 있지만 세부적으로는 xml 파일을 직접 수정하는 것을 권한다.

Hello world! 스트링을 마우스로 더블클릭해보면 해당 속성이 나열된 xml 파일이 열린다.

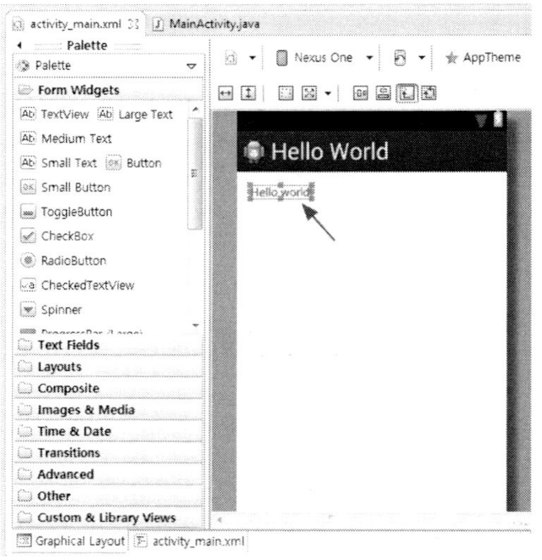

그림 7.3.3-2

클릭하면 activity_main.xml을 직접 수정할 수 있게 파일이 열리게 된다.

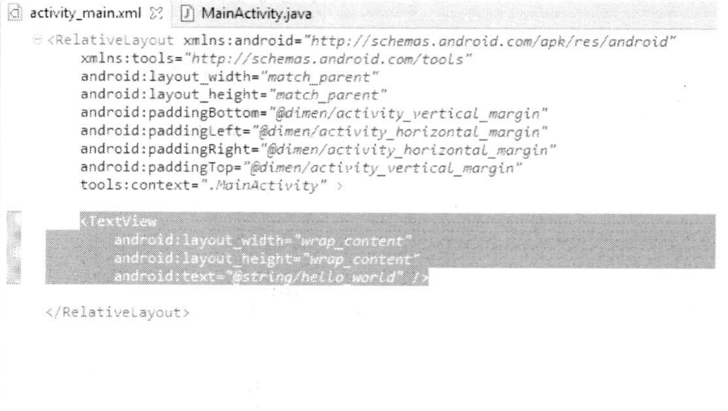

그림 7.3.3-3

Activity_main.xml 파일을 열어보면 UI를 구성하는 모든 컴포넌트들의 배치나 사이즈를 모두 나열해 놓은 것을 볼 수 있다. HelloWorld 애플리케이션은 Hello world!라는 문자열로 된 TextView 요소(element)가 딱 하나 있는 것을 확인할 수 있다. 그러면 이러한 TextView 요소 안에 몇 가지 속성(Attribute)들을 추가해서 생기는 변화들을 관찰해보자.

먼저 android:layout_centerHorizontal="true"라는 요소를 추가하자. 전부 타이핑 할 필요는 없고 lay까지만 타이핑하면 자동완성 기능이 나오기 때문에 선택하자. 만약 나오지 않는다면 ctrl+space키를 누르면, 자동완성을 위한 관련 목록이 모두 나온다. 매우 자주 쓰는 단축키이므로 꼭 알아놓자.

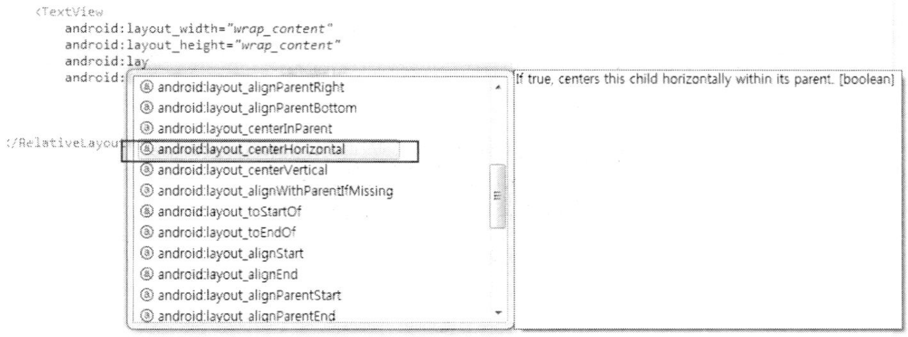

그림 7.3.3-4

아래와 같이 완성해서 ctrl+F11을 눌러서 실행시켜보면 아래와 같이 한 중간에 글자가 배치되는 것을 확인할 수 있다. 주의할 점은 xml 파일을 열어놓은 상태에서 ctrl+F11로 실행하면 되지 않고 반드시 src폴더의 java 파일 중 하나를 포커스 맞추어 놓고 실행을 해야 한다. 이것 말고도 다른 리소스 XML 파일을 열어놓은 상태에서는 실행이 되지 않는다.

```
<RelativeLayout xmlns:android="http://schemas.android.com/apk/res/android"
    xmlns:tools="http://schemas.android.com/tools"
    android:layout_width="match_parent"
    android:layout_height="match_parent"
    android:paddingBottom="@dimen/activity_vertical_margin"
    android:paddingLeft="@dimen/activity_horizontal_margin"
    android:paddingRight="@dimen/activity_horizontal_margin"
    android:paddingTop="@dimen/activity_vertical_margin"
    tools:context=".MainActivity" >

    <TextView
        android:layout_width="wrap_content"
        android:layout_height="wrap_content"
        android:layout_centerHorizontal="true"
        android:text="@string/hello_world" />


</RelativeLayout>
```

그림 7.3.3-5

그림 7.3.3-6

이번에는 글자 크기를 변경해보자. android:textSize = “40sp”라는 속성을 추가하자. 실행해보면 Hello world!라는 문자열이 굉장히 커져 있음을 알 수 있다.

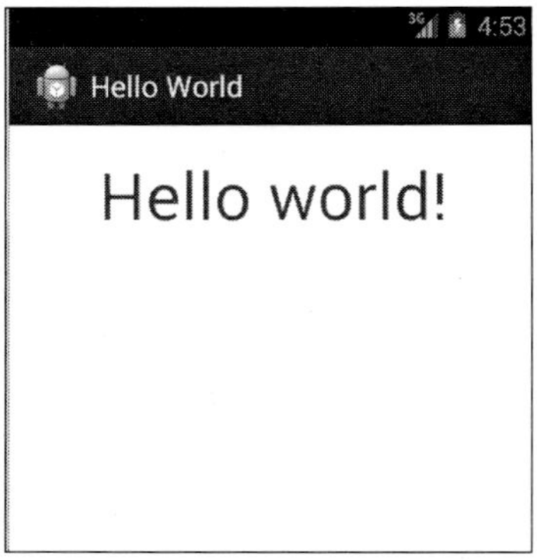

그림 7.3.3-7

이번에는 Hello world!라는 문자열을 다른 문자열로 수정해보자. 하지만 안타깝게도 여기서는 hello world라는 문자열을 다른 문자열로 바꿀 수는 없고 Activity에서 Hello world!라는 문자열의 배치 형태나 크기만을 바꿀 수 있다.

android:text = “@string/hello_world”라는 속성에서 @string/hello_world를 클릭하고 F3을 눌러서 정의를 추적해보자. 이클립스에서 F3번은 정의를 추적하는 단축키이므로 이것 또한 자주 쓰는 단축키이므로 알아놓자. 안드로이드에서는 문자열을 비롯한 모든 UI 리소스를 ID를 통해 접근한다. @string/ 다음은 바로 hello_world라는 ID를 통해 애플리케이션에서 보여지는 “Hello world!”라는 문자열이 나타나는 것이다. F3번 키를 눌러서 hello_world라는 이름의 스트링을 추적해보면 다음과 같이 string.xml이 나타나고 우리가 계속해서 보았던 바로 그 “Hello world!” 문자열이 나타났다. 바로 안드로이드에서는 문자열을 따로 리소스로 string.xml에서 관리하고 있다는 것이다. 그러면 이 “Hello world!”라는 문자열을 “Hello KROS!”라는 문자열로 바꾸어 보자. 다음과 같이 문자열이 바뀐 모습으로 애플리케이션이 실행되었다.

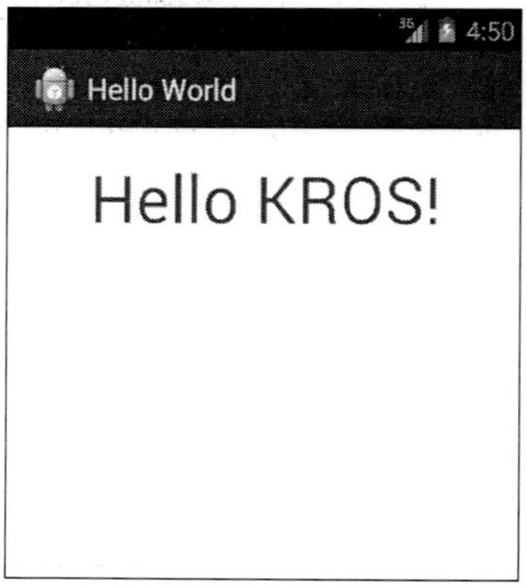

그림 7.3.3-8

7.3.4 Button 추가하기

가장 간단하게 버튼을 하나 추가하고 버튼을 눌렀을 때 대화상자가 나타나도록 추가해보자.

안드로이드에서는 버튼이나 Text Editor, 라디오 버튼 등의 UI 컴포넌트들이 View라는 객체로 구현되어 있다. View라는 객체는 또 다시 Viewgroup이라는 추상 클래스를 상속받아서 구현되어 진다.

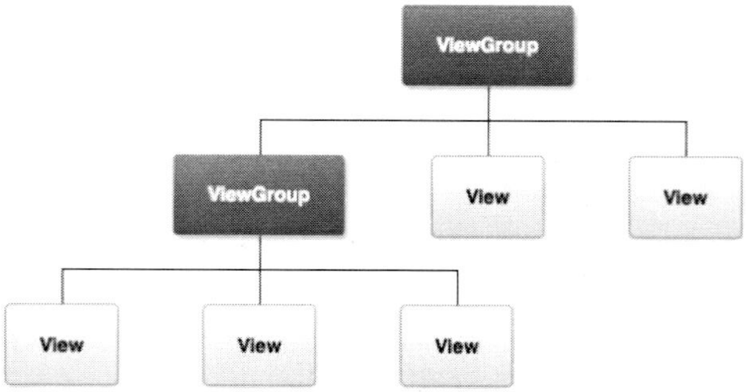

그림 7.3.4-1

이렇게 구현된 UI View 객체들은 편리하게 XML을 이용해서 쉽게 구현될 수 있다. 지금까지 했던 XML을 통한 레이아웃의 변화는 모두 이러한 XML 기반의 UI 컴포넌트 구현 방식을 이용한 것이다. 마찬가지로 새로운 UI 컴포넌트 추가 역시 activity_main.xml 파일을 수정해서 추가할 수 있지만 통합된 ADT 개발환경에서는 MS 비주얼 스튜디오와 같이 UI 컴포넌트들을 편리하고 드래그 앤 드롭 방식으로 쉽게 구현할 수 있는 기능이 추가되었다.

간단히 res\layout\activity_main.xml 항목에서 Graphical Layout을 선택한다. 왼쪽의 Palette 메뉴의 Form Widgets을 보면 안드로이드에서 볼 수 있는 수많은 UI 컴포넌트들이 있다. 그 중에서 Small Button 항목을 선택해서 옆에 표시되어 있는 MainActivity쪽으로 드래그 앤 드롭하면 Button이 안드로이드 화면에 생기는 것을 볼 수 있다. 여기서 마우스로 원하는 위치에 버튼을 놓으면 그에 맞게 activity_main.xml 파일이 자동으로 수정된다.

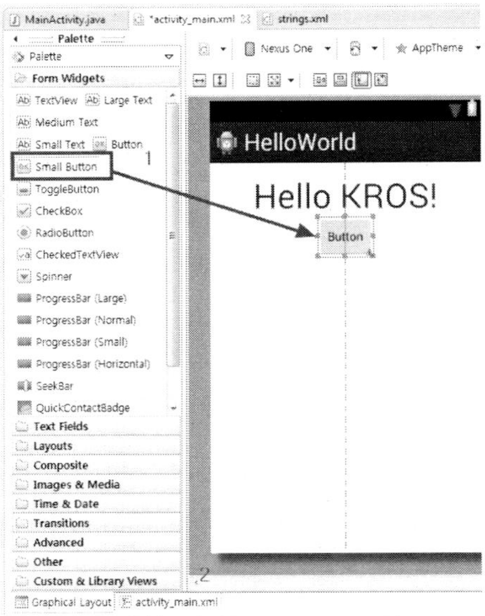

그림 7.3.4-2

이제 activity_main.xml 파일을 클릭해서 수정된 항목을 확인해보자. 아래와 같이 Hello KROS! 라는 Textview 밑에 Button이라는 새로운 UI 요소가 추가 되었다.

```
MainActivity.java   *activity_main.xml   strings.xml
<RelativeLayout xmlns:android="http://schemas.android.com/apk/res/android"
    xmlns:tools="http://schemas.android.com/tools"
    android:layout_width="match_parent"
    android:layout_height="match_parent"
    android:paddingBottom="@dimen/activity_vertical_margin"
    android:paddingLeft="@dimen/activity_horizontal_margin"
    android:paddingRight="@dimen/activity_horizontal_margin"
    android:paddingTop="@dimen/activity_vertical_margin"
    tools:context=".MainActivity" >

    <TextView
        android:id="@+id/textView1"
        android:layout_width="wrap_content"
        android:layout_height="wrap_content"
        android:layout_centerHorizontal="true"
        android:textSize="40sp"
        android:text="@string/hello_world" />

    <Button
        android:id="@+id/button1"
        style="?android:attr/buttonStyleSmall"
        android:layout_width="wrap_content"
        android:layout_height="wrap_content"
        android:layout_below="@+id/textView1"
        android:layout_centerHorizontal="true"
        android:text="Button" />

</RelativeLayout>
```

그림 7.3.4-3

새로운 Button 요소(element)가 방금 배치한 위치에 맞게 자동으로 코드가 완성되어 있음을 볼 수 있다. 하지만 대충 틀만 잡은 상태이므로 버튼으로 동작을 넣기 위해서는 반드시 손수 xml 파일을 건드려 주어야 할 일이 남았다. 먼저 버튼의 이름을 새로 정해보자. 버튼의 이름을 등록하기 위해서는 반드시 string.xml 파일에서 새로운 버튼 이름을 문자열 리소스로 등록해 주어야 한다. string.xml 파일에 다음과 같은 항목을 추가한다. Add…버튼을 눌러서 새로운 문자열을 등록한다.

그림 7.3.4-4

String을 선택하고 OK를 선택한다.

그림 7.3.4-5

오른쪽에 문자열 속성에서 Name 항목에는 button_1이라고 입력하고 Value*에는 BUTTON TEST라고 간단히 입력하자.

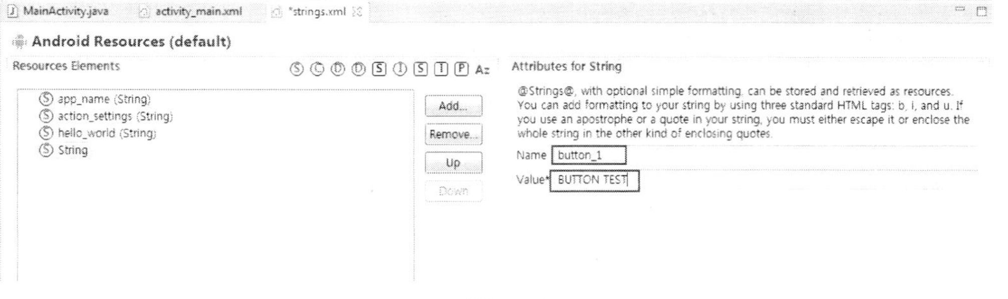

그림 7.3.4-6

그러고 나서 다시 activity_main.xml 파일로 돌아와서 Button 항목의 android:text 속성의 값을 다음과 같이 "@string/button_1"으로 변경한다.

```
MainActivity.java | activity_main.xml | strings.xml

<RelativeLayout xmlns:android="http://schemas.android.com/apk/res/android"
    xmlns:tools="http://schemas.android.com/tools"
    android:layout_width="match_parent"
    android:layout_height="match_parent"
    android:paddingBottom="@dimen/activity_vertical_margin"
    android:paddingLeft="@dimen/activity_horizontal_margin"
    android:paddingRight="@dimen/activity_horizontal_margin"
    android:paddingTop="@dimen/activity_vertical_margin"
    tools:context=".MainActivity" >

    <TextView
        android:id="@+id/textView1"
        android:layout_width="wrap_content"
        android:layout_height="wrap_content"
        android:layout_centerHorizontal="true"
        android:textSize="40sp"
        android:text="@string/hello_world" />

    <Button
        android:id="@+id/button1"
        style="?android:attr/buttonStyleSmall"
        android:layout_width="wrap_content"
        android:layout_height="wrap_content"
        android:layout_below="@+id/textView1"
        android:layout_centerHorizontal="true"
        android:text="@string/button_1" />

</RelativeLayout>
```

그림 7.3.4-7

메인 Activity 레이아웃에서 버튼을 추가하는 UI 작업은 모두 마쳤다. 이제는 java 코드에서 위에서 만든 버튼 UI를 연결해서 실제로 버튼이 눌러졌을 때 이벤트를 처리하는 간단한 코드를 넣어 보자.

Package Explorer에서 src 폴더의 MainActivity.java를 열어보자. HelloWorld 애플리케이션이 실행될 때 가장 먼저 실행되는 OnCreat() 메소드 내에서 버튼 인스턴스를 만들고 setOnClickListener를 이용해서 버튼이 눌러졌을 때 생기는 이벤트를 처리할 OnClick() 메소드를 override해야 한다. 아래와 같이 코드를 완성해보자.

```
public class MainActivity extends Activity {

    @Override
    protected void onCreate(Bundle savedInstanceState) {
        super.onCreate(savedInstanceState);
        setContentView(R.layout.activity_main);

        Button button = (Button)this.findViewById(R.id.button1);
        button.setOnClickListener(new View.OnClickListener() {

            @Override
            public void onClick(View v) {
                // TODO Auto-generated method stub
                Toast.makeText(MainActivity.this, "This is text", Toast.LENGTH_LONG).show();

            }

        });
    }
```

그림 7.3.4-8

코드를 타이핑 해보면 위와 같이 resolve되지 않은 항목들이 생겨서 빌드가 되지 않을 것이다. 이때 Ctrl+Shift+o를 눌러보자. 그러면 그동안 resolve되지 않았던 수많은 심볼들이 포함된 라이브러리 패키지들이 자동으로 import되면서 에러가 사라지는 것을 알 수 있다.

```java
import android.view.View;
import android.widget.Button;
import android.widget.Toast;

public class MainActivity extends Activity {

    @Override
    protected void onCreate(Bundle savedInstanceState) {
        super.onCreate(savedInstanceState);
        setContentView(R.layout.activity_main);

        Button button = (Button)this.findViewById(R.id.button1);
        button.setOnClickListener(new View.OnClickListener() {

            @Override
            public void onClick(View v) {
                // TODO Auto-generated method stub
                Toast.makeText(MainActivity.this, "This is button test", Toast.LENGTH_LONG).show();

            }

        });
    }
```

← 자동으로 추가된 패키지들...

그림 7.3.4-9

버튼을 추가하기 위한 모든 작업이 완료되었으므로 스마트폰을 연결하고 Ctrl+F11을 눌러서 실행을 해보자. 아래와 같이 실행되었다면 버튼을 눌러보자.

그림 7.3.4-10

아래와 같이 하단에 안드로이드의 작은 대화창인 Toast가 뜨는 것을 볼 수 있다.

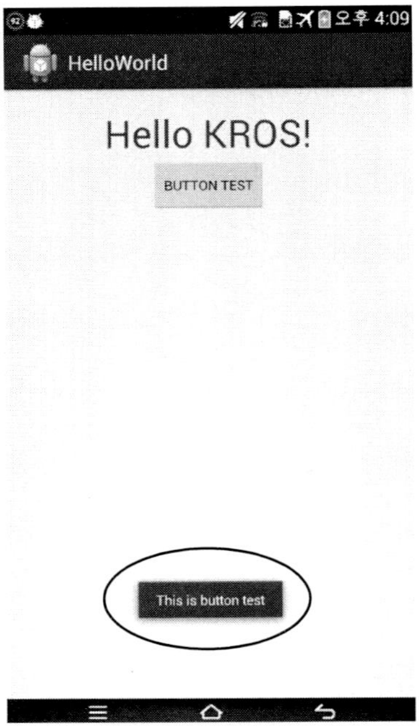

그림 7.3.4-11

그러면 간단히 추가한 자바 코드에 대해 설명하자면, 맨 처음 안드로이드 애플리케이션이 실행되면 무조건 OnCreate()라는 메소드를 실행하게 된다. OnCreate()라는 메소드는 MainActivity가 상속받은 Activity라는 클래스의 OnCreate() 메소드를 재정의(Override)했다고 볼 수 있다. 이와 같이 모든 애플리케이션은 Activity 클래스를 상속받아서 구현된다고 볼 수 있고 필요한 메소드만 골라서 재정의(Override)하면 된다. 이것이 바로 객체 지향 프로그래밍의 장점인 코드 재사용이다. 모든 애플리케이션은 Activity단위로 실행이 되고 다음과 같은 Life cycle을 가진다. 여기서 onCreate()는 애플리케이션이 실행될 때만 수행되는 메소드라고 할 수 있으며 그 뒤로 onStart(), onResume() 메소드를 거쳐서 running 상태가 된다. 만약 이때 안드로이드의 메뉴 버튼을 눌러서 다른 애플리케이션을 수행한다면, onPause() 메소드가 수행될 것이고, 다시 이 애플리케이션으로 돌아온다면, onResume()이 수행될 것이다. 자세한 애플리케이션 life cycle은 안드로이드 개발자 페이지를 통해 공부하면 될 것이다. 여기서는 애플리케이션이 맨 처음 수행될 때는 반드시 onCreat()라는 메소드를 거친다는 사실을 숙지해야 한다.

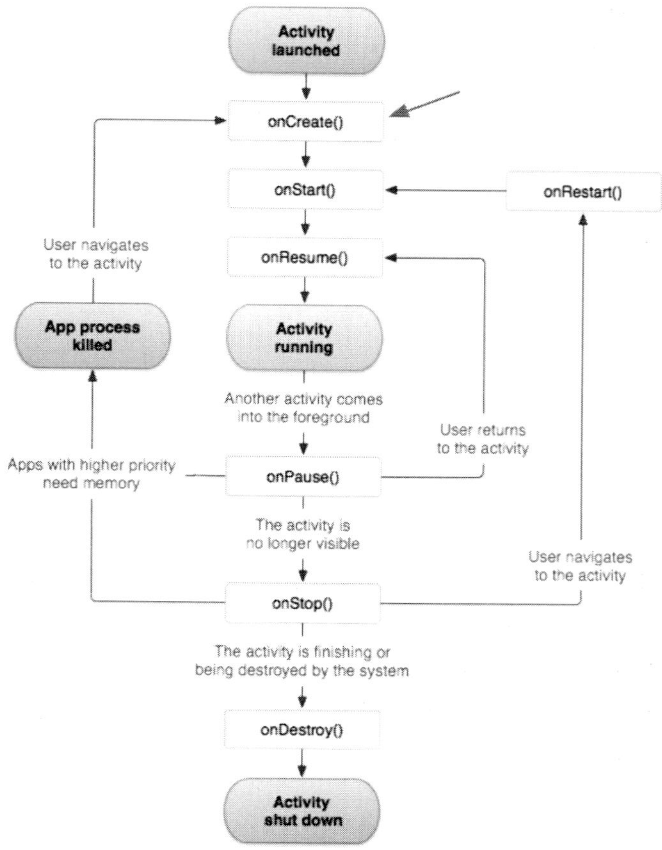

그림 7.3.4-12

Button 클래스 인스턴스는 바로 애플리케이션이 시작될 때인 onCreate()에서 findViewById()라는 메소드를 통해 위에서 구현한 UI 레이아웃을 ID를 통해 찾아서 button 클래스 인스턴스를 초기화 한다.

```
@Override
protected void onCreate(Bundle savedInstanceState) {
    super.onCreate(savedInstanceState);
    setContentView(R.layout.activity_main);

    Button button = (Button)this.findViewById(R.id.button1);
```

그림 7.3.4-13

R.id.button1이 위에서 만든 BUTTON TEST 버튼에 대한 ID라고 할 수 있다. 그러면 button이라는 인스턴스는 BUTTON TEST에 대한 정보를 가진 객체로 초기화 되었고 Button 클래스가 가지고 있는 setOnClickListener 메소드를 이용해 이벤트를 재정의할 수 있게 되었다. 이렇게 재정의된 메소드가 바로 onClick()이라고 할 수 있다. 버튼이 눌러지면 바로 onClick() 메소드가 수행되

며 Toast.makeText()라는 static 메소드를 이용해 "This is button test" 라는 Toast 메시지를 볼 수 있는 것이다.

```
button.setOnClickListener(new View.OnClickListener() {

    @Override
    public void onClick(View v) {
        // TODO Auto-generated method stub
        Toast.makeText(MainActivity.this, "This is button test", Toast.LENGTH_LONG).show();

    }
});
```

그림 7.3.4-14

7.3.5 EditText(Text Field) 다루기

사용자가 텍스트 자판을 이용해서 글자를 입력할 수 있는 Text Field를 추가해보자.

마찬가지로 activity_main.xml 항목의 Graphical Layout을 열어서 Palette의 Text Fields 항목들 중에 Plain Text를 드래그 앤 드롭해서 옆의 안드로이드 화면에 놓는다. 적당히 중간쯤 위치에 놓고 다시 아래의 activity_main.xml 탭을 클릭해서 소스를 확인하자. PlainText 말고도 E-mail 주소든 패스워드든지 우리가 애플리케이션을 쓰면서 보았던 상황에 따라 다양한 텍스트 입력 컴포넌트가 있으므로 용도에 따라 활용하면 된다.

그림 7.3.5-1

자동완성된 XML 파일을 보면 다음과 같은 속성이 생긴 것을 볼 수 있다.

```
<EditText
    android:id="@+id/editText1"
    android:layout_width="wrap_content"
    android:layout_height="wrap_content"
    android:layout_below="@+id/button1"
    android:layout_centerHorizontal="true"
    android:ems="10" >
```

그림 7.3.5-2

여기에 !표시가 있는데 이 부분은 hint나 text type에 대한 정의가 없어서 생기는 메시지이다. 그냥 두어도 실행하는 데는 문제가 없지만 hint 속성을 추가해서 해결하고 가는 것이 좋다. 이를 위해 string.xml 파일에 다음과 같은 새로운 문자열을 추가한다.

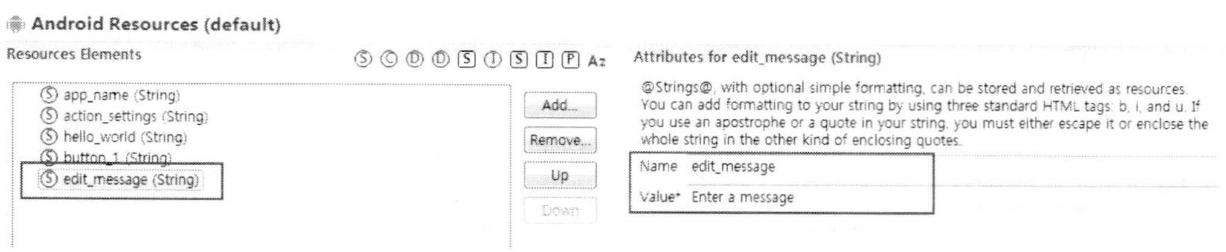

그림 7.3.5-3

그리고 activity_main.xml에 다음과 같은 속성과 값을 추가해주면 !가 사라진다.

```
<EditText
    android:id="@+id/editText1"
    android:layout_width="wrap_content"
    android:layout_height="wrap_content"
    android:layout_below="@+id/button1"
    android:hint="@string/edit_message"
    android:layout_centerHorizontal="true"
    android:ems="10" >
```

그림 7.3.5-4

어떠한 변화가 있는지 다시 Graphical Layout 탭을 클릭해보자.

입력하기 전에 Text Editor에 “Enter a message”라는 힌트 문구가 생겼다.

그림 7.3.5-5

이제는 위의 BUTTON TEST 버튼을 눌렀을 때 타이핑된 문자열을 Toast로 출력하는 코드를 구현해 보자. 마찬가지로 방금 생성된 Editor 리소스를 MainActivity.java 파일에서 불러서 초기화를 해주어야 한다. 버튼을 눌렀을 때 onClick() 메소드에서 EditorText 인스턴스를 구해서 getText() 메소드를 이용해 입력 받은 텍스트를 String으로 뽑아서 Toast 객체로 전달하는 것이 포인트라고 할 수 있다. 바로 아래의 코드가 이러한 처리를 나타낸다.

```
public class MainActivity extends Activity {

    @Override
    protected void onCreate(Bundle savedInstanceState) {
        super.onCreate(savedInstanceState);
        setContentView(R.layout.activity_main);

        Button button = (Button)this.findViewById(R.id.button1);
        button.setOnClickListener(new View.OnClickListener() {

            @Override
            public void onClick(View v) {
                // TODO Auto-generated method stub
                EditText editor = (EditText)findViewById(R.id.editText1);
                String message = editor.getText().toString();
                Toast.makeText(MainActivity.this, message, Toast.LENGTH_LONG).show();

            }

        });

    }
```

그림 7.3.5-6

EditText 객체는 버튼의 경우와 다르게 이벤트에서 getText()를 통해 입력 받은 텍스트를 추출하려는 시점에 findViewById() 메소드를 이용해 레이아웃 리소스를 가지고 오면 된다. 즉, editor의 getText()로 반환되는 객체의 toString() 멤버 메소드를 이용해 message 스트링 객체에 값을 채워서 Toast.makeText() 메소드에 넘겨주면 입력된 텍스트가 화면에 나타나는 것을 볼 수 있다.

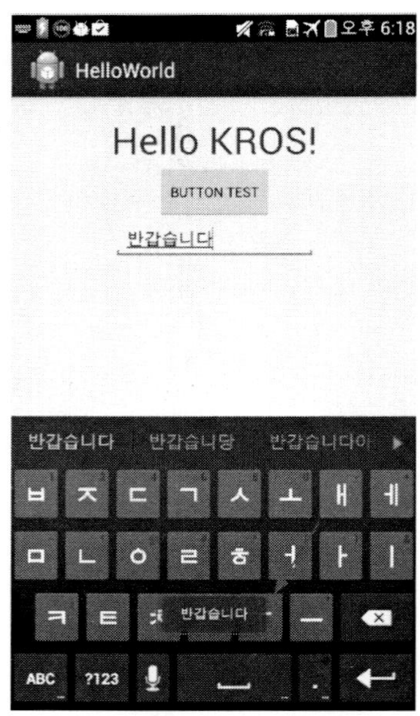

그림 7.3.5-7

7.3.6 라디오 버튼 추가하기

지금까지 UI 컴포넌트 추가하기와 똑같이 Graphical Layout에서 Palette의 Form Widgets 항목의 RadioButton을 2개 드래그 앤 드롭해서 옆의 안드로이드 화면에 놓는다.

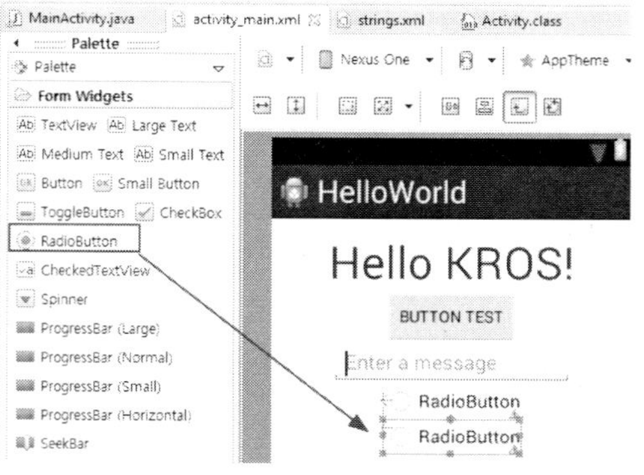

그림 7.3.6-1

다시 activity_main.xml 파일로 돌아가서 새로 추가된 라디오 버튼에 대한 속성들을 확인하자.

```
<RadioButton
    android:id="@+id/radioButton1"
    android:layout_width="wrap_content"
    android:layout_height="wrap_content"
    android:layout_below="@+id/editText1"
    android:layout_centerHorizontal="true"
    android:text="RadioButton" />

<RadioButton
    android:id="@+id/radioButton2"
    android:layout_width="wrap_content"
    android:layout_height="wrap_content"
    android:layout_alignLeft="@+id/radioButton1"
    android:layout_below="@+id/radioButton1"
    android:text="RadioButton" />
```

그림 7.3.6-2

버튼에서와 같은 방식으로 각각의 라디오 버튼에 대한 이름으로 사용할 새로운 문자열 2개를 등록한다.

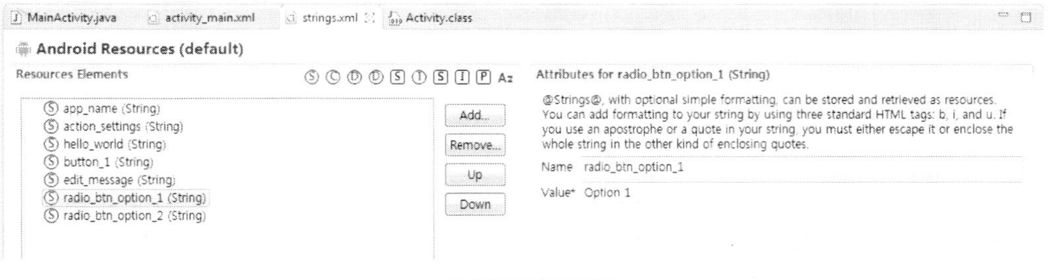

그림 7.3.6-3

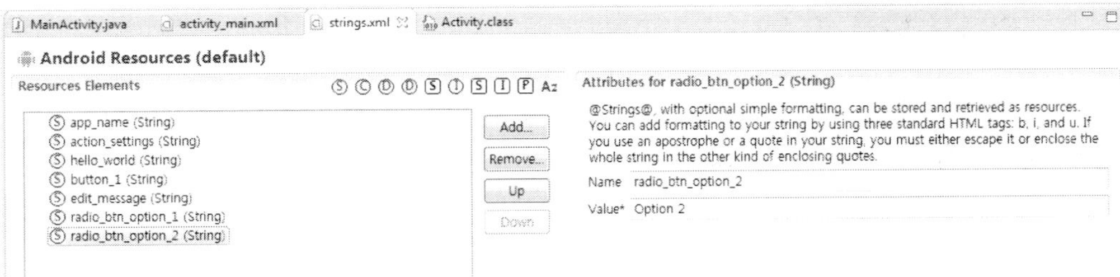

그림 7.3.6-4

아래와 같이 activity_main.xml에 지금까지 했던 방법과 같이 위에서 등록한 두 개의 문자열을 라디오 버튼의 text로 등록한다.

```
<RadioButton
    android:id="@+id/radioButton1"
    android:layout_width="wrap_content"
    android:layout_height="wrap_content"
    android:layout_below="@+id/editText1"
    android:layout_centerHorizontal="true"
    android:text="@string/radio_btn_option_1" />

<RadioButton
    android:id="@+id/radioButton2"
    android:layout_width="wrap_content"
    android:layout_height="wrap_content"
    android:layout_alignLeft="@+id/radioButton1"
    android:layout_below="@+id/radioButton1"
    android:text="@string/radio_btn_option_2" />
```

그림 7.3.6-5

그러면 다시 Graphical Layout 탭에서 아래와 같이 깔끔하게 새로운 이름으로 2개의 라디오 버튼이 자리 잡혀 있는 것을 확인할 수 있다.

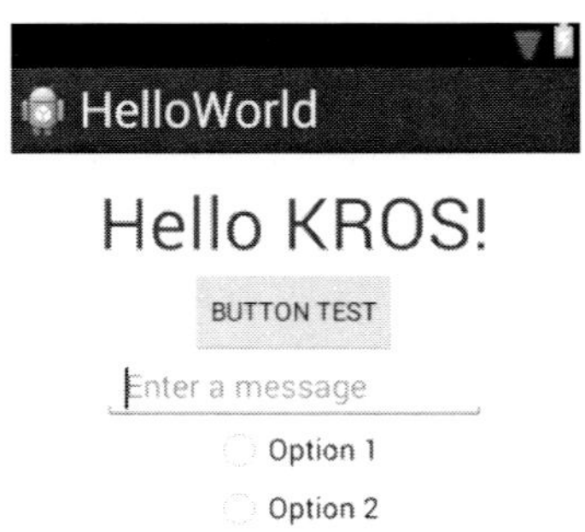

그림 7.3.6-6

EditText와 같은 방식으로 BUTTON TEST 버튼을 눌렀을 때 각각의 라디오 버튼이 선택된 값을 읽는 코드를 구현해보자.

```
Button button = (Button)this.findViewById(R.id.button1);
button.setOnClickListener(new View.OnClickListener() {

    @Override
    public void onClick(View v) {
        // TODO Auto-generated method stub
        RadioButton radio1 = (RadioButton)findViewById(R.id.radioButton1);
        RadioButton radio2 = (RadioButton)findViewById(R.id.radioButton2);

        String message = "Radio button 1 = " + radio1.isChecked() +
                         "  Radio button 2 = " + radio2.isChecked();

        Toast.makeText(MainActivity.this, message, Toast.LENGTH_SHORT).show();
    }
```

그림 7.3.6-7

위의 코드는 BUTTON TEST 버튼이 눌러졌을 때 수행되는 메소드인 onClick()에서 방금 위에서 만든 라디오 버튼 1, 2에 해당하는 리소스 객체를 불러와서 각각의 체크된 값을 읽어서 message라는 스트링을 만들고 Toast에 출력을 하는 예제이다.

실행을 해보면 각각의 라디오 버튼에 대해 체크가 되어 있으면 true를 출력하고 체크가 되어 있지 않으면 false를 출력하는 것을 볼 수 있다.

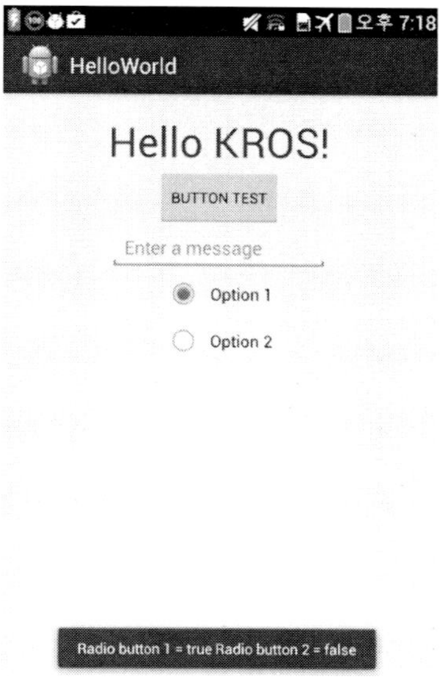

그림 7.3.6-8

이러한 방식으로 라디오 버튼을 활용 가능하다.

7.3.7 ProgressBar 다루기

activity_main.xml의 Graphical Layout 탭에서 ProgressBar(Horizontal) 항목을 드래그 앤 드롭으로 다음과 같이 배치한다. 그리고 버튼도 2개 아래와 같이 배치한다. 버튼의 이름 증가, 감소 이런 방식으로 정하면 된다.

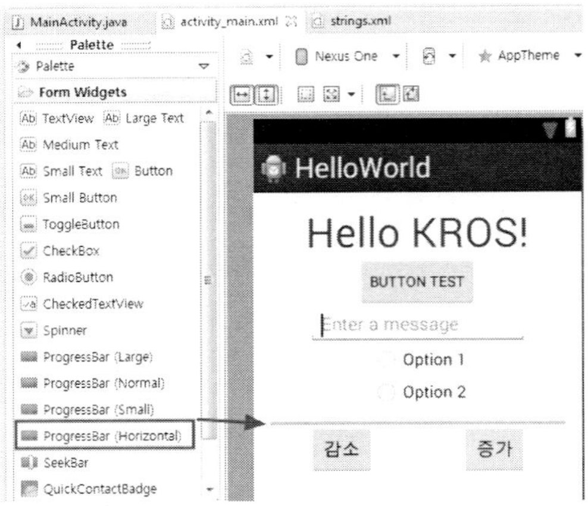

그림 7.3.7-1

여기에 사용된 문자열 리소스는 아래와 같이 string.xml에 입력하고,

```
<string name="app_name">HelloWorld</string>
<string name="action_settings">Settings</string>
<string name="hello_world">Hello KROS!</string>
<string name="button_1">BUTTON TEST</string>
<string name="edit_message">Enter a message</string>
<string name="radio_btn_option_1">Option 1</string>
<string name="radio_btn_option_2">Option 2</string>
<string name="button_increase">증가</string>
<string name="button_decrease">감소</string>
```

그림 7.3.7-2

새로 등록한 문자열을 activity_main.xml에 적용하면 된다.

```
<ProgressBar
    android:id="@+id/progressBar1"
    style="?android:attr/progressBarStyleHorizontal"
    android:layout_width="match_parent"
    android:layout_height="wrap_content"
    android:layout_below="@+id/radioButton2"
    android:layout_centerHorizontal="true" />

<Button
    android:id="@+id/button3"
    android:layout_width="wrap_content"
    android:layout_height="wrap_content"
    android:layout_alignBaseline="@+id/button2"
    android:layout_alignBottom="@+id/button2"
```

```
        android:layout_alignBottom="@+id/button2"
        android:layout_alignRight="@+id/editText1"
        android:text="@string/button_increase" />

    <Button
        android:id="@+id/button2"
        android:layout_width="wrap_content"
        android:layout_height="wrap_content"
        android:layout_alignLeft="@+id/editText1"
        android:layout_below="@+id/progressBar1"
        android:text="@string/button_decrease" />
```

그림 7.3.7-3

그러면 지금까지 한 것과 같이 MainActivity.java 파일에서 새로 등록한 ProgressBar를 활용하는 java 코드를 구현하기만 하면 된다.

맨 처음 ProgressBar 클래스를 활용해서 인스턴스 변수를 하나 선언한다. 지금까지의 UI 컴포넌트들처럼 onClick() 이벤트가 수행될 때 인스턴스를 만들어도 되지만 직접 MainActivity 클래스의 Private 멤버 변수로 등록해보자.

```
public class MainActivity extends Activity {

    private static final String TAG = "KROS";
    private int mProgressStatus = 0;
    private ProgressBar mProgress;
    @Override
    protected void onCreate(Bundle savedInstanceState) {
        super.onCreate(savedInstanceState);
        setContentView(R.layout.activity_main);
```

그림 7.3.7-4

onCreate() 메소드와 같은 레벨로 mProgress라는 멤버 변수와 0에서 100까지 상태값을 표현할 수 있는 mProgressStatus 변수를 만든다.

그리고 여기서 지금까지 보지 못한 코드가 하나 있는데 String TAG = "KROS"라는 부분이다. 이것은 mProgressStatus 값이 0~100까지인지 범위를 확인하기 위해 로그를 출력하기 위함이다. 안드로이드는 DDMS라는 디버깅 툴을 통해 프레임워크 층에서 애플리케이션 층까지 로그를 확인할 수 있다. 바로 DDMS를 통해 로그를 출력하기 위한 TAG이다. 그리고 다음 onClick() 이벤트에서 Log.i()를 통해 보고 싶은 변수값이나 상태를 나타내는 디버깅 문구를 넣으면 된다. 안드로이드 프로그래밍에서 매우 유용한 디버깅 방법이니 잘 숙지해 두면 나중에 크게 도움이 된다.

그리고 계속 onCreat() 메소드 내에서 방금 만든 mProgress라는 멤버 변수에 이전에 새로 등록한 ProgressBar 리소스를 찾아서 연결해주면 된다. 그리고 나머지 증가와 감소 버튼 리소스를 각각 buttonInc와 buttonDec로 연결하면 된다. 그리고 마지막으로 증가와 감소 버튼에 대한 각각의 onClick() 이벤트 처리를 해주면 된다. 방금 언급한 것처럼 TAG를 활용한 로그 출력을 하고 mProgressStatus 값에 맞게 상태바를 표현하면 된다. 상태바는 주로 현재 Task의 진행 상황을 바의 길이로 표현해주는데, setProgress() 메소드를 이용해 진행도를 표시한다.

```
mProgress = (ProgressBar)findViewById(R.id.progressBar1);

Button buttonInc = (Button)this.findViewById(R.id.button3);
Button buttonDec = (Button)this.findViewById(R.id.button2);
buttonInc.setOnClickListener(new View.OnClickListener() {

    @Override
    public void onClick(View v) {
        if(mProgressStatus <= 100){
            Log.i(TAG,"mProgressStatus = " + mProgressStatus);
            mProgress.setProgress(mProgressStatus++);
        }
    }
});
buttonDec.setOnClickListener(new View.OnClickListener() {

    @Override
    public void onClick(View v) {
        if(mProgressStatus >= 0){
            Log.i(TAG,"mProgressStatus = " + mProgressStatus);
            mProgress.setProgress(mProgressStatus--);
        }
    }
});
```

그림 7.3.7-5

실행해보면 증가 버튼을 누를 때마다 바로 위의 ProgressBar가 한 칸씩 증가하고 감소 버튼을 누를 때마다 한 칸씩 감소한다.

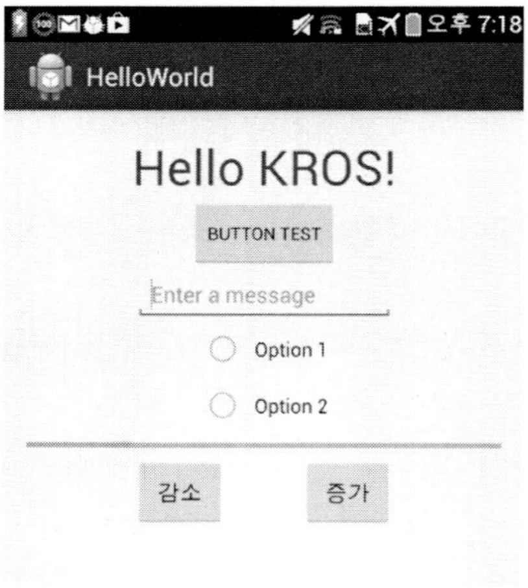

그림 7.3.7-6

7.3.8 SeekBar 사용하기

이번에는 아래와 같은 SeekBar를 이용해서 방금 만든 ProgressBar와 연동해보자.

그림 7.3.8-1

SeekBar를 움직이면 그 상태값으로 ProgressBar로 표시하는 것이 목표다. 그러면 activity_main.xml의 Graphical Layout 탭을 클릭해서 SeekBar를 끌어다 놓자.

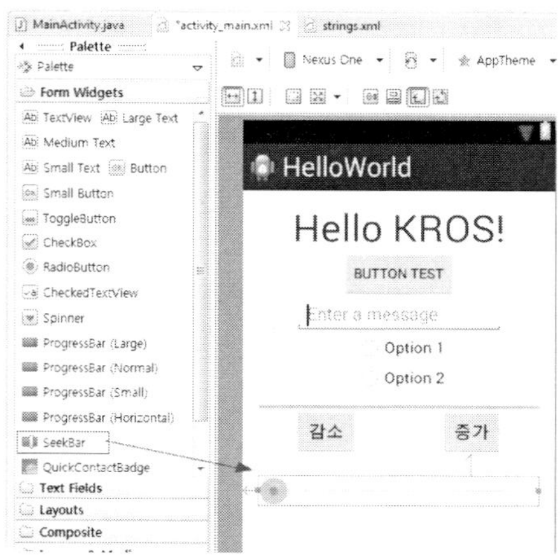

그림 7.3.8-2

그리고 SeekBar를 움직일 때마다 SeekBar의 위치에 해당하는 상태값을 표시해 주는 TextView도 하나 끌어다 놓자. 그리고 표시될 Text는 "---"로 문자열을 하나 등록한다.

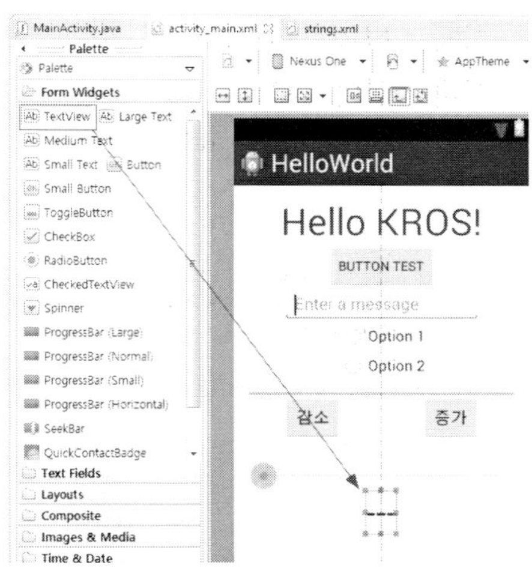

그림 7.3.8-3

```
<string name="app_name">HelloWorld</string>
<string name="action_settings">Settings</string>
<string name="hello_world">Hello KROS!</string>
<string name="button_1">BUTTON TEST</string>
<string name="edit_message">Enter a message</string>
<string name="radio_btn_option_1">Option 1</string>
<string name="radio_btn_option_2">Option 2</string>
<string name="button_increase">증가</string>
<string name="button_decrease">감소</string>
<string name="status">---</string>
```

그림 7.3.8-4

위에서 추가한 SeekBar와 TextView에 대한 요소가 activity_main.xml에 추가된다. SeekBar에 대해서는 따로 변경할 내용이 없지만 TextView의 경우 id항목을 textStatus로 수정한다. 그리고 등록한 --- 문자열을 TextView의 Text로 연결한 후 Text의 크기도 40sp정도로 할당한다.

```
<SeekBar
    android:id="@+id/seekBar1"
    android:layout_width="match_parent"
    android:layout_height="wrap_content"
    android:layout_alignParentLeft="true"
    android:layout_below="@+id/button3"
    android:layout_marginTop="22dp" />

<TextView
    android:id="@+id/textStatus"
    android:layout_width="wrap_content"
    android:layout_height="wrap_content"
    android:layout_below="@+id/seekBar1"
    android:layout_centerHorizontal="true"
    android:text="@string/status"
    android:textSize="40sp" />
```

ID를 수정한다.

그림 7.3.8-5

이제는 MainActivity.java에 추가된 SeekBar 동작 코드를 구현하기만 하면 된다.

아래와 같이 onCreat() 메소드 내에서 새로 만든 SeekBar 리소스를 인스턴스 변수와 연결하는 것이 제일 먼저 할 일이다.

```
@Override
protected void onCreate(Bundle savedInstanceState) {
    super.onCreate(savedInstanceState);
    setContentView(R.layout.activity_main);

    mProgress = (ProgressBar)findViewById(R.id.progressBar1);

    SeekBar statusSeekBar = (SeekBar)findViewById(R.id.seekBar1);
```

그림 7.3.8-6

그리고 버튼의 onClick 이벤트를 등록할 때와 비슷한 방식으로 SeekBar에 변화가 있을 때 수행되는 이벤트 처리 핸들러를 등록해야 한다. 다음과 같이 입력한다.

```
statusSeekBar.setOnSeekBarChangeListener(new OnSeekBarChangeListener() {

    TextView statusValue = (TextView)findViewById(R.id.textStatus);
    @Override
    public void onStopTrackingTouch(SeekBar seekBar) {
        // TODO Auto-generated method stub

    }

    @Override
    public void onStartTrackingTouch(SeekBar seekBar) {
        // TODO Auto-generated method stub

    }

    @Override
    public void onProgressChanged(SeekBar seekBar, int progress,
            boolean fromUser) {
        // TODO Auto-generated method stub
        statusValue.setText(""+progress);
        mProgress.setProgress(progress);

    }
});
```

그림 7.3.8-7

제일 먼저 progress를 표시한 TextView 리소스를 statusValue라는 인스턴스 변수에 할당해서 연결한다. 그리고 onProgressChanged()라는 메소드는 SeekBar에 변화가 있을 때마다 호출되는 메소드에 방금 선언한 statusValue의 setText()라는 메소드를 이용해 변화된 Progress 값을 문자열로 출력한다. 그리고 progress 값을 바로 위에서 선언한 ProgressBar에도 동시에 전달해서 그 상태를 표시한다.

실행을 해보면 아래와 같이 SeekBar를 터치해서 드래그 하면 아래의 TextView값이 0~100사이의 progress 값을 표시해 주고 동시에 ProgressBar의 바길이가 변하는 것을 볼 수 있다.

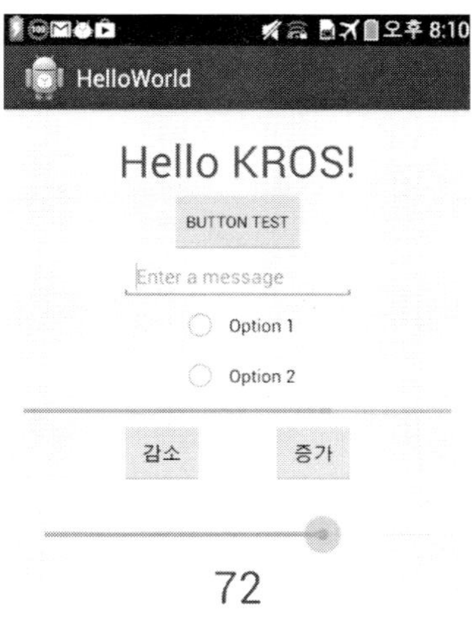

그림 7.3.8-8

7.3.9 안드로이드 샘플 예제 이용하기

지금까지 기본적인 UI 컴포넌트들을 어떻게 추가하고 JAVA 코드로 동작이 구현될 수 있는지 살펴보았다. 여기서 다루지 않은 컴포넌트들은 다른 안드로이드 전문 서적을 참고하거나 developer.android.com의 Reference 사이트를 참고해서 개발하면 된다. 그리고 구글에서 안드로이드 애플리케이션을 개발할 때 참고할 수 있는 샘플 예제들을 ADT 패키지와 함께 제공한다. 위치는 ADT 패키지를 압축 풀면 SDK 폴더 내에 Sample 폴더에 따로 제공된다. 참고로 다음 장에 설명될 Bluetooth를 이용한 OpenCM 보드와의 연결은 안드로이드 샘플 예제 중에 BluetoothChat이라는 예제를 수정함으로써 쉽게 구현될 수 있다.

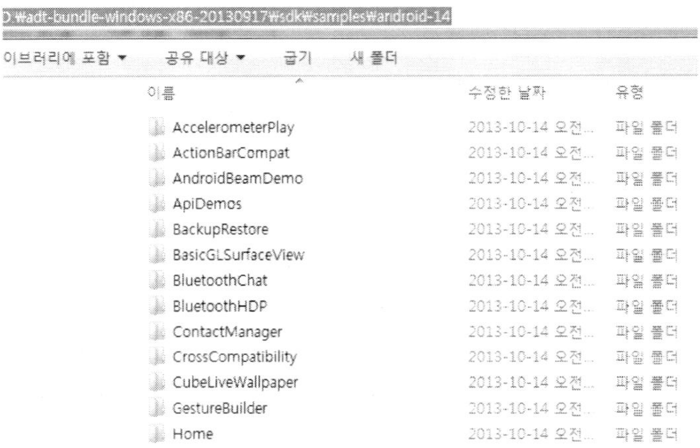

그림 7.3.9-1

7.3.10 안드로이드 센서 자원 이용하기

최근의 안드로이드 스마트폰에는 모션이나 방향 등 다양한 환경 조건을 측정할 수 있는 센서들을 내장하고 있다. 고가의 고성능 스마트폰에 포함된 센서들의 성능은 매우 정밀도가 뛰어나서 웬만한 로봇 제작용 센서들보다 성능이 우수하다. 거기에 스마트폰이 가진 네트워크 통신 기능을 활용한다면 훌륭한 메인 컨트롤러를 로봇에 탑재할 수 있게 되는 것이다. 이번 절에서는 스마트폰이 가진 자원들 중에서 특히 센서들의 활용에 대해서 알아보자.

내가 가진 스마트폰이 가진 센서들 알아보기

안드로이드 개발자 페이지에서 API Guides 항목을 보면 위치와 센서 활용에 대한 페이지를 볼 수 있다. 여기서 SensorOverview를 한 번 열어보자.

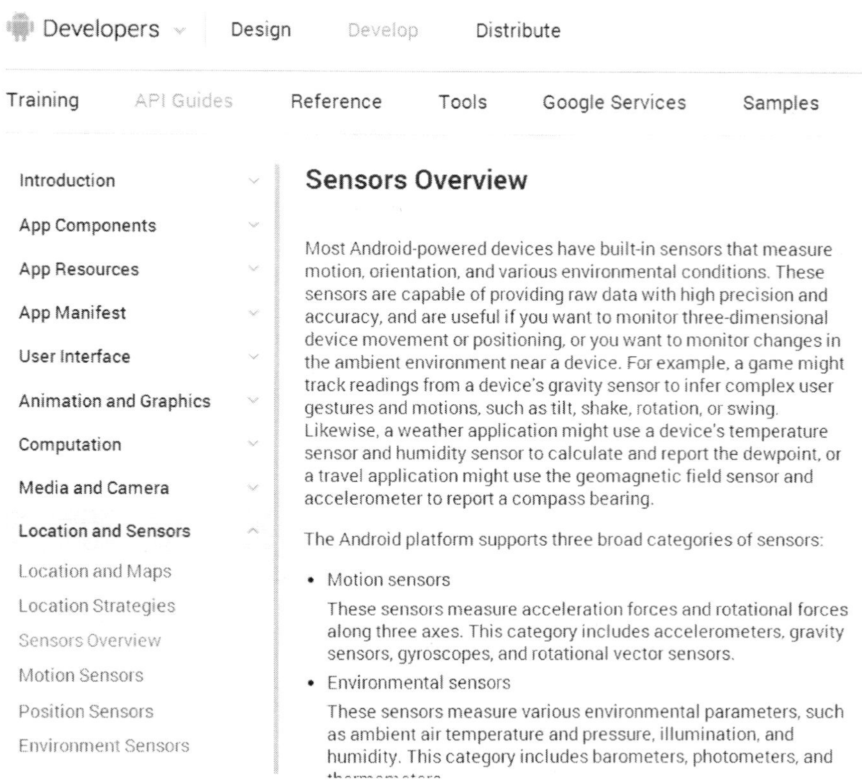

그림 7.3.10-1

안드로이드 센서 활용에 대한 종합적인 개요를 볼 수 있다. 크게 3가지 카테고리의 센서들을 제공한다.

- **모션 센서(Motion sensors)** : xyz 3가지 축으로 가속력이나 회전력을 측정하는 센서들이다. 주로 가속도, 중력, 자이로, 회전 벡터 센서들로 이루어진다.
- **환경 센서(Environmental sensors)** : 다양한 주변 환경을 측정하는 센서들이다. 온도, 압력, 조도, 습도 센서 등이 해당한다.
- **위치 센서(Position sensors)** : 디바이스의 물리적인 위치를 감지하는 센서들이다. 방향 센서나 지자계 센서가 이에 해당한다.

Sensor	Type	Description	Common Uses
TYPE_ACCELEROMETER	Hardware	Measures the acceleration force in m/s² that is applied to a device on all three physical axes (x, y, and z), including the force of gravity.	Motion detection (shake, tilt, etc.).
TYPE_AMBIENT_TEMPERATURE	Hardware	Measures the ambient room temperature in degrees Celsius (°C). See note below.	Monitoring air temperatures.
TYPE_GRAVITY	Software or Hardware	Measures the force of gravity in m/s² that is applied to a device on all three physical axes (x, y, z).	Motion detection (shake, tilt, etc.).
TYPE_GYROSCOPE	Hardware	Measures a device's rate of rotation in rad/s around each of the three physical axes (x, y, and z).	Rotation detection (spin, turn, etc.).
TYPE_LIGHT	Hardware	Measures the ambient light level (illumination) in lx.	Controlling screen brightness.
TYPE_LINEAR_ACCELERATION	Software or Hardware	Measures the acceleration force in m/s² that is applied to a device on all three physical axes (x, y, and z), excluding the force of gravity.	Monitoring acceleration along a single axis.
TYPE_MAGNETIC_FIELD	Hardware	Measures the ambient geomagnetic field for all three physical axes (x, y, z) in μT.	Creating a compass.
TYPE_ORIENTATION	Software	Measures degrees of rotation that a device makes around all three physical axes (x, y, z). As of API level 3 you can obtain the inclination matrix and rotation matrix for a device by using the gravity sensor and the geomagnetic field sensor in conjunction with the getRotationMatrix() method.	Determining device position.
TYPE_PRESSURE	Hardware	Measures the ambient air pressure in hPa or mbar.	Monitoring air pressure changes.
TYPE_PROXIMITY	Hardware	Measures the proximity of an object in cm relative to the view screen of a device. This sensor is typically used to determine whether a handset is being held up to a person's ear.	Phone position during a call.
TYPE_RELATIVE_HUMIDITY	Hardware	Measures the relative ambient humidity in percent (%).	Monitoring dewpoint, absolute, and relative humidity.
TYPE_ROTATION_VECTOR	Software or Hardware	Measures the orientation of a device by providing the three elements of the device's rotation vector.	Motion detection and rotation detection.
TYPE_TEMPERATURE	Hardware	Measures the temperature of the device in degrees Celsius (°C). This sensor implementation varies across devices and this sensor was replaced with the TYPE_AMBIENT_TEMPERATURE sensor in API Level 14	Monitoring temperatures

그림 7.3.10-2

안드로이드 스마트폰의 경우 수많은 제조사에서 다양한 제품을 만들기 때문에 그마다 지원하는 센서 종류 역시 다르다. 저가형 스마트폰은 최소한 필수적인 센서만 내장하고 고가형 최신 스마트폰은 고성능의 센서들을 풍부하게 제공한다. 그리고 안드로이드의 버전마다 지원하는 센서의 종류도 다르다. 최근의 4.0 아이스크림 샌드위치 버전의 경우 위에서 열거한 모든 센서들을 지원한다.

Sensor	Android 4.0 (API Level 14)	Android 2.3 (API Level 9)	Android 2.2 (API Level 8)	Android 1.5 (API Level 3)
TYPE_ACCELEROMETER	Yes	Yes	Yes	Yes
TYPE_AMBIENT_TEMPERATURE	Yes	n/a	n/a	n/a
TYPE_GRAVITY	Yes	Yes	n/a	n/a
TYPE_GYROSCOPE	Yes	Yes	n/a[1]	n/a[1]
TYPE_LIGHT	Yes	Yes	Yes	Yes
TYPE_LINEAR_ACCELERATION	Yes	Yes	n/a	n/a
TYPE_MAGNETIC_FIELD	Yes	Yes	Yes	Yes
TYPE_ORIENTATION	Yes[2]	Yes[2]	Yes[2]	Yes
TYPE_PRESSURE	Yes	Yes	n/a[1]	n/a[1]
TYPE_PROXIMITY	Yes	Yes	Yes	Yes
TYPE_RELATIVE_HUMIDITY	Yes	n/a	n/a	n/a
TYPE_ROTATION_VECTOR	Yes	Yes	n/a	n/a
TYPE_TEMPERATURE	Yes[2]	Yes	Yes	Yes

[1] This sensor type was added in Android 1.5 (API Level 3), but it was not available for use until Android 2.3 (API Level 9).

[2] This sensor is available, but it has been deprecated.

그림 7.3.10-3

또한, 제조사의 홈페이지에서 자신이 가진 스마트폰 모델의 스펙을 살펴보거나 직접 안드로이드 애플리케이션을 통해서 조회할 수도 있다. Play store에는 스마트폰 센서 정보들을 확인할 수 있는 무료 애플리케이션이 많이 있으니 참고하길 바란다.

간단히 SensorManager를 통해서 현재 스마트폰이 지원하는 센서들 종류를 모두 출력해보자. 새로운 안드로이드 프로젝트를 만들고 onCreate() 메소드에서 아래 코드를 추가한다.

```
public class MainActivity extends Activity {
    private SensorManager mSensorManager;
    @Override
    protected void onCreate(Bundle savedInstanceState) {
        super.onCreate(savedInstanceState);
        setContentView(R.layout.activity_main);
        mSensorManager = (SensorManager) getSystemService(Context.SENSOR_SERVICE);
        List<Sensor> deviceSensors = mSensorManager.getSensorList(Sensor.TYPE_ALL);
        Log.d("SENSOR","****************** Sensor List ************************* ");
        for(Sensor eachSensor : deviceSensors){
            Log.d("SENSOR","Sensor Name = "+eachSensor.getName()+" type = "+eachSensor.getType());
        }
    }
```

SensorManager의 getSensorList() 메소드를 통해 TYPE_ALL 옵션을 주면 현재 스마트폰이 가진 모든 센서들에 대한 정보를 List 형태로 넘겨준다.

```
mSensorManager = (SensorManager) getSystemService(Context.SENSOR_SERVICE);
List<Sensor> deviceSensors = mSensorManager.getSensorList(Sensor.TYPE_ALL);
```

그리고 for()문으로 모든 디바이스에 대한 정보를 DQMSLogcat을 통해 출력한다. 아래는 필자가 가진 스마트폰이 가진 센서 정보이다.

```
SENSOR        ******************* Sensor List *************************
SENSOR        Sensor Name = BMA255 type = 1
SENSOR        Sensor Name = MS-3R type = 2
SENSOR        Sensor Name = Orientation type = 3
SENSOR        Sensor Name = APDS-9930 type = 8
SENSOR        Sensor Name = APDS-9930 type = 5
SENSOR        Sensor Name = BMG160 type = 4
SENSOR        Sensor Name = Gravity type = 9
SENSOR        Sensor Name = Linear Acceleration type = 10
SENSOR        Sensor Name = Rotation Vector type = 11
SENSOR        Sensor Name = Rotation Vector Sensor type = 11
SENSOR        Sensor Name = Gravity Sensor type = 9
SENSOR        Sensor Name = Linear Acceleration Sensor type = 10
SENSOR        Sensor Name = Orientation Sensor type = 3
SENSOR        Sensor Name = Corrected Gyroscope Sensor type = 4
```

그림 7.3.10-4

여기서 type은 위에서 안드로이드에서 제공하는 센서 리스트에서 나온 순서와 같다. 1번 BMA255라는 센서는 TYPE_ACCELERMETER를 의미한다. 2번 MS-3R이라는 센서는 TYPE_AMBIENT_TEMPERATURE이다. 이제 이러한 센서 리스트를 바탕으로 다음 절부터 몇 가지 센서들의 값을 읽어보는 실습을 해보자.

조도 센서(illuminance sensor), Light Sensor

조도 센서란 빛에 대한 민감도를 전기적인 신호로 바꾸는 장치를 의미한다. 조도란 인간의 눈이 빛에 반응하는 감도를 기준으로 하여 광사 속(광속)의 밀도를 말한다. 빛의 양에 따라 센서에서 출력하는 전압의 크기가 달라지게 된다. 예를 들어 빛이 아예 없다면 0 V에 가깝게 출력이 나올 것이고 빛이 매우 세다면 최대 전압(주로 VDD)이 될 것이다. 이러한 조도 센서를 안드로이드 API를 이용해서 어떻게 활용할 수 있는지 예제를 통해 살펴본다.

맨 처음 새로운 안드로이드 프로젝트를 만든다. 그리고 값 출력을 위해 mainactivity layout을 아래와 같이 만든다. TextView2를 통해서 조도 센서를 통해 받은 값을 출력해 볼 것이다.

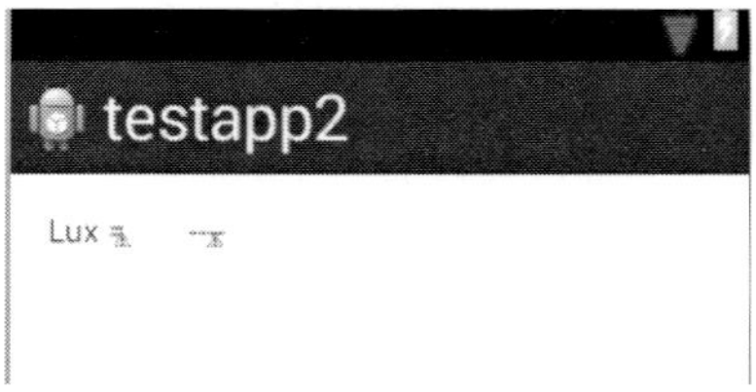

그림 7.3.10-5

이제 java 코드로 들어가서 onCreate() 메소드 아래에 다음 코드를 추가한다.

그림 7.3.10-6

```
public class MainActivity extends Activity{
    private SensorManager mSensorManager;
    private Sensor mLight;
    private TextView mSensorValue;
    @Override
    protected void onCreate(Bundle savedInstanceState) {
        super.onCreate(savedInstanceState);
        setContentView(R.layout.activity_main);
        mSensorManager = (SensorManager) getSystemService(Context.SENSOR_SERVICE);
        mLight = mSensorManager.getDefaultSensor(Sensor.TYPE_LIGHT);
        mSensorValue = (TextView)findViewById(R.id.textView2);
        mSensorManager.registerListener(this, mLight, SensorManager.SENSOR_DELAY_NORMAL);
    }
```

안드로이드에서 센서 데이터를 이용하기 위해서는 SensorManager라는 요소가 필요하다. 그리고 실제 센서값을 알아내기 위해서는 Sensor라는 데이터를 활용한다. mSensorValue는 읽은 센서값을 화면 Activity에 표시하기 위해서 등록하였다. 그 다음으로 센서값을 받기 위해서는 Listener 등록을 해서 Callback 함수처럼 값이 변화될 때마다 호출되도록 하기 위해 registerListener() 메소드를 통해 mLight 센서에 대한 등록을 수행한다. 그런데 바로 에러가 생기는데, 이유는 MainActivity에 SensorEventListener라는 인터페이스를 추가하지 않아서 생기는 에러다.

아래처럼 SensorEventListener 인터페이스를 추가한다.

```
public class MainActivity extends Activity {

    private static final String TAG = "KROS";
    private int mProgressStatus = 0;
    private ProgressBar mProgress;
    @Override
    protected void onCreate(Bundle savedInstanceState) {
        super.onCreate(savedInstanceState);
        setContentView(R.layout.activity_main);
```

그런데 이번에는 MainActivity 아래에 에러가 생겼다. 에러의 원인을 보면 unimplement methods가 없어서 생긴 것이다. 이 부분을 클릭해서 자동완성을 하면 에러가 말끔히 사라진다.

```
mProgress = (ProgressBar)findViewById(R.id.progressBar1);

Button buttonInc = (Button)this.findViewById(R.id.button3);
Button buttonDec = (Button)this.findViewById(R.id.button2);
buttonInc.setOnClickListener(new View.OnClickListener() {

    @Override
    public void onClick(View v) {
        if(mProgressStatus <= 100){
            Log.i(TAG,"mProgressStatus = " + mProgressStatus);
            mProgress.setProgress(mProgressStatus++);
        }
    }
});
buttonDec.setOnClickListener(new View.OnClickListener() {

    @Override
    public void onClick(View v) {
        if(mProgressStatus >= 0){
            Log.i(TAG,"mProgressStatus = " + mProgressStatus);
            mProgress.setProgress(mProgressStatus--);
        }
    }
});
```

그림 7.3.10-7

새로 추가된 메소드는 onAccuracyChanged()인데, 이것은 정확도 관련 파라미터가 수정되었을 때 호출되는 경우라서 크게 많이 쓰이지는 않는다. 우리가 많이 활용할 수 있는 메소드는 onSensorChanged() 메소드이다. 센서에서 값이 변경될 때마다 onSensroChanged()가 호출되고 SensorEvent 데이터 형식으로 값이 넘겨진다. 우리가 안드로이드에서 제공하는 다양한 센서값을 활용하기 위해서는 반드시 SensorEvent 클래스를 공부하고 넘어가야 한다. 안드로이드 개발자 페이지의 Reference 항목을 방문하면 안드로이드 API가 제공하는 클래스에 대한 정보를 확인할 수 있다. 여기서 android.hardware.SensorEvent를 찾아서 살펴보자.

http://developer.android.com/reference/android/hardware/SensorEvent.html

Class Overview

This class represents a Sensor event and holds informations such as the sensor's type, the time-stamp, accuracy and of course the sensor's data.

Definition of the coordinate system used by the SensorEvent API.

The coordinate-system is defined relative to the screen of the phone in its default orientation. The axes are not swapped when the device's screen orientation changes.

The X axis is horizontal and points to the right, the Y axis is vertical and points up and the Z axis points towards the outside of the front face of the screen. In this system, coordinates behind the screen have negative Z values.

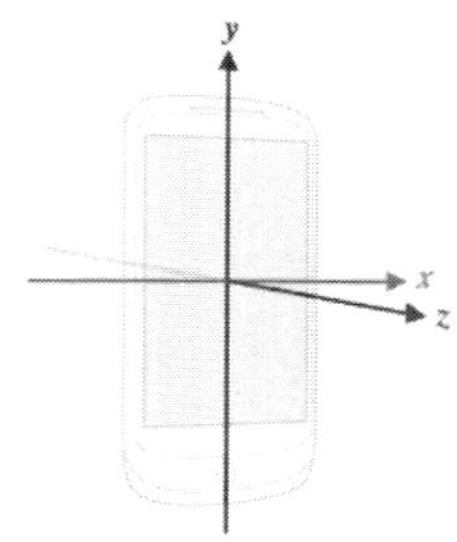

Note: This coordinate system is different from the one used in the Android 2D APIs where the origin is in the top-left corner.

그림 7.3.10-8

SensorEvent의 개요를 볼 수 있는데, 쉽게 이야기해서 센서 종류(type)에 따라 가지고 있는 정보들을 대표하는 클래스라고 보면 된다. 조도 센서와 같이 방향이 없는 데이터는 해당이 없지만 가속도 센서나 자기장 센서의 경우 좌표가 필요한데, 안드로이드에서 기본적으로 쓰는 좌표를 단말기 기준으로 xyz 좌표를 그려놓았다.

멤버로는 아래와 같은 항목들이 있는데, 주로 values라는 멤버 변수를 통해서 데이터를 주고 받는다.

Fields		
public int	accuracy	The accuracy of this event.
public Sensor	sensor	The sensor that generated this event.
public long	timestamp	The time in nanosecond at which the event happened
public final float[]	values	The length and contents of the values array depends on which sensor type is being monitored (see also SensorEvent for a definition of the coordinate system used).

그림 7.3.10-9

values 멤버는 어떤 센서 타입인지에 따라서 데이터 길이와 내용이 달라진다. Reference를 보면 각각의 센서 타입에 따라 사용법이 잘 설명되어 있다.

Sensor.TYPE_ACCELEROMETER:

All values are in SI units (m/s^2)

- values[0]: Acceleration minus Gx on the x-axis
- values[1]: Acceleration minus Gy on the y-axis
- values[2]: Acceleration minus Gz on the z-axis

Sensor.TYPE_MAGNETIC_FIELD:

All values are in micro-Tesla (uT) and measure the ambient magnetic field in the X, Y and Z axis.

Sensor.TYPE_GYROSCOPE:

All values are in radians/second and measure the rate of rotation around the device's local X, Y and Z axis. The coordinate system is the same as is used for the acceleration sensor. Rotation is positive in the counter-clockwise direction. That is, an observer looking from some positive location on the x, y or z axis at a device positioned on the origin would report positive rotation if the device appeared to be rotating counter clockwise. Note that this is the standard mathematical definition of positive rotation and does not agree with the definition of roll given earlier.

- values[0]: Angular speed around the x-axis
- values[1]: Angular speed around the y-axis
- values[2]: Angular speed around the z-axis

그림 7.3.10-10

조도 센서이기 때문에 TYPE_LIGHT 부분만 잘 이용하면 된다. 다시 java 코드로 돌아와서 onSensorChanged() 메소드에 다음 내용을 채워 넣는다.

```
@Override
public void onSensorChanged(SensorEvent arg0) {
    // TODO Auto-generated method stub
    int lux = (int) arg0.values[0];

    Log.d("LIGHT SENSOR", "LUX = "+lux);
    String resultStr = new Integer(lux).toString();
    mSensorValue.setText(resultStr);

}
```

float로 넘어오긴 하지만 int로 캐스팅해서 정수 형태로 받았다. 그리고 이 값을 그대로 스트링으로 변환해서 mSensorValue의 TextView2에 표시한다.

이렇게 해서 스마트폰에 다운로드 해보면 다음과 같이 조도 센서 부분에 손으로 가까이했다가 멀리했다가 해보면 값이 변화되는 것을 볼 수 있다. 혹은 불빛을 가까이 가져가도 매우 큰 숫자가 나오는 것을 볼 수 있다. 빛의 양이 많을수록 큰 데이터가 나온다는 것에 착안한다.

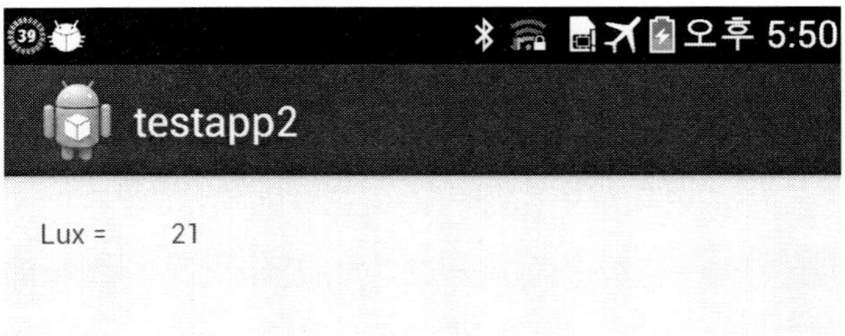

그림 7.3.10-11

스마트폰을 전기스탠드 불빛에 가까이 비춰보면 더 큰 값이 나온다.

그림 7.3.10-12

가속도 센서

가속도 센서는 아래와 같이 getDefaultSensor() 함수에서 TYPE_ACCELEROMETER 옵션만 적용하면 바로 x, y, x 축에 대한 가속도 센서 데이터를 얻을 수 있다

```
mAccelermeter = mSensorManager.getDefaultSensor(Sensor.TYPE_ACCELEROMETER);
mSensorManager.registerListener(this, mAccelermeter, SensorManager.SENSOR_DELAY_NORMAL);
```

그림 7.3.10-13

이때 onSensroChanged() 메소드에서 values[0], [1], [2]가 각각 x, y, z축에 해당하는 가속도 값이다.

```
@Override
public void onSensorChanged(SensorEvent event) {
    // TODO Auto-generated method stub

    String resultStr = "X-axis = "+event.values[0]+
                       "\nY-axis = "+event.values[1]+
                       "\nZ-axis = "+event.values[2];

    mSensorValue.setText(resultStr);

}
```

그림 7.3.10-14

이렇게 하면 다음과 같은 출력을 얻을 수 있다.

```
X-axis = -0.5366211
Y-axis = -1.0349121
Z-axis = 9.160889
```

그림 7.3.10-15

가속도 센서값은 중력가속도를 바탕으로 단말기의 기울어진 각도를 측정할 수 있다. 여기서 이야기하는 중력가속도는 벡터라는 물리량이기 때문에 힘의 크기와 방향까지 포함되는 개념이다. 예를 들어서 이상적인 경우 아래의 그림처럼 단말기가 평탄한 면에 똑바로 놓여 있다면 z축으로 9.8 M/S^2이라는 값만 표시되고 x, y축은 0이다. 하지만 조금 기울여 보면 x, y, z축으로 각각 다른 값이 나타난다.

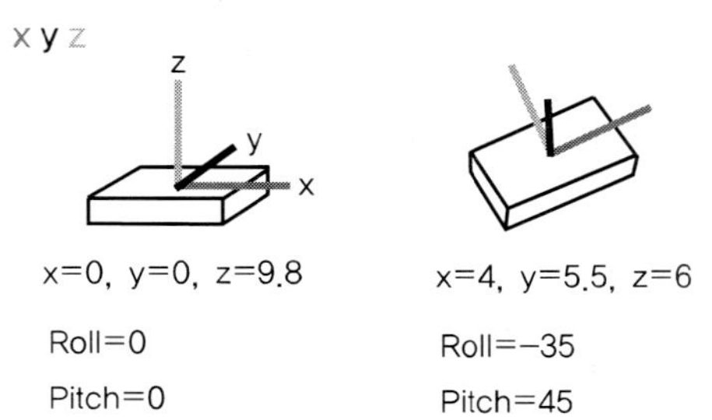

그림 7.3.10-16

자이로 센서

자이로 센서는 TYPE_GYROSCOPE라는 옵션으로 센서값을 얻을 수 있다.

```
mGyro = mSensorManager.getDefaultSensor(Sensor.TYPE_GYROSCOPE);
mSensorManager.registerListener(this, mGyro, SensorManager.SENSOR_DELAY_NORMAL);
```

그리고 onSensorChanged() 메소드에서 values[0], [1], [2]값이 각각의 축에 해당하는 회전속도를 얻을 수 있다. 마찬가지로 방향을 함께 표시하기 때문에 시계방향으로 회전하면 +값을 얻을 것이고, 반시계방향이면 -값을 얻을 것이다.

- values[0]: Angular speed around the x-axis
- values[1]: Angular speed around the y-axis
- values[2]: Angular speed around the z-axis

단위는 rad/sec에 해당한다.

예제를 단말기에 실행시켜보자. 그리고 각각의 축방향으로 회전시켜보면 값이 변하는 것을 볼 수 있다.

그림 7.3.10-17

자기장 센서

자기장 센서는 단말기 주변의 자기장의 세기를 감지해서 표시해주는 센서이다. 기본적으로 지구 자체가 커다란 자석의 힘이 작용하므로 나침반처럼 북쪽을 중심으로 자기장의 세기가 감지되어서 표시될 것이다. 만약에 주변에 자석을 갖다 대면 자석의 방향으로 자기장의 크기와 방향이 x, y, z 축으로 표시된다.

단말기의 자기장 센서를 활용하기 위해서는 지금까지 한 것과 같이 다음처럼 TYPE_MAGNETIC_FIELD 옵션을 적용한다.

```
mMagnectic = mSensorManager.getDefaultSensor(Sensor.TYPE_MAGNETIC_FIELD);
mSensorManager.registerListener(this, mMagnectic, SensorManager.SENSOR_DELAY_NORMAL);
```

그리고 onSensorChanged() 메소드에서 값들을 출력할 수 있다.

```
@Override
public void onSensorChanged(SensorEvent event) {
    // TODO Auto-generated method stub

    String resultStr = "X-axis = "+event.values[0]+
                       "\nY-axis = "+event.values[1]+
                       "\nZ-axis = "+event.values[2];

    mSensorValue.setText(resultStr);

}
```

그림 7.3.10-18

값의 단위는 마이크로테슬라(uT)단위이다. 스마트폰 단말기를 이리저리 돌려 보면 방향에 따라 각 축에 해당하는 자기장 세기가 달라진다.

여러 가지 센서값 출력하기

지금까지 다루었던 센서 데이터값을 한 번에 출력해보자. 아래처럼 지금까지 나온 센서값들을 모두 등록하고 난 뒤에 onSensorChanged() 메소드에서 센서 종류만 잘 구분해주면 된다.

```
@Override
protected void onCreate(Bundle savedInstanceState) {
    super.onCreate(savedInstanceState);
    setContentView(R.layout.activity_main);
    mSensorManager = (SensorManager) getSystemService(Context.SENSOR_SERVICE);

    mLight = mSensorManager.getDefaultSensor(Sensor.TYPE_LIGHT);
    mSensorManager.registerListener(this, mLight, SensorManager.SENSOR_DELAY_NORMAL);

    mGyro = mSensorManager.getDefaultSensor(Sensor.TYPE_GYROSCOPE);
    mSensorManager.registerListener(this, mGyro, SensorManager.SENSOR_DELAY_NORMAL);

    mAccelermeter = mSensorManager.getDefaultSensor(Sensor.TYPE_ACCELEROMETER);
    mSensorManager.registerListener(this, mAccelermeter, SensorManager.SENSOR_DELAY_NORMAL);

    mMagnectic = mSensorManager.getDefaultSensor(Sensor.TYPE_MAGNETIC_FIELD);
    mSensorManager.registerListener(this, mMagnectic, SensorManager.SENSOR_DELAY_NORMAL);

    mOrientation = mSensorManager.getDefaultSensor(Sensor.TYPE_PROXIMITY);
    mSensorManager.registerListener(this, mOrientation, SensorManager.SENSOR_DELAY_NORMAL);

    mSensorValue1 = (TextView)findViewById(R.id.textView1);
    mSensorValue2 = (TextView)findViewById(R.id.textView2);
    mSensorValue3 = (TextView)findViewById(R.id.textView3);
    mSensorValue4 = (TextView)findViewById(R.id.textView4);
}

@Override
public void onSensorChanged(SensorEvent event) {
    // TODO Auto-generated method stub
    mValues[0] = event.values[0];
    mValues[1] = event.values[1];
    mValues[2] = event.values[2];

    switch (event.sensor.getType()) {
    case Sensor.TYPE_ACCELEROMETER:
        mSensorValue1.setText("x = " + mValues[0] + ", y = " + mValues[1] +" , z = " + mValues[2]);
        break;
    case Sensor.TYPE_GYROSCOPE:
        mSensorValue2.setText("x = " + mValues[0] + ", y = " + mValues[1] +" , z = " + mValues[2]);
        break;
```

```
        case Sensor.TYPE_LIGHT:
            mSensorValue3.setText("Light = " + mValues[0] );
            break;
        case Sensor.TYPE_MAGNETIC_FIELD:
            mSensorValue4.setText("x = " + mValues[0] + ", y = " + mValues[1] +" , z = " + mValues[2]).
            break;
        }
    }
```

직접 실행보면 아래와 같은 결과를 얻을 수 있다.

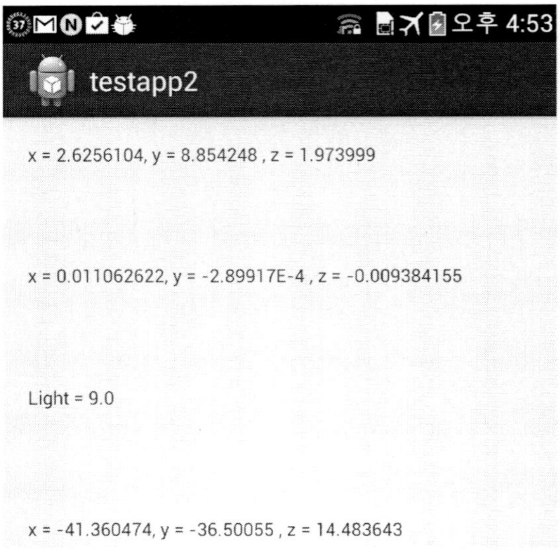

그림 7.3.10-19

지금까지 안드로이드에서 제공하는 센서값들을 몇 가지 출력해 보았다. 실제로 최근에 출시되는 안드로이드 단말기들은 매우 정교한 모션 센서들을 탑재하고 있다. 이러한 고성능의 정교한 센서들을 로봇 시스템에 적용한다면 매우 멋진 일이 될 것이다.

http://www.tipssoft.com/bulletin/board.php?bo_table=FAQ&wr_id=1033

http://cafe.naver.com/tipssoft/1839

제 8 장 블루투스를 이용한 안드로이드 연결

8.1 안드로이드 블루투스 API 개요

안드로이드에서 블루투스 관련 API는 NFC, USB 등과 같은 Connectivity 범주에 속한다. 모두 유무선의 근거리 통신 관련 기술로 볼 수 있다. developer.android.com에서 API Guides를 보면 아래 위치에서 안드로이드의 Connectivity 관련 API에 대한 학습을 할 수 있다.

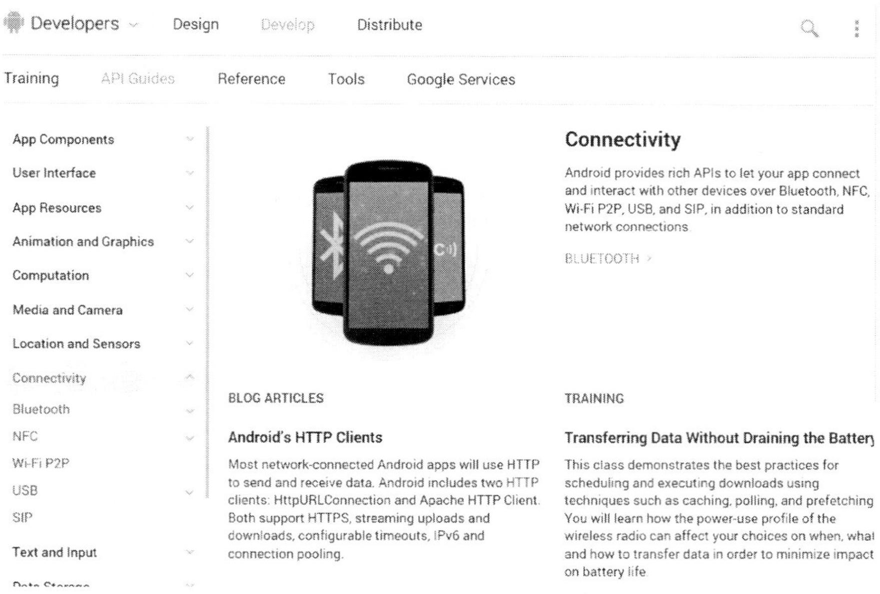

그림 8.1-1 안드로이드 Connectivity

안드로이드의 블루투스 API를 사용하면 다음과 같은 동작을 구현할 수 있다.

- 페어링할 블루투스 장치를 검색(Scan)
- 페어링된 블루투스 장치에 대한 Bluetooth adapter Query
- RFCOMM 채널 확립
- SDP(Service Discovery Profile)를 통한 다른 장치들과의 연결작업
- Manage multiple connections

안드로이드 개발자 페이지에 나열된 블루투스 API를 가지고 할 수 있는 일들이다. 쉽게 말해서 스마트폰 입장에서 Master 장치로서 할 수 있는 일들과 Slave 장치로서 할 수 있는 일들이 나열되어 있다. 즉, Master로서 페어링할 상대 블루투스 장치를 검색(Scan)하는 기능과 Slave로서 페어링 요청이 왔을 때 연결을 수락(Accept)하는 기능들을 모두 구현할 수 있다는 것이다.

한 가지 혼동을 줄 수 있는 부분이 블루투스 디바이스의 Master/Slave 역할이 안드로이드에서는 Server/Client 개념으로, 서술되어 있는 점이다. 기존에 알고 있던 블루투스 Master 장치가 Server 개념으로, Slave 장치가 Client 개념으로, 넘어갈 수 있는데 정반대이다. 안드로이드 API에서는 Master 장치를 Client로, Slave 장치를 Server의 역할로, 서술되어 있으니 반드시 개념을 명확히 구분하자.

블루투스 API 기본 개념

안드로이드 블루투스 API는 블루투스를 이용해 통신을 수행하는 데 있어서 크게 4가지 핵심 주제를 담고 있다. 블루투스 디바이스를 초기화하는 방법, 페어링되었거나 근거리에서 페어링가 능한 장치를 찾는 방법, 디바이스와 연결하는 방법, 데이터를 전송하는 방법으로 구성되어 있다.

아래는 블루투스를 이용한 통신을 수행하기 위해 필요한 클래스와 인터페이스들 요약해 놓았다.

- BluetoothAdapter : 모든 블루장치를 컨트롤하기 위한 Entry-point라고 볼 수 있다. Bluetooth Adapter를 가지고 블루투스 장치를 찾거나 기존에 연결되었던 장치인지를 확인(query)할 수도 있으며, 이미 MAC 주소를 가지고 블루투스 장치를 초기화하고 다른 디바이스로부터 데이터가 오는지 감지할 수 있는 BluetoothServerSocket을 만들 수 있다.
- BluetoothDevice : 상대 블루투스 장치에 대한 정보를 담고 있는 클래스이다. 블루투스 장치가 가지는 이름, 주소, 현재 상태 등에 대한 정보를 가지고 있다.
- BluetoothSocket : TCP Socket과 유사하게 InputStream과 OutputStream을 가지고 상대 블루투스 장치와 데이터를 교환할 수 있게 해주는 연결 포인트라고 할 수 있다.
- BluetoothServerSocket : 블루투스 Slave 모드(Server)에서 상대 장치에서 오는 요청을 기다리고 있는 서버 소켓이다. 만약에 커넥션이 승인(Accept)되면 연결된 BluetoothSocket이 반환된다.
- BluetoothClass : 블루투스 장치들의 일반적인 특징과 기능들을 담고 있는 클래스인데 통신을 위해서 필수적인 API는 아니고 단지 블루투스 장치들의 Type에 대한 구분을 위해서는 유용한 API라고 할 수 있다.

• BluetoothProfile : 1.4.1의 블루투스의 개념에서 설명했던 프로파일에 대한 인터페이스이다.
기타 나머지 클래스와 인터페이스는 안드로이드 개발자 페이지에서 참고한다.

8.2 Bluetooth 모듈 BT-210

8.2.1 SPP(Serial Port Profile) 모듈 이해

OpenCM9.04에는 스마트폰과 연결할 수 있는 블루투스 기능이 없다. 그래서 블루투스를 통해 안드로이드 스마트폰과 연결하기 위해서는 블루투스를 이용한 무선통신을 수행할 수 있는 블루투스 모듈이 필요하다. 블루투스 모듈은 아래 그림에서와 같이 임베디드보드로부터 나오는 UART비동기 데이터를 블루투스를 통해 스마트폰과 통신하는 데 사용된다. 이전 절에서 언급했던 블루투스 SPP(Serial Port Profile)를 이용해서 UART 통신을 블루투스를 이용한 무선통신을 변환할 수 있는 원리이다.

그림 8.2.1-1

이 책에서 임베디드 보드에서 나오는 UART 데이터를 블루투스로 중계하기 위한 모듈은 로보티즈社의 BT-210이라는 제품을 사용하였다. OpenCM9.04에는 BT-210과 같은 통신 모듈을 연결하기 위한 4핀 포트를 내장하였기 때문에 같은 회사에서 나온 BT-210을 가지고 편리한 통신을 수행할 수 있다(연결 방법에 대해서는 제2장을 참고).

그림 8.2.1-2 OpenCM9.04 포함된 4핀 통신포트 USART2번 채널이 연결되어 있다.

BT-210이 아니라도 시중에 SPP기반의 블루투스 모듈은 많이 팔고 있고 매우 저렴한 제품도 많다. 그대신 해당 블루투스 모듈이 지원하는 통신 인터페이스에 맞게 배선을 하고 납땜도 필요할 수 있다.

8.2.2 블루투스SPP 모듈 BT-210 사양 확인하기

아래는 BT-210이 지원하는 사양과 핀 배열 정보이다.

- 무게 : 4.51 g
- 크기 : 18mm X 30 mm X 9.1 mm
- 블루투스사양 : Bluetooth Specification 2.1 Support
- 유효 통신 거리 : 10 M
- 주파수 대역 : 2.4 GHz ISM Band
- Bandwidth : MAX 250 kbps
- 기본 통신 속도 : 57600 bps
- Sensitivity : −81 dBm(Typical)
- Transmit Power : 4 dBm(Typical)
- 블루투스 프로파일 지원 : SPP(Serial Port Profile)
- 구동 전압 : 3.3 V
- 소모 전류 : 48m A(Max)
- 구동 온도 : −40℃ ~ 85℃
- 통신 속도 : 1,200 bps   1,382,000 bps
- 안테나 : Chip Antenna
- 인터페이스 : UART(3.3 V Level)
- 공중선전력 : −6~4 dBm(Class 2)

그림 8.2.2-1

8.3 안드로이드 샘플 예제 실행하기

8.3.1 안드로이드 샘플 예제-Bluechat 소개

안드로이드는 SDK(Software Development Kit)와 함께 개발자가 참고할 수 있는 예제를 기능별로 구현해서 제공하고 있다. 앞에서 설명한 블루투스 API도 마찬가지로 미리 Reference로 구현된 예제가 있다. SDK는 이전에 안드로이드 개발환경을 설치할 때 ADT Package 안에 들어 있다. ADT bundle 패키지의 압축을 해제한 폴더에 가보면 eclipse 폴더 밑에 sdk라고 볼 수 있을 것이다. 클릭해 보면 안에 examples라는 폴더가 있는데, 거기에 Sample Example들이 들어 있다.

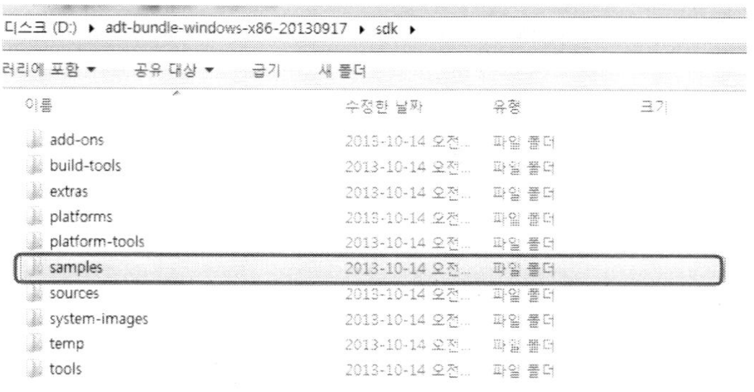

그림 8.3.1-1

samples 아래의 android 버전 숫자로 된 디렉터리에서 한 단계 더 들어가면 sample 예제들이 나온다.

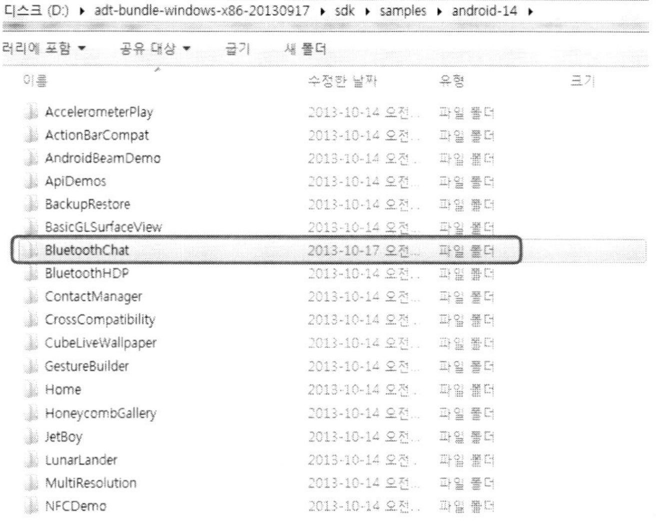

그림 8.3.1-2

BluetoothChat 폴더를 들어간다. 그리고 경로를 복사해 놓는다.

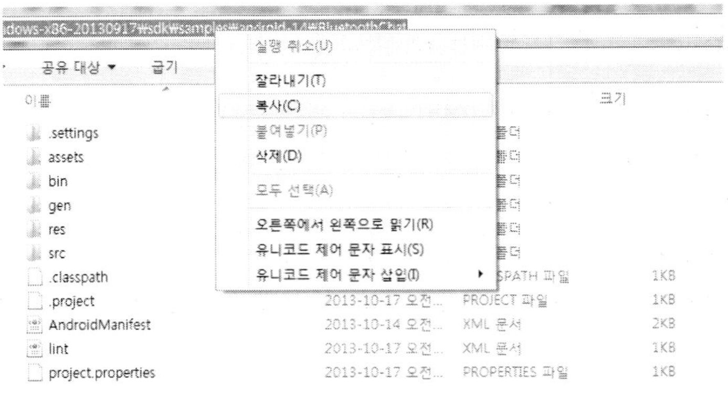

그림 8.3.1-3

8.3.2 Bluechat 프로젝트 불러오기

바로 이클립스 ADT를 실행해서 File ⇨ Import...를 클릭한다.

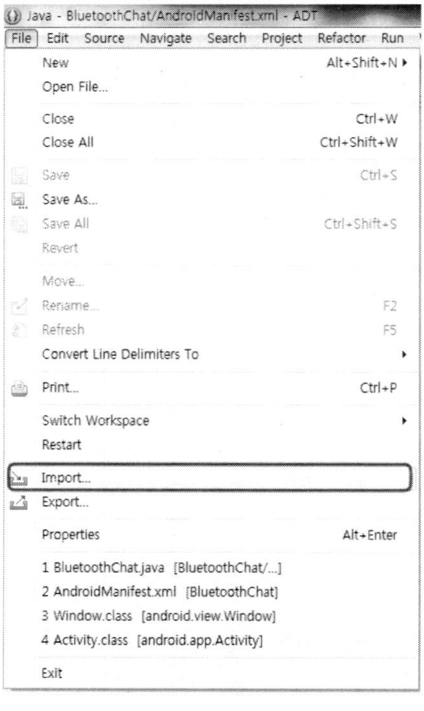

그림 8.3.2-1

다음과 같은 대화창이 나오면 Existing Android Code Into Workspace를 선택하고 Next를 클릭한다.

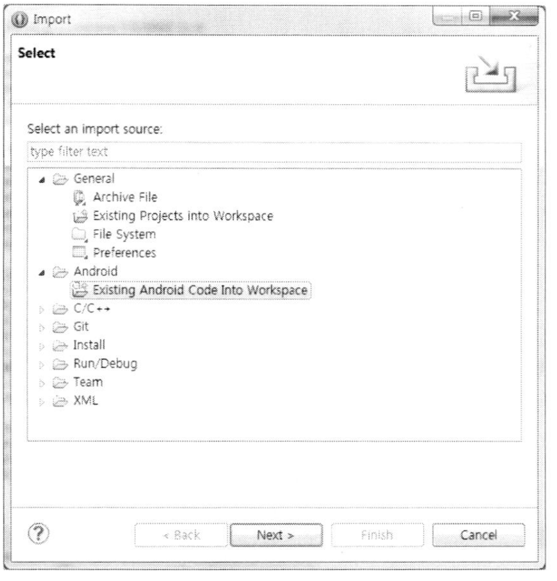

그림 8.3.2-2

다음 Import Projects 대화창의 Root Directory 항목에서 방금 전에 복사한 경로를 붙여넣기 한다. 아니면 Browse...를 통해서 직접 경로를 찾아가도 된다.

그림 8.3.2-3

그리고 Refresh를 눌러서 해당 경로에서 프로젝트가 있는지 살펴본다. 있다면 아래와 같이 BluetoothChat이라는 프로젝트가 반드시 나타날 것이다.

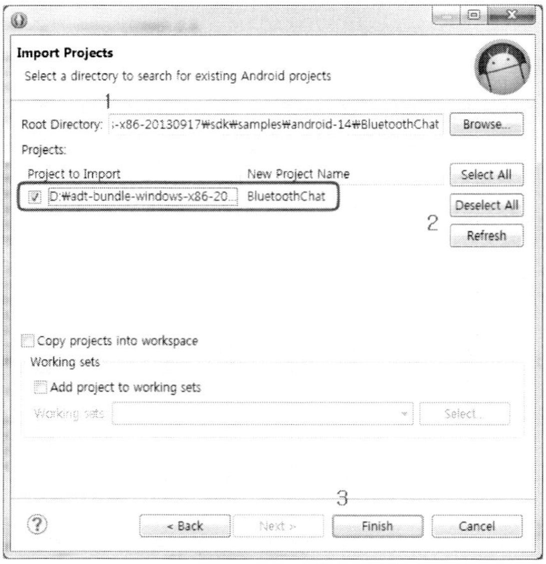

그림 8.3.2-4

Finish를 눌러서 마무리 한다. Package Explorer를 통해서 성공적으로 Import된 모습은 아래와 같다. 여기서 src폴더의 BluetoothChat.java 파일을 클릭한다.

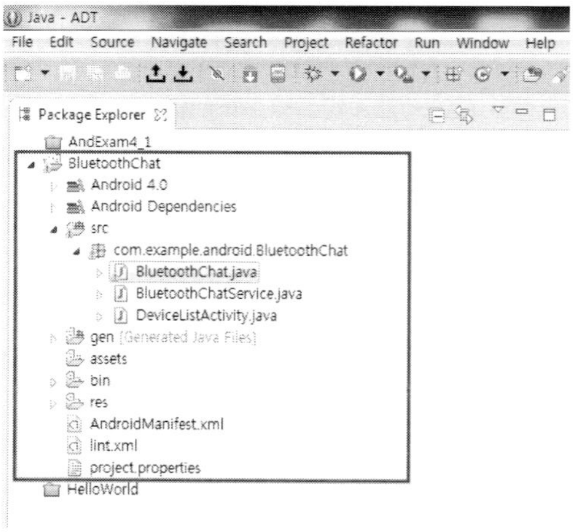

그림 8.3.2-5

HelloWorld 프로젝트에서 가장 먼저 수행되었던 클래스인 MainActivity.java와 비슷하게 애플리케이션 시작 Entry가 있는 파일이다. 보통 자바에서는 main.c보다는 프로젝트의 이름과 동일한 이름의 클래스가 시작 Entry가 된다.

```
BluetoothChat.java

 * Copyright (C) 2009 The Android Open Source Project

package com.example.android.BluetoothChat;

import android.app.ActionBar;

/**
 * This is the main Activity that displays the current chat session.
 */
public class BluetoothChat extends Activity {
    // Debugging
    private static final String TAG = "BluetoothChat";
    private static final boolean D = true;

    // Message types sent from the BluetoothChatService Handler
    public static final int MESSAGE_STATE_CHANGE = 1;
    public static final int MESSAGE_READ = 2;
    public static final int MESSAGE_WRITE = 3;
    public static final int MESSAGE_DEVICE_NAME = 4;
    public static final int MESSAGE_TOAST = 5;
```

그림 8.3.2-6

여기서 Ctrl+F11을 눌러서 Target 스마트폰에 직접 실행을 해본다.

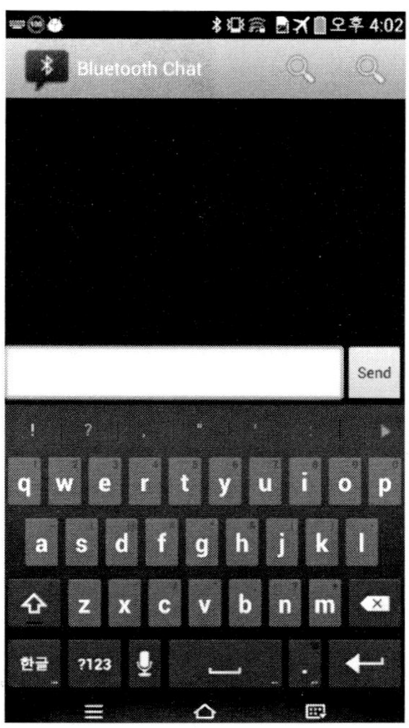

그림 8.3.2-7

제대로 화면이 뜨는지 확인해 보고 충돌 메시지와 함께 실행이 되지 않는다면 다음과 같은 코드를 onCreate() 메소드에서 setContentView(R.layout.main)이 실행되기 전에 다음 코드를 넣어서 실행해보자.

그림 8.3.2-8

getWindow().requestFeature(Window.FEATURE_ACTION_BAR);

```
@Override
public void onCreate(Bundle savedInstanceState) {
    super.onCreate(savedInstanceState);
    if(D) Log.e(TAG, "+++ ON CREATE +++");

    getWindow().requestFeature(Window.FEATURE_ACTION_BAR);
    // Set up the window layout
    setContentView(R.layout.main);

    // Get local Bluetooth adapter
    mBluetoothAdapter = BluetoothAdapter.getDefaultAdapter();

    // If the adapter is null, then Bluetooth is not supported
    if (mBluetoothAdapter == null) {
        Toast.makeText(this, "Bluetooth is not available", Toast.LENGTH_LONG).show();
        finish();
        return;
    }
}
```

그림 8.3.2-9 ActionBar UI 컴포넌트

BluetoothChat 애플리케이션에서는 현재 블루투스의 페어링 상태를 ActionBar라는 UI 요소에 표시하는 코드가 있는데, 이 부분이 Manifest.xml에 명시되어 있지 않아서 NullPointException이 생기는 버그이다. 그래서 setContentView()를 실행하기 전에 미리 ActionBar를 사용하겠다는 요청을 하는 것이다. 그렇지 않으면 Manifest.xml에 미리 명시가 되어 있어야 한다.

그리고 또 한 가지 코드를 더 수정한다. BluetoothChatService.java 파일의 멤버 변수 선언부를 보면 MY_UUID_SECURE와 MY_UUID_INSECURE 부분이 있는데, 아래의 UUID로 모두 변경해준다.

```
UUID.fromString("00001101-0000-1000-8000-00805F9B34FB");
```

```
/**
 * This class does all the work for setting up and managing Bluetooth
 * connections with other devices. It has a thread that listens for
 * incoming connections, a thread for connecting with a device, and a
 * thread for performing data transmissions when connected.
 */
public class BluetoothChatService {
    // Debugging
    private static final String TAG = "BluetoothChatService";
    private static final boolean D = true;

    // Name for the SDP record when creating server socket
    private static final String NAME_SECURE = "BluetoothChatSecure";
    private static final String NAME_INSECURE = "BluetoothChatInsecure";

    // Unique UUID for this application
    private static final UUID MY_UUID_SECURE =
        UUID.fromString("fa87c0d0-afac-11de-8a39-0800200c9a66");
    private static final UUID MY_UUID_INSECURE =
        UUID.fromString("8ce255c0-200a-11e0-ac64-0800200c9a66");
```

이 부분을 기존 UUID는 모두 주석처리하고 아래와 같이 새로운 UUID로 똑같이 변경한다.

```
// Unique UUID for this application
private static final UUID MY_UUID_SECURE = UUID.fromString("00001101-0000-1000-8000-00805F9B34FB");
    //UUID.fromString("fa87c0d0-afac-11de-8a39-0800200c9a66");
private static final UUID MY_UUID_INSECURE = UUID.fromString("00001101-0000-1000-8000-00805F9B34FB");
    //UUID.fromString("8ce255c0-200a-11e0-ac64-0800200c9a66");
```

8.3.3 OpenCM9.04와 스마트폰 블루투스 페어링

OpenCM9.04의 4핀 통신포트에 BT-210을 연결한 후 스마트폰의 BluetoothChat과 페어링을 시도해 본다. 성공하였다면 데이터를 주고 받을 수 있다.

먼저 OpenCM9.04는 SerialUSB_Serial2_Converter라는 예제를 미리 다운로드 받는다.

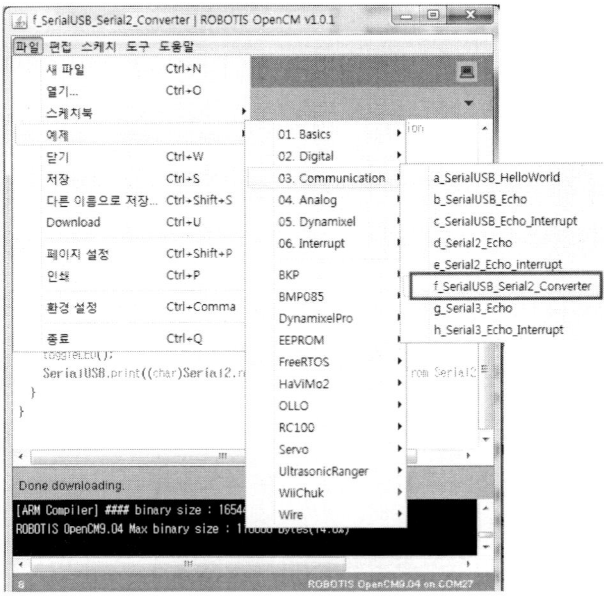

그림 8.3.3-1

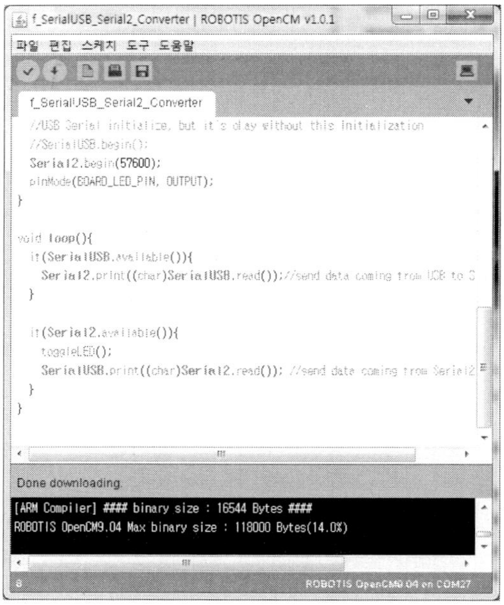

그림 8.3.3-2

SerialUSB_Serial2_Converter라는 예제는 간단히 OpenCM9.04의 4핀 통신 포트에 연결된 블루투스 모듈인 BT-210에서 나오는 시리얼 통신 데이터를 SerialUSB로 다시 보내거나 받는 등의 Converter 동작을 하는 예제이다. 주로 BT-210과 같은 블루투스 모듈의 시리얼 데이터를 PC로 인터페이스 하기 위한 용도로 많이 쓰인다.

그리고 RoboPlus 에서 아래의 전문가 탭의 Terminal 프로그램을 실행한다.

그림 8.3.3-3

로보플러스 터미널이 실행되면 장치 관리자에서 ROBOTIS Virtual COM포트 번호와 같은 포트로 연결한다.

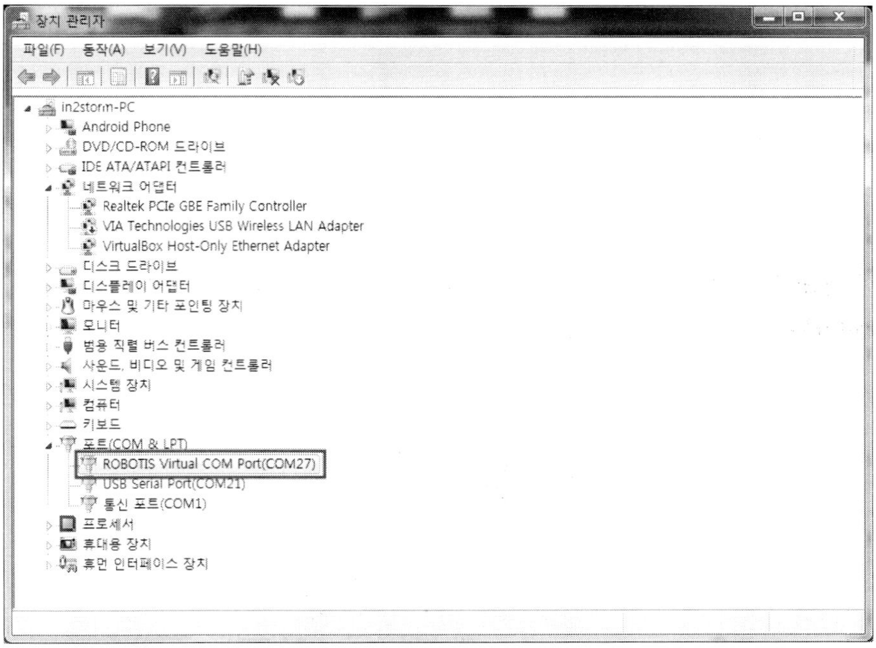

그림 8.3.3-4

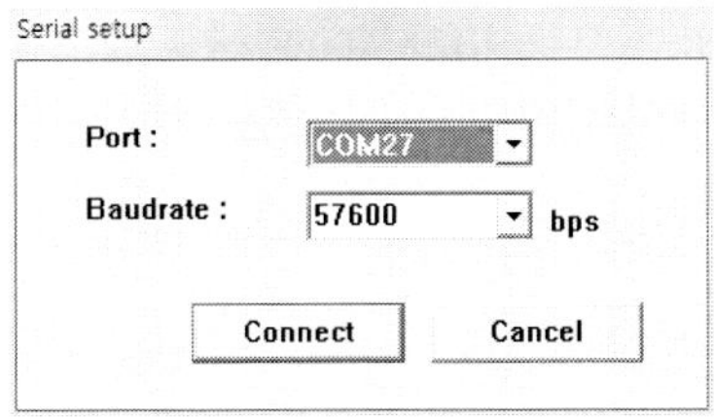

그림 8.3.3-5

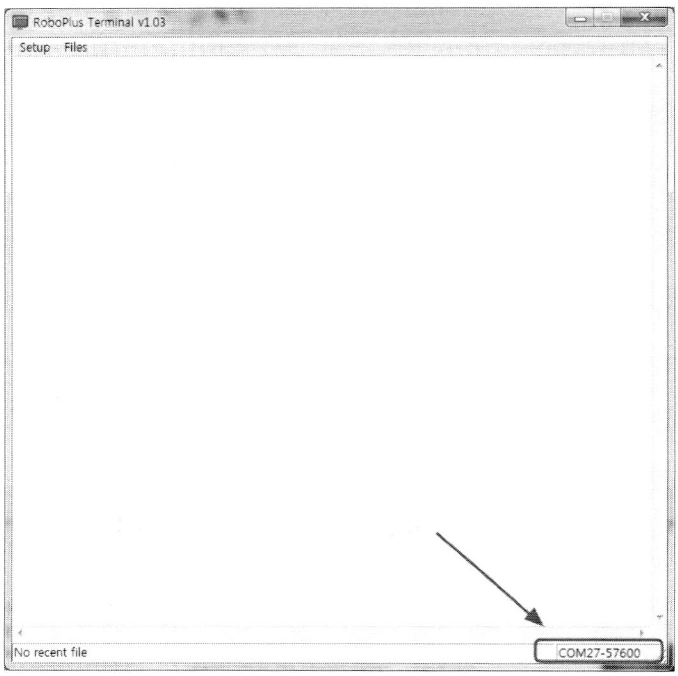

그림 8.3.3-6

그러면 OpenCM9.04의 4핀 통신포트에 BT-210을 연결한다. 연결하면 아래와 같이 BTWIN BT-210 Slave Start라는 문구가 뜨면서 페어링 요청을 기다리게 된다(파란색 LED가 깜빡거린다).

그림 8.3.3-7

그리고 RoboPlus Terminal에서는 아래와 같이 BT-210이 시작하면서 출력하는 메시지가 나타난다.

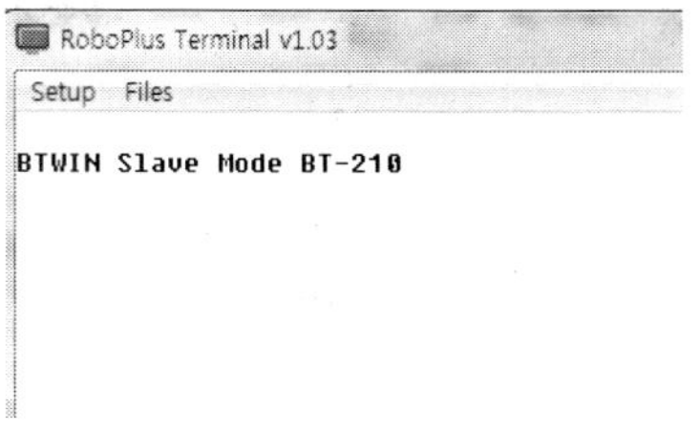

그림 8.3.3-8

그러면 안드로이드 BluetoothChat을 실행해서 설정 버튼을 누른 후 ActionBar의 돋보기 아이콘 두 개 중에 아무거나 선택 후 주변 장치를 Scan한다. 그리고 BT-210에 표시된 MAC 어드레스와 일치하는 장치가 나타나면 연결 요청을 한다.

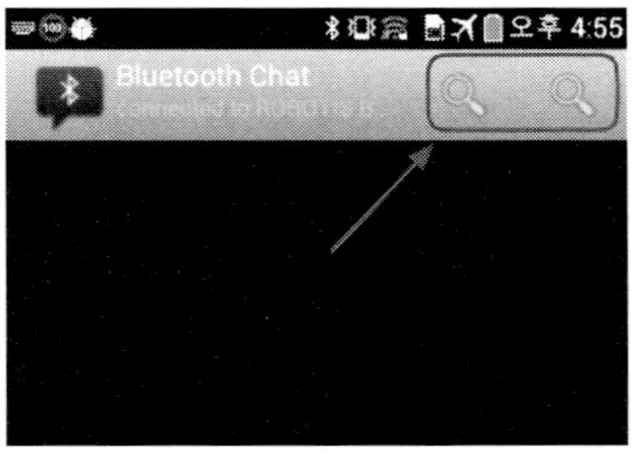

그림 8.3.3-9

Scan for devices 버튼을 눌러서 주변 장치를 검색한다.

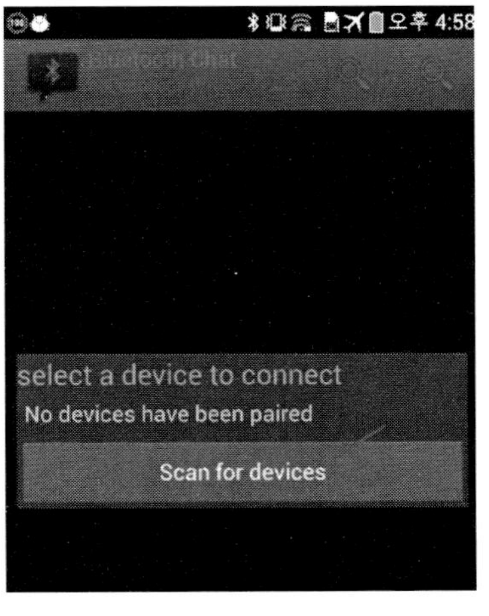

그림 8.3.3-10

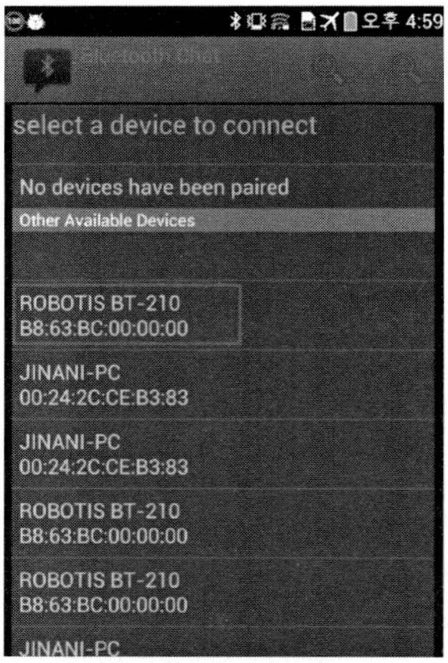

그림 8.3.3-11

처음 연결하는 블루투스 장치의 경우 Pin code를 요구할 수도 있다. BT-210의 경우 Default pin code는 0000이다.

그림 8.3.3-12

확인을 클릭하면 다음과 같이 RoboPlus Terminal에서 페어링이 성공적으로 되었다는 메시지를 볼 수 있다.

```
DISCONNECT
DEVICE PIN CODE : [0000]
CONNECT d05785291aae
```

그리고 BluetoothChat 애플리케이션에서 hi this is first bluetooth app이라는 메시지를 보내본다.

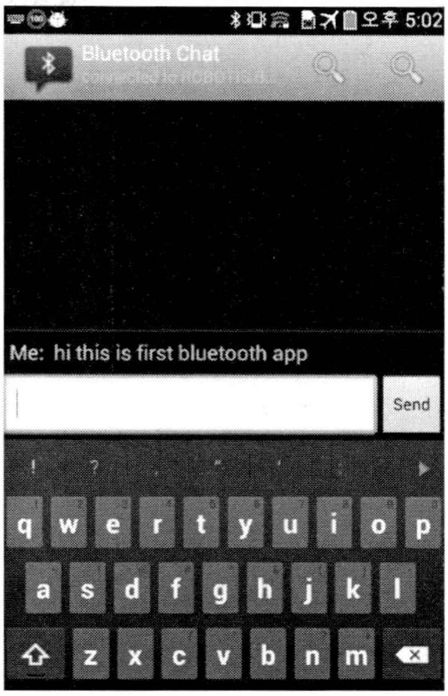

그림 8.3.3-13

통신이 잘 수행되는 것을 확인했으면 이제 다음 절에서 소스 분석을 통해 어떻게 활용할 수 있는지 살펴보자.

8.4 안드로이드 블루투스 코드 이해하기

8.4.1 Bluechat 예제 분석을 통한 블루투스 API 이해

이제 본격적으로 안드로이드 샘플 코드인 BluetoothChat 애플리케이션의 소스를 분석해보자. 여기에서 필요한 내용은 블루투스를 어떻게 연결하고 데이터를 주고 받는지만 분석해서 OpenCM 보드와 블루투스 모듈을 이용해 원하는 제어를 하는 것이다. 그러면 블루투스 연결하는 방법과 데이터를 주고받는 방법에 포커스를 두고 집중적으로 분석해보자.

일단 BluetoothChat 애플리케이션은 주변장치를 검색해서 페어링 요청을 할 수 있는 Client 모드와 반대로 주변장치에서 페어링 요청이 오면 승낙해서 페어링이 되는 Server 모드를 모두 가지고 있다. OpenCM과 BT-210은 스마트폰 사이드에서 페어링 요청이 오면 페어링을 승낙해서 데이터 통신을 할 수 있는 구조이기 때문에 스마트폰에서 주변 장치를 검색하고 페어링 요청을 할 수 있는 Client 모드에 대한 코드 흐름을 잘 파악해 두자. 앞으로 LED 제어나 다이나믹셀 제어에서는 이러한 Client 모드만 활용할 예정이기 때문이다.

먼저 BluetoothChat 애플리케이션에서 Client 모드의 동작을 정리해보자.

- *장치 Scan 버튼을 눌러서 주변의 블루투스 장치를 검색한다.*
- *페어링 하고자 하는 장치가 검색되거나 이전에 페어링 했던 리스트에 장치가 있다면 페어링 요청을 한다.*
- *연결 스레드가 시작되고 연결이 되면 데이터 통신을 위해 InputStream과 OutputStream을 세팅하고 연결 스레드를 종료와 동시에 데이터 통신을 위한 스레드를 시작한다.*
- *데이터가 오는지 스레드가 감시하고 보낼 데이터가 있으면 OutputStream을 통해 전송한다.*

장치 검색 코드(DeviceListActivity)

BluetoothChat에서 장치 검색은 MainActivity에서 처리하지 않고 또 다른 Activity를 실행시켜서 수행한다. MainActivity라고 할 수 있는 BluetoothChat Activity가 있고 장치를 검색하고 페어링을 원하는 장치와 연결을 선택할 수 있는 DeviceListActivity가 있다. 이름에서 느낄 수 있듯이 Device List를 만들고 리스트로부터 디바이스를 선택하고 페어링 요청을 하는 기능을 한다.

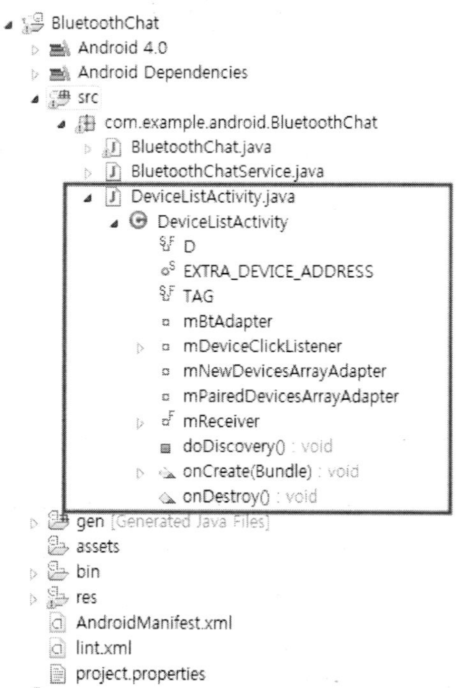

그림 8.4.1

DeviceListActivity는 따로 코드를 분리하고 수정하지 않아도 될 만큼 독립적으로 쓸 수 있을 정도로 기능 분리가 잘 되어 있으므로 그대로 활용할 수 있다.

8.4.2 블루투스 페어링 시도하기

연결 스레드(ConnectThread)

방금 전 DeviceListActivity에서 페어링 요청을 할 장치가 선택되면 따로 스레드를 돌려서 페어링이 성공될 때까지 작업을 분기하는 것이 좋다. 마찬가지로 BluetoothChat 애플리케이션도 ConnectThread라는 것을 BluetoothChatService라는 클래스에서 마련되어 있다.

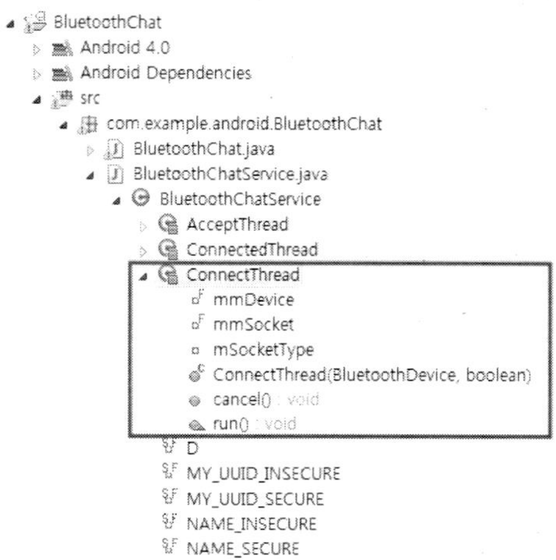

그림 8.4.2

```
/**
 * This thread runs while attempting to make an outgoing connection
 * with a device. It runs straight through; the connection either
 * succeeds or fails.
 */
private class ConnectThread extends Thread {
    private final BluetoothSocket mmSocket;
    private final BluetoothDevice mmDevice;
    private String mSocketType;

    public ConnectThread(BluetoothDevice device, boolean secure) {
        mmDevice = device;
        BluetoothSocket tmp = null;
        mSocketType = secure ? "Secure" : "Insecure";

        // Get a BluetoothSocket for a connection with the
        // given BluetoothDevice
        try {
            if (secure) {
                tmp = device.createRfcommSocketToServiceRecord(
                        MY_UUID_SECURE);
            } else {
                tmp = device.createInsecureRfcommSocketToServiceRecord(
                        MY_UUID_INSECURE);
            }
        } catch (IOException e) {
            Log.e(TAG, "Socket Type: " + mSocketType + "create() failed", e);
        }
        mmSocket = tmp;
    }

    public void run() {
        Log.i(TAG, "BEGIN mConnectThread SocketType:" + mSocketType);
        setName("ConnectThread" + mSocketType);

        // Always cancel discovery because it will slow down a connection
        mAdapter.cancelDiscovery();
```

8.4.3 블루투스 데이터 주고 받기

데이터 처리 스레드(ConnectedThread)

대부분의 통신과 관련해서 데이터를 주고 받기 위해서는 스레드를 이용해 별도로 작업을 분기해서 처리한다. 마찬가지로 데이터가 언제 오는지 항상 감시하는 스레드를 이용해서 받은 데이터가 있는지 확인한다. 데이터를 쓸 때는 스레드와 관계 없이 그냥 OutputStream에 쓰면된다. BluetoothChat 애플리케이션에서는 이러한 데이터 처리 스레드가 ConnectedThread라는 내부 클래스로 구현되어 있다. 이름에서 알 수 있듯이 연결된 이후의 작업을 의미하는 것 같다. 위치는 앞의 ConnectThread와 마찬가지로 BluetoothChatService.java 클래스에 있다.

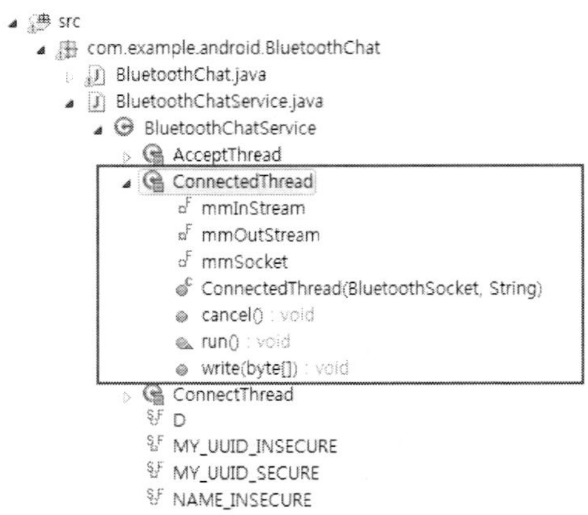

그림 8.4.3

위 그림에서 ConnectedThread 내부 클래스에서 run이라는 메소드가 실제로 스레드에서 처리하는 부분이며 블루투스를 통해 전송된 데이터가 있는지 계속 확인하고 데이터를 전송할 때는 write() 메소드를 통해 byte[] 형식의 데이터를 넘겨주면 전송하게 된다.

```
public void run() {
    Log.i(TAG, "BEGIN mConnectedThread");
    byte[] buffer = new byte[1024];
    int bytes;

    // Keep listening to the InputStream while connected
    while (true) {
        try {
            // Read from the InputStream
            bytes = mmInStream.read(buffer);

            // Send the obtained bytes to the UI Activity
            mHandler.obtainMessage(BluetoothChat.MESSAGE_READ, bytes, -1, buffer)
                    .sendToTarget();
        } catch (IOException e) {
            Log.e(TAG, "disconnected", e);
            connectionLost();
            // Start the service over to restart listening mode
            BluetoothChatService.this.start();
            break;
        }
    }
}
```

항상 mmInStream이라는 InputStream 클래스를 통해 데이터를 읽어서 핸들러로 넘겨준다. 그러면 핸들러에서는 아래와 같이 화면에 전송된 데이터를 표시한다. 이렇게 UI화면을 표시하는 부분은 필수로 있어야 되는 코드는 아니므로 그냥 참고만 하자. 중요한 점은 스레드로 전송된 데이터가 있는지 스레드를 이용해 항상 확인을 하는 방식으로 Received Data를 처리한다는 것이다.

```
// The Handler that gets information back from the BluetoothChatService
private final Handler mHandler = new Handler() {
    @Override
    public void handleMessage(Message msg) {
        switch (msg.what) {
        case MESSAGE_STATE_CHANGE:
            if(D) Log.i(TAG, "MESSAGE_STATE_CHANGE: " + msg.arg1 + R.string.title_not_connected);
            switch (msg.arg1) {
            case BluetoothChatService.STATE_CONNECTED:
               // setStatus(getString(R.string.title_connected_to, mConnectedDeviceName));
                mConversationArrayAdapter.clear();
                break;
            case BluetoothChatService.STATE_CONNECTING:
               setStatus(R.string.title_connecting);
                break;
            case BluetoothChatService.STATE_LISTEN:
            case BluetoothChatService.STATE_NONE:
               setStatus(R.string.title_not_connected);
                break;
            }
            break;
        case MESSAGE_WRITE:
            byte[] writeBuf = (byte[]) msg.obj;
            // construct a string from the buffer
            String writeMessage = new String(writeBuf);
            mConversationArrayAdapter.add("Me:  " + writeMessage);
            break;
        case MESSAGE_READ:
            byte[] readBuf = (byte[]) msg.obj;
            // construct a string from the valid bytes in the buffer
            String readMessage = new String(readBuf, 0, msg.arg1);
            mConversationArrayAdapter.add(mConnectedDeviceName+":  " + readMessage);
            break;
        case MESSAGE_DEVICE_NAME:
            // save the connected device's name
            mConnectedDeviceName = msg.getData().getString(DEVICE_NAME);
```

데이터 전송은 아래의 write() 메소드에서 mmOutStream 클래스로 byte[]를 넘겨주면 전송되고 그 아래의 mHandler로 넘겨주는 부분은 그냥 UI에 전송할 데이터를 표시하는 부분이므로 반드시 있어야 되는 코드는 아니다.

```
/**
 * Write to the connected OutStream.
 * @param buffer  The bytes to write
 */
public void write(byte[] buffer) {
    try {
        mmOutStream.write(buffer);

        // Share the sent message back to the UI Activity
        mHandler.obtainMessage(BluetoothChat.MESSAGE_WRITE, -1, -1, buffer)
                .sendToTarget();
    } catch (IOException e) {
        Log.e(TAG, "Exception during write", e);
    }
}
```

지금까지 구글에서 공개한 안드로이드 샘플 코드인 BluetoothChat이라는 애플리케이션에서 Client 모드로 쓸 수 있는 필수 코드에 대해서 살펴보았다. 다음 절에서는 이러한 필수 코드로 OpenCM보드와 블루투스 통신을 통해 실제로 LED부터 제어하는 방법을 알아보자.

8.5 블루투스 통신을 이용한 OpenCM9.04 LED 깜빡이기

8.5.1 새로운 안드로이드 프로젝트 만들기

블루투스를 이용해 OpenCM보드를 컨트롤하기 위한 새로운 안드로이드 애플리케이션 프로젝트를 만든다. OpenCMRemoteControl이라는 이름으로 새로운 프로젝트를 만든다.

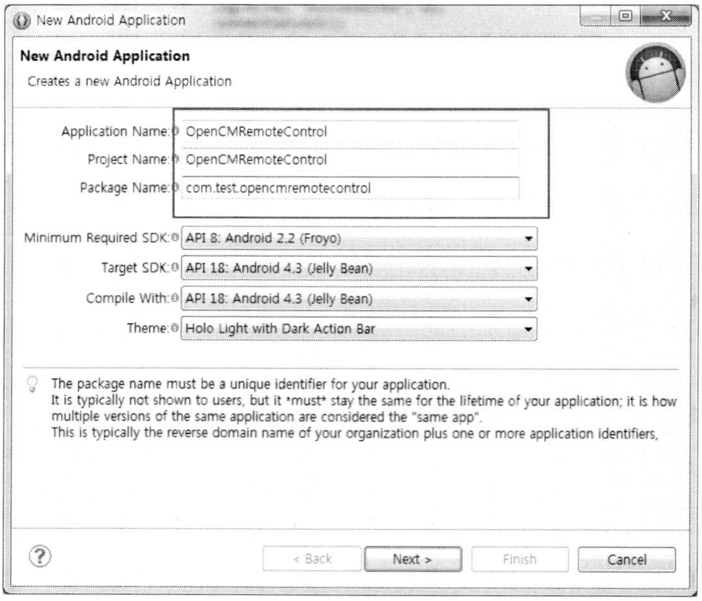

그림 8.5.1-1

Next를 누르고

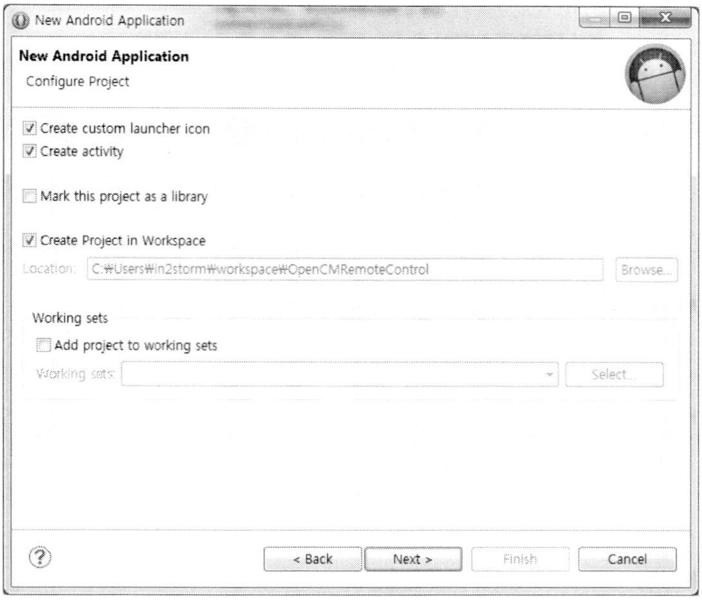

그림 8.5.1-2

다시 한 번 Next

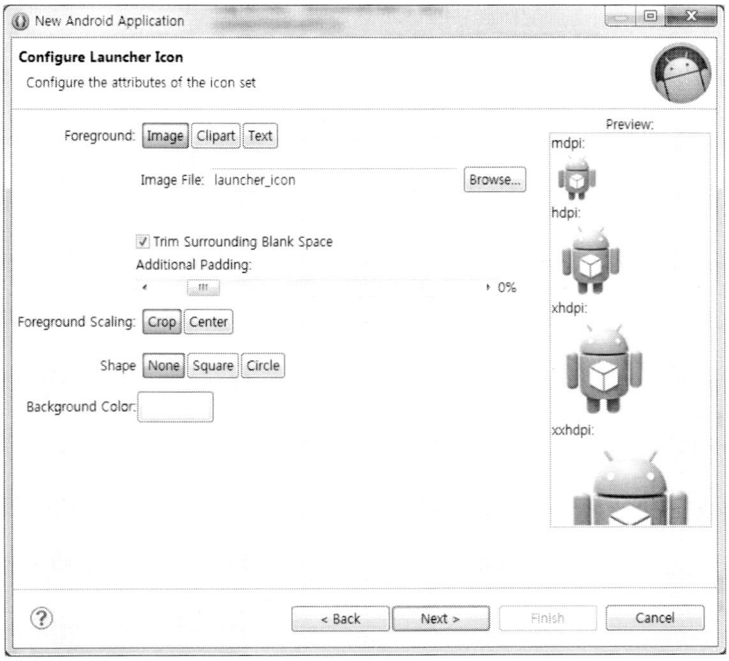

그림 8.5.1-3

특별히 원하는 아이콘이 없다면 마찬가지로 Next를 한다.

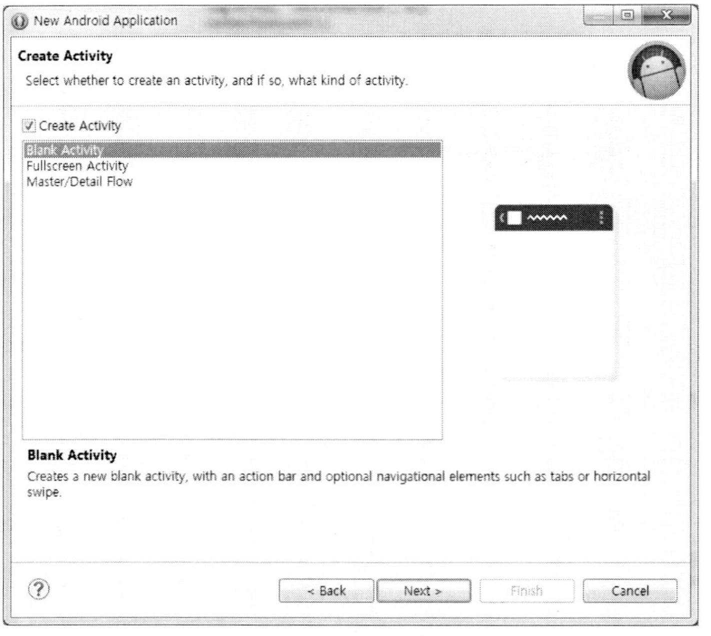

그림 8.5.1-4

다른 특별한 UI가 필요 없으므로 빈 Activity로 하고 Next한다.

그림 8.5.1-5

여기서는 보통 MainActivity Name은 애플리케이션 이름과 똑같이 하기 때문에 OpenCM RemoteControl이라 입력하고 Layout Name도 위와 같이 입력한다. 자동완성으로 하면 모두 소문자로 되고 대문자가 시작되면 "_"로 구분하기 때문에 잘 보고 입력하면 된다. 위의 경우 필자는 activity_opencm_remote_control로 직접 수정했다. 그리고 Finish를 누른다.

아래와 같이 새로운 프로젝트가 완성되었다.

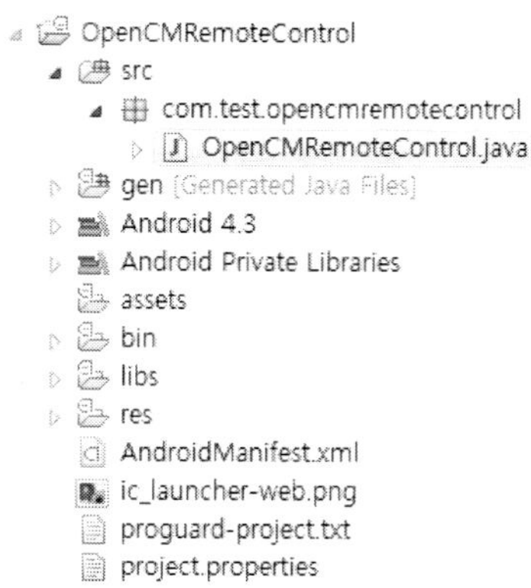

그림 8.5.1-6

실행시켜 보면 HelloWorld 애플리케이션이라는 것을 알 수 있다.

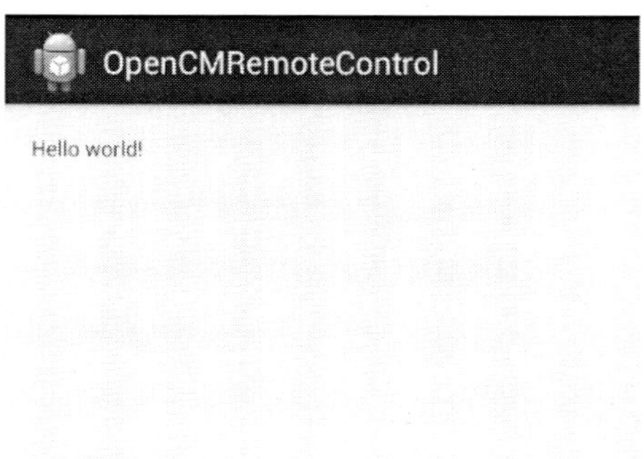

그림 8.5.1-7

8.5.2 블루투스 코드 추가하기

이전 절에서 살펴 보았던 핵심코드들을 옮겨보자. 맨 먼저 DeviceListActivity부터 추가하자. BluetoothChat 애플리케이션의 src 폴더 아래의 DeviceListActivity.java 파일과 res\layout\device_list.xml과 device_name.xml을 각각 같은 위치의 OpenCMRemoteControl 프로젝트 디렉터리에 복사한다. 이클립스의 Package Explorer에서 Ctrl+C, Ctrl+V 단축키를 이용해서 바로 복사하면 된다.

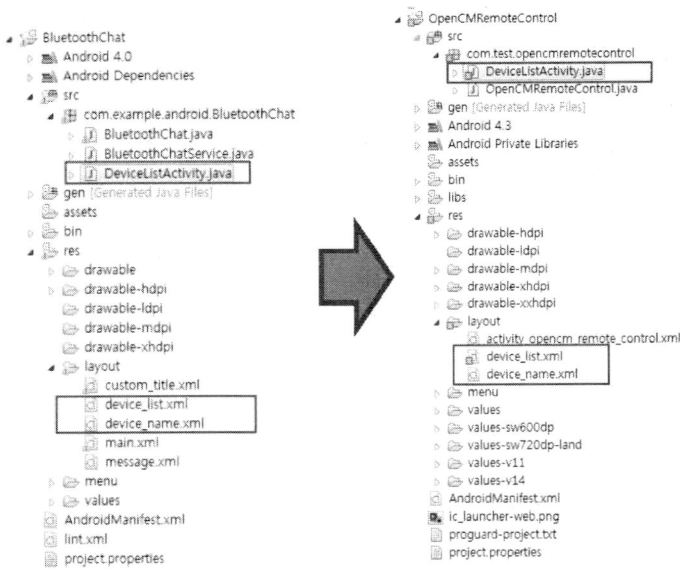

그림 8.5.2-1

당연히 그냥 파일만 옮겼기 때문에 에러가 보일 것이다. 이제 세부적으로 어떤 문제가 있는지 DeviceListActivity.java부터 살펴보자. 모든 에러가 아래와 같이 Java 코드에 에러가 생긴 것이 아니라 UI 리소스 연결이 제대로 되지 않았음을 알 수 있다.

```
@Override
protected void onCreate(Bundle savedInstanceState) {
    super.onCreate(savedInstanceState);

    // Setup the window
    requestWindowFeature(Window.FEATURE_INDETERMINATE_PROGRESS);
    setContentView(R.layout.device_list);

    // Set result CANCELED in case the user backs out
    setResult(Activity.RESULT_CANCELED);

    // Initialize the button to perform device discovery
    Button scanButton = (Button) findViewById(R.id.button_scan);
    scanButton.setOnClickListener(new OnClickListener() {
        public void onClick(View v) {
            doDiscovery();
            v.setVisibility(View.GONE);
        }
    });

    // Initialize array adapters. One for already paired devices and
    // one for newly discovered devices
    mPairedDevicesArrayAdapter = new ArrayAdapter<String>(this, R.layout.device_name);
    mNewDevicesArrayAdapter = new ArrayAdapter<String>(this, R.layout.device_name);

    // Find and set up the ListView for paired devices
    ListView pairedListView = (ListView) findViewById(R.id.paired_devices);
    pairedListView.setAdapter(mPairedDevicesArrayAdapter);
    pairedListView.setOnItemClickListener(mDeviceClickListener);

    // Find and set up the ListView for newly discovered devices
    ListView newDevicesListView = (ListView) findViewById(R.id.new_devices);
    newDevicesListView.setAdapter(mNewDevicesArrayAdapter);
    newDevicesListView.setOnItemClickListener(mDeviceClickListener);
```

그림 8.5.2-2

그러면 UI를 정의하는 res\layout 아래의 xml 파일들만 잘 건드려주면 DeviceListActivity는 문제 없이 동작한다는 것을 알 수 있다. 프로젝트의 res\layout 폴더로 가보면 위의 Package Explorer에서 device_list.xml 파일만 문제가 있다는 것을 알려주고 있다.

```
<LinearLayout xmlns:android="http://schemas.android.com/apk/res/android"
    android:orientation="vertical"
    android:layout_width="match_parent"
    android:layout_height="match_parent"
    >
    <TextView android:id="@+id/title_paired_devices"
        android:layout_width="match_parent"
        android:layout_height="wrap_content"
        android:text="@string/title_paired_devices"
        android:visibility="gone"
        android:background="#666"
        android:textColor="#fff"
        android:paddingLeft="5dp"
    />
    <ListView android:id="@+id/paired_devices"
        android:layout_width="match_parent"
        android:layout_height="wrap_content"
        android:stackFromBottom="true"
        android:layout_weight="1"
    />
    <TextView android:id="@+id/title_new_devices"
        android:layout_width="match_parent"
        android:layout_height="wrap_content"
        android:text="@string/title_other_devices"
        android:visibility="gone"
        android:background="#666"
        android:textColor="#fff"
        android:paddingLeft="5dp"
    />
```

그림 8.5.2-3

그리고 device_list.xml 파일을 열어보면 @string/title_paired_devices와 같이 스트링 리소스를 못 찾아서 생긴 에러임을 알 수 있다. 그럼 다시 BluetoothChat의 String.xml 파일에서 필요한 스트링 리소스를 복사해 와서 우리의 새로운 프로젝트에 추가하자.

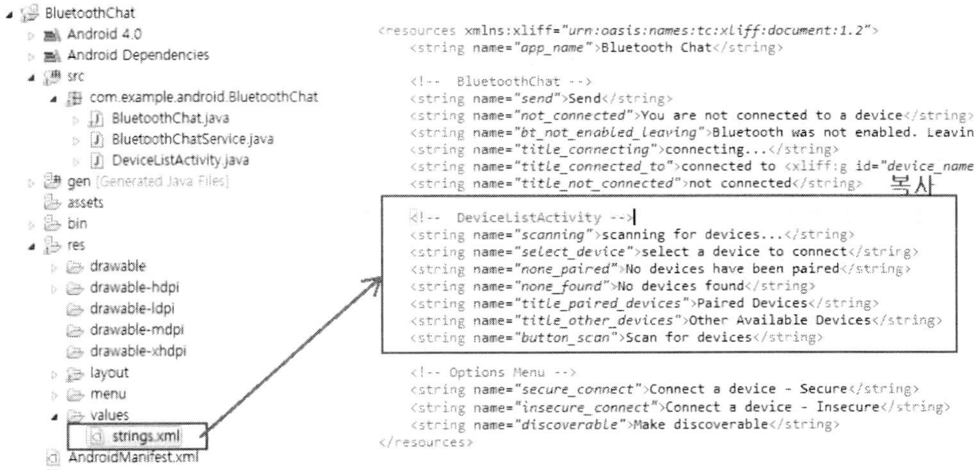

그림 8.5.2-4

새로운 프로젝트의 res\value\Strings.xml 파일에 붙여넣기 한다.

그림 8.5.2-5

그리고 모두 저장 버튼(ctrl+shift+s)을 눌러보자. 모든 에러가 사라졌음을 확인해보자.

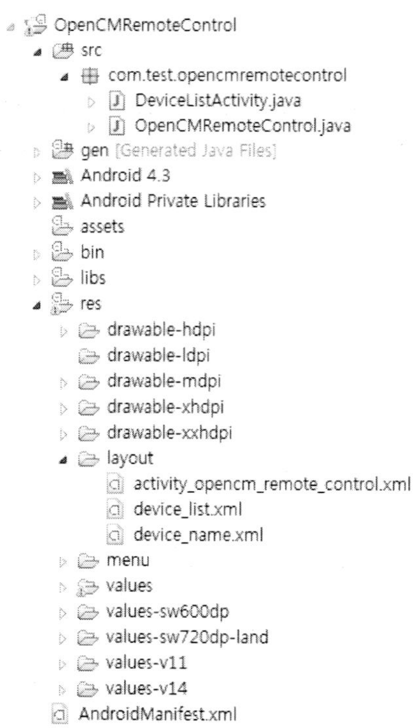

그림 8.5.2-6

8.5.3 AndroidManifest.xml 추가하기

가장 중요한 단계가 남았는데, 애플리케이션의 전체 속성을 나타내는 AndroidManifest.xml 파일에 블루투스 사용에 대한 정보를 추가하고 위에서 추가한 DeviceListActivity를 추가 Activity로 등록해야 한다. AndroidManifest.xml은 프로젝트 폴더의 root에 위치해 있으며 애플리케이션의 대표하는 속성을 모두 담고 있는 중요한 파일이다. 안드로이드 개발자 페이지를 방문해서 AndroidManifest.xml에 대해 검색해보면 다음과 같이 설명되어 있다.

The AndroidManifest.xml File

Every application must have an AndroidManifest.xml file (with precisely that name) in its root directory. The manifest presents essential information about the application to the Android system, information the system must have before it can run any of the application's code. Among other things, the manifest does the following:

그림 8.5.3-1

요약하자면 안드로이드 시스템에서 해당 애플리케이션을 실행하기 위한 필수 정보가 모두 들어가 있다는 것이다. 예를 들면 BlutoothChat 애플리케이션은 블루투스라는 하드웨어 리소스를 사용해야 하므로 실행할 때 블루투스 리소스를 사용하겠다는 코드가 BlutoothChat이 가지고 있는 AndroidManifest.xml 파일에 기록되어 있다. 만약 카메라를 사용해야 되는 애플리케이션이라면 카메라 사용에 대한 사용 허가를 요청하는 코드가 들어 있을 것이다. 또한, 새로운 Activity가 추가될 때에도 여기 AndroidManifest.xml에 정보를 등록해야만 Activity를 사용할 수 있다.

그림 8.5.3-2

우리의 새로운 프로젝트에도 이러한 AnroidManifest.xml 파일이 프로젝트 루트 폴더에 있으며 블루투스 사용 허가(Permission)에 대한 코드를 넣어야 한다. 똑같이 앞의 2줄을 복사해서 xml파일의 요소(element)들 사이에 넣는다. "/>"로 끝나는 지점에 넣으면 되는데 아래와 같이 uses-sdk 요소가 끝나는 지점에 넣는다.

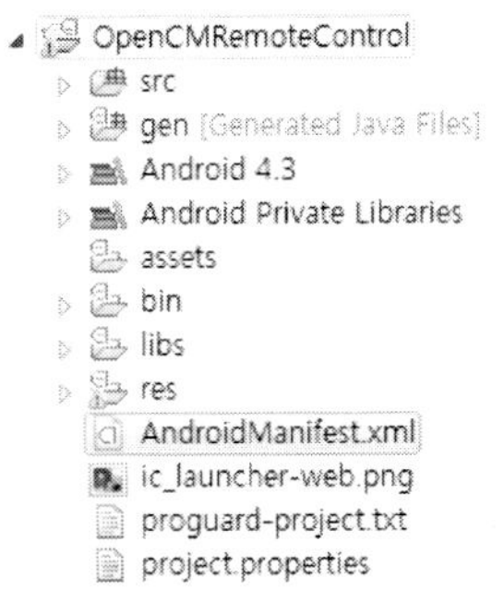


```
<uses-sdk
    android:minSdkVersion="8"
    android:targetSdkVersion="18" />
<uses-permission android:name="android.permission.BLUETOOTH_ADMIN" />
<uses-permission android:name="android.permission.BLUETOOTH" />

<application
    android:allowBackup="true"
    android:icon="@drawable/ic_launcher"
    android:label="@string/app_name"
    android:theme="@style/AppTheme" >
    <activity
        android:name="com.test.opencmremotecontrol.OpenCMRemoteControl"
        android:label="@string/app_name" >
        <intent-filter>
            <action android:name="android.intent.action.MAIN" />
```

그림 8.5.3-3

그리고 두 번째는 Activity 정보를 넣어야 하는데, 같은 방식으로 BluetoothChat에서 그대로 복사해서 붙여 넣어주면 된다. 여기서 Theme와 관련해서 에러가 생기는데 default Theme로 변경하면 무사히 넘어갈 수 있다.

```
<manifest xmlns:android="http://schemas.android.com/apk/res/android"
      package="com.example.android.BluetoothChat"
      android:versionCode="1"
      android:versionName="1.0">
    <uses-sdk minSdkVersion="6" />
    <uses-permission android:name="android.permission.BLUETOOTH_ADMIN" />
    <uses-permission android:name="android.permission.BLUETOOTH" />

    <application android:label="@string/app_name"
                 android:icon="@drawable/app_icon" >
        <activity android:name=".BluetoothChat"
                  android:label="@string/app_name"
                  android:configChanges="orientation|keyboardHidden">
            <intent-filter>
                <action android:name="android.intent.action.MAIN" />
                <category android:name="android.intent.category.LAUNCHER" />
            </intent-filter>
        </activity>
        <activity android:name=".DeviceListActivity"
                  android:label="@string/select_device"
                  android:theme="@android:style/Theme.Holo.Dialog"
                  android:configChanges="orientation|keyboardHidden" />
    </application>
</manifest>
```

그림 8.5.3-4

DeviceListActivity에 대한 속성을 새로운 프로젝트의 AndroidManifest.xml 파일의 Main Activity 요소 다음에 추가한다.

```
<manifest xmlns:android="http://schemas.android.com/apk/res/android"
    package="com.test.opencmremotecontrol"
    android:versionCode="1"
    android:versionName="1.0" >

    <uses-sdk
        android:minSdkVersion="8"
        android:targetSdkVersion="18" />
    <uses-permission android:name="android.permission.BLUETOOTH_ADMIN" />
    <uses-permission android:name="android.permission.BLUETOOTH" />

    <application
        android:allowBackup="true"
        android:icon="@drawable/ic_launcher"
        android:label="@string/app_name"
        android:theme="@style/AppTheme" >
        <activity
            android:name="com.test.opencmremotecontrol.OpenCMRemoteControl"
            android:label="@string/app_name" >
            <intent-filter>
                <action android:name="android.intent.action.MAIN" />

                <category android:name="android.intent.category.LAUNCHER" />
            </intent-filter>
        </activity>
```

Main Activity 기술이 끝나고 다음에 붙여넣는다.

```
        <activity android:name=".DeviceListActivity"
          android:label="@string/select_device"
          android:theme="@android:style/Theme.Holo.Dialog"
          android:configChanges="orientation|keyboardHidden" />

    </application>

</manifest>
```

그림 8.5.3-5

저장을 해보면 아래와 같이 에러가 보인다면 Theme.Dialog로 바꿔준다. 바꾸는 방법은 Theme 부분에 커서를 놓고 ctrl+space를 누르면 자동완성을 위한 선택창이 뜨는데 쭈욱 내려서 Theme. ialog로 변경하면 된다.

```
    <activity android:name=".DeviceListActivity"
      android:label="@string/select_device"
      android:theme="@android:style/Theme.Holo.Dialog"
      android:configChanges="orientatio
  </application>

</manifest>
```

```
@android:style/Theme.DeviceDefault.NoActionBar.Overs
@android:style/Theme.DeviceDefault.Panel
@android:style/Theme.DeviceDefault.Wallpaper
@android:style/Theme.DeviceDefault.Wallpaper.NoTitleB
@android:style/Theme.Dialog
@android:style/Theme.Holo
@android:style/Theme.Holo.Dialog
@android:style/Theme.Holo.Dialog.MinWidth
@android:style/Theme.Holo.Dialog.NoActionBar
@android:style/Theme.Holo.Dialog.NoActionBar.MinWic
@android:style/Theme.Holo.DialogWhenLarge
```

그림 8.5.3-6

선택 완료하고 모두 저장을 하면 에러가 말끔히 사라진다.

```
    <activity android:name=".DeviceListActivity"
      android:label="@string/select_device"
      android:theme="@android:style/Theme.Dialog"
      android:configChanges="orientation|keyboardHidden" />
</application>
```

그림 8.5.3-7

그리고 또 한 가지 안드로이드에서는 단말기를 돌리면 화면이 돌아가면서 모든 UI 리소스를 다시 초기화하면서 nullPointerException같은 에러가 많이 뜨기 때문에 화면이 돌아가는 것을 방지해 주는 속성을 추가해야 한다. 아래와 같이 세로 방향으로 고정시키려면 portrait 속성을 Main Activity에 추가한다.

```
android:screenOrientation="portrait"

  <application
      android:allowBackup="true"
      android:icon="@drawable/ic_launcher"
      android:label="@string/app_name"
      android:theme="@style/AppTheme" >
      <activity
          android:name="com.test.opencmremotecontrol.OpenCMRemoteControl"
          android:label="@string/app_name"
          android:screenOrientation="portrait">
          <intent-filter>
              <action android:name="android.intent.action.MAIN" />

              <category android:name="android.intent.category.LAUNCHER" />
          </intent-filter>
      </activity>
```

그림 8.5.3-8

8.5.4 Device Scan Activity 만들기

이제 버튼을 눌러서 주변의 블루투스 장치를 검색하고 선택하기 위한 DeviceListActivity라는 새로운 Activity를 실행시켜보자. 지금까지 배운대로 res\layout 폴더의 Main Activity인 activity_opencm_remote_control.xml을 열어보자.

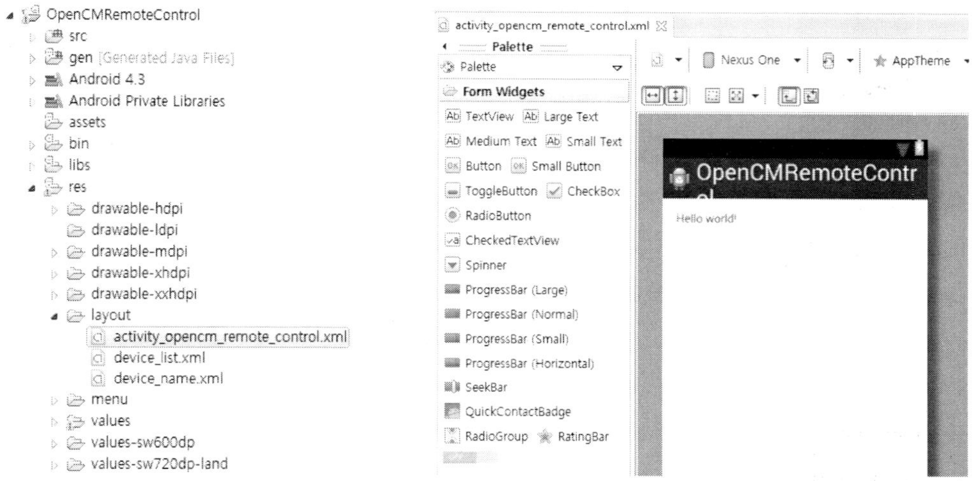

그림 8.5.4-1

Hello world!라는 스트링을 선택하고 delete 키를 눌러 말끔하게 지우고 Button을 하나 놓는다. 그리고 Button의 이름을 Device Scan으로 지정한다.

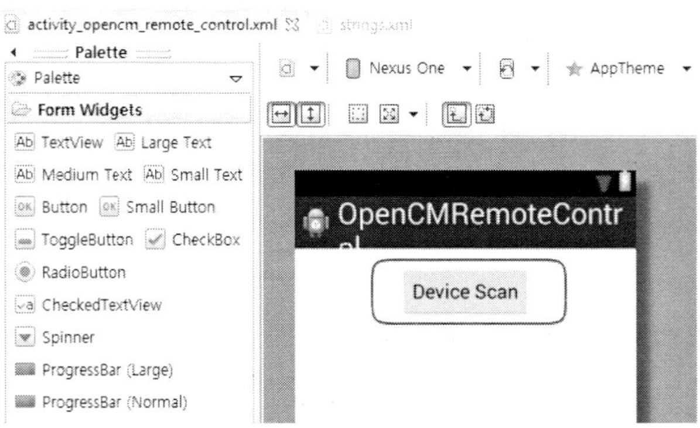


```
<Button
    android:id="@+id/button1"
    android:layout_width="wrap_content"
    android:layout_height="wrap_content"
    android:layout_alignParentTop="true"
    android:layout_centerHorizontal="true"
    android:text="@string/device_scan_btn" />
```

그림 8.5.4-2

```
<Button
    android:id="@+id/button1"
    android:layout_width="wrap_content"
    android:layout_height="wrap_content"
    android:layout_alignParentTop="true"
    android:layout_centerHorizontal="true"
    android:text="@string/device_scan_btn" />
```

그림 8.5.4-3

그리고 Main Activity의 Java 코드가 들어 있는 OpenCMRemoteControl.java 파일을 열어서 아래와 같이 Device Scan 버튼에 대한 클릭 이벤트 리스너를 추가한다.

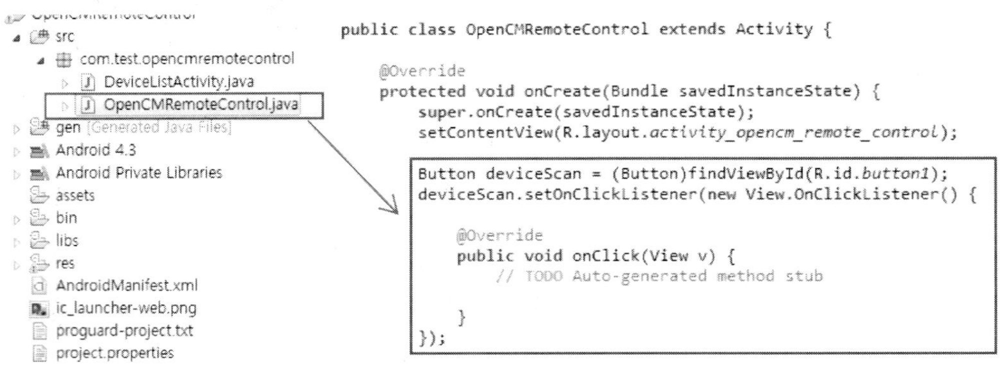

그림 8.5.4-4

Main Activity에서 버튼을 눌렀을 때 DeviceListActivity라는 다른 액티비티를 실행하기 위해서는 안드로이드의 Intent라는 안드로이드만의 메시지 처리 기법을 사용한다. Intent란 안드로이드 컴포넌트끼리 또는 애플리케이션끼리 데이터를 주고 받는 이벤트를 일으킬 수 있다. 아래는 안드로이드 개발자 페이지에서 Intent와 Intent filter에 대한 가이드를 설명한 내용인데, activity와 service, broadcast receiver가 intent라는 메시지를 통해서 실행될 수 있다고 설명해놓았다. 마찬가지로 우리가 실행하고자 하는 DeviceListActivity라는 것도 Intent라는 메시지 이벤트로 실행시킬 수 있다.

> Three of the core components of an application — activities, services, and broadcast receivers — are activated through messages, called *intents*. Intent messaging is a facility for late run-time binding between components in the same or different applications. The intent itself, an `Intent` object, is a passive data structure holding an abstract description of an operation to be performed — or, often in the case of broadcasts, a description of something that has happened and is being announced. There are separate mechanisms for delivering intents to each type of component:

Intent 클래스를 생성해서 DeviceListActivity를 통째로 넘겨주고 startActivityForResult() 메소드를 이용해 명령코드와 함께 DeviceListActivity를 실행한다. 바로 startActiviryForResult()가 다른 activity를 실행하는 코드인 셈이다.

```
serverIntent = new Intent(LEDBlinkOpenCM.this, DeviceListActivity.class);
startActivityForResult(serverIntent, REQUEST_CONNECT_DEVICE_SECURE);
```

startActivityForResult()는 실행된 activity가 종료되고 난 뒤에 처리할 이벤트가 있을 때 쓰는 코드이지만 startActivity()는 그냥 실행만 하면 될 때 사용된다.

이 코드는 BluetoothChat.java에서 Scan 버튼인 ActionBar가 터치되었을 때 수행되는 onOptions ItemSelected() 메소드에서 찾을 수 있다. 2개의 버튼 중에서 어느 하나를 누르면 아래의 Switch()에서 2가지 case 중에 하나가 수행되는 것이다. 이중에서 아무거나 코드를 따오면 된다. 맨 위의 R.id.secure_connect_scan의 경우를 가져오겠다.

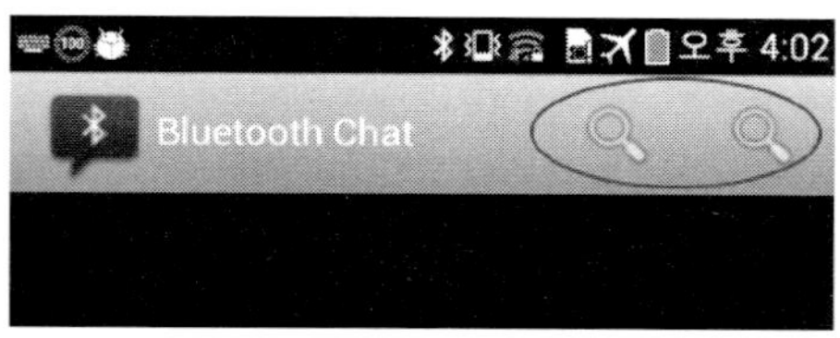

그림 8.5.4-5

```
@Override
public boolean onOptionsItemSelected(MenuItem item) {
    Log.d(TAG, "################ SCAN ##############");
    Intent serverIntent = null;
    switch (item.getItemId()) {
    case R.id.secure_connect_scan:
        // Launch the DeviceListActivity to see devices and do scan
        serverIntent = new Intent(this, DeviceListActivity.class);
        startActivityForResult(serverIntent, REQUEST_CONNECT_DEVICE_SECURE);
        return true;
    case R.id.insecure_connect_scan:
        // Launch the DeviceListActivity to see devices and do scan
        serverIntent = new Intent(this, DeviceListActivity.class);
        startActivityForResult(serverIntent, REQUEST_CONNECT_DEVICE_INSECURE);
        return true;
    case R.id.discoverable:
        // Ensure this device is discoverable by others
        ensureDiscoverable();
        return true;
    }
    return false;
}
```

그림 8.5.4-6

Device Scan 버튼의 onClick() 메소드에 붙여넣기 한다. 여기에 serverIntent라는 멤버 클래스 변수가 없으므로 serverIntent라는 클래스 변수를 멤버로 추가한다. 그리고 Intent()의 첫 번째 인자로 되어 있는 this는 OnClickListener라는 클래스 인스턴스 자체를 가리키므로 메인 액티비티인 OpenCMRemoteControl.this로 바꿔준다.

그리고 startActivityForResult에서 REQUEST_CONNECT_DEVICE_SECURE라는 상수는 0으로 대체한다.

```
public class OpenCMRemoteControl extends Activity {

    private Intent serverIntent = null;

    @Override
    protected void onCreate(Bundle savedInstanceState) {
        super.onCreate(savedInstanceState);
        setContentView(R.layout.activity_opencm_remote_control);

        Button deviceScan = (Button)findViewById(R.id.button1);
        deviceScan.setOnClickListener(new View.OnClickListener() {
            @Override
            public void onClick(View v) {
                // TODO Auto-generated method stub
                serverIntent = new Intent(OpenCMRemoteControl.this, DeviceListActivity.class);
                startActivityForResult(serverIntent, 0);
            }
        });

    }
```

그림 8.5.4-7

그리고 가장 중요한 한 가지가 있는데, OpenCMRemoteControl 애플리케이션은 반드시 블루투스 기능이 필요하다. 그래서 이 어플을 실행했을 때 블루투스가 켜져있지 않으면 해당 기능을 켤 수 있도록 안내를 할 수 있는 코드가 필요하다. 이러한 안내 기능은 애플리케이션이 시작할 때 수행되는 코드는 onStart()에 넣으면 편리하게 구현할 수 있다. 다시 BluetoothChat 프로젝트로 가서 BluetoothChat.java의 onStart() 코드를 통째로 복사하자. 그리고 새로운 프로젝트에 붙여넣기 한다. 그리고 디버그 관련 코드는 주석으로 처리하고 else 뒤의 코드는 의미 없으므로 역시 주석 처리 한다. 또 없는 변수인 mBluetoothAdapter도 같이 멤버 변수로 복사해 온다.

REQUEST_ENALBE_BT는 그냥 숫자 1로 대체한다.

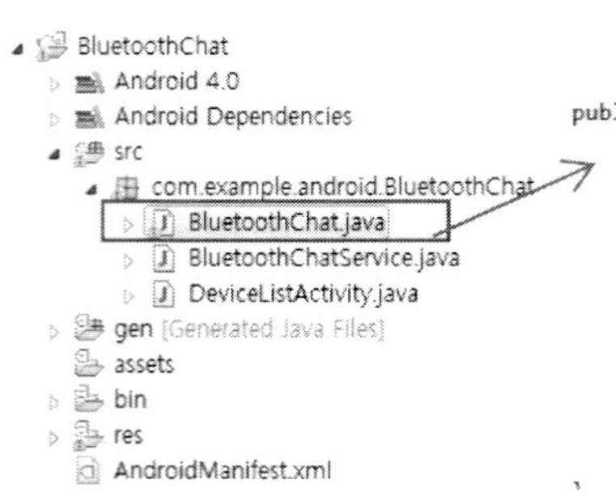


```
public void onStart() {
    super.onStart();
    if(D) Log.e(TAG, "++ ON START ++");

    // If BT is not on, request that it be enabled.
    // setupChat() will then be called during onActivityResult
    if (!mBluetoothAdapter.isEnabled()) {
        Intent enableIntent = new Intent(BluetoothAdapter.ACTION_REQUEST_ENABLE);
        startActivityForResult(enableIntent, REQUEST_ENABLE_BT);
    // Otherwise, setup the chat session
    } else {
        if (mChatService == null) setupChat();
    }
```

그림 8.5.4-8

OpenCMRemoteControl.java의 멤버 변수로 mBluetoothAdapter를 추가하고 onCreate() 메소드에서 mBluetoothAdapter를 쓸 수 있게 현재 안드로이드 시스템의 기본 블루투스 아답터 인스턴스를 할당하는 코드도 같이 넣어준다.

```
public class OpenCMRemoteControl extends Activity {

    private Intent serverIntent = null;
    BluetoothAdapter mBluetoothAdapter = null;

    @Override
    protected void onCreate(Bundle savedInstanceState) {
        super.onCreate(savedInstanceState);
        setContentView(R.layout.activity_opencm_remote_control);

        mBluetoothAdapter = BluetoothAdapter.getDefaultAdapter();
```

그림 8.5.4-9

그리고 위에서 복사한 onStart()를 붙여넣기 한다.

```
 @Override
public void onStart() {
    super.onStart();
   // if(D) Log.e(TAG, "++ ON START ++");

    // If BT is not on, request that it be enabled.
    // setupChat() will then be called during onActivityResult
    if (!mBluetoothAdapter.isEnabled()) {
        Intent enableIntent = new Intent(BluetoothAdapter.ACTION_REQUEST_ENABLE);
        startActivityForResult(enableIntent, 1);
    // Otherwise, setup the chat session
    } /*else {
        if (mChatService == null) setupChat();
    }*/
}
```

그림 8.5.4-10

여기까지 한 번 실행해서 주변의 블루투스 장치를 검색할 수 있는지 확인해보자.

다음의 그림과 같이 Device Scan 버튼을 눌러서 검색화면이 나온다면 성공적으로 코드 이식을 마친 것이다.

그림 8.5.4-11

Scan for devices 버튼을 눌러보자. 주변에 최소한 블루투스 장치를 하나 켜놓으면 아래와 같이 주변 장치가 검색된다.

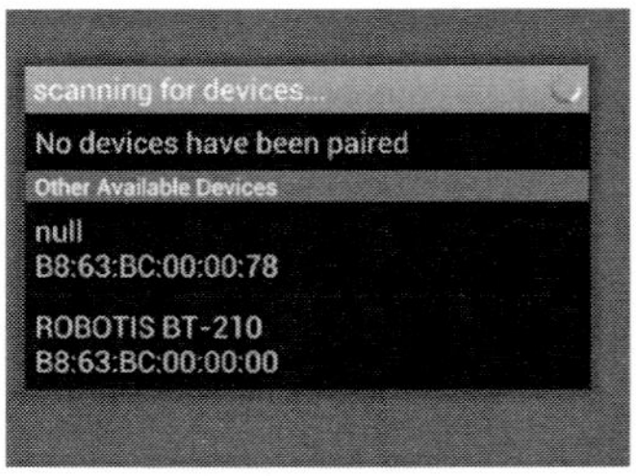

그림 8.5.4-12

그리고 페어링 하고자 하는 디바이스를 선택해서 클릭하면 아무런 반응이 없다. 당연히 아직 코드가 없으므로 아무런 반응이 없을 것이다. 이것으로 Device Scan Activity는 완성되었다. 이제부터는 선택된 디바이스와 페어링을 수행하는 방법을 다음 절에서 배우게 된다.

8.5.5 OpenCM9.04와 페어링 시도하기

주변 장치 검색 후 최종적으로 디바이스를 선택해서 액티비티가 종료됐을 때 어떤 콜백 이벤트가 있어야 할 것이다. 방법은 바로 위에서 언급했던 startActivityForResult() 메소드에 있다. 이 메소드를 쓰면 인자로 넘겨주었던 activity가 끝나면 반드시 결과를 처리하는 이벤트 리스너가 있는데, 바로 onActivityResult() 메소드가 수행되는 것이다. 이것은 버튼을 클릭했을 때 수행되는 onClick()과 비슷한 콜백 메소드라고 생각하면 된다. 그러면 BluetoothChat.java에서 onActivity esult() 메소드를 보자.

```
public void onActivityResult(int requestCode, int resultCode, Intent data) {
    if(D) Log.d(TAG, "onActivityResult " + resultCode);
    switch (requestCode) {
    case REQUEST_CONNECT_DEVICE_SECURE: Secure pairing 버튼을 눌렀을 때
        // When DeviceListActivity returns with a device to connect
        if (resultCode == Activity.RESULT_OK) {
            connectDevice(data, true);
        }
        break;
    case REQUEST_CONNECT_DEVICE_INSECURE: Insecure pairing 버튼을 눌렀을 때
        // When DeviceListActivity returns with a device to connect
        if (resultCode == Activity.RESULT_OK) {
            connectDevice(data, false);
        }
        break;
    case REQUEST_ENABLE_BT: 어플리케이션 시작할 때 BT가 켜지지 않은 경우
        // When the request to enable Bluetooth returns
        if (resultCode == Activity.RESULT_OK) {
            // Bluetooth is now enabled, so set up a chat session
            setupChat();
        } else {
            // User did not enable Bluetooth or an error occurred
            Log.d(TAG, "BT not enabled");
            Toast.makeText(this, R.string.bt_not_enabled_leaving, Toast.LENGTH_SHORT).show();
            finish();
        }
    }
}
```

그림 8.5.5-1

코드를 보면 여러 가지 액티비티를 실행시키고 종료되었을 때마다 결과 처리를 위한 코드들이 자리 잡고 있다. 여기서 우리는 REQUEST_DEVICE_XXXX 종류의 상수는 필요 없으므로 0과 1의 경우로만 대체하고 INSECURE 페어링의 경우는 지운다. 0은 위에서 Device Scan에 대한 처리 결과일 경우, 1의 경우 onStart()에서 BT 기능이 켜져 있지 않을 때 처리 결과를 나타낸다. 또한, 필요 없는 디버그 코드도 주석처리 한다. 맨 밑의 Toast의 경우 스트링 리소스가 없기 때문에 그냥 "BT is not enabled"로 대체한다.

```
public void onActivityResult(int requestCode, int resultCode, Intent data) {
        //if(D) Log.d(TAG, "onActivityResult " + resultCode);
        switch (requestCode) {
        case 0:
            // When DeviceListActivity returns with a device to connect
            if (resultCode == Activity.RESULT_OK) {
                connectDevice(data, true);
            }
            break;

        case 1:
            // When the request to enable Bluetooth returns
            if (resultCode == Activity.RESULT_OK) {
                // Bluetooth is now enabled, so set up a chat session
                //setupChat();
```

```
            } else {
                // User did not enable Bluetooth or an error occurred
                //Log.d(TAG, "BT not enabled");
                Toast.makeText(this, "BT is not enabled", Toast.LENGTH_SHORT).show();
                finish();
            }
        }
    }
```

그림 8.5.5-2

그리고 connectDevice()는 연결을 위한 중요한 메소드이므로 다시 BluetoothChat 프로젝트로 가서 코드 추적을 한다.

```
public void onActivityResult(int requestCode, int resultCode, Intent data) {
    if(D) Log.d(TAG, "onActivityResult " + resultCode);
    switch (requestCode) {
    case REQUEST_CONNECT_DEVICE_SECURE:    F3버튼을 눌러 Open Declaration
        // When DeviceListActivity returns with a device to connect
        if (resultCode == Activity.RESULT_OK) {
            connectDevice(data, true);
        }
        break;
```

그림 8.5.5-3

아래의 connectDevice() 메소드의 정의가 나타난다. Intent data를 받아서 선택된 블루투스 장치의 12자리 16진수 주소를 이용해 BluetoothDevice 객체를 만들고, 또 다시 mChatService라는 클래스의 connect()라는 메소드를 호출한다.

```
private void connectDevice(Intent data, boolean secure) {
    // Get the device MAC address
    String address = data.getExtras()
        .getString(DeviceListActivity.EXTRA_DEVICE_ADDRESS);
    // Get the BluetoothDevice object
    BluetoothDevice device = mBluetoothAdapter.getRemoteDevice(address);
    // Attempt to connect to the device
    mChatService.connect(device, secure);
}
```

그림 8.5.5-4

그러면 mChatServie.connect() 부분도 F3키를 이용해 정의를 열어보면 다음과 같이 단순히 ConnectThread 클래스를 생성하고 페어링을 위한 스레드를 시작한다.

```
/**
 * Start the ConnectThread to initiate a connection to a remote device.
 * @param device  The BluetoothDevice to connect
 * @param secure Socket Security type - Secure (true) , Insecure (false)
 */
public synchronized void connect(BluetoothDevice device, boolean secure) {
    if (D) Log.d(TAG, "connect to: " + device);

    // Cancel any thread attempting to make a connection
    if (mState == STATE_CONNECTING) {
        if (mConnectThread != null) {mConnectThread.cancel(); mConnectThread = null;}
    }

    // Cancel any thread currently running a connection
    if (mConnectedThread != null) {mConnectedThread.cancel(); mConnectedThread = null;}

    // Start the thread to connect with the given device
    mConnectThread = new ConnectThread(device, secure);
    mConnectThread.start();
    setState(STATE_CONNECTING);
}
```

그림 8.5.5-5

그리고 마지막으로 ConnectThread도 BluetoothChatService.java에 정의되어 있고 아래와 같다.

```
/**
 * This thread runs while attempting to make an outgoing connection
 * with a device. It runs straight through; the connection either
 * succeeds or fails.
 */
private class ConnectThread extends Thread {
    private final BluetoothSocket mmSocket;
    private final BluetoothDevice mmDevice;
    private String mSocketType;

    public ConnectThread(BluetoothDevice device, boolean secure) {
        mmDevice = device;
        BluetoothSocket tmp = null;
        mSocketType = secure ? "Secure" : "Insecure";

        // Get a BluetoothSocket for a connection with the
        // given BluetoothDevice
        try {
            if (secure) {
                tmp = device.createRfcommSocketToServiceRecord(
                        MY_UUID_SECURE);
            } else {
                tmp = device.createInsecureRfcommSocketToServiceRecord(
                        MY_UUID_INSECURE);
            }
        } catch (IOException e) {
            Log.e(TAG, "Socket Type: " + mSocketType + "create() failed", e);
        }
        mmSocket = tmp;
    }

    public void run() {
        Log.i(TAG, "BEGIN mConnectThread SocketType:" + mSocketType);
```

그림 8.5.5-6

연결 스레드가 끝나게 되면 아래의 connected()라는 메소드가 수행되면서 데이터 처리를 위한 ConnectedThread가 블루투스 페어링이 Disconnect될 때까지 수행된다.

```
public void run() {
    Log.i(TAG, "BEGIN mConnectThread SocketType:" + mSocketType);
    setName("ConnectThread" + mSocketType);

    // Always cancel discovery because it will slow down a connection
    mAdapter.cancelDiscovery();

    // Make a connection to the BluetoothSocket
    try {
        // This is a blocking call and will only return on a
        // successful connection or an exception
        mmSocket.connect();
    } catch (IOException e) {
        // Close the socket
        try {
            mmSocket.close();
        } catch (IOException e2) {
            Log.e(TAG, "unable to close() " + mSocketType +
                    " socket during connection failure", e2);
        }
        connectionFailed();
        return;
    }

    // Reset the ConnectThread because we're done
    synchronized (BluetoothChatService.this) {
        mConnectThread = null;
    }

    // Start the connected thread
    connected(mmSocket, mmDevice, mSocketType);
}
```

그림 8.5.5-7

connected() 메소드도 결국엔 ConnectedThread를 생성해서 start() 메소드로 스레드를 시작하는 것 말고는 없다. 나머지는 모두 UI 표시를 위한 코드이므로 중요하지 않다.

```
public synchronized void connected(BluetoothSocket socket, BluetoothDevice
        device, final String socketType) {
    if (D) Log.d(TAG, "connected, Socket Type:" + socketType);

    // Cancel the thread that completed the connection
    if (mConnectThread != null) {mConnectThread.cancel(); mConnectThread = null;}

    // Cancel any thread currently running a connection
    if (mConnectedThread != null) {mConnectedThread.cancel(); mConnectedThread = null;}

    // Cancel the accept thread because we only want to connect to one device
    if (mSecureAcceptThread != null) {
        mSecureAcceptThread.cancel();
        mSecureAcceptThread = null;
    }
    if (mInsecureAcceptThread != null) {
        mInsecureAcceptThread.cancel();
        mInsecureAcceptThread = null;
    }

    // Start the thread to manage the connection and perform transmissions
    mConnectedThread = new ConnectedThread(socket, socketType);
    mConnectedThread.start();
```

그림 8.5.5-8

ConnectedThread도 살펴보면 스레드 수행 부분인 run()에서 데이터가 오는지 감시하고 write() 메소드로 OutputStream에 데이터를 넘겨주는 것 외에는 없다.

```
private class ConnectedThread extends Thread {
    private final BluetoothSocket mmSocket;
    private final InputStream mmInStream;
    private final OutputStream mmOutStream;

    public ConnectedThread(BluetoothSocket socket, String socketType) {
        Log.d(TAG, "create ConnectedThread: " + socketType);
        mmSocket = socket;
        InputStream tmpIn = null;
        OutputStream tmpOut = null;

        // Get the BluetoothSocket input and output streams
        try {
            tmpIn = socket.getInputStream();
            tmpOut = socket.getOutputStream();
        } catch (IOException e) {
            Log.e(TAG, "temp sockets not created", e);
        }

        mmInStream = tmpIn;
        mmOutStream = tmpOut;
    }

    public void run() {
        Log.i(TAG, "BEGIN mConnectedThread");
        byte[] buffer = new byte[1024];
        int bytes;

        // Keep listening to the InputStream while connected
        while (true) {
            try {
                // Read from the InputStream
                bytes = mmInStream.read(buffer);
```

그림 8.5.5-9

그러면 지금까지 나열했던 2개의 연결 메소드와 2개의 내부 클래스에 해당하는 코드를 모두 OpenCMRemoteControl.java에 이식해보자.

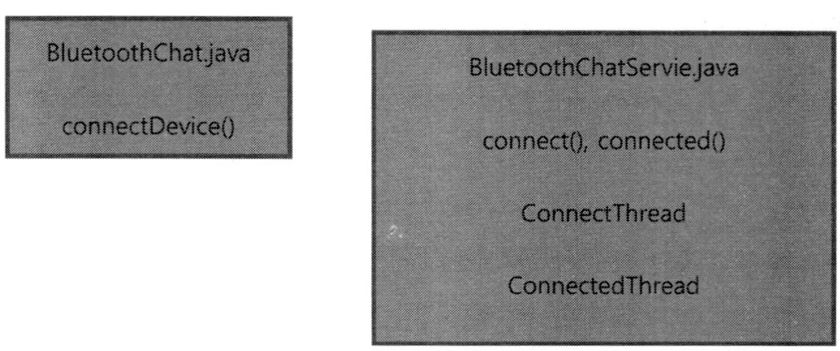

그림 8.5.5-10

먼저 connectDevice()를 복사해서 OpenCMRemoteControl.java에 붙여넣기 한다.

```
private void connectDevice(Intent data, boolean secure) {
        // Get the device MAC address
    String address = data.getExtras()
        .getString(DeviceListActivity.EXTRA_DEVICE_ADDRESS);
    // Get the BluetoothDevice object
    BluetoothDevice device = mBluetoothAdapter.getRemoteDevice(address);
    // Attempt to connect to the device
    mChatService.connect(device, secure);
}
```

그림 8.5.5-11

mChatService라는 멤버 변수는 없으므로 지우고 바로 connect(device)로 하고 두 번째 인자도 모두 지운다. 아래와 같이 connectDevice(Intent data)로만 하고 connect(device)로 한다. 그리고 onActivityResult()에서 변경된 인자를 적용한다. 이렇게 connectDevice(data);로 변경하면 된다.

```
public void onActivityResult(int requestCode, int resultCode, Intent data) {
   //if(D) Log.d(TAG, "onActivityResult " + resultCode);
   switch (requestCode) {
   case 0:
       // When DeviceListActivity returns with a device to connect
       if (resultCode == Activity.RESULT_OK) {
           connectDevice(data);
       }
       break;

   case 1:
       // When the request to enable Bluetooth returns
       if (resultCode == Activity.RESULT_OK) {
           // Bluetooth is now enabled, so set up a chat session
           //setupChat();
       } else {
           // User did not enable Bluetooth or an error occurred
           //Log.d(TAG, "BT not enabled");
           Toast.makeText(this, "BT is not enabled", Toast.LENGTH_SHORT).show();
           finish();
       }
   }
}
private void connectDevice(Intent data) {
   // Get the device MAC address
   String address = data.getExtras()
       .getString(DeviceListActivity.EXTRA_DEVICE_ADDRESS);
   // Get the BluetoothDevice object
   BluetoothDevice device = mBluetoothAdapter.getRemoteDevice(address);
   // Attempt to connect to the device
   connect(device);
}
```

그림 8.5.5-12

그리고 BluetoothChatService.java의 connect() 메소드와 ConnectThread 내부 클래스를 통째로 복사해서 OpenCMRemoteControl.java에 붙여넣기 한다. 아래와 같이 에러 부분이 매우 많이 생기는 끔찍한 광경(?)을 볼 수 있다.

```
public synchronized void connect(BluetoothDevice device, boolean secure) {
    if (D) Log.d(TAG, "connect to: " + device);

    // Cancel any thread attempting to make a connection
    if (mState == STATE_CONNECTING) {
        if (mConnectThread != null) {mConnectThread.cancel(); mConnectThread = null;}
    }

    // Cancel any thread currently running a connection
    if (mConnectedThread != null) {mConnectedThread.cancel(); mConnectedThread = null;}

    // Start the thread to connect with the given device
    mConnectThread = new ConnectThread(device, secure);
    mConnectThread.start();
    setState(STATE_CONNECTING);
}
private class ConnectThread extends Thread {
    private final BluetoothSocket mmSocket;
    private final BluetoothDevice mmDevice;
    private String mSocketType;

    public ConnectThread(BluetoothDevice device, boolean secure) {
        mmDevice = device;
        BluetoothSocket tmp = null;
        mSocketType = secure ? "Secure" : "Insecure";

        // Get a BluetoothSocket for a connection with the
        // given BluetoothDevice
        try {
            if (secure) {
                tmp = device.createRfcommSocketToServiceRecord(
                        MY_UUID_SECURE);
            } else {
                tmp = device.createInsecureRfcommSocketToServiceRecord(
                        MY_UUID_INSECURE);
            }
```

그림 8.5.5-13

먼저 connect() 메소드의 인자를 하나로 줄여서 connect(BluetoothDevice device)로 수정하고 다른 스레드가 연결하려고 할 때 예외처리하는 부분은 모두 주석처리한다. 그리고 mConnectThread는 ConnectThread라는 내부 클래스 정의가 필요한 부분이므로 마찬가지로 아래 부분에 복사해서 붙여넣기 한다. 그리고 똑같이 mConnectThread라는 이름으로 멤버 클래스 변수를 만들고 new ConnectThread()하는 부분에서 생성자 인자도 secure 부분을 지우고 device 인자 하나만 남긴다. 마지막으로 setState() 처리도 주석처리 하면 모든 에러가 없어진다. 디버그를 위한 코드는 필요하면 TAG를 만들어서 살려도 무방하다.

```
public class OpenCMRemoteControl extends Activity {

    private static final String TAG = "OpenCMRemoteControl";
                                        디버깅 로그 출력을 위한 TAG
    private Intent serverIntent = null;
    BluetoothAdapter mBluetoothAdapter = null;
    private ConnectThread mConnectThread;
```

그림 8.5.5-14

그리고 위에서 조치한 내용을 모두 적용하면 ConnectThread 생성자 부분을 제외하고 에러가 사라진다.

```
public synchronized void connect(BluetoothDevice device) {
    //if (D)
    Log.d(TAG, "connect to: " + device);

    // Cancel any thread attempting to make a connection
      if (mState == STATE_CONNECTING) {
        if (mConnectThread != null) {mConnectThread.cancel(); mConnectThread = null;}
    }

    // Cancel any thread currently running a connection
    if (mConnectedThread != null) {mConnectedThread.cancel(); mConnectedThread = null;}

    // Start the thread to connect with the given device
    mConnectThread = new ConnectThread(device);
    mConnectThread.start();
    //setState(STATE_CONNECTING);
}
```

그림 8.5.5-15

이제는 ConnectThread 부분을 정리할 차례이다. 생성자인 ConnectThread는 위에서 두 번째 인자인 secure를 지웠으므로 똑같이 맞춰주고 try{}에서 secure에 따라 분기하는 부분을 아래 코드만 남기고 모두 주석처리하거나 지운다. 그리고 MY_UUID_SECURE는 BluetoothChatService.java에서 복사해 오는데, SPP 프로파일에 해당하는 UUID로 수정해야만 BT-210과 페어링을 수행할 수 있다.

```
private static final UUID MY_UUID_SECURE =
    UUID.fromString("fa87c0d0-afac-11de-8a39-0800200c9a66");
```

아래와 같이 기존 부분을 주석처리하고 새로운 UUID를 할당한 후 OpenCMRemoteControl 클래스의 멤버로 추가한다.

```
// Unique UUID for this application
private static final UUID MY_UUID_SECURE = UUID.fromString("00001101-0000-1000-8000-00805F9B34FB");
    //UUID.fromString("fa87c0d0-afac-11de-8a39-0800200c9a66");
```

추가하면 이런 모습이 되겠다.

```
public class OpenCMRemoteControl extends Activity {

    // Unique UUID for this application
    private static final UUID MY_UUID_SECURE = UUID.fromString("00001101-0000-1000-8000-00805F9B34FB");
        //UUID.fromString("fa87c0d0-afac-11de-8a39-0800200c9a66");
    private static final String TAG = "OpenCMRemoteControl";

    private Intent serverIntent = null;
    BluetoothAdapter mBluetoothAdapter = null;
    private ConnectThread mConnectThread;
```

그림 8.5.5-16

위에서 언급했던 secure에 따른 분기해서 RF 채널을 생성하는 부분은 아래처럼 주석처리 하면 되고 mSocketType는 그냥 "Secure"를 할당한다.

```
public ConnectThread(BluetoothDevice device) {
    mmDevice = device;
    BluetoothSocket tmp = null;
    mSocketType = "Secure";

    // Get a BluetoothSocket for a connection with the
    // given BluetoothDevice
    try {
        // if (secure) {
            tmp = device.createRfcommSocketToServiceRecord(
                    MY_UUID_SECURE);
        // } else {
        //     tmp = device.createInsecureRfcommSocketToServiceRecord(
        //             MY_UUID_INSECURE);
        //}
    } catch (IOException e) {
        Log.e(TAG, "Socket Type: " + mSocketType + "create() failed", e);
    }
    mmSocket = tmp;
}
```

그림 8.5.5-17

생성자 부분은 정리가 끝났고 이제는 run() 메소드를 정리하자. 마찬가지로 secure에 따른 분기하는 코드는 모두 정리하고 mAdapter를 mBluetoothAdapter로 변경한다. connectionFailed() 메소드는 주석처리 하고 바로 아래의 synchronized() 부분은 BluetoothChatService.this를 OpenCMRemoteontrol.this로 변경한다. 그러면 이제 connected() 부분만 제외하고 모든 에러가 사라진 것을 볼 수 있다.

```
public void run() {
    Log.i(TAG, "BEGIN mConnectThread SocketType:" + mSocketType);
    setName("ConnectThread" + mSocketType);

    // Always cancel discovery because it will slow down a connection
    mBluetoothAdapter.cancelDiscovery();

    // Make a connection to the BluetoothSocket
```

```
        try {
            // This is a blocking call and will only return on a
            // successful connection or an exception
            mmSocket.connect();
        } catch (IOException e) {
            // Close the socket
            try {
                mmSocket.close();
            } catch (IOException e2) {
                Log.e(TAG, "unable to close() " + mSocketType +
                        " socket during connection failure", e2);
            }
            //connectionFailed();
            return;
        }

        // Reset the ConnectThread because we're done
        synchronized (OpenCMRemoteControl.this) {
            mConnectThread = null;
        }

        // Start the connected thread
        connected(mmSocket, mmDevice, mSocketType);
    }
```

그림 8.5.5-18

그러면 이제 마지막으로 데이터 처리를 위한 connected() 메소드와 ConnectedThread라는 내부 클래스만 BluetoothChatSevice.java에서 통째로 복사해서 붙여넣기 하면 된다.

```
public synchronized void connected(BluetoothSocket socket, BluetoothDevice
        device, final String socketType) {
    if (D) Log.d(TAG, "connected, Socket Type:" + socketType);

    // Cancel the thread that completed the connection
    if (mConnectThread != null) {mConnectThread.cancel(); mConnectThread = null;}

    // Cancel any thread currently running a connection
    if (mConnectedThread != null) {mConnectedThread.cancel(); mConnectedThread = null;}

    // Cancel the accept thread because we only want to connect to one device
    if (mSecureAcceptThread != null) {
        mSecureAcceptThread.cancel();
        mSecureAcceptThread = null;
    }
    if (mInsecureAcceptThread != null) {
        mInsecureAcceptThread.cancel();
        mInsecureAcceptThread = null;
    }

    // Start the thread to manage the connection and perform transmissions
    mConnectedThread = new ConnectedThread(socket, socketType);
    mConnectedThread.start();

    // Send the name of the connected device back to the UI Activity
    Message msg = mHandler.obtainMessage(BluetoothChat.MESSAGE_DEVICE_NAME);
    Bundle bundle = new Bundle();
    bundle.putString(BluetoothChat.DEVICE_NAME, device.getName());
    msg.setData(bundle);
    mHandler.sendMessage(msg);

    setState(STATE_CONNECTED);
```

```
}
 * This thread runs during a connection with a remote device.
private class ConnectedThread extends Thread {
    private final BluetoothSocket mmSocket;
    private final InputStream mmInStream;
    private final OutputStream mmOutStream;
```

그림 8.5.5-19

마찬가지로 상당히 많은 에러가 우리를 기다리고 있다. ConnectThread와 마찬가지로 내부 클래스 처리를 위한 멤버 변수가 필요하므로 mConnectedThread라는 클래스 멤버 변수를 새로 추가하자.

```
public class OpenCMRemoteControl extends Activity {

    // Unique UUID for this application
    private static final UUID MY_UUID_SECURE = UUID.fromString("00001101-0000-1000-8000-00805F9B34FB");
        //UUID.fromString("fa87c0d0-afac-11de-8a39-0800200c9a66");
    private static final String TAG = "OpenCMRemoteControl";

    private Intent serverIntent = null;
    BluetoothAdapter mBluetoothAdapter = null;
    private ConnectThread mConnectThread;
    private ConnectedThread mConnectedThread;
```

그림 8.5.5-20

먼저 connected() 메소드부터 정리하자. 메소드 진입 이후에 server 모드에서 필요한 mSecure AcceptThread를 체크하는 코드는 모두 주석처리 하거나 지운다. 그리고 아래에서 연결된 디바이스 이름을 UI에 표시하는 부분은 현재 프로젝트에서 쓰지 않을 예정이므로 지우거나 주석처리 한다. 그러면 모든 에러가 제거된다.

```
public synchronized void connected(BluetoothSocket socket, BluetoothDevice
        device, final String socketType) {
    //if (D)
        Log.d(TAG, "connected, Socket Type:" + socketType);

    // Cancel the thread that completed the connection
    if (mConnectThread != null) {mConnectThread.cancel(); mConnectThread = null;}

    // Cancel any thread currently running a connection
    if (mConnectedThread != null) {mConnectedThread.cancel(); mConnectedThread = null;}

    // Cancel the accept thread because we only want to connect to one device
   /* if (mSecureAcceptThread != null) {
        mSecureAcceptThread.cancel();
        mSecureAcceptThread = null;
    }
    if (mInsecureAcceptThread != null) {
        mInsecureAcceptThread.cancel();
        mInsecureAcceptThread = null;
    }*/

    // Start the thread to manage the connection and perform transmissions
    mConnectedThread = new ConnectedThread(socket, socketType);
    mConnectedThread.start();

    // Send the name of the connected device back to the UI Activity
  /*  Message msg = mHandler.obtainMessage(BluetoothChat.MESSAGE_DEVICE_NAME);
    Bundle bundle = new Bundle();
    bundle.putString(BluetoothChat.DEVICE_NAME, device.getName());
    msg.setData(bundle);
    mHandler.sendMessage(msg);

    setState(STATE_CONNECTED);*/
}
```

그림 8.5.5-21

8.5.6 블루투스 데이터 보내자 – LED 깜빡이기

그 다음으로는 ConnectedThread를 손 볼 차례인데 운이 좋게도 차근차근 따라 했다면 생성자 부분은 에러가 없다. 그리고 run(){}에서 블루투스를 통해 들어온 데이터를 검사할 때 생기는 예외 부분은 로그와 break;를 제외하고 모두 주석처리한 뒤에 mHandler.obtainMessage()의 첫 번째 인자는 0으로 처리한다. 그리고 write() 메소드에서는 mHandler로 보내는 코드를 주석처리한다.

```
public void run() {
    Log.i(TAG, "BEGIN mConnectedThread");
    byte[] buffer = new byte[1024];
    int bytes;

    // Keep listening to the InputStream while connected
    while (true) {
        try {
            // Read from the InputStream
            bytes = mmInStream.read(buffer);

            // Send the obtained bytes to the UI Activity
            mHandler.obtainMessage(BluetoothChat.MESSAGE_READ, bytes, -1, buffer)
                    .sendToTarget();
        } catch (IOException e) {
            Log.e(TAG, "disconnected", e);
           /* connectionLost();
            // Start the service over to restart listening mode
            BluetoothChatService.this.start();*/
            break;
        }
    }
}
```

숫자 0으로 변경

그림 8.5.6-1

```
    /**
     * Write to the connected OutStream.
     * @param buffer  The bytes to write
     */
    public void write(byte[] buffer) {
        try {
            mmOutStream.write(buffer);

            // Share the sent message back to the UI Activity
           /* mHandler.obtainMessage(BluetoothChat.MESSAGE_WRITE, -1, -1, buffer)
                    .sendToTarget();*/
        } catch (IOException e) {
            Log.e(TAG, "Exception during write", e);
        }
    }
```

그림 8.5.6-2

여기서 run()에서 들어온 데이터를 검사하는 과정에서 mHandler와 관련된 코드를 지우지 않았는데, 그 이유는 받아온 데이터를 Activity 화면에 나타낼 필요가 있는데, Thread 내에서는 UI 접근이 금지되어 있기 때문에 Handler가 필요한 것이다. 그래서 BluetoothChat.java에서 mHanldler와 관련된 코드를 그대로 복사해 와야 한다.

```
private final Handler mHandler = new Handler() {
    @Override
    public void handleMessage(Message msg) {
        switch (msg.what) {
        case MESSAGE_STATE_CHANGE:
            if(D) Log.i(TAG, "MESSAGE_STATE_CHANGE: " + msg.arg1 + R.string.title_not_connected);
            switch (msg.arg1) {
            case BluetoothChatService.STATE_CONNECTED:
               // setStatus(getString(R.string.title_connected_to, mConnectedDeviceName));
                mConversationArrayAdapter.clear();
                break;
            case BluetoothChatService.STATE_CONNECTING:
               setStatus(R.string.title_connecting);
                break;
            case BluetoothChatService.STATE_LISTEN:
            case BluetoothChatService.STATE_NONE:
               setStatus(R.string.title_not_connected);
                break;
            }
            break;
        case MESSAGE_WRITE:
            byte[] writeBuf = (byte[]) msg.obj;
            // construct a string from the buffer
            String writeMessage = new String(writeBuf);
            mConversationArrayAdapter.add("Me:  " + writeMessage);
            break;
        case MESSAGE_READ:
            byte[] readBuf = (byte[]) msg.obj;
            // construct a string from the valid bytes in the buffer
            String readMessage = new String(readBuf, 0, msg.arg1);
```

그림 8.5.6-3

수많은 case가 있는데 필요한 것은 MESSAGE_READ의 경우이므로 나머지는 과감하게 모두 지운다. 그리고 메시지 확인을 위해서 로그 출력을 위한 코드를 추가한다.

```
private final Handler mHandler = new Handler() {
    @Override
    public void handleMessage(Message msg) {

            byte[] readBuf = (byte[]) msg.obj;
            // construct a string from the valid bytes in the buffer
            String readMessage = new String(readBuf, 0, msg.arg1);

            Log.d(TAG, "Read Mssage : " + readMessage);

    }
};
```

그림 8.5.6-4

자 이제 거의 다 마무리 되었으므로 테스트를 해보자. 실행을 하기 전에 에러가 없는지 살펴보자. 코드를 옮기면서 BluetoothChat 프로젝트와 엮인 부분이 없는지 살펴봐야 한다. 보통 OpenCMRemoteControl.java 파일의 맨 윗 부분에 자동으로 코드를 만들면서 생기는 에러가 있는데 지우도록 하자.

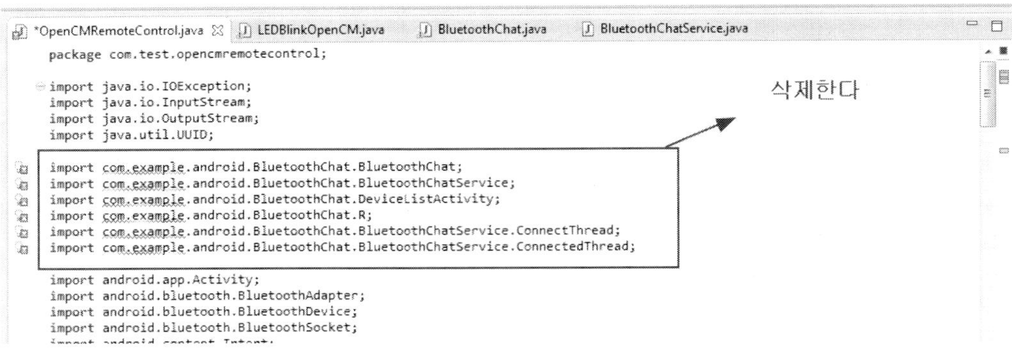

그림 8.5.6-5

에러가 없어졌다면 실행을 해보자. 차근차근 따라 했다면 문제 없이 실행될 것이다.

그렇다면 이제 OpenCM9.04 보드와 BT-210을 연결해서 LED를 켜고 꺼보자. 먼저 LED를 켜고 끄는 Button 하나를 Main Activity에 추가한다.

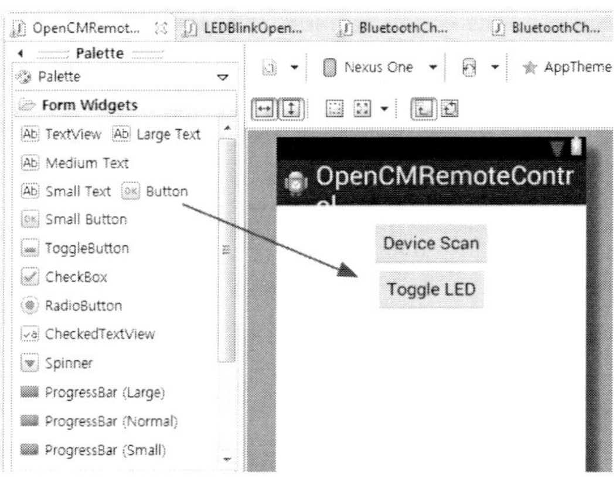

그림 8.5.6-6

지금까지 했던 것과 같이 Button 이름에 대한 문자열 리소스를 strings.xml 파일에 추가시키고 layout 파일에서 방금 추가한 버튼에 대한 text 필드에 추가한 문자열을 연결시킨다.

```
<string name="device_scan_btn">Device Scan</string>
<string name="toggle_led">Toggle LED</string>

<Button
    android:id="@+id/button2"
    android:layout_width="wrap_content"
    android:layout_height="wrap_content"
    android:layout_below="@+id/button1"
    android:layout_centerHorizontal="true"
    android:text="@string/toggle_led" />
```

그림 8.5.6-7

그리고 나서 OpenCMRemoteControl.java의 onCreat() 메소드에서 해당 버튼에 대한 onClick() 리스너를 추가시키고 아래의 코드를 추가로 입력한다.

mConnectedThread.write("a".getBytes());

```
@Override
protected void onCreate(Bundle savedInstanceState) {
    super.onCreate(savedInstanceState);
    setContentView(R.layout.activity_opencm_remote_control);


    mBluetoothAdapter = BluetoothAdapter.getDefaultAdapter();

    Button deviceScan = (Button)findViewById(R.id.button1);
    deviceScan.setOnClickListener(new View.OnClickListener() {
        @Override
        public void onClick(View v) {
            // TODO Auto-generated method stub
            serverIntent = new Intent(OpenCMRemoteControl.this, DeviceListActivity.class);
            startActivityForResult(serverIntent, 0);
        }
    });

    Button toggleLED = (Button)findViewById(R.id.button2);
    toggleLED.setOnClickListener(new View.OnClickListener() {

        @Override
        public void onClick(View v) {
            // TODO Auto-generated method stub

            mConnectedThread.write("a".getBytes());

        }
    });
}
```

그림 8.5.6-8

Toggle LED 버튼을 클릭하면 "a"라는 문자열을 단순히 전송하게 되고 OpenCM9.04에서는 "a" 데이터가 왔을 때 LED를 toggle시키는 코드를 수행하게 하면 된다.

이제는 OpenCM9.04를 프로그래밍할 차례이므로 ROBOTIS OpenCM 툴을 실행시키고 다음과 같은 스케치 코드를 작성한다. 블루투스 모듈 BT-210은 Serial2번을 통해 연결이 되고 BT-210으로부터 데이터가 왔을때 'a'라는 문자이면 LED를 toggle시키는 코드가 되겠다.

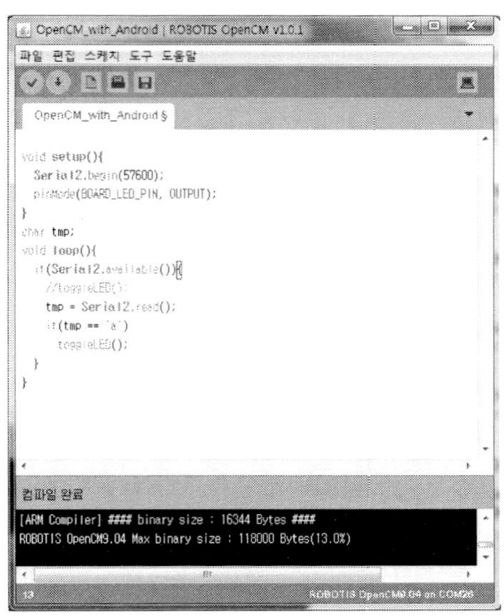

그림 8.5.6-9

이 코드를 OpenCM9.04에 다운로드 하고 앞에서 만든 OpenCMRemoteControl 애플리케이션을 실행시킨 후, BT-210과 페어링을 한다. 그리고 LED Toggle 버튼을 누르면 LED가 토글이 되는 것을 확인해 볼 수 있다. BT-210과 스마트폰이 페어링 되었다는 것은 BT-210에 장착된 파란색 LED가 깜빡이다가 더 이상 깜빡이지 않으면 페어링이 되었다고 보면 된다.

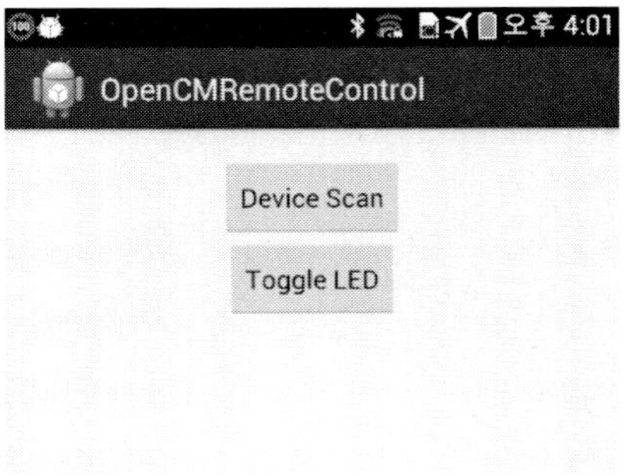

그림 8.5.6-10

Device Scan 버튼을 눌러서 장치 검색을 한다.

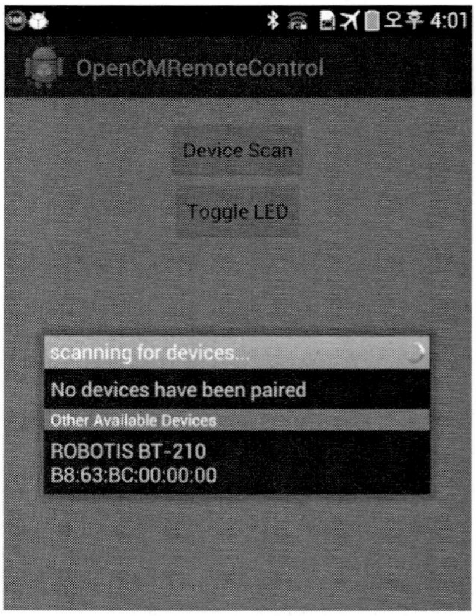

그림 8.5.6-11

BT-210을 선택해서 페어링 요청을 한다.

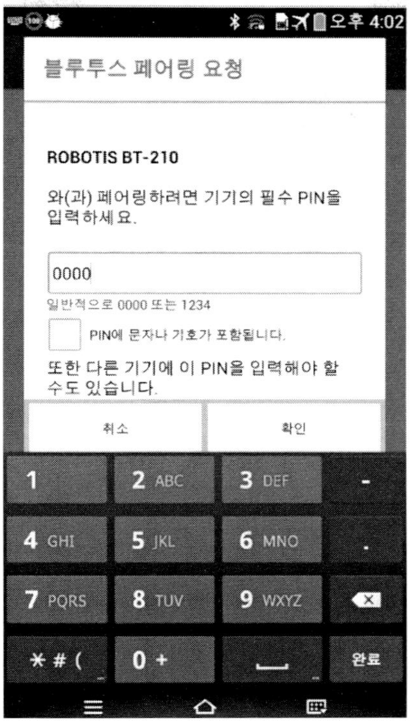

그림 8.5.6-12

핀코드 요청이 나타나면 0000을 눌러서 페어링을 마무리한다. 이제 페어링을 성공적으로 끝내면 Toggle LED 버튼을 눌러서 실제로 OpenCM9.04의 Status LED가 토글이 되는지 확인해 본다.

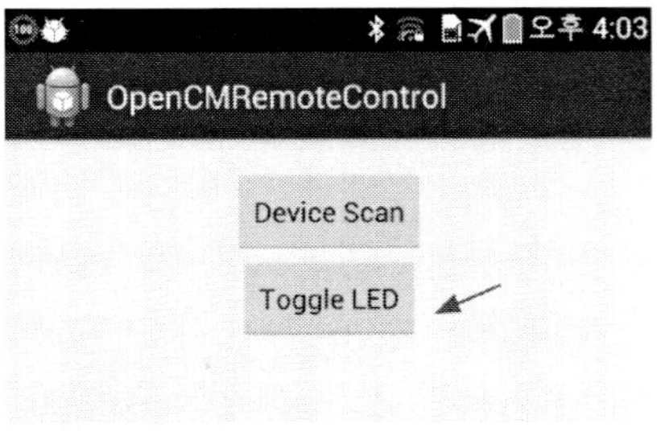

그림 8.5.6-13

그림 8.5.6-14

8.6 블루투스 통신을 이용한 센서 모듈 입력 받기

이번 절에서는 로보티즈의 IR 센서모듈을 OpenCM9.04의 5핀 1번포트에 연결해서 블루투스를 이용해 안드로이드에서 센서값을 입력 받아 본다. 이전 절에서 했던 Toggle LED 버튼이 구현되어 있는 OpenCMRemoteControl 애플리케이션에서 바로 센서값을 입력 받아서 표시하는 부분만 추가한다.

센서값의 표현은 ProgressBar와 TextView Widget을 이용해서 출력해 본다. 센서값은 0~100 사이의 값으로 범위를 줄여서 ProgressBar에 표시하면 되고 TextView는 실제 센서값을 그대로 표시해주는 역할을 담당할 것이다.

8.6.1 센서 입력을 위한 Widget 추가

실제 센서값을 출력할 TextView를 추가하고 비율을 나타낼 수 있는 Horizontal 스타일의 ProgressBar를 하나 추가한다. ProgressBar는 layout_width를 fill_parent로 해서 최대한 길게 그린다.

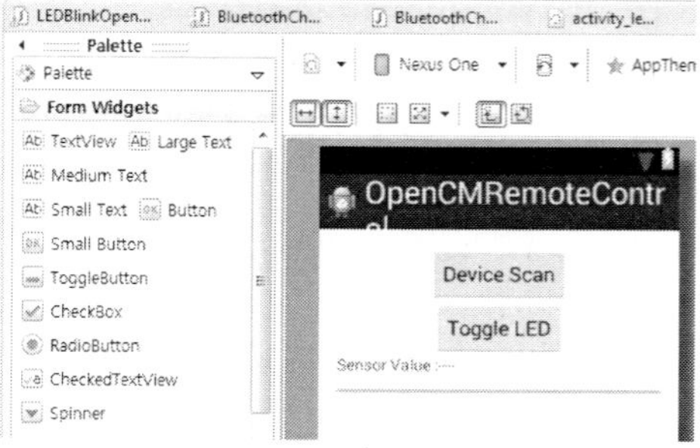

그림 8.6.1-1

다음과 같이 리소스를 추가한 후 layout xml파일에서 연결하면 된다.

```
<string name="app_name">OpenCMRemoteControl</string>
<string name="action_settings">Settings</string>
<string name="toggle_led">Toggle LED</string>
<string name="tile_sensor_value">Sensor Value :  </string>
<string name="display_sensor_value">---</string>
```

그림 8.6.1-2

```
<TextView
    android:id="@+id/textView1"
    android:layout_width="wrap_content"
    android:layout_height="wrap_content"
    android:layout_alignParentLeft="true"
    android:layout_below="@+id/button2"
    android:text="@string/tile_sensor_value" />
<TextView
    android:id="@+id/textView2"
    android:layout_width="wrap_content"
    android:layout_height="wrap_content"
    android:layout_above="@+id/progressBar1"
    android:layout_toRightOf="@+id/textView1"
    android:text="@string/display_sensor_value" />
<ProgressBar
    android:id="@+id/progressBar1"
    style="?android:attr/progressBarStyleHorizontal"
    android:layout_width="fill_parent"
    android:layout_height="wrap_content"
    android:layout_alignLeft="@+id/textView1"
    android:layout_below="@+id/textView1" />
```

그림 8.6.1-3

8.6.2 OpenCM9.04 펌웨어 만들기 센서 패킷 보내기

그리고 OpenCM9.04의 스케치 코드를 다음과 같이 작성한 후 다운로드해서 실행한다. 이번 코드 역시 OLLO 5핀 포트 1번을 IR_SENSOR로 초기화시킨 후 loop()에서 1번 포트를 50 ms마다 읽어서 Serial2번으로 출력시켜주는 매우 간단한 스케치이다.

```
#include <OLLO.h>
OLLO myOLLO;
void setup(){
  Serial2.begin(57600);
  myOLLO.begin(1, IR_SENSOR);//IR Module must be connected at port 1.
}
#define HEADER 'H'
void loop(){
  int tmp = myOLLO.read(1, IR_SENSOR);
  Serial2.print(HEADER);
  Serial2.print(tmp & 0xff,BYTE);
  Serial2.print((tmp >> 8) & 0xff,BYTE);
  delay(50);
}
```

그림 8.6.2-1

중요한 점은 OpenCM9.04에서 블루투스 모듈 BT-210 사이에는 1바이트씩 주고 받는 시리얼 통신이기 때문에 하나의 간단한 패킷형태로 데이터를 보내야만 안드로이드 애플리케이션에서 정확하게 데이터를 수신받을 수 있다. 더욱 정확하게 하려면 checksum과 같이 데이터 무결성을 확보할 수 있는 데이터도 마지막에 추가하면 좋겠지만 지금은 간단한 통신 예제이기 때문에 헤더 바이트 'H'만 추가하도록 한다. 참고로 OpenCM9.04에서 출력되는 ADC값은 12 bit로 총 2바이트 크기이다. 그래서 하위 바이트, 상위 바이트 순서로 전송한다.

```
헤더 바이트 'H' + 하위 1바이트 + 상위 1바이트
 Serial2.print(HEADER);
 Serial2.print(tmp & 0xff,BYTE);
 Serial2.print((tmp >> 8) & 0xff,BYTE);
```

반드시 Serial2.print()를 쓰도록 하고 println()의 경우 줄바꿈 데이터가 추가되기 때문에 데이터 확인이 더욱 복잡해진다. 그리고 바이트로 확실히 보내기 위해서 2번째 인자로 반드시 BYTE를 명시한다.

8.6.3 블루투스 통신을 이용한 센서 패킷 받기

이클립스의 안드로이드 애플리케이션 프로젝트로 돌아와서 mConnectedThread에서 데이터를 읽는 부분에 아래의 코드를 추가한다. 여기서 중요한 포인트는 OpenCM9.04에서 Serial2번을 통해서 1바이트씩 패킷을 만들어서 데이터를 보내고 데이터의 첫부분은 'H'라는 헤더 바이트로 시작한다. 그리고 바로 이어서 하위 바이트, 상위 바이트가 온다는 점에 착안한다.

```
public void run() {
    Log.i(TAG, "BEGIN mConnectedThread");
   //byte[] buffer = new byte[1024];
   // int bytes;
    byte highbyte, lowbyte;
    // Keep listening to the InputStream while connected
    while (true) {
        try {
            // Read from the InputStream
            //bytes = mmInStream.read(buffer);
            byte buf = (byte)mmInStream.read();
            if((char)buf == 'H'){
                lowbyte = (byte)mmInStream.read();
                highbyte = (byte)mmInStream.read();
                int sum = (lowbyte & 0xff) | (highbyte << 8 & 0xff00);
                //Log.d(TAG, "lowbyte =  " + lowbyte +"    highbyte = "+(lowbyte & 0xff)+"    sum = "+ sum);
                String result_string = Integer.toString(sum);
                 mHandler.obtainMessage(0, result_string.length(), -1, result_string.getBytes())
                 .sendToTarget();
            }
```

그림 8.6.3-1

새로 추가한 UI Widget에 대한 java 코드를 추가한다. handleMessage에서 mConnectedThread에서 보내온 메시지를 String으로 변환한다.

```
private final Handler mHandler = new Handler() {

    @Override
    public void handleMessage(Message msg) {
            byte[] readBuf = (byte[]) msg.obj;
            // construct a string from the valid bytes in the buffer
            String readMessage = new String(readBuf, 0, msg.arg1);
            displaySensor(Integer.parseInt(readMessage));
            //Log.d(TAG, "Read Mssage("+msg.arg1+") : " + readMessage);
    }
};
```

그림 8.6.3-2

그리고 displaySensor()라는 새로운 메소드를 하나 추가해서 TextView와 ProgressBar의 업데이트를 한다.

```
public void displaySensor(int value){
    TextView sensorValue = (TextView)findViewById(R.id.textView2);
    sensorValue.setText(Integer.toString(value));
    ProgressBar sensorBar = (ProgressBar)findViewById(R.id.progressBar1);

    int cal = (value*100)/2000;
    //Log.d(TAG, "Calulated : " + cal);
    if(cal > 100)
        cal = 100;
    sensorBar.setProgress(cal);

}
```

그림 8.6.3-3

실행해서 페어링 시켜보면 아래와 같이 센서값과 ProgressBar가 움직이는 것을 확인할 수 있다.

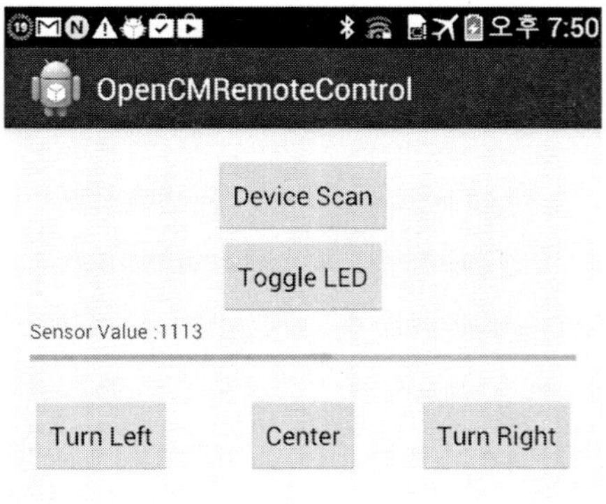

그림 8.6.3-4

OpenCM9.04와 BT-210 그리고 IR 센서 모듈이 연결된 모습이다.

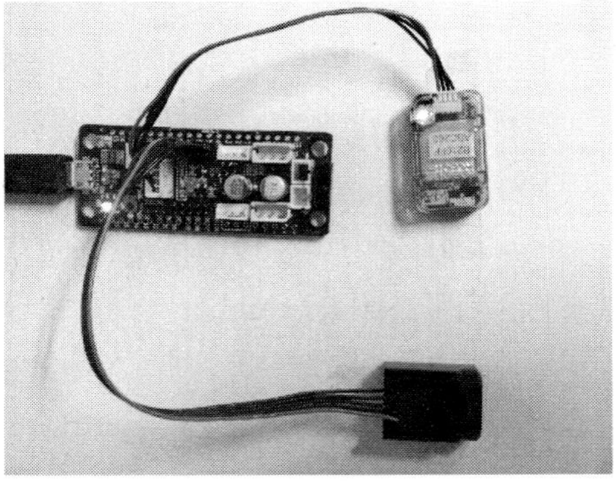

그림 8.6.3-5

8.7 블루투스 통신으로 다이나믹셀 움직이기

이번 절에서는 블루투스 통신으로 OpenCM9.04에 연결된 AX12를 움직여 보자. 간단히 버튼 2개를 만들어서 AX12의 Position을 0에서 1023번까지 왔다갔다 하도록 해보자.

8.7.1 OpenCM9.04 펌웨어 만들기

먼저 OpenCM9.04의 스케치부터 작성하자. 커맨드가 'a'가 넘어오면 AX12의 Goal Position을 0 위치에서 움직이고 'b'가 넘어오면 AX12의 Goal Position을 1023으로 끝까지 움직인다. 그리고 마지막으로 'c'가 넘어오면 센터 자리인 512위치로 움직인다.

일단 먼저 다운로드해서 실행시켜 놓고 대기한다.

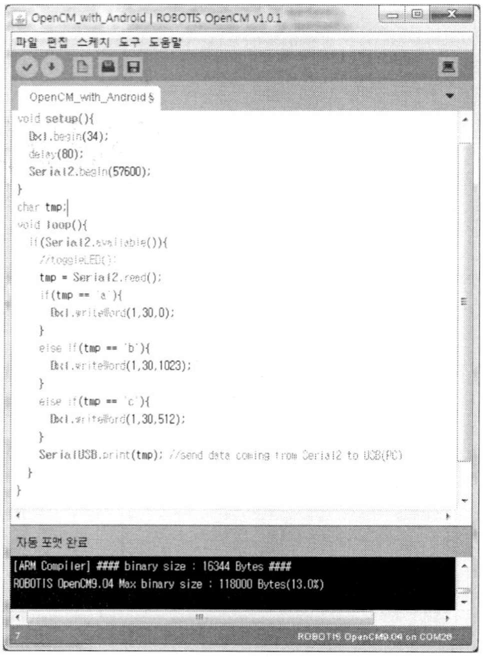

그림 8.7.1

8.7.2 안드로이드 프로그래밍하기 다이나믹셀 제어 위젯 추가

그리고 이제 안드로이드 쪽을 프로그래밍할 차례이다. 이전 절에서 추가한 ProgressBar 밑에 3개의 버튼을 새로 추가해 놓는다. 그리고 아래와 같이 차례대로 Turn left, Center, Turn Right 버튼으로 UI를 구성한다.

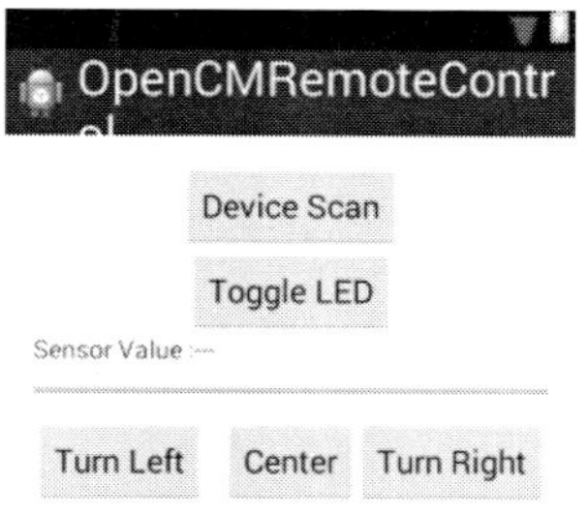

그림 8.7.2-1

```
<Button
    android:id="@+id/button3"
    android:layout_width="wrap_content"
    android:layout_height="wrap_content"
    android:layout_alignLeft="@+id/progressBar1"
    android:layout_below="@+id/progressBar1"
    android:layout_marginTop="14dp"
    android:text="@string/servo_turn_left" />

<Button
    android:id="@+id/button5"
    android:layout_width="wrap_content"
    android:layout_height="wrap_content"
    android:layout_alignBaseline="@+id/button4"
    android:layout_alignBottom="@+id/button4"
    android:layout_centerHorizontal="true"
    android:text="@string/servo_center" />

<Button
    android:id="@+id/button4"
    android:layout_width="wrap_content"
    android:layout_height="wrap_content"
    android:layout_alignBaseline="@+id/button3"
    android:layout_alignBottom="@+id/button3"
    android:layout_alignParentRight="true"
    android:text="@string/servo_turn_right" />
```

그림 8.7.2-2

여기에 사용된 String 리소스는 아래와 같이 추가한다.

```
<string name="servo_turn_left">Turn Left</string>
<string name="servo_turn_right">Turn Right</string>
<string name="servo_center">Center</string>
```

그림 8.7.2-3

위의 3개의 버튼은 터치했을 때 이벤트가 필요하므로 onClick() 리스너를 추가해준다. 아래처럼 코드를 onCreate() 메소드 내에 추가한다.

```
Button turnLeft = (Button)findViewById(R.id.button3);
Button turnRight = (Button)findViewById(R.id.button4);
Button turnCenter = (Button)findViewById(R.id.button5);

turnLeft.setOnClickListener(new View.OnClickListener() {

    @Override
    public void onClick(View v) {
        // TODO Auto-generated method stub
        mConnectedThread.write("a".getBytes());
    }
});

turnRight.setOnClickListener(new View.OnClickListener() {

    @Override
    public void onClick(View v) {
        // TODO Auto-generated method stub
        mConnectedThread.write("b".getBytes());
    }
});

turnCenter.setOnClickListener(new View.OnClickListener() {

    @Override
    public void onClick(View v) {
        // TODO Auto-generated method stub
        mConnectedThread.write("c".getBytes());
    }
});
```

그림 8.7.2-4

애플리케이션을 실행해서 페어링을 한 뒤에 버튼을 눌러보자. 다이나믹셀이 잘 움직이는지 확인해보자.

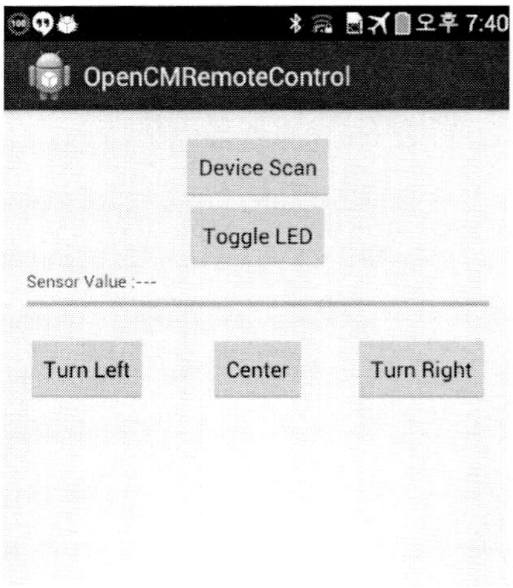

그림 8.7.2-5

아래와 같이 OpenCM9.04 보드와 1개의 AX12, BT-210 그리고 파워 서플라이를 이용해서 다이나믹셀을 동작시킬 수 있는 전원을 공급하였다.

그림 8.7.2-6

제 9 장

USB를 활용한 안드로이드 연결

9.1 USB 이해하기

9.1.1 USB란

USB(Universal Serial Bus)는 복잡한 PC 및 주변기기 설치 작업을 전기 플러그를 콘센트에 꽂듯이 단순화시키기 위해 등장한 획기적인 포트 규격이다. USB가 등장하기 이전에는 주변기기와 PC를 연결하기 위한 제각기 다른 모양의 포트 때문에 새로운 주변기기를 PC와 연결하기 힘든 경우가 많았다.

그림 9.1.1-1

이러한 문제를 해결하기 위해 1996년 컴팩, DEC, IBM, 인텔, 마이크로소프트, NEC, Nortel 등 7개 회사가 USB-IF(USB Implementers Forum)를 발족하였고 마침내 USB 규격이 개발되었다.

이렇게 탄생한 USB는 컴퓨터의 종류에 관계 없이 아무 포트에나 어떠한 장치라도 연결시킬 수 있었고 이러한 장점으로 현재 모든 주변기기의 범용 인터페이스로 자리 잡게 되었다. 역사적으로 보면 1996년 1월에 USB 1.0 스펙이 발표되었고 1998년에는 새로운 전송 방식이 추가된 USB 1.1이 나오면서 범용 직렬 인터페이스로서 성공적으로 자리 잡게 되었다. 이후에 USB 2.0의 등장과 함께 최대 480 Mb/sec의 속도를 지원하면서 Firewire 등 다른 경쟁 직렬 인터페이스를 압도할 수 있었다. 최근에는 USB를 통해 모바일 디바이스를 충전하고 통신하기 위해서 더욱 많은 전력을 전달할 수 있으면서 더 빠른 통신이 가능한 USB 3.0이 등장하였다. USB 3.0은 최대 5 Gbps까지 고속 통신이 가능하면서도 주변기기에 더욱 많은 전력을 전달할 수 있다.

그림 9.1.1-2

9.1.2 USB 용어 정의

USB 관련 개발을 하기 위해서는 관련 용어들을 제대로 이해할 필요가 있다. 앞으로 안드로이드에서 USB 통신을 수행하는 코드를 다루기 위해서도 USB에서 쓰이는 용어를 이해하고 있다면 훨씬 수월하게 프로그래밍을 할 수 있다. 아무래도 하드웨어를 제어하는 코드들이기 때문에 관련 기술과 연관된 용어들을 이해하지 않고는 코딩이 힘들 수도 있다. 기본적으로 USB 호스트(Host), 디바이스(Device), 열거(Enumeration), 엔드포인트(Endpoint), 펑션(function, 그냥 함수라는 의미가 아님에 주의)이라는 용어는 이해해야만 다음 절에서도 헤매지 않을 것이다. 이러한 용어는 모두 USB-IF에서 정의한 USB 스펙에서 나왔기 때문에 usb.org에서 직접 이러한 Specification 문서를 확인하는 것도 괜찮다.

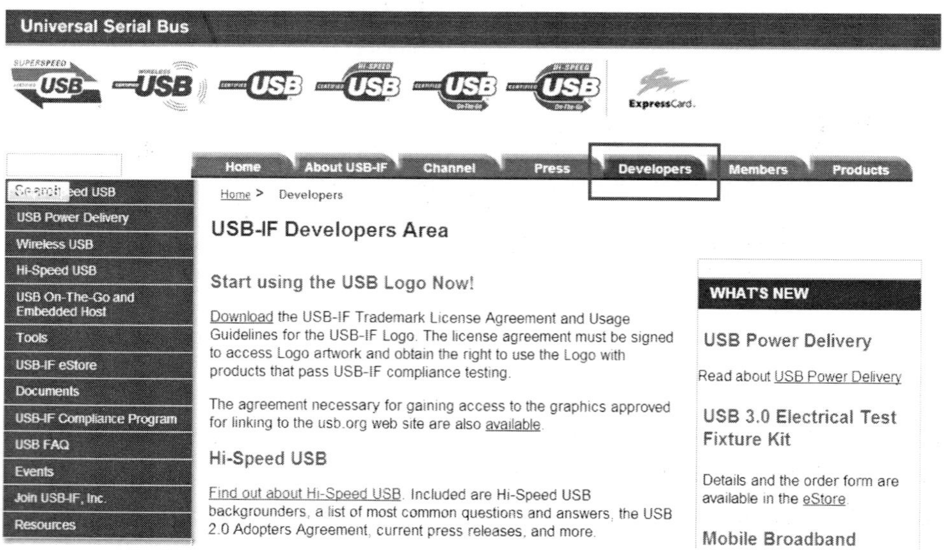

그림 9.1.2-1 www.usb.org : USB-IF의 식 홈페이지

USB 호스트(Host)

호스트는 USB 호스트 컨트롤러와 루트 허브가 내장된 PC 혹은 임베디드 장치를 말한다. 그리고 PC 또는 임베디드 장치에는 이러한 USB Host 하드웨어를 컨트롤해서 USB 디바이스(Device)와 통신하게 해주는 OS가 있다. 우리가 자주 쓰는 Windows나 안드로이드가 바로 그것이다. 호스트에는 USB 디바이스와 연결할 수 있는 커넥터가 1개 이상 장착되어 있다. 바로 PC나 노트북에서 볼 수 있는 커넥터이다. 아래와 같이 호스트 커넥터가 있다면 바로 Host 기능을 수행한다고 볼 수 있다.

USB Host Computer

그림 9.1.2-2 USB Host에 주로 쓰이는 Standard A type 커넥터

USB 디바이스(Deivce)

디바이스란 흔히 말하는 '장치'를 의미하는 것이 아닌 앞서 말한 USB 호스트(Host)에 대응하는 USB 용어이다. 정확히 말해서 USB 호스트가 있고 그 반대되는 용어로 클라이언트가 아닌 USB 디바이스라는 용어가 사용된다는 의미이다. USB-IF에 의하면 USB 디바이스란 버스에 연결된 주변기기나 추가 허브를 말한다. 허브는 디바이스를 연결할 수 있는 1개 이상의 포트를 가지고 있다. 각 디바이스는 호스트와 연결하고 통신할 수 있는 컨트롤러가 있고 그 위에 펌웨어 또는 프로그램을 가지고 있어야 한다. 쉽게 말해서 우리가 자주 쓰는 USB 메모리 스틱이 대표적인 USB Device라고 할 수 있다. USB 메모리 스틱에는 USB 호스트인 PC와 연결 후 데이터를 주고받을 수 있는 컨트롤러가 있으며 그 안에는 펌웨어 혹은 프로그램이 있기 때문에 USB에 연결하는 즉시 파일을 저장하거나 읽을 수 있는 것이다. 그 밖에 우리 주변에서 흔히 볼 수 있는 MP3플레이어, 디지털카메라, 마우스, 키보드 등도 디바이스라고 할 수 있으며 무수히 많은 USB 디바이스 제품이 있다.

USB Flash Drive USB MP3 Player USB Image Still Camera USB Video Camera

그림 9.1.2-3

Enumeration(열거)

USB 관련 개발을 하다 보면 Enumeration이라는 용어가 자주 나오는데 간단히 말해서 USB 호스트가 디바이스를 식별하는 과정이라고 보면 된다(혹은 초기화 과정으로 볼 수 있다). 구체적으로 USB 디바이스가 USB Host에 연결되었을 때, Host는 디바이스에게 주소를 할당하고 연결된 디바이스가 어떠한 장치인지, 무엇을 하는 장치인지와 같은 식별 정보를 요청한다. 이러한 호스트의 요청에 디바이스 자신에 대한 식별 정보를 호스트에 넘겨 주는 과정을 열거(Enumeration)라고 한다. USB Standard Specification에서는 이러한 열거 과정에서 디바이스 식별 정보로서 USB Standard descriptor[40) 통해서 데이터를 주고 받도록 정해놓았다. 이러한 Standard descriptor에는 크게 Device descriptor, Configuration descriptor, Interface descriptor가 있다.

- Device descriptor : 연결된 디바이스가 어떤 디바이스인지 대략적으로 나타내주는 디스크립터이다.
- Configuration descriptor : 현재 디바이스가 가진 엔드포인트(EndPoint)를 호스트에서 사용할 수 있는지 기술해 놓은 디스크립터이다. 엔드포인트란 뒤에서 설명하겠지만 호스트와 통신하는 채널이라고 볼 수 있다. 프로그래밍 용어로 파이프(Pipe)라고 한다. 양방향 채널이 있고 단방향 채널(IN or OUT)이 있다.
- Interface descriptor : 디바이스와 호스트가 통신하는 방법을 소개하는 디스크립터라고 할 수 있으며 호스트는 USB 장치가 어떤 Endpoint를 사용하며, 어떻게 사용해야 하는지를 알 수 있다.

이러한 디스크립터를 실제 펌웨어 코드에서는 배열의 형태로 호스트에 넘겨준다. <그림 9.1.2-4>는 실제 OpenCM9.04의 USB 코드 중 일부이다. OpenCM9.04가 USB 케이블을 통해 PC와 연결되면 PC의 USB Host Controller가 OpenCM9.04에게 "너는 누구냐?"라는 열거 요청(Enumeration Request)을 보낸다. 그러면 OpenCM9.04에서는 다음과 같은 Device descriptor 배열 데이터를 넘겨주면서 자신이 누구인지 무엇을 하는 장치인지 알려준다. 모든 열거 과정이 끝나면 Windows의 장치 관리자에서 ROBOTIS Virtual COM포트가 성공적으로 나타난다(이러한 열거 과정은 ms단위로 진짜 아주 순간적으로 일어난다).

40) Descriptor란 USB 장치가 어떤 장치인가를 서술해 놓은 정보를 모아놓은 단순 배열 정보이다. 호스트는 이러한 Descriptor를 보고 어떠한 서비스를 제공할지 결정한다.

```
/* USB Standard Device Descriptor */
const u8 Virtual_Com_Port_DeviceDescriptor[] =
  {
    0x12,   /* bLength */
    USB_DEVICE_DESCRIPTOR_TYPE,     /* bDescriptorType */
    0x00,//0x10,
    0x02,//0x01,   /* bcdUSB = 2.00 */
    0x02,   /* bDeviceClass: CDC */
    0x00,   /* bDeviceSubClass */
    0x00,   /* bDeviceProtocol */
    0x40,   /* bMaxPacketSize0 */
    0xF1,   // idVendorL
    0xFF,   //
    0x48,   // idProductL
    0xFF,   //
    //0x83,
    //0x04,   /* idVendor = 0x0483 */
    //0x40,
    //0x57,   /* idProduct = 0x5740 */
    0x00,
    0x02,   /* bcdDevice = 2.00 */
    1,              /* Index of string descriptor describing manufacturer */
    2,              /* Index of string descriptor describing product */
    0x00,//3,       /* Index of string descriptor describing the device's serial number */
    0x01    /* bNumConfigurations */
  };

const u8 Virtual_Com_Port_ConfigDescriptor[] =
  {
    /*Configuation Descriptor*/
    0x09,   /* bLength: Configuation Descriptor size */
    USB_CONFIGURATION_DESCRIPTOR_TYPE,      /* bDescriptorType: Configuration */
    VIRTUAL_COM_PORT_SIZ_CONFIG_DESC,       /* wTotalLength:no of returned bytes */
    0x00,
    0x02,   /* bNumInterfaces: 2 interface */
    0x01,   /* bConfigurationValue: Configuration value */
    0x00,   /* iConfiguration: Index of string descriptor describing the configuration */
    0x80,//0xC0,   /* bmAttributes: self powered ->0x80*/
    0x00,   /* MaxPower 0 mA */

  /*Interface Descriptor*/
  0x09,   /* bLength: Interface Descriptor size */
  USB_INTERFACE_DESCRIPTOR_TYPE,  /* bDescriptorType: Interface */
  /* Interface descriptor type */
  0x00,   /* bInterfaceNumber: Number of Interface */
  0x00,   /* bAlternateSetting: Alternate setting */
  0x01,   /* bNumEndpoints: One endpoints used */
  0x02,   /* bInterfaceClass: Communication Interface Class */
  0x02,   /* bInterfaceSubClass: Abstract Control Model */
  0x01,   /* bInterfaceProtocol: Common AT commands */
  0x00,   /* iInterface: */
```

그림 9.1.2-4 OpenCM9.04 USB Device descriptor 배열정보

이러한 열거과정이 끝나면 아래와 같이 Windows 장치 관리자에 ROBOTIS Virtual COM포트가 나타난다. 결국은 USB 열거과정이라는 것이 윈도우즈에서 USB를 연결하면 ROBOTIS Virtual COM 포트를 이용해 통신할 수 있는 채널을 만드는 것인데, 이러한 USB 열거 과정에 좀 더 이해가 필요한 독자는 USB 관련 개발 서적을 공부해서 보기를 권한다.

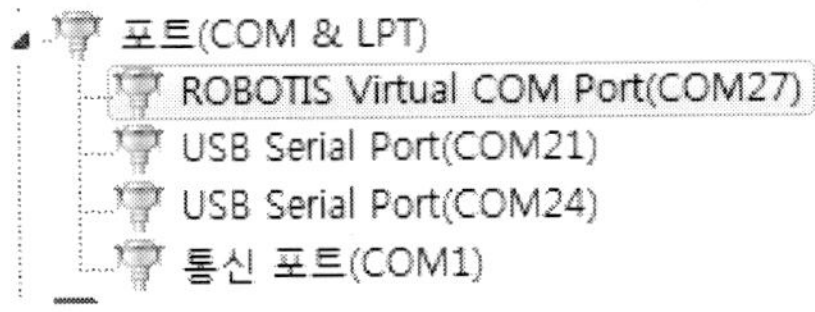

그림 9.1.2-5

엔드포인트(Endpoint)

USB 장치는 호스트와 패킷 단위의 통신을 하게 되는데, 이때 사용되는 모든 패킷은 엔드포인트라는 통신 채널(또는 파이프)을 통해서 주고 받는다. 혹은 엔드포인트는 호스트와 통신하는 버퍼라고 볼 수 있다. 모든 버스 패킷은 디바이스 엔드포인트에서 나오거나 디바이스 엔드포인트로 들어간다. 이러한 엔드포인트는 주소로 접근하는데 주소는 엔드포인트 번호와 전송 방향으로 이루어진다. 번호는 0에서 15사이의 값이고 방향은 호스트 관점에서 정의한다. 만약 IN이면 호스트에서 입력되는 방향이고, OUT이면 호스트에서 출력되는 방향이라는 뜻이다.

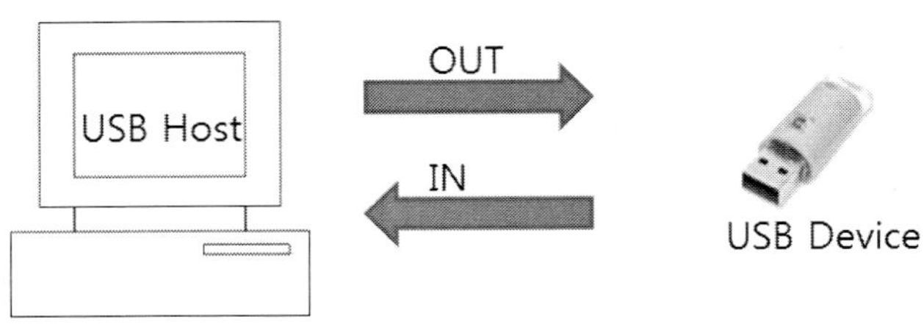

그림 9.1.2-6

그리고 엔드포인트 번호는 각각의 USB 장치마다 할당되기 때문에 엔드포인트가 16개(0~15번) 밖에 없다고 해서 부족할 경우는 생기지 않는다. USB 디바이스는 호스트와 열거과정에서 Endpoint Descriptor를 통해서 어떠한 엔드포인트를 사용하는지를 해당하는 정보를 호스트에 넘겨준다. OpenCM9.04의 경우는 다음의 코드를 통해서 호스트에 엔드포인트 정보를 넘겨준다.

```
/*Endpoint 2 Descriptor*/
0x07,    /* bLength: Endpoint Descriptor size */
USB_ENDPOINT_DESCRIPTOR_TYPE,    /* bDescriptorType: Endpoint */
0x82,    /* bEndpointAddress: (IN2) */
0x03,    /* bmAttributes: Interrupt */
VIRTUAL_COM_PORT_INT_SIZE,       /* wMaxPacketSize: */
0x00,
0xFF,    /* bInterval: */
/*Data class interface descriptor*/
0x09,    /* bLength: Endpoint Descriptor size */
USB_INTERFACE_DESCRIPTOR_TYPE,  /* bDescriptorType: */
0x01,    /* bInterfaceNumber: Number of Interface */
0x00,    /* bAlternateSetting: Alternate setting */
0x02,    /* bNumEndpoints: Two endpoints used */
0x0A,    /* bInterfaceClass: CDC */
0x00,    /* bInterfaceSubClass: */
```

```
0x00,    /* bInterfaceProtocol: */
0x00,    /* iInterface: */
/*Endpoint 3 Descriptor*/
0x07,    /* bLength: Endpoint Descriptor size */
USB_ENDPOINT_DESCRIPTOR_TYPE,    /* bDescriptorType: Endpoint */
0x03,    /* bEndpointAddress: (OUT3) */
0x02,    /* bmAttributes: Bulk */
VIRTUAL_COM_PORT_DATA_SIZE,            /* wMaxPacketSize: */
0x00,
0x00,    /* bInterval: ignore for Bulk transfer */
/*Endpoint 1 Descriptor*/
0x07,    /* bLength: Endpoint Descriptor size */
USB_ENDPOINT_DESCRIPTOR_TYPE,    /* bDescriptorType: Endpoint */
0x81,    /* bEndpointAddress: (IN1) */
0x02,    /* bmAttributes: Bulk */
VIRTUAL_COM_PORT_DATA_SIZE,            /* wMaxPacketSize: */
0x00,
0x00     /* bInterval */
```

그림 9.1.2-7 OpenCM9.04의 Endpoint 정보는 Interface descriptor에 담겨져 있다.

대략적으로 엔드포인트 디스크립터 종류와 엔드포인트 주소, 속성, 최대 패킷 크기 등을 담고 있으며, OpenCM9.04의 경우 Endpoint 2번과 3번을 통해 패킷을 주고 받는다. Endpoint 2번의 방향은 IN이고 3번은 OUT이라고 표기되어 있다. 즉, 2번 엔드포인트를 통해서 호스트를 향해 데이터를 내보내고 3번 엔드포인트를 통해 호스트에서 넘어온 데이터를 받는다. 앞에서도 언급했지만 데이터의 방향은 항상 호스트 기준이기 때문에 혼동이 생길 수 있다.

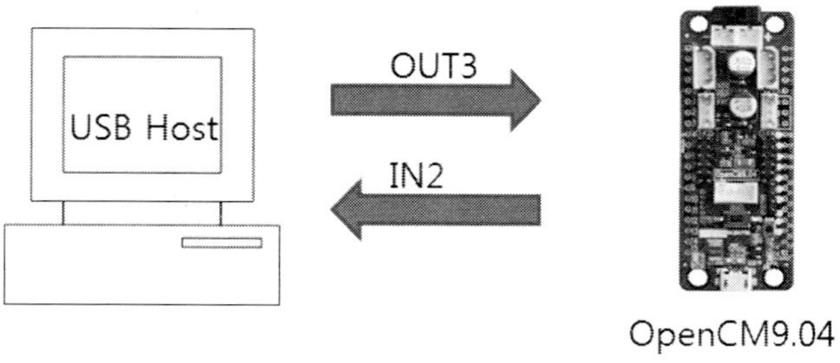

그림 9.1.2-8

USB Function

일반적인 C/C++ 코드에서 함수를 말하는 것이 아닌 USB 디바이스가 호스트에 어떠한 기능(Function)을 제공하는지를 의미하는 용어이다. 쉽게 말해서 USB 애플리케이션을 분류해 놓은 것이라고 정의할 수 있다. 앞에서 예를 든 USB 메모리 스틱은 Mass storage Function device라고 할 수 있고 마우스나 키보드는 HID(Human Interface Device) Function으로 분류할 수 있다. 그러면 OpenCM9.04는 USB CIC(Communication Interface Class) Function을 가진 디바이스로 볼 수 있다.

버스(USB Bus)

USB Bus를 구성하는 요소로는 회로, 커넥터, 호스트와 디바이스 간의 케이블이 있다. 그리고 이렇게 연결된 Bus 형태는 별 모양의 스타 토폴로지라고 할 수 있다. 각 별의 중앙에는 허브가 있으며, 별의 각 점들이 허브의 포트에 연결된 디바이스이다. 허브는 또다시 직렬로 여러 층을 통해 연결될 수 있으며 허브와 디바이스가 통신하는 데는 중간에 얼마나 많은 허브가 있는지는 알 필요가 없다.

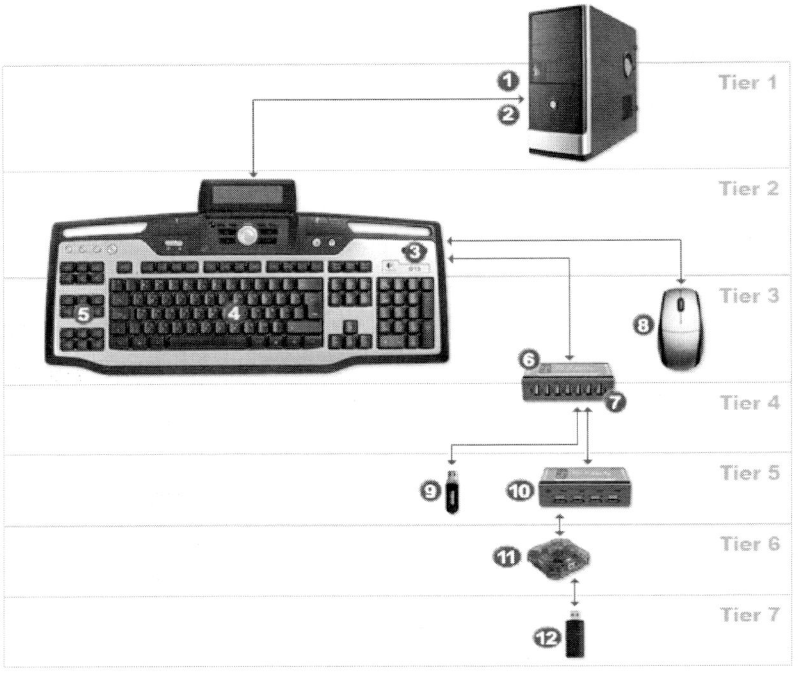

Example of the USB topology from the user's point of view

그림 9.1.2-9

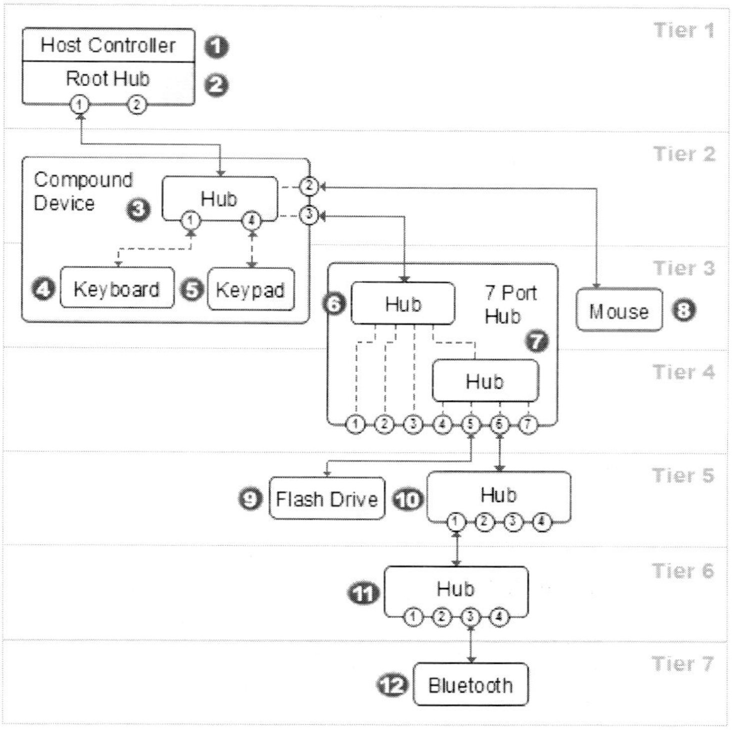

Example of the USB topology from the host's point of view

그림 9.1.2-10

USB OTG(On The Go)

주 컴퓨터(HOST)의 개입 없이 스마트폰이나 MP3 플레이어와 같은 포터블 장치들 간에서도 동작될 수 있도록 수정된 USB 규격이다. USB OTG를 지원하는 장치는 PC가 없어도 USB 디바이스를 연결해서 사용할 수 있다. 예를 들면 USB OTG가 지원되는 MP3 플레이어에 마치 PC에 연결하듯이 USB 메모리를 보조 메모리 장치로 활용할 수 있다. 종래의 USB 규격은 반드시 Host와 Device 간의 통신만 정의해 놓았지만 최근의 저전력의 모바일 디바이스에서도 USB 연결이 필요해짐에 따라서 등장한 기술이 바로 USB OTG 규격이다. 즉, USB 주변기기들 간에 제한적인 범위 내에서 호스트 기능을 수행할 수 있고 배터리 전력 소모를 줄이기 위해 상대방 기기의 요청이 있을 경우에만 연결을 유지하는 기능이 추가되었다. 그런데 문제는 커넥터인데 스마트폰과 같이 사이즈에 민감한 장치들은 PC와 같은 크기의 A타입 USB 커넥터를 내장할 수 없고 기존의 작은 사이즈의 Micro-B 타입 커넥터로 호스트 모드와 디바이스 모드를 공유해야 한다.

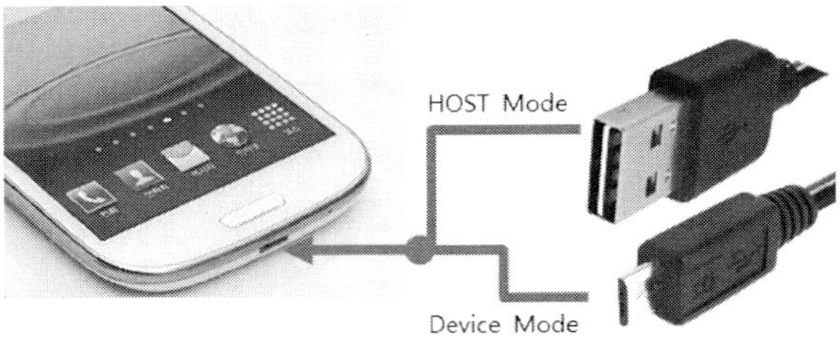

그림 9.1.2-11 USB OTG의 문제는 Micro-B 커넥터로 호스트 모드와 디바이스 모드를 동시에 지원해야 된다는 점이다.

그래서 나온 제품이 바로 USB OTGAdapter(Gender)이다. USB OTG Adapter를 스마트 디바이스의 Micro B타입 소켓에 연결하면 반대쪽은 일반 PC의 USB A-type 소켓으로 되어 있어서 물리적으로 호스트 모드 연결을 가능하게 해준다.

그림 9.1.2-12

그리고 내부적으로는 5번째 ID핀을 GND와 쇼트시켜서 스마트 디바이스가 OTG 모드로 동작하도록 만든다. 이러한 물리적인 연결로 스마트 디바이스는 USB OTG 장치가 연결됨을 인식하는 것이다.

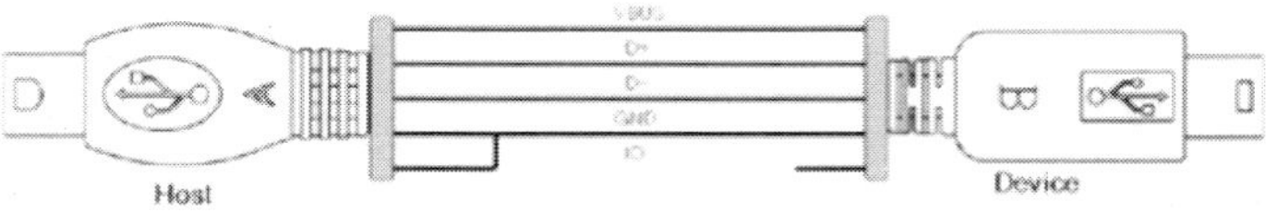

그림 9.1.2-13

그러면 이러한 USB OTG를 이용한 호스트 기능과 일반 USB 2.0 호스트 기능의 차이는 무엇일까? 가장 큰 차이는 전류 공급량이다. 일반 PC에서 지원하는 USB 호스트는 최대 500 mA까지 공급가능하다. 그리고 지원 디바이스도 OTG의 경우는 제한되어 있다.

OTG 기기와 PC의 호스트 성능 비교		
	OTG기기	일반PC
전류공급	VBUS에 최소한 8mA공급 필요	VBUS에 100 mA 또는 500 mA 공급
지원 디바이스	'지원 주변기기 리스트'에 있는 디바이스만 지원	드라이버가 있는 모든 디바이스 지원
로딩 메커니즘	여러 개의 디바이스 드라이버 로딩 메커니즘	여러 개의 디바이스 드라이버 로딩 메커니즘 있음
저장 공간	제한된 공간에 드라이버 적재	제한되지 않은 공간에 드라이버 적재

그림 9.1.2-14

다음 절부터 이러한 USB OTG 기능에 의해서 안드로이드 Host모드로 OpenCM9.04와 연결할 수 있기 때문에 앞으로 계속 다루어질 예정이다.

USB OTG 지원 단말기

USB OTG는 안드로이드 디바이스의 모델에 따라서 OTG를 지원하는 것이 있고 지원하지 않는 것이 있다. 대부분의 태블릿 장치들은 필수적으로 OTG를 지원하지만 일부 스마트폰의 경우 지원하지 않을 수 있다. 자신이 가지고 있는 단말기가 USB OTG 기능이 지원하는지는 제조사에 문의를 해보는 것이 좋을 것 같다.

9.2 안드로이드 USB API 개요

이전 절에서는 USB에 대해서 자세히 알아보았다. 이제는 이러한 USB 장치를 가지고 안드로이드에서 어떻게 프로그래밍하는지 살펴보자. 안드로이드에서 제공하는 USB 관련 API는 블루투스와 마찬가지로 Connectivity 카테고리로 분류된다. 안드로이드 개발자 페이지에서 API Guides 메뉴에서 Connectivity 항목에서 USB를 열어보면 Accessory와 Host 기능으로 나누어지는 것을 볼 수 있다.

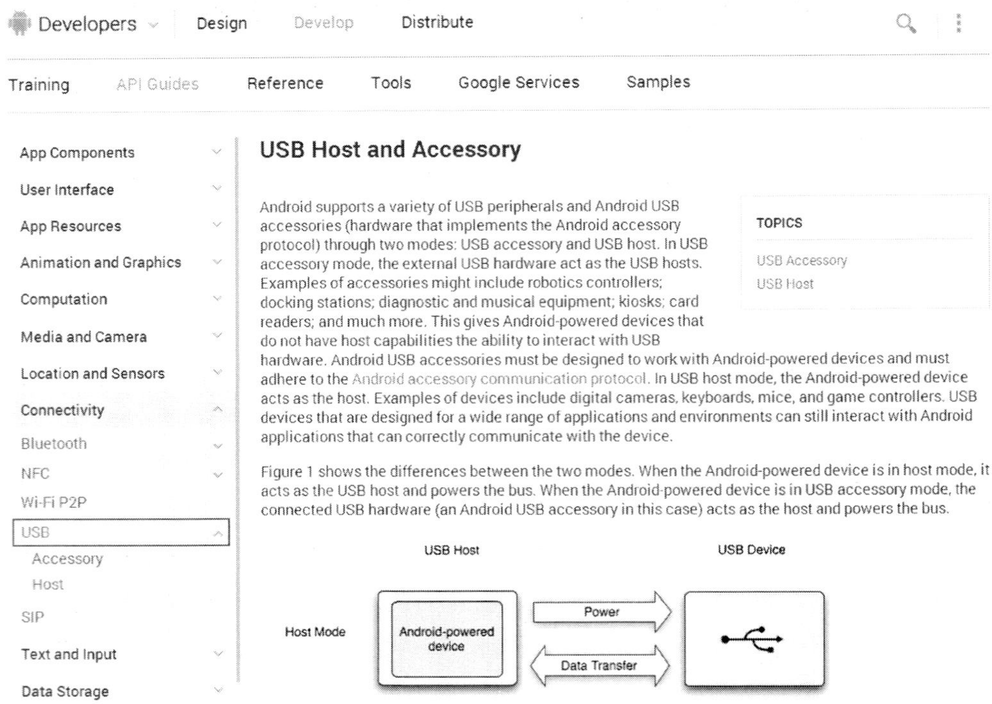

그림 9.2-1

모바일 디바이스에서 USB를 활용하기 위해서는 매우 제약적인데, 안드로이드에서는 기본적으로 Accessory 모드는 지원하지만 Host 모드는 단말기에 따라서 되는 경우도 있고 되지 않을 수도 있다.

Host 모드는 바로 이전 절에서 설명했던 USB OTG 기능과 밀접한 관련이 있는데 스마트폰이나 스마트 패드 같이 저전력의 모바일 디바이스의 경우 OTG를 지원해야 Host 기능이 활용가능하다. 하지만 최근에 출시되는 스마트폰이나 패드의 경우는 OTG는 기본으로 지원하기 때문에 문제가 없을 것이다.

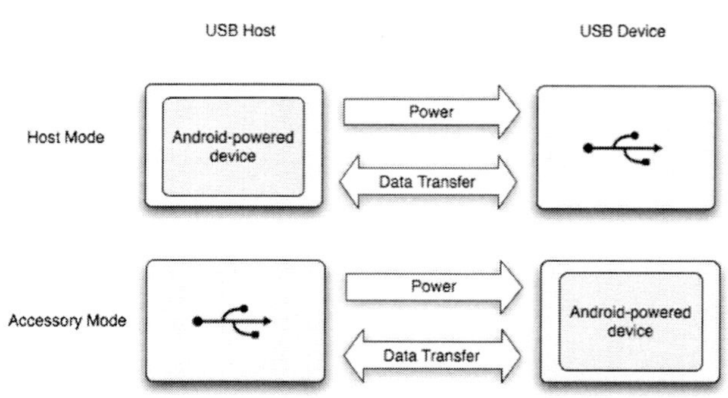

그림 9.2-2

반면에 Accessory Mode는 OpenCM9.04와 같은 임베디드 보드에 Host 기능이 있는 경우에만 활용할 수 있는 모드이다. 이 경우는 안드로이드 장치가 USB Device로 동작을 하게 된다. OpenCM 보드는 이러한 Host 기능이 없지만 아두이노의 ADK 보드는 안드로이드 연결을 위한 목적으로 나와 있기 때문에 Host 기능이 지원된다.

9.3 안드로이드 디바이스와 OpenCM9.04 USB OTG 연결하기

일반적인 안드로이드 스마트폰은 PC에 있는 USB A타입 Female(호스트) 커넥터가 없기 때문에 이전 절에서 설명한 USB OTG Adapter를 이용해서 OpenCM9.04와 연결할 수 있다. USB OTG Adapter는 시중에 스마트 패드나 폰의 USB 액세서리 연결을 위해 쉽게 구할 수 있고 가격도 1,000원~5,000원으로 매우 저렴하다.

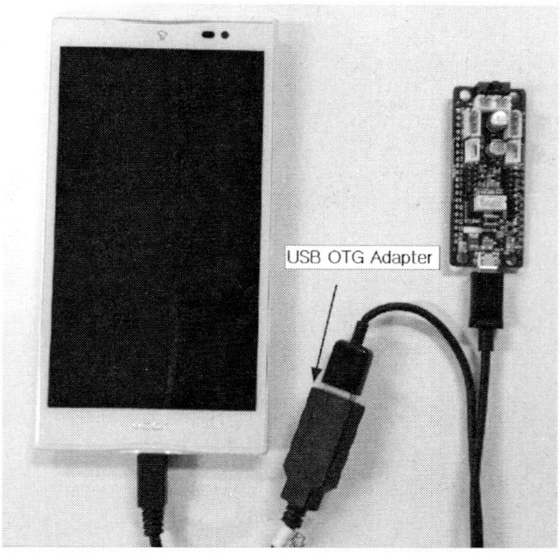

그림 9.3 스마트폰과 USG OTG를 이용해 OpenCM9.04와 연결한 모습

9.4 Android USB API 살펴보기

구글의 안드로이드 개발자 페이지에서는 USB 관련 API가 이전 절에서 언급된 것처럼 2가지 모드가 있다. 안드로이드 디바이스와 연결하려는 대상이 USB Host를 지원한다면 Accessory Mode로 연결하는 것을 추천하고, USB Host가 없다면 Host Mode로 연결할 수밖에 없다.

9.4.1 USB Accessory Mode

USB accessory mode는 안드로이드 장치가 연결될 수 있도록 Host Controller가 내장된 하드웨어와 연결하는 모드를 말한다. 대표적으로 Arduino 시리즈의 Mega ADK를 들 수 있다. 또는 아두이노 쉴드를 이용하는 방법도 있다.

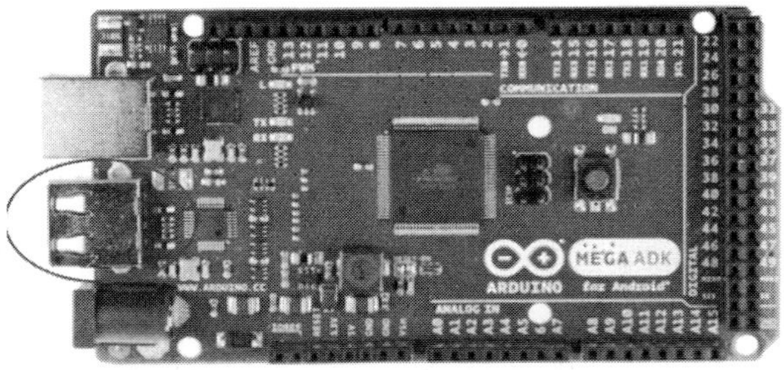

Arduino ADK R3 Front

그림 9.4.1-1

그림 9.4.1-2 아두이노의 일반 USB Host 쉴드 보드

이러한 보드가 있다면 액세서리 모드를 해볼 수 있지만 OpenCM 보드는 아직 USB Host 쉴드나 기능이 없기 때문에 Accessory Mode는 할 수 없고 그냥 살펴보기만 하자.

안드로이드 USB API는 안드로이드가 등장할 때부터 있던 것이 아니라 비교적 늦게 추가가 되었다. 안드로이드 3.1버전인 허니콤에서 본격적으로 탑재가 되기 시작하였고 진저브레드라고 하는 2.3.4버전은 외부에 add-on 라이브러리 형태으로 따로 붙여 써야만 한다. 안드로이드 개발자 페이지에서는 2가지 방법에 대해서 모두 소개하고 있지만 이 책에서는 외부 라이브러리 추가하는 방식은 제외하고 3.1이후 버전에서 사용되는 android.hardware.usb 패키지를 이용하는 방식을 소개한다. 하지만 2가지 방식은 약간의 minor한 사용법상의 차이가 있을 뿐 크게 차이가 없기 때문에 3.1이후의 방식으로만 알아두어도 충분하다. 그리고 2.3버전은 이미 오래된 버전이기 때문에 그리 많은 사용자들이 없을 것으로 판단된다.

또 한가지 고려해야 될 사항은 안드로이드 장치 제조사가 USB 연결 기능을 제공하지 않을 수도 있지만 현재 대부분의 제조사는 이러한 기능이 기본적으로 추가되어 있으리라고 짐작된다. 단, 뒤에 설명할 USB Host의 경우는 탑재되지 않는 경우도 있기 때문에 제조사에 문의가 필요하다.

USB Accessory API는 아래와 같이 2개의 클래스로 구성되어 있다.

Class	Description
UsbManager	Allows you to enumerate and communicate with connected USB accessories.
UsbAccessory	Represents a USB accessory and contains methods to access its identifying information.

그림 9.4.1-3

UsbManager는 안드로이드 장치를 호스트에 식별시켜주고 통신을 수행할 수 있게 초기화해주는 클래스이다. UsbAccessroy 클래스는 식별된 정보를 접근하는 메소드를 담고 있다.

맨처음 Accessory Mode를 사용하기 위해서는 안드로이드 시스템 장치에 USB 기능을 쓰겠다는 요청을 해야 한다. getSystemService()는 안드로이드에서 사용하고자 하는 기능이나 서비스를 요청하는 API인데 USB도 시스템 전체적으로 허가가 필요한 자원이기 때문에 반드시 getSystem Service()를 통해 자원을 할당 받아야한다. USB뿐만 아니라 GPS, 자이로 센서, Wifi, Bluetooth같은 자원도 모두 getSystemService()를 통해 할당받는다.

```
UsbManager manager = (UsbManager) getSystemService(Context.USB_SERVICE);
```

그러고 나서 안드로이드 장치가 USB에 연결되었을 때 알려주는 Intent를 처리하기 위해서 UsbAccessory 클래스 인스턴스를 얻는다.

```
UsbAccessory accessory = (UsbAccessory) intent.getParcelableExtra(UsbManager.EXTRA_ACCESSORY);
```

위의 두 가지 초기화는 USB Accessory Mode를 위해서는 반드시 필요한 절차이기 때문에 애플리케이션이 onCreate()될 때 수행될 수 있도록 해야 한다.

그 다음으로 안드로이드 Manifest.xml 파일에 USB accessory로 동작하기 위한 정보를 애플리케이션이 실행될 때 시스템이 필요한 자원을 알 수 있도록 추가해야 한다. 이전에도 설명했지만 안드로이드 운영체제는 모든 애플리케이션에 Manifest.xml 파일을 통해 해당 애플리케이션이 실행되는 데 필요한 모든 정보를 서술하게 되어 있다. 하지만 USB의 경우는 이전에 Bluetooth와는 다르게 조금 복잡하다. 몇 가지 추가해야 될 정보들이 늘어났다. 다음은 안드로이드 개발자 페이지에서 그 절차를 서술해 놓은 정보이다. 살펴보면,

- 모든 안드로이드 장치들이 USB accessory API를 지원하지 않을 수 있기 때문에 <uses-feature>를 통해 android.hardware.usb.accessory를 등록해야 한다.
- 최소 SDK 버전을 12 레벨로 설정한다(만약 외부 라이브러리 연동이라면 더 낮은 10 레벨로 설정해야 한다).
- 안드로이드 장치가 USB에 연결되었을 때 intent를 통해 알림이 필요하다면 <intent-filter>와 <meta-data> element를 추가해야 한다. meta-data란 외부에 별도의 XML파일을 통해 어떤 장치가 USB를 통해 연결되었을 경우에 식별을 해서 Intent를 날려야 되는지 기준이 되는 정보들을 담은 파일을 말한다.

그럼 구체적으로 코드레벨로 intent filter를 사용한 예제를 살펴보자.

```
<activity ...>
    ...
    <intent-filter>
        <action android:name="android.hardware.usb.action.USB_ACCESSORY_ATTACHED" />
    </intent-filter>

    <meta-data android:name="android.hardware.usb.action.USB_ACCESSORY_ATTACHED"
        android:resource="@xml/accessory_filter" />
</activity>
```

그림 9.4.1-4

intent-filter로 android.hardware.usb.action.USB_ACCESSORY_ATTACHED라는 Intent가 따로 있으니 이런 Intent만 필터링하겠다라는 의미이다. 그리고 어떠한 USB 디바이스인지를 명시한 accessory_filter.xml 파일을 따로 만들고 아래와 같이 내용을 추가한다. 즉, 제조사가 “Google, INC.”이고 모델이 Demokit라는 USB Description이 붙은 장치만 필터링 해서 서로 상호 데이터를 교환할 수 있다.

```
<?xml version="1.0" encoding="utf-8"?>

<resources>
    <usb-accessory manufacturer="Google, Inc." model="DemoKit" version="1.0" />
</resources>
```

그림 9.4.1-5

이제 이러한 intent를 등록한 UsbAccessory 인스턴스를 만들어야 한다.

```
UsbAccessory accessory = (UsbAccessory)intent.getParcelableExtra(UsbManager.EXTRA_ACCESSORY);
```

다음으로 USB를 연결했을 때 성공적으로 등록된 장치들을 읽어 들이면 되는데, UsbManager에서 getAccessoryList() 메소드를 활용한다. USB용어로는 이렇게 Host에 등록하는 과정을 Enumeration이라고 하는데 getAccessoryList()는 enumerate한 디바이스의 리스트를 UsbAccessory[] 배열 형태로 넘겨준다.

```
UsbManager manager = (UsbManager) getSystemService(Context.USB_SERVICE);
UsbAccessory[] accessoryList = manager.getAcccessoryList();
```

그림 9.4.1-6

참고로 현재 안드로이드 디바이스들은 대부분 충전 및 데이터 교환용으로 micro B타입 커넥터 하나만 있지만 향후에는 여러 개를 동시에 연결하는 제품이 나올 것을 예상하고 디자인했기 때문에 UsbAccessory[] 배열로 받게 된다.

마지막으로 이렇게 등록한 USB Accessory가 통신을 수행하기 위해서는 애플리케이션이 Permission을 받아야 한다. 방금 위에서 언급했던 Intent filter로 자동으로 접근 권한을 받을 수도 있지만 그렇지 않을 수도 있기 때문에 명시적으로 대화창을 띄워서 유저로부터 접근 권한을 받는 코드를 다음과 같이 BroadcastReceiver를 통해 추가한다.

```
private static final String ACTION_USB_PERMISSION =
    "com.android.example.USB_PERMISSION";
private final BroadcastReceiver mUsbReceiver = new BroadcastReceiver() {

    public void onReceive(Context context, Intent intent) {
        String action = intent.getAction();
        if (ACTION_USB_PERMISSION.equals(action)) {
            synchronized (this) {
                UsbAccessory accessory = (UsbAccessory) intent.getParcelableExtra(UsbManager.EXTRA_ACCESSORY

                if (intent.getBooleanExtra(UsbManager.EXTRA_PERMISSION_GRANTED, false)) {
                    if(accessory != null){
                        //call method to set up accessory communication
                    }
                }
                else {
                    Log.d(TAG, "permission denied for accessory " + accessory);
                }
            }
        }
    }
};
```

그림 9.4.1-7

그리고 이렇게 Broadcast receiver를 쓰기 위해서는 아래와 같이 onCreate()에서 미리 선언해야 한다.

```
UsbManager mUsbManager = (UsbManager) getSystemService(Context.USB_SERVICE);
private static final String ACTION_USB_PERMISSION =
    "com.android.example.USB_PERMISSION";
...
mPermissionIntent = PendingIntent.getBroadcast(this, 0, new Intent(ACTION_USB_PERMISSION), 0);
IntentFilter filter = new IntentFilter(ACTION_USB_PERMISSION);
registerReceiver(mUsbReceiver, filter);
```

그림 9.4.1-8

그리고 대화창을 띄우기 위해서는 아래와 같은 코드를 추가한다.

```
UsbAccessory accessory;
...
mUsbManager.requestPermission(accessory, mPermissionIntent);
```

그림 9.4.1-9

그리고 실제적인 데이터 통신은 아래와 같이 FileInputStream과 FileOutputStream을 이용한 예제코드를 참고한다. 단순히 스레드를 돌려서 데이터가 오면 처리하는 구조이다.

```
UsbAccessory mAccessory;
ParcelFileDescriptor mFileDescriptor;
FileInputStream mInputStream;
FileOutputStream mOutputStream;

...

private void openAccessory() {
    Log.d(TAG, "openAccessory: " + accessory);
    mFileDescriptor = mUsbManager.openAccessory(mAccessory);
    if (mFileDescriptor != null) {
        FileDescriptor fd = mFileDescriptor.getFileDescriptor();
        mInputStream = new FileInputStream(fd);
        mOutputStream = new FileOutputStream(fd);
        Thread thread = new Thread(null, this, "AccessoryThread");
        thread.start();
    }
}
```

그림 9.4.1-10

USB 통신을 끝내기 위해서는 close() 메소드에서 아래와 같은 코드를 추가해서 정리한다.

```
BroadcastReceiver mUsbReceiver = new BroadcastReceiver() {
    public void onReceive(Context context, Intent intent) {
        String action = intent.getAction();

        if (UsbManager.ACTION_USB_ACCESSORY_DETACHED.equals(action)) {
            UsbAccessory accessory = (UsbAccessory)intent.getParcelableExtra(UsbManager.EXTRA_ACCESSORY);
            if (accessory != null) {
                // call your method that cleans up and closes communication with the accessory
            }
        }
    }
};
```

그림 9.4.1-11

9.4.2 USB Host Mode

USB Host 모드는 안드로이드 장치가 Host로서 동작하면서 임베디드 보드에 전원도 공급할 수 있는 모드이다. USB Host 모드는 Accessory 모드와 다르게 안드로이드 3.1버전이나 상위버전에서만 동작이 보장되고 장치 제조사가 USB Host 모드를 위한 OTG 기능이 활성화된 단말기에서만 동작이 보장되는 단점이 있지만 글을 쓰고 있는 현재(2013.12)로서는 거의 모든 단말기가 지원한다고 할 수 있다.

Host모드에서 사용되는 API는 아래와 같다. Accessory 모드일 때와는 비교도 안될 만큼 많은 클래스들이 있다. 왜냐하면 기존의 PC가 하던 Host의 Enumeration 기능을 담당해야 되기 때문에 그만큼 더욱 많은 클래스가 있을 수밖에 없다. 그리고 Host 기능을 구현해야되기 때문에 USB 기술에 대한 하드웨어적인 이해가 USB Device에 비해 많이 필요하다.

Class	Description
UsbManager	Allows you to enumerate and communicate with connected USB devices.
UsbDevice	Represents a connected USB device and contains methods to access its identifying information, interfaces, and endpoints.
UsbInterface	Represents an interface of a USB device, which defines a set of functionality for the device. A device can have one or more interfaces on which to communicate on.
UsbEndpoint	Represents an interface endpoint, which is a communication channel for this interface. An interface can have one or more endpoints, and usually has input and output endpoints for two-way communication with the device.
UsbDeviceConnection	Represents a connection to the device, which transfers data on endpoints. This class allows you to send data back and forth sychronously or asynchronously.
UsbRequest	Represents an asynchronous request to communicate with a device through a UsbDeviceConnection.
UsbConstants	Defines USB constants that correspond to definitions in linux/usb/ch9.h of the Linux kernel.

그림 9.4.2-1

- UsbDevice

  연결된 USB 디바이스 자체를 나타내고 Enumeration 과정에서 식별된 VID, PID, 인터페이스와 같이 USB Description 정보를 주로 가지고 있다.

- UsbManage

  Accessory Mode와 같이 USB 디바이스를 열거(Enumeration)하고 호스트와 USB 장치 간의 Connection확립하는 등의 전반적인 관리를 담당하는 클래스이다.

- UsbInterface

  USB 인터페이스를 나타내는 클래스이고 어떤 기능(Function)을 가진 디바이스인지를 정의한다. UsbInterface를 통해서 USB 장치가 어떠한 엔드포인트를 가지고 있는지, 통신 방향은 어떻게 정의되어 있는지 확인할 수 있다.

- UsbEndpoint

  USB 디바이스와 호스트가 통신하는 채널을 의미한다고 볼 수 있다. 데이터를 주고받기 위해서는 반드시 위에서 언급된 UsbInterface로부터 IN/OUT 엔드포인트를 받아야 한다.

- UsbDeviceConnection

  엔드포인트를 이용해 데이터를 주고 받는 데 이용한다. bulkTransfer()를 사용해 주고 받는 transaction을 모두 이용할 수 있다.

나머지 클래스 API는 그렇게 중요성이 높지 않아서 설명을 생략하고 실제 코드레벨에서 간단히 설명하도록 한다.

우리가 OpenCM 보드를 가지고 안드로이드의 USB Host 코드를 이용해 애플리케이션을 작성하기 위해서는 위에서 언급했던 USB 용어와 클래스들을 이해하는 것이 중요하다. 이제부터 구글의 안드로이드 개발자 페이지에서 가이드 해놓은 내용을 바탕으로 USB Host 코드를 공부해보자.

Android Manifest Requirements

USB Host 기능을 활용하기 위해서는 반드시 안드로이드 애플리케이션의 Manifest에서 명시(Specify)해야 될 항목들이 있다. 반드시 추가해야 되는 USB 디바이스 정보들은 다음과 같다.

- 방금 앞에서 설명했던 USB Host와 관련된 API 클래스들이 담겨진 package인 android.hardware.usb.host를 사용한다는 <uses-feature> 요소를 추가한다. 추가하지 않으면 앞에서 서술했던 UsbDevice, UsbInterface, UsbEndpoint와 같은 클래스를 사용할 수 없다.
- 최소 API 레벨이 12 또는 이상으로 설정한다. API Level 12 이하는 USB host API가 전혀 없다고 봐야한다.
- Accessory Mode에서와 같이 모든 USB 디바이스를 Target으로 동작하는 것이 아닌 필요한 USB 디바이스만 필터링하기 위해서 <intent-filter>와 <meta-data>를 추가 작성한다. USB Host 모드는 이전 Accessory 모드와는 다르게 여기서 추가해야 될 항목들이 더 많다. 이전

모드와 다르게 USB Host 본연의 기능인 vendor-id, product-id, usb 장치 class 정보 등을 추가해야 한다. Host가 수행하는 USB Device Enumeration과정을 이용해서 얻은 정보를 바탕으로 우리가 요구하는 디바이스만 필터링 할 수 있다. 그러한 필터링을 위해서 아래의 정보가 필요하다.

- vendor-id
- product-id
- class
- subclass
- protocol (device or interface)

그림 9.4.2-2

해당 정보들은 res/xml/디렉터리에 작성 후 <meta-data> 요소로 추가 등록하면 된다.
아래의 예제를 통해 Manifest.xml과 resource 파일들이 어떻게 만들어질 수 있는지 살펴보자.

```
<manifest ...>
    <uses-feature android:name="android.hardware.usb.host" />      USB Host 기능에 대한 사용 명시
    <uses-sdk android:minSdkVersion="12" />                          최소 API level 설정
    ...
    <application>
        <activity ...>
            ...
            <intent-filter>
                <action android:name="android.hardware.usb.action.USB_DEVICE_ATTACHED" />    장치 필터링 사용
            </intent-filter>

            <meta-data android:name="android.hardware.usb.action.USB_DEVICE_ATTACHED"       meta-data 설정
                android:resource="@xml/device_filter" />
        </activity>
    </application>
</manifest>
```

그림 9.4.2-3

메타 데이터인 device_filter.xml은 다음과 같이 작성하면 된다.

```
<?xml version="1.0" encoding="utf-8"?>

<resources>
    <usb-device vendor-id="1234" product-id="5678" />
</resources>
```

그림 9.4.2-4

이것으로 Menifest에서 작성해야 될 요소들은 모두 끝났다. 이제 실제 java 코드레벨에서 USB Device가 연결되었을 때 Enumeration을 하고 통신하는 예제를 살펴보자.

맨 처음 전반적인 Host 기능을 컨트롤하는 UsbManager 인스턴스를 getSystemService()를 통해 얻어야한다. 참고로 getSystemService()는 안드로이드 OS로부터 USB 기능을 쓸 수 있게 허가를 요청하는 API이다. 안드로이드 OS로부터 성공적으로 UsbManager 인스턴스를 얻었으면 연결된 USB 디바이스에 대한 모든 UsbDevice 객체를 얻을 수 있으며 연결하기를 원하는 USB 디바이스만 그 이름으로 찾을 수 있다.

```
UsbManager manager = (UsbManager) getSystemService(Context.USB_SERVICE);
...
HashMap<String, UsbDevice> deviceList = manager.getDeviceList();
UsbDevice device = deviceList.get("deviceName");
```

그림 9.4.2-5

혹은 java의 Iterator 인터페이스를 활용해서 모든 디바이스에 대한 UsbDevice 인스턴스를 구할 수도 있다.

```
UsbManager manager = (UsbManager) getSystemService(Context.USB_SERVICE);
...
HashMap<String, UsbDevice> deviceList = manager.getDeviceList();
Iterator<UsbDevice> deviceIterator = deviceList.values().iterator();
while(deviceIterator.hasNext()){
    UsbDevice device = deviceIterator.next()
    //your code
}
```

그림 9.4.2-6

USB 디바이스와 통신하기 위한 권한 얻기

안드로이드 애플리케이션에서 안드로이드 단말기의 기능을 쓰기 위해서는 항상 그랬듯이 USB에 접근하기 위해서도 시스템(OS)으로부터 적절한 Permission을 얻어야 한다. 그런데 이미 Manifest에서 intent filter를 사용하기로 했다면 자동으로 접근 권한을 얻지만 그렇지 못할 경우에는 아래와 같이 권한을 수동으로라도 얻도록 해야 한다.

Explicitly asking for permission might be neccessary in some situations such as when your application enumerates USB devices that are already connected and then wants to communicate with one. You must check for permission to access a device before trying to communicate with it. If not, you will receive a runtime error if the user denied permission to access the device.

To explicitly obtain permission, first create a broadcast receiver. This receiver listens for the intent that gets broadcast when you call `requestPermission()`. The call to `requestPermission()` displays a dialog to the user asking for permission to connect to the device. The following sample code shows how to create the broadcast receiver:

```
private static final String ACTION_USB_PERMISSION =
    "com.android.example.USB_PERMISSION";
private final BroadcastReceiver mUsbReceiver = new BroadcastReceiver() {

    public void onReceive(Context context, Intent intent) {
        String action = intent.getAction();
        if (ACTION_USB_PERMISSION.equals(action)) {
            synchronized (this) {
                UsbDevice device = (UsbDevice)intent.getParcelableExtra(UsbManager.EXTRA_DEVICE);

                if (intent.getBooleanExtra(UsbManager.EXTRA_PERMISSION_GRANTED, false)) {
                    if(device != null){
                      //call method to set up device communication
                   }
                }
                else {
                    Log.d(TAG, "permission denied for device " + device);
                }
            }
        }
    }
};
```

그림 9.4.2-7

9.5 USB 디바이스와 통신하기

USB 장치와 동기식(Synchronous)이든 비동기식(Asynchronous)으로 데이터를 주고 받기 위해서는 거의 모든 경우에 스레드를 하나 만들고 그 안에서 모든 데이터 전송을 담당하게 한다(모든 네트워크 통신들을 이런 방식으로 한다). 그렇게 스레드로 분산하지 않으면 불필요한 데이터 전송 대기 시간 때문에 안드로이드 UI들의 반응이 매우 부자연스러워지는 현상이 생길 것이다. Host 모드에서 데이터 전송을 하기 위해서는 반드시 USB 장치에 사용되고 있는 적합한 UsbInterface와 UsbEndpoint를 얻어야 한다. 일반적으로 UsbEndpoint는 UsbDeviceConnection 클래스를 통해서 얻는다. 이제 예제를 통해서 어떻게 USB Host 모드가 데이터를 주고 받는지 살펴보자.

① 위에서 획득한 UsbDevice로부터 우리가 연결하고자 하는 USB 장치인지 product ID, vendor ID, device class정보 등으로 식별한다.

② UsbDevice의 getInterface()를 통해 연결된 장치의 UsbInterface 인스턴스를 구하고 getEndpoint() 메소드를 통해 데이터 통신을 위한 IN/OUT Endpoint를 얻어야 한다.

③ UsbDeviceConnection으로 위에서 획득한 endpoint를 open한다.

④ 데이터를 보내기 위해서는 bulkTransfer() 메소드를 활용하고 USB 장치를 컨트롤하기 위해서는 controlTransfer() 메소드를 활용한다. 일반적으로 USB 장치들이 성공적으로 열거되면

데이터 통신을 위한 Endpoint 2개와 Control을 위한 Endpoint 1개가 연결된다. 데이터 통신을 위한 Endpoint는 단방향임에 반해 컨트롤을 위한 Endpoint는 양방향 통신이기 때문에 1개만 해도 충분하다.

```
private Byte[] bytes
private static int TIMEOUT = 0;
private boolean forceClaim = true;

...

UsbInterface intf = device.getInterface(0);
UsbEndpoint endpoint = intf.getEndpoint(0);
UsbDeviceConnection connection = mUsbManager.openDevice(device);
connection.claimInterface(intf, forceClaim);
connection.bulkTransfer(endpoint, bytes, bytes.length, TIMEOUT); //do in another thread
```

그림 9.5

하지만 위의 안드로이드 API 가이드에 소개된 간단 예제는 데이터 전송을 스레드 없이 보내고 있기 때문에 반드시 다른 스레드 내에서 처리하기를 권장하고 있음을 참고 하자. 다음 절에는 이러한 USB Host 코드를 활용해서 OpenCM 보드를 제어하는 방법을 소개한다.

9.6 USB 통신으로 OpenCM LED 제어

지금부터 실제로 USB 통신을 이용해서 블루투스를 이용한 제어와 마찬가지로 OpenCM9.04 보드에 있는 status LED를 제어해보자.

9.6.1 새로운 Android Application Project 만들기

이클립스 ADT를 열고 File ⇨ New ⇨ Android Application Project를 이용해서 새로운 프로젝트를 만든다.

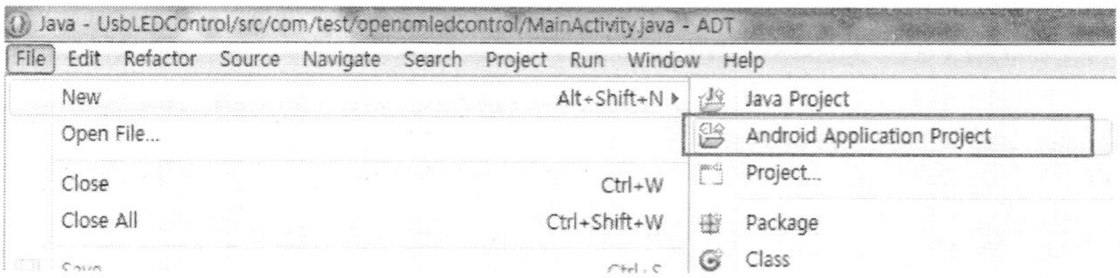

그림 9.6.1-1

Minimum Required SDK를 최소한 12 레벨 이상으로 한다. 아마도 이 글을 쓰고 있는 시점에서 많은 사람들이 최소한 IceCreamSandwich 안드로이드 4.0(API 14) 이상은 쓰고 있기 때문에 API 14로 설정하겠다.

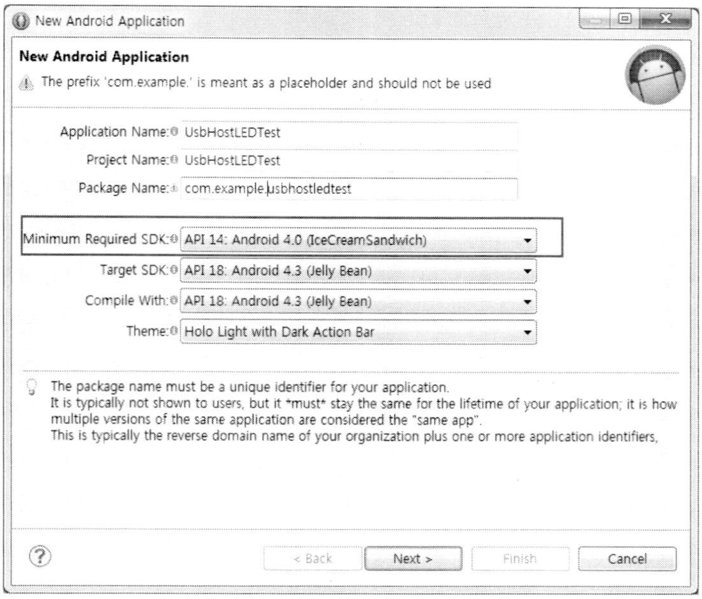

그림 9.6.1-2

그 다음은 전부 Next를 해서 최종으로 Hello World 같이 Blank Activity 위주의 빈 프로젝트를 만들면 아래와 같이 Package Explorer에 나타난다.

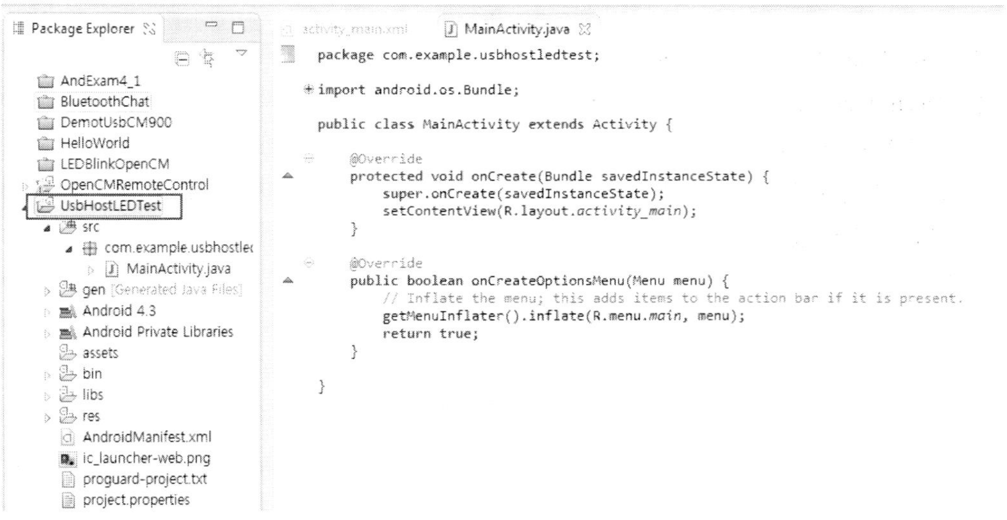

그림 9.6.1-3

언제나 그렇듯 시작은 늘 이렇게 Hello world! 예제로 시작하게 된다. 이제는 조금씩 위에서 살펴 보았던 USB Host 관련 코드를 차근차근 넣어보면 된다.

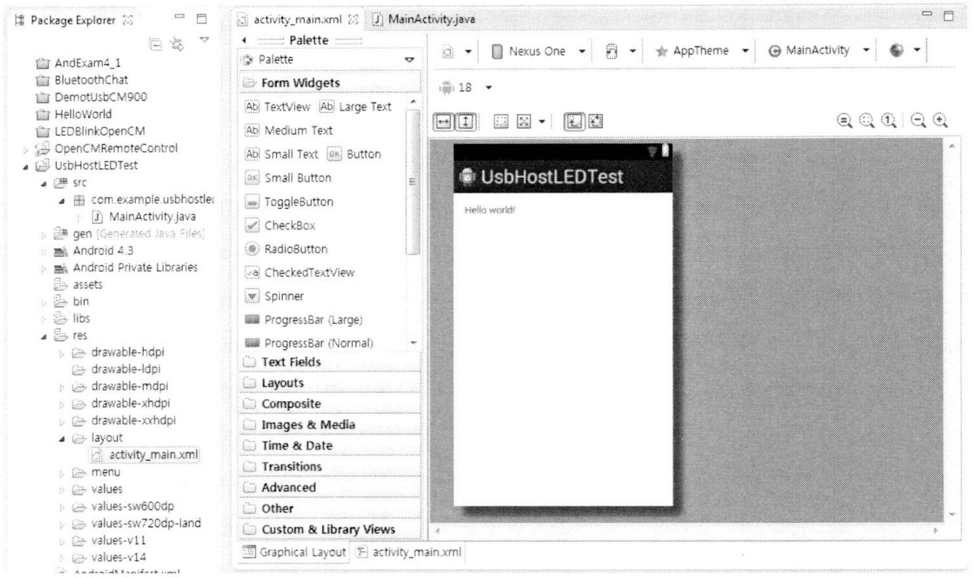

그림 9.6.1-4

9.6.2 AndroidManifest.xml에 USB Host 속성 추가하기

첫 번째로 애플리케이션이 USB Host 기능을 사용하기 위해서는 반드시 AndroidManifest.xml에 반드시 필요한 요소들을 추가하는 것으로 시작한다. uses-sdk는 이미 첫 단계에서 지정했기 때문에 생략한다.

① <uses-feature> 요소에서 USB Host를 사용한다는 내용을 추가한다.

② <intent-filter> 요소에서는 USB 장치가 연결되었을 때 Broadcast Receiver를 활용하기 위한 태그를 추가한다.

③ USB 장치가 연결되었을 때 필터링 하기 위한 조건을 <meta-data> 요소에서 새로 만든 filter.xml파일을 추가한다.

```
<uses-sdk
    android:minSdkVersion="14"
    android:targetSdkVersion="18" />
<!-- ROBOTIS ADD for OpenCM test -->
<uses-feature android:name="android.hardware.usb.host" />    1

<application
    android:allowBackup="true"
    android:icon="@drawable/ic_launcher"
    android:label="@string/app_name"
    android:theme="@style/AppTheme" >
    <activity
        android:name="com.test.opencmledcontrol.MainActivity"
        android:label="@string/app_name" >
        <intent-filter>
            <action android:name="android.intent.action.MAIN" />

            <category android:name="android.intent.category.LAUNCHER" />
        </intent-filter>                                                    2
        <!-- ROBOTIS ADD for OpenCM test -->
        <intent-filter>
            <action android:name="android.hardware.usb.action.USB_DEVICE_ATTACHED" />
        </intent-filter>
        <meta-data
            android:name="android.hardware.usb.action.USB_DEVICE_ATTACHED"
            android:resource="@xml/filter" />                               3
        <!-- ROBOTIS ADD for OpenCM test -->
    </activity>
</application>
```

그림 9.6.2-1

그리고 filter.xml 파일은 아래와 같이 작성한 후에 res디렉터리에 새로운 디렉터리 이름으로 xml을 만들고 그 안에 만든다.

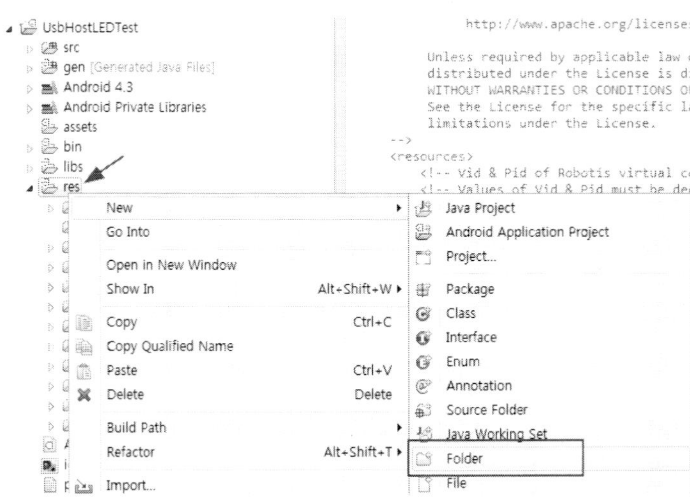

그림 9.6.2-2

그리고 res\xml 폴더가 만들어지면 xml 폴더 안에 새로운 파일을 하나 만들기하고 이름은 filter.xml로 한다.

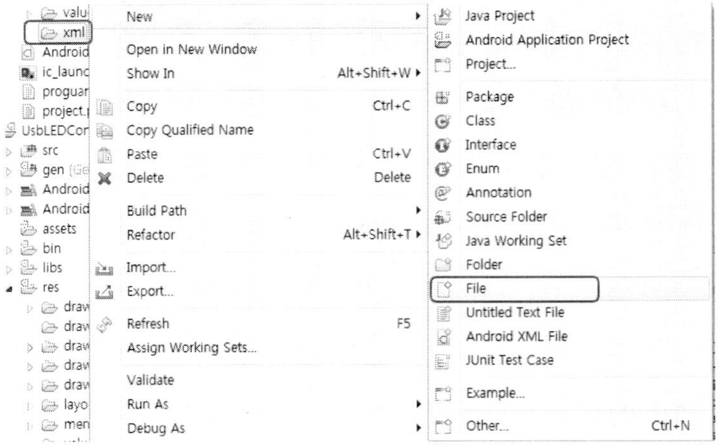

그림 9.6.2-3

그림 9.6.2-4

그림 9.6.2-5

이렇게 해서 만들어지면 아래와 같이 USB 장치 필터 조건을 xml형식으로 입력한다.

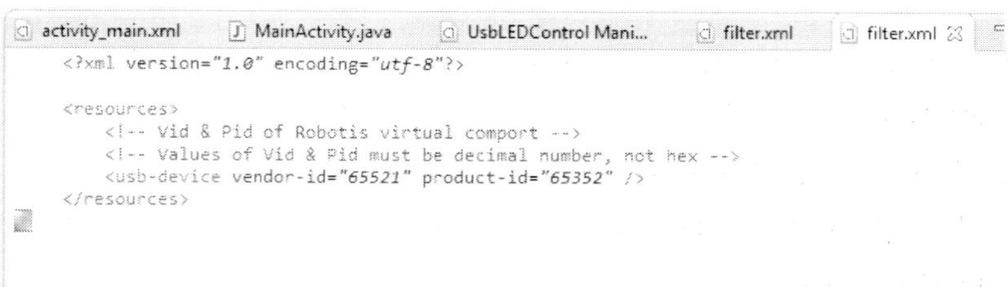

그림 9.6.2-6

여기서 vendor-id인 65521은 OpenCM의 USB 장치 VID=0xFFF1의 10진수를 의미하고 product -id 65352는 PID=0xFF48을 의미한다(계산기를 사용해보면 일치하는 것을 알 수 있다). 그리고 PID와 VID는 OpenCM9.04를 PC와 연결했을 때 장치 관리자에 나타나는 정보를 확인할 수 있다.

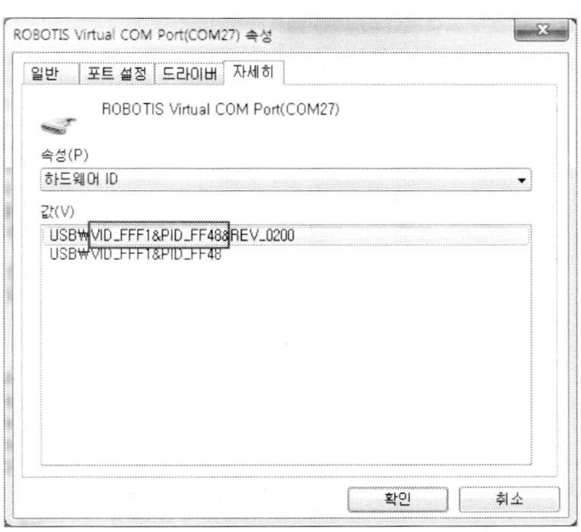

그림 9.6.2-7

자 이제 AndoroidManifest.xml 작성은 모두 끝났으니 에러가 없는지 실행을 해보자. Ctrl+F11을 눌러서 직접 스마트폰에 실행을 해본다.

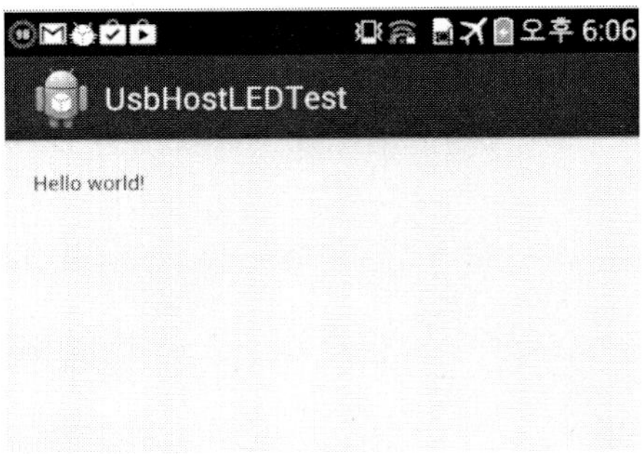

그림 9.6.2-8

9.6.3 Host 모드에서 USB 디바이스 찾기

onCreate()에서 getSystemService()를 통해 시스템으로부터 USB 사용에 대한 Permission을 얻는다. 그리고 검색된 USB 디바이스 리스트로부터 찾고자 하는 VID, PID에 해당하는 장치에 대한 Broadcast를 허용할 수 있도록 PedingIntent를 만든다. 사실은 거의 모든 안드로이드 단말기에서는 USB 호스트가 하나밖에 없어서 디바이스 리스트라고 해도 단 하나가 나와서 불필요한 과정이라고 생각되지만 추후에 확장성을 생각해서 구글에서 리스트를 이용해서 검색하는 루틴을 만든 것 같다. 암튼 이 모든 과정은 UsbManager 클래스를 통해 수행한다.

```
final int VID = 65521; //0xfff1
final int PID = 65352; //0xff48

UsbManager mManager;

@Override
protected void onCreate(Bundle savedInstanceState) {
    super.onCreate(savedInstanceState);
    setContentView(R.layout.activity_main);

    mManager = (UsbManager) getSystemService(Context.USB_SERVICE);

    HashMap<String, UsbDevice> deviceList = mManager.getDeviceList();
    Iterator<UsbDevice> deviceIterator = deviceList.values().iterator();
    while (deviceIterator.hasNext())
    {
        UsbDevice device = deviceIterator.next();
        if (device.getVendorId() == VID && device.getProductId() == PID)
        {
            PendingIntent permissionIntent = PendingIntent.getBroadcast(this,0,new Intent(ACTION_USB_PERMISSION),0);
            mManager.requestPermission(device, permissionIntent);

        }
    }
```

그림 9.6.3-1

Interater 인터페이스를 이용해서 USB 장치 리스트 중에 VID = 0xfff1, PID = 0xff48인 장치를 찾아서 Broadcast를 받을 수 있게 처리한다. 이렇게 Broadcast를 등록하는 이유는 OpenCM9.04가

USB OTG 아답터를 통해 연결되면 자동으로 UsbHostLEDTest 예제가 실행되고 해당 USB 통신이 가능하도록 시스템으로부터 허가를 받는 것을 구현하기 위해서이다.

9.6.4 안드로이드 Broadcast 등록하기

이제는 OpenCM9.04가 연결되었을 때와 연결을 해제했을 때 발생되는 Broadcast를 처리하는 함수를 만들어서 등록하면 된다. Broadcast는 안드로이드 시스템에서 모든 컴포넌트들이 수신하는 메시지이다. 컴포넌트(애플리케이션)는 자기한테 해당하는 메시지라면 해당 루틴(핸들러)을 수행해서 처리하면 된다. 여기서는 USB 장치가 연결되었을 때 UsbDevice를 이용해서 IN과 OUT에 해당하는 Endpoint를 얻고 장치가 해제되었을 때는 연결을 해제하는 코드를 넣으면 된다.

Endpoint를 얻는 과정은 setDevice()라는 함수를 만들어서 별도로 처리하도록 하였다.

```
UsbEndpoint mEndpointIn;
UsbEndpoint mEndpointOut;
UsbDeviceConnection mConnection;

private static final String ACTION_USB_PERMISSION = "com.android.example.USB_PERMISSION";
private final BroadcastReceiver mUsbReceiverAttached = new BroadcastReceiver()
{
    public void onReceive(Context context, Intent intent)
    {
        String action = intent.getAction();
        if (ACTION_USB_PERMISSION.equals(action))
        {
            synchronized (this)
            {
                UsbDevice device = (UsbDevice) intent
                        .getParcelableExtra(UsbManager.EXTRA_DEVICE);
                if (intent.getBooleanExtra(
                        UsbManager.EXTRA_PERMISSION_GRANTED, false))
                {
                    //Log.d(TAG, "BOARDCAST IS ENABLED");
                    Toast.makeText(getApplicationContext(), "[BROADCAST]OpenCM9.04 is connected.", Toast.LENGTH_SHORT).show();
                    if (device != null)
                    {
                        setDevice(device);
                    }

                } else
                {
                    Log.d(TAG, "permission denied for device " + device);
                    Toast.makeText(getApplicationContext(), "USB permission denied for device.", Toast.LENGTH_SHORT).show();
                }
            }
        }
    }
};
```

OpenCM9.04가 연결되었을 때

그림 9.6.4-1

OpenCM9.04가 연결되었을 때는 mUsbReceiverAttached라는 BroadcastReceiver를 통해서 IN과 OUT에 해당하는 Enpoint를 얻기 위해 setDevice()를 수행한다.

setDevice()에서는 UsbDevice의 getInterface를 이용해서 UsbInterface를 얻고 인터페이스 개수내에서 Bulk 전송을 위한 Endpointer IN/OUT에 해당하는 Pair를 찾아서 각각 mEndpointIn, mEndpointOut에 할당한다. 그러고 나서 최종적으로 mManager의 openDevice() 메소드를 통해서 UsbDeviceConnection 클래스의 claimInterface() 메소드를 이용해서 통신을 시작한다. 그러한 코드가 아래에 해당한다.

```
private void setDevice(UsbDevice device) {
    UsbInterface intf = null;

    if (device == null) {

    } else {
        // Finding endpoint
        for (int indexIntf = 0; indexIntf < device.getInterfaceCount(); indexIntf++)
        {
            intf = device.getInterface(indexIntf);
            if (intf.getEndpointCount() >= 2)
            {
                for (int indexEndpoint = 0; indexEndpoint < intf.getEndpointCount(); indexEndpoint++)
                {
                    if (intf.getEndpoint(indexEndpoint).getType() == UsbConstants.USB_ENDPOINT_XFER_BULK
                            && intf.getEndpoint(indexEndpoint).getDirection() == UsbConstants.USB_DIR_IN)
                    {
                        mEndpointIn = intf.getEndpoint(indexEndpoint);
                    } else if (intf.getEndpoint(indexEndpoint).getType() == UsbConstants.USB_ENDPOINT_XFER_BULK
                            && intf.getEndpoint(indexEndpoint).getDirection() == UsbConstants.USB_DIR_OUT)
                    {
                        mEndpointOut = intf.getEndpoint(indexEndpoint);
                    }
                }
            }
        }

        mConnection = mManager.openDevice(device);
        mConnection.claimInterface(intf, true);

    }
}
```

그림 9.6.4-2

그리고 연결이 해제되었을 때는 아래의 BroadcastReceiver를 수행해서 마무리 코드를 넣는다. 마무리 코드로는 UI 리소스에 대한 메모리 해제나 장치 사용에 대한 종료 코드를 넣어주면 되지만 현재 예제에서는 그냥 연결이 disconnected되었다는 Toast만 실행시킨 후 Acitivity를 종료하는 finish() 메소드를 실행한다.

```
BroadcastReceiver mUsbReceiverDetached = new BroadcastReceiver() {
    public void onReceive(Context context, Intent intent) {
        String action = intent.getAction();

        if (UsbManager.ACTION_USB_DEVICE_DETACHED.equals(action))
        {
            UsbDevice device = (UsbDevice) intent.getParcelableExtra(UsbManager.EXTRA_DEVICE);
            if (device != null)
            {
                // call your method that cleans up and closes communication
                // with the device
                Toast.makeText(getApplicationContext(), "[BROADCAST]OpenCM9.04 is disconnected", Toast.LENGTH_SHORT).show();
            }

            finish();
        }
    }
};
```

그림 9.6.4-3

그리고 이렇게 구현한 mUsbReceiverAttached와 mUsbReceiverDetached는 onCreate()에서 추가한다. 위치는 getSystemService() 이후로 바로 등록하는 것이 낫다.

```
protected void onCreate(Bundle savedInstanceState) {
    super.onCreate(savedInstanceState);
    setContentView(R.layout.activity_main);

    mManager = (UsbManager) getSystemService(Context.USB_SERVICE);

    registerReceiver(mUsbReceiverAttached, new IntentFilter(ACTION_USB_PERMISSION));
    registerReceiver(mUsbReceiverDetached, new IntentFilter(UsbManager.ACTION_USB_DEVICE_DETACHED));

    HashMap<String, UsbDevice> deviceList = mManager.getDeviceList();
    Iterator<UsbDevice> deviceIterator = deviceList.values().iterator();
    while (deviceIterator.hasNext())
    {
        UsbDevice device = deviceIterator.next();
        if (device.getVendorId() == VID && device.getProductId() == PID)
        {
            PendingIntent permissionIntent = PendingIntent.getBroadcast(this,0,new Intent(ACTION_USB_PERMISSION),0);
            mManager.requestPermission(device, permissionIntent);

        }
    }
```

그림 9.6.4-4

9.6.5 버튼위젯을 이용한 USB 데이터 보내기

이제 USB Host 통신을 위한 모든 코드가 준비되었다. 지금까지 한 내용을 정리해보면 USB Host 기능을 사용하기 위해서 AndroidManifest.xml에 USB 기능 사용에 대한 Permission을 넣고 Intent를 사용하기 위해서 Intent-filter 항목을 넣었다. 그리고 filter 조건으로 필요한 OpenCM9.04에 대한 USB 장치 정보를 filter.xml 파일로 만들어서 추가하였다. 그리고 onCreate() 메소드에서는 getSystemService()를 통해서 UsbManager를 얻고 연결될 때와 해제될 때 호출되는 Broadcast Receiver 핸들러를 정의하고 등록하였다.

이제는 버튼을 하나 만들고 버튼을 눌렀을 때 USB를 통해 특정 문자를 byte로 보내면 OpenCM9.04에서는 그 특정 문자를 필터링해서 LED를 토글시킨다.

먼저 res\layout\activity_main.xml을 선택해서 버튼 하나를 추가한다. 버튼의 위치는 관계없다. 이름은 "LED Toggle"이라고 하겠다.

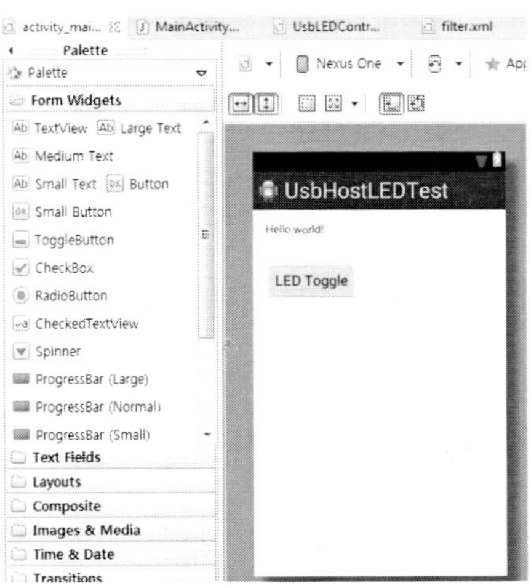

그림 9.6.5-1

```
<Button
    android:id="@+id/button1"
    android:layout_width="wrap_content"
    android:layout_height="wrap_content"
    android:layout_alignLeft="@+id/textView1"
    android:layout_below="@+id/textView1"
    android:layout_marginTop="31dp"
    android:text="@string/led_toggle" />
```

그림 9.6.5-2

그리고 버튼을 눌렀을 때 USB 통신으로 'L'이라는 캐릭터를 바이트로 보내는 코드를 onCreate()에 이어서 추가한다.

```
Button dataButton = (Button)findViewById(R.id.button1);
dataButton.setOnClickListener(new View.OnClickListener(){
    @Override
    public void onClick(View arg0)
    {
        ByteBuffer buffer = ByteBuffer.allocate(32); // buffer size  = 32
        buffer.put((byte) 'L');
        if (mConnection == null) {
            Toast.makeText(getApplicationContext(), "OpenCM is not connected.", Toast.LENGTH_SHORT).show();

        } else {
            mConnection.bulkTransfer(mEndpointOut, buffer.array(), buffer.array().length, 200); //timeout = 200
        }

    }
});
```

그림 9.6.5-3

바이트로 데이터를 보낼 때는 ByteBuffer라는 JAVA 클래스 API를 사용하고 mConnection이 null이 아닐 때만 데이터 전송을 해야 애플리케이션이 갑자기 죽는 버그를 방지할 수 있다. OpenCM9.04가 안드로이드 스마트폰과 USB OTG를 통해 연결되었을 때, USB 장치로 인식해서 BroadcastReceiver 핸들러가 발생할 것이고 이어서 setDevice()를 제대로 호출한다면 UsbDeviceConnection 인스턴스가 제대로 열려서 데이터를 주고 받을 준비가 된 것이다.

```
mConnection = mManager.openDevice(device);
mConnection.claimInterface(intf, true);
```

그림 9.6.5-4 setDevice()에서 mConnection을 mManager를 이용해서 Open하는 과정

UsbDeviceConnection 클래스는 USB 장치와 Host 간에 데이터를 주고 받는 데 필요한 메소드를 제공하는 API를 제공한다고 생각하면 된다.

9.6.6 OpenCM9.04 Firmware(Sketch) 작성

OpenCM9.04의 펌웨어에서는 별다른 USB 코드가 필요없다. USB Host 역할을 하는 안드로이드 애플리케이션에서 이미 필요한 처리를 다 주기 때문에 단순히 PC와 연결할 때처럼 Serial USB.

begin()만 해주면 된다. 하지만 OpenCM은 아두이노와 달리 자체 CPU에 내장된 USB 기반의 개발보드이기 때문에 board에 전원이 들어가는 순간 이미 USB 관련 코드들이 초기화가 된다. 그래서 별도로 SerialUSB.begin()을 선언할 필요가 없다. 그리고 SerialUSB.available()을 이용해 USB로부터 데이터가 왔을 때, 그것이 대문자'L'일 때만 toggleLED() 함수를 이용해 status LED핀을 토글시키면 끝난다.

```
void setup(){
  //USB Serial initialize, but it's okay without this initialization
  //SerialUSB.begin();
  pinMode(BOARD_LED_PIN, OUTPUT);
}
char temp=0;
void loop(){
  if(SerialUSB.available()){
    temp = (char)SerialUSB.read();
    if(temp == 'L')
      toggleLED();
  }

}
```

그림 9.6.6

이러한 예제를 보았을 때, ROBOTIS의 OpenCM의 가장 큰 장점이 이러한 스마트 디바이스와 연동성이 아닐까 생각될 정도로 펌웨어 코드는 매우 쉽고 간결하면서도 꼭 필요한 기능이 모두 구현되어 있는 아주 강력한 솔루션이라고 생각된다.

9.7 USB 통신으로 OpenCM 센서 모듈 입력받기

이번에는 OpenCM9.04의 5핀 센서 포트1번에 로보티즈IR센서 모듈을 연결해서 얻은 센서값을 USB를 통해 안드로이드 스마트폰으로 전송하는 예제를 만들어 보자. 구글의 안드로이드 개발자 페이지에서 USB API를 이용해 데이터를 전송할 때 별도의 스레드를 만들어서 애플리케이션 메인 스레드와는 별도로 데이터 송수신을 처리할 수 있게 해야 UI가 버벅거리는 현상을 피할 수 있다. 센서의 입력의 경우도 마찬가지로 bulkTransfer() 메소드를 이용해 특정 주기 간격으로 IN 엔드포인트로 들어온 데이터가 있는지 확인해보면 된다. 안타깝게도 아직까지는 USB 통신으로 데이터가 왔을 때 처리해주는 Receive Handler 이벤트가 없는 것으로 보인다. 이 부분은 향후 구글에서 새로 리스너를 만들 수도 있기 때문에 기다려보자. 현재로써는 어쩔 수 없이 Thread를 통해 Polling 방식으로 데이터를 확인하는 수밖에 없다. 그래도 최근의 안드로이드 스마트폰의 하드웨어 성능이 웬만한 PC 성능만큼 되기 때문에 Thread를 매우 자주 읽어도 성능 저하는 없다는 것이 매력적이다.

다음과 같이 IR Sensor Module을 OpenCM이 5핀 센서 포트 1번에 연결한다.

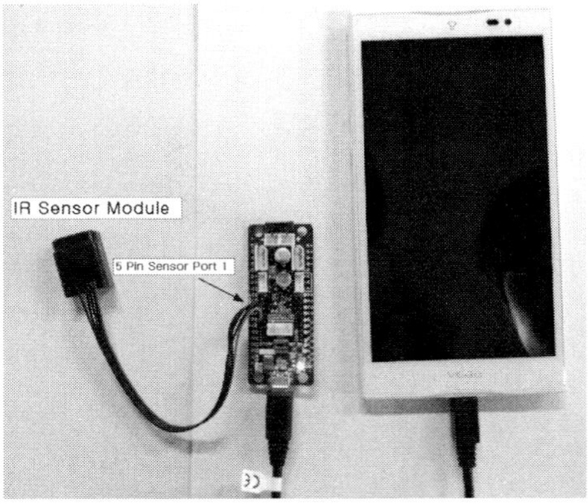

그림 9.7

9.7.1 안드로이드 애플리케이션 작성

앞에서 만든 USB Host 애플리케이션에서 스레드를 하나 추가하고 bulkTransfer()에 입력용 Endpoint를 이용해 주기적으로 데이터를 읽는 코드를 추가하자.

스레드를 만드는 방법은 이미 블루투스 애플리케이션에서 작업을 해보았기 때문에 쉽게 만들 수 있다. 간단하게는 블루투스 애플리케이션에서 ConnectedThread라는 내부 클래스를 통째로 복사해서 run() 부분과 생성자인 ConnectedThread()만 남기고 지운다. 또한, run() 메소드 내에서는 UI를 다루기가 어렵기 때문에 Handler까지 복사해 오도록 한다.

그리고 아래와 같이 byte[] 어레이와 bulkTransfer()를 이용해 주기적으로 데이터를 읽어와서 Handler로 보낸다. 위에서도 언급했지만 이렇게 바로 Thread에서 UI에 데이터를 표시하지 않고 Handler로 보내는 이유는 Thread에서는 UI 제어가 금지되어 있기 때문이다. 그래서 Handler에서 UI 업데이트를 하는 것이 바람직하다.

```
private class ConnectedThread extends Thread {
    public ConnectedThread() {
     //nothing...

    }

    public void run() {
        while (true) {

            byte[] data = new byte[32]; // buffer size 32

            if (mConnection != null) {
                mConnection.bulkTransfer(mEndpointIn, data, data.length, 200); // timeout is 200ms

                mHandler.obtainMessage(0, data.length, -1, data).sendToTarget();
            }
            try {
                Thread.sleep(100);
            } catch (InterruptedException e) {
                // TODO Auto-generated catch block
                e.printStackTrace();
            }

        }
    }
}
```

IN Endpoint

그림 9.7.1-1

그리고 UI에서 OpenCM9.04에서 받아온 IR 센서값을 화면에 표시하는 일을 해 줄 Handler를 선언하고 handleMessage() 함수를 override한다. 그리고 valuePos1이라는 TextView에 setText() 메소드를 이용해 화면에 센서값을 표시한다.

```
// The Handler that gets information back from the BluetoothChatService
private final Handler mHandler = new Handler() {
    @Override
    public void handleMessage(Message msg) {
        byte[] readBuf = (byte[]) msg.obj;
        valuePos1.setText(new String(readBuf));
    }
};
```

UI Update

그림 9.7.1-2

내부 멤버 변수로 valuePos1이라는 TextView 인스턴스를 하나 만들고 onCreate() 메소드에서 Hello World!라는 TextView를 valuePos1에 연결한다.

```
public class MainActivity extends Activity {
    final String TAG = "ROBOTIS";

    final int VID = 65521; //0xfff1
    final int PID = 65352; //0xff48

    UsbEndpoint mEndpointIn;
    UsbEndpoint mEndpointOut;
    UsbDeviceConnection mConnection;
    UsbManager mManager;

    TextView valuePos1;
    private static final String ACTION_USB_PERMISSION = "com.android.example.USB_PERMISSION";
```

그림 9.7.1-3

그리고 ConnectedThread 인스턴스를 얻어서 start() 메소드를 이용해 USB 송수신을 위해 스레드를 시작한다.

```
Button dataButton = (Button)findViewById(R.id.button1);
dataButton.setOnClickListener(new View.OnClickListener(){
    @Override
    public void onClick(View arg0)
    {
        ByteBuffer buffer = ByteBuffer.allocate(32); // buffer size  = 32
        buffer.put((byte) 'L');
        if (mConnection == null) {
            Toast.makeText(getApplicationContext(), "OpenCM is not connected.", Toast.LENGTH_SHORT).show();

        } else {
            mConnection.bulkTransfer(mEndpointOut, buffer.array(), buffer.array().length, 200); //timeout = 200
        }

    }
});
 valuePos1 = (TextView) findViewById(R.id.textView1);
 ConnectedThread mConnectedThread = new ConnectedThread();
 mConnectedThread.start();
```

Hello World!가 표시된
TextView의 리소스 ID

그림 9.7.1-4

9.7.2 OpenCM9.04 펌웨어 만들기

OpenCM9.04의 5핀 센서 포트에는 로보티즈의 IR 센서 모듈이 연결되어 있다. 그래서 OLLO 라이브러리를 이용해서 아주 간단하게 예제 펌웨어를 작성할 수 있다.

```
#include <OLLO.h>
OLLO myOLLO;

void setup(){
  myOLLO.begin(1, IR_SENSOR);//IR Module must be connected at port 1.
}
int irValue=0;
char valueStr[32];
void loop(){
 // SerialUSB.print("IR Sensor ADC = ");
  irValue = myOLLO.read(1, IR_SENSOR);
  itoa(irValue,valueStr,10);
  SerialUSB.println(valueStr); //read ADC value from OLLO port 1
  delay(100);
}
```

그림 9.7.2-1

myOLLO라는 OLLO 클래스 인스턴스를 선언하고 begin()을 이용해 IR 센서 모듈로 초기화를 한다. 그리고 loop()에서는 정수값으로 IR Sensor값을 읽어서 itoa() 함수로 스트링으로 변환한다. 이렇게 하는 이유는 정수값을 바로 USB로 보내면 안드로이드 애플리케이션에서는 정수값을 바이트 단위로 분해해서 보기 때문에 데이터 처리가 약간 복잡해진다. 그래서 예제에서는 간단하게 스트링으로 데이터를 보내서 데이터 통신이 어떻게 진행되는지만 살펴보고 뒤에 생각해보기에서 다양한 데이터 입출력에 대해서 고민해보자.

9.7.3 작동 결과 보기

이제 안드로이드 애플리케이션을 안드로이드 장치에 다운로드 하고 USB OTG 아답터를 이용해 OpenCM9.04 보드를 연결해 보면 자동으로 애플리케이션이 연결되어서 실행 여부를 묻게 된다. 그리고 연결을 누르면 아래와 같이 IR 센서값을 예전 Hello World 자리에서 볼 수 있게 된다.

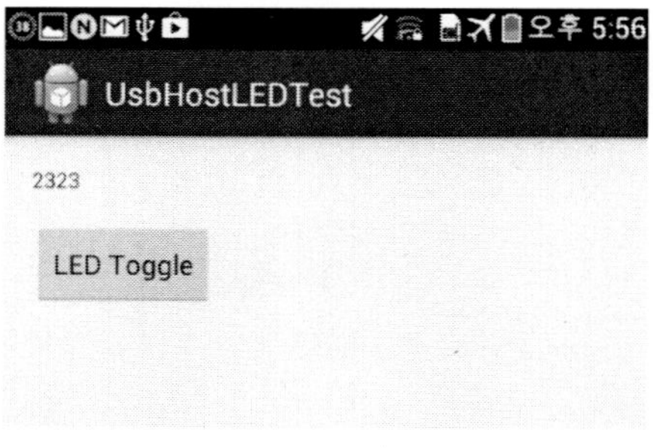

그림 9.7.3-1

Bluetooth 통신과는 다르게 USB는 정해진 길이만큼 읽어올 수 있다. 그래서 따로 패킷을 만들어서 보내지 않아도 사람이 읽을 수 있는 스트링 형태로 데이터를 보내도 괜찮다. 그리고 이렇게 보내진 스트링 데이터는 풍부한 Java API로 마음대로 자료형태를 변환할 수 있다.

만약 센서 데이터를 위와 같은 숫자 스트링을 정수로 변환하는 것은 어렵지 않다. 아래 스레드에서 핸들러로 데이터를 보냈을 때, 핸들러 내에서 이렇게 자료형을 변환할 수 있다.

```
byte[] readBuf = (byte[]) msg.obj;
int result = Integer.parseInt(new String(readBuf)); // 스트링 -⇨ 정수
```

만약 소수점 형태라면

```
float result = Float.parseFloat(new String(readBuf)); // 스트링 -⇨ 소수점
```

이러한 방식으로 정수나 소수점 데이터로 변환하면 그에 맞게 원하는 연산을 할 수 있을 것이다.

단 USB OTG의 경우 안드로이드 디바이스의 배터리 충전량이 충분히 있는 상태에서 테스트하기를 권한다. 배터리가 부족한 상태에서는 USB 통신이 매우 불안정하다는 것이 확인되었기 때문인데, 전원이 항상 부족한 모바일 디바이스에서는 어쩔 수 없는 것 같다.

9.8 USB 통신으로 OpenCM DXL 움직이기

9.8.1 OpenCM9.04에 다이나믹셀 연결하기

이번에는 USB 통신을 이용해 로봇 제작을 위한 엑추에이터를 움직여보자. 엑추에이터는 ROBOTIS社의 대표적인 스마트 액추에이터인 다이나믹셀 AX12를 사용하자. 또한, 모터를 돌리기 위해 별도의 전원이 필요하기 때문에 SMPS, 배터리, 또는 파워서플라이를 준비한다.

그림 9.8.1-1

여기서 다이나믹셀을 좀 더 편리하게 쓰기 위해서 OpenCM 485 EXP 보드를 이용해 OpenCM9.04를 다이나믹셀과 인터페이스를 하였다. 쉴드보드가 없는 독자들도 OpenCM9.04만 이용해서 XL-320 시리즈나 AX12A같은 저가형 다이나믹셀로도 충분히 할 수 있다.

그림 9.8.1-2

9.8.2 새로운 안드로이드 프로젝트 만들기

그리고 다이나믹셀을 위한 새로운 안드로이드 애플리케이션으로 UsbDxlControl이라는 이름으로 새로운 프로젝트를 만든다. 그리고 필요한 UI 위젯으로는 다이나믹셀의 Goal Position 제어를 위해서 SeekBar 1개와 현재 포지션을 읽을 수 있는 TextView 1개를 준비한다.

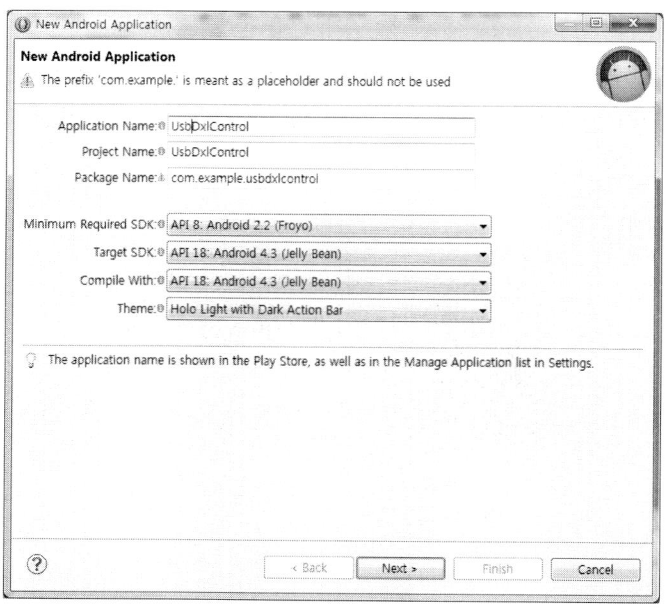

그림 9.8.2-1

그리고 Package Explorer를 통해 res/layout/activity_main.xml로 이동해서 아래와 같이 UI를 배치한다.

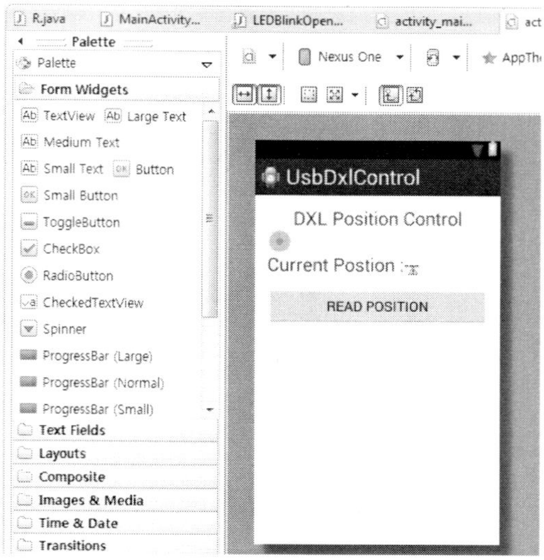

그림 9.8.2-2

항목을 위한 TextView 2개와 값 표시를 위한 TextView 1개 그리고 포지션 제어를 위한 SeekBar 1개, 현재 위치를 읽을 수 있는 버튼 1개를 준비한다.

xml 형식으로는 다음과 같다. 나머지 세부적인 UI 세팅은 필요한대로 추가하면 된다.

```
<TextView
    android:id="@+id/textView1"
    android:layout_width="wrap_content"
    android:layout_height="wrap_content"
    android:layout_alignParentTop="true"
    android:layout_centerHorizontal="true"
    android:text="@string/hello_world"
    android:textSize="24sp" />
```

"DXL Position Control" 타이틀

```
<SeekBar
    android:id="@+id/seekBar1"
    android:layout_width="match_parent"
    android:layout_height="wrap_content"
    android:layout_alignParentLeft="true"
    android:layout_below="@+id/textView1" />
```

다이나믹셀을 움직이기 위한 Seek Bar

그림 9.8.2-3

```
<TextView
    android:id="@+id/TextView01"
    android:layout_width="wrap_content"
    android:layout_height="wrap_content"
    android:layout_alignLeft="@+id/seekBar1"
    android:layout_below="@+id/seekBar1"
    android:text="@string/current_pos"
    android:textSize="24sp" />
<TextView
    android:id="@+id/textView2"
    android:layout_width="wrap_content"
    android:layout_height="wrap_content"
    android:layout_above="@+id/button1"
    android:layout_toRightOf="@+id/TextView01"
    android:text="---"
    android:textSize="24sp" />
<Button
    android:id="@+id/button1"
    android:layout_width="wrap_content"
    android:layout_height="wrap_content"
    android:layout_alignLeft="@+id/TextView01"
    android:layout_alignRight="@+id/seekBar1"
    android:layout_below="@+id/TextView01"
    android:layout_marginTop="16dp"
    android:text="@string/read_pos_button" />
```

"Current Position :" 타이틀 TextView

다이나믹셀 현재 위치값 표시 TextView

OpenCM9.04에 연결된 DXL 위치값 읽기 버튼

그림 9.8.2-4

그리고 AndroidManifest.xml 파일에도 USB Host 사용을 위한 항목들과 함께 filter.xml 파일을 추가한다.

```
<!-- ROBOTIS ADD for OpenCM test -->
    <uses-feature android:name="android.hardware.usb.host" />
    <application
        android:allowBackup="true"
        android:icon="@drawable/ic_launcher"
        android:label="@string/app_name"
        android:theme="@style/AppTheme" >
        <activity
            android:name="com.example.usbdxlcontrol.MainActivity"
            android:label="@string/app_name" >
            <intent-filter>
                <action android:name="android.intent.action.MAIN" />

                <category android:name="android.intent.category.LAUNCHER" />
            </intent-filter>
        </activity>

<!-- ROBOTIS ADD for OpenCM test -->
            <intent-filter>
                <action android:name="android.hardware.usb.action.USB_DEVICE_ATTACHED" />
            </intent-filter>
            <meta-data
                android:name="android.hardware.usb.action.USB_DEVICE_ATTACHED"
                android:resource="@xml/filter" />
<!-- ROBOTIS ADD for OpenCM test -->
```

그림 9.8.2-5

똑같이 filter.xml 파일을 res/xml/filter.xml로 만들어서 추가한다.

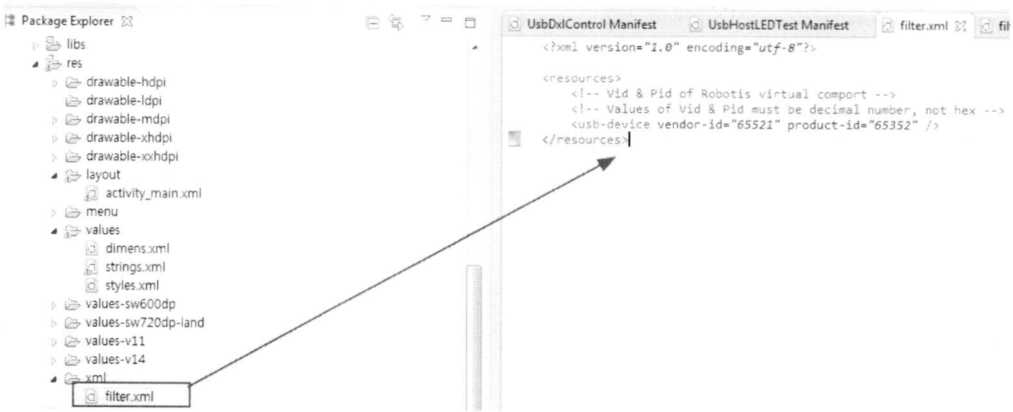

그림 9.8.2-6

그리고 USB 장치가 OTG 아답터를 통해 연결되었을 때 BroadcastReceiver와 UsbDevice 인스턴스를 이용해 UsbInterface를 얻어서 IN/OUT에 해당한 Endpoint를 구하고 UsbDeviceConnection을 이용해서 데이터를 주고 받는 작업을 이전 프로젝트로부터 동일하게 긁어온다.

먼저 이전 예제와 같은 방식으로 OpenCM9.04의 USB VID/PID에 해당하는 값을 내부 멤버 변수로 등록하고 UsbEndpoint, UsbDeviceConnection, UsbManager의 내부 멤버 인스턴스를 만든다.

```
public class MainActivity extends Activity {
final String TAG = "ROBOTIS";

    final int VID = 65521; //0xfff1
    final int PID = 65352; //0xff48

    UsbEndpoint mEndpointIn;
    UsbEndpoint mEndpointOut;
    UsbDeviceConnection mConnection;
    UsbManager mManager;
    private static final String ACTION_USB_PERMISSION = "com.android.example.USB_PERMISSION";
```

그림 9.8.2-7

그리고 USB 장치가 연결되었을 때 처리하는 핸들러와 연결이 끊어졌을 때 처리하는 핸들러를 각각 내부 멤버로 등록한다.

```
private final BroadcastReceiver mUsbReceiverAttached = new BroadcastReceiver()
{
    public void onReceive(Context context, Intent intent)
    {
        String action = intent.getAction();
        if (ACTION_USB_PERMISSION.equals(action))
        {
            synchronized (this)
            {
                UsbDevice device = (UsbDevice) intent
                        .getParcelableExtra(UsbManager.EXTRA_DEVICE);
                if (intent.getBooleanExtra(
                        UsbManager.EXTRA_PERMISSION_GRANTED, false))
                {
                    //Log.d(TAG, "BOARDCAST IS ENABLED");
                    Toast.makeText(getApplicationContext(), "[BROADCAST]OpenCM9.04 is connected.", Toast.LENGTH_SHORT).show();
                    if (device != null)
                    {
                        setDevice(device);
                    }

                } else
                {
                    Log.d(TAG, "permission denied for device " + device);
                    Toast.makeText(getApplicationContext(), "USB permission denied for device.", Toast.LENGTH_SHORT).show();
                }
            }
        }
    }
};

BroadcastReceiver mUsbReceiverDetached = new BroadcastReceiver() {
    public void onReceive(Context context, Intent intent) {
        String action = intent.getAction();

        if (UsbManager.ACTION_USB_DEVICE_DETACHED.equals(action))
        {
            UsbDevice device = (UsbDevice) intent.getParcelableExtra(UsbManager.EXTRA_DEVICE);
            if (device != null)
            {
                // call your method that cleans up and closes communication
                // with the device
                Toast.makeText(getApplicationContext(), "[BROADCAST]OpenCM9.04 is disconnected", Toast.LENGTH_SHORT).show();
            }

            finish();
        }
    }
};
```

그림 9.8.2-8

onCreate() 메소드에서도 똑같이 다음과 같이 입력한다.

```
protected void onCreate(Bundle savedInstanceState) {
    super.onCreate(savedInstanceState);
    setContentView(R.layout.activity_main);

    mManager = (UsbManager) getSystemService(Context.USB_SERVICE);

    registerReceiver(mUsbReceiverAttached, new IntentFilter(ACTION_USB_PERMISSION));
    registerReceiver(mUsbReceiverDetached, new IntentFilter(UsbManager.ACTION_USB_DEVICE_DETACHED));

    HashMap<String, UsbDevice> deviceList = mManager.getDeviceList();
    Iterator<UsbDevice> deviceIterator = deviceList.values().iterator();
    while (deviceIterator.hasNext())
    {
        UsbDevice device = deviceIterator.next();
        if (device.getVendorId() == VID && device.getProductId() == PID)
        {
            PendingIntent permissionIntent = PendingIntent.getBroadcast(this,0,new Intent(ACTION_USB_PERMISSION),0);
            mManager.requestPermission(device, permissionIntent);

        }
    }
}
```

그림 9.8.2-9

마지막으로 IN/OUT Endpoint를 확립하고 데이터 Transaction을 위한 Connection을 시작하는 setDevice() 함수도 가져온다.

```
private void setDevice(UsbDevice device) {
    UsbInterface intf = null;

    if (device == null) {

    } else {
        // Finding endpoint
        for (int indexIntf = 0; indexIntf < device.getInterfaceCount(); indexIntf++)
        {
            intf = device.getInterface(indexIntf);
            if (intf.getEndpointCount() >= 2)
            {
                for (int indexEndpoint = 0; indexEndpoint < intf.getEndpointCount(); indexEndpoint++)
                {
                    if (intf.getEndpoint(indexEndpoint).getType() == UsbConstants.USB_ENDPOINT_XFER_BULK
                            && intf.getEndpoint(indexEndpoint).getDirection() == UsbConstants.USB_DIR_IN)
                    {
                        mEndpointIn = intf.getEndpoint(indexEndpoint);
                    } else if (intf.getEndpoint(indexEndpoint).getType() == UsbConstants.USB_ENDPOINT_XFER_BULK
                            && intf.getEndpoint(indexEndpoint).getDirection() == UsbConstants.USB_DIR_OUT)
                    {
                        mEndpointOut = intf.getEndpoint(indexEndpoint);
                    }
                }
            }
        }

        mConnection = mManager.openDevice(device);
        mConnection.claimInterface(intf, true);

    }
}
```

그림 9.8.2-10

9.8.3 안드로이드 프로그래밍 하기

이제부터는 앞에서 만든 SeekBar와 같이 새로 만든 위젯을 연결하는 코드를 만들어 본다.

SeekBar를 움직였을 때 mConnection이 null이 아닐 때만 유효한 통신을 시작하고 그렇지 않으면 통신을 하지 않도록 한다. 그리고 간단한 패킷형식을 만들어서 통신을 수행하도록 한다. 왜냐하면 하나의 다이나믹셀에 커맨드도 주고 데이터도 읽어 오려면 OpenCM9.04와 미리 약속한 형태의 데이터를 주고 받아야 하기 때문이다.

간단하게 'D'라는 캐릭터가 도착하면 뒤에는 다이나믹셀 ID가 오고 바로 Goal Postion에 해당하는 값이 온다고 하자. 그리고 읽기 명령은 'R'이라는 캐릭터가 도착하면 OpenCM9.04가 다이나믹셀로부터 위치 데이터를 받아서 USB를 통해 스마트폰으로 전송한다.

동작 커맨드 -⇨'D'+Dynamixel ID + Goal position
읽기 커맨드 -⇨'R' -⇨ OpenCM9.04가 연결된 다이나믹셀의 현재 위치 전송

Java의 ByteBuffer라는 클래스를 이용해 buffer를 하나 만들고 put() 메소드를 이용해 위 순서대로 차례로 패킷을 만들어서 bulkTransfer()를 이용해 한 번에 전송하는 전략으로 한다. 2개의 패킷을 만들어서 1개는 DXL ID 1인 다이나믹셀을 제어하는 데 쓰고, 나머지는 DXL ID 2번인 다이나믹셀을 제어한다.

```
// Seekbar to control Dynamixel 1 & 2
SeekBar seekbar = (SeekBar) findViewById(R.id.seekBar1);
seekbar.setMax(1023);
seekbar.setOnSeekBarChangeListener(new OnSeekBarChangeListener()
{
    @Override
    public void onProgressChanged(SeekBar seekBar, int progress,
            boolean fromUser)
    {
        ByteBuffer buffer = ByteBuffer.allocate(32); //buffer size =32

        if (mConnection == null) {
        } else {
            buffer.put((byte) 'D');
            buffer.put((byte) 1); // DXL ID
            buffer.put((byte) seekBar.getProgress());             // low byte
            buffer.put((byte) (seekBar.getProgress() >> 8));    // high byte
            mConnection.bulkTransfer(mEndpointOut, buffer.array(), buffer.array().length, 200); //timeout 200

            buffer.clear();

            buffer.put((byte) 'D');
            buffer.put((byte) 2); // DXL ID
            buffer.put((byte) seekBar.getProgress());
            buffer.put((byte) (seekBar.getProgress() >> 8));
            mConnection.bulkTransfer(mEndpointOut, buffer.array(), buffer.array().length, 200);//timeout 200
        }
    }
```

그림 9.8.3-1

seekbar.setMax()를 통해서 AX12의 최대 포지션 값인 1023으로 설정한다. 이렇게 하면 seekbar를 움직일 때 값이 0~1023범위의 값만 얻을 수 있기 때문에 AX12 위치 범위와 일치하게 된다.

그리고 현재의 Position을 읽을 때는 Button 위젯의 onClick() 리스너가 호출되었을 때 다이나믹셀의 상태를 읽는 패킷을 만들어서 전송한다. OpenCM9.04에서는 'R'이라는 캐릭터가 오면 OpenCM9.04에 연결된 다이나믹셀의 현재 위치 포지션값을 SerialUSB를 통해 전송한다. onClick() 리스너에서는 단순히 'R'이라는 캐릭터를 OpenCM9.04로 전송한다.

```
final TextView valuePos1 = (TextView) findViewById(R.id.textView2);

// Button to read Dynamixel state
Button btnReadPos1 = (Button) findViewById(R.id.button1);

btnReadPos1.setOnClickListener(new View.OnClickListener()
{
    @Override
    public void onClick(View arg0)
    {
        if (mConnection == null) {
            Toast.makeText(getApplicationContext(), "OpenCM9.04 is not connected.", Toast.LENGTH_SHORT).show();
            return;
        }

        ByteBuffer buffer = ByteBuffer.allocate(32);
        buffer.put((byte) 'R');
        mConnection.bulkTransfer(mEndpointOut, buffer.array(), buffer.array().length, 200); //timeout = 200ms

        byte[] data = new byte[32];

        mConnection.bulkTransfer(mEndpointIn, data, data. length, 200);  //timeout= 200 ms

        valuePos1.setText(new String(data));
    }
});
```

그림 9.8.3-2

다이나믹셀의 현재 포지션을 UI에 표시할 때는 이전에 IR 센서값을 출력할 때와 같은 방식으로 TextView2번을 통해 버튼의 onClick() 리스트에서 값을 표시한다.

9.8.4 OpenCM9.04 펌웨어 만들기

```
DynamixelDxl(1);
void setup(){
SerialUSB.begin();
pinMode(BOARD_LED_PIN, OUTPUT);
Dxl.begin(1);
}

void loop(){
intbufferSize = SerialUSB.available();

if (bufferSize> 0) {
char buffer[bufferSize];
for (int index = 0; index <bufferSize; index++) {
buffer[index] = SerialUSB.read();
   }

char type = buffer[0];

if (type == 'L') { // LED control
int value = buffer[1];
if (value == 0) {
digitalWrite(BOARD_LED_PIN, HIGH);
     } else if (value == 1) {
digitalWrite(BOARD_LED_PIN, LOW);
     }
   } else if (type == 'D') { // Dynamixel control
int id = buffer[1];
intpos = Dxl.makeWord(buffer[2], buffer[3]);

if (pos>= 0 &&pos<= 1023) {
Dxl.writeWord(id, 30, pos); // Move Dxl to the pos
     }
   } else if (type == 'R') {
intpos = Dxl.readWord(1, 36);
char ret[4];

if (Dxl.getResult()) {
itoa(pos, ret, 10);
SerialUSB.print(ret);
       // Don't use println. Android receive "ret", "\r" and "\n" instead of "ret".
       // SerialUSB.println(ret);
     } else {
```

```
SerialUSB.print("Comm Fail");
      }
    }
delay(10); // for Dxl.
  }
}
```

9.8.5 작동 확인하기

이렇게 해서 실행해보면 다음과 같은 화면을 볼 수 있다.

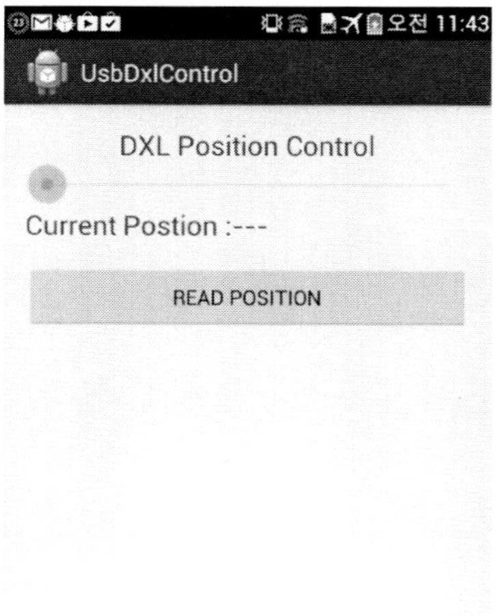

그림 9.8.5

Seek bar위치를 움직이면 해당 포지션 값으로 다이나믹셀의 Goal position이 움직인다. 또한, READ POSITION 버튼을 누를 때마다 ---로 표시된 곳에 현재 다이나믹셀의 위치가 0~1023범위로 표시된다.

제 10 장 프로젝트를 통한 임베디드 로보틱스 이해

지금까지 로봇을 개발하기 위한 전기전자, 프로그래밍, 시리얼 통신, 다이나믹셀에 대한 내용을 OpenCM9.04와 함께 배워보았다. 이 단원에서는 OpenCM9.04 보드와 다이나믹셀을 가지고 여러 가지 로봇을 만드는 프로젝트를 진행하면서 실제 로봇을 어떻게 제작하는지 살펴보고자 한다.

10.1 OpenCM9.04와 프로세싱을 이용한 오실로스코프(Oscilloscope)

10.1.1 개요

시리얼 통신을 활용하여 OpenCM9.04의 데이터를 프로세싱 개발환경으로 보내거나 프로세싱 개발환경에서 명령을 OpenCM9.04로 보낼 수 있다. 이러한 기능 중에서 프로세싱을 활용한 오실로스코프(Oscilloscope) 작성 예제를 살펴보자. 이 예제는 Poor man's oscilloscope processing code (http://accrochages.drone.ws/en/node/90)를 참고하여 작성하였다.

임베디드 시스템을 개발하다 보면 각종 센서 출력을 확인해야 할 경우가 있다. 이때 간단하게 사용이 가능한 오실로스코프가 있다면 매우 유용할 것이다. 다음의 그림은 가전 저항값을 변화시키면서 OpenCM9.04의 아날로그 입력을 통해서 값을 읽어 들이고, 이를 프로세싱 프로그램에서 오실로스코프 프로그램을 통해서 모니터링하는 예제이다.

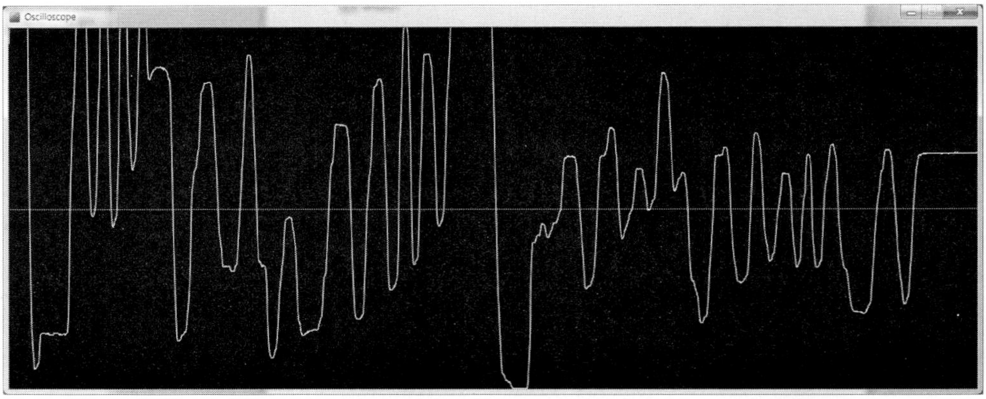

그림 10.1.1

프로세싱을 사용하기 위해서는 http://www.processing.org/download/?processing에서 원하는 버전과 플랫폼에 맞는 프로세싱 프로그램을 다운받으면 된다.

10.1.2 ROBOTIS OpenCM 코드 작성

먼저 OpenCM9.04 보드의 아날로그 입력 예제를 약간 수정하여 아래와 같이 작성해보자.

```
void setup(){
  //Serial2 Serial initialize
  SerialUSB.begin();
  pinMode(0,INPUT_ANALOG);
}

void loop(){
  int val = analogRead(0);

  SerialUSB.write( 0xff );
  SerialUSB.write( (val >> 8) & 0xff );
  SerialUSB.write( val & 0xff );
}
```

측정한 아날로그 입력 값인 val을 시리얼 통신으로 1바이트씩 나누어 보내기 위해서 마지막에 SerialUSB.write()를 이용한 3줄의 코드를 추가하였다. 이와 같이 작성하여 컴파일 및 다운로드를 완료하면 측정한 데이터는 지속적으로 시리얼 포트를 통해서 보내지게 된다.

10.1.3 프로세싱 코드 작성

OpenCM9.04에서 측정되어 보내지는 데이터를 프로세싱에서 오실로스코프 화면처럼 출력하기 위해서 다음과 같은 코드를 작성하여 실행하면 된다.

```
/*
 * Oscilloscope
 * Gives a visual rendering of analog pin 0 in realtime.
 *
 * This project is part of Accrochages
 * See http://accrochages.drone.ws
 *
 * (c) 2008 Sofian Audry (info@sofianaudry.com)
 *
 * This program is free software: you can redistribute it and/or modify
 * it under the terms of the GNU General Public License as published by
 * the Free Software Foundation, either version 3 of the License, or
 * (at your option) any later version.
 *
 * This program is distributed in the hope that it will be useful,
 * but WITHOUT ANY WARRANTY; without even the implied warranty of
 * MERCHANTABILITY or FITNESS FOR A PARTICULAR PURPOSE.  See the
 * GNU General Public License for more details.
 *
 * You should have received a copy of the GNU General Public License
 * along with this program.  If not, see <http://www.gnu.org/licenses/>.
 */
import processing.serial.*;

Serial port;  // Create object from Serial class
int val;      // Data received from the serial port
int[] values;
float zoom;
float center;
float scale = 1;

void setup()
{
  size(1280, 480);
  // Open the port that the board is connected to and use the same speed (9600 bps)
port = new Serial(this, Serial.list()[0], 9600); // OpenCM9.04 포트를 알고 있을 경우 이렇게도 사용이 가능하다. port = new Serial(this, "COM3", 9600);
  values = new int[width];
  zoom = 1.0f;
  smooth();
}

int getY(int val) {
  return (int)(height/2  -(val-512+center)*scale / 1023.0f * (height - 1));
}

int getValue() {
  int value = -1;
  while (port.available() >= 3) {
```

```
    if (port.read() == 0xff) {
      value = (port.read() << 8) | (port.read());
    }
  }
  return value;
}

void pushValue(int value) {
  for (int i=0; i<width-1; i++)
    values[i] = values[i+1];
  values[width-1] = value;
}

void drawLines() {
  stroke(255);

  int displayWidth = (int) (width / zoom);

  int k = values.length - displayWidth;

  int x0 = 0;
  int y0 = getY(values[k]);
  for (int i=1; i<displayWidth; i++) {
    k++;
    int x1 = (int) (i * (width-1) / (displayWidth-1));
    int y1 = getY(values[k]);
    line(x0, y0, x1, y1);
    x0 = x1;
    y0 = y1;
  }
}

void drawGrid() {
  stroke(255, 0, 0);
  line(0, height/2, width, height/2);
}

void keyReleased() {
  println(key+": "+(int)key);
  Switch (key) {
    case '4':
    case '*':
      zoom *= 2.0f;
      println(zoom);
      if ( (int) (width / zoom) <= 1 )
        zoom /= 2.0f;
      break;
    case '6':
    case '/':
```

```
      zoom /= 2.0f;
      if (zoom < 1.0f)
        zoom *= 2.0f;
      break;
case '+':  scale*=2;  break;
case '-':   scale /= 2;  break;

case '8':   center += 10/scale; break;
case '2':   center -= 10/scale; break;
case '5':   center = 0; scale = 1; break;
  }
}

void draw()
{
  background(0);
  drawGrid();
  val = getValue();
  if (val != -1) {
    pushValue(val);
  }
  drawLines();
}
```

먼저 OpenCM9.04에서 보내는 데이터를 받기 위해서 시리얼 포트를 동일하게 맞출 필요가 있다. 이를 위해서 아래와 같은 코드를 사용하였다.

```
port = new Serial(this, Serial.list()[0], 9600); // 만약 시리얼 포트 오류가 생기면 Serial.list()[0]
에서 0 대신 1,2,… 값 들을 사용해보면 된다.
```

만약 OpenCM9.04가 사용되는 포트를 알고 있다면(COM3), 아래와 같이 입력해도 된다.

```
port = new Serial(this, "COM3", 9600);
```

OpenCM9.04에서 1바이트씩 보내지는 시리얼 통신 값을 받아서 아래와 같이 원래의 데이터로 복원한 후 사용하면 된다.

```
int getValue() {
  int value = -1;
  while (port.available() >= 3) {
    if (port.read() == 0xff) {
      value = (port.read() << 8) | (port.read());
    }
}
return value;
}
```

또한, 제시된 keyReleased() 함수를 통해서 키패드 입력(+, -, *, /, 4, 6, 8, 5, 5)을 받아들여 오실로스코프의 시간 및 스케일 조정 등이 가능하다.

10.2 적외선(IR) 마우스 로봇

10.2.1 제작 개요

로봇 제작 목표

그림 10.2.1-1

적외선 센서 2개를 이용하여 각각 좌, 우 방향으로 장애물이 있으면 피해가는 로봇을 만들어 보자. 구동 모터는 로보티즈社의 XL-320 모터 2개만 있으면 된다. XL-320 모터는 기존 다이나믹셀과 같은 시리즈로 저가형이면서도 다이나믹셀이 가지고 있는 스마트 서보의 기능과 바퀴 모드 사용이 모두 가능하다. 특히, 관절 모드에서는 이족 보행 로봇과 같은 관절 로봇으로의 활용도 가능하고 바퀴 모드에서는 지금 만들려고 하는 적외선 감지 마우스 로봇은 매우 쉽게 구현이 가능하다.

적외선 마우스 로봇의 동작은 적외선 센서 모듈 2개와 바퀴를 구동하기 위한 XL-320 모터 2개로 결정되며, 왼쪽 적외선 센서 모듈 앞에 물체가 감지되면 오른쪽의 XL-320 모터의 회전 방향을 반대로 바꿔 로봇을 오른쪽으로 회전하고, 오른쪽의 적외선 센서 모듈앞에 물체가 감지되면 왼쪽 XL-320 모터의 회전 방향을 반대로 하여 왼쪽으로 회전하게 만들어서 장애물을 피하게 된다.

XL-320 모터는 기존 다이나믹셀과는 다르게 동작 전압이 조금 낮다. 핸드폰 배터리로 많이 쓰이는 Li-Ion 배터리를 2개 직렬로 연결했을 때 나오는 8 V 정도에서 동작하도록 설계되었기 때문이다(Li-Ion 배터리는 만충시에 4.2 V이며 보통 3.7 V로 표시한다).

이어서 여기에 사용되는 부품인 적외선 센서 모듈과 XL-320 모터를 모듈 단위로 테스트하고 간단한 플레이트와 함께 리튬 이온 배터리 모듈 2개를 이용해서 마우스 로봇을 제작한다. 그 다음 동작 코드를 구현하자.

적외선 센서 모듈 다루기

적외선 센서는 수광부와 발광부가 한 세트로 이루어지며 센서 앞에 물체가 있으면 발광부에서 발사된 적외선이 물체에 반사되어 수광부에서 감지가 되어 전압값으로 물체의 유무 및 거리를 측정할 수 있다. OpenCM9.04에서는 올로 등에서 사용되는 센서 모듈을 손쉽게 활용할 수 있도록 5핀 센서 포트 4개를 내장하고 있으며 이 중에서 적외선 센서용으로 1번, 4번 포트를 사용할 수 있다. 사용될 적외선 센서는 로보티즈社의 적외선 센서 모듈로서 수광부와 발광부가 일체형으로 되어 있는 모듈이고 올로 프레임과 쉽게 결합될 수 있는 구조이다. 무엇보다도 가격이 매우 저렴하다.

그림 10.2.1-2

적외선 센서는 아래와 같이 수광부, 발광부가 같이 있으며 5핀 규격을 통해 OpenCM9.04로 부터 전원을 공급받고 데이터 통신을 수행한다. 핀 구성은 다음과 같고 SIG2를 통해 발광부를 ON/OFF할 수 있고 ADC를 통해 수광부의 전압값을 읽을 수 있다.

[적외선 센서]

1. SIG1 : Low신호를 유지해야 함.
2. GND
3. ADC : IR 수광부에서 감지한 값을 아날로그 신호로 출력
4. VCC (3.3V)
5. SIG2 : High신호를 주면 IR LED를 켤 수 있음.

그림 10.2.1-3

적외선 센서는 장애물이 너무 가깝게 위치하면 오히려 인식률이 떨어지기 때문에 주의해야 한다. 인식할 수 있는 최대 거리도 길어야 20 cm 밖에 되지 않으니 멀리 있는 물체를 정확하게 인식하기 위해서는 초음파 센서를 이용해야 한다. 또한, 물체의 색상이나 주변 환경에 따라서도 인식되는 값이 달라질 수 있다. 흰색 물체에서 가장 높은 값이 나오고 검은색 물체는 매우 작은 값이 나오게 된다. 따라서 주변이 어두울 경우 전반적으로 값이 낮고 매우 밝을 경우에는 기본적인 값이 높게 나올 수 있기 때문에 기준 값을 넘어서 항상 물체가 인식되었다고 판단될 수 있으므로 조심해야 한다. 다음 그래프는 흰색 물체와 적외선 센서의 떨어진 거리에 따른 센서값을 나타낸 그래프이다. 전반적으로 센서값이 거리가 멀어짐에 따라 감소하지만 0에서 1.5 cm사이에서는 반대의 결과가 출력되는 것을 볼 수 있다.

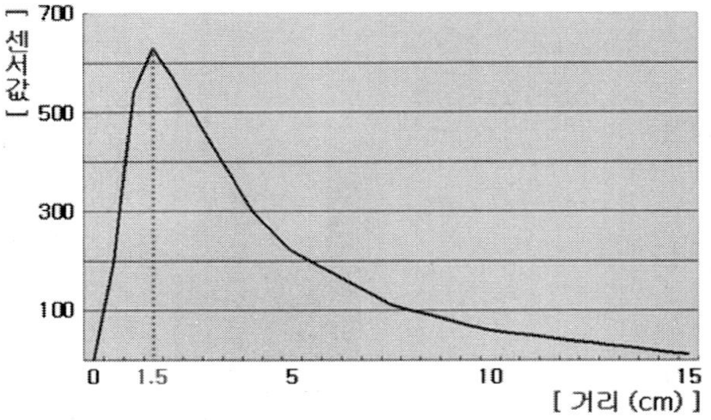

그림 10.2.1-4

적외선 센서 테스트 해보기

적외선 센서 2개를 OpenCM9.04에 연결해서 어떻게 동작시킬 수 있는지 알아보자. 앞에서 언급한 대로 OpenCM9.04에는 5핀 센서 포트 4개가 있는데, 이 중에서 적외선 센서 모듈을 연결할 수 있는 포트는 1번과 4번이다. 2번, 3번 포트도 연결할 수 있지만 SIG2번에 전류 드라이브 회로가 없기 때문에 감지되는 ADC 값이 매우 작다. 따라서 적외선 센서 모듈 2개를 OpenCM9.04의 5핀 센서 포트 1번과 4번에 각각 연결한다. 그리고 ROBOTIS OpenCM 프로그램을 열고 파일 ⇨ 예제 ⇨ 7. Sensors안에 있는 OLLO_IR_Read 예제를 실행한다.

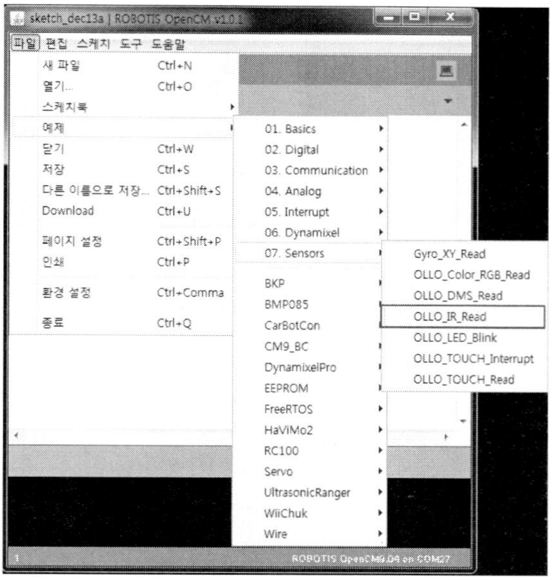

그림 10.2.1-5

```
#include <OLLO.h>
OLLO myOLLO;

void setup(){
  myOLLO.begin(1, IR_SENSOR);//IR Module must be connected at port 1.
}
void loop(){
  SerialUSB.print("IR Sensor ADC = ");
  SerialUSB.println(myOLLO.read(1, IR_SENSOR)); //read ADC value from OLLO port 1
  delay(60);
}
```

앞의 예제는 포트 1번에 연결된 적외선 센서값을 읽어서 USB로 출력을 수행한다. 우리는 여기서 포트 4번에 연결된 적외선 센서값을 읽는 코드만 추가한다. 그리고 다운로드를 수행 한 후에 시리얼 모니터를 열어보면 두 개의 적외선 센서로부터 감지되는 값을 ADC로 읽을 수 있다.

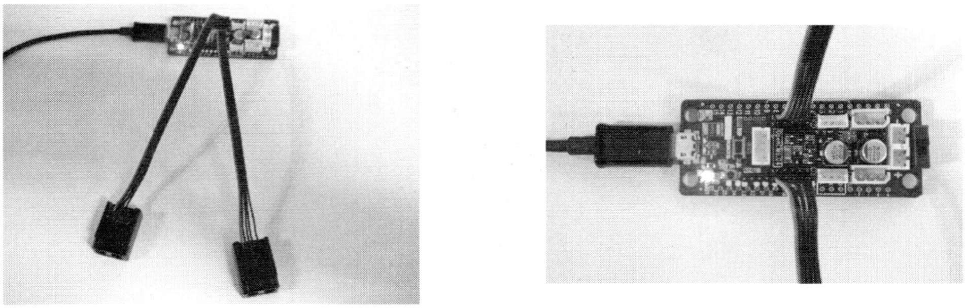

그림 10.2.1-6

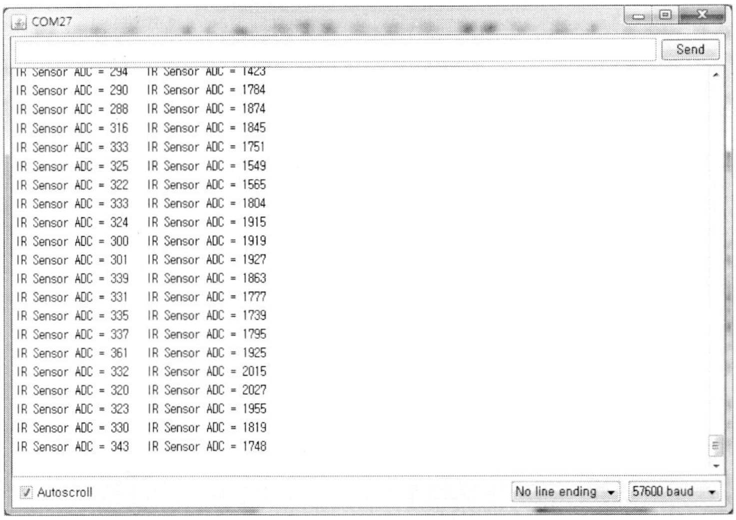

그림 10.2.1-7

출력되는 값을 보면 물체가 감지될 경우 100 이상의 ADC 값이 나타나는 것을 볼 수 있다. 그리고 물체의 색상에 따라 ADC 값이 다른데, 흰색 물체라면 가장 가까이 있을 때 최대 3000 정도의 ADC 값이 출력된다. 참고로 물체가 너무 가까이 위치하면 오히려 ADC 값이 작아지는 것에 주의하고, OpenCM9.04에서 ADC 값의 범위는 0 V에서 3.3 V 사이의 전압 레벨을 0~4095 값으로 표시해 준다.

XL-320 서보 다루기

XL-320은 로보티즈에서 나온 TTL 레벨의 UART Half-duplex 프로토콜 기반으로 제어되는 스마트 액추에이터이다. 관절 모드로 서보나 스테핑 모터가 할 수 있는 동작은 물론이고 바퀴 모드를 통해 정, 역회전 및 속도 제어가 쉽게 가능하면서도 가격대비 성능이 매우 좋다. 동작 전압은 6~8.4 V이고 권장 전압은 7.4 V이다. 정지 토크(Stall Torque) 출력은 7.4 V에서 약 4 kgf·cm 정도이며 무부하(No Load) 상태일 때 속도가 약 114 RPM 정도가 된다. 3핀 규격의 케이블을 이용해 데이지 체인(Daisy chain) 방식으로 연결되지만 기존 AX 시리즈보다는 더 작은 규격이다.

그림 10.2.1-8

그리고 로보티즈社의 올로 플레이트나 STEM 플레이트와 결합이 가능한 구조이기 때문에 사용자가 원하는 형태의 기구 구조를 간단하면서도 견고하게 만들 수 있다. 우리가 만들어 볼 적외선 마우스 로봇도 올로 플레이트를 활용해서 XL-320을 고정시킨다.

XL-320 바퀴 모드 테스트하기

OpenCM9.04에는 XL-320을 연결할 수 있는 단자가 B타입의 경우 2개를 연결할 수 있고, A타입은 모두 3핀 mini 타입 커넥터를 꽂을 경우 4개를 연결할 수 있다.

그림 10.2.1-9

또한, XL-320 전원 공급을 위해 로보티즈 리튬 이온 배터리 2개를 직렬로 연결이 가능한 2핀 전원 단자가 2개 내장되어 있다.

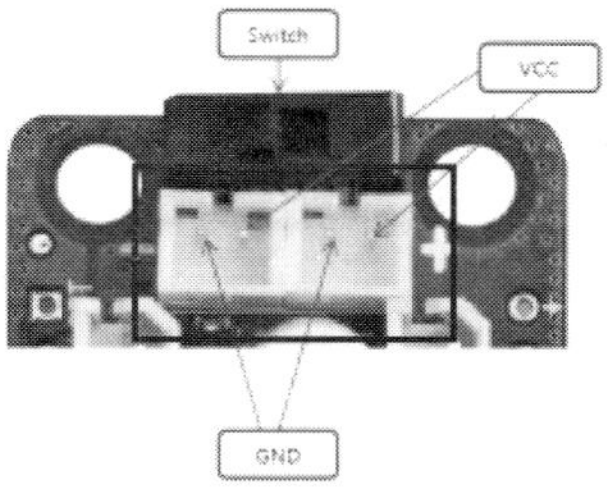

그림 10.2.1-10

이 2개의 전원 단자에 리튬 이온 배터리를 각각 연결한다. 이렇게 연결하면 OpenCM9.04 보드에서 직렬 연결로 활용되기 때문에 만충시 최대 4.2 V X 2 = 8.4 V로 전원이 공급된다. 리튬 이온 배터리 고정 케이스도 올로 플레이트와 같은 규격이기 때문에 XL-320과 같이 쉽게 결합이 가능하다.

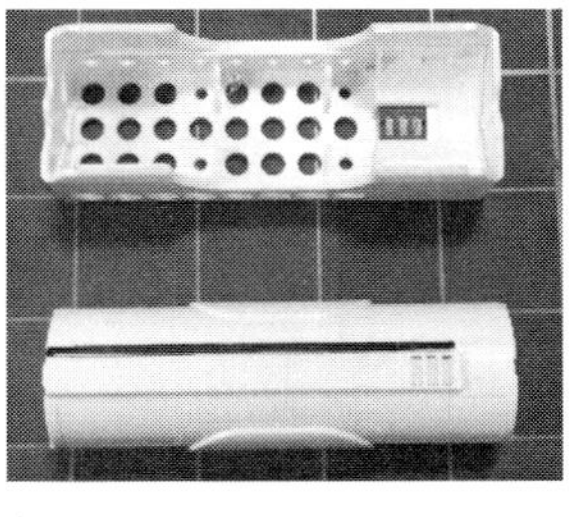

그림 10.2.1-11

또한, 핸드폰과 같이 충전 회로까지 내장되어서 충/방전을 한 번에 할 수 있다. 특히, 충전을 하면서 배터리 사용이 가능하다는 것이 큰 장점이다.

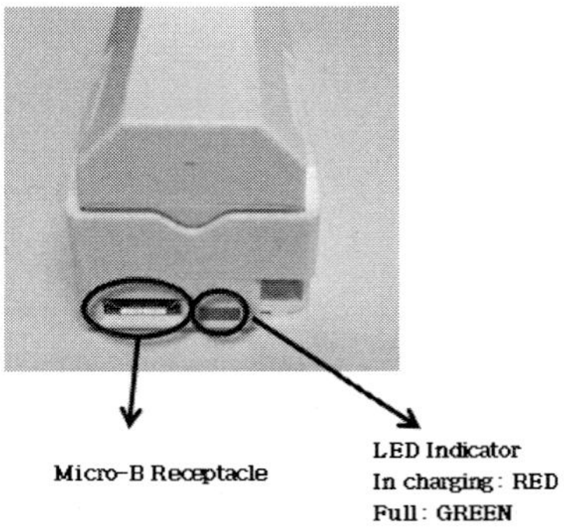

그림 10.2.1-12

그러면 XL-320 배터리 2개와 OpenCM9.04를 연결하고 XL-320 모터 2개를 연결한다. XL-320 2개를 체인 방식으로 하나의 포트에 연결해도 되고, 각각 OpenCM9.04와 연결해도 무방하다. 그 다음으로 아래의 코드로 속도가 각각 제어되는지 확인해보자.

```
Dynamixel Dxl(1); //Dynamixel on Serial1(USART1)

void setup() {
  // Initialize the dynamixel bus:
  Dxl.begin(34);
  Dxl.writeWord(1, 8, 0); //disable CCW Angle Limit(L) to use wheel mode
  Dxl.writeWord(2, 8, 0); //disable CCW Angle Limit(L) to use wheel mode
}
int speed =0;
int i=1;
char temp;
void loop() {

  if(SerialUSB.available()){
    temp = (char)SerialUSB.read();
    if(temp == 'a'){
      speed = 100*(i++);
      SerialUSB.println(speed);
      Dxl.writeWord(1, 32, speed); //forward
      Dxl.writeWord(2, 32, speed | 0x400); //reverse
      if(i > 1023)
        i = 0;
    }
  }
}
```

위의 코드는 SerialUSB 장치를 이용해 시리얼 모니터에서 'a'라는 데이터가 넘어오면 +100씩 속도를 증가시켜서 2개의 다이나믹셀에 커맨드를 전송한다. XL-320은 0에서 1023까지 범위로 속도 제어를 할 수 있다.

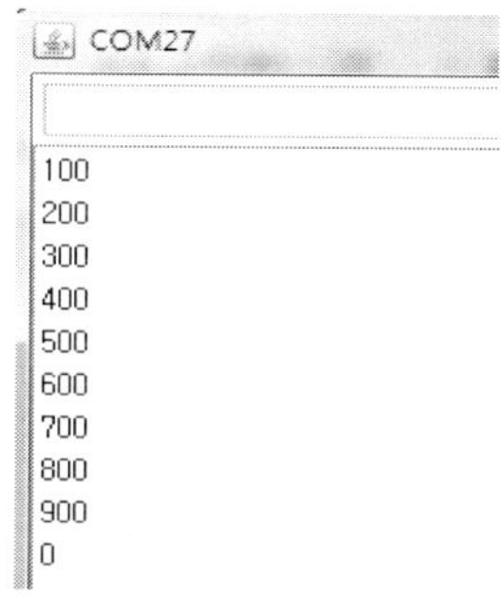

그림 10.2.1-13 실행 결과

이렇게 시리얼 모니터를 열어서 'a'를 타이핑 해보면 2개의 XL-320이 100씩 속도가 증가되는 것을 확인할 수 있다.

10.2.2 부품 리스트

전체 부품 리스트는 아래와 같다. 적외선 센서 모듈 2개와 케이블, XL-320 모터 2개, 리튬 이온 배터리 세트 2개, 그리고 올로 바퀴 2개와 프레임들이다.

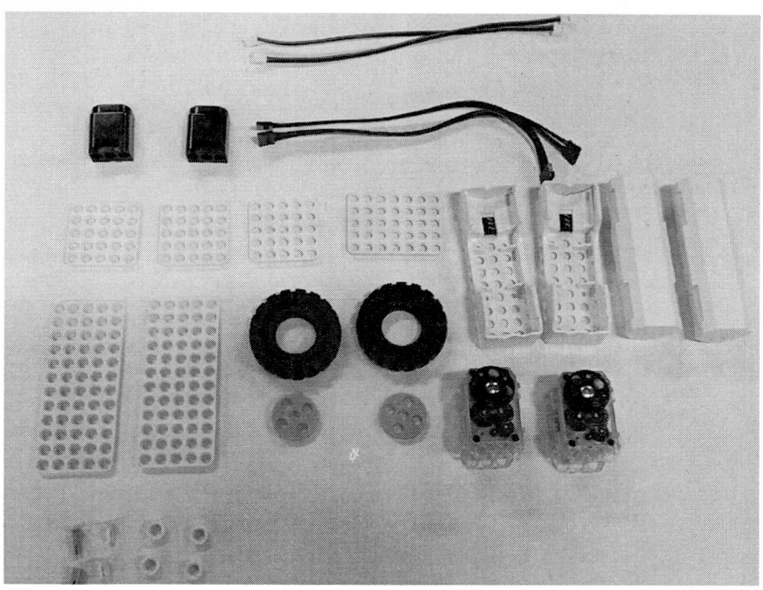

그림 10.2.2

10.2.3 조립하기

이제 실제로 로봇을 조립해보자. 위에서 테스트 했던 적외선 센서 모듈 2개와 XL-320 2개, 그리고 리튬 이온 배터리 2개를 올로플레이트를 이용해서 마우스 로봇으로 조립한다. 각각의 단계별 조립법을 천천히 살펴보자.

① XL-320에 로봇 바퀴를 끼운다. 스크류가 필요하므로 드라이버를 이용해서 XL-320의 혼과 바퀴를 고정시키면 된다.

그림 10.2.3-1

② 적당한 간격으로 플레이트를 결합해 위에서 조립한 바퀴 세트를 좌우로 고정시킨다. 아래에서 보는 사진이 마우스 로봇의 밑바닥에 해당한다.

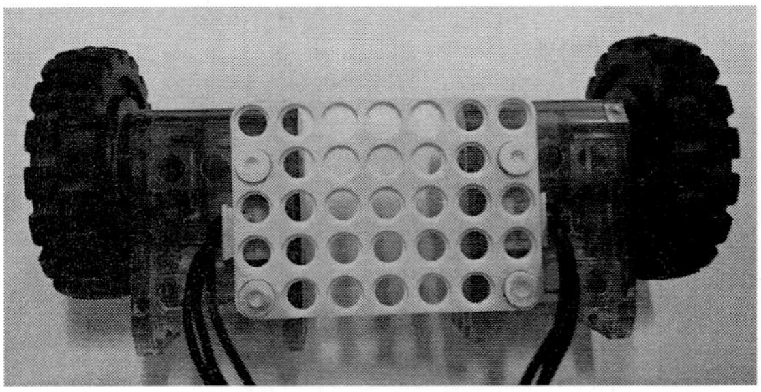

그림 10.2.3-2

③ 리튬 이온 배터리 모듈을 고정시키기 위해 XL-320의 위쪽에도 12X5 플레이트 2개를 각각의 XL-320에 연결한다. 되도록 리벳을 많이 사용해서 단단히 고정하는 것이 좋다.

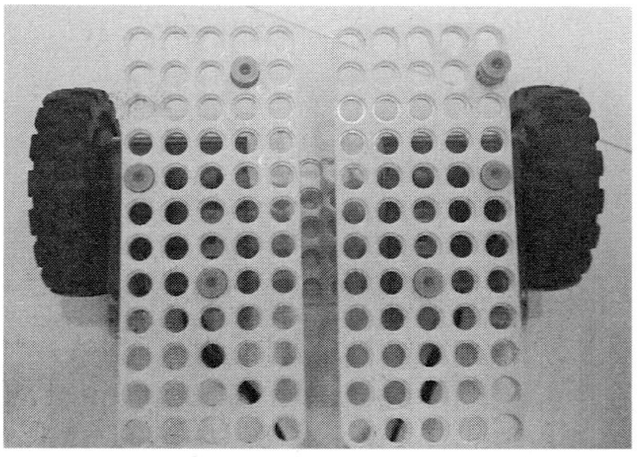

그림 10.2.3-3

④ 바퀴가 2개이므로 앞쪽에서 균형을 잡아줄 5X5플레이트를 2개의 리튬 이온 배터리 중에 하나에 고정시킨다.

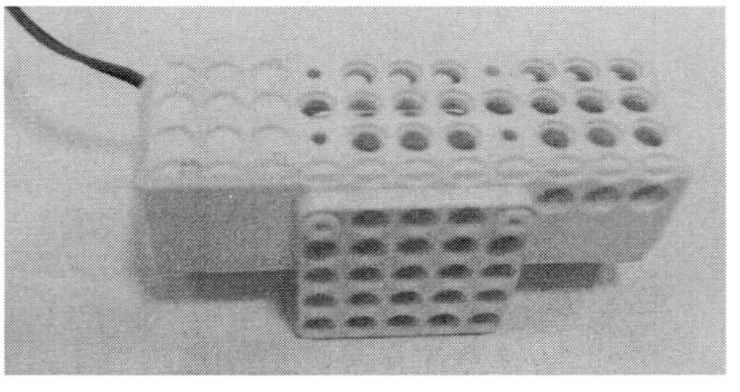

그림 10.2.3-4

⑤ 이제 2개의 리튬 이온 배터리 모듈 2개를 3번에서 고정시킨 12X5플레이트를 이용해 마우스 몸체와 결합한다. 여러 개의 리벳을 이용해서 단단히 고정하는 것이 좋다.

그림 10.2.3-5

⑥ 몸체 앞쪽 윗부분에 센서 결합을 위해서 5X5플레이트를 2개 고정시킨다.

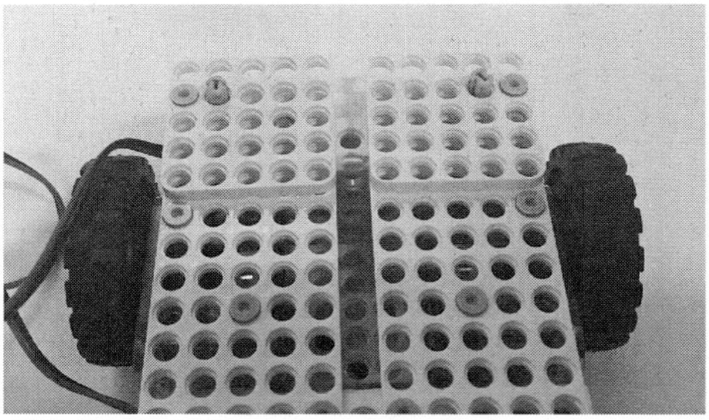

그림 10.2.3-6

⑦ 고정한 플레이트 위에 IR센서 모듈 2개를 결합한다.

그림 10.2.3-7

⑧ OpenCM9.04를 지금까지 조립한 마우스 몸체에 연결한다.

그림 10.2.3-8

⑨ 완성된 모습이다.

그림 10.2.3-9

지금까지 올로 플레이트와 XL-320, 리튬 이온 배터리를 이용해서 적외선 마우스를 만드는 방법에 대해서 살펴보았다. 똑같이 만들어도 좋지만 처음부터 OpenCM9.04를 놓을 위치와 로봇의 크기, 적외선 센서가 위치할 곳을 잘 설계해서 조립을 하는 것이 좋다. 이제 다음 절로 넘어가서 프로그래밍을 해보자.

10.2.4 프로그래밍

이전 절에서 두 개의 적외선 센서의 값을 출력하면 앞에 물체가 있을 때 어느 정도의 범위를 가지는지 조사해 보았다. 물체가 없을 때는 두 자리의 숫자가 나오는 반면에 물체가 있으면 적어도 100이상의 값이 나오는것을 볼 수 있다. 따라서 앞에 물체가 있다는 임계값으로 100을 주고 100이 넘을 때는 한쪽 모터의 동작 방향을 바꾸면 직진하지 않고 회전하게 된다. 이런 식으로 방향을 바꾸면 장애물을 좌우로 피할 수 있다.

아래는 필자가 직접 작성했던 코드이다. 아주 간단한 예제이므로 몇 줄 안 되는 코드로 적외선 마우스 동작 구현이 가능하다. OpenCM9.04를 비롯해서 XL-320, 적외선 센서 모듈 등을 이용하여 쉽게 로봇 제작에 필요한 지식을 쌓을 수 있다.

```
#include <OLLO.h>
OLLO myOLLO;
Dynamixel Dxl(1);

int defaultSpeed = 1000;
void setup(){
  Dxl.begin(34);
  myOLLO.begin(1, IR_SENSOR);//IR Module must be connected at port 1.
```

```
  myOLLO.begin(4, IR_SENSOR);//IR Module must be connected at port 4.
}
int leftIr=0;
int rightIr = 0;
void loop(){
leftIr = myOLLO.read(1, IR_SENSOR);
  rightIr = myOLLO.read(4, IR_SENSOR);
   if( leftIr > 100){ //왼쪽에 장애물이 있을 경우
    Dxl.writeWord(1,32, defaultSpeed ); // 오른쪽으로 0.5초간 방향을 턴한다.
    delay(500);
  }
  else if( rightIr > 100){ // 오른쪽에 장애물이 있을 경우
    Dxl.writeWord(2,32, defaultSpeed | 0x400); // 왼쪽으로 0.5초간 방향을 턴한다.
    delay(500);
}
//계속 직진한다.
  Dxl.writeWord(1,32, defaultSpeed | 0x400);
  Dxl.writeWord(2,32, defaultSpeed);
  delay(60); // CPU에게 어느 정도 휴지기간을 준다. 너무 길면 반응속도가 떨어짐.
}
```

10.3 벌레 로봇(관절 링크 활용)

10.3.1 배경 지식(제작 가이드)

링크 구조

ROBOTIS社의 OLLO 프레임은 리벳 구조형식으로 링크 구조를 만들 수 있다. 1열 올로 프레임을 이용해서 링크구조 형식의 6족 벌레 로봇을 만들어보자. XL-320 다이나믹셀 2개를 바퀴 모드로 활용하여 6개의 다리를 가진 벌레 구조를 제작할 수 있다.

10.3.2 부품 리스트

링크 구조의 벌레 로봇을 만드는 데는 리벳구조의 올로 프레임을 활용한다. 특히 1열 구조의 플레이트가 많이 쓰이기 때문에 자잘한 프레임이 많다. 하지만 이 책은 가이드 역할을 목적으로 하기 때문에 독자 여러분이 생각해 둔 링크 구조가 있다면 그렇게 구현해서 사용하면 된다. 단, XL-320의 바퀴 모드를 이용해야 하기 때문에 링크구조를 바퀴가 구동축이 되어서 동작하도록 구현해야 한다.

적외선 마우스 로봇과 마찬가지로 XL-320 2개, 리튬 이온 배터리 2개, IR센서 2개가 필요하다. 물론 OpenCM9.04도 필요하다.

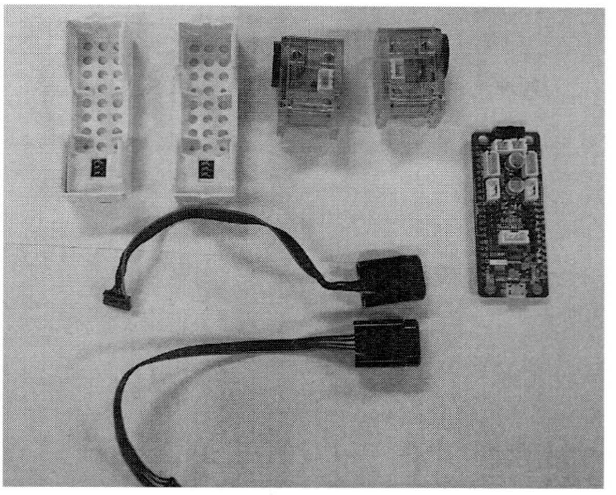

그림 10.3.2-1

그리고 링크는 아래와 같은 구조로 사용하도록 하겠다.

그림 10.3.2-2

10.3.3 조립 방법

① XL-320 2개와 리튬 이온 배터리 2개를 이용해서 몸체를 만든다.

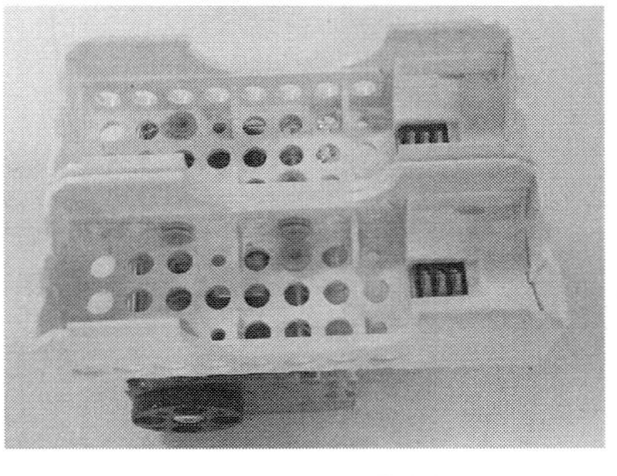

그림 10.3.3-1

② 그리고 링크를 붙일 수 있게 프레임을 옆쪽에 추가한다. 양쪽 XL-320 주변으로 아래와 같은 구조를 만든다.

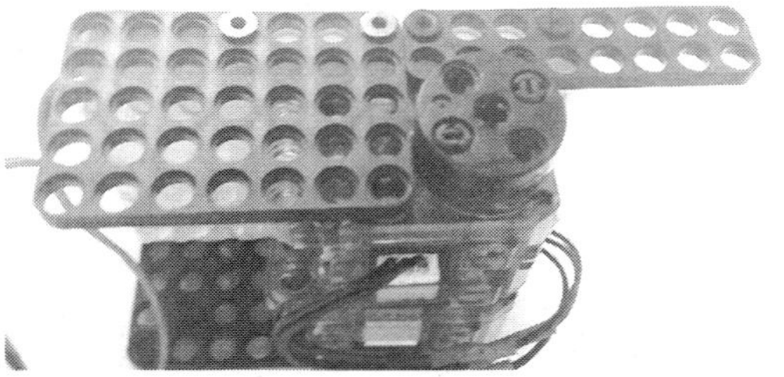

그림 10.3.3-2

아래와 같이 센서를 부착할 수 있는 프레임을 만들고

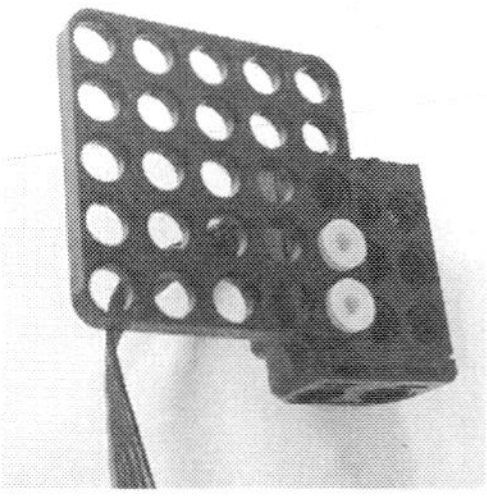

그림 10.3.3-3

몸체에 부착한다.

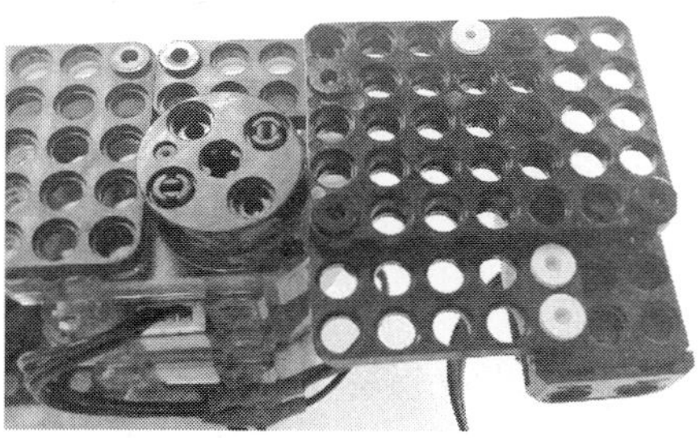

그림 10.3.3-4

③ 이제 처음에 만든 링크를 부착한다. 양쪽으로 부착하면 된다.

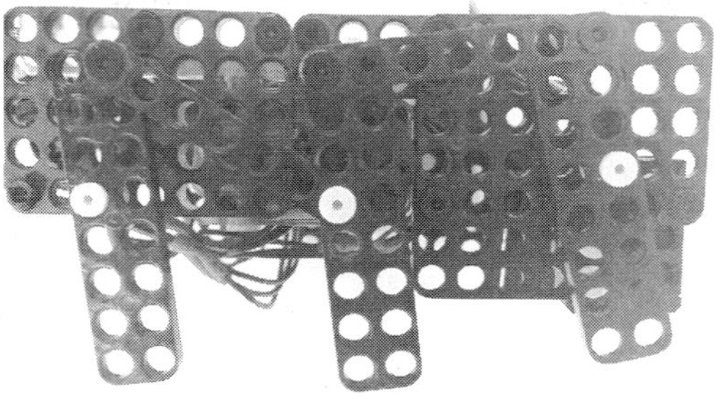

그림 10.3.3-5

④ 그리고 OpenCM9.04를 붙일 수 있는 프레임을 만들고 이것도 몸체에 합체한다.

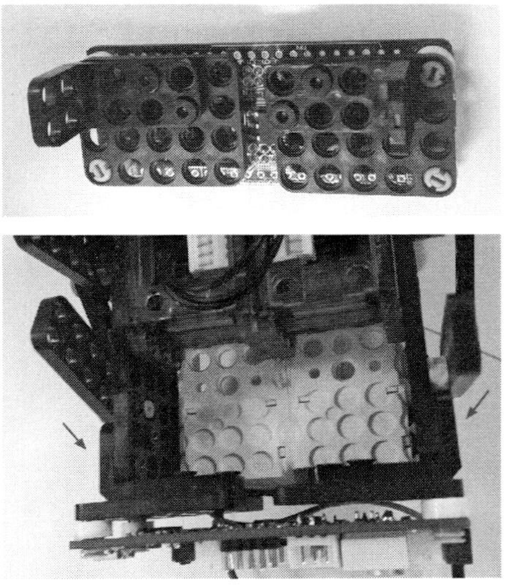

그림 10.3.3-6

⑤ 그러면 아래와 같이 최소한의 모듈은 모두 완성된 셈이다.

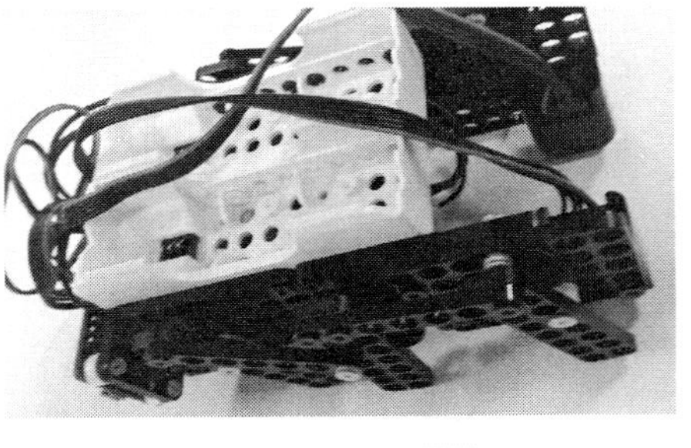

그림 10.3.3-7

⑥ 더듬이 같은 구조를 추가적으로 꾸미면 아래와 같이 만들 수도 있다.

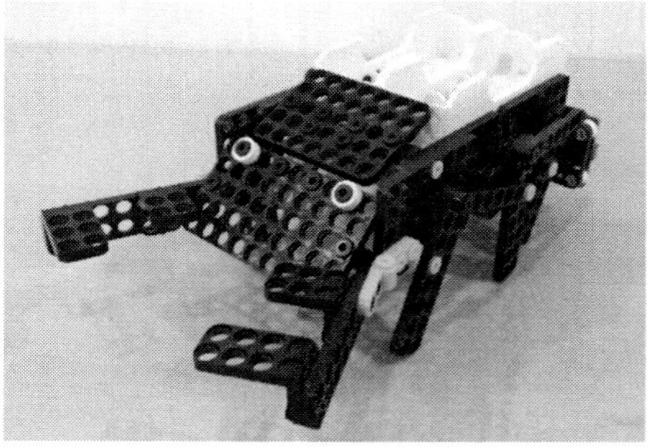

그림 10.3.3-8

10.3.4 프로그래밍

프로그래밍은 앞서 만들었던 적외선 마우스와 크게 다르지 않다. 6족 로봇이라고는 하지만 링크 구조가 6개의 다리를 교차로 움직여주기 때문에 코드는 거의 동일하다.

```
#include <OLLO.h>
OLLO myOLLO;
Dynamixel Dxl(1);
void setup() {
  Dxl.begin(1);

  myOLLO.begin(1, IR_SENSOR);
  myOLLO.begin(4, IR_SENSOR);
}

void loop() {
  if(myOLLO.read(1, IR_SENSOR) < 50){
    Dxl.writeWord(1, 32, 500);
    Dxl.writeWord(2,32, 500);
    delay(200);
  }
  else if(myOLLO.read(4, IR_SENSOR) < 50){
    Dxl.writeWord(1, 32, 1523);
    Dxl.writeWord(2,32, 1523);
    delay(200);
  }
  else{
    Dxl.writeWord(1, 32, 500);
    Dxl.writeWord(2,32, 1523);
  }
}
```

10.4 2족 보행 로봇

10.4.1 배경 지식(제작 가이드)

이번 프로젝트에서는 로보티즈社의 다이나믹셀 AX12 4개를 가지고 4자유도 2족 보행 로봇(Bipad)을 만들어보자. 가장 쉽게 만들 수 있는 형태의 휴머노이드 로봇이라고 볼 수 있다. 전면에 적외선 센서 모듈을 장착하여 전면 장애물을 감지하면 뒤로 걸어갈 수 있게 프로그래밍 가능하다.

보행 알고리즘

바이패드 로봇을 걷게 하기 위한 보행 알고리즘을 만드는 여러 가지 방법이 있겠지만 여기에서는 간단히 미리 걷는 동작을 캡처해서 Syncwrite를 이용하는 방식으로 구현해 본다. 모션 데이터를 플레이하여 구동하는 방식과 동일하다. 물론 정밀한 계산을 통해서도 가능하겠지만 이 책의 범위를 넘어서기 때문에 보다 깊이 있게 배우고 싶은 독자들은 운동학 및 기구학을 공부해서 구현해 보는 것을 추천한다.

10.4.2 부품 리스트

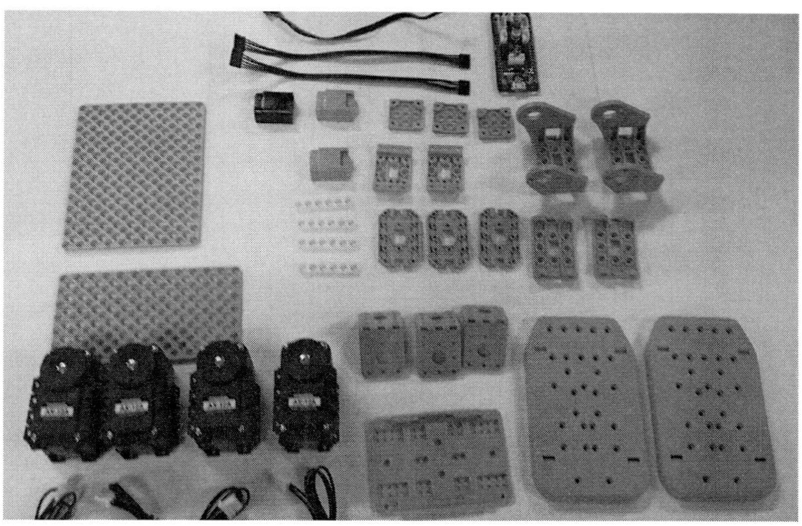

그림 10.4.2

10.4.3 조립 가이드

① 먼저 한쪽 다리를 조립하는데, 발바닥 프레임은 바이올로이드의 패드를 이용해서 한 축으로만 움직일 수 있게 AX12 하나를 고정한다.

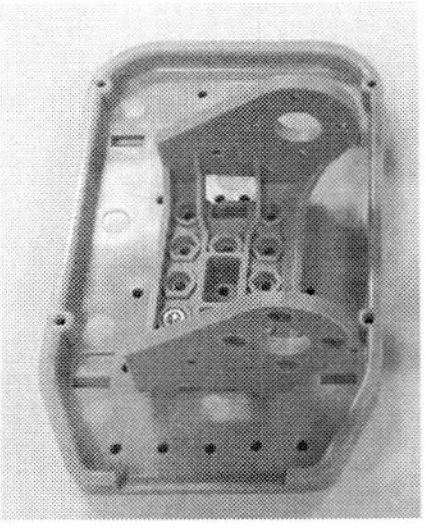 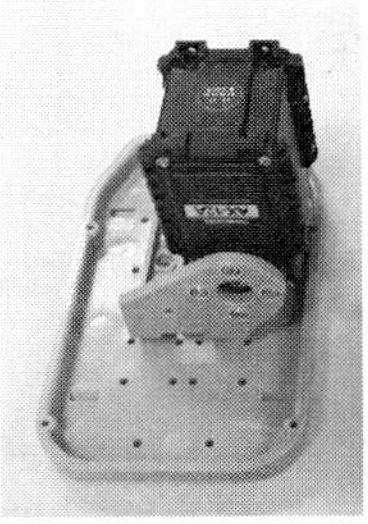

그림 10.4.3-1

② 그리고 무릎 관절 없이 바로 회전을 할 수 있게 다리 관절 하나를 더 연장한다.

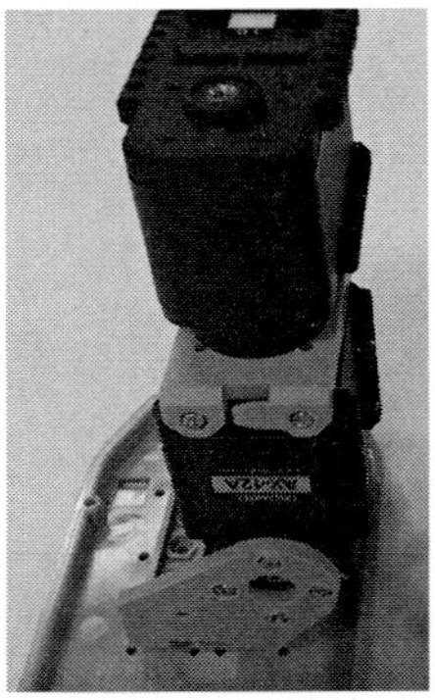

그림 10.4.3-2

③ 이러한 방식으로 나머지 한쪽 다리도 완성한다.

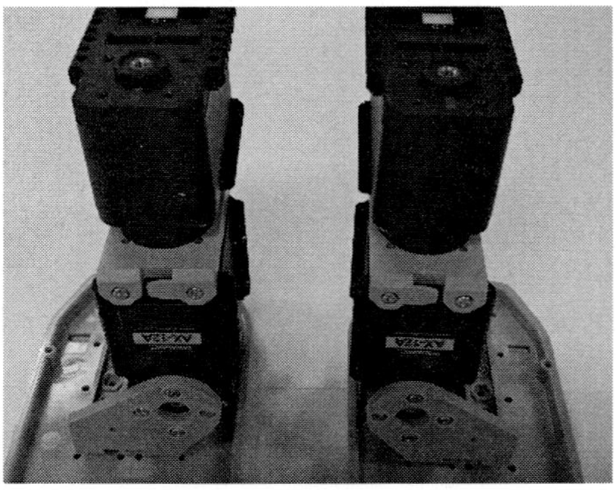

그림 10.4.3-3

몸체를 연결할 조인트를 맨 윗부분의 다이나믹셀에 부착한다.

그림 10.4.3-4

④ 몸체를 이루는 플레이트 위에 LED 모듈 2개를 고정한다.

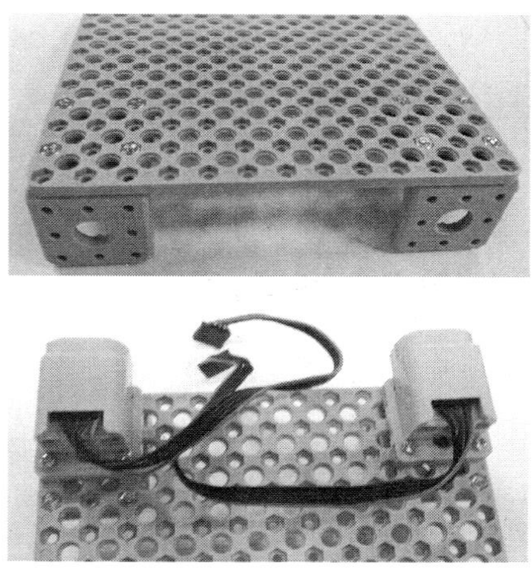

그림 10.4.3-5

OpenCM9.04를 올로 플레이트를 이용해서 아래와 같이 적당히 고정한다.

그림 10.4.3-6

적외선 센서를 부착할만한 플레이트 구조물을 아래와 같이 직각 구조로 만든다.

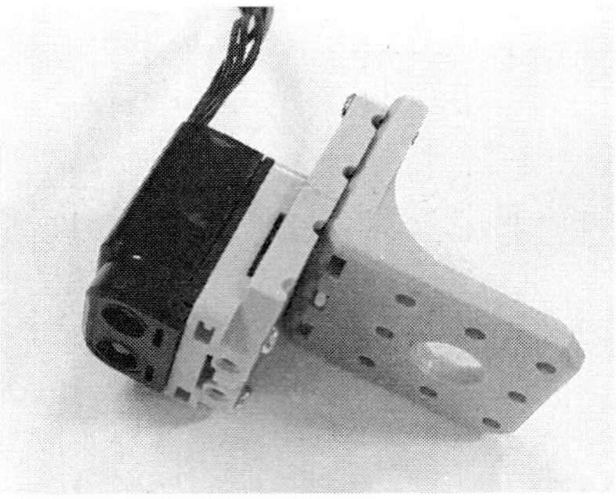

그림 10.4.3-7

적외선 센서 구조물을 몸체와 부착한다.

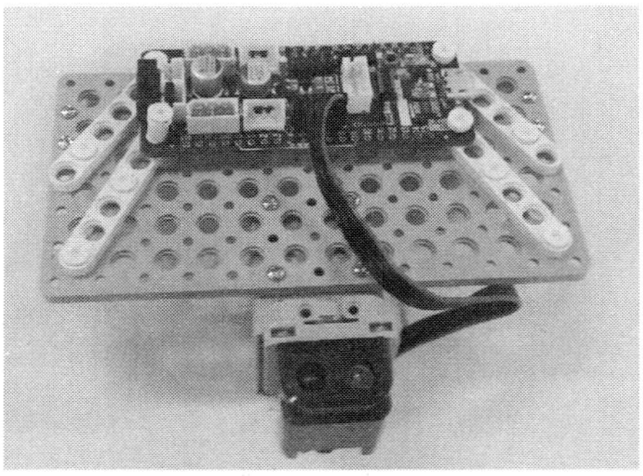

그림 10.4.3-8

⑤ LED 모듈이 고정된 플레이트와 OpenCM을 고정한 플레이트를 연결해서 몸체를 완성한다.

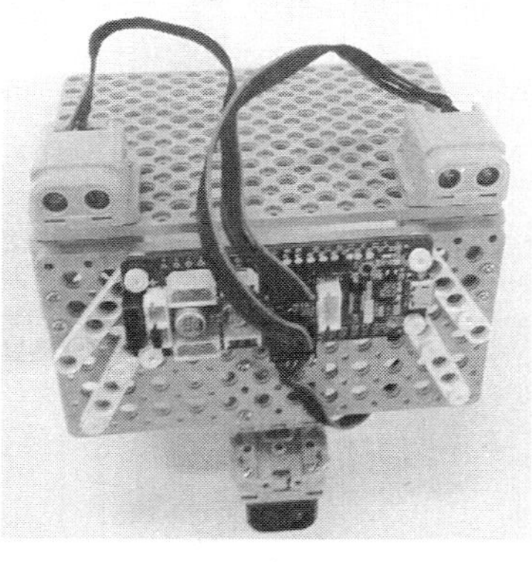

그림 10.4.3-9

⑥ 몸체와 앞에서 조립한 2개의 다리를 고정한 후에 여유가 있다면 리튬폴리머 12 V 배터리를 끼울 수 있는 플레이트도 함께 고정한다.

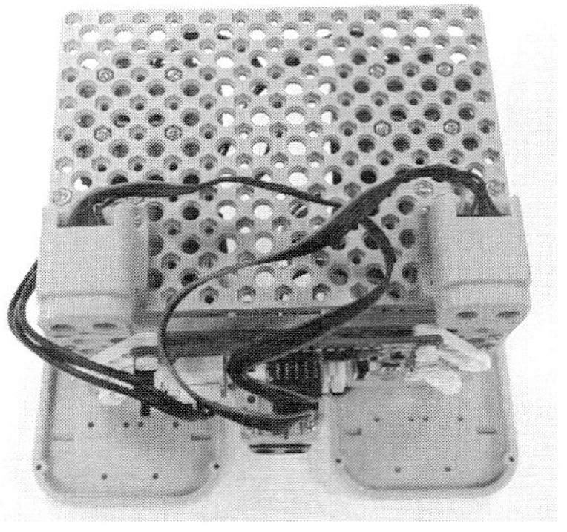
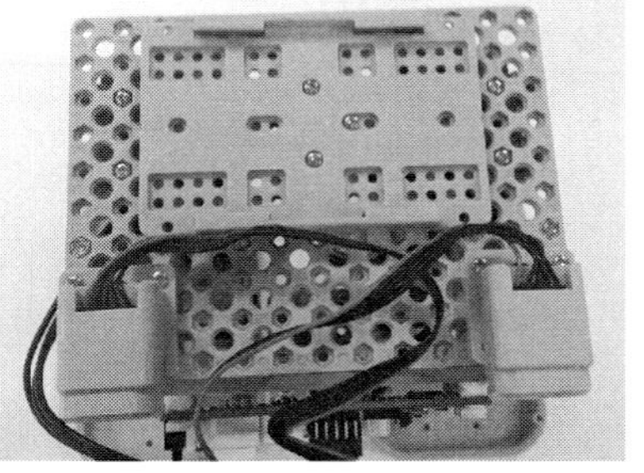

그림 10.4.3-10

⑦ 완성된 모습은 아래와 같다.

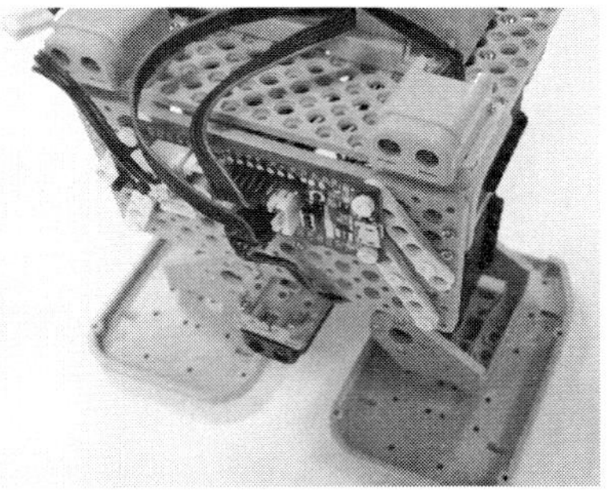
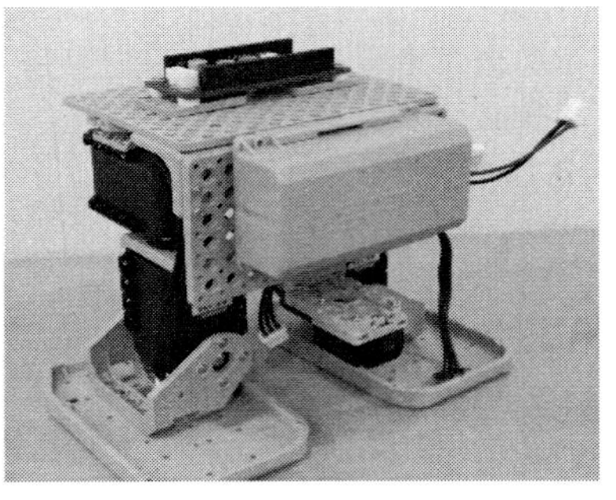

그림 10.4.3-11

10.4.4 프로그래밍 가이드

4자유도 구조(4 Degree Of Freedom, DOF)의 프로그래밍은 다이나믹셀의 SyncWrite() 메소드를 활용한다. SyncWrite는 버스에 연결된 모든 다이나믹셀이 동시에 움직이도록 명령어를 보내는 방법이다. 보행 동작은 균형을 유지하는 것이 가장 중요하며, 이를 위해서는 각 관절들이 동기화되어 동시에 움직이는 것이 필요하다. 여기서는 연속적인 보행 동작을 위해 총 8개의 모션 포즈에 대한 4개의 다이나믹셀 위치값을 준비한다. 그리고 8개의 포즈에 대한 위치값 Array를 loop()에서 반복적으로 syncWrite() 메소드를 통해 동작 명령을 주면 2족 보행 로봇이 걷는 동작으로 나타낼 수 있다.

보행 동작에 활용한 모션 포즈 데이터를 얻기 위해 연결된 4개의 다이나믹셀의 토크를 입력하지 않고 다이나믹셀의 각도 위치 정보를 주기적으로 읽는 스케치를 프로그래밍을 하고 8개 포즈에 대한 데이터를 얻는다. ID는 각각 1에서 4로 했을 때이다.

```
Dynamixel Dxl(1);
void setup() {
  Dxl.begin(1);
}
void loop() {
  SerialUSB.print("ID 1 = ");
  SerialUSB.print(Dxl.readWord(1,36));
  SerialUSB.print("   ID 2 = ");
  SerialUSB.print(Dxl.readWord(2,36));
  SerialUSB.print("   ID 3 = ");
  SerialUSB.print(Dxl.readWord(3,36));
  SerialUSB.print("   ID 4 = ");
  SerialUSB.println(Dxl.readWord(4,36));
  delay(20);
}
```

아래와 같이 총 8가지 모션 포즈를 얻는다.

```
int SyncPage1[12]=
{
  3,512,100,
  4,512,100,
  5,512,100,
  6,512,100};
int SyncPage2[12]=
{
  3,520,100,
  4,512,100,
  5,412,100,
  6,452,100};
int SyncPage3[12]=
{
  3,375,100,
  4,386,100,
  5,412,100,
  6,451,100};
int SyncPage4[12]=
{
  3,374,100,
  4,387,100,
  5,572,100,
  6,597,100};
int SyncPage5[12]=
{
  3,372,100,
  4,387,100,
  5,572,100,
  6,597,100};
int SyncPage5[12]=
```

```
{
  3,372,100,
  4,387,100,
  5,572,100,
  6,597,100};
int SyncPage6[12]=
{
  3,610,100,
  4,590,100,
  5,550,100,
  6,573,100};
int SyncPage7[12]=
{
  3,608,100,
  4,590,100,
  5,512,100,
  6,512,100};
int SyncPage8[12]=
{
  3,608,100,
  4,590,100,
  5,350,100,
6,430,100};
```

준비된 8가지 모션 포즈를 연속적으로 syncwrite() 함수를 통해 구현하는 프로그램은 다음과 같다.

```
#include <OLLO.h>
OLLO myOLLO;
Dynamixel Dxl(1);
void setup() {
 myOLLO.begin(3);
 myOLLO.begin(2);
 myOLLO.begin(1, IR_SENSOR);
  Dxl.begin(1);  //1Mbps

  myOLLO.write(3,0,0);
  myOLLO.write(2,0,0);

   Dxl.syncWrite(30,2,SyncPage1,12);
  delay(1000);
  Dxl.syncWrite(30,2,SyncPage2,12);
  delay(1000);
}

void loop() {
Dxl.syncWrite(30,2,SyncPage3,12);
  delay(1000);
```

```
  sensor();
  Dx1.syncWrite(30,2,SyncPage4,12);
  delay(1000);
  sensor();
  Dx1.syncWrite(30,2,SyncPage5,12);
  delay(1000);
  sensor();
  Dx1.syncWrite(30,2,SyncPage6,12);
  delay(1000);
  sensor();
  Dx1.syncWrite(30,2,SyncPage7,12);
  delay(1000);
  sensor();
  Dx1.syncWrite(30,2,SyncPage8,12);
  delay(1000);
sensor();
}

void sensor(){
  int i = 0;
  while(1){
      if(myOLLO.read(1, IR_SENSOR) > 1000){
    for(i = 0;i<2;i++){
    myOLLO.write(3,1,1);
    myOLLO.write(2,1,1);
    delay(50);
    myOLLO.write(3,0,0);
    myOLLO.write(2,0,0);
    delay(50);
    }
  }
  else
     break;
  }
}
```

10.5 로봇팔

10.5.1 배경 지식(제작 가이드)

영화 아이언맨을 보면 주인공 토니 스타크가 무언가 열심히 만들 때 옆에서 사람 조수처럼 도와주는 똑똑한 로봇팔이 있다. 이렇게 영화 속에서 볼 수 있는 로봇팔처럼 똑똑하고 정교하게 제작하기는 힘들겠지만 OpenCM9.04와 다이나믹셀 AX12 4개, 그리고 STEM 플레이트를 가지고도

집이나 학교에서 간단히 만들어 볼 수 있는 방법을 소개해 본다.

로봇팔에 쓰이는 AX12 4개는 모두 관절 모드를 이용한다. AX12 4개 중에 3개는 관절 구동을 위해서 사용되고, 물건을 잡기 위해서 나머지 1개가 사용된다. 그리고 OpenCM9.04에 전원 공급은 11.1 V 리튬 폴리머(LIPO) 배터리나 12 V SMPS를 연결해서 공급 가능하다. 로봇팔의 움직임을 제어하는 프로그래밍 방식은 크게 2가지로 볼 수 있다. 하나는 기구학을 활용한 계산에 의한 방식이고, 두 번째는 모션 데이터를 활용하는 방법이다.

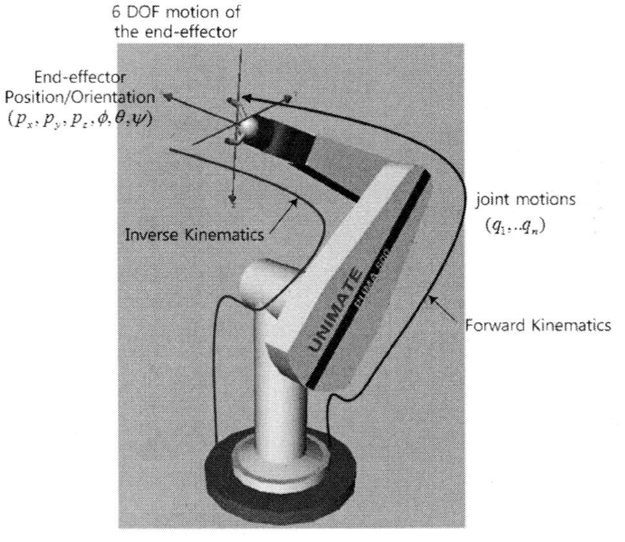

그림 10.5.1

로봇팔의 움직임은 링크와 관절의 움직임으로 기술할 수 있는데, 이러한 물체의 움직임을 수학적 표현 방법을 이용하여 나타낸 것을 기구학(Kinematics)이라고 한다. 기구학은 크게 순기구학(Forward kinematics)과 역기구학(Inverse kinematics)으로 나뉘는데 순기구학은 관절각이 주어졌을 때 말단장치(End-effector)의 직교좌표상의 위치와 자세를 구하는 방법이다. 역기구학은 움직이고자 하는 로봇팔 말단부(End-effector)의 위치와 자세가 주어졌을 때, 각 관절의 회전각을 계산식에 의해 알아내어 제어를 수행하는 방법이다.

모션 데이터를 활용하는 방법은 로봇팔의 자세에 해당하는 다이나믹셀의 목표 위치(Goal Position)값을 하나하나 알아내서 모션 데이터로 만든 후, 앞서 활용한 syncWrite() 명령어로 동시에 4개의 AX12들을 움직이도록 제어하는 방식이다. 단순히 모션 데이터를 만들고 적당한 시간 간격으로 모션을 플레이(Play)한다고 보면 된다.

여기서는 앞에서 소개한 두 가지 방법을 간단히 소개한다. 일단 다이나믹셀과 STEM 플레이트들을 활용해서 로봇팔을 조립하고 프로그래밍 단계에서 순기구학 계산식을 활용해서 로봇팔의 움직임을 분석해보고, 두 번째 방법으로는 모션 데이터를 활용해서 loop()에서 모션을 syncWrite()를 이용해서 제어해보는 방법을 소개한다.

참고 : 정기구학, 역기구학 설명 - 양광웅(http://blog.daum.net/pg365/96)

10.5.2 부품 리스트

4개의 AX12와 나머지 프레임들을 포함한 전체 부품 리스트는 아래와 같다.

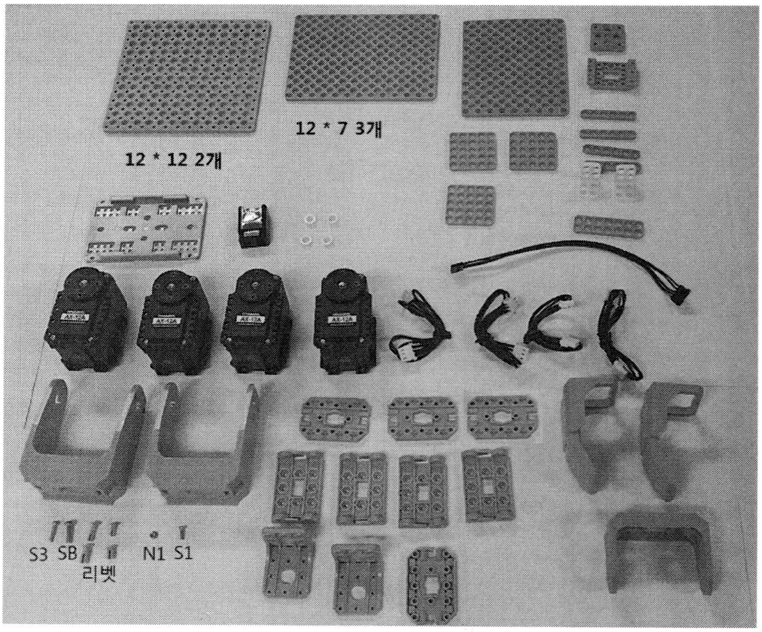

그림 10.5.2

10.5.3 조립 가이드

① 로봇팔을 고정할 큰 프레임을 만든다. 12X9 플레이트들을 이어서 튼튼히 고정할 수 있도록 되도록 넓게 이어서 만든다.

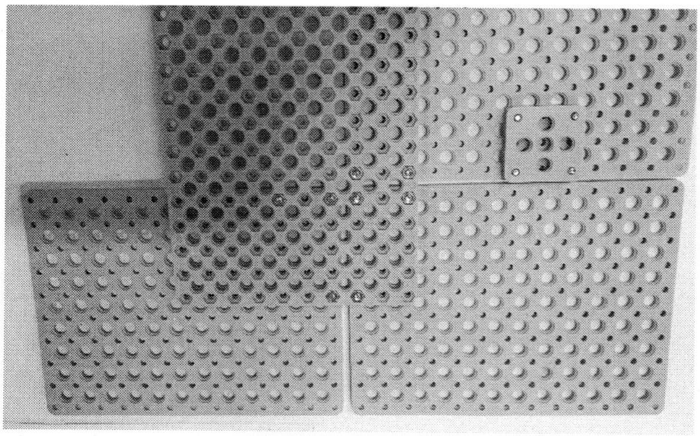

그림 10.5.3-1

② 그리고 나머지 한 플레이트는 12 V 리튬 이온 배터리를 고정할 프레임을 연결한다.

그림 10.5.3-2

③ 이제 최종적으로 완성한 고정 패드 위에 회전축을 담당할 AX12를 조립한다.

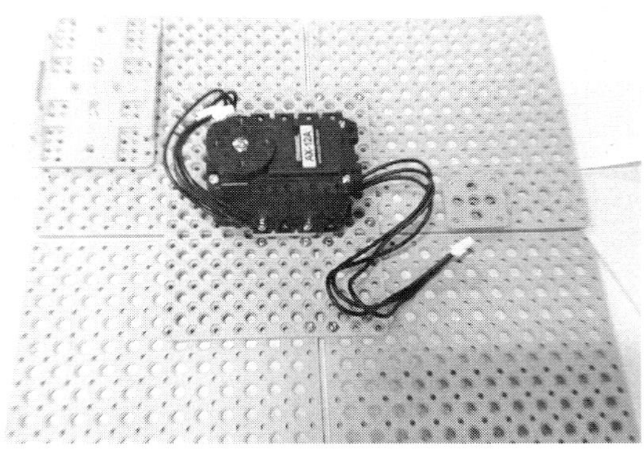

그림 10.5.3-3

④ 그리고 2개의 AX는 아래와 같이 집게와 팔관절을 이루도록 조립한다.

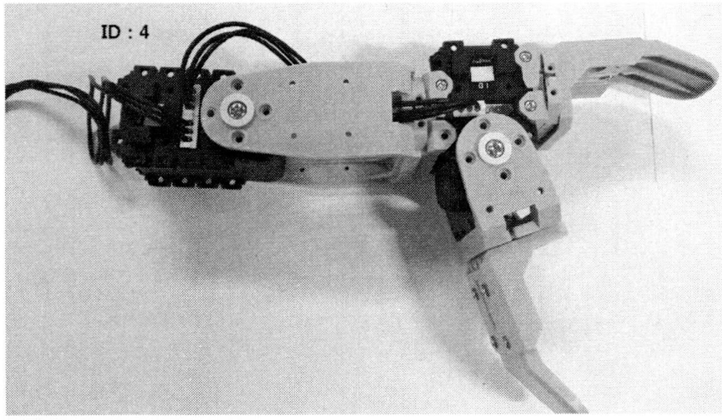

그림 10.5.3-4

나머지 한 개의 AX로 관절을 하나 연장한다.

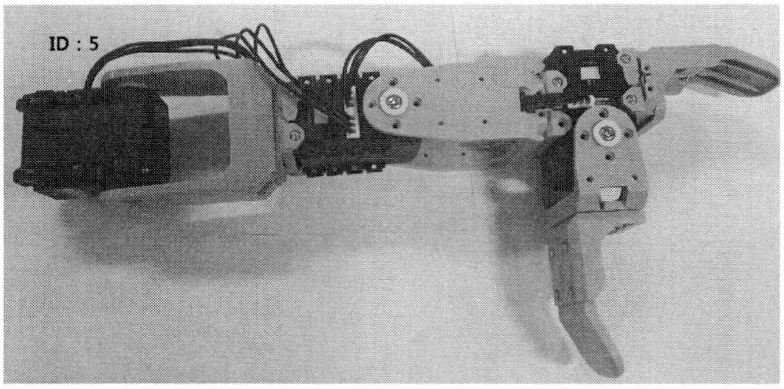

그림 10.5.3-5

⑤ 그리고 회전축과 고정해서 로봇팔을 완성한다.

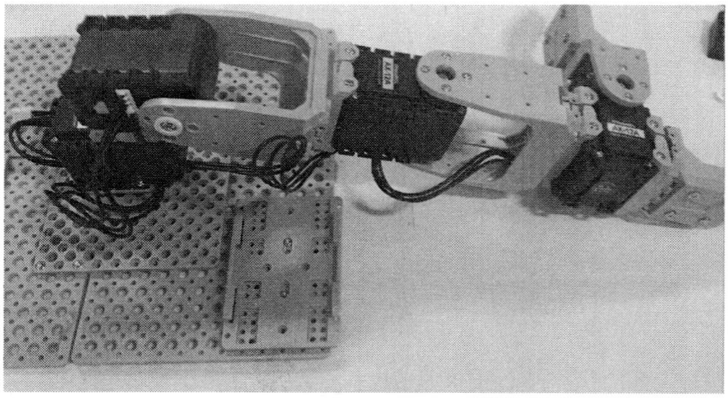

그림 10.5.3-6

⑥ OpenCM9.04는 고정패드 한쪽에 배치한다. STEM 플레이트와 홀 간격이 맞지 않기 때문에 올로 프레임과 섞어서 사용하도록 한다.

그림 10.5.3-7

⑦ 그리고 물체를 인식할 센서 모듈을 연결한다.

그림 10.5.3-8

⑧ 최종 완성된 모습이다.

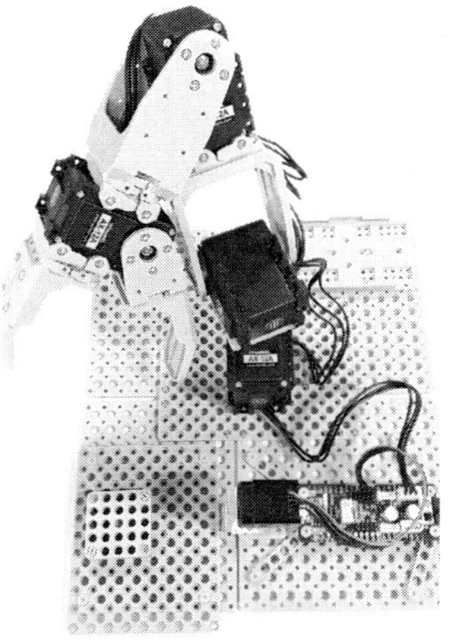

그림 10.5.3-9

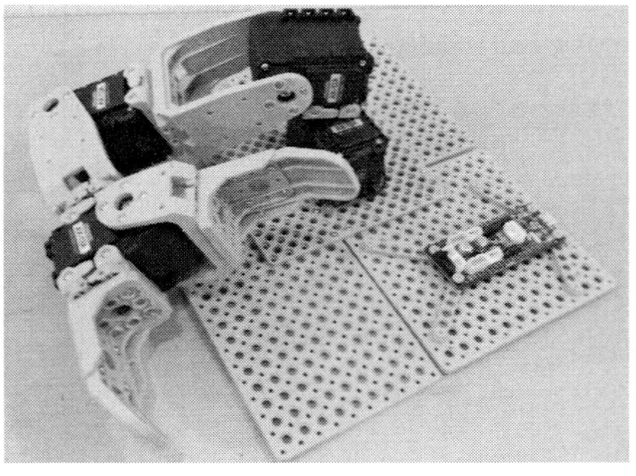

그림 10.5.3-10

10.5.4 기구학(Kinematics)을 활용한 제어

좌표축

가장 먼저해야 할 것은 각 링크에 좌표축을 설정하는 것이다. 원하는 만큼 로봇팔을 움직이고 그 정도가 어느 정도인지 현재보다 얼마나 더 움직여야 하는지, 로봇팔 움직임에 대한 기준을 설정하는 것이 필요하며, 로봇팔의 움직인 정도나 회전하는 정도를 어떤 기준으로부터 측정 혹은 입력해야 한다. 그 기준을 토대로 회전되는 각도나 이동되는 거리를 계산하는 기구학 식을 가지고 로봇팔의 움직임을 원하는 대로 제어할 수 있는데, 이것의 기준이 되는 것이 기준 좌표계이다.

기구학

그림에서 보이는 로봇팔은 링크 3개와 모터 4개로 움직임이 정의되지만 하나의 모터는 손의 움직임을 나타냈기 때문에 결국 로봇팔의 마지막 포인트의 위치는 3개의 링크와 3개의 모터에 의해 변하게 된다. 이러한 움직임을 제어하기 위해서는 전이행렬(translation matrix)과 회전행렬(rotation matrix)이 필요하고 이러한 전이행렬과 회전행렬을 함께 나타낸 것이 변환행렬(transformation matrix)이다.

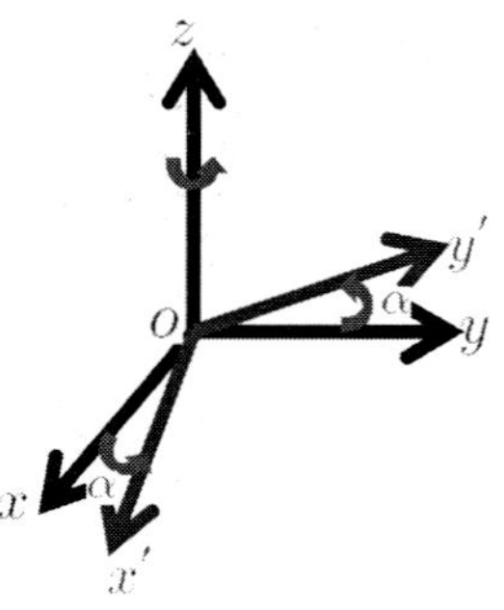

그림 10.5.4-1 z-축에 대한 회전 변환

회전행렬

로봇팔은 3개의 모터에 의해 회전이 이루어진다. 모터의 회전에 따라 링크가 회전하게 되고 이러한 움직임을 수학적으로 표현한 것이 회전행렬이다. 회전행렬을 이용하여 처음 설정한 좌표계에서 그 다음 링크에 설정된 좌표계로 회전하는 것을 수학적으로 표현할 수 있고 회전행렬을 그림으로 나타내었다. 그림처럼 O-xyz 좌표계는 고정된 좌표계이며 O′-x′y′z′ 좌표계는 z축을 중심으로 각도 α만큼 회전한 것을 나타낸 것이며 회전이 이루어지고 나면 원점과 z축은 회전하기 전과 같고 z축을 중심으로 회전했기 때문에 x축과 y축의 방향만 변화하게 된다. 즉, 다음 좌표계는 z축과 x′축, 그리고 y′축으로 나타나게 되는 것이다. 방금 설명한 그림을 수학적으로 나타내고 행렬로 표현한 것이 다음 식이다.

$$R(z,\ \alpha) = \begin{bmatrix} \cos\alpha & -\sin\alpha & 0 \\ \sin\alpha & \cos\alpha & 0 \\ 0 & 0 & 1 \end{bmatrix}$$

마찬가지로 x축을 중심으로 회전하게 되면 원점과 x축은 그대로이고 y축과 z축의 방향이 변하게 되고, y축을 중심으로 회전하게 되면 원점과 y축은 그대로 이고 x축과 z축의 방향이 변하게 된다. x축을 중심으로 회전한 행렬과 y축을 중심으로 회전한 행렬을 표현한 식은 다음과 같다.

$$R(x,\ \gamma) = \begin{bmatrix} 1 & 1 & 0 \\ 0 & \cos\gamma & -\sin\gamma \\ 0 & \sin\gamma & \cos\gamma \end{bmatrix}$$

$$R(y,\ \beta) = \begin{bmatrix} \cos\beta & 0 & \sin\beta \\ 0 & 1 & 0 \\ -\sin\alpha & 0 & \cos\beta \end{bmatrix}$$

앞서 말한 것과 같이 이러한 회전행렬을 이용하여 모터의 회전에 의한 링크의 위치 변화를 수학적으로 표현하고 계산할 수 있다.

변환행렬

로봇팔의 각 링크들의 길이가 변화하거나 혹은 고정된 링크 길이만큼 이동된 거리를 수학적으로 표현하기 위해서는 전이행렬이 필요하다. 전이행렬은 각 링크들이 가리키는 방향으로 링크길이만큼 이동한 거리를 나타내며 전이행렬은 회전행렬과 통합하여 변환행렬(transformation matrix)로도 표현될 수 있다. 아래 그림에서 보는 것처럼 O-xyz는 고정된 좌표계이고 O′-x′y′z′는 길이 L만큼 전이행렬이 이루어져 이동된 좌표계다. 따라서 전이행렬은 좌표계의 축의 방향의 변화는 이루어지지 않고 거리의 이동만을 수학적으로 표현한 행렬이다.

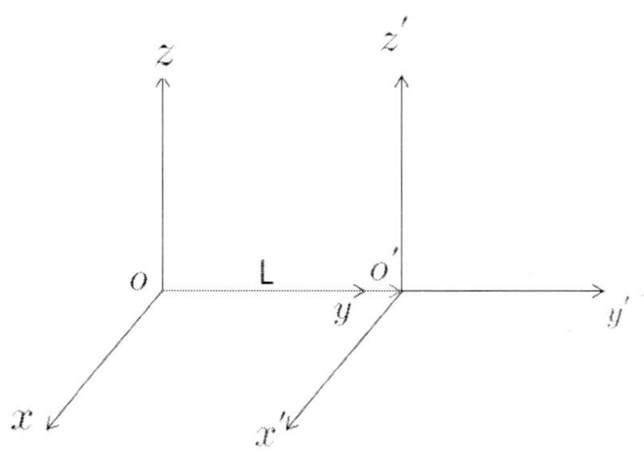

그림 10.5.4-2 y-방향으로의 전이 변환

그림은 y-방향으로의 전이 변환을 나타내고 있다. 각 방향으로의 전이 변환은 변환행렬의 4번째 column vector의 첫 번째, 두 번째, 세 번째 성분에 상응한다. 예를 들어 x축 방향으로 전이(이동)하면 행렬 T의 (1, 4)에 이동값(L)을 입력하고, 만약 y축 또는 z축 방향으로 움직이게 되면 행렬은 (2, 4) 혹은 (3, 4)에 이동된 거리를 입력해야 한다. 전이행렬과 회전행렬을 하나의 행렬로 묶어서 표현한 것이 변환행렬이므로, 변환행렬은 4X4 행렬로 나타나며 회전행렬과 전이행렬을 모두 포함하고 있다.

로봇팔에 적용하기

로봇팔의 작업이 이루어지는 끝단의 위치를 계산하기 위한 수학적인 표현은 앞서 말한 변환행렬을 이용하여 계산하면 된다. 끝단의 위치를 계산하기 위해서는 처음에 지정한 기준 좌표계에서 로봇팔의 형태 그대로 따라서 회전행렬과 전이행렬을 순서대로 곱하면 쉽게 계산할 수 있다. 아래 그림에서처럼 기준 좌표계를 설정하고 좌표계의 변화에 맞추어 로봇팔의 단계별로 곱해보도록 하자.

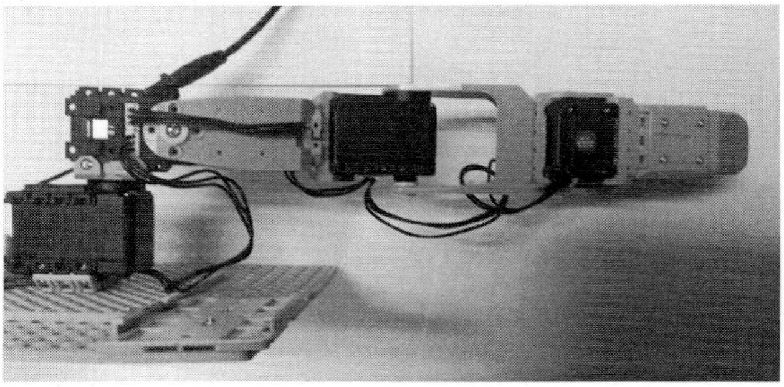

그림 10.5.4-3

① 실제 로봇 모양

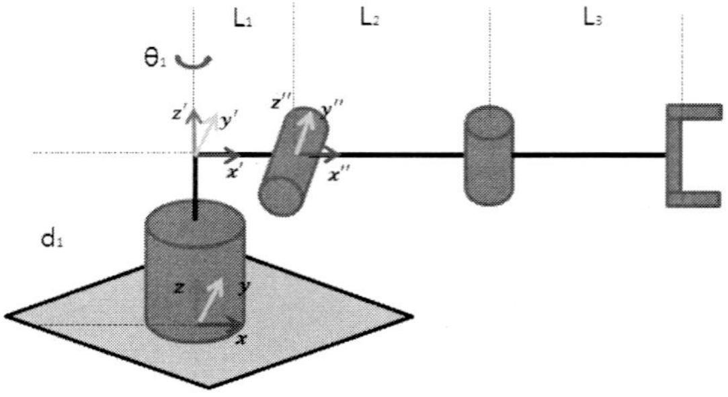

그림 10.5.4-4

② 1번째 변환행렬 얻기

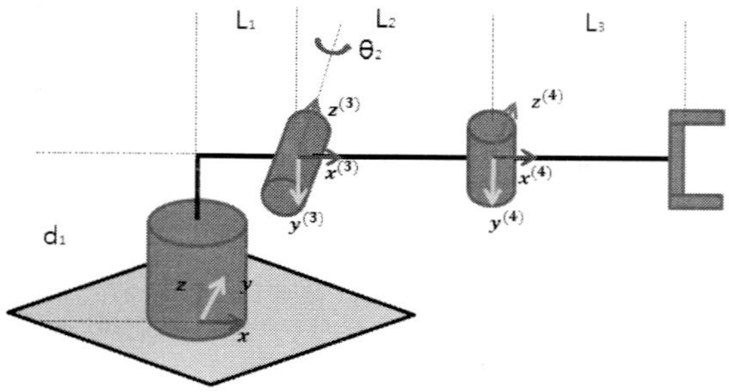

그림 10.5.4-5

③ 2번째 변환행렬 얻기

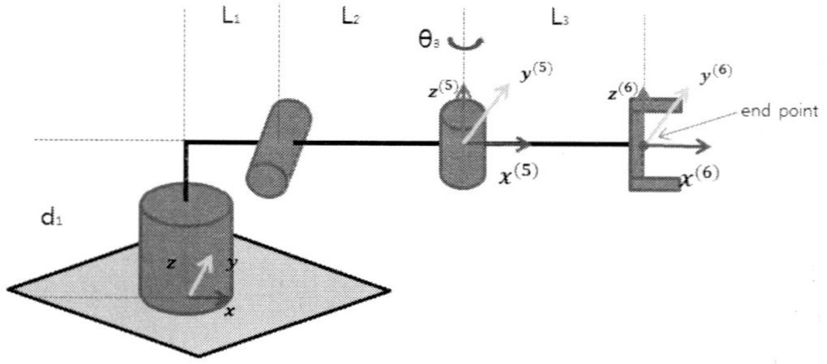

그림 10.5.4-6

④ 3번째 변환행렬 얻기

[그림 : 순차적인 로봇팔 끝단 위치 계산]

위의 그림에서의 변환행렬을 엄밀하게 얻기 위해서는 DH 파라미터를 정의하는 것이 필요한데, 본 교재에서는 이들을 설명하지 않고 로봇팔에 대한 DH-table만 제공하도록 하겠다.

	a	α	d	θ
1	0	0	d_1	θ_1
2	L_1	$-\pi/2$	0	θ_2
3	L_2	$\pi/2$	0	θ_3
4	L_3	0	0	0

$$T = T(z,d_1)R(z',\theta_1)T(x',l_1)R(x^{(2)},-\frac{\pi}{2})R(z^{(3)},\theta_2)T(x^{(3)},l_2)R(x^{(4)},\frac{\pi}{2})R(z^{(5)},\theta_3)T(x^{(5)},L_3)$$

위와 같이 순서대로 전이변환과 회전행렬을 차례대로 계산하게 되면 최종적으로 다음과 같은 행렬을 구할 수 있다.

$$T=\begin{bmatrix} c_1c_2c_3-s_1s_3 & -c_1c_2s_3-s_1c_3 & -c_1s_2 & l_3(c_1c_2c_3-s_1s_3)+l_2c_1c_2+l_1c_1 \\ s_1c_2c_3+c_1s_3 & -s_1c_2s_3+c_1s_2 & -s_1s_2 & l_3(s_1c_2c_3+c_1s_3)+l_2s_1c_2+l_3s_1 \\ -s_2c_3 & s_2s_3 & c_2 & -l_3s_2c_3-l_2s_2+l_1 \\ 0 & 0 & 0 & 1 \end{bmatrix}$$

따라서 마지막 점의 좌표는 아래 식과 같다.

$$\begin{bmatrix} p_x \\ p_y \\ p_z \end{bmatrix} = \begin{bmatrix} l_3(c_1c_2c_3-s_1s_3)+l_2c_1c_2+l_1c_1 \\ l_3(s_1c_2c_3+c_1s_3)+l_2s_1c_2+l_3s_1 \\ -l_3s_2c_3-l_2s_2+d_1 \end{bmatrix}$$

로봇팔의 끝단의 위치는 기준 좌표계로부터 x축 방향, y축 방향, z축 방향으로 각각 p_x, p_y, p_z 만큼 떨어진 지점이고 이 지점은 모터의 회전각에 의해서 입력되는 θ_1, θ_2, θ_3에 의해 변하게 된다. 지금까지 배운 방법을 이용하여 실제로 로봇팔을 움직여보자. 아래의 코드는 θ_1, θ_2, θ_3 입력하여 그 값에 해당하는 좌표로 이동하도록 한 코드이다.

```
float D2R = 3.14f/180.0f;  // dgree를 radian으로 바꾸기 위한 계산식이다.
float l1 = 0.02;           //실제 링크의 길이를 변수로 선언하였다. 단위는 m이다
float l2 = 0.1;            //
float l3 = 0.13;           //
float d1 = 0.07;           //
float q1 = -0*D2R;         // 원하는 θ1=q1,θ2=q2,θ3=q3을 입력하는 변수이다.
float q2 = 0*D2R;          //
float q3 = 90*D2R;         //
float x = 0.0f;            // θ1,θ2,θ3에 의한 마지막 점을 나타내는 변수이다.
float y = 0.0f;
float z = 0.0f;

int JOINT1_ID = 6;         // 로봇팔의 각 관절의 모터 ID이다.
int JOINT2_ID = 5;         // 이미 선언되어 있기 때문에 그대로 사용해야 한다.
int JOINT3_ID = 4;
int  HAND_ID = 3;

void setup()
{
  Dxl.begin(1);            // 모터를 사용하기 위한 초기 선언이다.
SerialUSB.begin();         // Serial 통신을 하기 위한 초기 선언이다.
}

void forward_kinematics() // 앞서 푼 순기구학을 코드로 작성한 함수이다.
{
  float s1 = sin(q1);
  float c1 = cos(q1);
  float s2 = sin(q2);
  float c2 = cos(q2);
  float s3 = sin(q3);
```

```
  float c3 = cos(q3);

  x = l1*c1 + l2*c1*c2 + l3*(c1*c2*c3-s1*s3); // x, y, z에 대한 식을 나타낸 것이다.
  y = l1*s1 + l2*s1*c2 + l3*(s1*c2*c3+c1*s3);
  z = d1 - l2*s2 - l3*s2*c3;
}
int deg2pos(float de)
{
int ret;                                   // 512는 0도를 뜻하며 중앙 중심점을 나타내고
  ret = de *  197;                         // 중심점을 기준으로 좌우로 각도가 계산된다.
  ret = ret+512;                           // 입력된 각도값이 모터의 각도와 매칭시키기위해
  return ret;                              // 197을 곱하였다.
}
void motion_update()
{
  Dxl.writeWord(JOINT1_ID, 30, deg2pos(q1));          // 모터함수를 이용하여 모터제어
  Dxl.writeWord(JOINT2_ID, 30, deg2pos(q2));          // 30은 모터의 position 제어 선택
  Dxl.writeWord(JOINT3_ID, 30, deg2pos(q3));          // 마지막 변수는 모터에 입력 변수
}

void motion_print()          // 입력한 각도와 마지막 포인트의 위치를 시리얼 통신으로
{                            // 보여주는 코드이다.
  SerialUSB.print("angles:");
  SerialUSB.print("  ");
  SerialUSB.print(q1);
  SerialUSB.print("  ");
  SerialUSB.print(q2);
  SerialUSB.print("  ");
  SerialUSB.print(q3);
  SerialUSB.println("  ");
  SerialUSB.print("end-effector pos.:");
  SerialUSB.print("  ");
  SerialUSB.print(x);
  SerialUSB.print("  ");
  SerialUSB.print(y);
  SerialUSB.print("  ");
  SerialUSB.print(z);
  SerialUSB.println("  ");
}

void loop()
{
    forward_kinematics();              // 앞에서 선언한 함수를 이용하여 모터를 구동한다.
   motion_update();
motion_print();
}
```

앞의 코드를 사용하여 로봇팔을 구동하게 되면 입력되는 θ_1, θ_2, θ_3에 따라 로봇팔이 움직이는 것을 볼 수 있다. 또한 시리얼 모니터를 통해 끝단의 위치와 현재의 모터 각도 확인 가능하다. 계산된 식과 모터함수인 Dxl.writeWord를 이용하여 로봇팔을 쉽게 원하는 각도만큼 움직일 수 있으며, 주의해야 할 사항은 모터에 지정된 ID를 구분해야 하며 모터를 위치(position) 모드로 반드시 설정해 주어야 한다. 위의 코드를 이용하여 $\theta_1 = 45$, $\theta_2 = -30$, $\theta_3 = 60$을 입력하고 초기 상태에서 입력한 각도로 움직이는 것을 확인할 수 있다. 아래 그림은 처음 사진과 움직인 후의 사진, 그리고 움직인 x, y, z를 그래프로 나타낸 것이다.

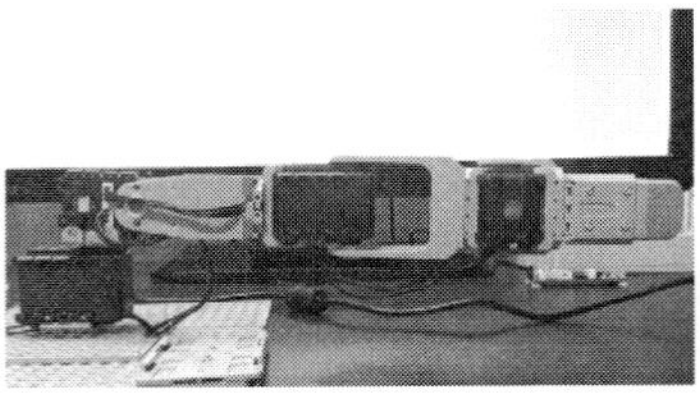
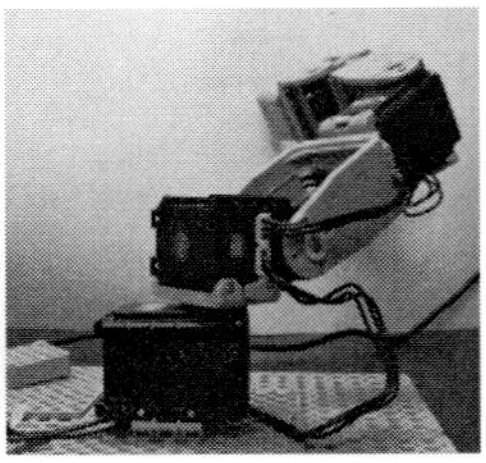
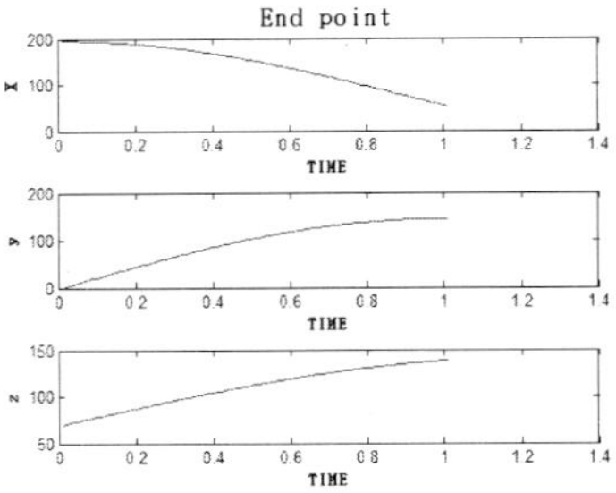

그림 10.5.4-7

10.5.5 모션 데이터 활용한 제어

로봇팔도 2족 바이패드 로봇과 마찬가지로 다이나믹셀의 syncWrite() 메소드를 활용한다. 크게 보면 각의 포즈에 대한 다이나믹셀들의 위치값을 읽어서 모션 데이터를 만든 후 syncWrite()로 명령을 보내면 된다.

```
Dynamixel Dxl(1);
void setup() {
  Dxl.begin(1);
}
void loop() {
  SerialUSB.print("ID 1 = ");
  SerialUSB.print(Dxl.readWord(1,36));
  SerialUSB.print("   ID 2 = ");
  SerialUSB.print(Dxl.readWord(2,36));
  SerialUSB.print("   ID 3 = ");
  SerialUSB.print(Dxl.readWord(3,36));
  SerialUSB.print("   ID 4 = ");
  SerialUSB.println(Dxl.readWord(4,36));
  delay(20);
}
```

다음은 필자가 간단히 모션 페이지를 8개 정도 만들어서 loop() 내에서 계속 무한 반복하도록 프로그래밍 된 예제이다.

```
#include <OLLO.h>
OLLO myOLLO;
Dynamixel Dxl(1);

int SyncPage1[12]=
{
  3,528,100,
  4,512,100,
  5,205,100,
  6,808,100};
int SyncPage2[12]=
{
  3,526,100,
  4,885,100,
  5,484,100,
  6,615,100};
int SyncPage3[12]=
{
  3,505,100,
  4,889,100,
  5,513,100,
  6,759,100};
int SyncPage4[12]=
{
  3,290,100,
  4,900,100,
  5,524,100,
  6,761,100};
int SyncPage5[12]=
{
  3,290,100,
  4,904,100,
  5,465,100,
  6,771,100};
int SyncPage6[12]=
{
  3,288,100,
  4,713,100,
  5,506,100,
  6,676,100};
int SyncPage7[12]=
{
  3,322,100,
  4,714,100,
```

```
  5,534,100,
  6,676,100};
int SyncPage8[12]=
{
  3,558,100,
  4,691,100,
  5,535,100,
  6,674,100};
int SyncPage9[12]=
{
  3,558,100,
  4,691,100,
  5,299,100,
  6,674,100};

void setup() {
 myOLLO.begin(1, IR_SENSOR);
  Dxl.begin(1);  //1Mbps
}
void loop() {
   Dxl.syncWrite(30,2,SyncPage1,12);
 if(myOLLO.read(1, IR_SENSOR) > 1000){
   Dxl.syncWrite(30,2,SyncPage2,12);
  delay(1000);
   Dxl.syncWrite(30,2,SyncPage3,12);
  delay(1000);
  Dxl.syncWrite(30,2,SyncPage4,12);
  delay(1000);
  Dxl.syncWrite(30,2,SyncPage5,12);
  delay(1000);
  Dxl.syncWrite(30,2,SyncPage6,12);
  delay(1000);
  Dxl.syncWrite(30,2,SyncPage7,12);
  delay(1000);
  Dxl.syncWrite(30,2,SyncPage8,12);
  delay(1000);
  Dxl.syncWrite(30,2,SyncPage8,12);
  delay(2000);
  Dxl.syncWrite(30,2,SyncPage1,12);
  delay(2000);
 }
 }
```

10.6 OpenCM을 이용한 전방향 구동이 가능한 이동 로봇(Omni wheel mobile robot) 만들기

10.6.1 목표

3개의 전방향 구동 바퀴(Omni wheel)를 가진 이동 로봇을 제작하고 X축, Y축, 회전까지 움직일 수 있도록 제어해본다.

10.6.2 준비 및 제작

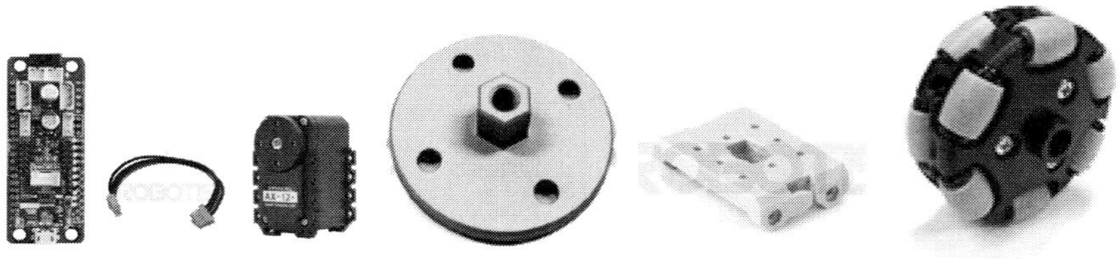

그림 10.6.2-1 FOMAX 5T, OpenCM9.04 1개, Dynamixel AX-12 3개, 기본 프레임 FP04-F3 3개, Wheel hub 3개, Omni wheel 3개, 3PIN Cable 3개

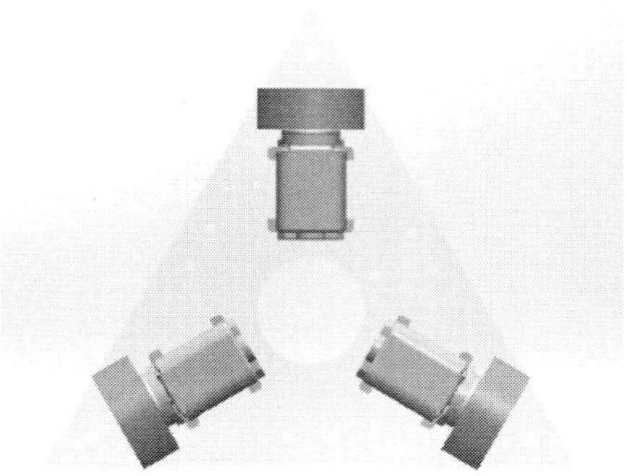

그림 10.6.2-2 Mobile Robot의 밑면

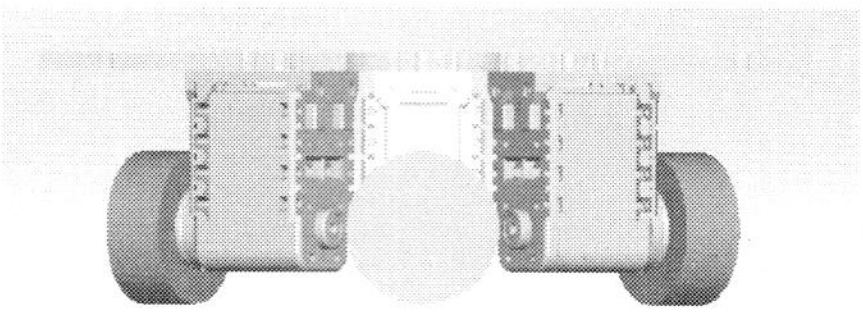

그림 10.6.2-3 Mobile Robot의 앞면

그림과 같이 부품들을 배치하고 아래와 같은 스텝으로 조립한다.

① 한 모서리의 길이가 200 mm인 정삼각형을 FOMAX로 제작한다.

② <그림 10.6.2-2>와 같이 삼각형 중심에서 꼭지점 방향으로 75 mm거리에 Omni wheel의 중심이 오도록 기본 frame을 각각 배치한다.

③ 배치된 자리에 기본 frame 부착, Dynamixel AX-12 부착, Wheel hub와 Omni wheel을 Dynamixel AX-12에 연결한다.

④ <그림 10.6.2-2>의 상단 모터부터 시계방향으로 ID : 1, 2, 3으로 설정한다.

⑤ OpenCM9.04 ⇨ 모터1 ⇨ 모터2 ⇨ 모터3 순으로 3PIN Cable로 연결한다.

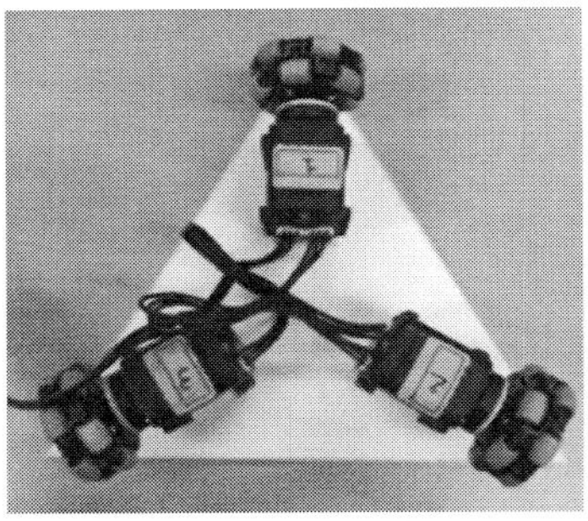

그림 10.6.2-4 제작된 Mobile Robot의 밑면과 앞면

10.6.3 전방향 구동 바퀴 기구학 조건(Omni Wheel Kinematic Constraints)

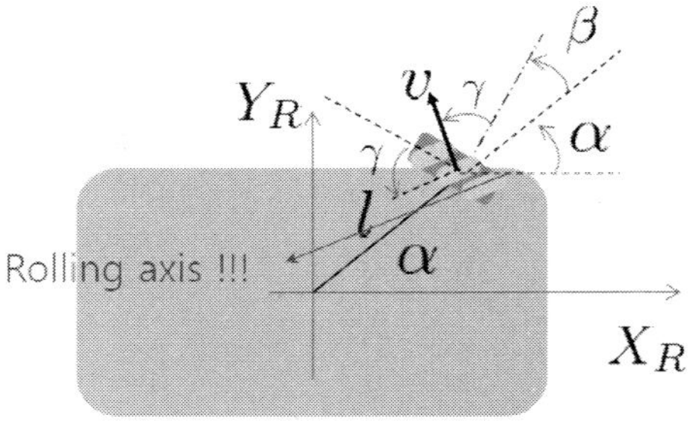

그림 10.6.3-1 Mobile Robot의 중심과 Wheel사이의 관계

① Omnidirectional motion이 가지는 Rolling condition

$$[-\sin(\alpha+\beta+\gamma)\cos(\alpha+\beta+\gamma)l\cos(\beta+\gamma)R(\theta)\xi_1 r\phi\cos\gamma=0$$

ϕ = 바퀴의 속도

γ = 바퀴의 반지름

② Rolling condition을 ϕ에 관하여 정리

$$\begin{aligned}\phi = & -[-\sin(\alpha+\beta+\gamma)*\cos(\theta)*\dot{x}-\cos(\alpha+\beta+\gamma)*\sin(\theta)*\dot{x}\\ & -\sin(\alpha+\beta+\gamma)*\sin(\theta)*\dot{y}+\cos(\alpha+\beta+\gamma)*\cos(\theta)*\dot{y}\\ & +\ell*\cos(\beta+\gamma)]/r\end{aligned}$$

③ 제작된 Mobile Robot의 경우

모터 1 : α=90, β= 0, γ=0, ℓ=75, r= 20, γ_{sw}= 4

모터 2 : α=210, β= 0, γ=0, ℓ=75, r= 20, γ_{sw}= 4

모터 3 : α=330, β= 0, γ=0, ℓ=75, r= 20, γ_{sw}= 4

10.6.4 제어

ROBOTIS社의 OpenCM v1.0.1을 사용하여 Omni wheel Mobile Robot을 제어

```
Dynamixel Dxl(1); //통신 시리얼 1번 사용
float pi=3.141592;
float alpha1;float alpha2;float alpha3;float beta;float gamma1; float theta;int v1;int
v2;int v3;float xdot;float ydot;float thetadot;float length;float radius; // 각각의 모터에 사용
될 변수 지정

void setup() {

  Dxl.begin(1);  //1Mbps로 통신
  Dxl.writeWord(1, 32, 0); //1번 모터의 초기 속도를 0으로 지정
  Dxl.writeWord(2, 32, 0); //2번 모터의 초기 속도를 0으로 지정
  Dxl.writeWord(3, 32, 0); //3번 모터의 초기 속도를 0으로 지정
}

void loop() {
alpha1=90*pi/180;alpha2=210*pi/180;alpha3=330*pi/180;beta=0*pi/180;gamma1=0*pi/180;thet
a=0;length=75;radius=20; // 제작된 모바일 로봇에 맞게 변수값 설정

xdot=100; // 목표 x축 속도 (단위는 mm/s)
ydot=0; // 목표 y축 속도
thetadot=0*pi/2; // 목표 회전 속도

v1=-(-sin(alpha1+beta+gamma1)*cos(theta)*xdot-cos(alpha1+beta+gamma1)*sin(theta)*xdot-s
in(alpha1+beta+gamma1)*sin(theta)*ydot+cos(alpha1+beta+gamma1)*cos(theta)*ydot+length*c
os(beta+gamma1)*thetadot)/radius; // 모터1의 회전 속도
v2=-(-sin(alpha2+beta+gamma1)*cos(theta)*xdot-cos(alpha2+beta+gamma1)*sin(theta)*xdot-s
in(alpha2+beta+gamma1)*sin(theta)*ydot+cos(alpha2+beta+gamma1)*cos(theta)*ydot+length*c
os(beta+gamma1)*thetadot)/radius; // 모터2의 회전 속도
v3=-(-sin(alpha3+beta+gamma1)*cos(theta)*xdot-cos(alpha3+beta+gamma1)*sin(theta)*xdot-s
in(alpha3+beta+gamma1)*sin(theta)*ydot+cos(alpha3+beta+gamma1)*cos(theta)*ydot+length*c
os(beta+gamma1)*thetadot)/radius; // 모터3의 회전 속도

if (v1<0){v1=1024-v1*162;} // 모터1의 1rev에 대응하는 수치와 실제 속도의 비는 162
else{v1=v1*162;}
if (v2<0){v2=1024-v2*172;} // 모터2의 1rev에 대응하는 수치와 실제 속도의 비는 172
else{v2=v2*172;}
if (v3<0){v3=1024-v3*168;} // 모터3의 1rev에 대응하는 수치와 실제 속도의 비는 172
else{v3=v3*168;}
// 1~1023구간은 양수,1024~2047구간은 음수이므로 if문으로 변경
 Dxl.writeWord(1, 32,v1 );  Dxl.writeWord(2, 32,v2 );  Dxl.writeWord(3, 32,v3 );
// 각각의 모터에 input 전달
  delay(1000); // 1초 동안 유지
  Dxl.writeWord(1, 32, 0);  Dxl.writeWord(2, 32, 0);  Dxl.writeWord(3, 32, 0); // 모든 모터 정지
  delay(100000); //100초 동안 유지
}
```

10.6.5 실험

Input을 (xdot, ydot, thetadot)순으로 각각 (100, 0, 0), (0, 100, 0), (0, 0, pi/2) 값을 주고 실험

① Input(100, 0, 0)주고 1초간 제어

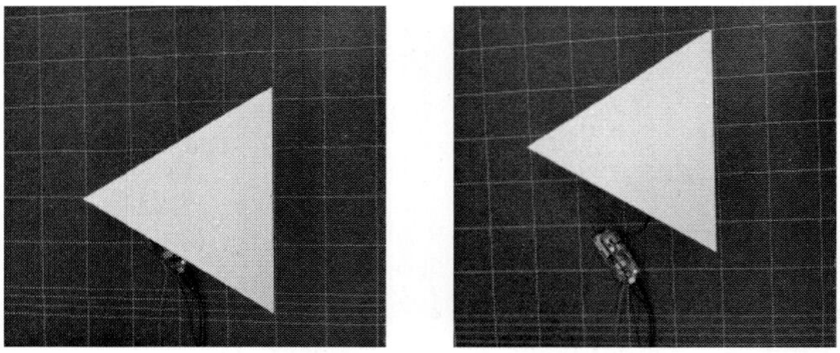

그림 10.6.5-1 Mobile Robot의 x축 이동 캡처 사진

좌측 사진은 모바일 실험 시작 전 사진이고, 우측 사진은 실험 후 사진이다. 눈금 간격은 50 mm이며 약 185 mm정도 x축 방향으로 이동하였다.

② Input(0, 100, 0)주고 1초간 제어

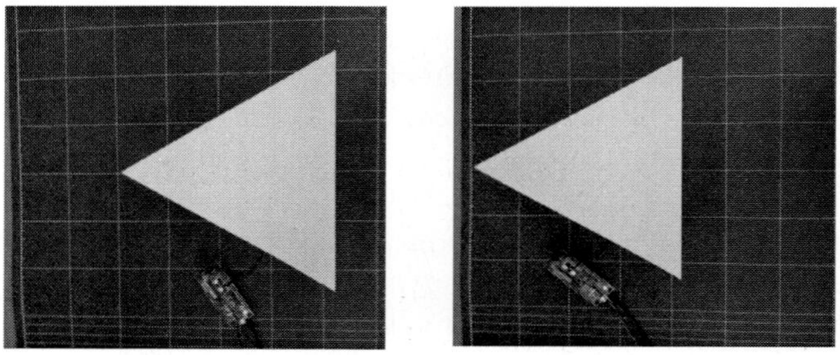

그림 10.6.5-2 Mobile Robot의 y축 이동 캡처 사진

좌측 사진은 모바일 실험 시작 전 사진이고, 우측 사진은 실험 후 사진이다. 눈금 간격은 50mm이며 약 195mm정도 y축 방향으로 이동하였다.

③ Input(0, 0, pi/2)주고 1초간 제어

좌측 사진은 모바일 실험 시작 전 사진이고, 우측 사진은 실험 후 사진이다. 시계 반대 방향으로약 75°정도 회전하였다.

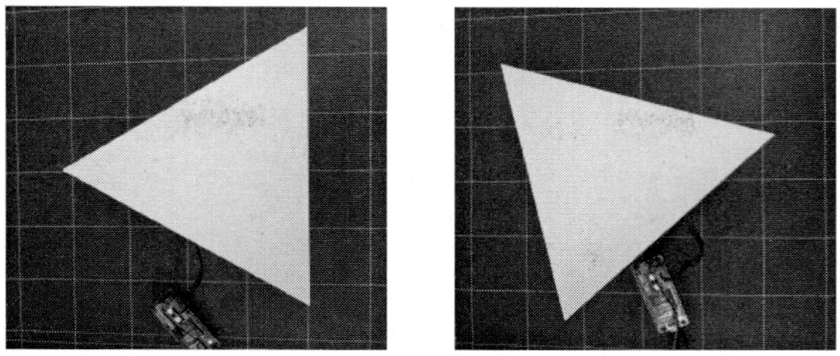

그림 10.6.5-3 Mobile Robot의 회전 운동 캡처 사진

10.7 블루투스 원격 조정 캐터필러

10.7.1 배경 지식(제작 가이드)

이번에 만들어 볼 로봇은 제7장 안드로이드 연결하기에서 배운 블루투스를 이용해서 캐터필러를 이용한 바퀴로봇을 무선으로 제어하는 예제이다. 블루투스 모듈은 SPP프로파일 기반의 BT-210을 이용하고 몸통은 적외선 마우스나 벌레 로봇과 같이 2개의 다이나믹셀을 이용해서 캐터필러의 추진력을 얻는다. 그리고 하나의 다이나믹셀을 더 붙여서 포크레인과 같이 들어올릴 수 있는 집게 링크 구조물을 추가한다. 이 부분은 굳이 포크레인과 같이 들어올리는 링크가 아니어도 되기 때문에 독자 여러분이 추가하고 싶은 구조로 만들면 된다.

10.7.2 부품리스트

그림 10.7.2

10.7.3 조립 가이드

① 2개의 LB-040 Li-Ion 배터리 세트를 올로 플레이트를 이용해서 단단하게 고정시키고 아래와 같이 중심 프레임을 부착한다. 이 각도로 비스듬히 배터리 박스가 위치하게 된다.

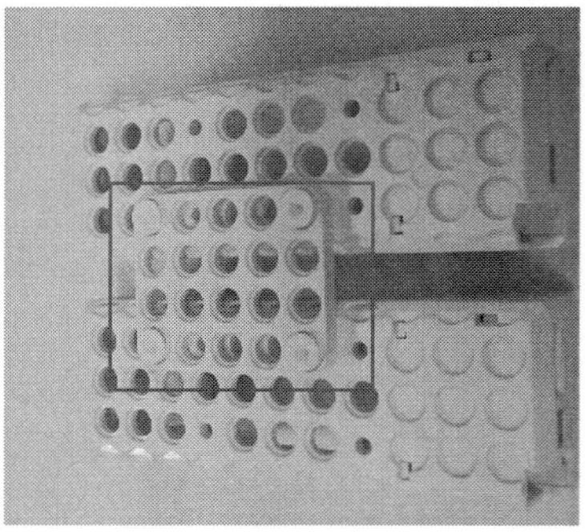

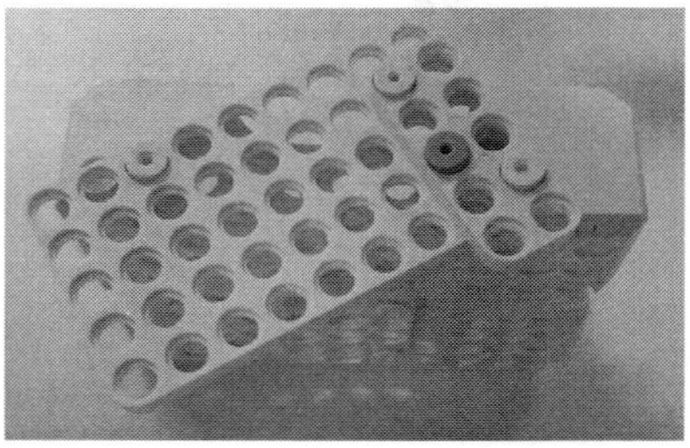

그림 10.7.3-1

2개의 XL-320도 아래와 같이 올로 프레임으로 묶는다.

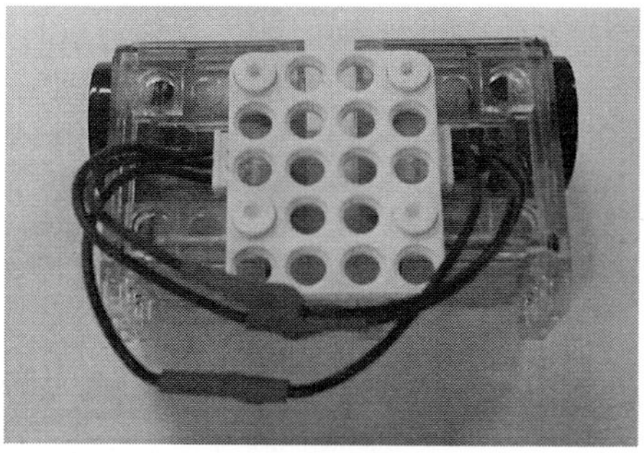

그림 10.7.3-2

그리고 혼을 붙인다.

그림 10.7.3-3

그리고 위에서 먼저 조립한 전지 박스와 결합해서 몸체를 완성한다.

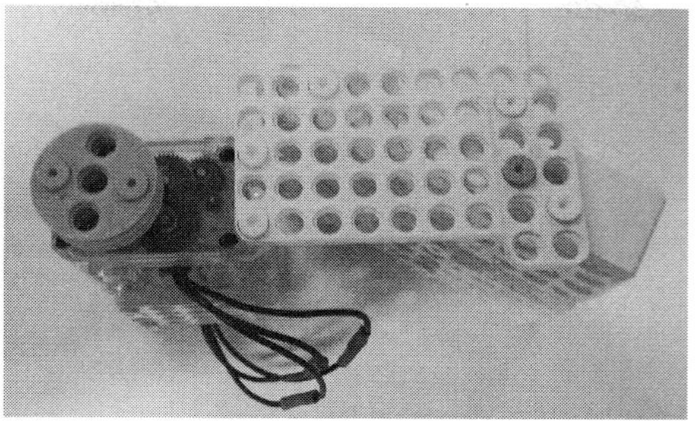

그림 10.7.3-4

② 캐터필러를 고정할 뒷바퀴 기어를 전지박스쪽에 부착한다.

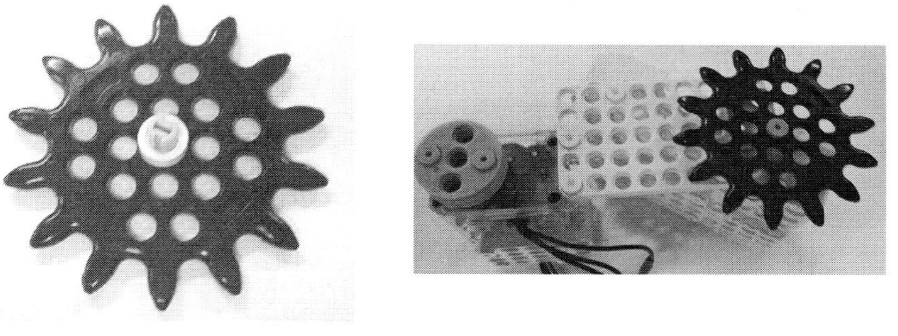

그림 10.7.3-5

XL-320의 혼과 기어를 결합한다.

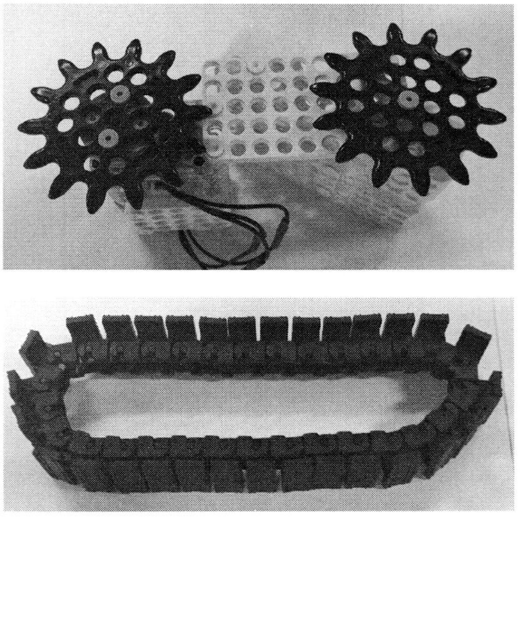

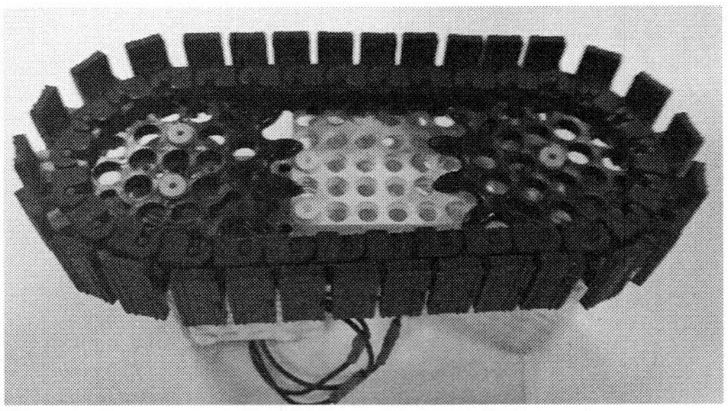

그림 10.7.3-6

양쪽으로 캐터필러를 부착한 모습니다.

그림 10.7.3-7

③ 집게 구조물을 고정할 조인트 프레임을 만든다.

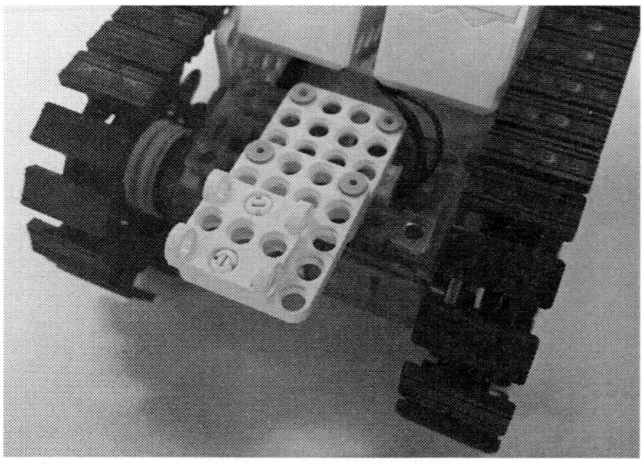

그림 10.7.3-8

④ 집게 구조물을 아래와 같은 순서로 조립해본다.

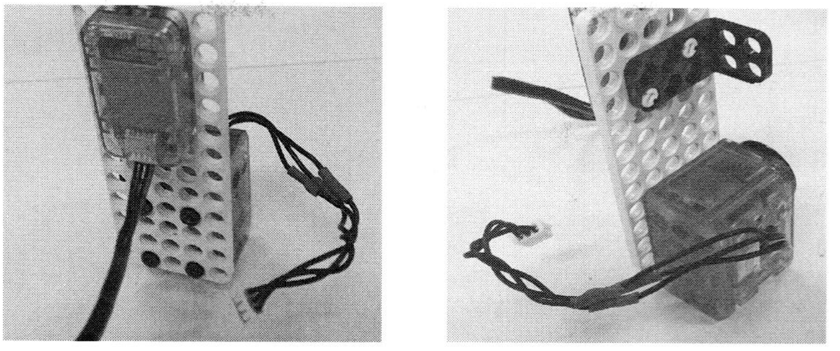

그림 10.7.3-9

마찬가지로 몸체와 결합할 조인트 프레임을 부착한다.

그림 10.7.3-10

그리고 집게 구조물은 따로 아래와 같이 만들어서 위에서 만든 XL-320과 결합한다.

그림 10.7.3-11

이 부분은 옵션 파트이기 때문에 구동부만 필요한 경우는 생략해도 된다.

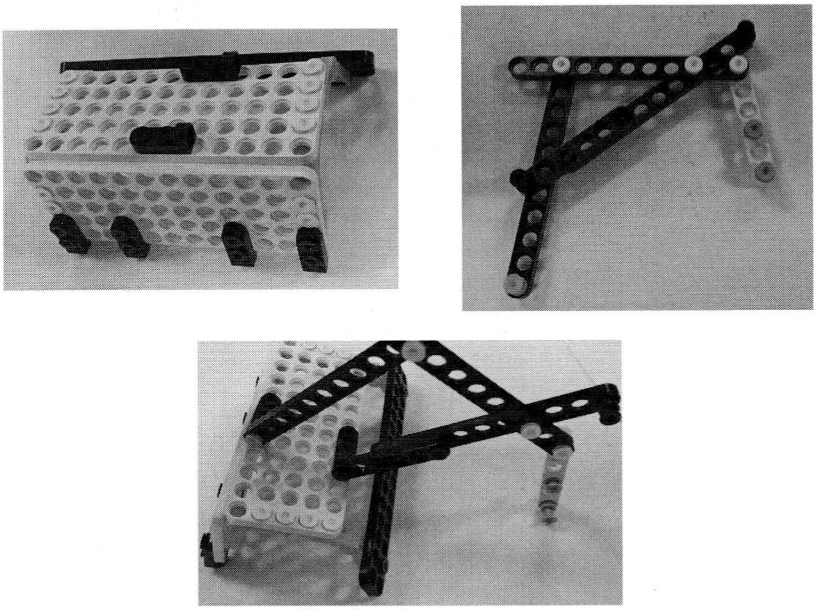

그림 10.7.3-12

⑤ 몸체와 함께 부착하면 이러한 모습이 된다.

그림 10.7.3-13

10.7.4 안드로이드 애플리케이션 프로그래밍

안드로이드 애플리케이션은 별도로 구글 Play를 통해 ROBOTIS의 R+ Task를 다운받아서 그 안에 리모컨 모드를 사용해도 되고 제7장 안드로이드 편에서 설명한대로 열심히 공부했던 독자라면 간단히 버튼 몇 개로 전용 조종기 애플리케이션을 제작할 수 있다.

R+ Task 이용하기

Google의 Play 스토어에 들어가서 로보티즈 혹은 ROBOTIS라고 검색해보면 아래의 애플리케이션이 검색된다.

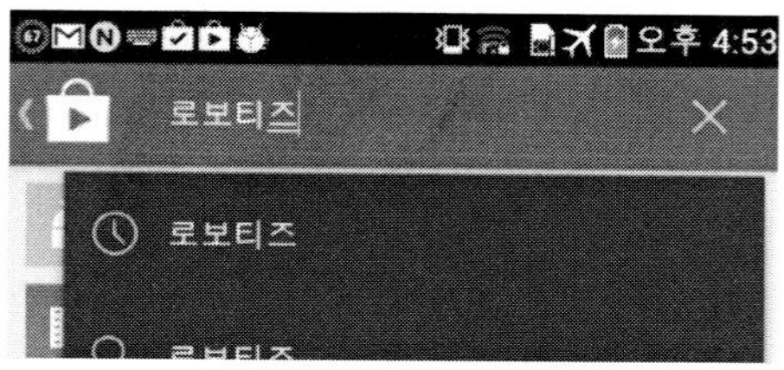

그림 10.7.4-1

여기서 R+ Task를 설치한다.

그림 10.7.4-2

설치 버튼을 누른다.

그림 10.7.4-3

설치를 하고 실행을 해보면 아래와 같이 PC버전과 비슷한 화면이 나온다.

그림 10.7.4-4

여기서 설정 버튼을 눌러서 더보기를 터치한다.

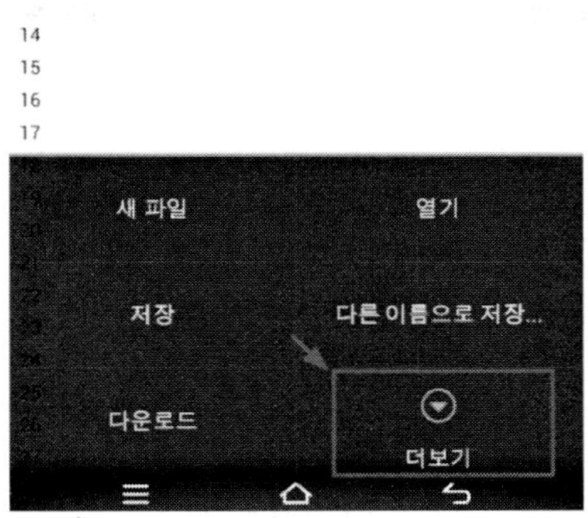

그림 10.7.4-5

세부 메뉴가 나타나면 RC-100A를 선택한다.

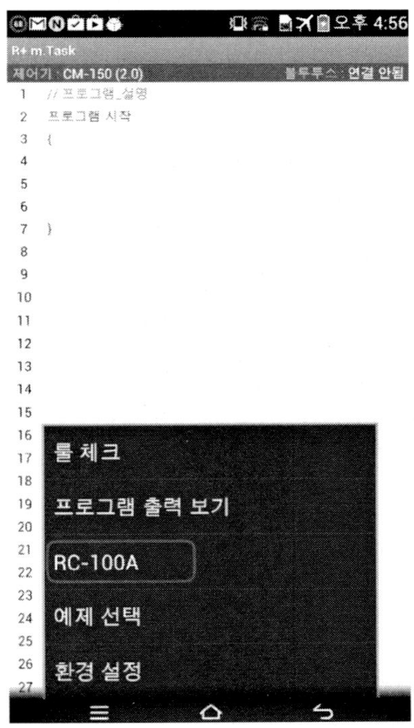

그림 10.7.4-6

RC-100A는 블루투스가 페어링 된 상태에서만 화면(Activity)이 나타나기 때문에 먼저 블루투스 장치가 켜져 있는지부터 확인하고 켜져 있다면 페어링 상대를 찾는다. 이때 연결할 상대 블루투스 장치를 선택하고 페어링을 시도한다.

그림 10.7.4-7

그림 10.7.4-8

기본 모드는 조이스틱 모드이다.

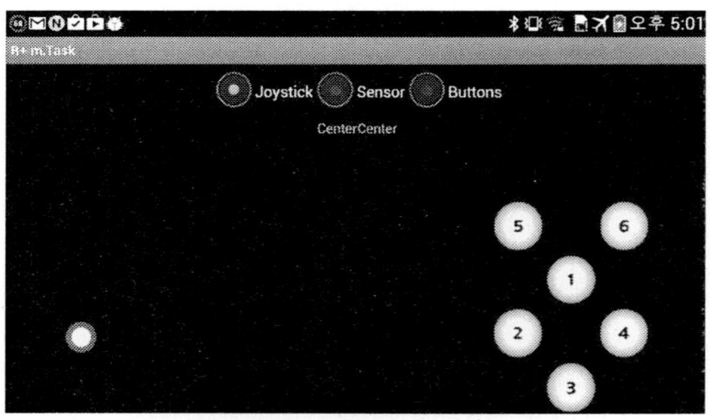

그림 10.7.4-9

버튼 모드를 누르면 방향 버튼으로 된 화면으로 바뀐다.

그림 10.7.4-10

R+에서 제공하는 RC-100A기능은 실제 RC-100이라는 조종기 모듈의 작동 방식과 일치하기 때문에 버튼을 눌렀을 때는 아래와 같은 플래그를 이용한다.

그림 10.7.4-11 RC-100 조종기 실제 모습

```
////////// define RC-100 button key value ////////////////
#define RC100_BTN_U     (1)
#define RC100_BTN_D     (2)
#define RC100_BTN_L     (4)
#define RC100_BTN_R     (8)
#define RC100_BTN_1     (16)
#define RC100_BTN_2     (32)
#define RC100_BTN_3     (64)
#define RC100_BTN_4     (128)
#define RC100_BTN_5     (256)
#define RC100_BTN_6     (512)
```

그림 10.7.4-12

이러한 플래그를 실제로 활용하는 방법은 아래와 같다. OpenCM9.04의 4핀 통신포트에 블루투스 모듈 BT-210 또는 BT-110A를 연결하고 스마트폰이든 실제 RC-100이든 페어링을 한다.

그리고 OpenCM9.04에 아래의 예제를 다운로드 하고 나서 RC-100의 버튼1을 눌러보면 OpenCM9.04의 Status LED가 깜빡거린다. 이런 방식으로 해당 플래그를 &연산자로 if문을 활용해 사용하면 된다.

```
void loop() {

  if(Controller.available()){
    RcvData = Controller.readData();
    SerialUSB.print("RcvData = ");
    SerialUSB.println(RcvData);

    if(RcvData & RC100_BTN_1)
      digitalWrite(BOARD_LED_PIN,LOW);

    delay(100);
  }
  digitalWrite(BOARD_LED_PIN,HIGH);
```

그림 10.7.4-13

조종기 안드로이드 애플리케이션 제작하기

이클립스 ADT에서 새로운 애플리케이션 프로젝트를 하나 만든다. 그리고 화면 방향을 Portrait에서 Landscape로 바꾸고 방향키 버튼과 사용자 버튼 2개를 추가한다.

```
package combo.example.caterpillarcontroller;

import android.os.Bundle;

public class MainActivity extends Activity {

    @Override
    protected void onCreate(Bundle savedInstanceState) {
        super.onCreate(savedInstanceState);
        setContentView(R.layout.activity_main);
    }

    @Override
    public boolean onCreateOptionsMenu(Menu menu) {
        // Inflate the menu; this adds items to the action bar if it is present.
        getMenuInflater().inflate(R.menu.main, menu);
        return true;
    }

}
```

그림 10.7.4-14

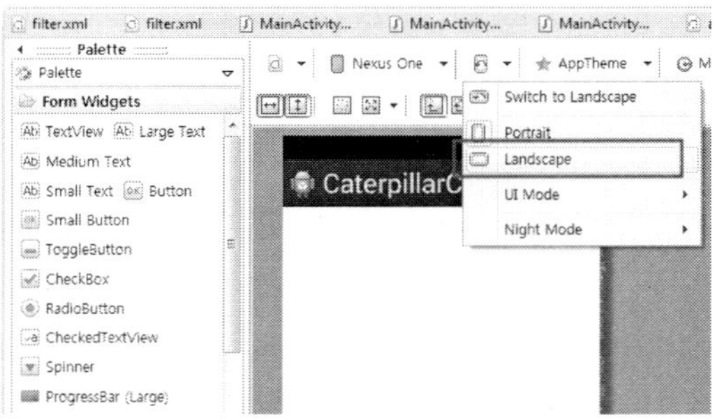

그림 10.7.4-15

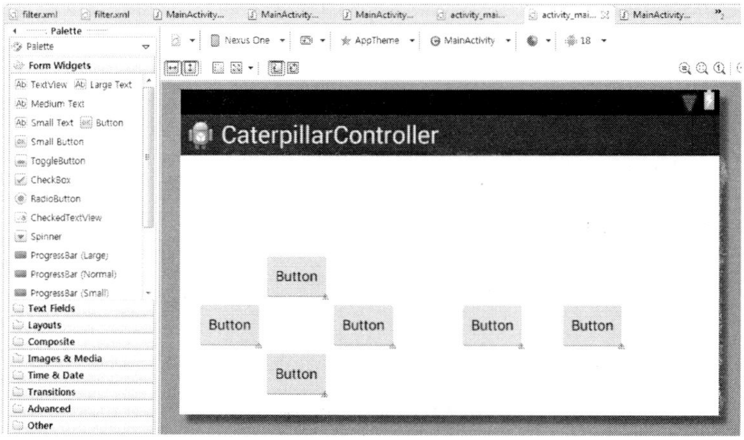

그림 10.7.4-16

아래와 같이 버튼의 이름에 한글을 넣어도 된다.

그림 10.7.4-17

AndroidManifest.xml 추가하기

아래와 같이 블루투스 장치 사용에 대한 명시를 하고 화면이 돌아가지 않도록 메인 Activity의 screenOrientation 속성을 landsacape로 추가한다.

```
<?xml version="1.0" encoding="utf-8"?>
<manifest xmlns:android="http://schemas.android.com/apk/res/android"
    package="combo.example.caterpillarcontroller"
    android:versionCode="1"
    android:versionName="1.0" >

    <uses-sdk
        android:minSdkVersion="14"
        android:targetSdkVersion="18" />
    <uses-permission android:name="android.permission.BLUETOOTH_ADMIN" />
    <uses-permission android:name="android.permission.BLUETOOTH" />

  <application
      android:allowBackup="true"
      android:icon="@drawable/ic_launcher"
      android:label="@string/app_name"
      android:theme="@style/AppTheme" >
      <activity
          android:name="combo.example.caterpillarcontroller.MainActivity"
          android:label="@string/app_name"
          android:screenOrientation="landscape">
```

그림 10.7.4-18

그리고 페어링을 위해 상대 블루투스 장치를 검색하고 선택하기 위해 DeviceListActivity와 관련된 항목들도 다음과 같이 추가한다. 추가한 항목은 제7장의 블루투스 연결하기와 같은 코드를 활용하였다.

```
<application
    android:allowBackup="true"
    android:icon="@drawable/ic_launcher"
    android:label="@string/app_name"
    android:theme="@style/AppTheme" >
    <activity
        android:name="combo.example.caterpillarcontroller.MainActivity"
        android:label="@string/app_name"
        android:screenOrientation="landscape">

        <intent-filter>
            <action android:name="android.intent.action.MAIN" />

            <category android:name="android.intent.category.LAUNCHER" />
        </intent-filter>
    </activity>
    <activity android:name=".DeviceListActivity"
      android:label="@string/select_device"
      android:theme="@android:style/Theme.Dialog"
      android:configChanges="orientation|keyboardHidden" />
</application>
```

그림 10.7.4-19

그리고 DeviceListActivity.java 파일을 추가하고 관련 리소스를 모두 추가한다.

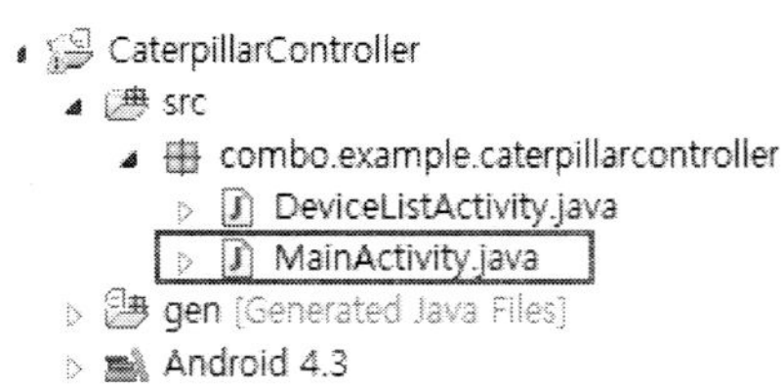

그림 10.7.4-20

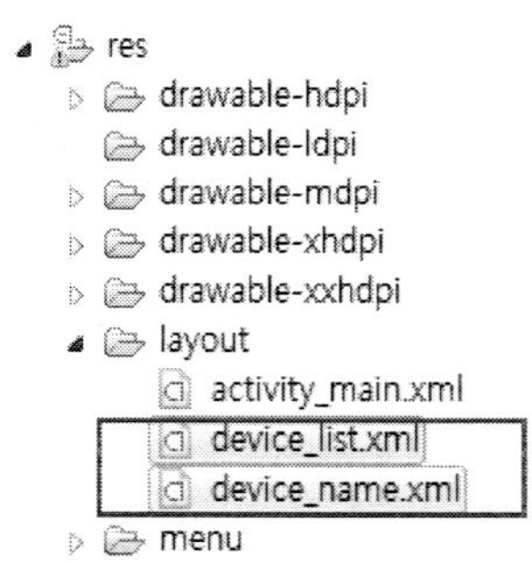

그림 10.7.4-21

필요한 string 리소스도 추가한다.

```
<!-- DeviceListActivity -->
<string name="scanning">scanning for devices...</string>
<string name="select_device">select a device to connect</string>
<string name="none_paired">No devices have been paired</string>
<string name="none_found">No devices found</string>
<string name="title_paired_devices">Paired Devices</string>
<string name="title_other_devices">Other Available Devices</string>
<string name="button_scan">Scan for devices</string>
<string name="device_scan_btn">Device Scan</string>
```

그림 10.7.4-22

MainActivity에서 onCreate() 수정하기

이제부터는 제7장에서 배운 구글의 BluetoothChat 예제를 통해 배운 안드로이드 블루투스 API를 가지고 java코드를 구현해야 한다. 캐터필러 로봇을 무선 조종하기 위해서는 애플리케이션을 실행과 동시에 바로 블루투스 검색창이 뜨도록 하고 페어링을 시작한 뒤에 조종기 버튼 사용이 가능하도록 하는 시나리오로 구현한다.

애플리케이션 시작과 동시에 블루투스 검색창이 뜨게 하려면 onCreate() 메소드에서 BluetoothAdapter를 안드로이드 시스템에서 인스턴스를 얻고 DeviceListActivity를 호출하는 Intent를 보낸다. Intent 응답이 왔을 때를 대비해서 onActivityResult() 메소드를 구현한다. 사용자가 상대 블루투스 장치를 찾았고 선택을 했다면 RESULT_OK가 Intent 값으로 도착할 것이고 이때 connectDevice() 메소드를 이용해 페어링을 시도한다.

```
protected void onCreate(Bundle savedInstanceState) {
    super.onCreate(savedInstanceState);
    setContentView(R.layout.activity_main);

    mBluetoothAdapter = BluetoothAdapter.getDefaultAdapter();
    serverIntent = new Intent(MainActivity.this, DeviceListActivity.class);
    startActivityForResult(serverIntent, 0);

public void onActivityResult(int requestCode, int resultCode, Intent data) {
    Log.d(TAG, "onActivityResult " + resultCode);
    switch (requestCode) {
    case 0:
        // When DeviceListActivity returns with a device to connect
        if (resultCode == Activity.RESULT_OK) {
            connectDevice(data);
        }
        break;
```

그림 10.7.4-23

안드로이드 스마트 장치에서 OpenCM9.04로 데이터를 보내서 Caterpillar 로봇을 제어하기 위해서는 RC100 패킷을 활용해서 보내도록 한다. RC100 패킷은 다음과 같이 0xff, 0x55 형식으로 헤더를 보내고 2바이트 데이터를 lowbyte, highbyte로 나누어서 각각 반전시켜서 보내는 방식이다.

```
public void makePacket(short data){

    byte lowbyte = (byte)(data & 0xff);
    byte highbyte = (byte)((data >> 8) & 0xff);
    mPacketBuffer[0] = (byte) 0xff;
    mPacketBuffer[1] = 0x55;
    mPacketBuffer[2] = lowbyte;
    mPacketBuffer[3] = (byte) ~lowbyte;
    mPacketBuffer[4] = highbyte;
    mPacketBuffer[5] = (byte) ~highbyte;

}
```

그림 10.7.4-24

필자는 위의 코드처럼 간단히 makePacket()이라는 메소드를 이용해서 패킷을 만들도록 해보았다. 이렇게 하면 data로 넘겨주는 2바이트 값이 그대로 OpenCM 보드에서 읽을 수 있게 된다.

그리고 UI 버튼에 대한 리스너를 등록하면서 위의 makePacket() 메소드를 활용해서 각각의 버튼에 대한 데이터를 전송한다.

```
Button turnLeft = (Button)findViewById(R.id.button2);
Button turnRight = (Button)findViewById(R.id.button3);
Button turnBack = (Button)findViewById(R.id.button4);
Button turnForth = (Button)findViewById(R.id.button1);
Button liftBtn = (Button)findViewById(R.id.button5);
Button downBtn = (Button)findViewById(R.id.button6);
```

그림 10.7.4-25

```
turnLeft.setOnClickListener(new View.OnClickListener() {
    @Override
    public void onClick(View v) {
        // TODO Auto-generated method stub
        makePacket((short) 4);
        mConnectedThread.write(mPacketBuffer);
    }
});
turnRight.setOnClickListener(new View.OnClickListener() {
    @Override
    public void onClick(View v) {
        // TODO Auto-generated method stub
        makePacket((short) 8);
        mConnectedThread.write(mPacketBuffer);
    }
});
```

그림 10.7.4-26

이런 방식으로 애플리케이션을 완성하면 다음과 같이 애플리케이션 시작과 함께 블루투스 장치 검색 Activity가 뜨고 장치를 선택해서 페어링이 되면 조종기 UI가 있는 MainActivity가 시작된다.

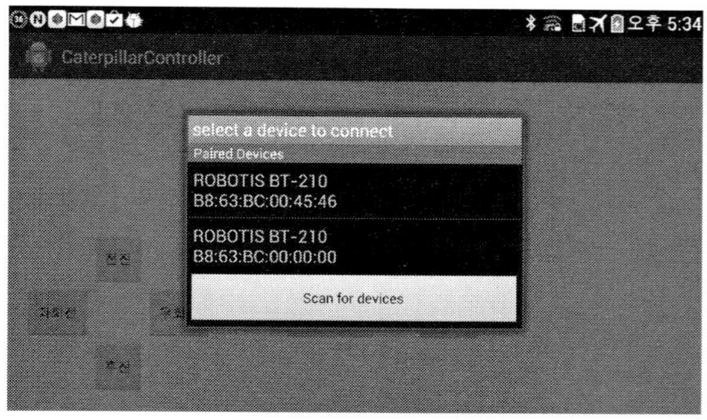

그림 10.7.4-27

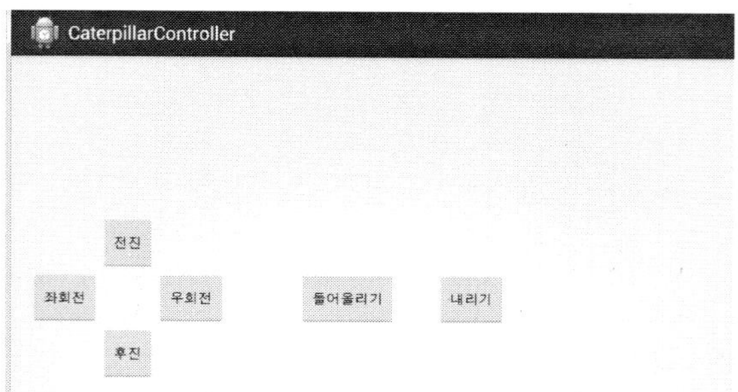

그림 10.7.4-28

java쪽 전체 소스코드는 아래와 같다.

```
package combo.example.caterpillarcontroller;

import java.io.IOException;
import java.io.InputStream;
import java.io.OutputStream;
importjava.nio.ByteBuffer;
import java.util.UUID;

import android.app.Activity;
import android.bluetooth.BluetoothAdapter;
import android.bluetooth.BluetoothDevice;
import android.bluetooth.BluetoothSocket;
import android.content.Intent;
import android.os.Bundle;
import android.os.Handler;
import android.os.Message;
import android.util.Log;
import android.view.Menu;
import android.view.View;
import android.widget.Button;
import android.widget.Toast;
```

```
publicclass MainActivity extends Activity {
        privatestaticfinal UUID MY_UUID_SECURE = UUID.fromString("00001101-0000-1000-8000-00805F9B34FB");
//UUID.fromString("fa87c0d0-afac-11de-8a39-0800200c9a66");
        privatestaticfinal String TAG = "OpenCM";
        private ConnectThread mConnectThread;
        private ConnectedThread mConnectedThread;
        BluetoothAdapter mBluetoothAdapter = null;
        private Intent serverIntent = null;
        byte[] mPacketBuffer = newbyte[6];
        @Override
        protectedvoid onCreate(Bundle savedInstanceState) {
              super.onCreate(savedInstanceState);
              setContentView(R.layout.activity_main);

              mBluetoothAdapter = BluetoothAdapter.getDefaultAdapter();
              serverIntent = new Intent(MainActivity.this, DeviceListActivity.class);
        startActivityForResult(serverIntent, 0);

              Button turnLeft = (Button)findViewById(R.id.button2);
              Button turnRight = (Button)findViewById(R.id.button3);
              Button turnBack = (Button)findViewById(R.id.button4);
              Button turnForth = (Button)findViewById(R.id.button1);
              Button liftBtn = (Button)findViewById(R.id.button5);
              Button downBtn = (Button)findViewById(R.id.button6);

              turnLeft.setOnClickListener(new View.OnClickListener() {
                     @Override
                     publicvoid onClick(View v) {
                            // TODO Auto-generated method stub
                            makePacket((short) 4);
                            mConnectedThread.write(mPacketBuffer);
                     }
              });
              turnRight.setOnClickListener(new View.OnClickListener() {
                     @Override
                     publicvoid onClick(View v) {
                            // TODO Auto-generated method stub
                            makePacket((short) 8);
                            mConnectedThread.write(mPacketBuffer);
                     }
              });
              turnBack.setOnClickListener(new View.OnClickListener() {
                     @Override
                     publicvoid onClick(View v) {
                            // TODO Auto-generated method stub
                             makePacket((short) 2);
                            mConnectedThread.write(mPacketBuffer);
```

```
            }
        });
        turnForth.setOnClickListener(new View.OnClickListener() {
            @Override
            publicvoid onClick(View v) {
                // TODO Auto-generated method stub
                makePacket((short) 1);
                mConnectedThread.write(mPacketBuffer);
            }
        });
        liftBtn.setOnClickListener(new View.OnClickListener() {
            @Override
            publicvoid onClick(View v) {
                // TODO Auto-generated method stub
                makePacket((short) 16);
                mConnectedThread.write(mPacketBuffer);
            }
        });
        downBtn.setOnClickListener(new View.OnClickListener() {
            @Override
            publicvoid onClick(View v) {
                // TODO Auto-generated method stub
                makePacket((short) 64);
                mConnectedThread.write(mPacketBuffer);
            }
        });


    }
    publicvoid makePacket(short data){

        byte lowbyte = (byte)(data & 0xff);
        byte highbyte = (byte)((data >> 8) & 0xff);
        mPacketBuffer[0] = (byte) 0xff;
        mPacketBuffer[1] = 0x55;
        mPacketBuffer[2] = lowbyte;
        mPacketBuffer[3] = (byte) ~lowbyte;
        mPacketBuffer[4] = highbyte;
        mPacketBuffer[5] = (byte) ~highbyte;

    }
    @Override
    publicboolean onCreateOptionsMenu(Menu menu) {
        // Inflate the menu; this adds items to the action bar if it is present.
        getMenuInflater().inflate(R.menu.main, menu);
        returntrue;
    }
```

```
        publicvoid onActivityResult(int requestCode, int resultCode, Intent data) {
        Log.d(TAG, "onActivityResult " + resultCode);
Switch (requestCode) {
case 0:
// When DeviceListActivity returns with a device to connect
if (resultCode == Activity.RESULT_OK) {
            connectDevice(data);
        }
break;

case 1:
// When the request to enable Bluetooth returns
if (resultCode == Activity.RESULT_OK) {
// Bluetooth is now enabled, so set up a chat session
//setupChat();
        } else {
// User did not enable Bluetooth or an error occurred
//Log.d(TAG, "BT not enabled");
            Toast.makeText(this, "BT is not enabled", Toast.LENGTH_SHORT).show();
            finish();
        }
      }
      }
      privatevoid connectDevice(Intent data) {
      // Get the device MAC address
         String address = data.getExtras()
            .getString(DeviceListActivity.EXTRA_DEVICE_ADDRESS);
      // Get the BluetoothDevice object
         BluetoothDevice device = mBluetoothAdapter.getRemoteDevice(address);
      // Attempt to connect to the device
         connect(device);
      }
publicsynchronizedvoid connect(BluetoothDevice device) {
//if (D)
//Log.d(TAG, "connect to: " + device);

// Cancel any thread attempting to make a connection
/*        if (mState == STATE_CONNECTING) {
            if (mConnectThread != null) {mConnectThread.cancel(); mConnectThread = null;}
      }
      // Cancel any thread currently running a connection
      if (mConnectedThread != null) {mConnectedThread.cancel(); mConnectedThread = null;}
*/
// Start the thread to connect with the given device
mConnectThread = new ConnectThread(device);
mConnectThread.start();
//setState(STATE_CONNECTING);
```

```
    }
privateclass ConnectThread extends Thread {
privatefinal BluetoothSocket mmSocket;
privatefinal BluetoothDevice mmDevice;
private String mSocketType;

public ConnectThread(BluetoothDevice device) {
mmDevice = device;
            BluetoothSocket tmp = null;
mSocketType = "Secure";

// Get a BluetoothSocket for a connection with the
// given BluetoothDevice
try {
// if (secure) {
                    tmp = device.createRfcommSocketToServiceRecord(
MY_UUID_SECURE);
// } else {
//      tmp = device.createInsecureRfcommSocketToServiceRecord(
//             MY_UUID_INSECURE);
//}
            } catch (IOException e) {
                Log.e(TAG, "Socket Type: " + mSocketType + "create() failed", e);
            }
mmSocket = tmp;
        }

publicvoid run() {
            Log.i(TAG, "BEGIN mConnectThread SocketType:" + mSocketType);
            setName("ConnectThread" + mSocketType);

// Always cancel discovery because it will slow down a connection
mBluetoothAdapter.cancelDiscovery();
// Make a connection to the BluetoothSocket
try {
// This is a blocking call and will only return on a
// successful connection or an exception
mmSocket.connect();
            } catch (IOException e) {
// Close the socket
try {
mmSocket.close();
                } catch (IOException e2) {
                    Log.e(TAG, "unable to close() " + mSocketType +
" socket during connection failure", e2);
                }
//connectionFailed();
```

```
return;
            }

// Reset the ConnectThread because we're done
synchronized (MainActivity.this) {
mConnectThread = null;
            }

// Start the connected thread
            connected(mmSocket, mmDevice, mSocketType);
        }

publicvoid cancel() {
try {
mmSocket.close();
            } catch (IOException e) {
                Log.e(TAG, "close() of connect " + mSocketType + " socket failed", e);
            }
        }
    }
publicsynchronizedvoid connected(BluetoothSocket socket, BluetoothDevice
            device, final String socketType) {
//if (D)
        Log.d(TAG, "connected, Socket Type:" + socketType);

// Cancel the thread that completed the connection
if (mConnectThread != null) {mConnectThread.cancel(); mConnectThread = null;}

// Cancel any thread currently running a connection
if (mConnectedThread != null) {mConnectedThread.cancel(); mConnectedThread = null;}

// Cancel the accept thread because we only want to connect to one device
/* if (mSecureAcceptThread != null) {
            mSecureAcceptThread.cancel();
            mSecureAcceptThread = null;
        }
        if (mInsecureAcceptThread != null) {
            mInsecureAcceptThread.cancel();
            mInsecureAcceptThread = null;
        }*/

// Start the thread to manage the connection and perform transmissions

mConnectedThread = new ConnectedThread(socket, socketType);
mConnectedThread.start();

// Send the name of the connected device back to the UI Activity
/*  Message msg = mHandler.obtainMessage(BluetoothChat.MESSAGE_DEVICE_NAME);
```

```
        Bundle bundle = new Bundle();
        bundle.putString(BluetoothChat.DEVICE_NAME, device.getName());
        msg.setData(bundle);
        mHandler.sendMessage(msg);

        setState(STATE_CONNECTED);*/
    }
/**
     * This thread runs during a connection with a remote device.
     * It handles all incoming and outgoing transmissions.
     */
privateclass ConnectedThread extends Thread {
privatefinal BluetoothSocket mmSocket;
privatefinal InputStream mmInStream;
privatefinal OutputStream mmOutStream;

public ConnectedThread(BluetoothSocket socket, String socketType) {
            Log.d(TAG, "create ConnectedThread: " + socketType);
mmSocket = socket;
            InputStream tmpIn = null;
            OutputStream tmpOut = null;

// Get the BluetoothSocket input and output streams
try {
                tmpIn = socket.getInputStream();
                tmpOut = socket.getOutputStream();
            } catch (IOException e) {
                Log.e(TAG, "temp sockets not created", e);
            }

mmInStream = tmpIn;
mmOutStream = tmpOut;
        }

publicvoid run() {
            Log.i(TAG, "BEGIN mConnectedThread");
byte[] buffer = newbyte[1024];
int bytes;

// Keep listening to the InputStream while connected
while (true) {
try {
// Read from the InputStream
                    bytes = mmInStream.read(buffer);

// Send the obtained bytes to the UI Activity
mHandler.obtainMessage(0, bytes, -1, buffer)
                            .sendToTarget();
```

```
            } catch (IOException e) {
                Log.e(TAG, "disconnected", e);
/* connectionLost();
                // Start the service over to restart listening mode
                BluetoothChatService.this.start();*/
break;
            }
        }
    }

/**
         * Write to the connected OutStream.
         * @param buffer  The bytes to write
         */
publicvoid write(byte[] buffer) {
try {
mmOutStream.write(buffer);

// Share the sent message back to the UI Activity
/* mHandler.obtainMessage(BluetoothChat.MESSAGE_WRITE, -1, -1, buffer)
                    .sendToTarget();*/
            } catch (IOException e) {
                Log.e(TAG, "Exception during write", e);
            }
        }

publicvoid cancel() {
try {
mmSocket.close();
            } catch (IOException e) {
                Log.e(TAG, "close() of connect socket failed", e);
            }
        }
    }
privatefinal Handler mHandler = newHandler() {


@Override
publicvoid handleMessage(Message msg) {

byte[] readBuf = (byte[]) msg.obj;
// construct a string from the valid bytes in the buffer
                String readMessage = new String(readBuf, 0, msg.arg1);

//displaySensor((readMessage));
                Log.d(TAG, "Read Mssage("+msg.arg1+") : " + readMessage);
```

```
    }
  };

}
```

10.7.5 OpenCM9.04 펌웨어 프로그래밍

펌웨어 프로그래밍은 실제 RC-100이든 스마트폰을 이용한 RC-100 에뮬레이터이든 관계없이 공용으로 아래의 스케치를 활용할 수 있다.

RC100을 사용할 예정이므로 반드시 #include<RC100.h>를 추가하고 RC100 클래스 인스턴스를 만든다. 아래에서는 예제에서와 같이 Controller라는 인스턴스 변수를 만들었다. 그리고 setup()에서 바퀴로 사용되는 두 개의 XL-320모터의 8번지 CCW Angle limit을 0으로 만들어서 바퀴 모드로 초기화 한다. 그리고 집게쪽 모터는 속도를 300정도로 천천히 움직이도록 세팅한다. 그리고 각각의 방향키를 누르면 캐터필러 로봇이 방향대로 움직이도록 다이나믹셀의 속도 제어를 해주고 버튼을 눌렀을 경우 집게가 들어올리거나 제자리로 가도록 관절 제어를 하면 된다.

```
#include <RC100.h>
RC100 Controller;

int RcvData =0;
void setup() {
  Dxl.begin(1);
  Dxl.writeWord(1, 8, 0); //set to wheel mode ID1
  Dxl.writeWord(2, 8, 0); //set to wheel mode ID2
  Dxl.writeWord(3, 32, 300); //set to velocity 300

 Controller.begin(); //init RC100 device
}

void loop() {
  if(Controller.available()){
    RcvData = Controller.readData();
    if(RcvData & RC100_BTN_U){
      move(1023, 1023);
    }
    else if(RcvData & RC100_BTN_D){
      move(-1023, -1023);
    }
    else if(RcvData & RC100_BTN_L){
      move(-1023, 1023);
    }
    else if(RcvData & RC100_BTN_R){
      move(1023, -1023);
    }
```

```
    else if(RcvData & RC100_BTN_1){
      Dxl.writeWord(3, 30, 600);
    }
    else if(RcvData & RC100_BTN_3){
      Dxl.writeWord(3, 30, 400);
    }
    delay(30);
    move(0, 0);
  }
}

void move(int l_spd, int r_spd){
  if(l_spd > 0){
    Dxl.writeWord(1, 32, l_spd);
  }
  else if(l_spd < 0){
    l_spd *= -1;
    Dxl.writeWord(1, 32, l_spd | 0x400);
  }
  else{
    Dxl.writeWord(1, 32, 0);
  }
  if(r_spd > 0){
    Dxl.writeWord(2, 32, r_spd | 0x400);
  }
  else if(r_spd < 0){
    r_spd *= -1;
    Dxl.writeWord(2, 32, r_spd);
  }
  else{
    Dxl.writeWord(2, 32, 0);
  }
}
```

부록 1

OpenCM 공개 소스

1.1 Hardware

1.1.1 Block diagram

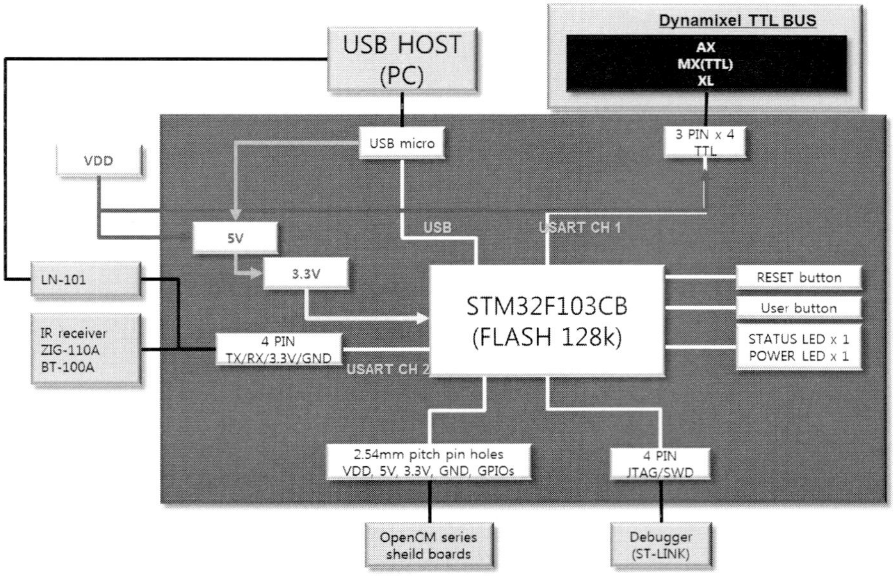

1.1.2 Schematic

Power and switch

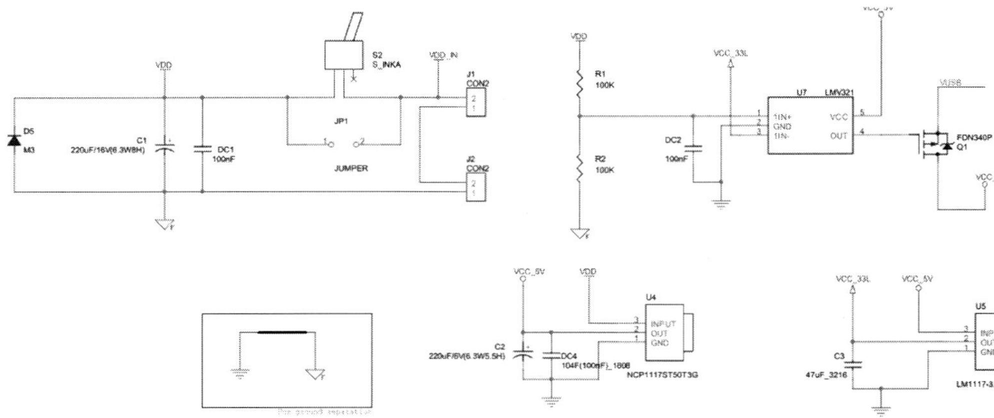

Main Processor

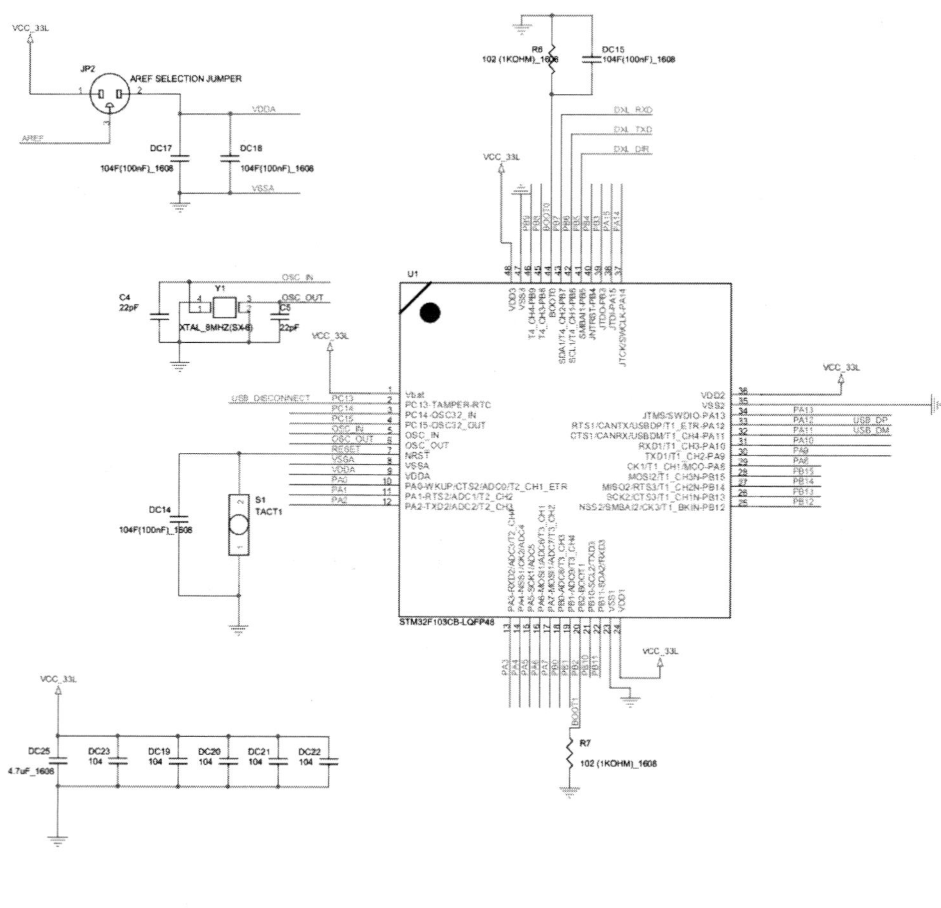

DynamixelTTL Bus Circuit

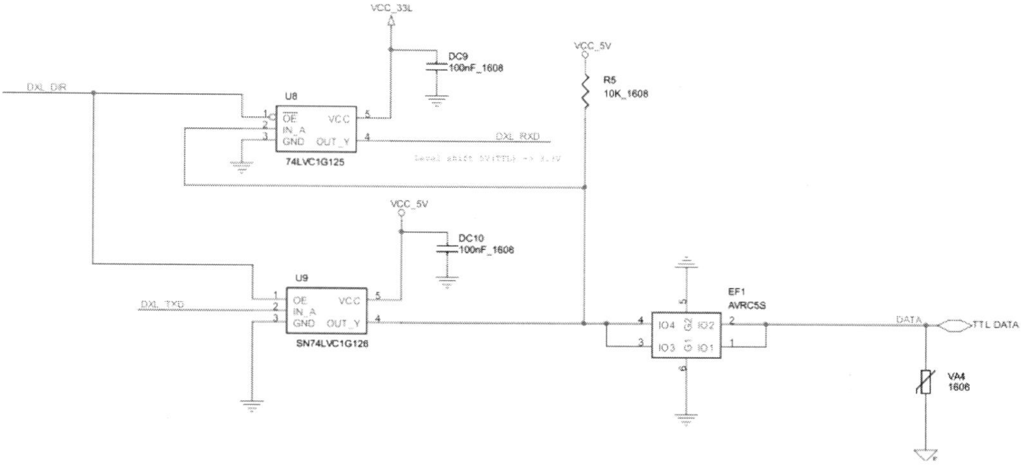

DynamixelTTL 3Pin Connector

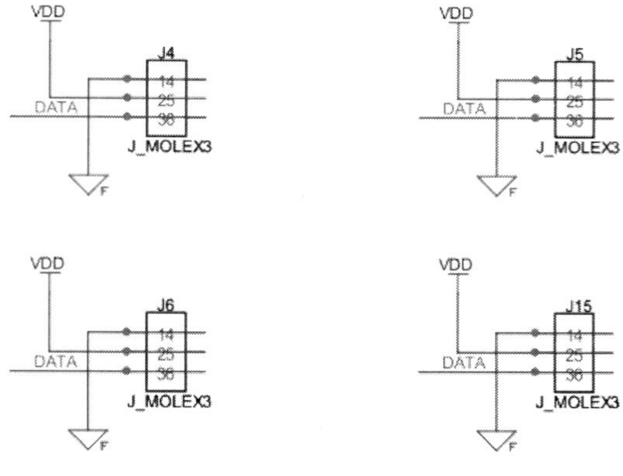

USB micro B

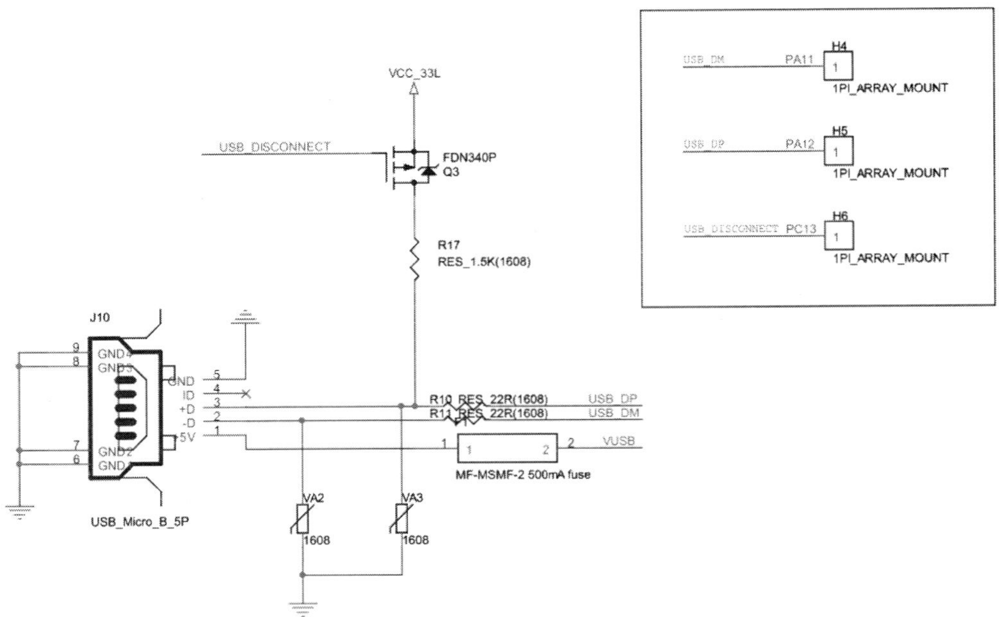

GPIO Connector

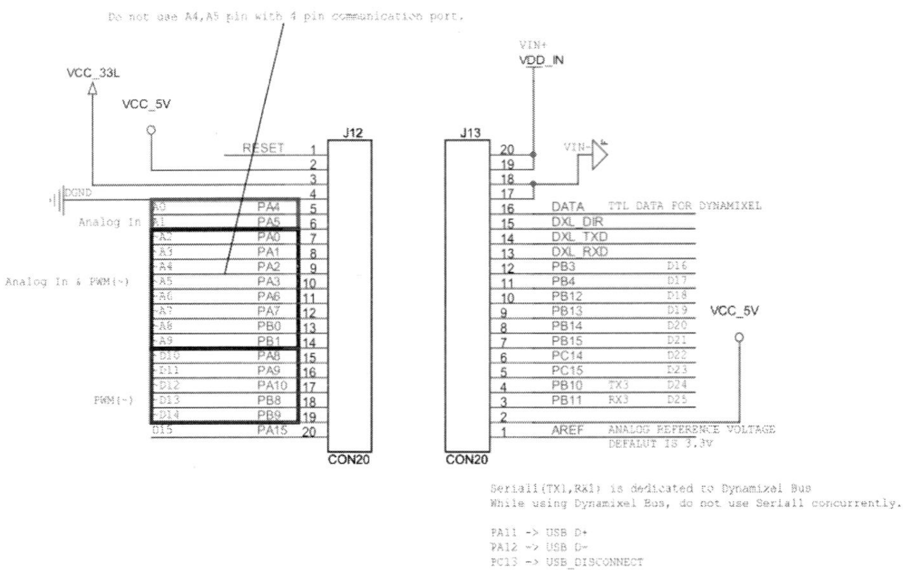

OLLO 5PIN Circuit and Connector

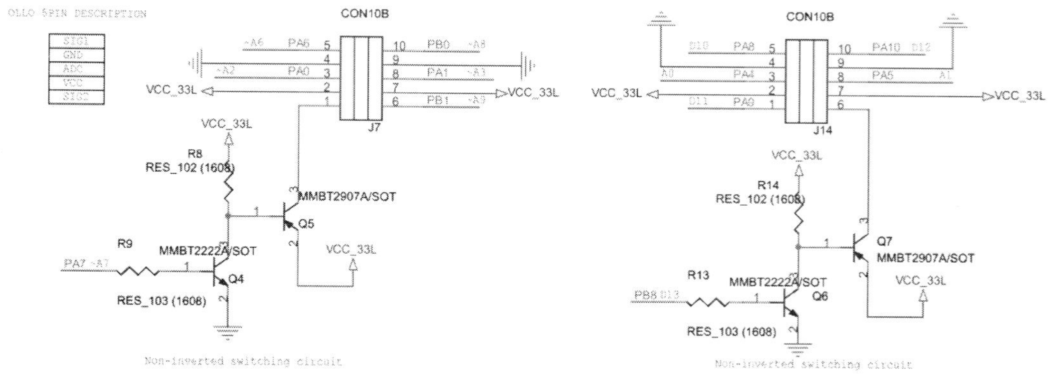

Programming Port

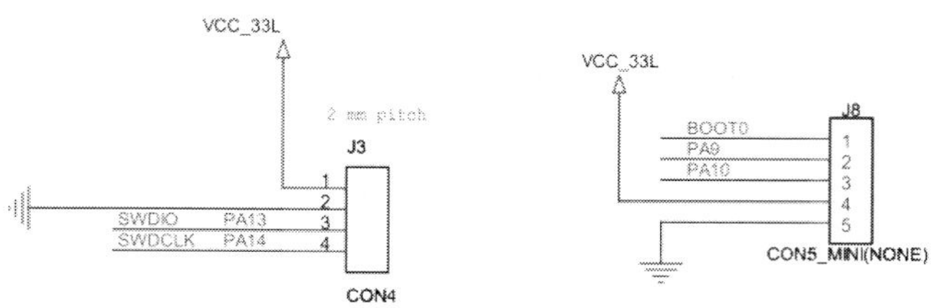

Status & Power LED, User Button and Communication 4Pin Port

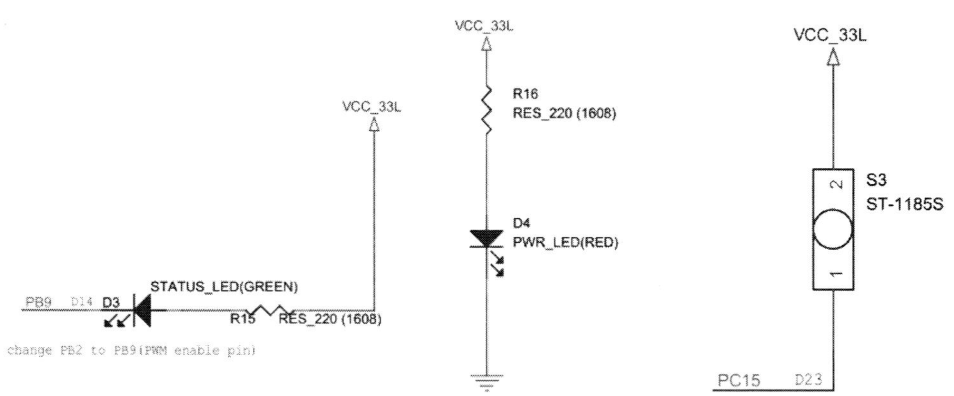

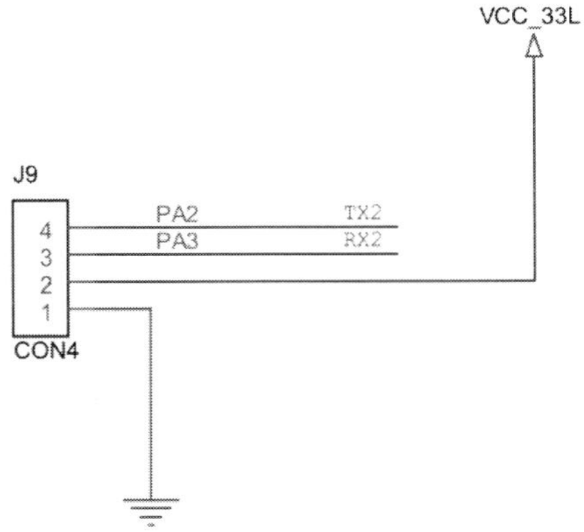

1.1.3 BOM

Reference	Part
C1	220 uF/16 V(6.3W8H)
C2	220 uF/6 V(6.3W5.5H)
C3	47 uF_3216
C4,C5	22 pF
DC1,DC2	100 nF
DC4,DC14,DC15,DC17,DC18	104 F(100 nF)_1608
DC9,DC10	100 nF_1608
DC19,DC20,DC21,DC22,DC23	104
DC25	4.7 uF_1608
D3	STATUS_LED(GREEN)
D4	PWR_LED(RED)
D5	M3
EF1	AVRC5S
F1	MF-MSMF-2 500 mA fuse
H4,H5,H6	1PI_ARRAY_MOUNT
JP1	JUMPER
JP2	AREF SELECTION JUMPER
J1	CON2
J2	CON2
J3	CON4
J4	J_MOLEX3
J5,J6,J15	J_MOLEX3
J7,J14	CON10B

J8	CON5_MINI(NONE)
J9	CON4
J10	USB_Micro_B_5P
J12,J13	CON20
Q1,Q3	FDN340P
Q4,Q6	MMBT2222A/SOT
Q5,Q7	MMBT2907A/SOT
R1,R2	100 K
R5	10 K_1608
R6,R7	102 (1KOHM)_1608
R8,R14	RES_102 (1608)
R9,R13	RES_103 (1608)
R10,R11	RES_22R(1608)
R15,R16	RES_220 (1608)
R17	RES_1.5K(1608)
S1	TACT1
S2	S_INKA
S3	ST-1185S
U1	STM32F103CB-LQFP48
U4	NCP1117ST50T3G
U5	LM1117-3.3V
U7	LMV321
U8	74LVC1G125
U9	SN74LVC1G126
VA2,VA3,VA4	1608
Y1	XTAL_8MHZ(SX-8)

1.1.4 PCB Gerber

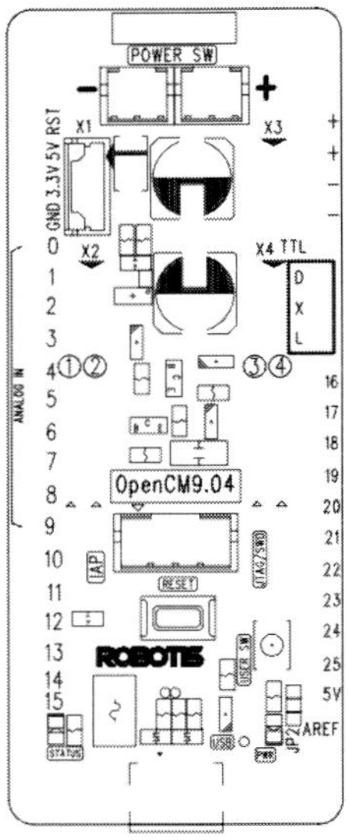

MODEL	OpenCM9.04_REV_1.0 (4 Layer)			ROBOTIS
LAYER	Top Silk	STAGE	REV 1.0	
COMPANY	Robotis	THICKNESS	t	www.robotis.com
DATE	2013.10.09	DESIGNER	C.S.M	Tel.070-8671-2629

L1-TOP
L2-INT1 (GND)
L3-INT2 (POWER+GND)
L4-Bottom

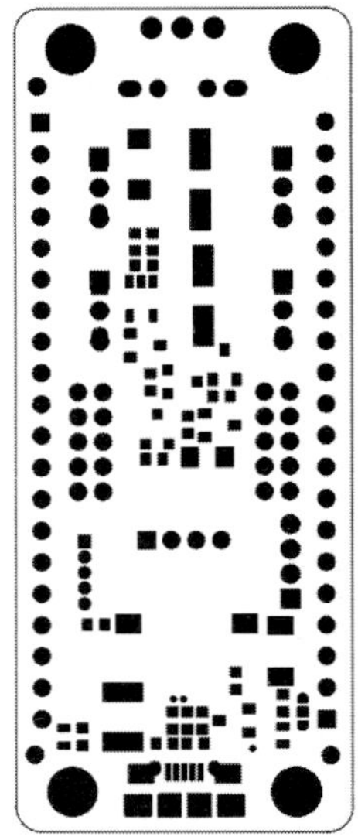

MODEL	OpenCM9.04_REV_1.0 (4 Layer)			ROBOTIS
LAYER	SolderMask-TOP	STAGE	REV 1.0	
COMPANY	Robotis	THICKNESS	t	www.robotis.com
DATE	2013.10.09	DESIGNER	C.S.M	Tel.070-8671-2629

L1-TOP
L2-INT1 (GND)
L3-INT2 (POWER+GND)
L4-Bottom

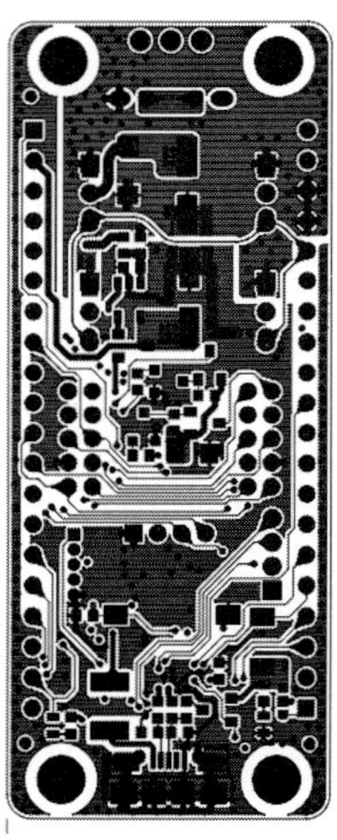

MODEL	OpenCM9.04_REV_1.0 (4 Layer)			ROBOTIS
LAYER	L1-TOP	STAGE	REV 1.0	
COMPANY	Robotis	THICKNESS	t	www.robotis.com
DATE	2013.10.09	DESIGNER	C.S.M	Tel.070-8671-2629

L1-TOP
L2-INT1 (GND)
L3-INT2 (POWER+GND)
L4-Bottom

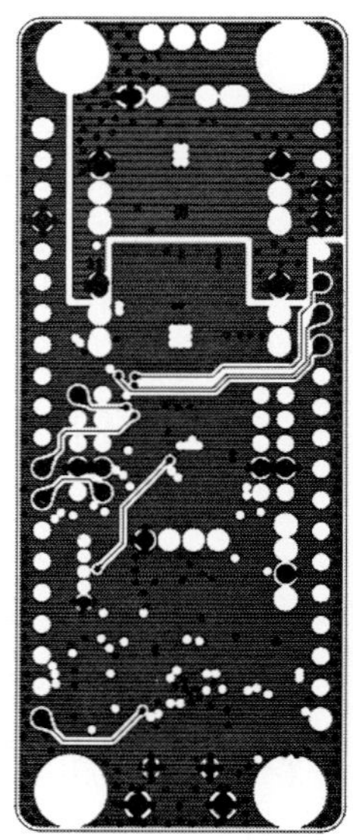

MODEL	OpenCM9.04_REV_1.0 (4 Layer)			ROBOTIS
LAYER	L2-INT1	STAGE	REV 1.0	
COMPANY	Robotis	THICKNESS	t	www.robotis.com
DATE	2013.10.09	DESIGNER	C.S.M	Tel.070-8671-2629

L1-TOP
L2-INT1 (GND)
L3-INT2 (POWER+GND)
L4-Bottom

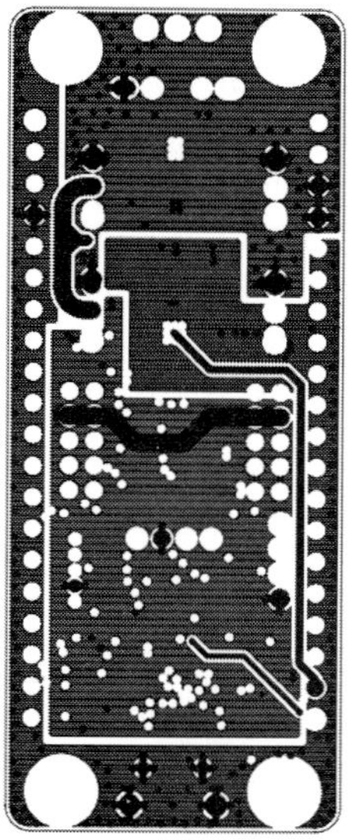

MODEL	OpenCM9.04_REV_1.0 (4 Layer)			
LAYER	L3-INT2	STAGE	REV 1.0	
COMPANY	Robotis	THICKNESS	t	www.robotis.com
DATE	2013.10.09	DESIGNER	C.S.M	Tel.070-8671-2629

L1-TOP
L2-INT1 (GND)
L3-INT2 (POWER+GND)
L4-Bottom

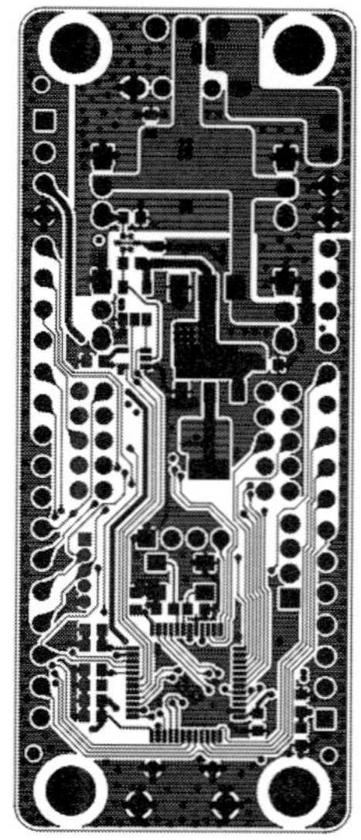

MODEL	OpenCM9.04_REV_1.0 (4 Layer)			
LAYER	L4-Bottom	STAGE	REV 1.0	
COMPANY	Robotis	THICKNESS	t	www.robotis.com
DATE	2013.10.09	DESIGNER	C.S.M	Tel.070-8671-2629

L1-TOP
L2-INT1 (GND)
L3-INT2 (POWER+GND)
L4-Bottom

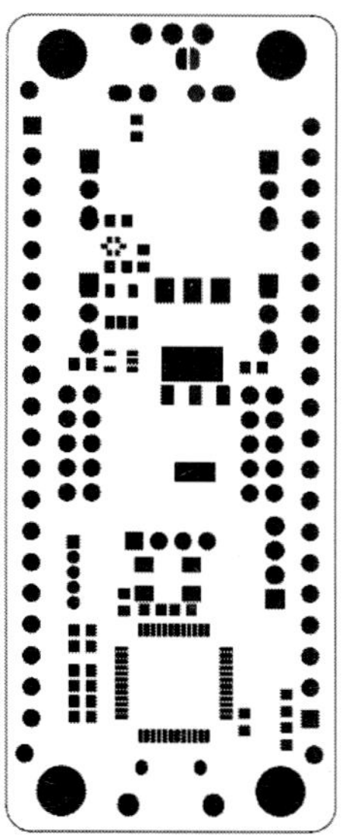

MODEL	OpenCM9.04_REV_1.0 (4 Layer)			
LAYER	SolderMask-BOTTOM	STAGE	REV 1.0	
COMPANY	Robotis	THICKNESS	t	www.robotis.com
DATE	2013.10.09	DESIGNER	C.S.M	Tel.070-8671-2629

L1-TOP
L2-INT1 (GND)
L3-INT2 (POWER+GND)
L4-Bottom

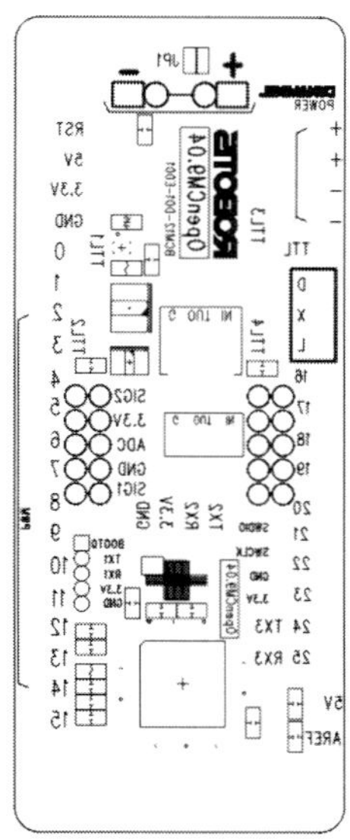

MODEL	OpenCM9.04_REV_1.0 (4 Layer)			
LAYER	Bottom Silk	STAGE	REV 1.0	
COMPANY	Robotis	THICKNESS	t	www.robotis.com
DATE	2013.10.09	DESIGNER	C.S.M	Tel.070-8671-2629

L1-TOP
L2-INT1 (GND)
L3-INT2 (POWER+GND)
L4-Bottom

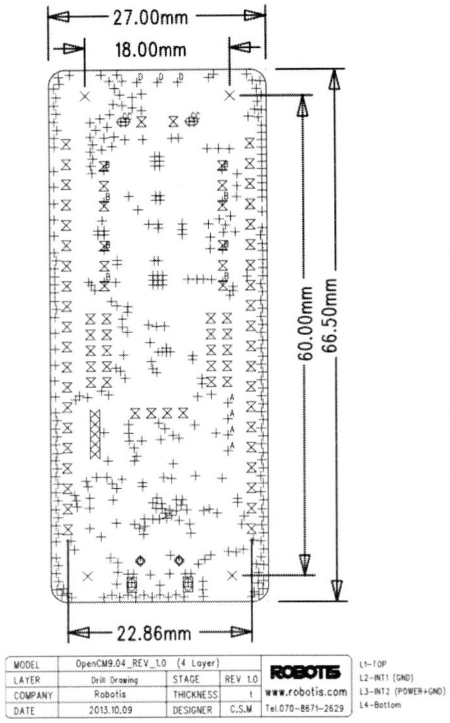

SIZE	QTY	SYM	PLATED	TOL
0.25	363	+	YES	+/-0.0
4	4	×	NO	+/-0.0
0.85 x 1.5	2	⊡	YES	+/-0.0
0.65 x 0.85	2	◇	YES	+/-0.0
0.9	78	⧖	YES	+/-0.0
0.65	5	⋈	YES	+/-0.0
0.889	4	+A	YES	+/-0.0
0.8	8	+B	YES	+/-0.0
0.9 x 1.5	2	+C	YES	+/-0.0
1	3	+D	YES	+/-0.0

1.1.5 라이선스

OpenCM9.04의 하드웨어 저작권은 (주)로보티즈에 있다. 누구든지 자유롭게 활용이 가능하다.

1.2 Software

1.2.1 gitHub 사용하기

OpenCM의 공개 소스를 gitHub를 이용해서 받아보자. git은 대표적으로 Subversion과 더불어 소스 공동작업을 위해 만들어졌다. 최근에는 안드로이드와 같은 리눅스 프로젝트를 활발히 진행하기 때문에 git을 많이 쓰는 경향이 있다.

그리고 이러한 git을 이용한 공개 소스 사이트로는 gitHub라는 사이트가 가장 활발하다. 아래의 gitHub 사이트를 방문해보자.

https://github.com/robotis-pandora/ROBOTIS-OpenCM

아래와 같이 OpenCM과 관련된 모든 개발 리소스가 공개되어 있으니 다운로드 받아서 쉽게 확인할 수 있다.

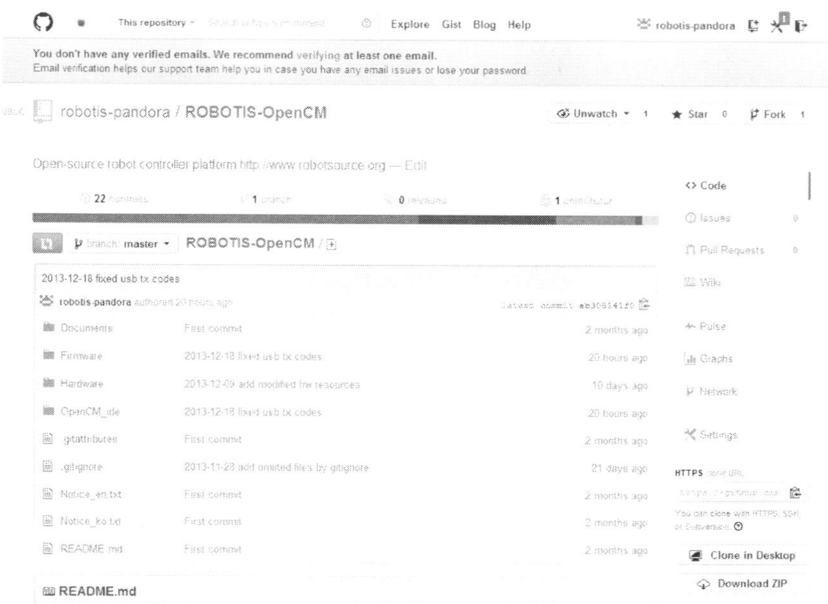

소스 디렉터리 설명

Documents OpenCM의 활용에 관련된 how to 문서들이 포함되어 있다.

Firmware OpenCM 시리즈 보드들의 부트로더와 애플리케이션의 펌웨어 소스 또는 바이너리가 포함되어 있다.

Hardware OpenCM 시리즈 보드들의 회로도, PCB 거버, BOM 등의 하드웨어 개발 리소스가 들어있다.

OpenCM_ide 아두이노 기반의 ROBOTIS IDE 소프트웨어 소스가 포함되어 있다.

부록 2

JTAG란

2.1 JTAG란

2.1.1 JTAG(Joint Test Action Group) 탄생

현대 전자 산업에서 반도체 SoC기술이 점점 집적화되고 복잡해지면서 공장에서 반도체 IC 제품이 생산될 때 테스트하는 것도 매우 어려워졌고 비용이 증가하였다. 로직회로 블록 몇 개가 집적회로(IC)의 전부였을 때는 테스트의 문제가 없었지만 마이크로프로세서로 발전하면서 메모리 컨트롤러, SPI, I2C, USB Host 같은 다양한 서브 IP(Intellectual Property)[41] 블록들이 집적화 되면서 테스트 방법은 매우 복잡해지고 비용이 증가되었다. 이러한 반도체 IC 생산에서의 테스트 방식의 효율화를 위해 JTAG라는 단체가 조직되었고, 새로운 반도체 테스트 방식을 개발했는데, 그것이 바로 Boundary Scan 방식으로 대표되는 검사 기술이다. JTAG라는 새로운 테스트 기술은 강력한 반도체 IC 검사 기술로서 그 경제성과 효율성을 인정받았고, 마침내 1990년에는 IEEE로부터 정식 표준 기술로 인정되었다(IEEE 1149.1).

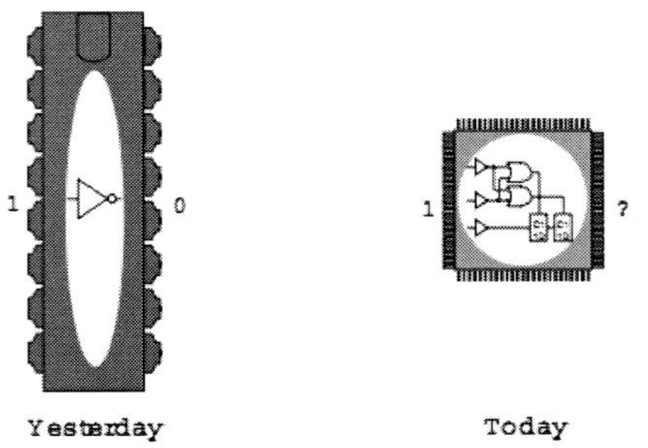

부록 그림 2.1.1-1 고도로 집적화된 IC에서 새로운 테스트 방법이 필요해졌다.

---

41) IP란 반도체 집적회로에서 각각의 기능을 세분화할 수 있는 기능 블록 단위를 말한다.

표준으로 지정된 JTAG 포트는 아래와 같이 20핀을 기본으로 14핀 10핀 등으로 구성할 수 있다.

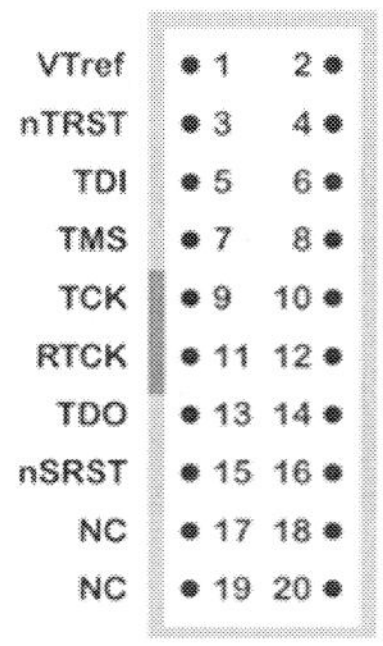

부록 그림 2.1.1-2 표준 JTAG 20핀 핀맵

하지만 최근의 제품들이 매우 소형화되면서 이렇게 큰 사이즈의 JTAG 포트는 설계에 부담이 된다. 그래서 2가닥의 신호만으로도 디버깅 및 테스트가 가능한 SWD(Serial-Wire Debug) 포트도 개발되었다.

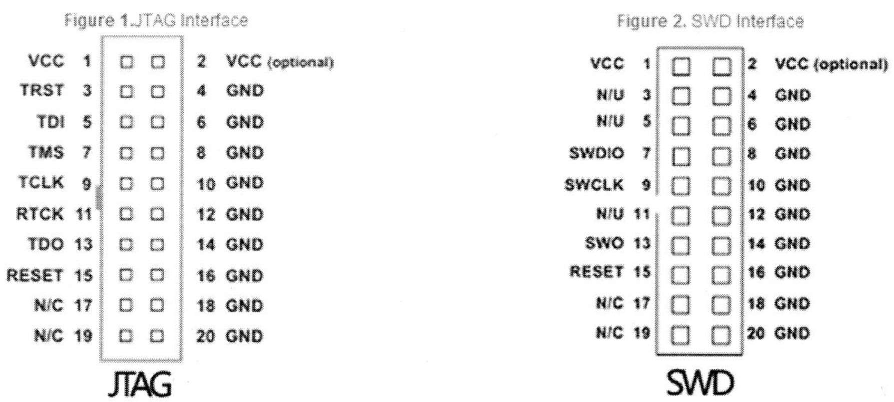

부록 그림 2.1.1-3 JTAG 표준 20핀과 SWD 핀맵

SWD는 SWDIO와 SWCLK 두 가지 신호만 있으면 된다. 그림에서는 20핀 포트가 사용되었지만 모두 N/C(Not Connected)와 GND핀일 뿐이다.

출처 1997년 TI Test Symposium 발표자료

임베디드 레시피 http://recipes.egloos.com/5301886

2.1.2 JTAG의 활용

이전 절에서 JTAG의 탄생 배경에서 살펴 보았듯이 Boundary Scan 기술은 반도체 IC의 모든 서브 블록들을 읽고 쓸 수 있다. 이러한 JTAG의 강력한 기능은 제품 개발부터 생산에 이르기까지 매우 광범위하게 사용될 수 있는데, 구체적으로 다음과 같다.

Product Development

각종 임베디드 장비를 개발할 때 강력한 하드웨어 디버거로 사용될 수 있다. CPU를 동작을 마음대로 Running상태 또는 Break상태로 만들 수도 있고 플래시 메모리로 바로 바이너리 다운로드도 할 수 있기 때문에 스마트폰과 같은 복잡한 임베디드 제품 개발에서 아주 중요한 개발 툴로 활용된다. 우리가 다루고 있는 OpenCM9.04 보드에서도 편리하면서도 강력한 디버깅 및 다운로드 툴로 사용할 수 있다.

Production Test

대표적으로 반도체 IC 생산에서 강력하고 효율적인 검사 장비로 활용될 수 있다. 대표적으로 메모리 테스트, Logic Cluster Test, Interconnect Test와 같이 반도체 생산 분야에서 다양하게 활용되고 있다.

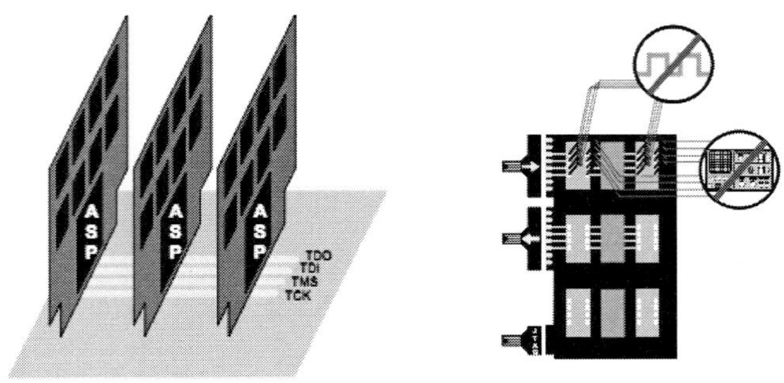

부록 그림 2.1.2 출처 TI Test Symposisum 1997

2.1.3 OpenCM9.04에서 JTAG 사용하기

OpenCM9.04 보드에서는 JTAG의 시리얼 버전인 SWD(Serial-Wire Debug) 연결 기능만 제공한다. 원래 STM32 마이크로프로세서는 JTAG 표준 포트를 제공하지만 IO핀이 너무 많이 소요되기 때문에 OpenCM9.04에서는 활용성을 고려해서 최소한의 IO핀만 쓰는 SWD 포트만 제공한다 (SWD 포트는 2개의 IO핀만 사용한다).

다음의 4핀 포트를 통해 SWDIO와 SWDCLK, 그리고 GND와 3.3 V로 구성되어 있으며 별도의 전원이 필요없이 3.3 V로 보드가 구동되는 점이 장점이다.

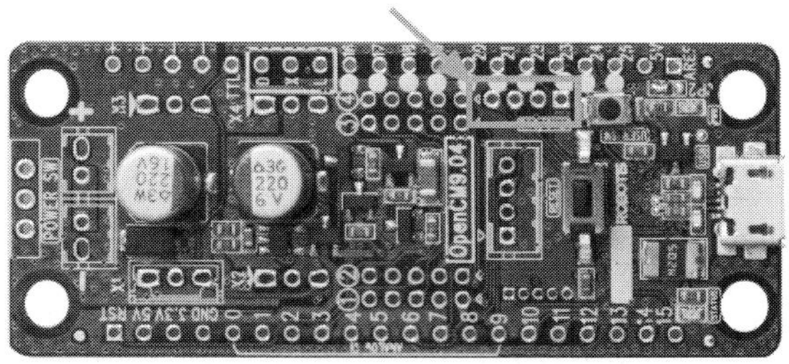

부록 그림 2.1.3-1 OpenCM보드 A타입에서 SWD 커넥터 홀 위치(납땜을 해야 한다)

부록 그림 2.1.3-2 OpenCM보드 B타입에서 SWD 커넥터 위치

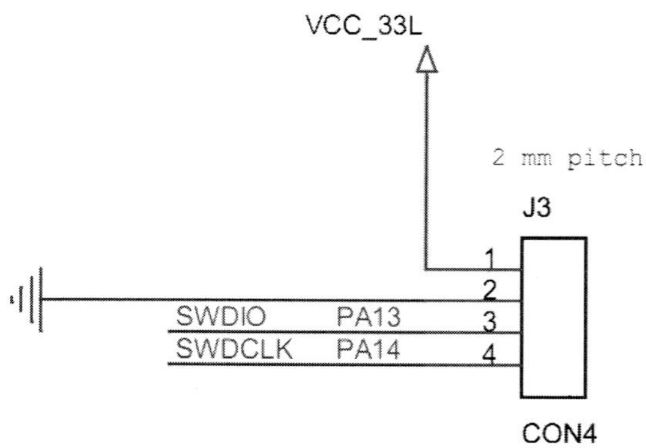

부록 그림 2.1.3-3 OpenCM9.04 SWD 커넥터 핀맵

2.2 ST-LINK 사용하기

앞에서 JTAG란 기술의 탄생에서 활용에 이르기까지 살펴보았다. 이제는 이러한 JTAG 포트를 OpenCM9.04 보드와 연결해서 사용하는 방법에 대해 알아보자. OpenCM9.04 보드는 시리얼 방식의 JTAG 포트인 SWD 방식을 이용해 연결될 수 있으며 ST-LINK라는 툴을 이용해서 연결할 수 있다. 다른 JTAG 장비도 있겠지만 ST-LINK는 저렴하면서도 입문용으로 적합하다고 생각되고 STM32F10x 시리즈를 만드는 STMicroelectronics社에서 같이 만들었기 때문에 STM32를 공부하기 위해서는 더할 나위 없이 좋은 툴이다.

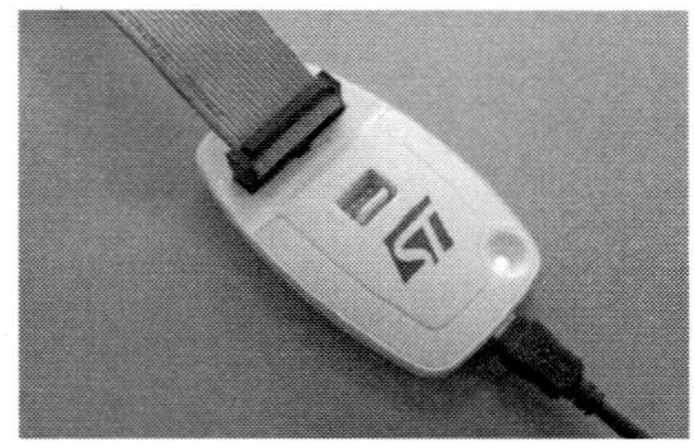

부록 그림 2.2 ST-LINK/V2

여기서는 OpenCM9.04와 ST-LINK를 연결해서 부트로더를 다운로드 하는 방법부터 간단히 살펴보자. 그리고 다음 절에서는 이클립스를 개발환경을 연동해서 OpenCM9.04를 개발하는 방법도 살펴본 뒤에 무료 개발 프로그램이면서도 쓰기 편리한 CoIDE를 사용하는 방법을 마지막으로 알아보자.

참고로 온라인 전자부품 쇼핑몰에서 ST-LINK/V2라고 검색하면 3~4만원의 가격으로 저렴하게 ST-LINK를 구입할 수 있다.

2.2.1 ST-LINK Utility 다운로드 및 설치하기

ST-LINK를 사용하기 위해서는 반도체 제조사인 STMicroelectronics사의 홈페이지에서 다음 <부록 그림 2.2.1-1>과 같이 ST-LINK관련 SW나 문서를 다운로드 받는 것이 좋다.

www.st.com

부록 그림 2.2.1-1

우측 상단의 검색란에 아래와 같이 ST-LINK로 검색해보면…

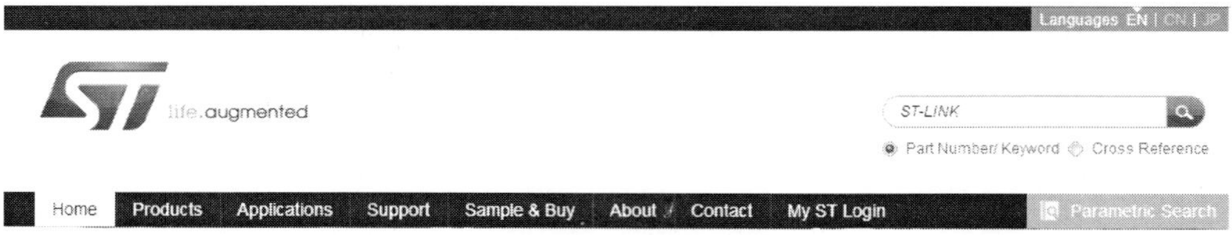

부록 그림 2.2.1-2

ST-LINK/V2 클릭하면 다양한 참고 문서와 유틸리티가 나온다.

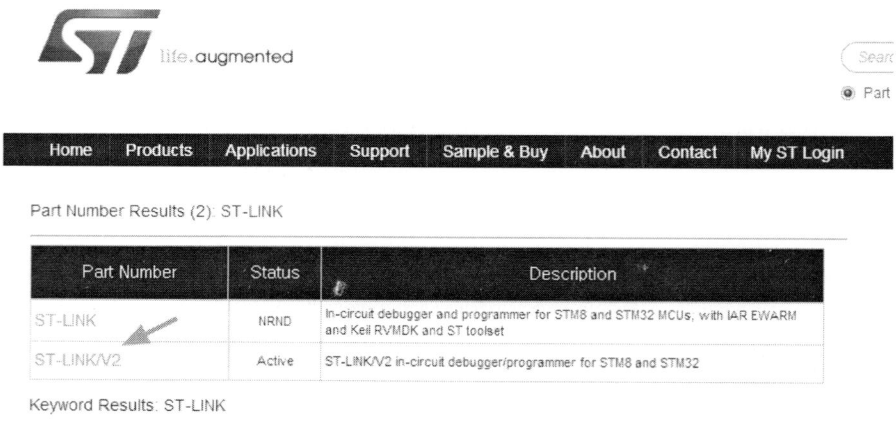

부록 그림 2.2.1-3

Design Resources 탭을 클릭해서 맨 아래의 ST-LINK Utility를 다운로드 받는다.

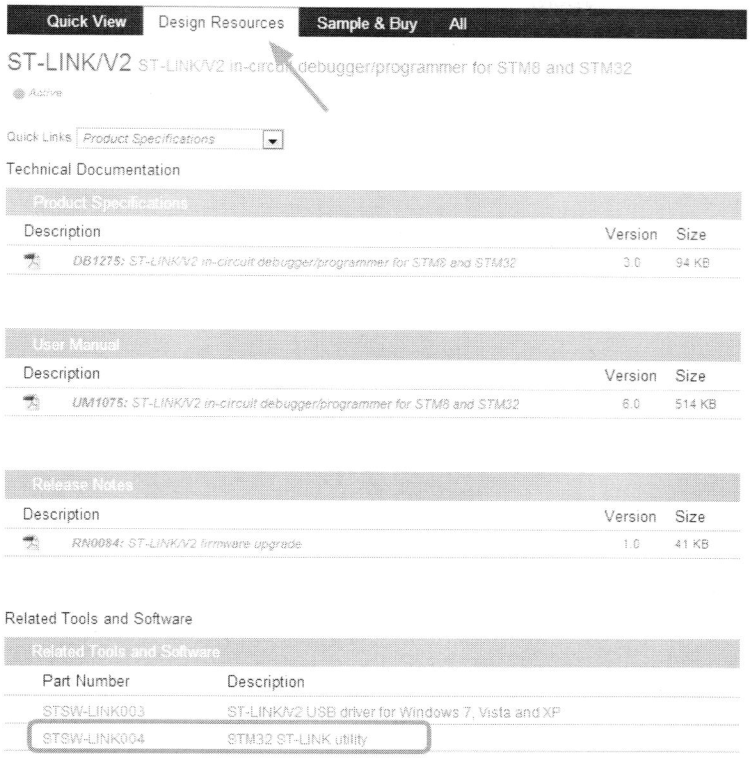

부록 그림 2.2.1-4 ST-LINK와 관련된 SW 툴이나 문서를 다운로드 받을 수 있다.

설치 프로그램을 실행하면 ST-LINK/V2 USB 드라이버와 Utility 프로그램까지 둘 다 설치되므로 별도로 USB 드라이버를 설치할 필요는 없다.

부록 그림 2.2.1-5

모두 설치하고 난 뒤에 ST-LINK/V2를 제공되는 USB 케이블을 이용해서 PC와 연결하면 윈도의 장치 관리자 ⇨ 범용 직렬 버스 컨트롤러 항목에서 STMicroelectronics STLink dongle 장치를 확인할 수 있다. 이렇게 STLink dongle이 확인되지 않고 느낌표가 뜬다면 제대로 ST-LINK를 사용할 수 없으니 반드시 문제를 해결하고 제대로 드라이버를 설치해야만 한다.

부록 그림 2.2.1-6

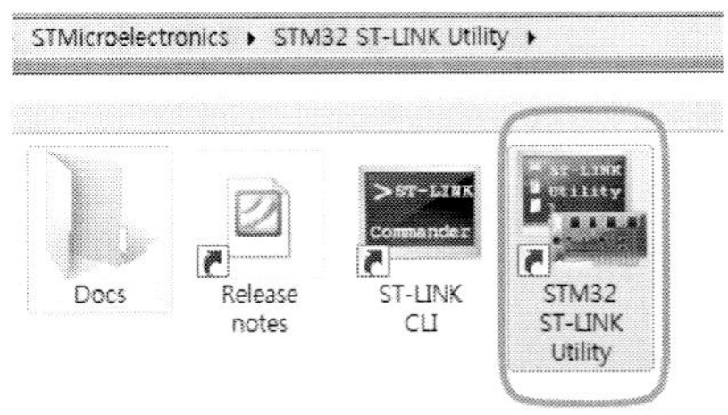

부록 그림 2.2.1-7

ST-LINK Utility를 실행해보자.

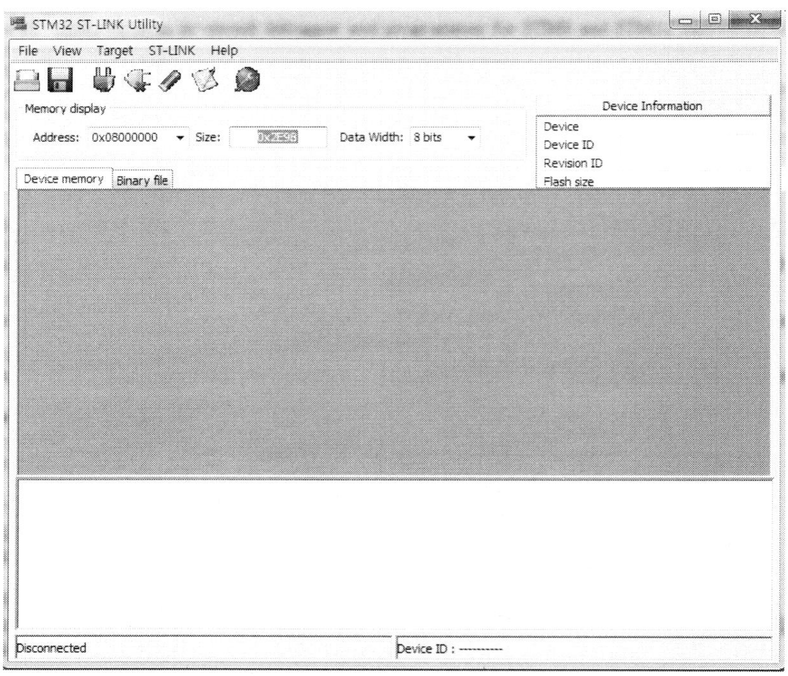

부록 그림 2.2.1-8

SWD 설정

Target ⇨ Settings에서 SWD(Serial-Wire Debug)를 선택한다.

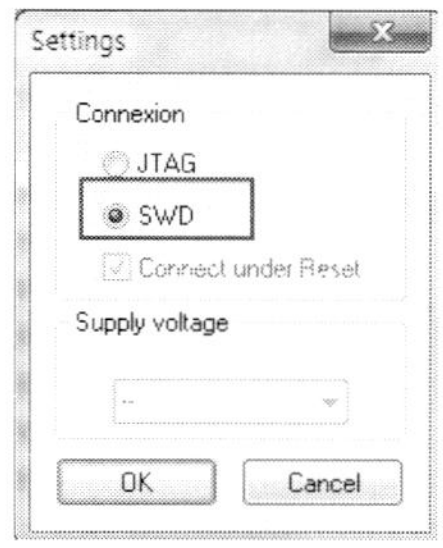

부록 그림 2.2.1-9

2.2.2 OpenCM9.04와 ST-LINK를 연결하기

소프트웨어를 설치했으니 실제로 OpenCM9.04를 ST-LINK/V2와 연결해보자. 아래의 4핀 SWD 포트를 ST-LINK의 20핀 JTAG 포트와 제대로 연결해야 STM32 ST-LINK Utility를 쓸 수 있다. ST-LINK/V2를 구입하면 다음과 같은 구성품이 나오는데, A와 B만 제외하고 따로 보관해놓자. C나 D의 경우는 저가형 STM8시리즈 마이크로프로세서를 위한 SWIM 디버깅을 위한 케이블이고 E 케이블은 20핀 JTAG 연결을 위한 케이블이다. A는 컴퓨터와 ST-LINK/V2를 연결할 때 필요한 USB 케이블이므로 반드시 필요하다.

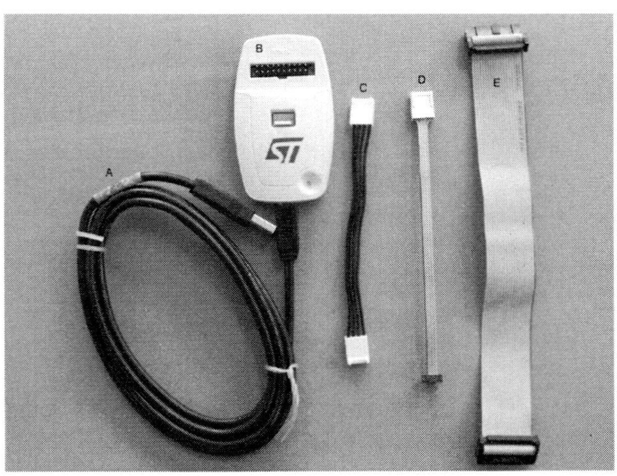

부록 그림 2.2.2-1

이제 ST-LINK/V2 본체의 구조와 SWD 핀맵에 대해서 살펴보자. 그런데 필자가 ST-LINK/V2의 User Manual에서 아래 20핀 JTAG 핀맵을 실제로 검증해보니 매뉴얼에서 표시된 핀맵이 맞지 않았다. SWCLK과 SWDIO 정보는 맞지만 3.3 V와 GND핀 정보가 조금 틀린 부분이 있었다. 테스터기로 확인해보니 Not connected로 표시된 19번에는 3.3 V가 나왔고 4, 6, 8, 10, 12, 14, 16, 18, 20번은 모두 GND였다. 그래서 GND의 경우 위의 핀 아무거나 연결해도 무방하였다. 결론적으로 아래 <부록 그림 2.2.2-2>에서 4개의 핀만 사용하면 된다.

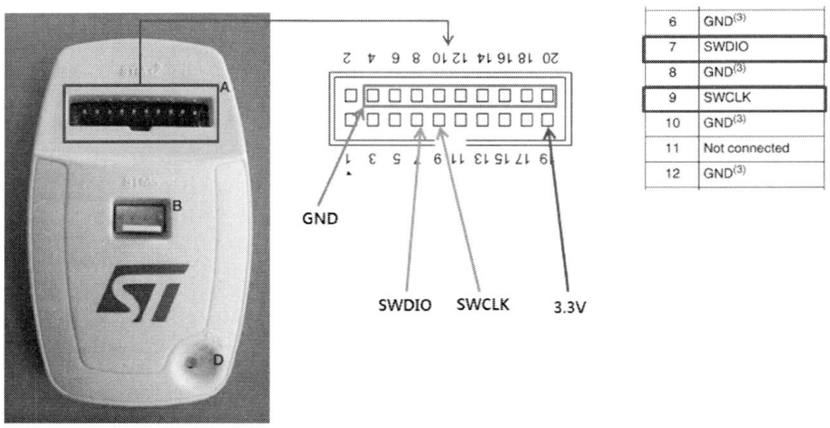

A = STM32 JTAG and SWD target connector
B = STM8 SWIM target connector
D = Communication activity LED

부록 그림 2.2.2-2 ST-LINK/V2 구조와 20핀 JTAG 핀맵에서 SWD 핀 확인하기

다음 <부록 그림 2.2.2-3>은 20핀 JTAG포트에서 SWD와 관련된 핀을 OpenCM9.04의 4핀 포트와의 연결도이다. 위에서도 언급했었지만 GND의 경우 2, 4, 6, 8, 10, 12, 14, 16, 18, 20번 중에 어떤 것을 연결해도 무방하다.

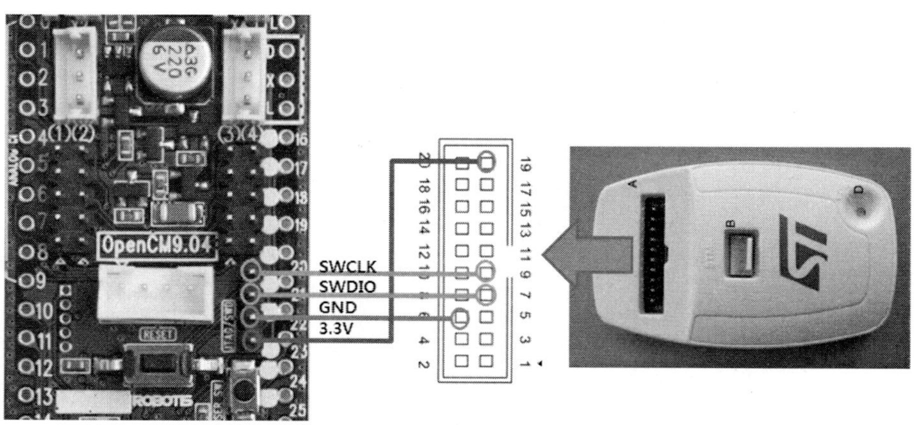

부록 그림 2.2.2-3 ST-LINK/V2와 OpenCM9.04 연결하기

2.2.3 연결을 확인하자

이전 절에서 ST-LINK/V2와 SWD 포트를 통해 물리적인 연결을 하였다면 이제 Target인 OpenCM9.04 보드와 제대로 연결이 되는지 확인해보자.

아래와 같이 Connect to the target을 눌러보자. 혹은 메뉴에서 Target ⇨ Connect를 선택해도 된다.

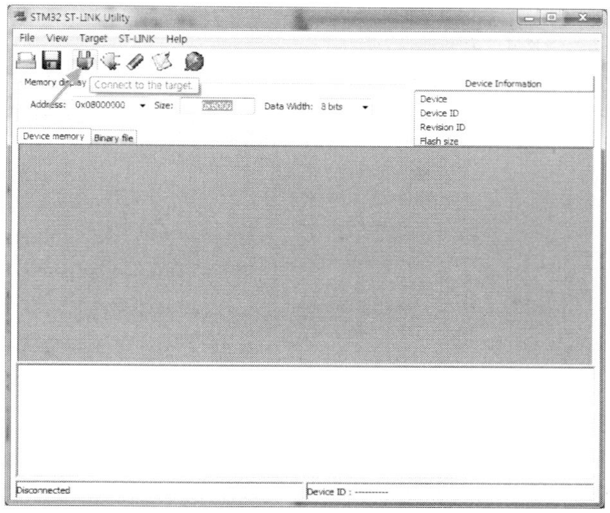

부록 그림 2.2.3-1 플러그 모양의 Connect to the target 버튼을 누른다.

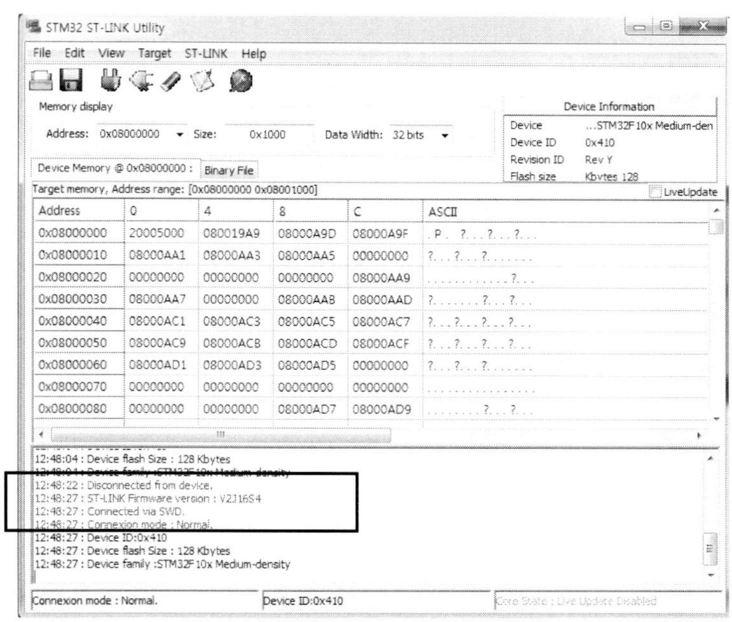

부록 그림 2.2.3-2 제대로 연결되면 아래 상태창에서 파란색 글씨와 같은 메시지를 볼 수 있다.

이제 OpenCM9.04의 SWD를 이용한 펌웨어 다운로드를 할 수 있는 준비가 모두 끝났다.

2.2.4 OpenCM9.04 부트로더 바이너리 구하기

OpenCM9.04의 부트로더 바이너리 파일을 아래와 같은 경로를 통해 구할 수 있다.

① ROBOTIS OpenCM IDE 폴더에서 같이 배포된 바이너리 이용하는 방법
② ROBOTIS OpenCM의 소스가 공개된 gitHub를 이용하는 방법

여기서 ①번의 경우는 아래 경로에 9.04의 최신 부트로더 바이너리 파일이 들어 있다.

hardware\robotis\firmwares\OpenCM9.04

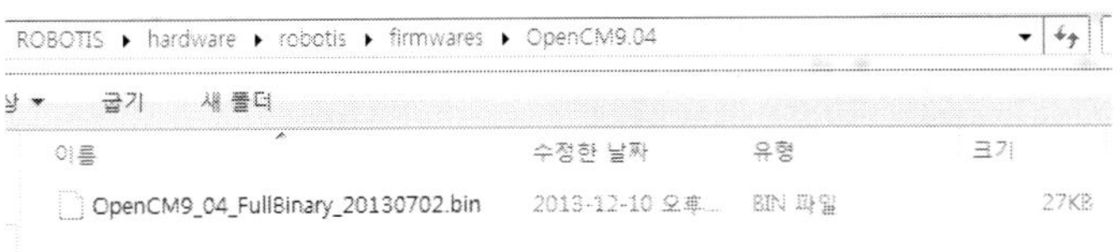

부록 그림 2.2.4-1

②번의 경우 아래의 gitHub 경로로 접속해서 다운받을 수 있다.

https://github.com/robotis-pandora/ROBOTIS-OpenCM

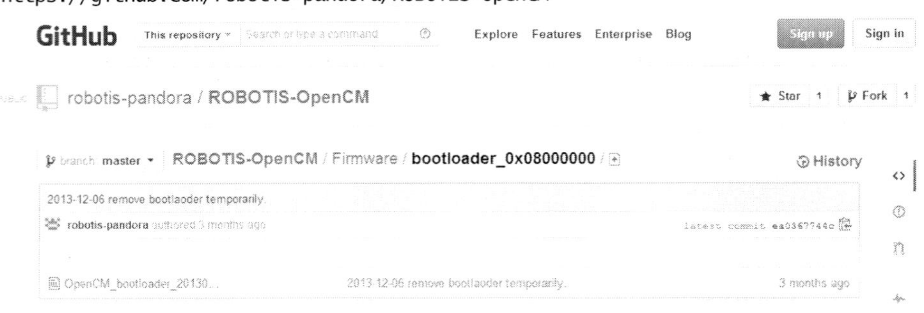

부록 그림 2.2.4-2

2.2.5 부트로더 다운로드를 해보자

File ⇨ Open file…을 눌러서 부트로더 바이너리인 OpenCM9_04_FullBinary_201xxxxx.bin 파일을 선택한다(아래처럼 단축 아이콘을 눌러도 동일함).

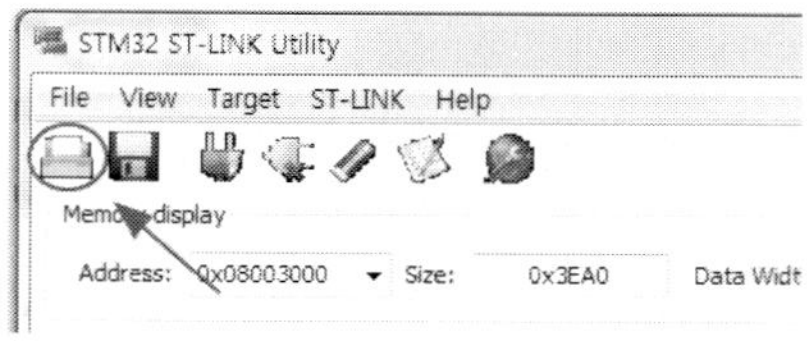

부록 그림 2.2.5-1

파일 선택창이 뜨면 이전 단계에서 다운로드 받은 바이너리를 선택

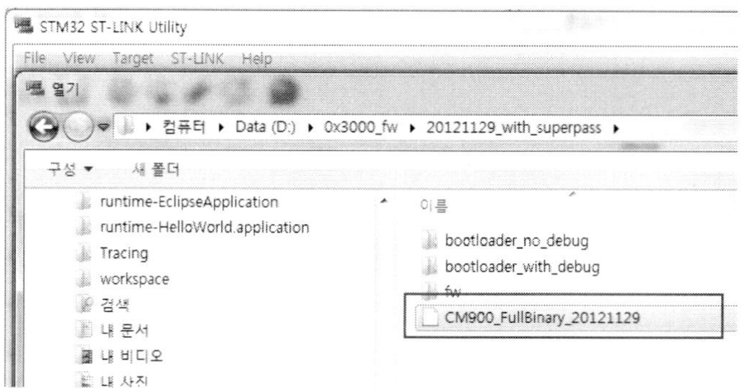

부록 그림 2.2.5-2

Target ⇨ Program 또는 Program & Verify …버튼을 누른다. Start address는 0x08000000으로 그대로 두면 되는데 0x08000000은 STM32F103CB 마이크로프로세서에 내장된 128 K 플래시 메모리를 가리키는 시작 주소를 말하고 끝주소는 0x08020000이 된다. 보통의 임베디드 시스템에서 부트로더는 플래시 메모리의 시작주소에 바로 다운로드된다.

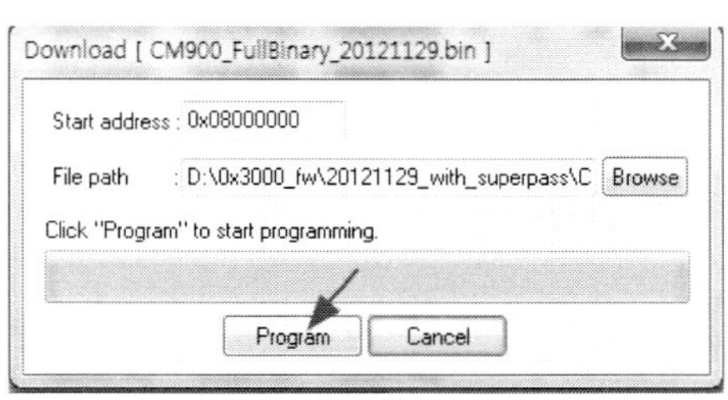

부록 그림 2.2.5-3

아래의 OpenCM9.04 보드의 전체 메모리 맵을 참고해보면 Flash 메모리의 시작주소인 0x08000000에서 12 Kbyte(0x08003000)까지는 부트로더가 차지하고 0x08003000 이후로 사용자 프로그램이 사용된다. 사실 방금 다운로드를 해보았던 OpenCM9_04_FullBinary는 12 kbyte의 부트로더와 Bare minimum 예제가 합쳐진 펌웨어 바이너리라고 보면 된다.

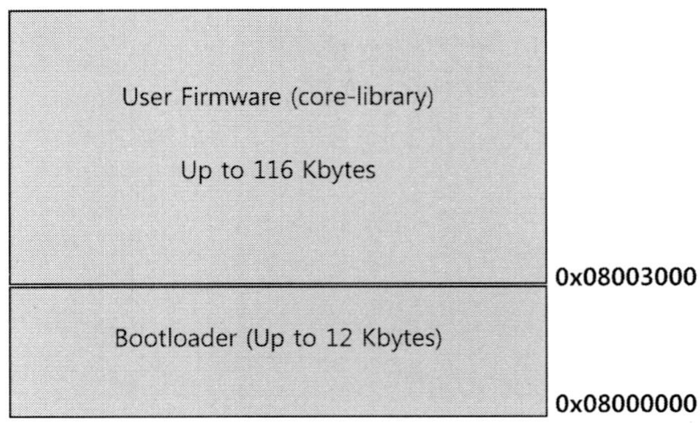

부록 그림 2.2.5-4

다운로드는 2~3초 내외면 모두 끝나고 검증(Verification)까지 끝나면 대략 5초 정도 걸린다고 보면 된다.

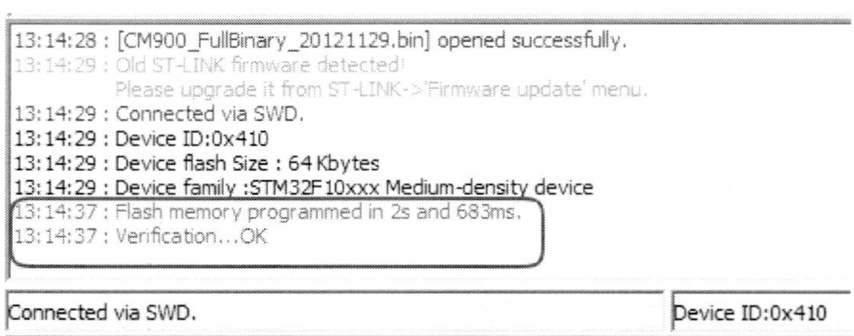

부록 그림 2.2.5-5 다운로드가 성공적으로 끝났을 때 나타나는 메시지

이것으로 OpenCM-9.04의 부트로더의 다운로드는 완료되었고 최신 부트로더가 릴리즈되면 이러한 방법으로 업그레이드를 할 수 있다.

2.2.6 ST-LINK Utility 활용 방법

플래시 메모리 READ/WRITE

플래시 메모리를 페이지 단위로 읽고 쓸 수 있다. 쉽게 말해서 OpenCM9.04 보드의 플래시 메모리 시작번지 0x08000000부터 0x08020000까지 데이터를 읽고 쓰기 할 수 있다. 바이너리로 표시되어서 사람의 눈에는 익숙하지 않지만 직접 HEX값을 읽고 쓰는 디버깅이 필요할 때는 요긴

하게 쓸 수 있다. 특히, Flash에 데이터를 저장하는 코드를 구현할 때는 정말 편리하게 플래시의 데이터를 확인할 수 있어서 빠른 개발이 가능하다.

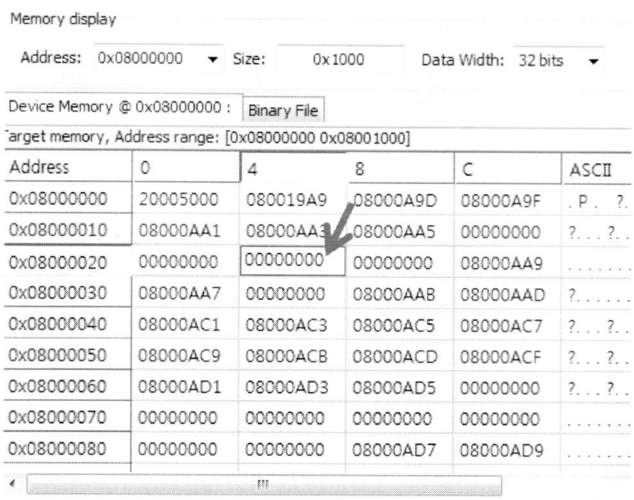

부록 그림 2.2.6-1 플래시 주소 특정 셀을 더블클릭하면 커서가 나타나고 내용을 수정할 수 있다.

플래시 vs 바이너리 파일 비교

Target ⇨ Target memory compare with file 메뉴를 이용하면 현재 연결된 OpenCM9.04 flash와 펌웨어 바이너리의 내용을 비교할 수 있다.

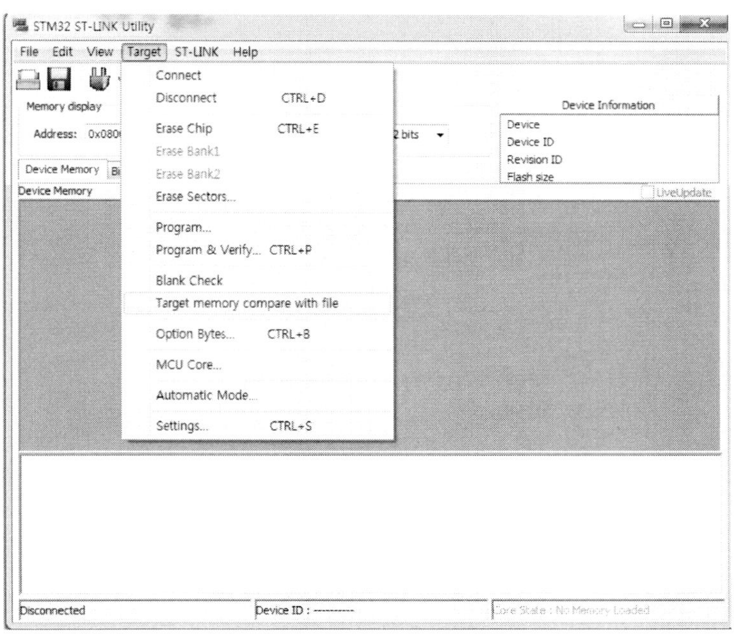

부록 그림 2.2.6-2

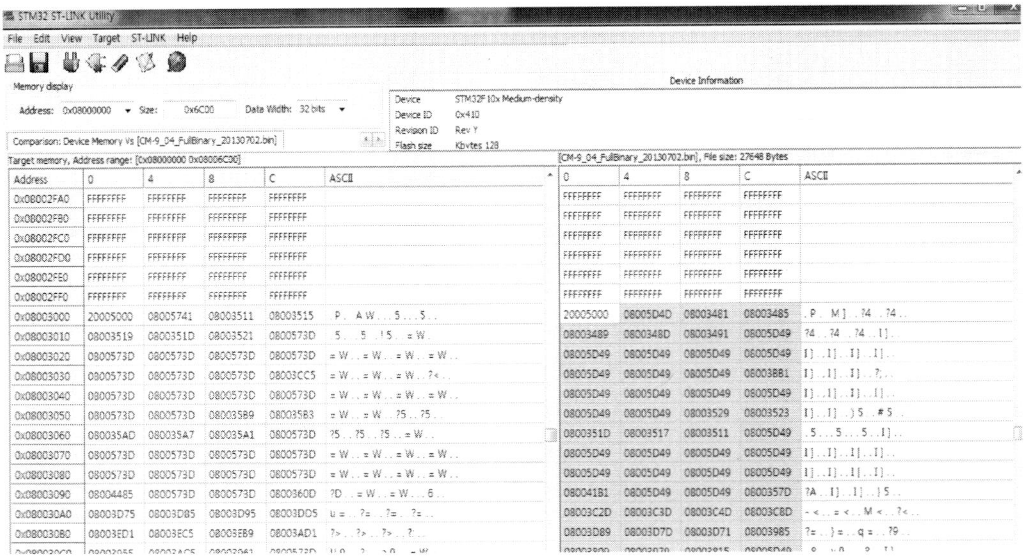

부록 그림 2.2.6-3

Erase Chip 기능으로 플래시 메모리를 말끔하게 지우자

Erase Chip 기능을 사용하면 OpenCM9.04의 플래시 메모리를 말끔하게 지울 수 있다. 컴퓨터로 비유하자면 포맷과 비슷한데, 플래시 메모리의 모든 페이지 블록의 내용을 0xFFFFFFFF로 초기화한다. Target ⇨ Erase Chip을 선택하거나 지우개 아이콘을 클릭해도 된다. 단, 모든 플래시 메모리 데이터가 지워지게 되므로 OpenCM9.04가 ROBOTIS OpenCM과 연결되지 않게 되므로 다시 사용하려면 부트로더를 다시 다운로드 받자.

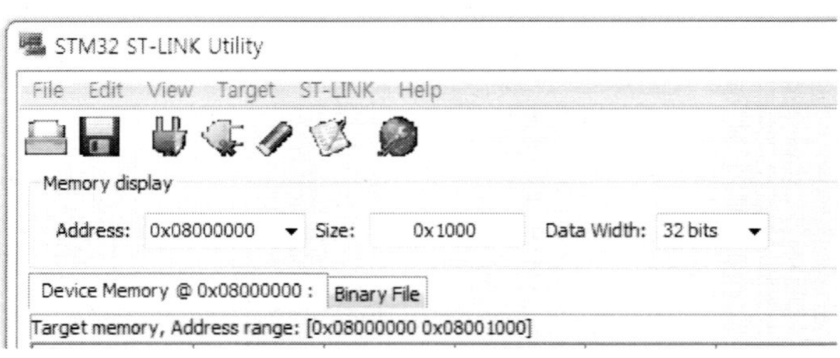

부록 그림 2.2.6-4 지우개 모양의 아이콘을 클릭하면 플래시 메모리 전체가 초기화된다.

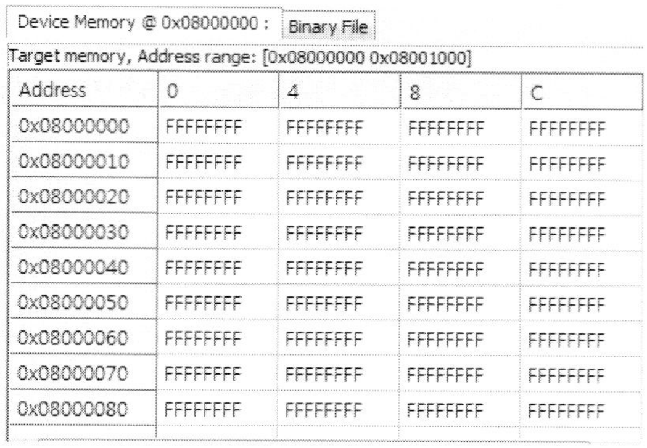

Device Memory @ 0x08000000 : Binary File

Target memory, Address range: [0x08000000 0x08001000]

Address	0	4	8	C
0x08000000	FFFFFFFF	FFFFFFFF	FFFFFFFF	FFFFFFFF
0x08000010	FFFFFFFF	FFFFFFFF	FFFFFFFF	FFFFFFFF
0x08000020	FFFFFFFF	FFFFFFFF	FFFFFFFF	FFFFFFFF
0x08000030	FFFFFFFF	FFFFFFFF	FFFFFFFF	FFFFFFFF
0x08000040	FFFFFFFF	FFFFFFFF	FFFFFFFF	FFFFFFFF
0x08000050	FFFFFFFF	FFFFFFFF	FFFFFFFF	FFFFFFFF
0x08000060	FFFFFFFF	FFFFFFFF	FFFFFFFF	FFFFFFFF
0x08000070	FFFFFFFF	FFFFFFFF	FFFFFFFF	FFFFFFFF
0x08000080	FFFFFFFF	FFFFFFFF	FFFFFFFF	FFFFFFFF

부록 그림 2.2.6-5 전체 플래시 메모리가 초기화된 모습

Option Bytes 기능을 활용한 보호(Protection) 모드 걸기

OpenCM9.04를 ST-LINK/V2와 연결한 상태에서 Target ⇨ Option Bytes...를 클릭하면 다음 <부록 그림 2.2.6-6>과 같은Option Bytes 대화창이 뜬다.

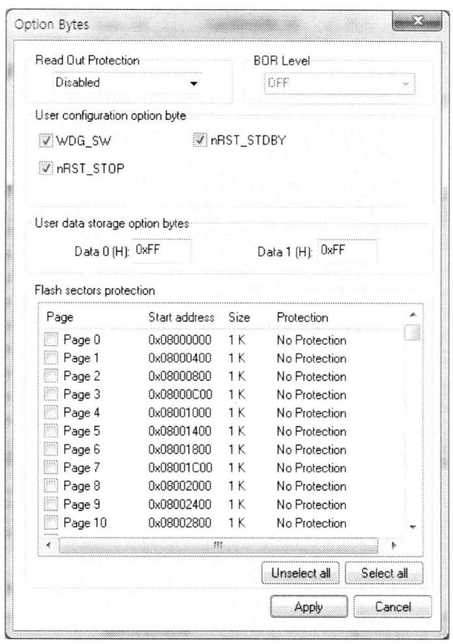

부록 그림 2.2.6-6

여기서 몇 가지 플래시 메모리 접근에 대한 다양한 옵션을 줄 수 있고 Reset 관련 옵션도 변경할 수 있다.

Read Out Protection은 플래시 메모리 읽기를 허용 여부를 결정할 수 있다. Enable로 해놓으면 플래시 읽기가 금지된다. Connect를 해도 플래시를 읽을 수 없다는 메시지가 나오면서 읽기 접근이 안될 것이다.

부록 그림 2.2.6-7

다시 Option Bytes를 열어서 Disable로 해놓으면 다시 플래시 읽기 접근이 허용된다.

그 다음으로 리셋 관련 옵션인데 WDG_SW는 Watchdog Reset를 할지 말지를 결정한다. OpenCM9.04는 무조건 사용한다에 체크해야 ROBOTIS OpenCM을 이용해 다운로드하는데 문제 없다. nRST_STDBY는 Power Saving 모드를 이용할 때 Standby 모드로 진입할 경우 Reset을 수행하는 옵션이고, nRST_STOP은 stop모드에 진입할 때 Reset의 수행 여부를 결정한다. 둘 다 체크를 해놓으면 해당 모드에 진입해도 리셋이 걸리지 않는다.

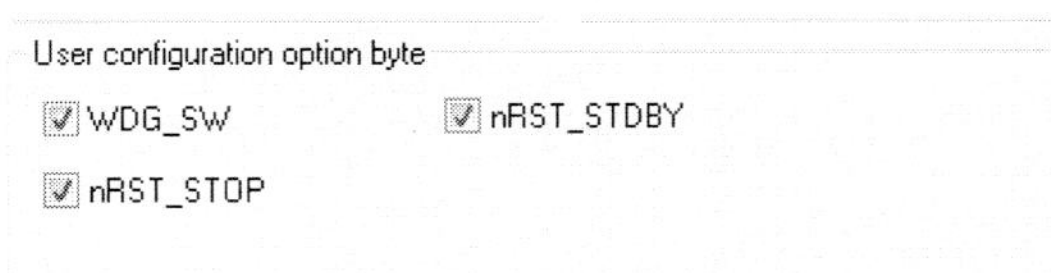

부록 그림 2.2.6-8

아래 Flash sector 단위로도 쓰기 보호(Writing Protection)를 설정할 수 있다. 여기서 Protection을 설정한 페이지는 쓰기가 금지된다.

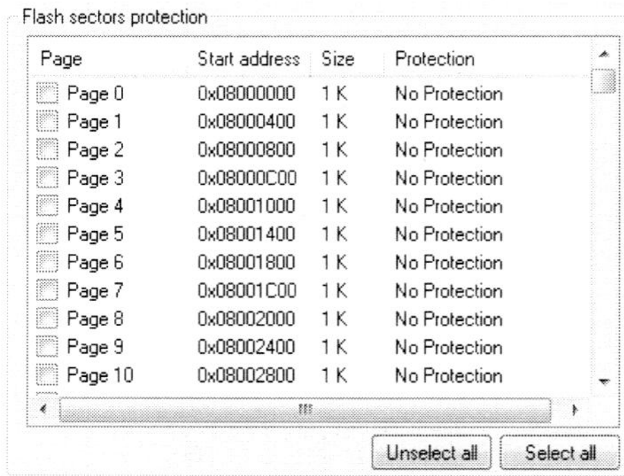

부록 그림 2.2.6-9

MCU Core 모니터링 및 제어

Target ⇨ MCU Core 메뉴를 클릭하면 Core panel 대화창이 뜨는데, 이 메뉴를 활용하면 OpenCM9.04의 MCU를 직접 제어할 수 있다. System reset을 누르면 전체가 리셋되고 Core Reset

을 누르면 코어만 리셋된다. Halt를 누르게 되면 그 순간부터 프로세서가 정지된다. Run을 누르면 다시 프로세서가 돌아간다. 왼쪽에는 모든 Core Register가 표시된다. 사실 별도로 디버깅할 때는 도움이 되지 않지만 이런 기능도 있다는 것만 알고 넘어가자.

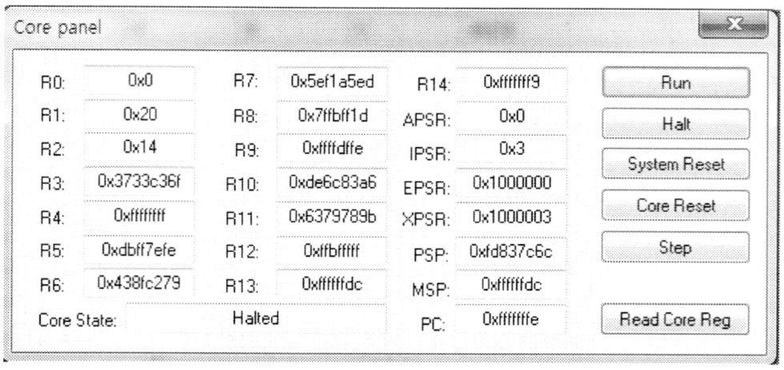

부록 그림 2.2.6-10

지금까지 ST-LINK/V2를 이용해서 OpenCM9.04의 SWD 연결 방법을 알아보았다. ST-LINK 사용법이나 STM32 ST-LINK Utility의 사용법에 대해 더 알고 싶다면 제조사의 홈페이지에서 관련 문서를 다운로드 받거나 STM32 ST-LINK Utility의 Help 메뉴를 통해 바로 연결할 수 있다.

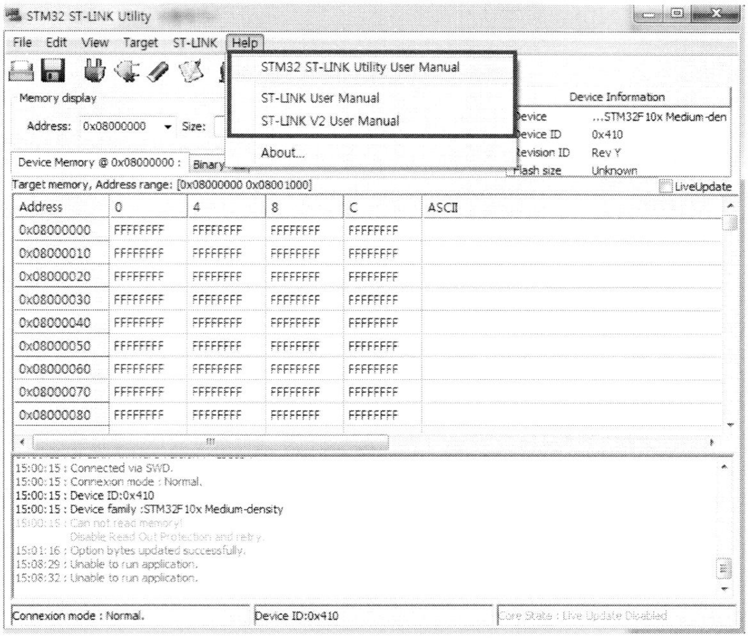

부록 그림 2.2.6-11

2.3 ST-LINK/V2를 이용한 이클립스 CDT 개발환경 꾸미기

2.3.1 이클립스 CDT 소개 및 설치 방법

이클립스는 다양한 OS 환경에서 쓸 수 있는 오픈소스 통합 개발환경이다. 주로 Java 개발자들이 많이 애용하지만 C/C++를 개발할 수 있는 CDT(C/C+ Development Tools) 패키지도 많이 쓰인다(이미 제7장에서 안드로이드 애플리케이션 개발을 이클립스로 진행하였다). 여기서는 OpenCM9.04 펌웨어 프로그래밍도 이클립스 CDT 패키지를 다운로드 받아서 개발환경을 꾸며 볼 예정이다.

이클립스는 eclipse.org에서 다운로드할 수 있다.

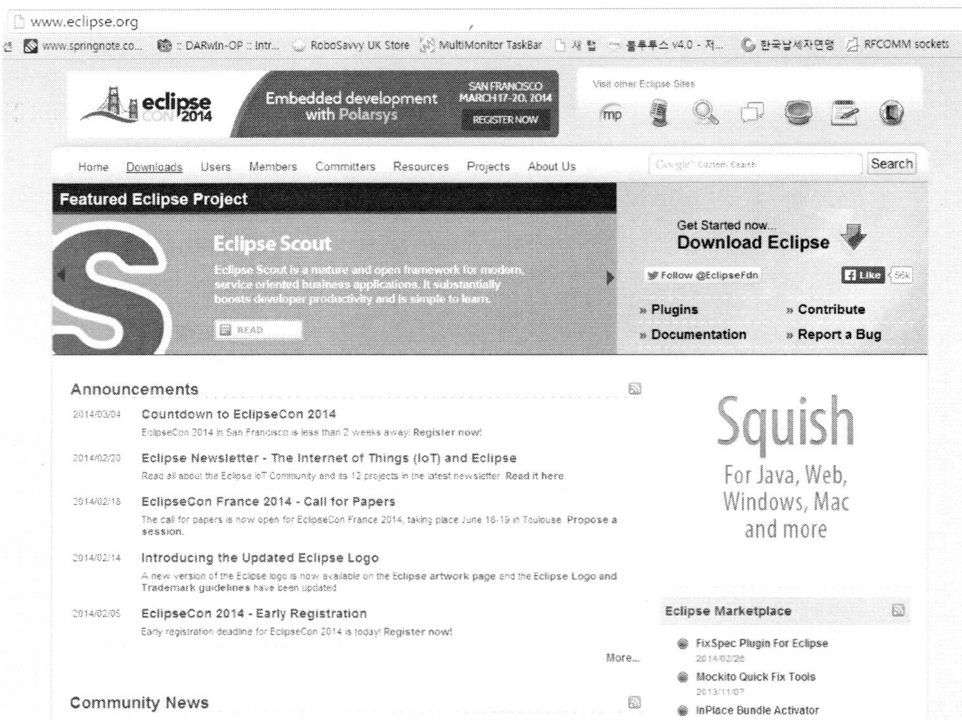

부록 그림 2.3.1-1

Download 링크를 눌러보면 다양한 개발 언어에 대한 패키지가 나타난다.

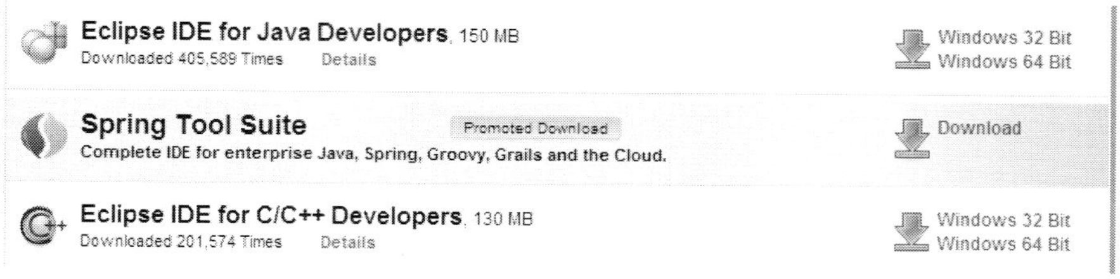

부록 그림 2.3.1-2

32비트, 64비트 버전 중에서 현재 자신의 PC에 설치된 자바 환경(JRE, Java Runtime Environment)에 맞게 다운로드 하면 된다. 만약 java 환경이 32 bit인데 64 bit 패키지를 받아서 실행한다면 실행이 되지 않고 그 반대의 경우도 마찬가지이다(JDK나 JRE의 설치방법은 제7장을 참고하자).

2.3.2 OpenCM9.04 Core library 다운로드 및 프로젝트 Import

OpenCM 공개 소스 다운로드 받기

아래의 gitHub 링크로 접속하면 OpenCM 프로젝트의 공개 소스를 다운로드 받을 수 있다. <부록 그림 2.3.2-1>에서와 같이 "Download ZIP"를 눌러서 통째로 다운로드 받자.

https://github.com/robotis-pandora/ROBOTIS-OpenCM

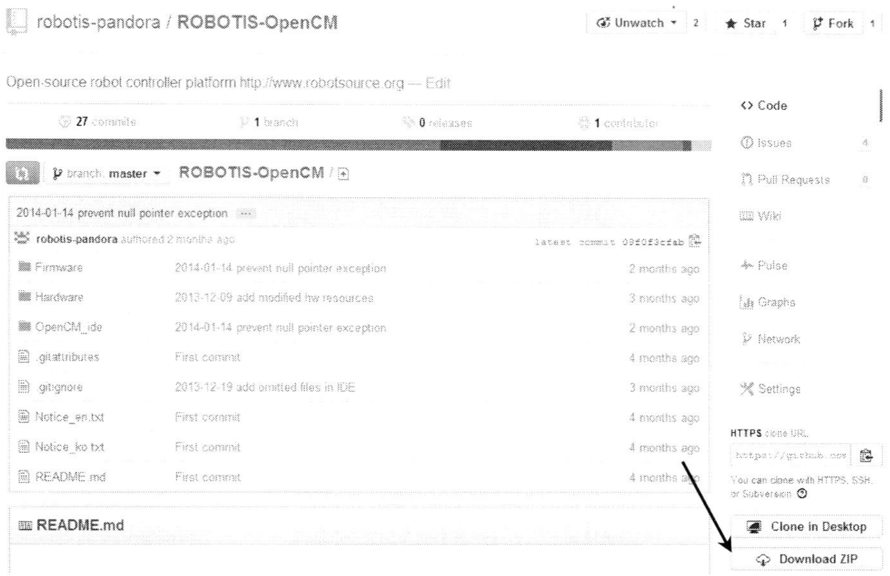

부록 그림 2.3.2-1

다운로드 받은 압축파일을 풀면 아래와 같은 <부록 그림 2.3.2-2> 구조로 디렉터리가 나타나는데 Firmware 디렉터리에 우리가 Import해야 할 프로젝트가 들어 있다.

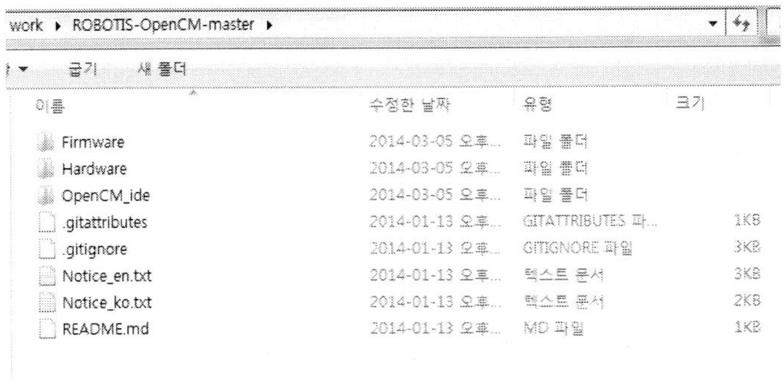

부록 그림 2.3.2-2

Hardware 디렉터리는 OpenCM9.04와 관련된 하드웨어 정보 데이터가 들어 있다. OpenCM_ide 디렉터리는 ROBOTIS OpenCM SW 소스코드가 들어 있다.

마지막으로 Firmware 디렉터리 안에 core-library_0x08003000이 있는지 확인하고 이클립스 CDT를 실행한다.

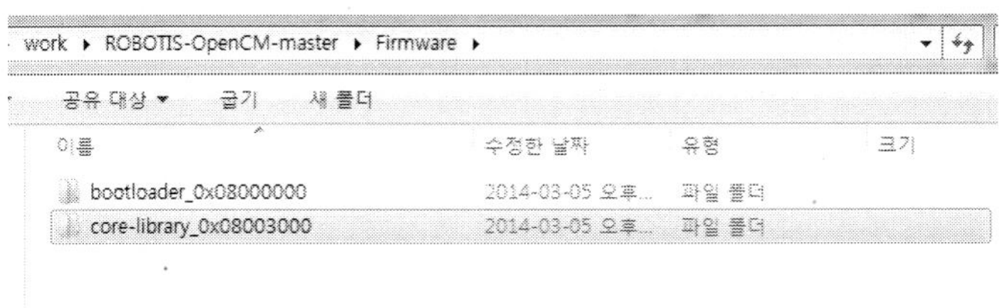

부록 그림 2.3.2-3

이클립스 CDT에서 File ⇨ Import 메뉴를 실행한다.

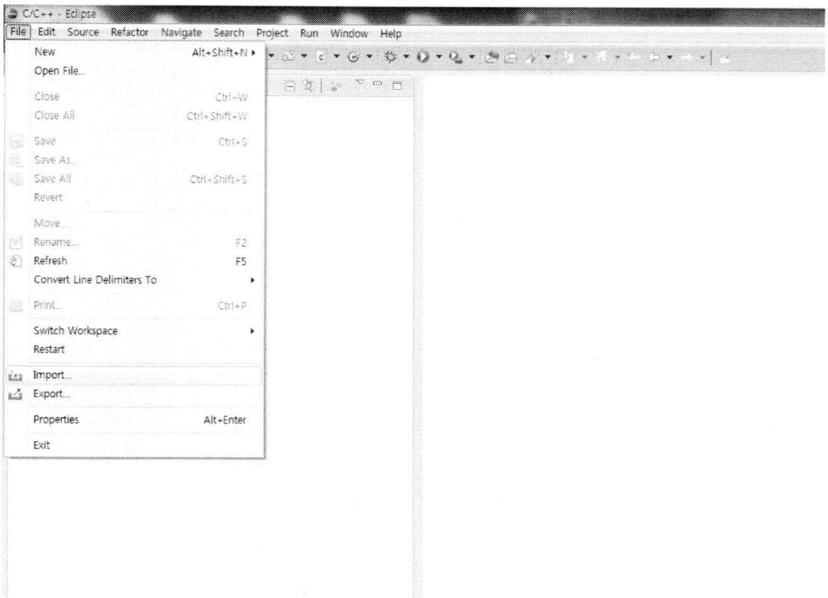

부록 그림 2.3.2-4

다음 대화창에서 C/C++ 항목에서 Existing Code as Makefile Project를 선택하고 Next한다.

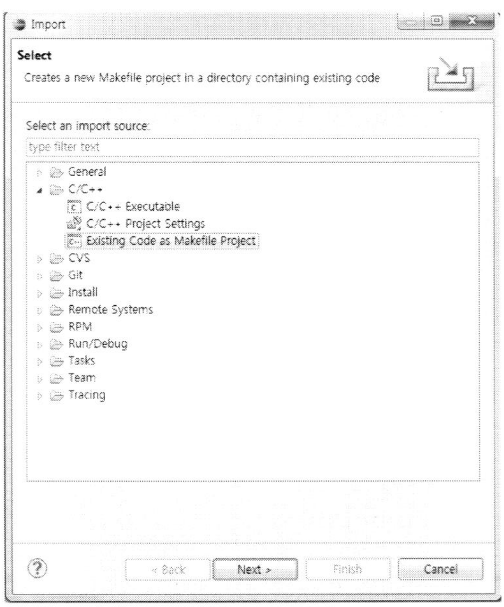

부록 그림 2.3.2-5

Existing Code Location 항목 오른쪽의 Browse 버튼을 눌러서 앞에서 압축을 해제한 폴더의 core-library_0x08003000 폴더를 지정한다.

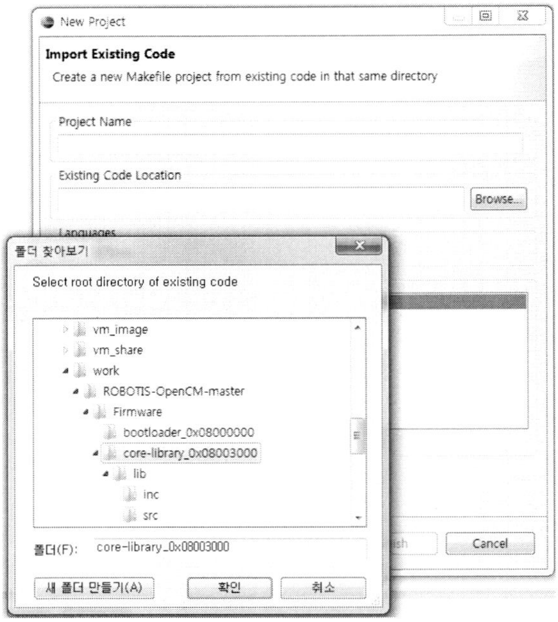

부록 그림 2.3.2-6

Finish를 하면 아래처럼 Package Explorer에서 core-library_0x08003000 프로젝트 하나가 등록되어 있을 것이다.

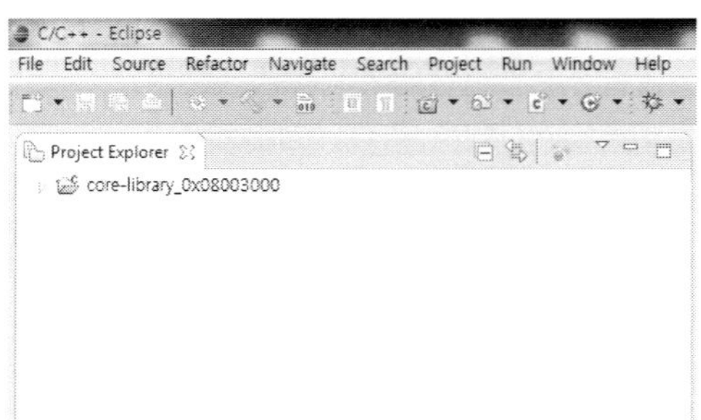

부록 그림 2.3.2-7

Code Sourcery g++ lite 환경변수 등록하기

OpenCM9.04의 펌웨어는 ROBOTIS OpenCM IDE에 포함된 Code Sourcery G++ Lite 툴체인을 이용해 빌드를 수행한다.

Sourcery G++ Lite

ARM EABI

Sourcery G++ Lite 2010q1-188

Getting Started

CODESOURCERY

부록 그림 2.3.2-8

ROBOTIS OpenCM을 다운로드 받았다면 Code Sourcery G++ Lite를 별도로 다운로드 받지 않고도 활용할 수 있다. ROBOTIS OpenCM 프로그램의 실행폴더에서 아래 경로에 툴체인이 있음을 확인하자.

아래 <부록 그림 2.3.2-9>와 같이 ROBOTIS\hardware\tools\arm\bin 디렉터리에 arm-none-eabi-XXX 실행 파일들이 있다.

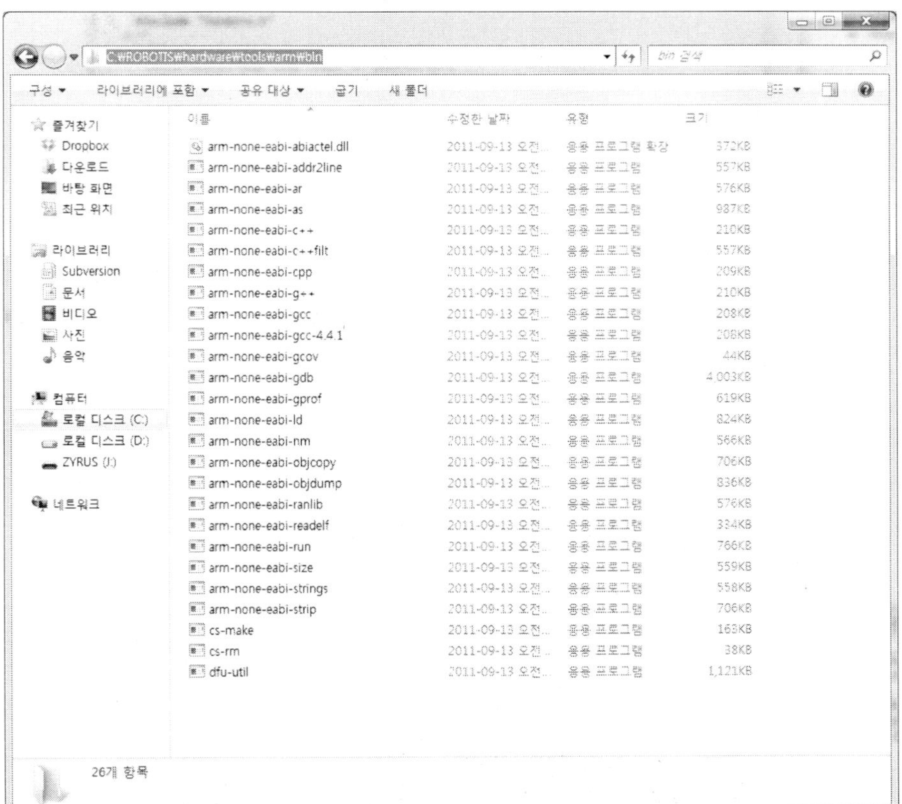

부록 그림 2.3.2-9

이 경로를 윈도의 환경 변수에 등록해야 이클립스에서 연동이 가능하다. 이렇게 등록한 디렉터리는 차후에 삭제하면 이클립스에서 펌웨어 빌드가 되지 않으니 주의해야 한다.

윈도에서 시스템 속성 ⇨ 고급 ⇨ 환경 변수를 클릭한다.

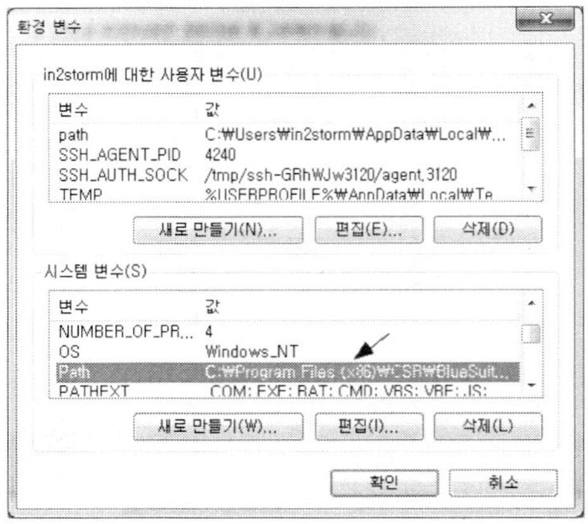

부록 그림 2.3.2-10

아래와 같이 Path 항목의 맨 끝에 툴체인 경로를 입력하고 확인한다.

부록 그림 2.3.2-11

이제 cmd창을 열어서 arm-none-eabi-gcc를 입력해서 아래와 같이 응답이 오면 정상적으로 환경 변수가 등록이 된 것이다.

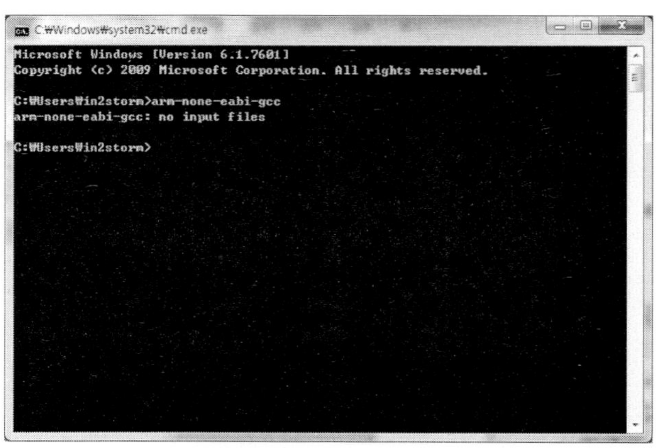

부록 그림 2.3.2-12

core-library_0x08003000 빌드하기

Package Explorer에서 core-library_0x08003000 프로젝트에 마우스 오른쪽 버튼을 눌러 Property 항목을 클릭한다.

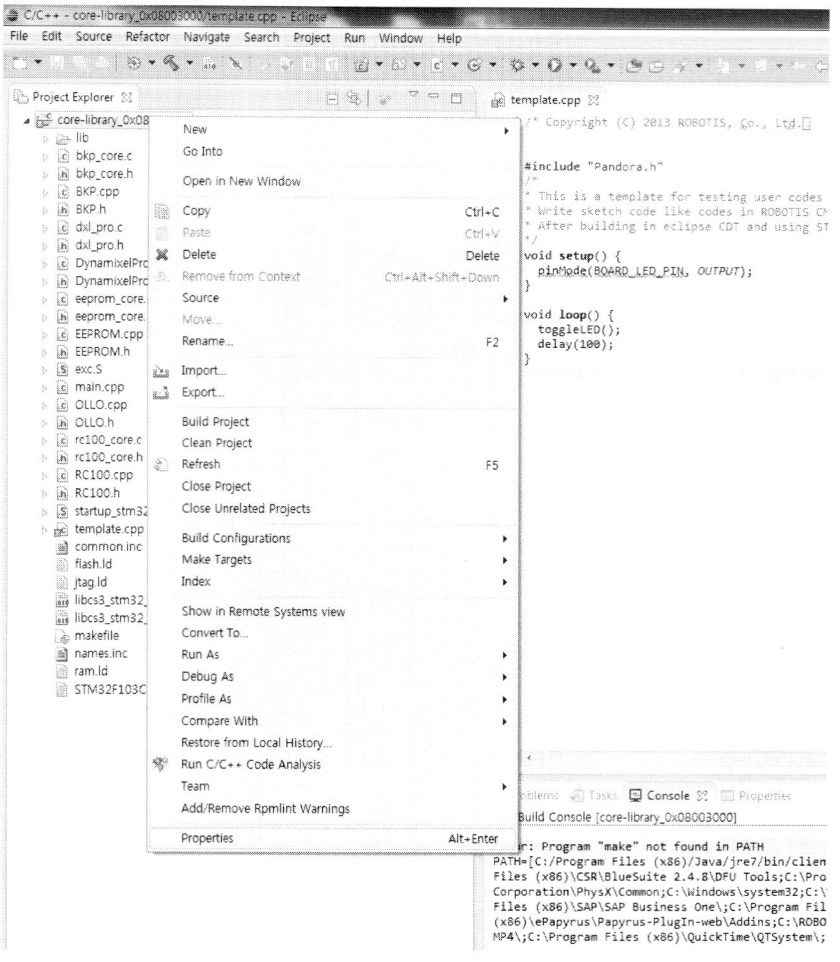

부록 그림 2.3.2-13

C/C++ Build 항목에서 Bulider Settings 탭의 Use default build command 체크표시를 해제하고 make ⇨ cs-make로 수정한다.

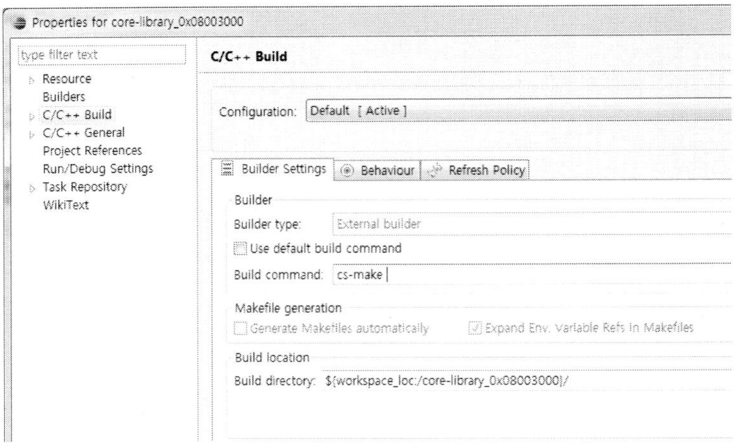

부록 그림 2.3.2-14

그리고 template.cpp 파일을 클릭해서 열기한다. 또는 core-library 프로젝트 내에 어떤 파일이든 무방하다.

부록 그림 2.3.2-15

Project ⇨ Project Build를 클릭한다.

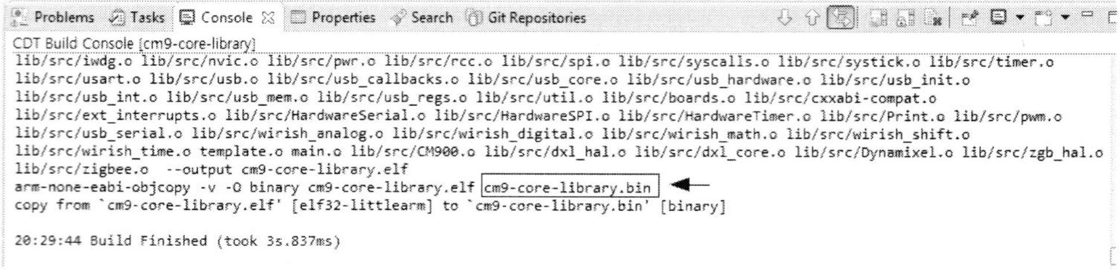

부록 그림 2.3.2-16

이와 같이 성공적으로 빌드가 되면 cm9-core-library.bin 파일이 생성된다. 이제 다음 절에서 ST-LINK를 이용해서 OpenCM9.04를 방금 빌드한 바이너리 파일을 다운로드하는 방법에 대해서 살펴보자.

2.3.3 이클립스 CDT에서 ST-LINK_Cli.exe 연동하기

이전 절에서 성공적으로 core-library_0x08003000을 빌드해서 cm9-core-library.bin이 생성되었다면 ST-LINK를 이용해서 바로 다운로드하는 일만 남았다. 여기서 STM32 ST-LINK Utility의 ST-LINK_CLI.exe를 이클립스 CDT에 연동하면 바로 OpenCM9.04로 다운로드가 가능하다.

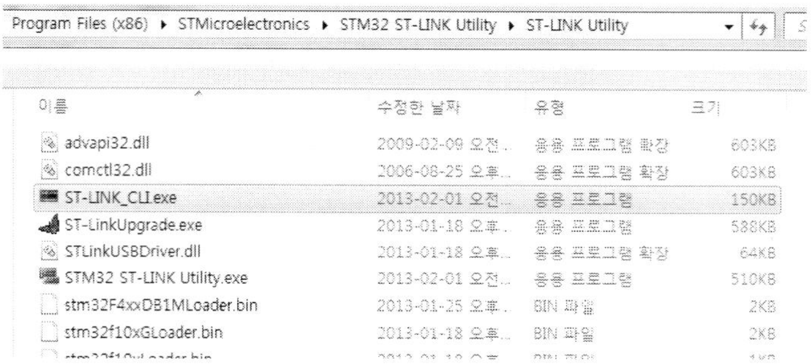

부록 그림 2.3.3-1 ST-LINK CLI.exe는 ST-LINK Utility를 설치한 디렉터리에 있다.

ST-LINK_CLI.exe 연동은 아래 <부록 그림 2.3.3-2>의 External Tool Configuration을 설정을 통해 진행한다.

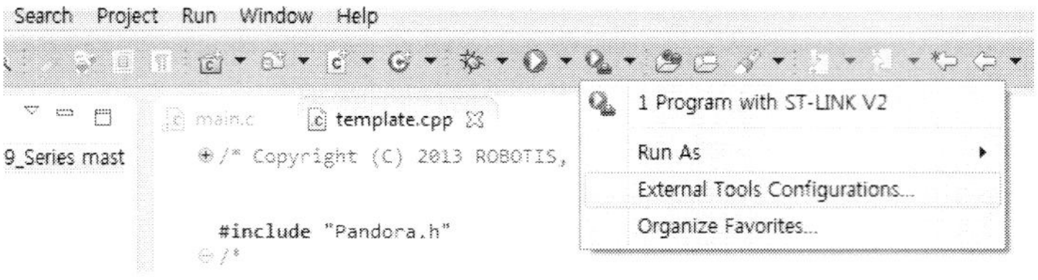

부록 그림 2.3.3-2

다음과 같이 새로운 External tool을 만든다. 이름은 Program with ST-LINK V2 for 0x08003000으로 하였고 옵션은 <부록 그림 2.3.3-3>을 참고해서 설정하도록 하자. 반드시 ST-LINK_CLI.exe의 전체 경로를 지정해 주고 Working directory를 프로젝트 디렉터리로 지정한다. Arguments도 똑같이 지정한다.

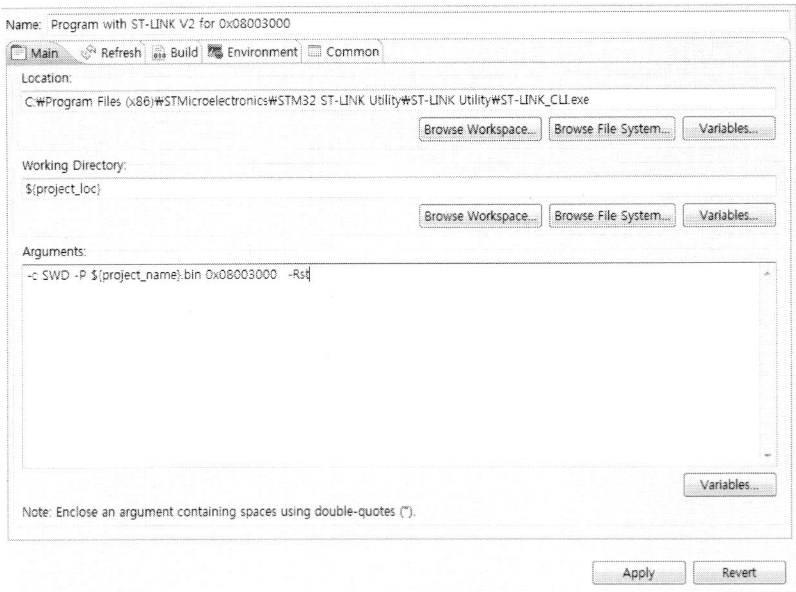

부록 그림 2.3.3-3

다운로드가 끝나면 아래와 같이 성공적으로 MCU Reset이 되고 바이너리가 실행된다.

```
STM32 ST-LINK CLI v1.5.1
STM32 ST-LINK Command Line Interface

Connected via SWD.
Connexion mode : Normal.
ST-LINK Firmware version : V2J16S4
Device ID:0x410
Device flash Size : 64 Kbytes
Device family :STM32F10x Medium-density

Flash Programming:
  File : cm9-core-library.bin
  Address : 0x08003000
Flash Programming...
ㅋㅋㅋㅋㅋㅋㅋㅋㅋㅋㅋㅋㅋㅋㅋㅋㅋㅋㅋㅋㅋㅋㅋㅋㅋㅋㅋㅋㅋㅋ 0%
 0%稽稽稽稽 16%稽稽稽稽 33%稽稽稽稽?50%稽稽稽稽 67%稽稽稽稽?84%稽稽稽稽 100%
Flash memory programmed in 1s and 295ms.
Programming Complete.

MCU Reset.
```

부록 그림 2.3.3-4

레이아웃은 모든 커넥터가 장착되어서 판매되는 B타입으로 살펴보자.

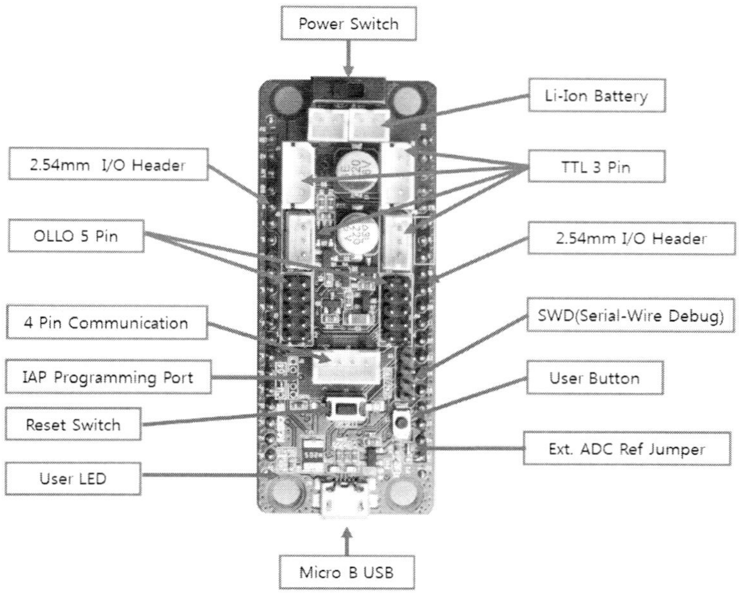

그림 2.1.1-2 OpenCM9.04 레이아웃

전원(Power)회로

OpenCM 보드에 전원 공급과 관련된 커넥터 및 스위치이다. 다이나믹셀을 움직이기 위해서는 충분한 전원 공급이 필요하기 때문에 반드시 이 부분을 주의 깊게 살펴보아야 한다.

그림 2.1.1-3 OpenCM9.04 전원 입력 및 스위치

OpenCM보드는 크게 3가지 독립 전원으로 보드를 작동시킬 수 있다(<그림 2.1.1-4>를 참조).

① 배터리 소켓

② 오른쪽 헤더의 +-핀을 통한 공급

③ USB 연결을 통한 공급

그림 2.1.1–4 OpenCM9.04의 3가지 입력 전원 소스

첫 번째 방법은 배터리 소켓에 Li-Ion 배터리 LB-040을 2개 직렬 연결하는 것이고, 두 번째는 오른쪽 헤더의 +–핀을 통한 전원 공급이다. 마지막은 USB케이블을 연결하여 5 V를 공급한다. 사실 배터리 소켓이나 오른쪽 헤더의 +–핀 연결은 방법만 다르지 회로적으로 연결되는 접점은 동일하다. 배터리 연결도 결국 내부적으로 +–핀에 연결되기 때문이다. 마지막 세 번째 USB 전원 공급은 다이나믹셀의 동작을 고려하지 않은 프로그래밍을 위한 기본적인 전원 공급임을 알아두자. 그리고 독립적인 전원 공급이라고 언급한 것은 위의 3가지 방식중에 한 가지 전원을 선택해서 공급하면 보드가 정상적으로 동작을 하기 때문이다. 특히, 1번과 2번 공급을 동시에 하지 않도록 주의하자. 3번 USB 전원 연결은 별도의 차단회로가 있기 때문에 무방하다.

전원 연결에 대해 조금 더 이야기 해보자. OpenCM9.04는 2개의 리튬-이온(Li-Ion) 배터리를 직렬로 연결하기 위해서 아래의 그림과 같이 2개의 커넥터가 제공된다. 아래 사진에서 보는 2개의 2핀 배터리 단자는 로보티즈에서 나온 LB-040 리튬-이온 배터리 연결을 위해 만들어졌기 때문에 다른 배터리 연결은 보증하지 않으니 주의해야 한다. 그리고 리튬-이온 배터리를 하나만 연결해서는 전원 공급이 되지 않고, 반드시 2개를 연결해야만 직렬 구성이 되어 보드에 전원이 공급되는 방식이다. 따라서 전체 전압은 2개의 배터리 전압을 더한 값이 된다. 예를 들어 완전히 충전된 4.2 V 리튬 이온 배터리[10] 2개를 연결하면 8.4 V가 된다.

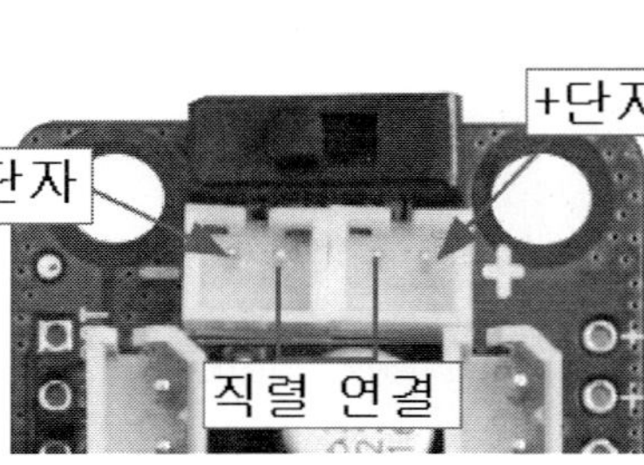

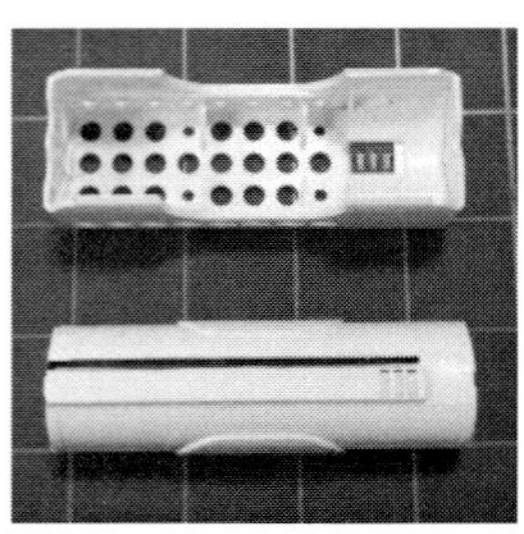

그림 2.1.1–5 OpenCM9.04의 배터리 커넥터와 Li-Ion 배터리

10) 리튬-이온(Li-Ion) 배터리는 리튬-폴리머(Li-Po) 배터리에 비해서 저렴하고 생산이 수월하기 때문에 주로 핸드폰의 배터리로 많이 쓰이고 있으며, 보통 전압 표기는 3.7 V로 하지만(이것을 공칭전압이라고 한다) 완전히 충전된 상태에서는 4.2 V가 된다. 배터리가 바닥난 경우는 최저 3.0 V까지 떨어지기도 한다.

3.1.2 CoIDE 다운로드 및 설치

CoIDE는 coocox.org라는 사이트에서 다운로드 가능하다. 여기서 여러 가지 임베디드 개발보드 판매도 함께 이루어지고 있으나 Software tool은 무료로 제공되고 있다. 하지만 소스가 공개되는 수준의 오픈소스는 아닌 것 같다.

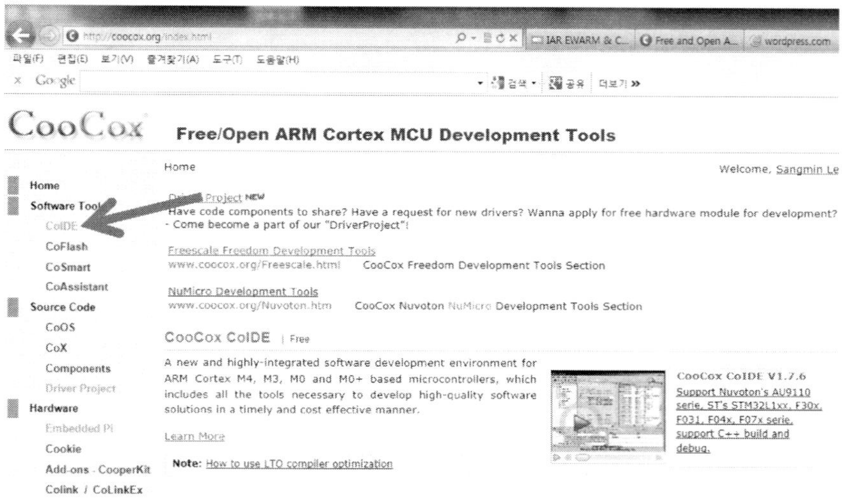

부록 그림 3.1.2-1 www.coocox.org를 방문하면 CoIDE를 다운로드할 수 있다.

CoIDE를 눌러서 맨 아래쪽으로 스크롤을 내려보면 <부록 그림 3.1.2-1>처럼 Download the latest CoIDE directly를 클릭한다. CoCenter라는 유틸을 이용해서 받아도 좋지만 매번 업그레이드 하라는 메시지가 귀찮게 나오고 불필요한 프로그램도 함께 설치할 수 있기 때문에 추천하지는 않는다.

부록 그림 3.1.2-2 CoIDE 다운로드 링크

아래 그림에서 보면 CoIDE가 지원하는 디바이스 정보가 나타난다. 우리는 ST-LINK를 이용할 것이므로 당연히 ST-LINK가 지원된다는 것을 확인할 수 있다.

Hardware requirements:

Debugging Adapter	Available Devices	PC USB Driver
Colink	Atmel, TI, NXP, ST, Toshiba details	Colink Driver
CoLinkEx	Atmel, Energy Micro, TI, NXP, Nuvoton, ST, Holtek details	CoLinkEx Driver
Nu-Link, Nu-Link-Me or Nu-Link-pro	Nuvoton details	NuLink Driver
FTDI devices	Atmel, TI, NXP, ST, Toshiba details	FTDI Driver
J-Link(How to use)	Atmel, Energy Micro, Freescale, Holtek, TI, NXP, Nuvoton, ST, Toshiba details	J-Link Driver
ST-Link or ST-Link/V2	ST details	ST-Link/V2 Driver
e-link32	Holtek details	e-link32 Driver
Open-SDA(How to use)	Freescale details	Don't need

부록 그림 3.1.2-3 CoIDE가 지원하는 Debugging Adapter

다운받은 파일을 설치한다. 단 아직까지는 윈도 버전만 지원한다.

부록 그림 3.1.2-4

CoCenter는 체크 해제해도 무방하다.

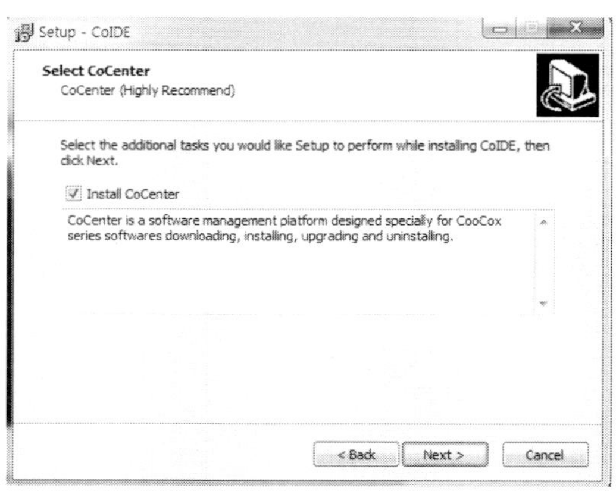

부록 그림 3.1.2-5

설치가 끝나면 다음과 같이 이클립스 로딩화면과 비슷하게 나오고 CoIDE가 실행될 것이다.

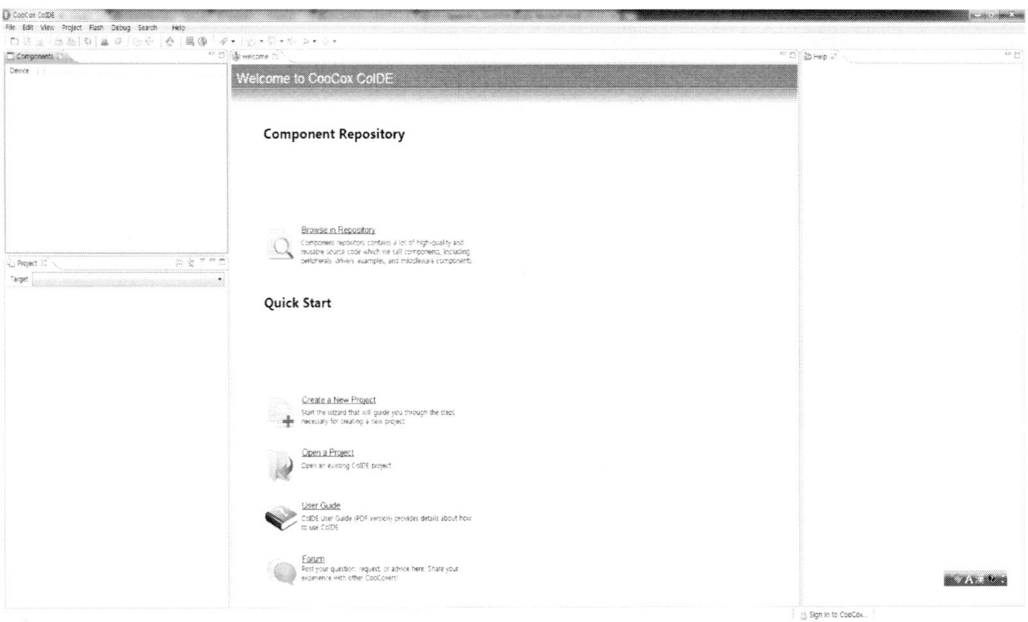

부록 그림 3.1.2-6

3.1.3 CoIDE 시작하기

부록 2장과 마찬가지로 OpenCM9.04와 ST-LINK/V2를 JTAG/SWD 포트로 연결하고 CoIDE를 실행하자. 이클립스와 동일하게 기본적인 명령은 메뉴를 이용하거나 툴바 아이콘으로 바로 실행 가능하다. 하지만 이클립스처럼 복잡하지 않고 ARM 프로그래밍에 꼭 필요한 기능만 가지고 있는 것이 장점인 것 같다. 툴바 아이콘에 대한 설명은 <부록 그림 3.1.3-1>과 같다.

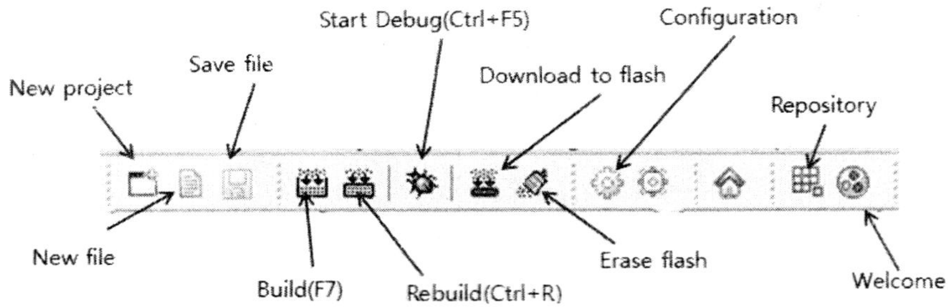

부록 그림 3.1.3-1 CoIDE 툴바 아이콘 설명

먼저 새로운 프로젝트를 만들기 위해서는 Welcome 페이지에서 Create a New Project를 클릭한다. 혹은 메뉴 Project ⇨ New Project를 선택해도 무방하다.

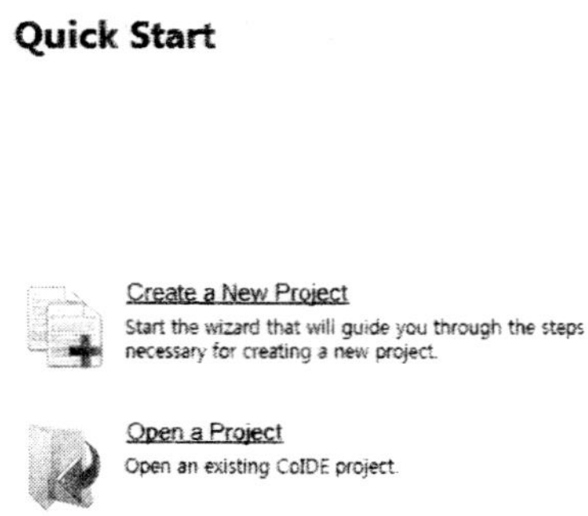

부록 그림 3.1.3-2

새로운 프로젝트 이름을 쓰고 Next를 클릭한다.

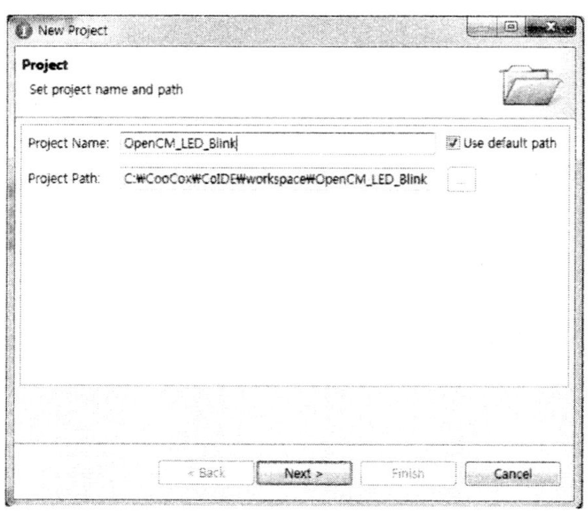

부록 그림 3.1.3-3

Target Chipset을 선택하기 위해서 Chip을 누르자. 벤더에서 판매하는 레퍼런스 보드를 구매했을 경우에 선택한다. OpenCM9.04와 같이 STM32F10x같은 칩을 구매해서 별도의 보드를 만들었을 경우에는 Target Chipset을 선택해서 특정 칩을 선택해야 한다. Next를 클릭한다.

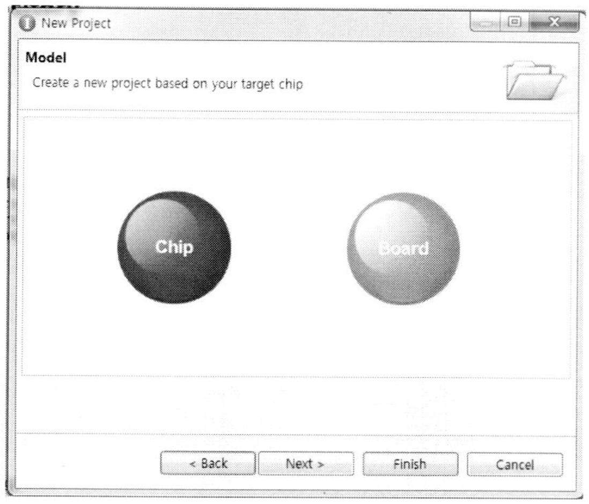

부록 그림 3.1.3-4

Chip 종류는 ST ⇨ STM32F103x ⇨ STM32F103CB를 선택한다.

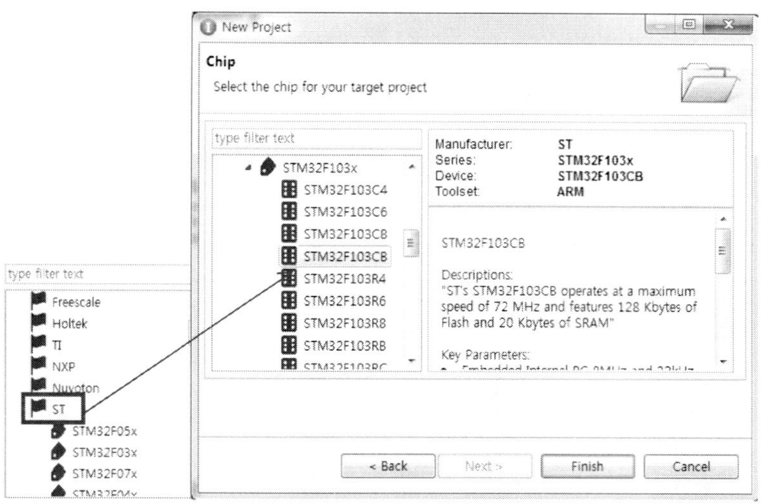

부록 그림 3.1.3-5 ST ⇨ STM32F103x ⇨ STM32F103CB를 선택한다. 참고로 나중에도 칩을 변경할 수 있다.

Finish를 누르면 아래 <부록 그림 3.1.3-6>과 같이 새 프로젝트가 완성되어서 나타난다.

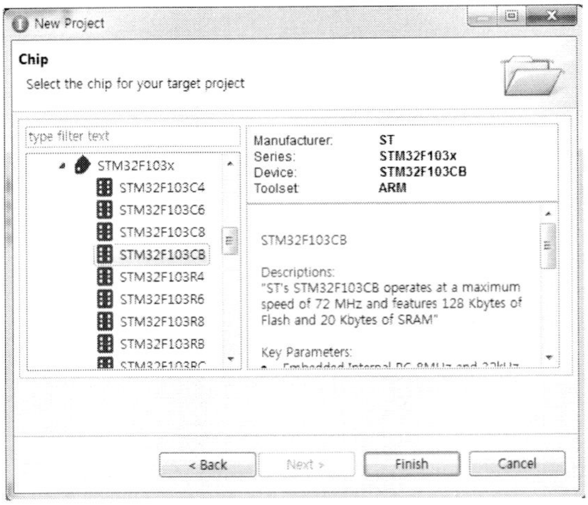

부록 그림 3.1.3-6 새 프로젝트 완성 예제를 하나씩 추가함으로써 코드가 생성된다.

Repository 탭에서는 필요한 기능에 따른 예제를 선택할 수 있다. 여기서 간단히 OpenCM9.04의 Status LED를 제어해보자. <부록 그림 3.1.3-7>의 Repository에서 GPIO의 체크박스를 클릭해서 선택한다.

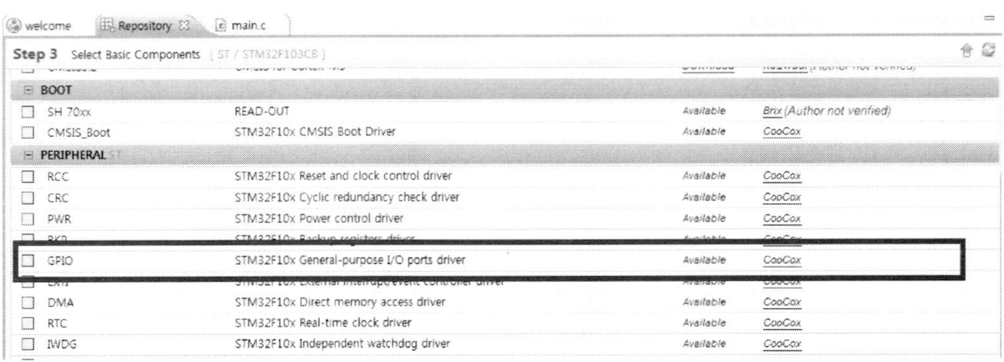

부록 그림 3.1.3-7 Repository를 통해서 기능별로 코드를 추가할 수 있다.

체크를 하면 다음 <부록 그림 3.1.3-8>과 같이 GPIO 사용에 대한 모든 소스코드가 자동으로 Import된다. 원래 RCC(Reset and Clock Control)[43]는 체크한 적이 없으나 GPIO를 사용하려면 MPU에 클럭 초기화가 필요하기 때문에 알아서 추가된다.

---

43) RCC는 STM32와 같은 마이크로프로세서 모든 서브 블록들이 클럭과 리셋을 제어하는 레지스터이다. 마찬가지로 GPIO를 활성화하기 위해서도 RCC 레지스터를 통해 클럭과 리셋을 수행해야 정상적으로 기능을 활성화할 수 있다.

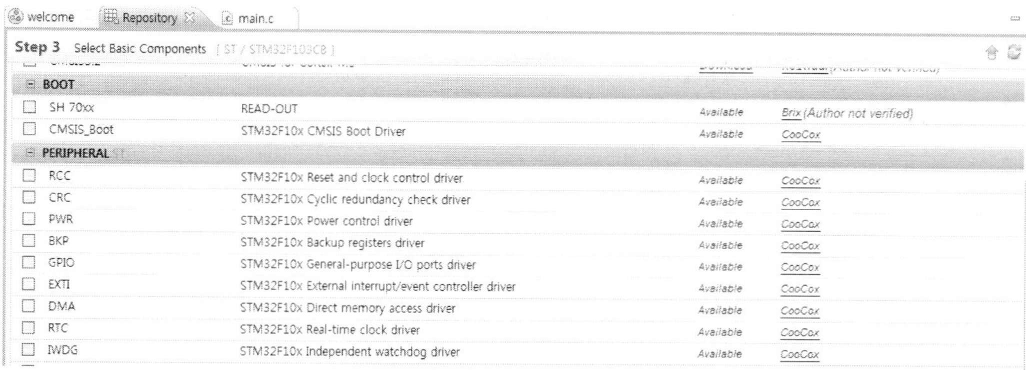

부록 그림 3.1.3-8 GPIO Blink에 필요한 코드가 자동으로 선택된다.

여기서 <부록 그림 3.1.3-9>처럼 Components 뷰에서 Peripheral ⇨ GPIO 부분의 10 examples를 클릭한다.

그러면 오른쪽에 GPIO Exmaples라는 탭이 생기면서 10개의 예제가 나타나는데 GPIO_Blink의 add를 클릭한다. 이렇게 하면 자동으로 소스코드가 Import된다.

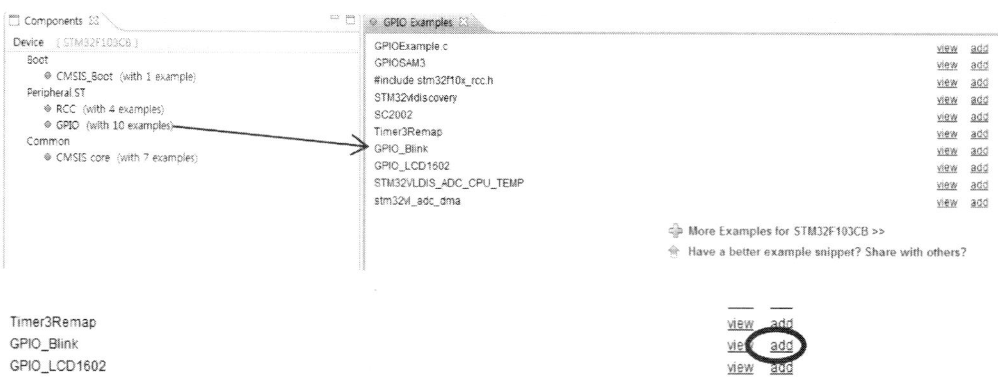

부록 그림 3.1.3-9 Components에서 GPIO 관련 예제를 선택한다.

<부록 그림 3.1.3-10>의 대화상자에서 Yes를 하면 Blink 코드가 자동으로 추가된다.

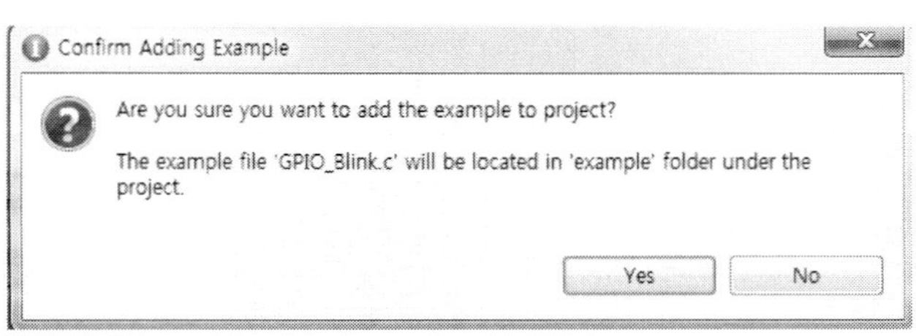

부록 그림 3.1.3-10

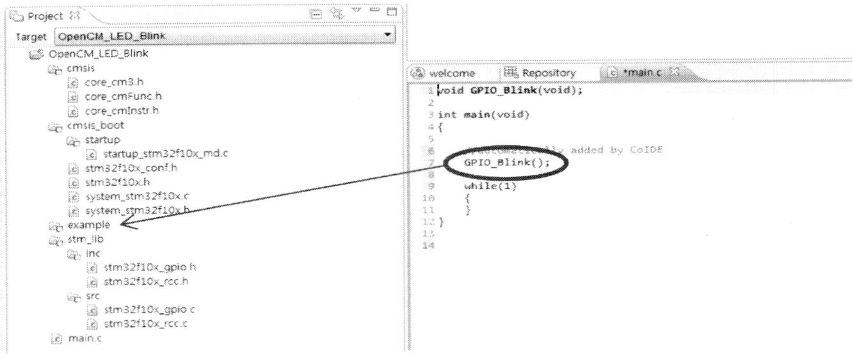

부록 그림 3.1.3-11 GPIO Blink 예제 코드가 자동으로 추가되었다.

<부록 그림 3.1.3-12>에서 왼쪽의 Project 뷰를 보면 example 폴더 내부에 GPIO_Blink.c 파일이 생겼다. 여기에 쓰인 함수들에 대한 설명은 오른쪽 옆에 Help 탭에서 상세히 설명하고 있으니 참고하자. 이러한 함수들이 CMSIS[44]라고 불리는 ARM Cortex-M 시리즈를 위한 표준 라이브러리인데, 잘 익혀두면 STM32 말고도 다른 벤더의 ARM Cortex 시리즈 마이크로프로세서를 프로그래밍할 수 있을 것이다.

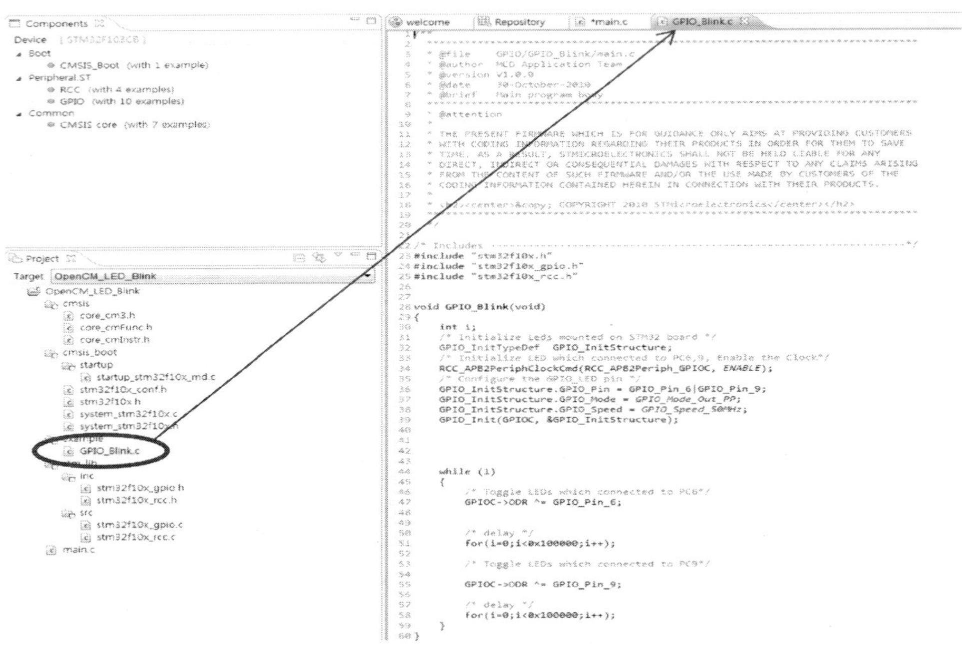

부록 그림 3.1.3-12 예제는 프로젝트 폴더에서 Examples라는 디렉터리에 저장

44) Cortex Microcontroller Software Interface Standard를 줄여서 CMSIS라고 한다. 즉, Cortex-M3를 설계한 ARM社에서 만든 마이크로프로세서의 소프트웨어 표준 인터페이스를 말한다. Cortex-M3를 가지고 MPU를 만드는 회사는 ST마이크로일렉트로닉스를 비롯해서 Samsung, TI와 같은 수많은 반도체 회사(Vendor)가 있고 거기에서 나온 수많은 마이크로프로세서 제품들이 있기 때문에 표준 소프트웨어 인터페이스를 제정할 필요가 있다. 표준 소프트웨어 인터페이스가 있으면 마이크로프로세서 종류와 관계없이 독립적으로 프로그래밍을 학습할 수 있는 장점이 있다. 엔지니어들은 이러한 CMSIS를 배우면 반도체 회사(Vendor)에 관계없이 Cortex 시리즈의 마이크로프로세서 프로그래밍을 할 수 있게 된다.

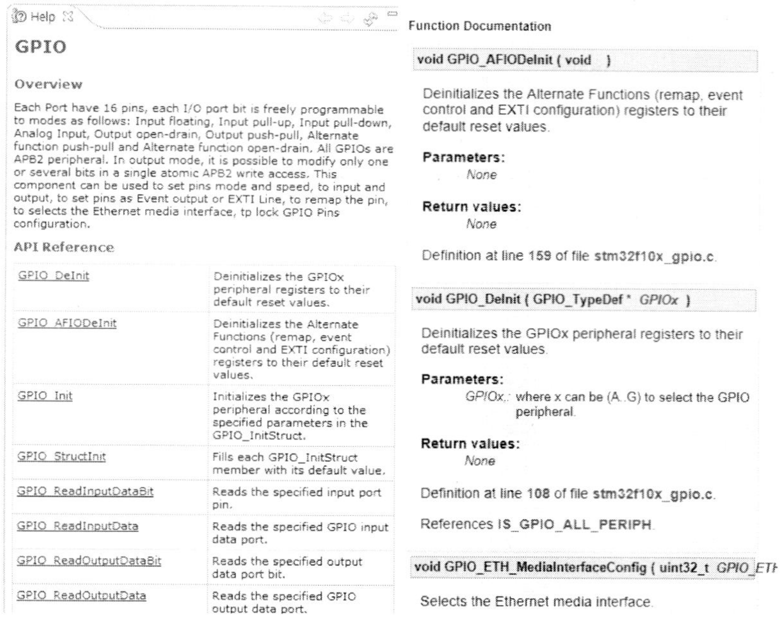
Help

GPIO

Overview

Each Port have 16 pins, each I/O port bit is freely programmable to modes as follows: Input floating, Input pull-up, Input pull-down, Analog Input, Output open-drain, Output push-pull, Alternate function push-pull and Alternate function open-drain. All GPIOs are APB2 peripheral. In output mode, it is possible to modify only one or several bits in a single atomic APB2 write access. This component can be used to set pins mode and speed, to input and output, to set pins as Event output or EXTI Line, to remap the pin, to selects the Ethernet media interface, tp lock GPIO Pins configuration.

API Reference

GPIO_DeInit	Deinitializes the GPIOx peripheral registers to their default reset values.
GPIO_AFIODeInit	Deinitializes the Alternate Functions (remap, event control and EXTI configuration) registers to their default reset values.
GPIO_Init	Initializes the GPIOx peripheral according to the specified parameters in the GPIO_InitStruct.
GPIO_StructInit	Fills each GPIO_InitStruct member with its default value.
GPIO_ReadInputDataBit	Reads the specified input port pin.
GPIO_ReadInputData	Reads the specified GPIO input data port.
GPIO_ReadOutputDataBit	Reads the specified output data port bit.
GPIO_ReadOutputData	Reads the specified GPIO output data port.

Function Documentation

void GPIO_AFIODeInit (void)

Deinitializes the Alternate Functions (remap, event control and EXTI configuration) registers to their default reset values.

Parameters:
None

Return values:
None

Definition at line 159 of file stm32f10x_gpio.c.

void GPIO_DeInit (GPIO_TypeDef * GPIOx)

Deinitializes the GPIOx peripheral registers to their default reset values.

Parameters:
GPIOx,: where x can be (A..G) to select the GPIO peripheral.

Return values:
None

Definition at line 108 of file stm32f10x_gpio.c.

References IS_GPIO_ALL_PERIPH.

void GPIO_ETH_MediaInterfaceConfig (uint32_t GPIO_ETH

Selects the Ethernet media interface.

부록 그림 3.1.3-13 API에 대한 도움말도 수준급이다.

API Reference에서 함수 이름을 클릭해보면 꽤 자세한 설명이 나온다.

이제 GPIO_Blink()라는 함수를 수정해서 OpenCM9.04의 Status LED가 연결된 PB9번 GPIO를 제어해보자.

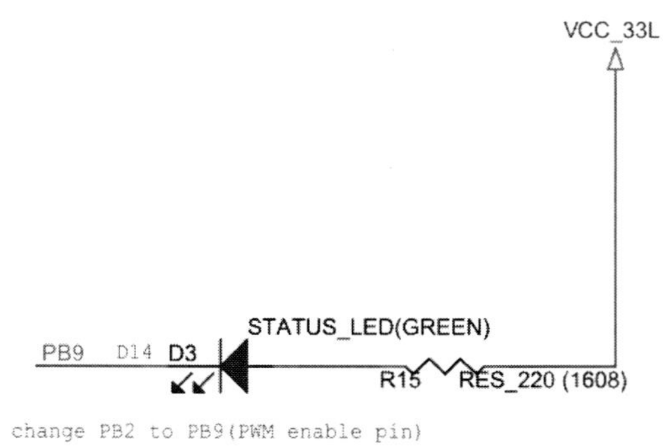

부록 그림 3.1.3-14 OpenCM9.04 Status LED 회로도

다음 코드에서 PC6, PC9번을 토글시켜서 IO 제어를 수행하고 있는데, PB9으로 수정해서 OpenCM9.04의 Status LED 제어로 변경해보자.

```
void GPIO_Blink(void)
{
    int i;
    /* Initialize Leds mounted on STM32 board */
    GPIO_InitTypeDef  GPIO_InitStructure;
    /* Initialize LED which connected to PC6,9, Enable the Clock*/
    RCC_APB2PeriphClockCmd(RCC_APB2Periph_GPIOC, ENABLE);
    /* Configure the GPIO_LED pin */
    GPIO_InitStructure.GPIO_Pin = GPIO_Pin_6|GPIO_Pin_9;
    GPIO_InitStructure.GPIO_Mode = GPIO_Mode_Out_PP;
    GPIO_InitStructure.GPIO_Speed = GPIO_Speed_50MHz;
    GPIO_Init(GPIOC, &GPIO_InitStructure);


    while (1)
    {
        /* Toggle LEDs which connected to PC6*/
        GPIOC->ODR ^= GPIO_Pin_6;

        /* delay */
        for(i=0;i<0x100000;i++);

        /* Toggle LEDs which connected to PC9*/

        GPIOC->ODR ^= GPIO_Pin_9;
```

아래 순서로 수정해보자.

① RCC 초기화에서 RCC_APB2Periph_GPIOC ⇨ RCC_APB2Periph_GPIOB로 수정한다.

② GPIO_Init()에서 GPIOC ⇨ GPIOB로 수정한다.

③ 그리고 while(1) 안에 GPIOC ⇨ ODR 레지스터를 GPIOB ⇨ ODR로 변경한다.

그리고 PC6번에 대한 코드는 모두 지우거나 그냥 나둬도 무방하다. 필자는 그냥 지우도록 하겠다. 최종 수정한 코드는 다음과 같다.

```
void GPIO_Blink(void)
{
    int i;
    /* Initialize Leds mounted on STM32 board */
    GPIO_InitTypeDef  GPIO_InitStructure;
    /* Initialize LED which connected to PC6,9, Enable the Clock*/
    RCC_APB2PeriphClockCmd(RCC_APB2Periph_GPIOB, ENABLE);
    /* Configure the GPIO_LED pin */
    GPIO_InitStructure.GPIO_Pin = GPIO_Pin_9;
    GPIO_InitStructure.GPIO_Mode = GPIO_Mode_Out_PP;
    GPIO_InitStructure.GPIO_Speed = GPIO_Speed_50MHz;
    GPIO_Init(GPIOB, &GPIO_InitStructure);


    while (1)
    {
        /* Toggle LEDs which connected to PC9*/

        GPIOB->ODR ^= GPIO_Pin_9;

        /* delay */
        for(i=0;i<0x100000;i++);
    }
}
```

이제 컴파일을 해보자. 한 가지 알아둘 것이 있는데, CoIDE는 툴체인이 포함되어 있지 않다. 다운로드 페이지에 다음과 같은 문구가 있다.

Download:

Note: CoIDE has not integrated GCC compiler. Before using CoIDE, you need to set GCC Toolchain first.
Click here to see how to set.

컴파일러가 없기 때문에 다운로드할 바이너리를 만들 수 없다. 하지만 ROBOTIS OpenCM디렉터리에는 이미 Code Sourcery g++ Lite라는 ARM 컴파일러가 있다. 이 경로를 CoIDE에 등록해서 사용하자. 그러면 이전 장에서 구축한 이클립스 개발환경과 거의 동일한 개발환경이 된다.

툴체인 등록을 위해서 Project ⇨ Select Toolchain Path를 클릭한다.

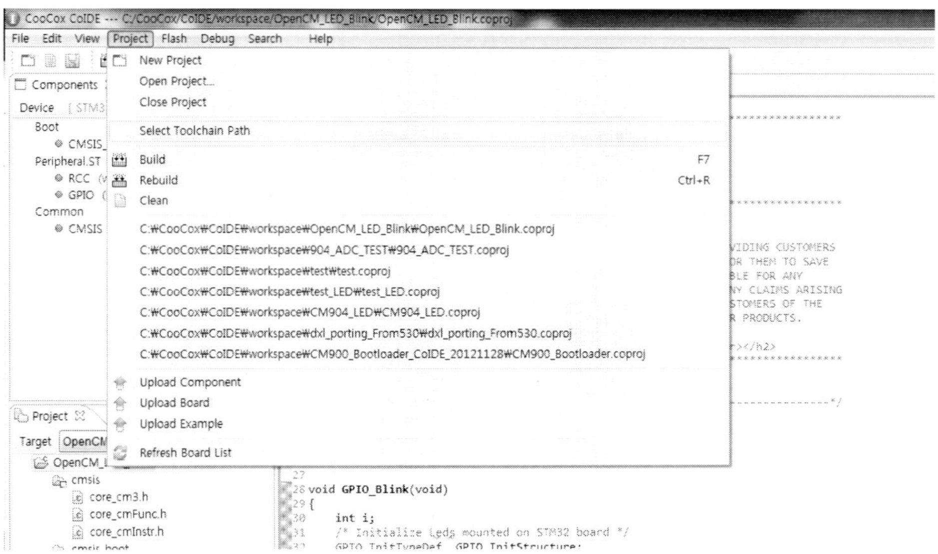

부록 그림 3.1.3-15 Select Toolchain Path를 통해서 컴파일러를 등록한다.

ROBOTIS OpenCM 폴더로 가서 아래 <부록 그림 3.1.3-16>처럼 경로를 확인하자.

ROBOTIS₩hardware₩tools₩arm₩bin

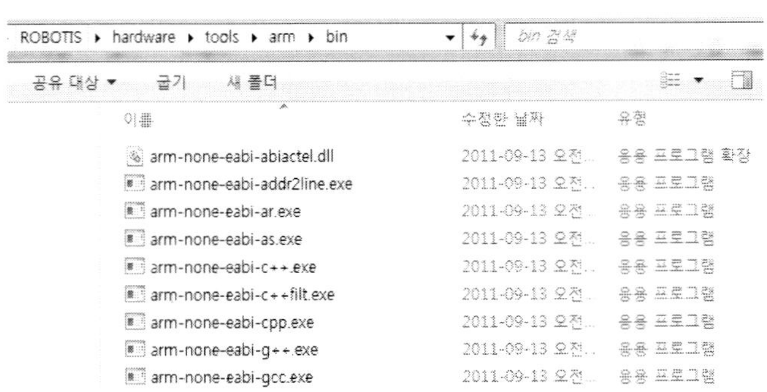

부록 그림 3.1.3-16

<부록 그림 3.1.3-17>처럼 Browse를 눌러서 방금 확인했던 툴체인 경로를 따라간다.

부록 그림 3.1.3-17

아래 <부록 그림 3.1.3-18>과 같이 전체 경로가 입력되면 OK를 누른다.

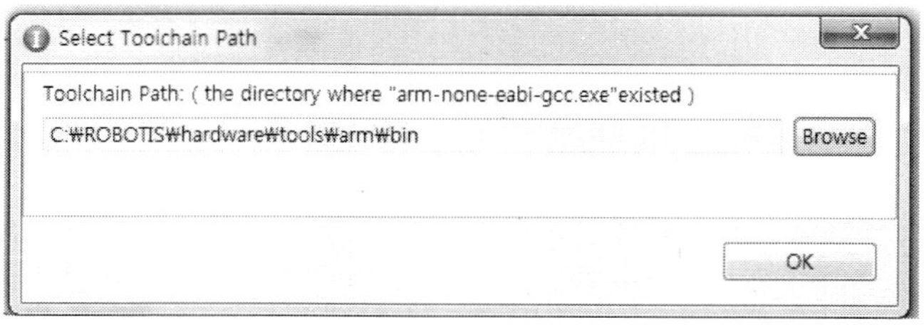

부록 그림 3.1.3-18

F7을 누르거나 아래 <부록 그림 3.1.3-19>에 표시된 아이콘을 누르면 Build가 시작된다.

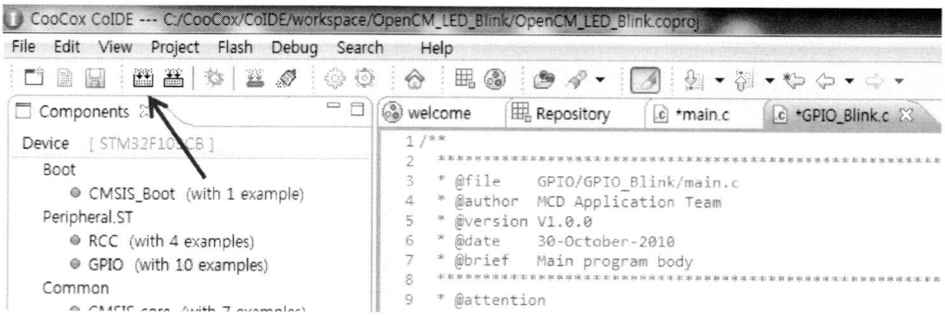

부록 그림 3.1.3-19 툴바에서 Build 아이콘을 누르면 빌드가 시작된다.

빌드는 2~3초 내에 끝나고 아래 <부록 그림 3.1.3-20>과 같이 하단 Console 창에 빌드결과 메시지가 표시된다.

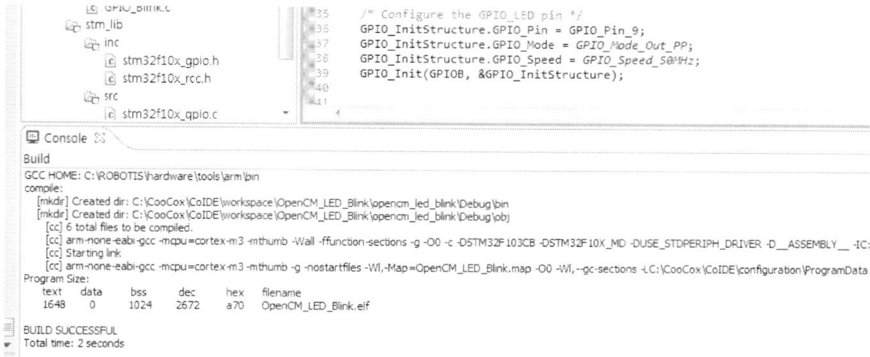

부록 그림 3.1.3-20 Build 결과 표시

이제 OpenCM9.04에 다운로드를 해보자. 다운로드를 위해서는 Project 속성에서 Debugger 설정이 ST-LINK로 되어 있는지 확인해야 한다. <부록 그림 3.1.3-21>처럼 프로젝트 뷰에서 오른쪽 마우스 버튼을 누르면 팝업 메뉴가 뜨는데, 여기서 Configuration을 선택한다. 혹은 툴바에서 기어모양의 아이콘을 선택해도 된다.

부록 그림 3.1.3-21

Debugger 탭에서 ST-LINK를 선택한다. 기본설정으로 아래 <부록 그림 3.1.3-22>처럼 세팅하자.

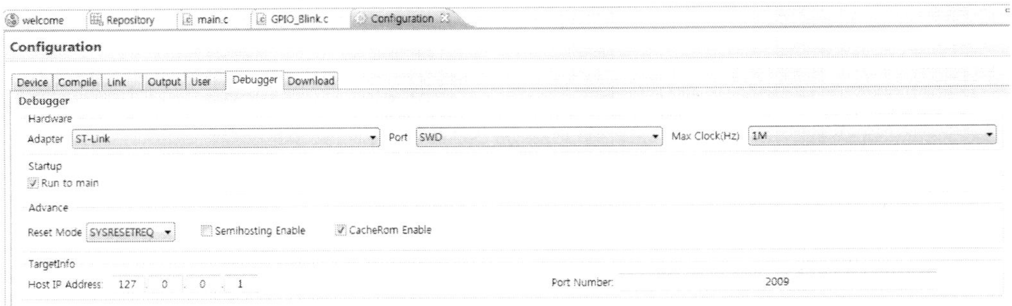

부록 그림 3.1.3-22 Configuration 탭에서 Debugger 항목

<부록 그림 3.1.3-23>처럼 Download 탭에서도 다양한 다운로드 옵션을 줄 수 있으니 참고하고 굳이 건드리지 않아도 무방하다.

부록 그림 3.1.3-23 Configuration의 Download 항목

Configuration 탭의 X를 눌러서 닫자.

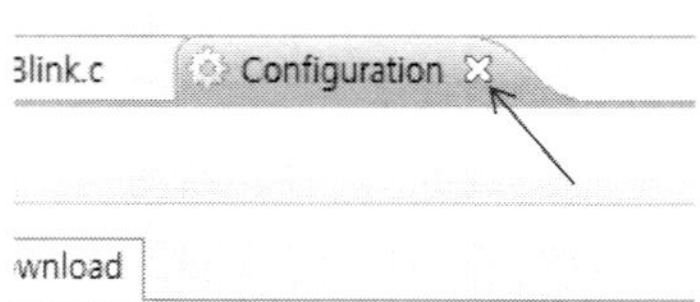

부록 그림 3.1.3-24

다운로드 버튼을 누르면 다운로드가 시작된다. 옆에 빗자루처럼 생긴 아이콘은 현재 Flash의 내용을 모두 지우는 기능을 한다.

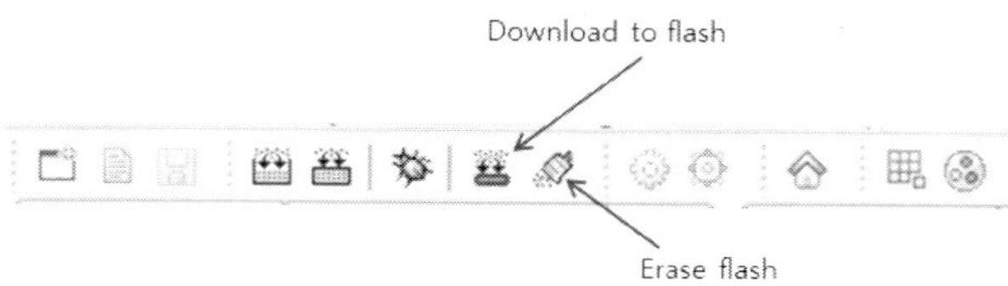

부록 그림 3.1.3-25

다운로드가 완성되면 Console 창에서 아래와 같은 메시지가 뜨고 OpenCM9.04의 LED가 자연스럽게 Blink 동작을 하는 것을 볼 수 있을 것이다.

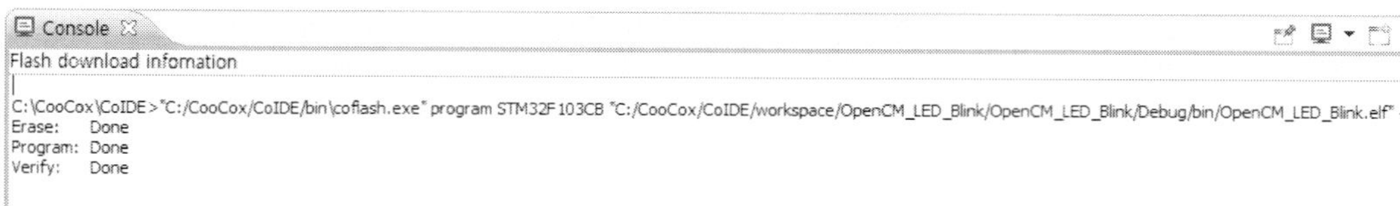

부록 그림 3.1.3-26

간단히 GPIO를 제어할 수 있는 방법에 대해서 살펴보았다. 다른 개발환경과는 달리 Repository를 통해 기능별로 예제가 잘 정리되어 있고 부족한 예제는 온라인으로 찾아 볼 수 있게 되어 있다. 이러한 접근으로 <부록 그림 3.1.3-27>처럼 USART 예제도 쉽게 찾을 수 있으니 다이나믹셀 API도 쉽게 구현할 수 있을 것이다.

단, 이렇게 GPIO_Blink 예제를 OpenCM9.04에 다운로드 했을 때에는 다시 ROBOTIS OpenCM을 통해 다운로드할 수 없다. 왜냐하면 GPIO_Blink를 다운로드 하면서 기존에 OpenCM 부트로더를 지우고 썼기 때문에 다시 ROBOTIS OpenCM을 통해 프로그래밍을 하기 위해서는 부록 2장의 OpenCM9.04 Full Binary를 다운로드해야 한다.

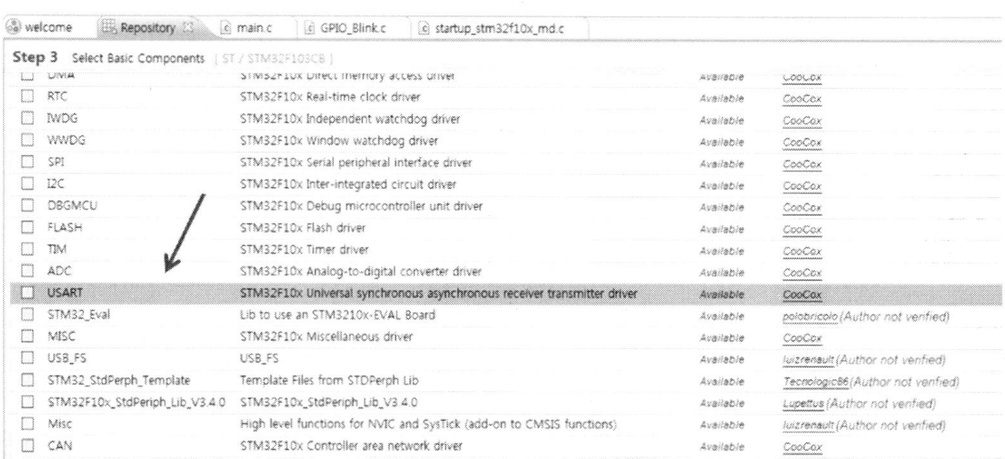

부록 그림 3.1.3-27 Repository에서 USART 기능을 추가하면 관련 코드가 자동 Import된다.

3.1.4 실시간 디버깅을 해보자

지금까지 CoIDE와 ST-LINK를 가지고 ARM 개발환경을 구축하였고 간단히 GPIO 제어를 이용해서 OpenCM9.04의 Status LED를 깜빡이도록 해보았다. 오히려 Native C/C++ 프로그래밍에 익숙한 독자들은 이러한 개발환경에 더욱 매력을 느낄지도 모르겠다. 이클립스 환경이기 때문에 코드 추적이나 편집도 편리하고 ST-LINK와 같은 In-Circuit Debugger(ICD)를 써서 바이너리 다운로드도 매우 편리함을 느꼈을 것이다.

이번 절에서는 CoIDE에서 제공하는 디버그 기능을 활용해서 실시간 코드 디버깅을 해보자.

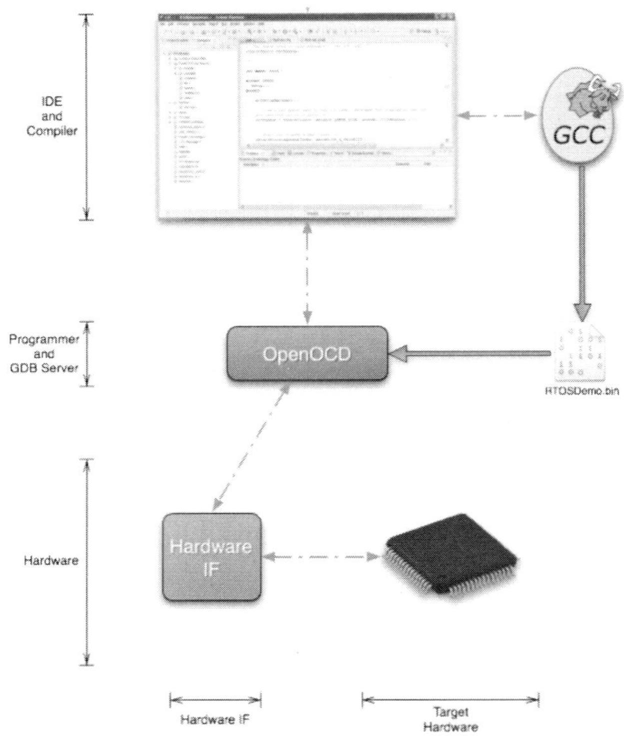

부록 그림 3.1.4-1 CoIDE의 실시간 디버깅 구성도

In-Circuit Debugger(ICD)는 PC와 OpenCM9.04와 같은 타깃 임베디드 보드와 연결해주는 디버깅 장치이다. 우리는 이러한 ICD장비로 ST-LINK/V2를 이용한다. ICD는 PC에서 돌아가는 애플리케이션으로 제어되는데, 프로그램 코드상에 Break point를 넣을 수도 있고 한 스텝씩 코드를 실행할 수도 있게 해준다. 한 스텝씩 코드를 실행한 뒤에 프로그램에서 쓰이는 전역변수나 레지스터, 메모리 값의 변화를 실시간으로 살펴볼 수도 있기 때문에 소스코드의 에러나 버그를 쉽게 해결할 수 있다.

위의 <부록 그림 3.1.4-1>처럼 OpenOCD와 GDB Server를 활용하면 Target hardware인 OpenCM9.04도 실시간으로 코드디버깅을 할 수 있다.

방금 전에 만든 LED Blink 예제를 가지고 이러한 디버깅 사용방법을 알아보자. 먼저 <부록 그림 3.1.4-2>처럼 GPIO_Blink()에서 while(1)안에 PB9를 토글하는 코드에 Break를 걸어 둔다. Break 거는 방법은 MS Visual C++과 동일하게 Line Number를 더블클릭하거나 커서를 그 줄에 위치시키고 단축키 Ctrl+Shift+B를 누른다.

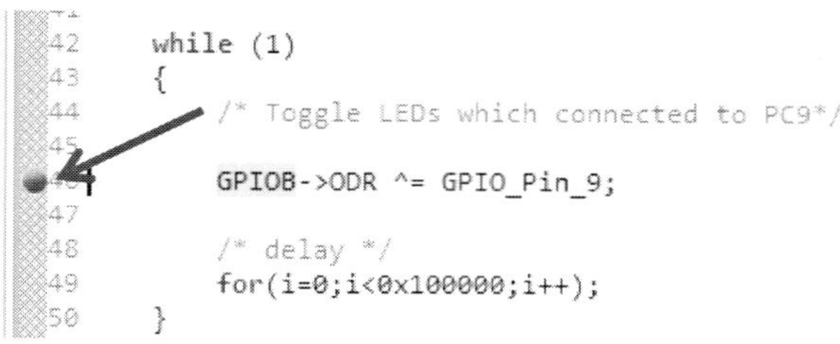

부록 그림 3.1.4-2

<부록 그림 3.1.4-3>처럼 CoIDE의 툴바에서 벌레 모양의 디버깅 아이콘을 클릭하거나 Ctrl+F5를 누르면 바로 디버깅 모드로 진입한다(몇 초간 걸릴 수 있다).

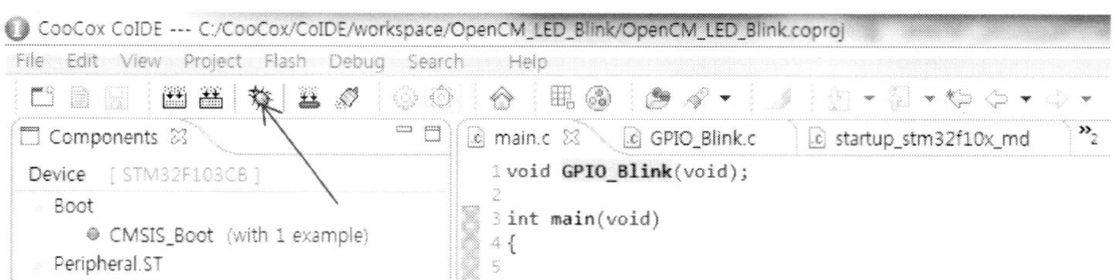

부록 그림 3.1.4-3 디버깅 모드 실행 방법

디버깅 모드로 진입하기 위해 아래 <부록 그림 3.1.4-4>처럼 진행상태가 표시된다.

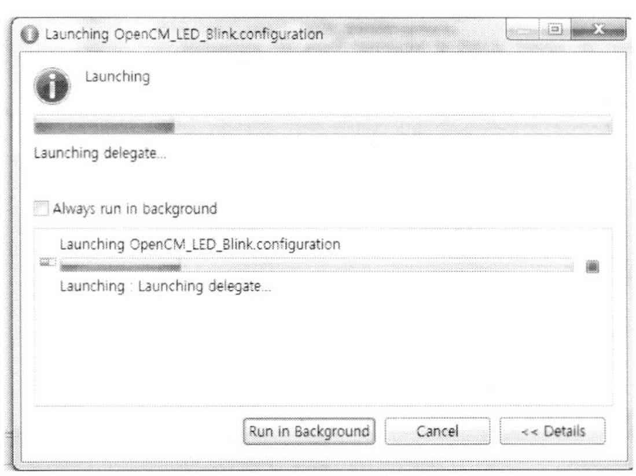

부록 그림 3.1.4-4 디버깅 모드로 진입하는 장면

디버깅 모드로 성공적으로 진입되면 아래 <부록 그림 3.1.4-5>처럼 Console 창 옆에 Debug 창이 생기고 main()의 맨 첫 줄부터 노란색 화살표로 프로그램이 멈춰있다.

부록 그림 3.1.4-5 성공적으로 디버깅 모드 진입하면 노란색 화살표에서 프로그램이 Halt되어 있다.

그리고 CoIDE의 툴바의 아이콘들도 모두 아래 <부록 그림 3.1.4-6>처럼 변한다. 프로그래밍에 익숙한 독자라면 어떻게 쓰는지 바로 알아챌 수 있을 것이다.

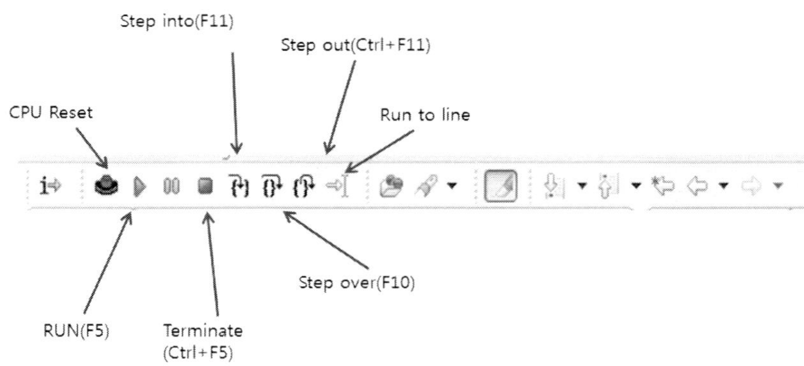

부록 그림 3.1.4-6 디버깅 모드에서의 툴바 아이콘

여기서 Terminate 아이콘을 클릭하면 원래의 소스 편집 모드로 넘어간다. 그리고 RUN(F5) 아이콘을 누르면 방금 전에 Break를 걸었던 곳으로 바로 점프한다.

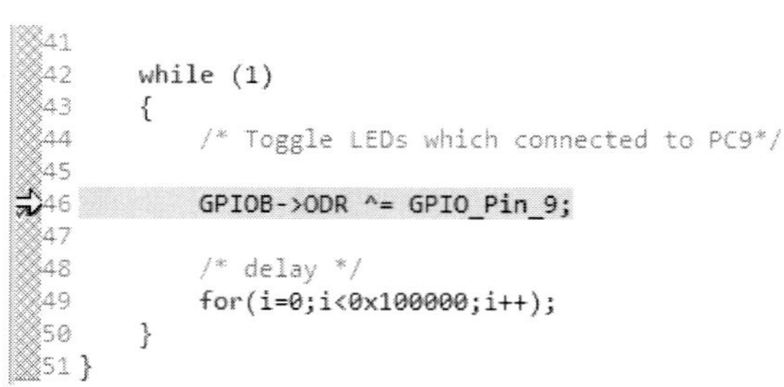

부록 그림 3.1.4-7 <부록 그림 3.1.4-2>에서 걸었던 Break point로 넘어왔다.

여기서 Step over를 눌러보자. 다음 줄로 넘어간다.

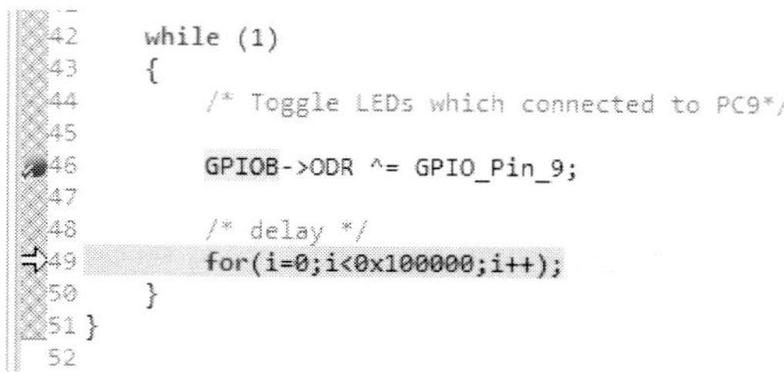

부록 그림 3.1.4-8

여기서 for()문을 빠져나오기 위해서는 Step out을 눌러서 탈출한다. 아니면 F5를 눌러서 Run하면 다시 Break가 걸린 줄로 돌아온다.

그러면 이제 View 메뉴를 통해서 제공되는 디버깅 정보에 대해서 간단히 살펴보자. View 메뉴를 눌러보면 아래 <부록 그림 3.1.4-9>와 같이 Peripherals, Breakpoints, Memory, Register, Variables와 같은 항목의 데이터를 실시간으로 코드를 실행하면서 관찰할 수 있다.

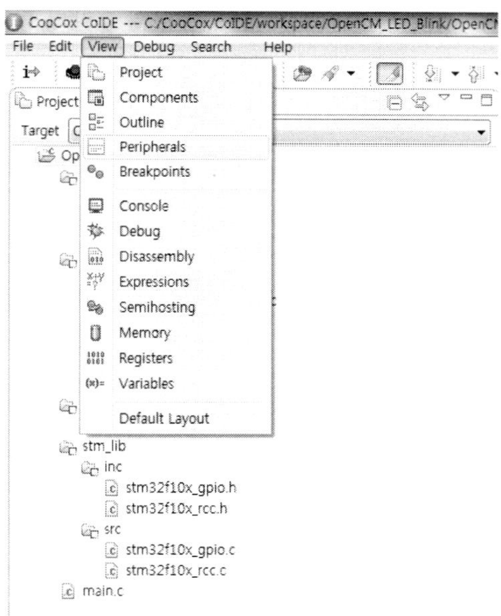

부록 그림 3.1.4-9 실시간 코드 디버깅할 때 살펴볼 수 있는 CPU 자원들

첫 번째로 Peripherals를 클릭해보면 <부록 그림 3.1.4-10>처럼 맨 우측에 STM32F103CB에서 제공하는 모든 Peripherals에 대한 항목이 표시된다. GPIO_Blink()에서 코드 step을 변경해 보면 코드 실행에 따라 GPIOB의 레지스터 값이 바뀌는 것을 확인할 수 있다. 빨간색 부분이 변경된 포인트이다.

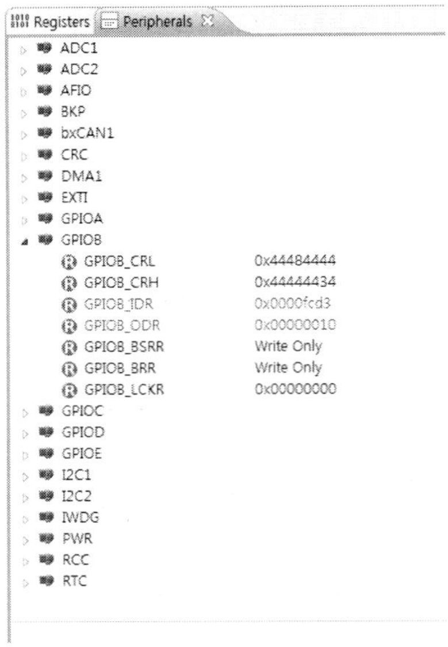

부록 그림 3.1.4-10 GPIO Blink 예제에서 실시간 디버깅 중에 나타나는 GPIOB에 대한 레지스터 정보

그리고 <부록 그림 3.1.4-11>처럼 Registers를 선택하면 CPU 레지스터 정보가 실시간으로 보여준다.

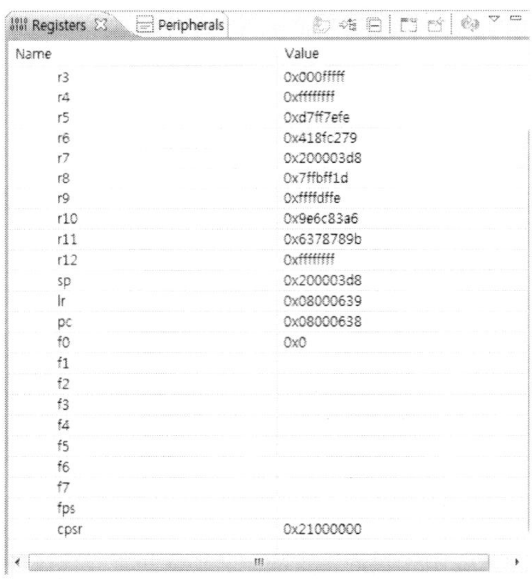

부록 그림 3.1.4-11 GPIO Blink()의 실시간 디버깅에서 나타난 CPU 레지스터 정보

그리고 자주 쓰는 Variables를 선택하면 Console 창 옆에 변수를 관찰할 수 있는 창이 나온다.

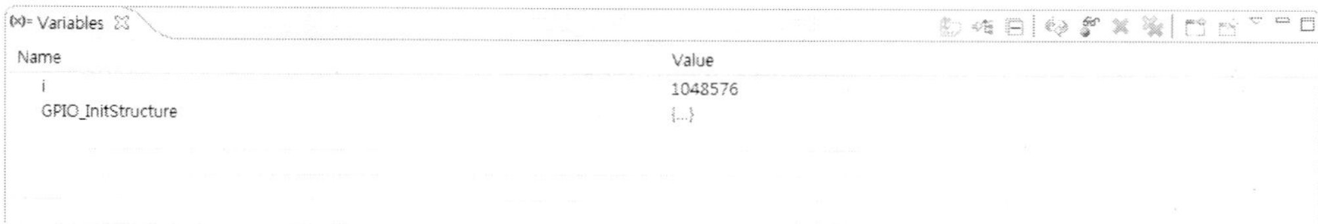

부록 그림 3.1.4-12 Variable을 선택하면 전역변수에 대한 값의 변화를 확인할 수 있다.

여기서 마우스 오른쪽 버튼을 눌러서 Add global variable을 선택하면 원하는 전역변수를 선택할 수도 있으니 꽤 유용한 기능이라고 할 수 있다. 구조체 변수라면 포함된 멤버 변수들의 값도 모두 표시된다.

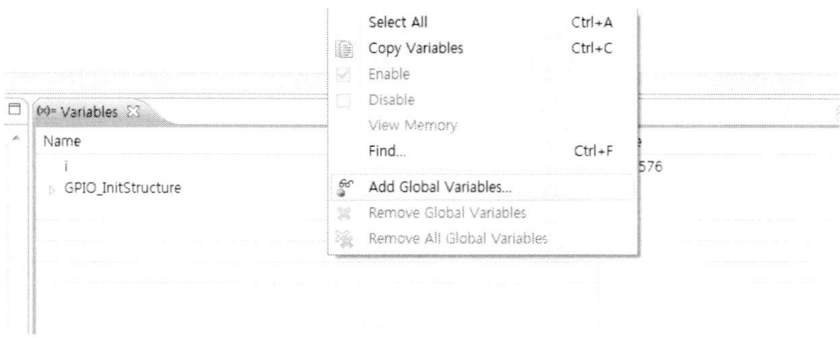

부록 그림 3.1.4-13 Add Global Variables를 통해 다른 전역변수를 추가할 수 있다.

현재 프로그램에서 선언된 전역변수가 모두 나타난다. 그냥 체크하고 OK만 누르면 알아서 변수 추적이 된다.

부록 그림 3.1.4-14

지금까지 ST-LINK라는 In-Circuit Debugger 장비를 OpenCM9.04와 연결해서 무료 ARM 개발 환경인 CoIDE 상에서 CMSIS 코드를 이용한 개발 방법을 살펴보았다. CMSIS를 활용하면 Native C/C++를 활용해서 고급 개발자들이 쓰는 방식으로 OpenCM9.04를 최적화할 수 있다. 또 표준 코드를 익혔기 때문에 다른 Cortex-M3기반의 마이크로프로세서 프로그래밍도 바로 할 수 있는 장점이 있다. 그렇지만 와이어링 언어 기반의 프로그래밍보다는 손이 많이 가고 조금은 어렵다는 단점도 있다.

단, 이러한 고급 개발환경을 따로 이용한다면 ROBOTIS OpenCM과 연동되는 부트로더가 사라지기 때문에 다시 ROBOTIS OpenCM을 쓸려면 부트로더를 다운로드해야 한다.

찾아보기

+

+-핀 25

0

0xFF 0xFF 224
0xFF 0xFF 0xFD 241
0xFF48 405
0xFFF1 405

1

16bit CRC 242

2

2.54mm pitch I/O Header 28

4

4자유도 2족 보행 로봇(Bipad) 447
4핀 통신 포트(4Pin Communication Port) 36

5

5핀 센서 포트 17, 29

A

[A](암페어) 114
A타입 18
Action 245
Activity 276
ADC(Analog-to-Digital Converter) 146
Address 191
ADT(Android Development Tools) 261
AFIO(Alternate Funtion IO) Remap 131
Alarm LED/Alarm Shutdown 207
aliasing 148
AndroidManifest.xml 276, 402, 485
ARM 13
atoi() 88
AX12 22

B

B타입 18
BluetoothAdapter 314
BluetoothChat 300, 318
BluetoothClass 314
BluetoothDevice 314
BluetoothProfile 315
BluetoothServerSocket 314
BluetoothSocket 314
Board is not responding 34
Boundary Scan 511
Broadcast receiver 394
BT-210 36, 315
Buad rate 159
Bulk Read 247
Bulk Write 247
bulkTransfer() 411
Button 281
Byte to Byte Time 224

C

C와 C++의 관계 101
CC Angle Limit 201
CCW Angle Limit 201
char 84
CHECK SUM 225
CM-900 16
cm9-core-library.bin 539
CMSIS 550
Code Sourcery g++ Lite 553
CoIDE 542
Compliance Margin 209
Compliance Slope 209
constrain() 110

continue 104
Core panel 528
Cortex-M3 12
cos 111
CRC 방식 229
cs-make 538
Ctrl+Shift+o 285
cut-off(차단) 120

D

DAC(Digital-to-Analog Converter) 148
Daisy chain 27
delay 112
delayMicroseconds 112
developer.android.com 313
DeviceListActivity 330
DH 파라미터 463
do… while 108
double 84
DWORD(Double Word) 191, 229
Dynamixel 2.0 229
DynamixelPro Class 235

E

EditText(Text Field) 288
EEPROM 189
EIA(Electric Industries Association) 178
Enumeration(열거) 380

F

[F](패럿) 117
Factory Reset 245
Firmware Version 196
float 83
for 108
full bridge 122

G

getRxPacketError() 228
Goal Acceleration(MX시리즈) 221
Goal Position 211
GPIO 15

H

[H](헨리) 118
H54시리즈 237
H-브리지 회로 122
Hardware Abstraction Layer(HAL) 258
HIGH 126
High-density devices 14

I

I2C 163
i386 라이브러리 설치 53
IAP(In-Application Programming) 39
ID 197
if… else 103
if 101
In-Circuit Debugger(ICD) 558
INPUT_ANALOG 147
INPUT_PULLDOWN 141
INPUT_PULLUP 141
Instruction Packet 223
int 83
IP 8
ISP 541
itoa() 88

J

Java 258
JDK(Java Development Kit) 259
JP1 점퍼 25
JRE(Java Runtime Environment) 53
JTAG(Joint Test Action Group) 32, 511

K

keyword.txt 64

L

LB-040 20, 187
LED(Light Emitting Diode) 124, 208

Li-Ion 배터리 20
Linux Kernel 256
LM1117-3.3V 25
LM1117-5V 25
LMV321 26
LN-101 36
Lock 220
long 83
LOW 126
Low-density devices 14

M

main() 76
map() 110
Max Torque 206
max() 110
MAX485 183
MCU(Microcontroller unit) 10
Medium-density devices 14
Micro B type USB 케이블 33
micros() 112
microsecond 112
millis() 112
millisecond 112
min() 110
Model Number 194
Moving Speed 213
Moving 219
MPU(Microprocessor unit) 10

N

Null 88

O

OIR-10 39
OLLO_IR_Read 432
onSensorChanged() 311
OpenCM 485 Expansion 보드 40, 231
OpenCM9.04 전원 회로 23
OpenCM9.04 6, 18
OpenCM프로젝트 5
OpenCMRemoteControl 334
Operating mode 236
OUTPUT 135

P

Packet 223
PARAMETER 225
PID Gain 210
PID 405
PIN_MAP배열 130
Ping 243
pinMode() 135
Present Load 217
Present Position 215
Present Speed 217
Present Temperature 219
Present Voltage 218
private 94
ProgressBar 294
protected 94
public 94
Punch 220
PWM(pulse-width modulation) 149

R

R+ Task 479
RAM 189
random() 111
RC100 클래스 497
RC-100B 38
Read 244
Reboot 245
Reg Write 245
Repository 548
Return Delay Time 200
ROBOITS OpenCM 6
ROBOTIS OpenCM Linux release 51
ROBOTIS OpenCM Mac OS X release 57

ROBOTIS Virtual COM Port 46
RS-232C 레벨 179
RS232C 178
RS-485 통신 방식 180

S

saturation(포화) 120
SeekBar 297
SensorEvent 306
SensorManager 303
Serial1 233
Serial2 370
Serial3 233
SerialUSB.println() 137
SerialUSB_Serial2_Converter 323
sin 111
Sink current 136
SoC(System on Chip) 8
SPI 161
SPP(Serial Port Profile) 315
sqrt 111
Status LED(Built-in LED) 35
Status Packet(Return Packet) 227
Status Return Level 206
stdlib.h 88
Step-down 선형 레귤레이터(Linear Regulator) 23
STLink dongle 517
ST-LINK_CLI.exe 539
ST-LINK 32, 515
STM32 시리즈 13
STM32 ST-LINK Utility 529
STM32F103C8 16
STM32F103CB 11, 13
STM32F10x의 프로그래밍 레퍼런스 문서 39
STMicroelectonics 15
string.h 88
SWD(Serial-Wire Debug) 32, 512
switch … case 104
Sync Read 245
Sync Write 246
Syncwrite 447

T

tan 111
Target Chipset 547
template.cpp 538
Terminal 325
TextView 277
Thumb 13
Toast 286
Torque Enable 208
Torque Limit 215
TTL 레벨 179
TTL Half Duflex UART 27
TTL Half Duplex 182
ttyACMX 56
TX Enable 컨트롤 182
typedef 91

U

UART(Universal Asynchronous Receiver/Transmitter) 178
Uno 보드 42
unsigned int 83
unsigned long 83
USART(Universal Synchronous/Asynchronous Receiver/Transmitter) 157, 178
USB 3.0 378
USB 디바이스(Deivce) 379
USB 호스트(Host) 379
USB accessory mode 390
USB CDC 33
USB Function 383
USB Host 기능 402
USB Host 모드 395
USB OTG Adapter 389
USB OTG(On The Go) 385
USB Standard descriptor 380

USB to Serial Converter 158
USB(Universal Serial Bus) 377
usb.org 378
User Button(사용자 버튼) 35
UUID 323

V
[V](볼트) 114
VID 405
V_{IL} 127

W
Watchdog Reset 528
while 106
Write 244
writeDword() 239
writeRaw() 226

X
XL-320 430
XL-density devices 14

Z
ZIG-110A 36

ㄱ
가상단말기 272
객체 지향(Object Oriented) 92
고정값저항기 115
구조체(Structure) 89
기구학(Kinematics) 455

ㄴ
내부 한계 온도(The Highest Limit Temperature) 204
논리 연산자 82

ㄷ
다이나믹셀(Dynamixel) 6, 175
다이나믹셀 컨트롤 테이블 189
다이나믹셀 통신 회로 177
단방향 통신(Simplex) 156
데이터(data) 74
데이터시트(Datasheet) 126
동기식 전송(Synchronous Transmission) 155
디바운싱(de-bouncing) 144

ㄹ
라디오 버튼 291
라이브러리 75
리튬-폴리머(Li-Po) 배터리 20
링커 73

ㅁ
마이크로프로세서 10
명령어(instruction) 74
모듈(module) 75
모터(전동기) 173
문자열 string 86

ㅂ
바이너리 73
반도체설계 자산(Intellectual Property) 8
반이중 통신(Half Duplex) 156
배열(arrays) 86
배터리(battery) 123
버스(USB Bus) 384
범용 시스템 8
변환행렬 461
병렬 통신 154
복합 대입 81
브레드 보드(bread board) 124
비교 연산자 82
비동기식 전송(Asynchronous Transmission) 155

ㅅ
상속(Inherit) 기능 93
서보 모터 174
순기구학(Forward kinematics) 455
스위치(switch) 125
스케치 77
스테핑 모터 175
시리얼 모니터 70

ㅇ

아날로그 입/출력(analog input/output) 146
아두이노 4
안드로이드 256
안드로이드 샘플 예제 300
안드로이드블루투스 API 313
액추에이터(actuator) 173
엔드포인트(Endpoint) 382
역기구학(Inverse kinematics) 455
오실로스코프 425
오픈소스 하드웨어 4
오픈소스(open source) 1
올로(OLLO) 16
[Ω](옴) 115
와이어링(Wiring) 2
외부 풀업/풀다운 저항 142
워드, word 191
인덕터(inductor) 118
인덕턴스(inductance) 118
인스턴스화(Instantiate) 96
임베디드 로보틱스 하드웨어 16
임베디드 시스템(Embedded System) 8

ㅈ

자기장 센서 310
자동 하이라이트(Auto highlight) 64
자이로 센서 309
저항(resistance) 115
적외선 센서 431
전계효과 트랜지스터(Field Effect Transistor: FET) 118
전류(current) 114
전방향 구동 바퀴 기구학 조건 470
전방향 구동 바퀴(Omni wheel) 469
전압(voltage) 113
전원 스위치(Power Switch) 26
전위차계(potentiometer) 116
전이중 통신(Full Duplex) 156
접합형 트랜지스터(Bipolar Junction Transistor: BJT) 118
조도 센서 304
주석 76
중앙처리장치(CPU) 10
직렬 통신 154

ㅊ

최저 한계 전압(The Lowest/Hightest Limit Voltage) 205

ㅋ

커패시터(capacitor) 117
커패시턴스(capacitance) 117
컴파일러 73
코어 10
클래스(Class) 92

ㅌ

통합 개발환경(IDE) 6
트랜지스터 118

ㅍ

표준 함수(standard functions) 75
표준라이브러리 76
푸시버튼(push button) 125
풀업/풀다운 저항(Pull-up/Pull-down Resistor) 138
프로세싱(Processing) 2
프로토콜 223
플로팅(Floating) 138

ㅎ

함수(function) 75
헤더파일 76

[저자 소개]

저　자 : (사)한국로봇학회

집필진 : **김진현** 교수(서울과학기술대)

문형필 교수(성균관대)

최영진 교수(한양대)

이상민 주임연구원(현, 로보티즈)

정가 35,000원

오픈 소스를 활용한 임베디드 로보틱스

2014년 6월 5일 초판 인쇄
2014년 6월 20일 초판 발행

저자와의 협의하에 인지생략

저　자 : (사)한국로봇학회
발행자 : 우 명 찬 · 송 준
발행처 : 홍릉과학출판사
주　소 : ㊐142-885 서울시 강북구 인수봉로 50길 10
등　록 : 1976년 10월 21일 제5-66호
전　화 : 999-2274~5, 903-7037
팩　스 : 905-6729
ISBN : 979-11-5600-304-5

hongpub@hongpub.co.kr
www.hongpub.co.kr